Historiología Cubana

Desde 1980 hasta 2000

V

(La Revolución Traidora)

COLECCIÓN CUBA Y SUS JUECES

EDICIONES UNIVERSAL, Miami, Florida, 2003

JOSÉ DUARTE OROPESA

Historiología Cubana

Desde 1980 hasta 2000

V

(La Revolución Traidora)

Copyright © 2003 by José Duarte Oropesa

Primera edición, 2003

EDICIONES UNIVERSAL
P.O. Box 450353 (Shenandoah Station)
Miami, FL 33245-0353. USA
Tel: (305) 642-3234   Fax: (305) 642-7978
e-mail: ediciones@ediciones.com
http://www.ediciones.com

Library of Congress Catalog Card No.: 74-81336

I.S.B.N.: 978-0-89729-677-9

Composición de textos: María C. Salvat-Olson

Todos los derechos
son reservados. Ninguna parte de
este libro puede ser reproducida o transmitida
en ninguna forma o por ningún medio electrónico o mecánico,
incluyendo fotocopiadoras, grabadoras o sistemas computarizados,
sin el permiso por escrito del autor, excepto en el caso de
breves citas incorporadas en artículos críticos o en
revistas. Para obtener información diríjase a
Ediciones Universal.

ÍNDICE GENERAL

I

Empeoramiento económico interno. Éxito financiero del Exilio. Nueva reorganización gubernamental. Preludio escapatorio. Invasión de la embajada peruana. Embrollo diplomático. Repliegue castrista. La escoria. Wayne Smith. 17

II

Los marielitos. Problemas de conducta y ubicación. Actitud contradictoria del Exilio. Los campamentos. Los motines. El Gobernador de Arkansas Bill Clinton y Fort Chaffee. Fin del Mariel. Recapitulación. 27

III

Oportunismo unificador. Tres críticas a ello. La Asamblea Coordinadora Nacional. Grupúsculos y delegados. Programa. Mesa Presidencial. Creación de la Junta Patriótica Cubana. Comité Ejecutivo y Asamblea Permanente. ¿Declaración de Principios o Bobería Retórica? Reminiscencia del JURE y el Plan Torriente. 38

IV

El Frente Unido de Liberación Cubana. Llegada de los Presos Políticos. Su impacto inactivo. Recuento californiano de impedimentos y falsedades. La Fundación Nacional Cubano-Americana. Su plan político y recaudatorio. Su nomenclatura. Llegada de Huber Matos. Su repudio. EL CID y el Congreso de Caracas. Amago socialista. 46

V

La Sociedad de Mutua Admiración de longevos y currutacos. Las tropas de Milicias Territoriales. Genaro Pérez y Manuel Espinosa. La epidemia de dengue hemorrágico. Inicio del cabildeo y la politiquería tradicional. La pugna interna de la Brigada 2506. El campamento Cuba-Nicaragua. Su Estado Mayor. Los cambia-casacas. El juramento de ciudadanía americana. Su trascendencia. 58

VI

Granada. Trasfondo comunista. La contienda sectaria Bishop-Coard. Invasión militar americana. Humillación castrista a Pedro Tortoló. El Segundo Congreso del CID. Bajas notables en su Ejecutivo Central y Cuerpo de Asesores. Embestida de Herminio Portell Vilá, Tony Cuesta y ex-presos políticos batistianos. La trifulca Huber Matos-Roberto Cruz Zamora en el Tercer Congreso. Airado desafío de Armando «Seso Hueco» Pérez Roura. Cisma del Grupo Coincidente de Principios. Acusador folleto de Antonio P. Legrand atribuido a Alvaro Sánchez Cifuentes. Repercusión cismática en Los Ángeles. Censuras a Huber Matos de Celedonio González y Salvador Romaní. El Frente de Integración Nacional (FIN). Impugnación del CID a la FNCA en The New York Times. Reincidente altanería de Huber Matos. 71

VII

Inicio de la captura del poder político en Miami por la FNCA. La ampliación a Tallahassee y Washington. Controversia de la película «Cara Cortada». Las elecciones alcaldicias y estatales de 1981 y 1982. La jugarreta de la FNCA en las elecciones alcaldicias de 1983 y la presidencial de 1984. Desaciertos de la JPC. 81

VIII

Continuada represión en Cuba. La masacre en el río Canímar. La invasión de opositores a la embajada de Ecuador. Atroz conducta del embajador Jorge Pérez Concha. La Nueva Política Económica. Consecuentes cambios en la nomenclatura. Los apócrifos intelectuales disidentes. Desenmascarados por Celedonio González, José Ángel Buesa, Ángel Cuadra y Nancy Pérez Crespo. Creación de Radio Martí. Mascarón de la Agencia de Información Americana. 89

IX

Resurrección del caudillismo. Alabanzas a Jorge Mas Canosa. Actividades combativas de la Minoría Histórica. El Segundo Congreso del Partido Comunista. Nuevo Plan Quinquenal. Problemas legales de los viajes a Cuba. Jesse Jackson y el añejo derechismo del exilio. El Presidio Político Histórico. Sueño y pesadilla. 96

X

El populacho. La operación Tic-Toc. Final del Mono Morales Navarrete. Magnitud del narcotráfico y el lavado de dinero. Los cómplices en Cuba y Miami. El Pacto Migratorio. Batallas anticomunistas en New York-New Jersey. Los federicos. Aparición de Omega 7. 106

XI

Eduardo Arocena. Minibiografía. Encarcelamiento de militantes de la Organización para la libertad de Cuba. Procesamiento y juicio de Arocena en New York. Ensañamiento de los fiscales Giuliani y Taback. Condena matusalénica. Desafiante arenga de Arocena al Tribunal. Mutación miliciana y radiofónica de Seso Hueco. De Anota Flora a Tome Nota. El golpe maestro de deslealtad en Unión Radio. Compadrazgo en Radio Mambí. Forzado ocaso de Unión Radio. 114

XII

Chivata felonía del Nuncio Giulio Eunadi. Reunión en Managua de Fidel y Fray Betto. Reunión en La Habana de Fray Betto con los Obispos y el Nuncio. La Reflexión Eclesial Cubana y su adúltero coqueteo comuno-católico. Virajes. Alegoría mitológica y cabalística de Luis Conte Agüero. Oficiosidad pacificadora de la FNCA, la JPC y LIPREPOC. Imitadores. Miscelánea quinquenal. Pasión y muerte de Lauro Blanco. Forzoso adiós a California. Fin del Escuadrón Vengador. 124

XIII

Juicios de Arocena en Miami. El colmo de la ignominia. Villanías del fiscal Frederick Mann. Parcialidad del juez William Hoeveler. Nuevas largas condenas. Escarmientos a Mann de Miriam Arocena y El Autor. Barraganía dialoguera comuno-católica. Reprobación del chanchullo. La perestroika y el glasnost. Cancelación del Pacto Migratorio. El Alcalde Teflón y el No-Grupo. 135

XIV

Las elecciones alcaldicias de 1985. Relación de aspirantes. Corrillos partidaristas. Inconcluso resultado. La segunda vuelta. Animosidades. Viraje de Mauricio Ferré. Nueva intromisión de la FNCA.. El sistema de gobiernos locales. Gigantesco jamón presupuestal. Los electos. Acontecimientos diversos. Ilustres visionarios académicos. Lourdes. Nuevo control de divisas. La farsa de Manuel Sánchez Pérez, la FNCA y Roberto Rodríguez Tejera. 145

XV

La tragedia de los combatientes del exilio. Su acoso por la Administración Reagan. El Comité Gestor Pro-Libertad de los Presos Políticos Cubanos en los Estados Unidos. La falta de apoyo de la Junta Patriótica, la Fundación Nacional Cubano-Americana y sus sombrillescas entidades. Solidaridad de la Primera Continental Democracia Combatiente. Disolución forzada del Comité Gestor. El llamado Proceso de Rectificación de Errores y Corrección de Tendencias Negativas. Los nueve Grupos de Trabajo y sus monigotes. 157

XVI

Nueva degradación abyecta de la UNEAC. Su fétido Cuarto Congreso. Sus amorales Delegados. La gloriosa Asociación de Poetas y Escritores Libres de Cuba. Su libro «La Muerte se Viste de Verde». Choque inicial de El Autor con la FNCA. Watsongate: el fallido atraco de la Isla Watson. Sus promotores y cómplices. La denuncia del Comisionado Joe Carollo. Los tres fiscales impávidos. El desquite de El Autor. Las recaudaciones de la FNCA. La petición de datos de PRICONDECOM sobre su relación de gastos en auxilios a refugiados. Menosprecio al Dr. Máximo Sorondo. 171

XVII

Bosquejo de Armando Valladares, Eloy Gutiérrez Menoyo y Roberto Martín Pérez. Presencia político-militar de Cuba en el Tercer Mundo. Triunfo sandino-comunista en Nicaragua. Las Enmiendas Boland. La deshonra Iran-Contra. Irangate. El Miami Medical Team. Testimonios escritos de Ronald Reagan, Richard Secord, Oliver North, Félix Rodríguez y Luis Posada Carriles. Fin de la guerrita bananera. 187

XVIII

Nueva controversia entre El Autor y la FNCA. Frank Calzón y José Sorzano patrocinan al esbirro comunista Ricardo Bofill Pagés. Denuncias de El Autor, Humberto Piñera y Pablo Castellanos. Apañamientos de Agustín Tamargo, Tomasito Regalado, The Miami Herald y Jeanne Kirkpatrick. Encausamiento de los Colegios de Abogados y Periodistas y el Presidio Político de Mujeres a Arnaldo Escalona e Hilda Felipe. Impactante denuncia de Giordano Hernández Frayle. El arietazo de los llamadores a la razón. Relación de apaciguadores bofilistas. Frente a Todos. 201

XIX

La conferencia sobre la emigración-inmigración. El iconoclasta. Análisis de los orígenes de la migración. Xenofobia. El pragmatismo americano y la idealización hispánica. La inmigración en Estados Unidos entre 1870 y 1920. José Martí opuesto a la inmigración inculta y a sus peligros. La inmigración en Estados Unidos desde 1920. Recuento de la inmigración en Cuba democrática. Conflicto generacional migratorio. La amalgama de reciclados y su pugna interna. El revés de Lourdes. El éxito de Indianápolis. 221

XX

La batalla electoral miamense en 1987. El fondo de $3,000,000.00 de la Fundación y los Latin Builders. Arthur Teele, Ben Yahweh, Xavier Suárez y la subasta del voto negro. Vientos de fronda en la Fundación. El ataque a The Miami Herald. Los errores políticos de Luis Botifoll. El Nuevo Herald. Roberto Suárez de Cárdenas y Carlos Alberto Montaner. El Quinto Congreso de Intelectuales Disidentes en Caracas. Denuncia contradictoria. Los arrepentidos anticomunistas. Los tapaditos. El camino de Damasco. 240

XXI

El populacho del exilio contra la Minoría Histórica. El Nuevo Herald campeón del reciclaje de comunistas. Roberto Suárez de Cárdenas, Carlos Alberto Montaner y sus dóciles editores de mesa. Pugna del Comité y la Comisión. Desaprobación del Arzobispado al Comité. El conflicto plagiario Fuentes-Bofill. Santificación hipócrita de Bofill en El Nuevo Herald. Sam Dillon en The Miami Herald desenmascara a Bofill. El embuste de las piedras en el riñón. Metamorfosis de Ángel Cuadra Landrove. 250

XXII

Reanudación del Pacto Migratorio. Los motines carcelarios en Oakdale y Atlanta. El pretexto de la violación de los Derechos Humanos. Las leyes sobre extranjería en la Constitución de 1940. Mediación múltiple de santuchos y conversos. Pacificación en Oakdale. Agresividad anti-americana insensata. Contraataque del Puesto de Cuba de la Legión Americana en el Exilio. Sus razones. Exposición fiscalizadora del Comandante del Puesto. 262

XXIII

Armisticio en Atlanta. La ilegítima Comisión Pro-Justicia para los Prisioneros del Mariel. El libro impreso en ingles «Mariel Injustice». Su contenido afrentoso a Estados Unidos santificado por Monseñor Román. Fulminante refutación del vocero de la Legión Americana. Los trompolocos del Comite de Trabajos y sus absurdos propósitos. El golpe bajo de Ángel Cuadra. Encendida respuesta al sofismo del aludido. La deserción doblemente traidora del brigadier Rafael del Pino Díaz, genocida piloto de Playa Girón y Angola. El colmo de lo absurdo. 276

XXIV

La campaña por el Inglés Oficial. Su historial en Florida. Ileana Ros-Lethinen, Emily Shafer, Terry Robbins y la asimilación. La Enmienda 11. La calumnia de English Only. El memorándum sobre americanismo. Los muñidores electorales de English Plus. Los artículos determinantes en The Miami Herald y El Nuevo Herald. Apoyo nacional de la Legión Americana a Official English. La coalición de embaucadores de English Plus. Su fracaso legal. La crisis de U.S. English y Florida English. Apabullante victoria de Official English. El triunfo malevo del Cuban Caucus en el Congreso Estatal. 287

XXV

Andrés Reynaldo y El Sueño Americano. La brecha cultural hispano-americana. Convicciones nacionalistas. Política exterior americana equivocada. Confesiones del general Smedly Butler y el embajador Earl T. Smith. Obligaciones nacionalistas en Cuba y el extranjero. Fin de la guerra en Angola. El acuerdo bilateral Cuba-Angola y el tripartito Cuba-Angola-Suráfrica. Los beneficiados y los perjudicados. Simetría extremista Castro-Mas Canosa. 305

XXVI

El Museo Cubano de Arte y Cultura. Su aceptada política de exhibiciones. La subasta conflictiva. José Juara y el cuadro de Mendive. Renuncia de Directores. Los sustitutos. El Comité de Rescate. Su declaración de propósitos. Contrarresto. La exposición retrospectiva de Amelia Peláez. Patrocinadores e invitantes. Impugnaciones mutuas de tono sectario. Confiscación de la galería de Cernuda. Pleito. Sentencia del Juez Federal Kenneth Ryskamp. Ilusión unitaria beatífica de Juan Manuel Salvat. Nuevas disputas. Celebración de elecciones. Triunfo de la candidatura oficial. Las relaciones Museo-Consejo Cubano por la Democracia y Comité de Rescate-Fundación Nacional Cubano Americana. Pleito Museo-Ciudad de Miami. Sentencia-remache del Juez Federal James Lawrence King. 318

XXVII

Arribo a Miami de Orlando Bosch. Nuevo hostigamiento. Cambio del rifle por la pluma. Los satélites asentidores de la FNCA. Viaje de Fidel a Caracas. Llegada de Gorbachev. Perestroika y Castrotroika. El arresto de Arnaldo Ochoa, los jimaguas De la Guardia y sus cómplices en el narcotráfico. Resumen informativo del PCC. El Tribunal de Honor Militar. Confesión indigna, lacayuna y cobarde de Ochoa. La degradación. El Tribunal Militar Especial. Amaricamiento de los bravucones jimaguas. Apelación negada por el Consejo de Estado. Fusilamientos y condenas. Purga en el MININT y su SDE. Prisión y muerte de José «Beria» Abrantes. Análisis lógico del proceso. Reflejos en el Exilio. 332

XXVIII

La perestroika en Europa comunista. La invasión de Panamá. Detrás de las fachadas de las Villas Potemkin en Rusia, Cuba y la FNCA. La libertad de pensamiento y de prensa en las Constituciones de Cuba (1940) y de Estados Unidos. La mordaza aplicada al Noticiero La Mogolla de Alberto González. Primicias del proceso electoral de 1989. Triunfal·elección de Ileana Ros-Lehtinen al Congreso Federal. Cantos de sirena del Partido Republicano. Aclaración demográfica y territorial de Miami-Dade County. 348

XXIX

La pugna por el escaño cubano de Rosario Kennedy en la Comisión de Miami. Athalie Range y Luis Morse. Xavier Suárez acusado de traición. La controversia Juan García-Luis Morse. Las clases vivas en Cuba. Su apego a dictaduras y tiranías. El folleto ¡A Palacio!, apología batistiana. La CAMACOL. Su historia y nomenclatura. Luis Sabines, Presidente Emérito. Su cambio de casaca política de Demócrata Liberal a Republicano Conservador. 357

XXX

Las elecciones municipales en 1989. Complejidad electoral étnica comunitaria. Xavier Suárez derrota a Armando Lacasa. La segunda vuelta: Rosario Kennedy-Miriam Alonso y Miller Dawkins-Joe Carollo. Extremismo sectario. Reinciden las clases vivas. Hetairismo católico-protestante-judaico-santero-comunista. Solitario rechazo del reverendo Martín Añorga. El Período Especial en Tiempo de Paz. El Plan Alimentario y sus potemkinos capítulos. Igualdad excremental del comunismo con los intelectuales de la UNEAC y sus reciclados en el exilio. 363

XXXI

El asesinato de Manuel «Chichí» del Valle. El pacifista Ex-Club. Miscelánea de bochornos. Sombrillas y paraguas de organizaciones. La Cumbre Patriótica. El Fórum Cultural Cubano. La Plataforma Democrática Cubana. Nomenclaturas, monsergas, pamplinas y mentecateces seudo-doctrinarias. Contradicciones y paradojas. Los descubiertos y tapaditos de Radio Progreso. La gresca Ernesto Betancourt-Jorge Mas Canosa en Radio Martí. Rolando Bonachea, apologista de Fidel Castro y Che Guevara. Turbio historial de Televisión Martí. Bosquejo de Antonio «Tocayo» Navarro. El ovoide cubanólogo y el tramposo Comisionado. El fratricida pleito civil en Church & Tower. Nelson Mandela homenajeado y vituperado. Colofón. 372

XXXII

El prototipo comunista-disidente-reciclado. Cuba: Territorio de Vice-Versas. El fecal mamotreto «Disidencia». Su lupino autor. Sus padrinos. Corruptor subsidio de la NED. Peñas y ojalateros. Los cuatro principales grupos del titulado Movimiento Disidente Cubano. Sus representantes en el extranjero. Las contradicciones internas y planteamientos anómalos. El proyecto neo-comunista de Criterio Alternativo. Desatinos del Ex-Club. Convención del remendado CID. El Partido Social Revolucionario Democrático. Su dirigencia y pensadores. 384

XXXIII

Malogros comunistas locales y mundiales. Desmadraje de militantes y periodistas ñángaras. El IV Congreso del Partido Comunista. Nuevas Villas Potemkin. Recuento constitucional. Mascarada modificadora de la Constitución de 1976. La venia absolutista. Resurgimiento combativo de Comandos L. El desembarco de El Júcaro. Fusilamiento de Eduardo Díaz Betancourt y condenas de Daniel Santovenia y Pedro Álvarez. Contraste entre patriotas anticomunistas y malparidos milicianos uneacos. Revelador artículo de Contrapunto. Altibajas del embargo. La Ley Torricelli. Capicúa de la FNCA. Impugnación interna y externa a la Ley Torricelli. El fondo electoral del CAP de la FNCA. Equiparación de pluripartidismo a pluriporquería. 398

XXXIV

Tremebundo reportaje de Peter Slevin. Odebrech-Church & Tower y Angola. Patrañas mascanosistas. La FNCA elogia al demócrata Bill Clinton. Críticas destructivas consiguientes. Las elecciones presidenciales de 1992. Pat Buchanan, Reinaldo López Lima y Ross Perot. Bosquejos de Bush y Clinton. Victoria electoral del Partido Demócrata. Elecciones comunistas en Cuba. La estructura electoral. El Voto Unido, la Operación Tun-Tun y el gato encerrado. El ciclón Andrew arrasa a Miami. Sabiduría ciclonera cubiche. 416

XXXV

Resurgimiento de querellas. Jorge Mas Canosa vs. Armando Valladares. Fundación Nacional Cubano Americana vs. Fundación Valladares. Margarita Ruiz vs. Orestes Lorenzo. Agustín «Cachimba» Tamargo vs. Carlos «Veneno» Franqui y Guillermo «Caín» Cabrera Infante. Colegio Nacional de Periodistas vs. «Veneno» y «Caín». Aciago mamotreto conciliador de reciclados, tapaditos, cambiacasacas, pacificadores y pacifistas. Conversión de Agustín Tamargo. Mike Sigler apabulla al impostor Seso Hueco. 427

XXXVI

Colaboracionismo claudicante de Eloy Gutiérrez Menoyo. Cambio Cubano. Recado a las Fuerzas Armadas. Imploración a Fidel. Amalgama putrefacta de microfacciosos, ex-presos políticos y plataformeros. La Fundación Hanns Seidel de Alemania y PROHOMBRE de Venezuela. Amalio Fiallo, Nicolás Ríos y la revista Contrapunto. El proyecto Democracia Participativa. Brulote del Autor contra Hilda Felipe y Ricardo Bofill Pagés. Cosecha de regaños en lugar de aplausos. Contrasentidos típicos cubanos. Los seminarios de Democracia Participativa en Cuba comunista. Autodefensa de Amalio Fiallo en Miami. Canto del cisne en Caracas. Confabulación munichista del Comité Cubano por la Democracia. La impugnación a Mario Baeza. Su caballerosa defensa personal. El apoyo de una mescolanza de confusos y eclesiásticos. Renuncia de Baeza. La carta pastoral «El Amor lo espera todo». Objeciones a ella del Autor. Abyecta hijoputez de impíos. 439

XXXVII

Círculo vicioso marxista-leninista. La fula, las shopping, los paladares y la Yuma. Purga burocrática y militar. Las elecciones municipales de 1993 en Hialeah, el Condado Miami-Dade y la Ciudad de Miami. Proceso judicial y vindicación de Raúl Martínez. Mayoría consistorial hispana en el Condado. Arthur Teele electo alcalde. La contienda en Miami. Campaña de elogios por Steve Clark y de descrédito contra Miriam Alonso. Reavivamiento del lema Cubano Vota Cubano. Fracaso. Victoria de Steve Clark y derrotas de Joe Carollo y Margarita Ruiz. Trapisonda cifrarera. Historial de Unidad Cubana. Comisión Gestora, Asamblea Representativa, Documento de Unidad y Declaración de Principios. El acto del Dade County Auditorium. Rechazo a Tony Cuesta. La Marcha de la Unidad. Glorificación de Armando Pérez Roura por Andrés Vargas Gómez. Cisma en ciernes. 450

XXXVIII

El prontuario procesal de Huber Matos Araluce. Santuario matrimonial en Costa Rica. El cisma de Unidad Cubana. Retirada de la Fundación Nacional

Cubana Americana y de la Junta Patriótica Cubana. Acusaciones de Juan Garau, Modesto Álvarez y Roberto Rodríguez Aragón sobre irregularidades financieras. Relación de cheques subrepticios. Razonada abstención investigativa del FBI. Bigamia partidista. Las matanzas de balseros en Cojímar y Celimar. La conferencia habanera sobre la Nación y la Emigración. Lista de asistentes del exilio. La tunantada de Magda Montiel Davis. Merecida repudiación. Galimatías neo-autonomista de Carlos Alberto Montaner. Los bisneros, paladares, jineteras, macetas y merolicos. Los alguaciles alguacilados. 462

XXXIX

La nauseabunda Declaración de Estocolmo. Nueva oleada escapatoria. La barbarie del remolcador 13 de Marzo. Los secuestros del salinero y las barcas Baraguá y La Coubre. El maleconazo. Mogiganga chantagista de Fidel Castro. Los abordajes del Ferrocemento y el Jussara en Mariel. Los Hermanos al Rescate. La incontenible invasión de balseros. Medidas de emergencia en Florida. Represalias de Clinton. Leguleyismo torcido de picapleitos miamenses. Opinión profesional del Dr. Enrique Llaca sobre el fallo de la Corte Suprema. Miscelánea pre-pactista. Gazmoñada de Monseñor Agustín Román. 471

XL

El Acuerdo Migratorio de 1994. Anuario estadístico del Servicio de Inmigración. Apoyo de Mas Canosa y la FNCA a Clinton. Recompensa. Demanda judicial de abogados cubanoamericanos marrulleros. Fallo impeditivo a deportaciones del juez C. Clyde Atkins. Duplicación desinformadora de la practicada en Oakdale y Atlanta. La infamia periodística de Agustín Tamargo contra la democracia americana. Revocación al fallo del juez Atkins. Fin de la Crisis de los Balseros. Reavivamiento de la Minoría Histórica. Renuevo guerrero local y expedicionario. El Club San Carlos de Key West. Intento de obtención mariconera. Rescate y renovación arquitectural. Su asalto por infiltrados castristas. Recuperación ordenada por la jueza federal Susan Vernon. 482

XLI

Retorno clerical católico a la política de León XIII para Cuba Colonial. Concordancia histórica del proceso. Manuel Pablo Plaza Miquel S.J. y «el iconoclasta». El Arzobispo Jaime Lucas Ortega Alamino elevado a Cardenal. Su similitud con el fallecido Cardenal batistiano Manuel Arteaga Betancourt. Diferencia entre Oswaldo Payá Sardiñas y el cura José Conrado Rodríguez. La Cumbre de las Américas en Miami. Exclusión del caso cubano en la agenda. La Marcha de la Libertad. Su documento tangencial. La Declaración de Principios de la Cumbre de las Américas. Bembeteo irónico y charlatanesco de incumplibles promesas. La impertinente fantasía de la Unión de Entidades Cubanas de Tampa. El escándalo provocado por Rosita Fornés y el incendio del Centro Vasco. La Concertación Cívica Cubana y el Comité Unido del Exilio Cubano. Conflictos. Cese de la Concertación. Nuevo guirigay en el Museo Cubano. 496

XLII

Los fracasos de la Liga de la Decencia en Cuba y de la Peña Católica en Miami. Estafadores y malversadores millonarios. Miguel Recarey y el International

Medical Center. Arenga cimarrona de Gastón Baquero. Cadena de estafas al Medicare. La Operación Palmaverde en el Ayuntamiento de Miami. El bandidaje de Manohar Surana, Miller Dawkins, Howard Gary, César Odio y Jorge de Cárdenas. Ridículas sentencias impuestas. Contraste con la conducta de Fernando Figueredo Socarrás. Ramón Saul Sánchez y sus flotillas. Intrepidez de Hermanos al Rescate. Amenazadora advertencia castrista. Gestores y adherentes de Concilio Cubano. Su Declaración Oficial. Implacable análisis negativo del Autor. La oprobiosa Ley de Inversión Extranjera. ... 508

XLIII

El plan Carril Dos de Clinton. La ley Helms-Burton. Versión 1995 de la Enmienda Platt. El derecho de extra-territorialidad. Oposición de la Unión Europea. Apoyo y rechazo a la ley Helms-Burton de disidentes en Cuba y el exilio. Unidad Cubana impugna el Carril Dos y defiende la ley Helms-Burton. Nuevo tropiezo de Seso Hueco. Trapalón juego de palabras del grupo colaboracionista. Viajes al extranjero de Fidel Castro. La hecatombe aérea de Hermanos al Rescate. Premeditado ataque de los MIG29. Compensación a familiares de las víctimas y agravadas represiones. Descarada calumnia de sicarios castristas en Miami. Clinton firma la ley Helms-Burton. La controversia Basulto-Departamento de Defensa. Sentencia del juez federal LawrenceKing favorable a herederos de los pilotos asesinados. Desmantelamiento del Centro de Estudios sobre América (CEA). 519

XLIV

Recuento por Raúl Castro de calamidades en el Período Especial. Gonzalo Rubalcava y los «uneacos» reciclados. Muerte del alcalde de Miami, Steve Clark. Elección para sustituirlo. Victoria de Joe Carollo. Comicios del Condado. Su importancia política y económica. Alex Penelas electo. Regreso triunfal de Miriam Alonso. Nueva contienda entre The Miami Herald-El Nuevo Herald y Jorge Mas Canosa-MASTEC-FNCA. Revelaciones impactantes. Los chistes de Alberto González y del Nuevo Museo Cubano. El huracán «Lily» arrasa el centro de Cuba. Controversia por la ayuda pedida al exilio. Viaje de Fidel a Roma. Visita al Vaticano y al Papa. La boñiga leguleya comunista de fin de año. Las elecciones presidenciales. Triunfo demócrata en Florida y Miami-Dade. Estadística. 529

XLV

Relación de dineros de la FNCA a cabilderos. Millonarios pagos a Cuba por empresas telefónicas. Viajes de Elizardo Sánchez a Francia, España, Italia y Estados Unidos. Ficticios exiliados contra la Ley Helms-Burton. El utópico «Plan para Cuba sin Castro» de Clinton. El Consejo Nacional Cubano Americano (CAMCO) de Erneido Oliva. Controversia interna en la Brigada. Planteamientos de Erneido Oliva, José Miró Torra y Matías Farías sobre aceptación de los genocidas Rafael del Pino Díaz y Alvaro Prendes. La declaración comunista de las FAR pone fin al intento conciliador de CAMCO. La guerra pacífica. Sus efímeros triunfos. Repercusión de la Operación Palmaverde en California. La patraña contractual Fiscal Operations-Puerto de Miami-Condado Miami-Dade. Sus autores y fautores. Las donaciones ilegales a Congresistas y Comisionados. Encausamientos, juicios y sentencias. Pertinente alusión a La Cuba de Ayer. 538

XLVI

El adefesio La Patria es de Todos. Eclesial bendición a sus reciclados esbirros firmantes. El turismo sexual. El merecido castigo vengador. La expedición de La Esperanza. El juicio a sus tripulantes. Gallardia del jurado boricua. Las elecciones de 1997 en Miami. Primera parte del procesamiento de Humberto Hernández. Su destitución y reelección. El fraude del voto ausente. Elección de Xavier Suárez pleiteada por Joe Carollo. Artimañas alcaldicias. Fallecimiento de Mas Canosa. Panegíricos y encomios. La trama del MIDEM. Vice-Versas de Mariví Prado y Gloria Estefan. Damoledora protesta de Rosendo Rosell. Osada pretensión del arzobispo John Favonarola. Obligado a cancelar el crucero a Cuba comunista. 552

XLVII

La visita del Papa a Cuba comunista. Preliminares. El Proyecto o Plan Varela. Periplo Papal. Las homilías. Tergiversación de la historia de Cuba. Sentencia del juez Thomas Wilson anula las elecciones de 1997. Apelaciones fracasadas de Xavier Suárez. Joe Carollo ratificado como alcalde de Miami. Revanchismo. Juicios y condenas de Humberto Hernández y Alberto Gutman por fraudes y estafas. Actividades clericales después de la visita papal. Declaración blasfema del obispo Petit Vergel. Silencio cobarde de los curas cubanos de Miami. Medidas amistosas del presidente Clinton-suavizadoras del embargo. 565

XLVIII

La trágica navegación de «La Celia». Testimonio fidedigno del Dr. José Enrique Dausá. Diferencia abismal entre «canibalismo» y «antropofagia accidental justificada». Dos ejemplos históricos. La pampirola «Cuba en la Encrucijada» y la paparrucha «La Sociedad Civil Cubana». La tesis libresca, microfónica y cretina de «la guerra pacífica». Los millones de dólares sobornantes de la USAID y las Fundaciones ARCA y Ford. Sus receptores anti y pro Castro. Elizabeth Trujillo y la crápula periodística y microfónica del exilio. 577

XLIX

Los nuevos autonomistas de la generación relevo. La expedición de Ernestino Abreu a Pinar del Río. Los aclamados líderes espirituales del exilio. Carentes de lógica y sobrantes de hipótesis. Reavivamiento de Luis Posada Carriles. El New York Times lo asocia a la FNCA. Desmentidas. Retractación del periódico. Nueva cabronada yanqui. Los escándalos sexuales del presidente Clinton. Paula Jones y Monica Lewinski. Juicios de impeachment en la Cámara y el Senado. Absolución conveniente. Concesión comunista a procesiones católicas. Prisión de disidentes no afiliados al Plan Varela. La Red Avispa. La Operación Escorpión. Relación de mandos y objetivos asignados. Fracaso legal francés contra Fidel Castro. 587

L

Mentiroso recuento anual castrista. La draconiana Ley 88. Relación de sus múltiples represiones y castigos. Juicio y condenas a los cuatro de «La Patria es de Todos». Su apoyo por el exilio retórico de Tampa. Nueva pamema electorera de Miami. Acción tonsorial anticastrista. Mutación pacifista de Ramón Saúl Sánchez. Confiscación del barco «Derechos Humanos».

Triunfadora huelga de hambre. El revés sufrido en Washington. Celebración Evangélica Cubana bendice la tiranía. Réplica bíblica a clérigos blasfemos. Purgas de Roberto «La Mosca» Robaina y Osmany Cienfuegos. El Foro Patriótico Cubano. 597

LI
Urdimbre corporativa mundial monopolista. Consorcio de traspaso post-castrista a militares y funcionarios escogidos. Recuento de penetración imperialista en la economía cubana. Sus etapas durante los gobiernos de José Miguel Gómez, Mario García Menocal y Gerardo Machado. Inversión actual de capital extranjero. Monto de la deuda exterior. Consecuencias morales asquerosas del privilegio extranjerista. La coña de la guerra bacteriológica. Las aves migratorias y los mosquitos como armas secretas de plagas letales. Dilemas familiares originan dilemas políticos. 606

LII
El sistema contrabandista. Surfside. Calumnia de Estados Unidos por el Foro Patriótico Cubano. Motines en Miami y Hialeah. El concierto de los Van Van. Vice-Versa de Willy Chirino. Las elecciones municipales en Miami. Las tres enmiendas aprobadas. Inicio del caso del niño Elián González. Controversia familiar por su custodia. Intromisión politiquera de la FNCA y Fidel Castro. Movilizaciones populacheras en Cuba comunista. Doris Meissner ordena repatriación de Elián. Desórdenes públicos en Miami. Tregua. Reanudación del pleito. Tilde de iconoclasta por historicidas retóricos. El que paga, manda. Epílogo. 615

ÍNDICE ONOMÁSTICO 630

PREFACIO

En la página interior de la contraportada del tomo IV aparece el anuncio de que el tomo V comprendería *Desde 1980 hasta la caída de Castro*, debido a un cálculo actuarial erróneo mío. Al alcanzar el tomo V un tamaño igual a los anteriores, por razón de simetría artística la cronología fue substituida por la exacta *Desde 1980 hasta 2000*. Así rectificada aparece en el Catálogo de Ediciones Universal 1965-2001.

Acompañando a mi reafirmación de profundo agradecimiento al editor y amigo, Juan Manuel Salvat, por su magnánima coparticipación, va la dedicatoria de este tomo V a los fraternos habituales asistentes a las animadas tertulias sabatinas, en el local de su famosa librería, compuesta por vehementes analistas de la Historia de Cuba.

El autor

I

Empeoramiento económico interno. Éxito financiero del Exilio. Nueva reorganización gubernamental. Preludio escapatorio. Invasión de la embajada peruana. Embrollo diplomático. Repliegue castrista. La escoria. Wayne Smith.

El acostumbrado y monótono discurso anual de Fidel Castro celebrando un aniversario mas del triunfo de la revolución nacionalista que traicionase en favor de su contra-revolución comunista, consistió principalmente en alardear sobre las falsas grandes victorias económicas alcanzadas por su totalitario régimen, y que deliberadamente ocultaban la permanencia de la libreta de racionamiento, los enormes gastos incurridos en las guerras africanas, el descenso en el monto de las zafras azucareras y la producción tabacalera y el desbarajuste de los préstamos efectuados con la banca extranjera, a un exhorbitante interés, dinero que fue invertido en proyectos económicos descabellados que, naturalmente culminaron en rotundos fracasos. Los únicos atenuantes al empeoramiento económico interno eran los ingresos recibidos por pagos de las empresas petroleras yanquis Gulf, Exxon y Texaco representados por la protección que las mercenarias tropas cubanas daban a ellas en Cabinda (Angola), las incipientes remesas de dólares que los llamados exiliados políticos cubanos enviaban a familiares y amigos, bien vía terceros países o bien burlando la ley americana al respecto y las compras de mineral de níquel por empresas canadienses. La cacareada ayuda económica soviética seguía siendo material de guerra y petróleo.

El notable analista financiero, Dr. Enrique Llaca Sr. donó al Autor una relación parcial de préstamos hechos a Cuba comunista desde 1976, por términos entre 5 y 10 años, a un interés promedio del 8%, cuya conversión en dólares de marcos, francos suizos, yens y dólares canadienses equivalió a la astronómica cifra de 637,854,000 dólares americanos. La lista de bancos prestamistas era la siguiente: Singer & Friedlander Ltd.; Banque de L'Union Europeens Luxembourg; Bank of Tokyo Ltd.; Banco di Roma; Banque Commerciale por l'Europe du Nord; Credit Lyonais; Girozentral una Bank der Gesterreichischen Sparkassen AG; Investitions & Handels-Bank AG; UBAF Group AL; Berliner Handles & Frankfurter Bank; Credit Comercial de France; Caisse National de Credit Agricole; Banco Árabe Español;

Lybian Arab Foreign Bank; Unión de Banques Árabes et Francaises; Banque Inter-Continental Árabe; Arab International Banque; Arab Bank for Investment & Foreign Trade; Araba Bank Investment Co.; Al-Bahrein Arab African Bank y Societe General Syndicate. Si al final de la era comunista quedan en Cuba deudas pendientes con éstos y otros garroteros internacionales así como a la reciclada Unión Soviética, es un sagrado deber revolucionario, a lo macho, negarse a reconocerlas y a pagar un centavo de ellas a tales desmadrados acreedores.

Contrastando con el empeoramiento económico interno, la llamada por los castro-comunistas Comunidad Cubana del Exilio continuaba ascendiendo social y económicamente, especialmente en Miami donde residía la mas grande concentración de ella. Su prosperidad era el resultado de su industriosidad y profesionalidad dentro de la esfera de oportunidades ofrecidas por el gobierno americano a los inmigrantes, fueran ellos de clase política o económica, algo que ni en Cuba ni en ningún otro país del mundo, era hecho por impedirlo las leyes de beneficio primordial al trabajador, manual o intelectual, nativo[1]. El despegue del exilio, desde 1960, se hacía visible en el traslado habitable de los barrios pobres a las urbanizaciones modernas de los suburbios citadinos; en la proliferación de establecimientos comerciales y recreativos; en la abundante revalidación o adquisición de títulos académicos por adultos y adolescentes de ambos sexos; en la vastísima creación de nuevas fuentes de trabajo relacionadas con el comercio de fabricación, exportación e importación y construcción y en la variedad de emisoras de radio y televisión, periódicos, periodiquitos y revistas de todo género. Donde resaltaba mas la hazaña del despegue era en el número de bancos de raíz cubana que era el cuerno de la abundancia financiador de préstamos personales e hipotecas, muchas veces sin garantía colateral, a empresarios y personas de probada honestidad. He aquí el nombre de esos bancos y el de sus gerentes: Biscayne Bank: Raúl Masvidal; Bank of Miami: Justo Legido; First National Bank of Greater Miami: Eduardo R. Benet; Barnett Bank: Carlos Arboleya; Totalbank: Amaury P. Betancourt; Manufacturers National Bank: Gustavo E. Mustelier; Capital Bank: Abel Holtz; Sunshine State Bank: Rafael L. Corona;

---

[1] Ver *Constitución de 1940*, Título VI, Art. 73.

Hemisphere Bank: Víctor M. Pedroso; Republic National Bank: Arístides Sastre; Intercontinental Bank: Anthony Infante.

Cuando entró en vigor la Constitución comunista en 1976, a bombos y platillos se dio a conocer una extensa estructura gubernamental[2] que lo único que logró fue una descomunal hipertrofia administrativa civil-militar. En otra de sus dementes manipulaciones, Fidel Castro efectuó un cambalache burocrático que sustituyó once Ministros, suprimió nueve organismos y destituyó al Fiscal General. Desaparecieron los Comités Estatales de Ciencia y Técnica y de la Construcción; los Ministerios de la Industria Eléctrica, de Materiales de Construcción, de la Industria Química y de Minería-Geología y los Institutos de la Demanda Interna, de la Infancia y de Forestación. Los cesados comunistas fueron: Zoilo Marinello (Ciencia y Técnica), Levi Farah (Construcción), José Luis Beltrán (Electricidad), José Valle (Materiales de Construcción), Antonio Esquivel (Química), Manuel Céspedes (Minería-Geología), Eugenio Balarí (Demanda Interna), Electra Fernández (Infancia) y José Ponce (Forestación.) Perdieron sus asientos en el Consejo de Ministros al ser sustituídos: Óscar Fernández Mel (Trabajo), Rafael Francia (Agricultura), Marcelo Fernández (Comercio Exterior), Asela de los Santos (Educación), Marcos Lage (Azúcar), Nora Frómeta (Industria Ligera), Aníbal Velaz (Pesca), Lester Rodríguez (Sidero-Mecánica), Armando Torres (Justicia), Jorge Fernández Cuervo (Hidrografía), Joaquín Góngora (Turismo) y Santiago Cuba (Fiscal General.)

Tras los cambios efectuados, el Gabinete quedó integrado en la siguiente forma: Fidel Castro y Raúl Castro, Presidente y Vicepresidente de la República supervisarían directamente los Ministerios de las Fuerzas Armadas, del Interior, de Salud Pública y de Cultura. Esto indicaba el interés de ambos en controlar personalmente los campos de la defensa, el orden interno, el bienestar social y la ideología. El resto del Consejo de Estado fue el siguiente: Junta Central de Planificación: Humberto Pérez González; Ministro de las Fuerzas Armadas: Raúl Castro; Ministro del Interior: Ramiro Valdés; Ministro de Educación y Cultura: José Ramón Fernández; Ministro de Justicia: Osvaldo Dorticós; Ministro de la Industria Sidero-Mecánica: Marcos Lage (repuesto); Ministro de la Industria Pesquera: Jorge Fernández Cuervo

---

[2] Ver Tomo IV, págs. 618-20.

(repuesto); Ministro de Relaciones Exteriores: Isidoro Malmierca; Ministro de Salud Pública: Sergio del Valle; Ministro de Transportes: Guillermo García; Ministro de Construcciones en el Exterior: Levi Farah (repuesto); Ministro de Comercio Exterior: Ricardo Cabrisas; Ministro de la Industria Básica: Joel Domenech; Ministro del Azúcar: Dioclides Torralba; Ministro de Agricultura: Arnaldo Milián; Ministro de la Industria Ligera: Manuel Miyares; Ministros sin Cartera: Jorge Lezcano y Antonio Esquivel (repuesto); Comité Estatal de Abastecimiento Técnico-Material: Irma Sánchez; Comité Estatal de Colaboración Económica: Héctor Rodríguez Llompart; Comité Estatal de Estadística: Fidel Vasco González; Comité Estatal de Finanzas: Francisco García Valls; Comité Estatal de Normalización: Ramón Darías; Comité Estatal de Precios: Santiago Viera; Comité Estatal de Trabajo y Seguridad Social: Joaquín Benavides; Instituto de Radio y Televisión: Nivaldo Herrera; Instituto de Deportes, Educación Física y Recreación: Jorge García Bango: Instituto de Sistemas Automatizados y Técnicas de Computación: Rodrigo Fernández Moser; Instituto de Turismo: José Luis Padrón; Banco Nacional de Cuba: Raúl de León Torras; Fiscal General: Idalberto Guevara; Secretario del Gabinete y Vicepresidente del Consejo de Estado: Osmany Cienfuegos que sustituía a Celia Sánchez, reportada como gravemente enferma de cáncer. Falleció poco después quien era la única persona de real confianza de Fidel Castro y su deceso se atribuyó, secretamente, a un suicidio.

Los acuerdos migratorios efectuados entre la Administración Carter y Fidel Castro[3] a menudo eran violados por ambas partes. El proceso que permitía viajar desde Cuba se demoraba mucho porque las visas americanas no eran frecuentes y porque el régimen cubano seleccionaba, como con un cuenta-gotas, a quienes autorizaba emigrar. Como era fácil suponer, los desesperados cubanos determinaban cruzar el Estrecho de la Florida en cualquier tipo de embarcación, fuese un bote, una balsa o un neumático. Y hasta como dijera uno de ellos: *Si es preciso hasta en una batea y remando con una escoba...* Esto, que parece una humorística exageración, fue comprobado cuando un jovencito se introdujo secretamente en el compartimiento del tren de aterrizaje de un avión de Iberia, en el aeropuerto de La

---

[3] Ver Tomo IV, págs. 625-29.

Habana, y voló a Madrid a 35,000 pies de altura, donde al tomar tierra el aparato y abrir la compuerta de las ruedas el cuerpo congelado del muchacho cayó a la pista. Milagrosamente sobrevivió la ordalía ante el asombro de los médicos hispanos. Como premio a su casi mortal aventura el gobierno español hizo una excepción en sus severas leyes de inmigración que aplicaba a los opositores de Castro y le concedió el asilo político. Las estipulaciones del Pacto de Piratería Aérea efectuado por el entonces presidente Richard Nixon y Fidel Castro[4] eran burladas por ambos países a su conveniencia política. En el Pacto se especificaba la deportación de aquéllos que hubiesen utilizado la violencia en el secuestro de naves o aviones o puesto en peligro las vidas de sus tripulantes y/o pasajeros. Pero ocurrieron incidentes que fueron un preludio escapatorio masivo cubano posterior. Un buque de bandera liberiana fue llevado a la Florida por cubanos armados que fueron otorgados el título de perseguidos políticos, cosa que era cierta pero la acción violaba el Pacto Nixon-Castro mencionado. Después, en febrero de 1980, cuatro pesqueros cubanos fueron trasladados a Miami mediante secuestros y los viajeros fueron considerados como refugiados políticos y no como piratas navales. El día 19 de febrero, después del secuestro del Lucero, Carlos Rafael Rodríguez le expresó a Wayne Smith, Jefe de la Sección de Intereses Americanos en La Habana, *«que si el Gobierno Americano no actúa, el Gobierno Cubano tomará medidas por su cuenta y entre esas medidas por su cuenta puede ser un nuevo Camarioca[5] y si lo que ustedes quieren es gente en botes les facilitaremos mas de lo que desean...»* Wayne Smith afirma que pasó a Washington el amenazante informe de Carlos Rafael Rodríguez y que le hicieron el caso del perro[6].

El día 8 de marzo de ese año 1980, durante un discurso pronunciado en la Federación de Mujeres Cubanas, refiriéndose a lo anteriormente ocurrido Fidel dijo textualmente: *«Ellos alientan las salidas ilegales, la piratería de barcos y hasta recibiendo como héroes a los asaltantes. Le hemos pedido que tomen medidas apropiadas y esperamos que así lo hagan.*

---

[4] *Ibid.*, págs. 577-78.

[5] Ver Tomo IV, págs. 436-38.

[6] Wayne S. Smith, *The Closest of Enemies*, Norton & Co., New York, 1987.

Si no es así, entonces tendremos que tomar nuestras propias medidas. Ya les recordamos que una vez abrimos a Camarioca. Esperamos que no tengamos que hacerlo de nuevo...» El día 1ro. de abril un ómnibus de la ruta 79 (Lawton-Playa), manejado por Háctor Sanyusti llevando de pasajeros una veintena de familiares y amigos, penetró violentamente en la entrada a la embajada peruana en el Reparto Miramar de La Habana en demanda de refugio diplomático. Los custodios guarda-fronteras cubanos abrieron fuego contra los pasajeros desarmados y en el tiroteo murió un custodio alcanzado por una bala de rebote disparada por uno de sus colegas. Fidel montó en una de sus furiosas cóleras y exigió que los diplomáticos peruanos expulsaran de su sede a los pasajeros del ómnibus, cosa a la que no accedieron aquéllos pues se hallaban en consulta con su Cancillería en Lima que estudiaba que medidas adoptar. El día 4, Fidel informó a Cuba, Perú y el Mundo *«que en vista de que los diplomáticos peruanos no cumplían su deber impidiendo la violación de su sede, el gobierno cubano no arriesgaría la vida de sus custodios previniendo la violación. Agregó que si después de avisados los peruanos rehusaban cumplir su obligación, el gobierno cubano no se sentía obligado a cumplir la suya porque no podía proteger a embajadas que no participaban en su propia defensa y que por tanto ordenaba retirar la custodia de la embajada peruana».*

A pesar de que se dio a conocer oficialmente por la prensa, el radio y la televisión el retiro de los custodios, que dejaba libre la entrada al edificio y sus jardines, los habaneros fueron cautelosos y penetraron en pequeño número. Un grupo numeroso se situó pacíficamente en los alrededores y esporádicamente franquearon la portada los más confiados. En una de sus calculadas actuaciones demagógicas se apareció en el perímetro Fidel Castro con sus escoltas y amigablemente dijo a los que estaban dentro que en verdad podían libremente abandonar el país, declaración que confirmó el día 6 el Ministerio del Interior, añadiendo que todos aquellos que entraron desde la retirada de los custodios podían emigrar sin dificultad al país que los acogiese. Al enterarse de aquellas declaraciones corrieron hacia la embajada peruana, en multitud asombrosa, de todas partes de Cuba, hombres, mujeres niños, blancos, negros, mestizos, militares, milicianos, médicos, arquitectos, abogados, obreros, campesinos, estudiantes, becados del gobierno, artistas y hasta miembros de los Comités de Defensa y, en fin, toda una amalgama representativa de la sociedad marxista-leninista implantada por la fuerza del terror, las ergástulas tenebrosas y los paredones de fusilamiento durante los anteriores veinte años. La invasión de la embajada peruana alcanzó la increíble suma de casi once mil personas que, apiñados tumultuosamente, sin facilidades sanitarias suficientes, revolcándose en los orines y excrementos, desesperados por sobrevivir aquel infierno se fajaban por el mínimo condumio que, con calculado ensañamiento para que eso sucediera, le lanzaban a voleo los verdugos comunistas, que para colmo de sevicia movilizaron sus frenetizados seguidores para que apedrearan y ofendieran a los infelices refugiados. La dantesca odisea está descrita en páginas escalofriantes por un testigo que sufrió aquel espantoso calvario, el escritor y periodista Sergio Galán Pino en su opúsculo *La Embajada del Perú: Un salto hacia la libertad*, Twin Printing, Miami.

Al margen de los horrores que sufrían los refugiados en la embajada peruana tenía lugar un embrollo diplomático tremendo. El gobierno del Perú no estaba en condiciones físicas ni económicas de habitabilidad para albergar tal excesiva inmigración que la izquierda radical del país rechazaba alegando *«que se trataba de enemigos de la revolución cubana y que además existía mucha miseria indígena necesitada de la injusta ayuda que se pretendía dar a contra-revolucionarios cubanos»*. Pero compasivamente envió tres aviones que trasladaron a Lima a un grupo de refugiados que situaron en una pobre barriada de la capital, con un mínimo de facilidades, comparables a las villas miserias. El presidente de Costa Rica, Rodrigo Carazo, ofreció que su país estaba dispuesto a recibir a 10,000 refugiados temporalmente, con destino a otros países, y comenzó por enviar un avión que llevó a San José una docena de ellos. Inoportunamente el 6 de abril, el gobierno peruano informó que se desentendía del problema y lo remitía al Alto Comisionado para refugiados en las Naciones Unidas que era quien tenía la obligación de trasladarlos al país que los aceptara. Costa Rica, encarada a lo que lucía como dilema insoluble, suspendió los vuelos y no repitió su oferta migratoria. El presidente americano, Jimmy Carter, se conmiseró del infortunio habanero pero no dispuso medidas para resolverlo, como lo había sugerido el Alto Comisionado. Fidel terció en la maraña diciendo: *«Están en libertad de regresar a sus hogares y de entrar y salir de allí cuantas veces quieran. Las autoridades cubanas no se lo impedirán. Pueden viajar al país que les conceda visa»*. Tres días después se apareció en La Habana el conflictivo ex-brigadista Napoleón Vilaboa[7], quien regresó a Miami asegurando *«que Fidel le había dicho que los asilados podían irse por mar si los iban a buscar como en Camarioca»*. El gobierno americano permanecía indeciso y en vista de ello los exiliados incrementaron el embrollo cuando, sin contar para nada con Washington, Fidel anunció el 23 de abril que sería aceptado el arribo de embarcaciones para recoger y evacuar a quienes desearan emigrar. Vilaboa inmediatamente reunió una flotilla de 20 barcos y partió para La Habana, también sin la aprobación de Washington. El día 25 el camaronero Big Boy arribaba a Key West, procedente de Cuba, con 200 personas a bordo, a pesar de que ya el Servicio de Inmigración, independientemente, había prohibido los viajes no autorizados y amenazaba con condenas de 5 años de cárcel a dueños y tripulantes de barcos que facilitasen la violación de las Leyes de Inmigración.

Ronald Reagan, Gobernador de California y aspirante a la Presidencia impulsó un brulote político que trepidó al Partido Demócrata cuando opinó públicamente *«que los Estados Unidos debía estar dispuesto a dar toda clase de ayuda a los refugiados en la embajada de Perú»*. Proponiéndose superarlo en la estimación de los votantes, el presidente Carter, aspirante demócrata reeleccionista respondió al republicano Reagan el día 5 de mayo y en un discurso ante la Liga de Mujeres Votantes (League of Women Voters) afirmó: *«Nuestra nación esta hecha de refugiados. Nosotros continuaremos ofreciendo los brazos abiertos a todos aquellos refugiados en busca de libertad de la dominación comunista y la depravación económica producida por Fidel Castro y su gobierno...»* Simultáneamente a la declaración del presidente Carter se derivaron dos trascendentales ocurrencias: los cubanos exiliados tomaron la iniciativa, contra las leyes y la amenaza de encarcelamiento del Servicio de Inmigración, y de todas partes de los Estados Unidos se trasladaron a Miami y Kest West para lanzarse a una masiva operación marítima de rescate análoga a la de Camarioca en 1965, y por su parte Fidel Castro iniciaría un repliegue de su actitud conciliadora, conducente a reforzar su tiranía, reviviendo el proceso intimidatorio siguiente a su viraje al comunismo puesto en salvaje práctica contra *los*

---

[7] Ver Tomo IV, págs. 611-629.

gusanos, los bandidos del Escambray y los agentes de la CIA[8]. Cientos de naves de todo tipo y de todo tamaño, comerciales y deportivas, fueron fletadas, sin cuidado de seguridad o condiciones de navegación, a precios de usura y contrabandeo, con completo descuido atmosférico, para traer a tierra de libertad y bienestar económico a parientes y amigos relacionados con nombre y dirección en Cuba, llevando dólares a plenitud con que sufragar los gastos que fuese necesario pagar, directa o subrepticiamente, al gobierno comunista cubano, que designó el puerto de Mariel, a unos 40 kilómetros al oeste de La Habana, como dársena oficial en la cual llegaron una vez a acumularse mas de mil naves de rescate y a una desolada playa cercana, llamada El Mosquito, que fue habilitada como centro de procesamiento aduanal de *la escoria*, apelativo que se aplicó a los emigrantes por los sicarios fidelistas.

Las calamidades que hicieron padecer a los viajeros la jauría comunista fueron de espanto. Frente a sus hogares fueron efectuados actos de repudio que se paralelaban a los sambenitos del catolicismo medioeval y lo mismo tenía lugar en los centros de trabajo. Los mas ofensivos repudios fueron aplicados a *los tapaditos*, nombre que dieron a quienes antes se mostraban como apoyadores firmes del gobierno y perseguidores de sus opositores, quienes al padecer en sus carnes lo que hicieron padecer a otros, ahora se titulaban *disidentes*[9], víctimas de una represión que ellos implantaron y de cuya derivación elitista oficial disfrutaron, con la cual cayeron en desgracia por diferencias sectarias exclusivamente microfaccionales. A quienes invadieron la embajada peruana les fueron dados salvoconductos que les permitían salir al exterior de modo legal a cualquier país que le diera visa. A los que optaban por irse como *escoria* los documentaban como lacras sociales compuestas de prostitutas, chulos, matronas, homosexuales, invertidas, anti-sociales, etc., que miles de personas decentes aceptaron firmar como tales, con tal de dejar detrás aquel averno.

El clásico tiro por la culata le salió a Fidel Castro el ofrecimiento de libre salida pues el corre-corre para inscribirse como viajeros epidemió a la población que él suponía enteramente suya. Para castigarla por su entusiasta

---

[8] Ver Tomo IV, págs. 21-24, 270-75, 438-49.

[9] *Ibid.*, págs. 496-503.

deserción masiva y complicarle la vida a los agentes aduanales americanos, vació las cárceles y los manicomios de sus mas peligrosos reclusos y los documentó a la par con las personas decentes injusta y perversamente calificadas como la escoria que realmente aquellos eran. Completó su malvada tarea ordenando que se obligase a llevarlos con ellos a Miami y Key West a los rescatadores. En gran cantidad de veces éstos sufrieron el dolor de tener que dejar detrás a parte de familiares y amigos para que sus puestos en las naves fueran ocupados por una porquería social que no era otra cosa que el producto del marxismo-leninismo imperante en la Gran Antilla durante veinte años. El Servicio de Guardacostas trasladó a la Florida gran parte de sus barcos desde otras zonas navales para patrullar el mar entre Mariel y Miami-Key West y orientar, remolcar, abastecer y convoyar cientos de barcos, barquitos y barquichuelos que pululaban el Estrecho de la Florida. Una vez desembarcada en la Florida aquella muchedumbre migratoria comenzaría una etapa de problemas de identificación, procesamiento de antecedentes penales, ubicación y re-ubicación de inmigrantes, situación de fondos municipales, estatales y federales de ayuda humanitaria, gastos médicos y reunión familiar. Al cumplirse el primer mes de aquel éxodo, habían llegado a la Florida 66,000 refugiados que crearon tal problema habitable que obligó al presidente Carter a declarar a la Florida zona de desastre para permitir que se beneficiase con ayuda económica federal que pudiese darle frente a la situación anómala aquella. Al fin del puente marítimo, que duró de abril a septiembre de 1980, el censo efectuado por el Servicio de Inmigración demostró que un total de 124,776 refugiados habían llegado a la Florida.

    Coincidiendo con lo acaecido en la embajada peruana y subsiguiente puente marítimo del Mariel, tuvo lugar en La Habana un gravísimo incidente diplomático-policial en la ex-embajada americana[10]. El acuerdo Carter-Castro de 1978, mencionado anteriormente, aprobó la salida de unos cinco mil presos políticos que habían cumplido sus condenas, acompañados por sus familiares cercanos, premia tramitación de visas para los Estados Unidos en su Sección de Intereses que radicaba en el edificio de la ex-embajada. El día 2 de mayo unos mil ex-presos y familiares se hallaban pacíficamente reuni-

---

[10] Wayne S. Smith, Obra citada.

dos frente a la ex-embajada, interesados en saber sobre sus visas, cuando fueron brutalmente atacados por una feroz horda de comunistas armados de palos, cabillas, bates y azotes metálicos sin cuidado de mujeres y niños mientras los insultaban soezmente. Aunque en desventaja, los ex-presos se defendieron de ellos con la misma fiereza que lo habían hecho contra los esbirros carcelarios, llegando a desarmar a muchos de los agresores y descalabrándolos con sus mismos instrumentos de violencia. Mientras se desarrollaba la trifulca, 452 solicitantes, la mayor parte mujeres y niños, penetraron al edificio por la puerta que les abrió, incumpliendo órdenes a ese efecto, un compadecido custodio infante de marina cuyo noble gesto fue aprobado por su superioridad en el edificio y en Washington. Cuando llegó la fuerza represiva del Ministerio del Interior, reclamada por el Jefe de la Sección de Intereses, Wayne Smith, y se apaciguó el desorden, los forzados huéspedes se negaron a irse y allí permanecieron, alimentados y protegidos, hasta el mes de agosto en que ellos y los demás ex-presos y familiares se trasladaron a los Estados Unidos.

II

Los marielitos. Problemas de conducta y ubicación. Actitud contradictoria del Exilio. Los campamentos. Los motines. El Gobernador de Arkansas Bill Clinton y Fort Chaffee. Fin del Mariel. Recapitulación.

La avalancha humana que formó el grueso de la inmigración del Mariel presentó unas características muy diferentes a la de las anteriores de 1959-65 y de Camarioca y los Vuelos de la Libertad posteriores. Aquéllas eran representativas de una sociedad ascendente democrática, dividida políticamente pero unida familiarmente y respetuosa de tradiciones nacionalistas. Siempre en el pasado republicano había demostrado su inclinación a oponerse a las dictaduras y repudiado a quienes de ella las habían apoyado. En el exilio, desde 1959, habían progresado los cubanos, económica e intelectualmente, mas que lo habían hecho, en un período de 20 años, otros de ellos en la Isla republicana. Desde 1959 el anhelo de los exiliados, mas que liberar a Cuba mediante la guerra, era la reunificación familiar, aún al precio de parecer voluntarios, o involuntarios, cómplices del gobierno comunista isleño, tanto por sus viajes de visita como por los millones de millones de dólares remitidos anualmente a parientes y amigos que fortalecían financieramente al régimen tiránico que los esclavizaba. De acuerdo con la investigación sociológica llevada a cabo por la FEMA (Federal Emergency Management Agency) la diferencia en la conducta social de los emigrados del Mariel y sus predecesores era disímil. Hablaban con un lenguaje irrespetuoso y vulgar y se proyectaban en forma egoísta hacia sus propios compañeros de infortunio; menospreciaban las donaciones de vestimenta que les propiciaban los exiliados y mostraban agresividad hacia las regulaciones y las autoridades que las ponían en práctica. Desencantado con tal incomprensible conducta, el exilio en general determinó diferenciarse de ellos auto-denominándose refugiados y bautizándolos con el peyorativo apodo de *marielitos*, sin detenerse a pensar de que los marielitos eran el producto humano causado por 20 años de vivir bajo un sistema de gobierno totalitario que los hizo ajenos al uso de conveniencias sanitarias y personal higiene; que les inculcó en las aulas el irrespeto a la urbanidad y el amor filial y de la mentira hizo un hábito.

Las anteriores inmigraciones, aunque masivas, fueron hechas dentro de un orden establecido de visas, auspicios familiares, juramentos de solvencia económica y moral y otorgamiento de status de libertad bajo palabra (parolee) o residente. Pero por el Mariel llegaban sin previa identificación o registro en la Sección de Intereses en La Habana y eso obligó a la Administración Carter a contratar a instituciones de ayuda a refugiados, con práctica en la cuestión, para que atendieran a los que alegaban tener auspiciadores o familiares que los esperaban. Eran tantos los que llegaban a Miami que a falta de lugares habitables la Ciudad de Miami y el Condado de Dade fueron forzados a erigir tiendas de abrigo en Tropical Park y el stadium Orange Bowl y a establecer cercas y guardias de seguridad para impedir fugas, salidas no autorizadas, y visitas inesperadas o a deshoras. Para los internados aquello remedaba a Cuba y el comunismo y se originaron desórdenes y confrontaciones que no beneficiaron la reputación de los marielitos. Hubo también sangrientas riñas por rivalidades personales traídas desde Cuba, por cuestiones pasionales de la mas baja estofa y por el dominio en el reparto de vituallas y espacio dormitorial. Cuando la administración del Orange Bowl ordenó evacuarlo porque comenzaba su etapa deportiva, los marielitos fueron albergados en tiendas de campaña bajo los puentes de las autopistas, algo que los enfureció pues los igualaba a un campamento de indigentes y de allí muchos se fueron a dormir en parques y portales pero libres de aquella ignominia. Pero quedaban sujetos a castigo por violación de la ley contra la vagancia y el merodeo. En ese tiempo el barrio negro de Miami, Liberty City, estaba en estado de sitio por la policía, incendiado y saqueado por masas que protestaban por la sentencia de inocentes a los policías Alex Marrero, Michael Watts y Ira Diggs que según sus acusadores habían dado muerte a golpes al ejecutivo de seguros Arthur McDuffie. Derivado de eso, unos inocentes marielitos de raza negra que se hallaban en el perímetro pasaron el mal rato de ser arrestados y vejados en la cárcel hasta ser puestos en libertad por gestiones del alcalde Mauricio Ferré.

Corriendo en ayuda de sus compatriotas en desgracia, el exilio organizó en Miami una recogida de fondos de ayuda mediante maratones radiofónicos y televisivos y amplia cobertura periodística. Siguieron el noble ejemplo Chicago, Los Angeles, New York y Tampa que crearon Ligas y Asociaciones de Ayuda y Protección que encontraron o financiaron casas y trabajos. Pero como el número de marielitos sobrepasaba el de los auspiciadores y los problemas de disciplina aumentaban en las comunidades residentes en tiendas de campaña y el gobierno americano enfrentaba el dilema de su deseo humanitario de ayudar a las víctimas de la persecución política y su obligación de proteger la economía, la cultura y el sistema político nacionales de una interminable lista de extranjeros que deseaban emigrar a los Estados Unidos, legal o ilegalmente, para ganar dinero que remitir a sus países nativos, la Administración Carter optó, en el caso de los marielitos, no darles el beneficio dado a sus predecesores de candidatos a la residencia y la ciudadanía y considerarlos como entrantes con permisos de trabajo sin derecho a ayuda económica de bienestar social, mientras los clasificaba y depuraba su ya aceptada documentación. El resto, que sumaban miles, los distribuyó en campamentos militares ya existentes o que rehabilitó para en ellos, con tiempo y ayuda profesional, separar los buenos de los malos, adoctrinar aquéllos y encarcelar federalmente a éstos, considerados deportables. Fueron seleccionados como lugares de procesamiento y liberación los siguientes: Eglin, Florida (10,734); Fort Chaffee, Arkansas (19,524); Indiantown Gap, Pennsylvania (19,010) y Fort McCoy, Wisconsin (14,469). El gobierno de Puerto Rico, acosado por una tendenciosa campaña de prensa contraria a la aceptación de marielitos, se negó a recibirlos masivamente, basándose en la mala conducta social que se les atribuía, en dos pleitos iniciados en las Cortes contra su introducción en Borinquen y la amenaza de un paro general obrero.

    El traslado de los componentes de la inmigración del Mariel a los campamentos relacionados presentó grandes problemas de relaciones públicas y de dinero al gobierno de Jimmy Carter, que no se hallaba en condiciones organizativas para tamaña empresa. El resumen del Mariel, según informe de FEMA y el Cuerpo de Guardacostas, daba las siguientes cifras: total de refugiados: 124,000; barcos ayudados por guardacostas: 1,101; hundimientos: 36; naufragios: 15; barcos confiscados por el Departamento de Aduanas: 700; tripulantes arrestados: 75; refugiados encarcelados 655; refugiados procedentes de cárceles 27,500. Como se echa de ver, no se especificaban los delitos cometidos por esos 28,150 penados pues las autoridades americanas, rutinariamente, consideraban como normal lo consignado en los salvoconductos presentados por los marielitos. Enfrentados a las protestas de los portadores de las falsas clasificaciones comunistas que mostraban los salvoconductos, quienes infructuosamente les explicaban que muchos de los considerados delincuentes eran personas que habían aceptado tal deshonrosa calificación para poder emigrar y otros muchos cuya violación de las leyes consistía en forrajear alimentos para su familia hambrienta, al margen de lo concedido por la libreta de racionamiento, y temerosos de tomar decisiones rápidas que pudieran resultar equivocadas, optaron por el envío de todos los que no habían sido ubicados a los campamentos para allí ser procesados. No dieron crédito a la oferta del exilio de ayudarlos, con la experiencia que poseían de Camarioca y los Vuelos de la Libertad, y contrataron con la Conferencia Católica de Estados Unidos (U.S. Catholic Conference); Servicio Mundial de Iglesias (The Church World Service); Comité Internacional de Rescate (International Rescue Committee); Servicio Luterano de Inmigración y Refugio (Lutheran Immigration Refugee Service); Servicio Mundial de Rescate y Ayuda (World Relief Rescue Service); Sociedad Hebrea de Inmigración (Hebrew Immigration Society); Concilio Americano para Servicio a Nacionalidades (American Council for Nationalities Service); Fundación Tolstoy (Tolstoy Foundation) y Convención Bautista Sureña (Southern Baptist Convention), todas ellas organizaciones voluntarias de raíz americana. Los principales rechazos fueron propinados a un Comité de Ayuda de Chicago, presidido por Marcelino Miyares, y a uno de Miami lidereado por Manolo Reyes quien denunció en Diario Las Américas, en septiembre 12 de 1980, que había escrito notificándoselo al Presidente Carter; al Embajador Víctor Palmieri, Coordinador de Asuntos para Refugiados, del Departamento de Estado; al Embajador Esteban Torres, Asistente Especial del Presidente de los Estados Unidos para Asuntos Hispánicos; al Alcalde del Condado de Dade, Steve Clark; al Alcalde de Miami, Mauricio Ferré y a los Congresistas de la Florida, Representantes Dante Fascell, William Lehman y Claude Pepper y Senador Richard Stone sin que le hubieran hecho caso y que pedía que el Congreso investigase y depurase responsabilidades de un problema que estaba afectando negativamente la imagen y reputación internacional de los Estados Unidos.

Varios trágicos sucesos ocurrieron que robustecieron la decisión del gobierno de Carter de enviar los llamados marielitos a los campamentos militares. Uno de ellos, José Ramírez Vázquez fue identificado, por varios refugiados en Miami, como *Caballo Loco*, sádico esbirro carcelario a cargo de los bloques 24 y 25 en la prisión de Isla de Pinos y capataz del plan de trabajos forzado Camilo Cienfuegos de FRUTICUBA, ideado por Ricardo Bofill Pagés[11], durante el cual murieron 18 prisioneros políticos. Siete aviones fueron llevados a Cuba por secuestradores armados de botellas incendiarias que se identificaron como refugiados cubanos descontentos con el trato recibido de humillaciones y golpes. Un médico cubano establecido en Atlanta, Dr. Carlos Duarte, director de una clínica para niños que era favorita de la madre y la hermana del presidente Carter, fue asesinado a puñaladas por tres marielitos, presos comunes de la peor especie, en Coral Gables, para robarlo. En Los Ángeles fue incendiada la casa en que residían delincuentes marielitos, bajo plan de rehabilitación fomentado por la Liga de Asistencia Cubana y la Oficina de Beneficencia Católica, y en sus ruinas fueron hallados los cadáveres calcinados de una mujer y un niño posteriormente identificados como inmigrantes mexicanos ilegales. En esa misma ciudad californiana fue reducido a cenizas un cabaretucho y prostíbulo de marielitos homosexuales en el barrio de Hollywood, con el consabido escándalo de prensa, radio y televisión ofensivo a la respetable y próspera comunidad exiliada cubana. En Miami se propagó la especie vergonzosa de que la violencia y el

---

[11] Ver tomo IV, págs. 18, 136-37, 497-503.

crimen habían aumentado por causa de la presencia, en la Pequeña Habana, de multitud de marielitos malhechores. Comparando el número de marielitos execrables con el total de decenas de miles de ellos, personas decentes y laboriosas que se integraban a la sociedad que los acogía en su seno, era visible que se estaba cometiendo con esa novel inmigración una flagrante injusticia. Que daba la razón a los que la calificaban de ancestral odio o miedo al extranjero por parte de partidarios de un pasado irretornable de racismo prejuicios sociales y discriminación étnica.

La descripción de los campamentos a que fueron enviados los 63,737 marielitos que no habían encontrado abrigo con familiares o auspiciadores caritativos y los que estaban destinados a ser objeto de escrutinio sicológico, policial y político, está mejor expresada, como planta piloto de ellos, en la hecha por el Dr. Juan Silverio Latour al Autor sobre su servicio en Indiantown Gap. Leamos:

Cuando supe que Indiantown Gap sería un centro de recepción a los compatriotas procedentes del puente marítimo del Mariel me puse en contacto con el Servicio de Inmigración en Harrisburg, capital del Estado de Pennsylvania para ofrecer mis servicios como médico bilingüe. Fui aceptado y durante los meses de junio a septiembre de 1980 doné voluntariamente mis servicios profesionales establecidos en Filadelfia.

Indiantown Gap había sido un campamento militar edificado durante la Segunda Guerra Mundial. El campamento se componía de cientos de barracas donde eran instalados los reclutas del Servicio Militar Obligatorio. Cada barraca podía alojar de 30 a 40 reclutas. Por dentro del extenso terreno se habían construido carreteras que aún se encontraban en buen estado. Las barracas habían sido esparcidas en secciones de aproximadamente cien metros por lado (una cuadra española.) Dentro de aquel extenso terreno se encontraban dos edificios de tres pisos cada uno, sin lugar a dudas, para albergar a los oficiales militares del campamento.

Tan pronto se había dado la orden de preparar el campamento para albergar a 19,000 marielitos, la inventiva yanqui había comenzado a renovarlo. A nuestra llegada, todo el campamento era un hormiguero de pintores, carpinteros y otros trabajadores necesarios para modernizar el vetusto fuerte militar. En menos de una semana el lugar parecía haber regresado a sus originales tiempos de albergar soldados. Como todavía faltaba algún tiempo para organizar debidamente a los 30 o 40 médicos voluntarios (todos ellos cubanos exiliados que residíamos en las alrededores ciudades) la Sanidad Militar había ordenado a uno de sus hospitales movibles que se trasladase desde su base en Carolina del Norte hacia Indiantown Gap. Fue maravilloso ver como en los días que se nos instruía en nuestras funciones, gigantescos aviones C47 de transporte aterrizaban en la pista que allí existía y de sus vientres salían personal y equipos que en 48 horas edificaban un hospital completo, con salones de cirugía, laboratorios clínicos, aparatos de rayos X y, en fin, todo lo necesario para montar un MASH (Medical and Surgical Hospital) de campaña.

A su vez, los 19,000 huéspedes que venían del Sur arribaban también aerotransportados. El campamento se había dividido, a su vez, en forma rudimentaria, con sogas que iban de una a otra de las esquinas de la división. Unos soldados del ejército norteamericano quedarían apostados para vigilar, desde garitas, que los nuevos residentes no se traspasasen de la sección donde serían asignados. El campamento se dividió en cinco secciones. La primera de las secciones sería ocupada por familias (grupos de padres con niños y también se incluían allí las mujeres que habían venido solas.) La segunda sección sería ocupada por hombres solos, no homosexuales. La tercera sección cobijaría hombres homosexuales. La cuarta sección albergaría prostitutas y lesbianas. La quinta sección incluía a los enfermos sicóticos extraídos del hospital para enfermos mentales de Mazorra. En cada una de las secciones se instaló una clínica rudimentaria para asistir aquellas personas que necesitaran atención médica no urgente. En el centro del campamento se instaló una clínica de mayor tamaño, con material de primeros auxilios, que se le llamó Cuerpo de Emergencia. Mi hija, Irene, trabajó voluntariamente, como Trabajadora Social (Social Worker) en el proceso de reclasificación y relocalización de los internados. Me queda pendiente publicar el relato de mis experiencias relacionadas con Indiantown Gap y los compatriotas marielitos y sus múltiples problemas de ajuste a una sociedad democrática, desconocida de ellos. Pero aseguro que los meses que pasé ayudándolos ha sido uno de los mas gratificado-períodos de mi vida. Y me sentí orgulloso de ser ciudadano de este país y agradecido, una vez mas, del respaldo recibido del gobierno en mis funciones médicas...

Esos problemas de ajuste mencionados por el Dr. Juan Silverio Latour, laureado pediatra, fueron caóticos en demasía en los campamentos, sin excepción, cometidos por una minoría compuesta de delincuentes volcados por Castro maliciosamente entre los honestos viajeros, a los que se sumaron agentes provocadores infiltrados para que crearan disturbios y acciones repudiables que el periódico Granma, órgano de prensa del Partido Comunista, publicaría resaltando la condición de escoria que el gobierno había dado a sus opositores y desafectos que se iban por el Mariel. A este estado de cosas se añadió la propaganda negativa de la prensa americana pro-castrista que incitaba a las comunidades del país que practicaban el racismo klu-kluklanesco a que influyeran sobre los gobernantes para que éstos vocearan el repudio «a la negrada de cubanos que invadía la tierra de Dios». (The black swarm of cubans that invade God´s Country), y la demora, a veces excesiva, de los oficiales de Inmigración y el FBI de la aprobación de salidas a la libertad de los internados, que atribuían al indispensable chequeo de expedientes que eran contradictorios por causa de declaraciones personales o informes negativos brindados por personas que juraban haber sido víctimas de sicarios comunistas que se hacían pasar por anticastristas. Con tristeza es imprescindible admitir el hecho histórico que en Miami la comunidad cubana exiliada dio rienda suelta a un frenesí anti-americano, totalmente injustificado, que parecía ser obra del gobierno de Castro movilizando las masas adocenadas, para que efectuaran mítines relámpagos en centros comerciales, que bloquearan el tráfico en las principales intersecciones, declarándose en huelga de hambre en el monumento de Bahía de Cochinos y llamando a una huelga general, todo insensatamente pues el gobierno de Carter apadrinaba el recibimiento a los inmigrantes del Mariel y destinaba varios cientos de millones de dólares para su favorecimiento. La lectura de reportajes y editoriales del periódico The Miami Herald y su versión en español, El Miami Herald, en que exageraban, o daban como cierto los rumores, siempre contrarios a la aceptación de los marielitos, provocó el contra-ataque de los exiliados, cuya cólera era intensificada porque en La Habana se celebraban multitudinarias concentraciones *«en apoyo a la expulsión de la escoria que en los Estados Unidos era vigorosamente rechazada por la opinión pública, tal y como lo demostraba su prensa».* Citaban los voceros comunistas, muchas veces fuera de contexto, a los gacetilleros anglos D. Williams, George Stein y Tom Fiedler y los hispanos Roberto Fabricio, Guillermo Martínez y Helga Silva.

La euforia de las primeras semanas de su llegada a la Florida dio paso, en los campamentos en que fueron concentrados, a la frustración, la depresión y la ira en sus internados que no veían la santa hora de su libertad e ingreso en el seno de la sociedad democrática americana. En Eglin se produjo un minúsculo motín de marielitos, coléricos por la demora en recibir la reubicación, los que rompieron una cerca y se dispersaron por la cercana Fort Walton siendo pronto recogidos y vueltos pacíficamente al campamento, que según ellos les recordaba a Cuba comunista. En Fort McCoy fue un poco mas lejos la inconformidad pues allí rompieron la cerca y asaltaron y saquearon la cafetería y el comedor y contra algunos los guardias ejercieron violencia para reducirlos a la obediencia. En Indiantown Gap hubo pequeños conatos de indisciplina sin mayores consecuencias. Pero en Fort Chaffee el entuerto fue de mayúscula dimensión, especialmente porque en ese lugar habían sido procesados y reubicados, sin problemas, cien mil refugiados vietnamitas. Coincidente con el alud humano del Mariel el estado de Arkansas atravesaba una magna crisis: los camioneros estaban en huelga, el Klu-Klux-Klan actuaba con impunidad, varios tornados habían destruído poblaciones y la recaudación de impuestos experimentaba una gran baja. El gobernador, William Jefferson Clinton, pensó que el influjo de miles de marielitos a Fort Chaffee llevaría millones de dólares a su región y que la transición de entrantes a refugiados legales sería tan sosegada con aquellos como lo había sido con los vietnamitas humildes y dóciles. La FEMA remitió a Fort Chaffee no solamente a los programados para ese lugar si no que añadió a ellos los que consideraba potenciales revoltosos y sediciosos en una especie de imitación a la ley de peligrosidad comunista cubana.

El día 26 de mayo de 1980 varios cientos de internados se fugaron del campamento y crearon disturbios menores en un pueblito cercano. Preocupado, el gobernador Clinton activó varias compañías de soldados de la Guardia Nacional y autorizó a la Policía Estatal a enviar tropas al area de Fort Chaffee ya que el general James Drummond, comandante del cercano Fort Smith le informó que no contaba con autoridad para usar tropas del ejército bajo su mando para refrenar a los cubanos albergados en Fort Chaffee. En la mañana de junio 1, después de efectuar un paro sentado en la entrada principal, varios cientos de internados echaron abajo la cerca y atropellando a los guardias del ejército, que no se esforzaron en detenerlos, salieron a la carretera dando gritos de ¡Libertad! ¡Libertad! La Policía Estatal los enfrentó y los gritones regresaron al campamento. Pero en la tarde de ese día mas de mil revoltosos volvieron a la carga, esta vez armados de toletes y botellas, sin oposición de los militares, y se desparramaron por las poblaciones de Jenny Lind y Berling escandalizando y rompiendo las entradas a restaurantes, bares y comercios que se hallaban cerrados porque era, nada mas y nada menos, que el Día de Recordación (Memorial Day), fecha sacrosanta en los Estados Unidos, dedicada a honrar la memoria de los muertos en las guerras de esa nación. Clinton, furioso, ordenó a la Policía Estatal establecer un frente de guerra en el borde de la ciudad de Berling y cuando los amotinados llegaron fueron recibidos en forma brutal que les causaron sesenta bajas, casi todas con heridas en la cabeza por golpes de cachiporras. Dentro de Fort Chaffee los internados no violentos crearon una fuerza disciplinaria que, jefatureada por el ex-comandante del Ejército Rebelde y ex-preso político anticomunista, Víctor Mora Pérez[12] metió en cintura a los partidarios de motines. El gobernador Clinton se las vio negras con sus súbditos que enojados con él habían creado milicias armadas *«para defenderse de los diabólicos cubanos criminales que había arrojado sobre nosotros. (The devilish cuban criminals that he dumped on us.»)* La resaca de Fort Chaffee fue fatal para Clinton pues su reelección fue perdida porque su contrincante usó los motines como campaña electoral en su contra. Los marielitos fichados como indeseables en los campamentos y los que libres cometieron delitos mayores o considerados de vileza moral (moral turpitude) fueron enviados a prisiones federales hasta que se solucionara el problema de su deportación, requerida por la Ley de Inmigración vigente. Cuba oficialmente clausuró el Mariel; el Congreso en Washington aprobó el Acta de Asistencia Educacional a Refugiados (Refugee Education Assistance Act) y el presidente Carter firmó en Tallahassee, el día 10 de octubre de 1980, la Ley de Ayuda a Refugiados que otorgaba a los marielitos el mismo derecho a recibir ayuda económica y préstamos educacionales que sus predecesores de Visa Waivers, Camarioca y los Vuelos de la Libertad.

---

[12] Ver Tomo III, pág. 575 y Tomo IV, págs. 18, 19, 135-38, 150, 159.

El vocablo *marielito* dejó de ser un insulto personal o de clase y se convirtió en una referencia cronológica al ingreso como refugiado del Mariel en los Estados Unidos.

El contraste entre el comportamiento o la actitud de los marielitos y de los cubanos que los precedieron desde 1959 era una ardiente quemadura en la sociología isleña, demostrativa de los resultados de veinte años de adoctrinamiento comunista. Aún entre los miles de personas decentes era impactante su postura indiferente ante los cánones de urbanidad que siempre distinguió a la sociedad democrática cubana y su frecuente demostración de exigencias económicas y de albergue especial o de medios de transporte vehicular fueron causa de que se les considerara ingratos y desamorados por familiares, amigos y extraños benefactores. No entendían generalmente que los que llegaron antes que ellos a los Estados Unidos lo hicieron sin otras pertenencias que las ropas que traían puesta, que ocuparon los mas humildes trabajos con el mas grande orgullo, que no tuvieron otra ayuda que la mínima de relocalización y que jamás demandaron transportación no importa cuan lejos estuviese el punto de labor o la inclemencia del tiempo, glacial en muchas zonas geográficas, que debido a la barrera del idioma, abogados, médicos, dentistas, pedagogos, comerciantes, ingenieros, arquitectos, famaceúticos, etc., oficiaron de sepultureros, vendedores de baratijas casa por casa, engrasadores en gasolineras, mozos de limpieza en hospitales, buhoneros, obreros de construcciones y que las cubanas trabajaron en factorías de costureras y de recogedoras de tomates en los campos de cultivo. Sus hijos crecieron aquí y en la hora de necesidad bélica de los Estados Unidos formaron parte de sus Fuerzas Armadas, combatieron en Viet-Nam, fueron heridos o muertos en combate y muchos de ellos alcanzaron altos grados militares y condecoraciones. Y no olvidemos a los que vinieron para volver a Cuba y allí combatir al comunismo con las armas, terminando fusilados o condenados a largas penas de prisión y a los que por los caminos del mundo lo han hecho y también han perecido o están presos. Tomó tiempo a la marea migratoria del Mariel el integrarse a su nueva sociedad, pero su éxito fue espléndido en ella. Solamente la minoría anti-social que injustamente la estigmatizó, obra insidiosa de Fidel Castro, reincidiría en sus desvergüenzas y fechorías mas adelante, como habremos de leer.

III

Oportunismo unificador. Tres críticas a ello. La Asamblea Coordinadora Nacional. Grupúsculos y delegados. Programa. Mesa Presidencial. Creación de la Junta Patriótica Cubana. Comité Ejecutivo y Asamblea Permanente. ¿Declaración de Principios o Bobería Retórica? Reminiscencia del JURE y el Plan Torriente.

Como establecimos anteriormente, una vez reconocido oficialmente por los Estados Unidos que su Sección de Intereses en La Habana actuaría como una Embajada, que se eliminaba la prohibición de viajes a Cuba y el envío de dólares indiscriminadamente a familiares, que se dio entrada sin restricciones a la inmigración sin visas del Mariel y, sobre todo eso y mucho mas, por la intensa persecución y encarcelamiento a los combatientes del Exilio que sin tregua enfrentaban violentamente a los apoyadores de la tiranía castro-comunista se acentuó la decadencia del mambisado del exterior[13]. Tomando como excusa, a falta de razones justificativas, la cacareada impotencia de hacer la guerra al comunismo en Cuba por prohibición de Washington y por la experiencia trágica de Bahía de Cochinos, tomó impulso la estrategia acomodaticia de vertebrar una organización que abrigara en ella a una representación de todos los cubanos exiliados, políticos o económicos, o séase una organización de organizaciones y, ¿cómo habría de faltar?, con la fórmula martiana imprescindible: *Con todos y para el bien de todos*. Los resonantes fraudes del JURE y el Plan Torriente[14] no servían de ejemplo a los viejos y nuevos muñidores electorales, lastre de la glorificada *Cuba de Ayer* que tan virilmente denuncia el Dr. Ángel Aparicio Laurencio en su divulgado folleto de ese título publicado por Ediciones Universal, Miami. Y si un considerado radical como lo era el Dr. Aparicio Laurencio impugnaba el pasado cubano, un distinguido conservador, de pensamiento y partido

---

[13] Ver Tomo IV, págs. 630-38.

[14] *Ibid.*, págs. 549-67.

político, el Dr. Víctor Vega Ceballos[15], escribió en Diario Las Américas: *«Cada vez que se llama a la unión nace una nueva institución que levanta tienda aparte. La proliferación de organizaciones revolucionarias pesa sobre el exilio como una maldición. Somos un exilio disperso, agitado por infecundas pasiones, en el que cada componente quiere comerse el filete de un venado salvaje que no ha cazado. Individuos que jamás pudieron ser elegidos concejales de una modesta villa cubana, aspiran en el exilio a presidir los destinos de un país al que no tienen acceso, y en su delirio llegan a formar el aparato gubernamental, como si realmente estuvieran sentados en el Palacio de la Presidencia, aumentando las discordias y multiplicando la división...» (Extractos)*

Por su parte, el Autor previendo la catástrofe que amenazaba a la lucha activa contra los comunistas por los caminos del mundo debido a la conjunción de factores dialogueros, pacifistas, cabilderos, politiqueros en ciernes, resucitados manengues y reciclados milicianos oportunistas, publicó en el periódico La Prensa de Los Ángeles un artículo intitulado *¡Alerta de Combate!* en el que demandaba la unión de los combatientes contra aquellos como sigue: *«Las noticias que llegan a California sobre un movimiento de masas en Miami con vista a crear una organización de organizaciones, con ausencia de un proceso electoral diáfano, con alegación de que es hora de replantear la línea de acción contra el régimen comunista cubano no es mas que una trampa colaboracionista para atrapar incautos. Se habla de la creación de un Comité Gestor de una Asamblea Coordinadora Nacional Cubana que comprenderá en ella a una representación de organizaciones patrióticas reconocidas en todo el orbe que se reunirán en Miami y escogerán democráticamente a sus dirigentes para crear un frente político, diplomático y militar que materialice la idea martiana de la libertad de Cuba. No se especifica el nombre de los miembros de ese festinado Comité Gestor pero por la experiencia que tenemos en California de la actuación indiferente hacia la beligerancia anticomunista de los Comandos de Acción Cubana y el abandono en que han sumido a sus miembros condenados a prisión y al apoyo*

---

[15] Ver Tomo II, págs. 561, 576, 586.

multitudinario que dieron a los fraudes del Jure y el Plan Torriente y a la farsa del Plan California Pro-comicios de Cubanos Libres[16] no nos extrañemos de ver los nombres de sus exaltados apoyadores, preparémonos para oír discursos rimbombantes, leer crónicas ditirámbicas y contribuir al fondo de la libertad. Yo seguiré mi sendero de la guerra por los caminos del mundo, frente a todos, presto a ir a la cárcel nuevamente o a caer envuelto en llamas». (Extracto)

El día 13 de marzo de 1980, Diario Las Américas reportó la reunión de la Asamblea Coordinadora Nacional Cubana compuesta por los siguientes delegados con el nombre de los grupúsculos que representaban: Andrés Rivero Agüero, Ex-presidente de Cuba; Antonio de Varona, Ex-presidente del Senado; Alberto Martínez Echenique, Brigada 2506; Ricardo Aparicio, Abdala; Santiago Blanco, Municipios de Cuba; Jorge Esteva, Club de Leones; Luis Casero, Club Rotario; Andrés Paseiro, Comandos Tácticos; Roberto Pérez Fernández, Colegio de Periodistas; José Ignacio Rasco, Movimiento Demócrata Cristiano; Miguel Isa, Comisión de Derechos Humanos; Armando Pérez Roura, Colegio de Locutores Cubanos Exiliados; Dilia Socarrás, Unidad Interamericana de Mujeres; María Antonia Mier, Agrupación de Expresos Políticos; Gilberto Casanova, Acción Cubana. El siguiente día 3 de abril anunció que su membresía se ampliaba con las siguientes incorporaciones: Acción Democrática Cubana, Carlos Graupera; Federación Sindical de Plantas Eléctricas, Ángel Cofiño; Comandos Marcelino García, Jorge Moniz; Federación de Profesores Universitarios, Manuel Campos; Ex-congresistas Cubanos, Virgilio Pérez; Partido Revolucionario Cubano, Alfredo González; CTC en el Exilio, Fidel Cordero; Colegio de Pedagogos, Rolando Espinosa; Asociación Farmacéutica de Cuba, Zenobio Espinosa; Colegio Nacional de Arquitectos de Cuba, Sandalio Jorge Ventura; Colegio de Doctores en Filosofía y Letras, Arminda Mari; Asociación de Publicitarios Latinoamericanos, Eduardo Pagés; Colegio de Dentistas de Cuba: Mauricio Martínez; Colegio de Contadores Públicos de Cuba: Ramón Zapico; Colegio de Taquígrafos de Cuba: Ángel Fernández; Colegio de Ingenieros Agrónomos y Azucareros: Miguel A. Quesada; Cámara de Comercio Latinoamericana (CAMACOL): Luis Sabines; Cámara de Comercio Interamericana: Reinaldo

---

[16] Ver Tomo IV, pág. 568.

Cruz; Comité de Familiares de Presos Políticos Cubanos: Juan Llagostera; Fraternidad de Abogados Graduados en 1942: Fabio Ruiz Rojas; Fraternidad de Farmacéuticos Los Tiburones: Joel Socarrás; Fuerzas Armadas Profesionales de Cuba en el Exilio: Martín Díaz Tamayo; Grupo Artísco Literario (GALA): Arístides Sosa de Quesada; Asociación de Masones Cubanos en el Exilio: Juan R. González; Asociación de Colonos en el Exilio: Silvestre Piña; Asociación Los Viejos Útiles: Justo Regalado; Asociación de Médicos Veterinarios Cubanos: Carlos G. Pereira; Masones del Rito Escocés: Antonio Fajardo; Asociación Masónica Baraguá: Eduardo Valdés Rodríguez; Agrupación Montecristi: Francisco Carrillo Masvidal; Movimiento de Recuperación Revolucionaria (MRR): Virginia Guillot; Familiares de Mártires Cubanos: María Luisa Lorenzo; Familiares de Presos Cubanos en el Extranjero: Gloria Corbo; Municipio de San Antonio de las Vegas: José Sosa Hernández; Municipio de Santiago de Cuba: Isidoro Rodríguez Martín; Municipio de Aguacate: Bernardino de la Noval; Municipio de Remedios: Justo Carrillo; Municipio de La Salud: Alfredo Rodríguez; Municipio de Victoria de las Tunas: Antonio Franco Tauler; Municipio de Santa Clara: Gabriel Medina; Municipio de Colón: Rafael Suárez; Municipio de Guane: Gerinaldo Ramos; Municipio de Güines: Aramís Hernández; Municipio de Unión de Reyes: Alberto Seifo; Municipio de Isla de Pinos: Marta Linares; Municipio de Jaruco: Franklin Lazarraleta; Municipio de San José de las Lajas: Julio Bosch; Municipio de Pedro Betancourt: Jorge González; Municipio de Viñales: Juan Herrero Camejo; Acción Redentora: Vicente M. Martínez; Logia Teresa Pérez No. 1451: Edurges Marín; Logia Vicente Méndez No. 365: Armando Bocourt; Organización Abecedaria del Exilio: Ángel Pupo; Colegio de Optometristas: América Parlá; Municipio de La Habana: Alfredo Quesada; Municipio de Guanabacoa: Ernesto Franco Pérez; Municipio de Bolondrón: Alejandro Campos; Movimiento Frank País: Arturo González; Sindicato Azucarero del Central Hershey: Daniel Pou; Municipio de San Diego del Valle: Adalberto Fernández; Municipio de Alacranes: Heriberto Hernández; Municipio de Guane: José M. Vidal; Grupo Táctico de Combate: José A. Colmenares; Municipio de Yateras: Mario J. Martí; Federación de Organizaciones Cubanas de Chicago: Juan M. Rosales; Bloque de Organizaciones de New Jersey: Héctor Wiltz Lancís; Asociación Sindical Independiente de New Jersey: Pedro Hernández; Movimiento Nacionalista: José Tenreiro; Asociación Pro-Cuba de Elizabeth, New Jersey: Dora Morales;

Federación de Masones de New Jersey: Orestes Álvarez; Regional Cubana de New York: Rodolfo Urrutia; Asociación Pro-Cuba de West Palm Beach: Aparicio Aparicio Paneque; Comité Adjunto de Organizaciones Cubanas en Puerto Rico: Orlando Canales; Conferencia de Organizaciones Cubanas en Los Ángeles: Joel Borges; Gran Logia de Cuba en Puerto Rico y Washington: Claudio Benedí; Casa Cuba de Washington: Claudio Ponce; Gran Logia del Norte de Newark: José González; Asociación Cubana de Maestros Bilingües: Ángela Alsina; Exiliados en Méjico: Eduardo Borrell Navarro; ACAGE Washington: Gabriel Gómez del Río; Brigada 2506, Zona de New Jersey: Enrique Oviedo; Partido Revolucionario Auténtico de Chicago: Guillermo Alsina; La Crónica de Puerto Rico: Gloria Gil; Asociación Patriótica José Martí de Venezuela: Delia Henríquez; Asociación Cubana de Santo Domingo: Danilo García Rodríguez; Comité de Ex-presos Políticos de Chicago: José F. Lamas; Chicago Council for a Democratic Cuba: Jacinto Rodríguez; Leones Cubanos de Elizabeth New Jersey: Luis Bello; CTC de Cuba en California: Armando Dueñas; Comité de Refugiados Cubanos en California: José A. Bernal. Un total de 110 organizaciones cubanas del Exilio que según perifoneó el vocero de la Asamblea, Armando Pérez Roura contaban con un promedio de 50 miembros que hacían un total aproximado de 5,500 patriotas. Si en 1980 el exilio se componía de 500,000 cubanos los afiliados a la Asamblea constituían menos del 2% de esa cifra.

El día 7 de abril la Asamblea dio a conocer que proponía al Pleno la creación de una Junta Nacional Patriótica con el siguiente programa de diez puntos: 1) Luchar sin descanso por la segunda independencia de Cuba; 2) Constituir una República Democrática con todos y para el bien de todos; 3) Serán los principios fundamentales de Cuba el respeto a la libertad y la dignidad plena del hombre; 4) La República será incompatible con el comunismo; 5) Justicia Social, Libertad Política y Libertad Económica; 6) Respeto irrestricto a los derechos humanos; 7) Restituir en Cuba la civilización occidental y el sistema interamericano; 8) Abogar por la fraternidad y la reconciliación nacional y la paz entre todos los cubanos; 9) Abogar por una equitativa distribución del ingreso nacional en una economía libre; 10) Convocar a una Asamblea Constituyente, libre y soberana, después de liberada Cuba. La Mesa Presidencial de la Asamblea fue formada por Manuel Antonio de Varona, Andrés Rivero Agüero, Armando Pérez Roura, Ángel Cofiño, Roberto Pérez Fernández, Luis Casero, Andrés Nazario Sargén,

Santiago Blanco, Uva Aragón Clavijo, Ramón O'Farrill, Dilia Socarrás, Juanita Castro, Gustavo Marín Duarte, José Ignacio Rasco, Claudio Benedí, María Antonia Mier, Alberto Martínez Echenique y Lauro Blanco. Entre estrenduosos aplausos, vivas a Cuba Libre, entonación emocionada del Himno Nacional, impetración solemne del sacerdote Ramón O'Farrill a Dios y a la Virgen del Cobre por su ayuda a la victoria final contra el satánico Fidel Castro y el comunismo ateo y llamada estentórea a la guerra sin cuartel contra los milicianos de patria o muerte por Armando Pérez Roura[17] se dio a conocer que se creaba oficialmente la Junta Patriótica Cubana que estaría regida por un Comité Ejecutivo formado por Manuel Antonio de Varona, Alberto Martínez Echenique, Andrés Nazario Sargén, Gustavo Marín Duarte, Santiago Blanco Santana, María Antonia Mier, José Ignacio Rasco, Luis Casero Guillén, Roberto Pérez Fernández, Manuel Campos, Armando Pérez Roura, Fidel Cordero, Miguel Isa y Jorge Esteva y una Asamblea Permanente compuesta por Uva Aragón Clavijo, Andrés Paseiro, Diego Medina, Gilberto Casanova, Reinerio González, Juan José Tarajano, Adolfo Vázquez, Roberto Rodríguez Aragón, Julio Estorino, Ángel Cofiño, Marcos Regalado, Francisco Bolaños, Ramón Cantón, Virgilio Pérez, Jorge Moniz, Arturo González, Arístides Sosa de Quesada, Cándido de la Torre, Rubén González de la Heria, Pedro P. Rojas, Raúl Aparicio, Mario Goderich, Heber Suárez, Manuel J. Guillot y Jorge Mas Canosa.

Ampliando lo anterior y siempre siguiendo la costumbre política cubana de hablar mas de la cuenta, la Asamblea publicó la siguiente Declaración de Principios:

1.- Declarar que nuestra misión es consagrarse por entero a conquistar la libertad e independencia de Cuba.

2.- Ratificar que la batalla por nuestra libertad es una lucha contra el ejército soviético que controla hoy en día la situación con un grupo oligárquico de traidores que ha entregado nuestra patria a la dominación extranjera.

3.- Reafirmar que el único objetivo que nos alienta es la total libertad del pueblo cubano. Nuestro afán es rescatar los mejores valores espirituales del hombre, no conquistar bienes materiales.

---

[17] Ver Tomo IV, págs. 43, 197, 209, 269, 568.

4.- Reconocemos con hondo respeto la heroica resistencia, abierta o soterrada, que el pueblo cubano está ofreciendo al gobierno espurio que ha convertido a nuestra patria en una colonia esclava de los designios del Kremlin.

5.- Expresar nuestro respeto y solidaridad hacia cuantos sufren el presidio político por defender la libertad de Cuba, dondequiera que se encuentren. Seguiremos luchando por su total liberación.

6.- Reclamar de todos nuestros compatriotas en el destierro que superen las discrepancias que puedan obstaculizar la acción libertadora.

7.- Apelar a nuestros compatriotas desterrados, de todas las procedencias, para que faciliten la coordinación a fin de juntar esfuerzos en una acción poderosa capaz de lograr, en forma ordenada, la libertad de Cuba.

8.- Demandar de todas las naciones libres del mundo el respeto y apoyo que merece la determinación del pueblo cubano de conquistar su libertad e independencia.

9.- La acción libertadora que habrá de culminar con el rescate de Cuba continuará ofreciendo estímulo y respaldo a los demás pueblos que también luchan por nuestros mismos ideales y aspiran a convivir en un mundo civilizado y libre en el que la integridad y la soberanía de todas las naciones sean plenamente respetadas y garantizadas sin injerencias extrañas.

10.- Apoyar plenamente la Junta Patriótica Cubana constituida y electa por la representación de todas las generaciones combatientes del destierro que hemos participado en la Asamblea Coordinadora Nacional Cubana.

A la retórica bobería precedente se sumó la información de quienes formaban las delegaciones de la benemérita Junta Patriótica Cubana fuera de Miami, como sigue:

Washington: Claudio Benedí, Emilio Brower, Carlos Lluch, Luis Pagés.
New York: Rodolfo Urrutia, Elisa Hernández, Facundo Pomar, Jorge Acosta, Goltrán Pérez.

New Jersey: Doris Morales, Cástulo Ferragut, María Alemán, Antonio Purriño.
Illinois: Luis Era, José Lamas, Guillermo Alsina, Jacinto Rodríguez, Pedro Alegre.
New Orleans: Julio Romañach, Carlos Bringuier.
Baltimore: Alexis Abril.
California: Joel Borges, Armando Acosta, Fulgencio Gil, Armando Dueñas, Guillermo Navarro.
Puerto Rico: Carlos Piñeiro, Orlando Canales.
Méjico: Eduardo Borrell Navarro, Manuel Tamargo.
Venezuela: Salvador Romaní, Delia Henríquez, Aracely Cantillo, Aurelio Álvarez Echezarreta, Antonio Esquivel.

El día 4 de abril de 1980, la JPC consagró su militancia efectuando una concentración, la primera de las muchas inútiles que llevaría a cabo posteriormente, a la que concurrieron 13,000 vociferantes al Miami Stadium a escuchar a Armando Pérez Roura atacar al régimen castrista con la misma fiereza que antes lo defendió y al ilustre ex-miembro del Consejo Revolucionario Cubano, apéndice de la CIA en la Operación Pluto de Bahía de Cochinos[18], Antonio *Tony* Varona, afirmar enardecido: *«¡La Junta Patriótica está por la guerra y su propósito es que cada cubano tenga un rifle y cien balas!»* Reminiscencia de los fraudes del JURE y el Plan Torriente, el primero con sus bonos de $92.00 para un rifle y el segundo con sus cohetes teledirigidos y su ejército imaginario de 35,000 hombres. La JPC llegó al extremo de exagerar su abanico de organizaciones asegurando que contaban con 252 de ellas en el exilio y en Cuba secretamente. Un eufemismo afiliatorio puesto que su local en Miami, en la calle 7 del N.W. era una modesta casita familiar en cuya sala de reuniones no cabían mas de cincuenta concurrentes sentados. La creación oficial de la JPC y su desmesurada propaganda de ser una organización de organizaciones inició una competencia en Miami entre sectores que se atribuían prioridad revolucionaria histórica y que crearon otras sombrillas, con lo que demostró certeza lo expresado sobre

---

[18] Ver Tomo IV, págs. 308-41.

ellas por los Dres. Aparicio Laurencio y Vega Ceballos y el Autor en los primeros párrafos.

IV

El Frente Unido de Liberación Cubana. Llegada de los Presos Políticos. Su impacto inactivo. Recuento californiano de impedimentos y falsedades. La Fundación Nacional Cubano-Americana. Su plan político y recaudatorio. Su nomenclatura. Llegada de Huber Matos. Su repudio. EL CID y el Congreso de Caracas. Amago socialista.

Tan pronto como la Junta Patriótica Cubana anunció su establecimiento y dio a conocer los nombres de sus dirigentes comènzó la esperada rivalidad sombrillera. El día 22 de junio de 1980 Diario Las Américas pubicó que un llamado Frente Unido de Liberación Nacional (FULN) hacía público lo que denominaba su Cuarto Manifiesto al Pueblo Cubano de la Isla; a las Fuerzas Armadas de la Isla; al Pueblo Cubano del Exilio. El largo mamotreto de cinco páginas prologaba que el FULN había sido fundado el día 7 de diciembre de 1960, en honor a la muerte en combate del Lugarteniente General Antonio Maceo[19], por Felipe Vidal Santiago (Movimiento de Liberación Democrático Revolucionario), Aureliano Sánchez Arango (Frente Nacional Democrático-Triple A), Humberto Núñez Espinosa (Frente de Liberación Nacional), Pelayo Cuervo Galano (Movimiento Anticomunista Revolucionario) y Raúl Martínez Ararás (Movimiento Democrático de Liberación) y que ahora era revivido con su permanente lema de *Por la Recuperación Democrática de Cuba y Unidos para la Guerra* con una nueva dirigencia de antecedentes revolucionarios como sigue: Secretario de Organización: Iván Vidal Santiago (Ex-miembro de la Marina de Guerra Revolucionaria); Secretario de Asuntos Navales: Manuel Aguiar (Ex-miembro de la Policía Marítima Revolucionaria); Secretario de Asuntos Internaciones y Extranjeros: José L. Tejeiro (Ex-Funcionario de la Havana Docks Company); Secretaría de Prensa y Propa-

---

[19] Ver Tomo I, págs. 335-40.

ganda: Eulalia Armesto (Ex-Directora de la Organización Nacional de Inválidos (ONDI) Revolucionaria); Secretario de Asuntos Obreros: Arturo Hernández (Ex-miembro de la Marina Mercante Nacional Revolucionaria); Secretario de Asuntos Estudiantiles: Iván Marcel Vidal (Estudiante de Segunda Enseñanza); Secretario de Asuntos Militares: Nicolás Cartaya (Ex-miembro de la Marina de Guerra Revolucionaria); Secretario de Inteligencia y Enlace: Abilio Suárez (Ex-miembro de la Policía Nacional Revolucionaria); Secretario de Planificación Política y Económica: José R. Mirel (Ex-abogado criminalista); Secretaria de Finanzas y Bienestar Social y Asuntos Familiares: Gabriela Vidal Santiago (Ex-estudiante de Segunda Enseñanza): Secretario de Comunicaciones y Abastecimiento Material: Enrique Juncadella (Ex-miembro de la Policía Nacional Revolucionaria); Secretario de Asuntos Públicos, Proselitismo y Reclutamiento: Mario Vázquez (Ex-Funcionario del Banco de Fomento Agrícola e Industrial Revolucionario) y ¿cómo habría de faltar?, Secretario General Clandestino en Cuba: *Segundo* y Coordinador Nacional en Cuba: *Daniel*. La añadidura del vocablo revolucionario[20] a la procedencia histórica de los múltiples Secretarios tenía la intención de diferenciarlos de sus rivales de la JPC que en su mayoría los acusaban de raíz batistiana y auténtica y ortodoxa politiquera. Uno de los fundadores del FULN, Felipe Vidal Santiago, se infiltró en Cuba en misión combativa anticomunista heroica. Fue capturado, juzgado y fusilado el día 5 de mayo de 1964.

 El arribo en masa de los presos políticos al exilio marcó unas circunstancias de confusión y desencanto para los devotos de la guerra por los caminos del mundo y su intransigencia para con los dialogueros y colaboracionistas del Comité de los 75, Areito y Maceitos[21]. Como leímos en el Tomo IV, la motivación de los militantes de Poder Cubano, Alfa 66 y el CORU, principalmente, era su admiración por los presos políticos de intramuros, especialmente por los plantados, entre los que se contaban muchos de sus afiliados y simpatizantes que se habían alzado en el Escambray, conspirado y atentado contra los esbirros de la Seguridad del Estado y saboteado la producción económica gubernamental. Casi destruidas aquellas organizaciones comba-

---

[20] Ver Tomo III, págs. 577-79.

[21] Ver Tomo IV, págs. 632-35.

tientes por la persecución continuada del FBI y la CIA, que no los consideraban patriotas sino terroristas, su esperanza era que los presos políticos se incorporarían a ellos en la continuación de la lucha inclaudicable y con el prestigio ganado en las ergástulas castristas y su adhesión a los plantados del exilio se renovarían las filas de éstos y se reduciría la influencia de los notables hombres de negocios y avispados viejos y nuevos políticos y politicastros que planificaban sagazmente la incursión en los predios del cabildeo, el electoralismo, la obtención de fondos del gobierno americano de turno, republicano o demócrata, que prodigaba encubierto en un organismo oficial que se titulaba Agencia para el Desarrollo Internacional (en inglés Agency for International Development o AID) que distribuiría sus mercedes como antes lo hizo la CIA: solamente a quienes respondieran a sus intereses y órdenes. Creían, de entera buena fe, los remanentes de aquellas organizaciones del exilio combatiente, que los ex-presos políticos, en especial los plantados, no solamente se hermanarían a ellos por afinidad revolucionaria sino como una forma de honrar el sacrificio de su emulación. Porque en la Cuba comunista era mas que un deber, una obligación. El combatir la tiranía tanto por patriotismo como por sobrevivencia democrática cuyo precio era la prisión o el fusilamiento pero en el exilio, lejos de la tiranía, en la tierra de la comodidad y la seguridad personal y familiar, era heroico el retornar a Cuba con las armas, el jugarse la vida en el mar en operaciones de guerra naval, el ir a la cárcel por ajusticiar infiltrados y dinamitar e incendiar cuarteles enemigos, el dejar a los seres queridos en el abandono y consecuente miseria, el sufrir prisión en países extranjeros simpatizantes comunistas y hacer todo eso voluntariamente, por honrar a sus hermanos de los campos de concentración, las sangrientas requisas, las celdas tapiadas y los paredones merecían reciprocidad y no desatención o indiferencia que, en general, recibieron, no obstante que algunos de los plantados del exilio eran presos políticos dobles porque habían sufrido prisión en Cuba bajo Batista y Fidel y en Estados Unidos y Méjico por llevar a cabo acciones militares contra los dos, entre ellos el Autor[22].

Lo que ocurrió en California con los presos políticos llegados de Miami y el conflicto que trajo como consecuencia su actitud ante la estructura

---

[22] Ver Tomo III, págs. 255-62, 520-23 y Tomo IV, págs. 197, 468-69.

combatiente allí en progreso, puede ser tomado como ejemplo, pues fue un facsímil de lo que sucedió en otras partes de Estados Unidos. La ciudad de Los Ángeles contenía una mediana colectividad de exiliados, que se reunían en los clubes sociales y deportivos formados por residentes de sus barrios adyacentes que procedían de las distintas provincias o municipios de Cuba. Sus actividades patrióticas se circunscribían a conmemorar efémerides, con poesías, discursos empalagosos que provocaban lágrimas y degustación de platos típicos. Existían representaciones del RECE, de Alfa 66, del Partido Auténtico, de la Masonería y de la Iglesia Católica, todas las cuales respondían a las orientaciones que recibían de sus directrices en Miami, que eran doctrinarismo, colectas para secretísimas acciones militares, entrenamiento de orden cerrado y abierto dominicales instruido por ex-miembros de la Brigada 2506 y ex-oficiales batistianos exiliados que formaban la Junta Civico-Militar. Los adolescentes y jóvenes anhelaban tomar parte en acciones violentas contra los partidarios de Castro, pero no eran alentados por sus mayores, que no deseaban verlos encarcelados, heridos o muertos a miles de millas de distancias de Cuba y peleando batallas inútiles. La historia de la gesta accional anticomunista en California está ligada inseparablemente a la persona del Autor, como aparece en el Tomo IV, su nombre disimulado con los seudónimos *El Viejo y David*[23].

El único de los clubes sociales cubanos de Los Ángeles que cooperase con los combatientes anticomunistas fue el Club Cubano del Valle de San Gabriel. El resto de ellos que se habían fundido en una pretensa Asociación de Clubes Cubanos de Los Ángeles perdían su tiempo en organizar bailes, verbenas, presentaciones en sociedad de jovencitas, procesiones católicas, conmemoración de efémerides y campeonatos de dominó y baseball. Sus programas, falsamente calificados de patrióticos, se reducían a proclamar su adhesión a los de las organizaciones existentes en Miami y a seguir sus órdenes que siempre fueron de efectuar colectas y pagar gastos de viajes y estancia a oradores de incendiaria verborrea que mes tras mes anunciaban expediciones a Cuba por sus comandos. Cuando el fraude del Plan Torriente se puso en práctica, a él corrieron todos los patriotas de calendario que regenteaban los clubes no solamente para brindarle la cooperación económi-

---

[23] Ver Tomo IV, págs. 464-69, 599-600, 603-04, 609-10, 614-16.

ca que negaban a los militantes de Poder Cubano, la Hermandad de Ex-Combatientes del Clandestinaje y el CORU si no para difamarlos y hasta para usurpar vilmente sus logros accionales. Cuando mas frenéticamente se desarrollaba la campaña incendiaria contra los cuarteles castristas un corresponsal en Los Ángeles del periódico batistiano de Miami, Patria, llamado Alberto Marrero publicó un artículo intitulado *El Plan Candela*, el día 19 de julio de 1970, en el que denunciaba que los perpetradores piromaníacos eran infiltrados de Fidel Castro en combinación con comunistas, confabulados para quemar sus propios locales y con ello aparecer como víctimas y obligar al FBI a encarcelar a los anticastristas. Después, el día 28 de febrero de 1975, reincidió en su canallada con otro artículo en Patria, de título *La bomba en el Canal 28*, en el que difamatoriamente alegaba que esa televisora de simpatías comunistas había sido dinamitada por infiltrados castristas para crearle fama de terroristas a los cubanos patriotas. Hasta ahí llegaron sus patrañas pues la Junta Cívico-Militar que se componía de ex-militares y ex-funcionarios del régimen del 10 de Marzo y quienes secretamente apoyaban las acciones con sus Comandos Cuba que lidereaba Jorge Clark, lo silenciaron bajo advertencia de una severa pena militar. Un chantagista y estafador, Filiberto Rivero, afiliado al Partido Republicano, se dedicó a los mismos vituperables trajines de Marrero pero utilizando diatribas contra la familia Kennedy y el Partido Demócrata, fingiéndose vengador de la traición perpetrada por aquellos a la Brigada 2506, haciendo provecho de un periodiquito semanal, La Prensa, para arremeter *«contra los terroristas que alteraban el orden público en Los Ángeles en perjuicio de la reputación de la comunidad cubana decente que los repelía»*. Cuando fue sabido que era un chivato de la policía, recibió del Autor una paliza que interrumpió el digno comerciante Nicolás Jiménez. No se atrevió a acusar al justificado agresor porque los compañeros de éste, uno por uno, personalmente le prometieron repetirle la dosis. Se retiró de La Prensa y de su apócrifo periodismo que fue impugnado por El Autor cuando éste fue elegido Presidente de la Delegación en Los Ángeles del Colegio Nacional de Periodistas de Cuba (Exilio.)

Contrastando con la obra accional de los líderes del Club Cubano del Valle de San Gabriel, Luis Recaño, Horacio Frutos, Aroldo Tuero, Gustavo Serantes, Pedro Cañellas, Aldo Rosado y Armin Cruz un inédito grupúsculo que se denominaba Juventud Cubana de Los Ángeles se aprovechaba de las hazañas de Poder Cubano para mandar partes a La Prensa anunciando que «*la Juventud Cubana de Los Ángeles continuaría sin tregua su lucha contra los enemigos de la libertad de Cuba*» llevando al ánimo de los lectores la convicción que eran ellos los ejecutantes de las acciones bélicas que conmovían a toda California. Un informe confidencial de Estenique *El Guajiro* Rodríguez, un bodeguero ex-alzado de Tamarindo (El Escambray) a Nelson Galindo, indicó que el cerebro detrás de la farsa era un don nadie llamado Carlos Hurtado, de ideas fascistas que aconsejaba a algunos jóvenes inexpertos que ingenuamente lo creían el guapo de la película. Mientras se discutía como ejemplarizar a Hurtado, éste se marchó precipitadamente a Miami diciendo a sus inocentes acólitos que marchaba a organizar una expedición a Cuba. Presionado por El Autor, Estenique confesó que había aconsejado a Hurtado que se largara y que lo había hecho así para evitar un grave problema a los miembros de lo que él, Estenique, había dado el nombre de *escuadrón vengador californiano*, si es que aplicaban un fatal castigo al impostor, que todavía tuvo la desfachatez de telefonear a Alberto Velazco, un barbero que había contribuido con una suma de dinero para comprar el barco expedicionario, diciéndole que por culpa de Orlando Bosch, que le había disparado un bazucazo a un barco polaco, el FBI había confiscado el suyo. Cuando meses después llegó Torriente con su fraudulento plan se supo quienes eran los valentones de la increíble Juventud Cubana de Los Ángeles pues llenaron de volantes a la cónclave exiliada en los cuales aparecía la silueta de un soldado arrodillado, como rezando, y con grandes letras mayúsculas proclamando *Junto a Torriente* y ofreciéndose a ser la vanguardia de su fantasmagórico ejército. Firmaban: Carlos Hurtado, Esteban Fernández, Alberto Barco, Fulgencio Gil, Carlos Fandiño, Santos Chirino, Andrés Campillo, Enrique Pérez y Franklin Dennis. Con la excepción de éste último, que se arrepintió públicamente de la barrabasada politiquera cometida y se reincorporó a la lucha activa con Acción Cubana y el CORU, relevos de Poder Cubano, el resto de aquella comparsa, expresado en términos farandulescos, hizo mutis por el fondo del escenario de su teatro guerrero de mentirita. Un buen muchacho, Mario Iglesias, fue escogido por ellos para que actuase de catador de los alimentos que consumiría Torriente en restaurantes y banquetes y al precio de su vida, si necesario, muriera envenenado en lugar de aquel. El resultado de aquella mojiganga fue que Mario Iglesias viajó con Torriente y su comitiva por toda California y engordó cerca de cuarenta libras de barriga y nalgas. El derrumbe del Plan Torriente conllevó el descrédito para quienes le dieron su patrocinio, político y económico, especialmente a la representación en Los Ángeles de la Brigada 2506 que presidía Hiram Gómez y a una piñita denominada Federación de Profesionales Universitarios Cubanos que regían Héctor Carrió, Luis Aguirre y Orlando Hoed.

Libre del obstáculo saboteador torrientista, Acción Cubana y el CORU, reforzados con Comandos Cuba y la Hermandad de Ex-Combatientes del Clandestinaje retornaron al combate, ahora prestigiados con la incorporación, como símbolo revolucionario, de Lauro Blanco[24], llegado de Venezuela después de cumplir larga prisión política en Cuba comunista en calidad de plantado, iniciador del Autor en su azaroso sendero revolucionario, en las filas de los cuadros estudiantiles de Joven Cuba en el Instituto de la Víbora, 45 años atrás, y sucesor de Antonio Guiteras en el liderazgo de aquella, que nada tenía que ver con la gangsteril Acción Revolucionaria Guiteras de Jesús *El Extraño* González Cartas durante las Administracciones Grau-Prio-Batista descritas en el Tomo III. Pero como dice el refrán, muchas veces al valor no lo acompaña la fortuna, la exitosa campaña de la guerra por los caminos del mundo fue interrumpida, socavada, sofrenada y frustrada por la perniciosa actividad seudo-revolucionaria de la Junta Patriótica, ya conocida nuestra, y de la Fundación Nacional Cubano-americana y Cuba Independiente y Democrática (CID) y sus jerarcas, Tony Varona, Jorge Mas Canosa y Huber Matos Benítez con el beneplácito del Departamento de Estado, la CIA y el FBI.

Apenas si se había secado la tinta en los periódicos que daban la noticia de la creación de la Junta Patriótica, y sus múltiples afiliadas organizaciones sombrillescas, cuando se hizo público que catorce prohombres de negocios, fuertes puntales del neo-capitalismo cubano exiliado, decidían crear un organismo de poderosas fuerzas económicas, y, no faltaba mas, patrióticas y democráticas, que reactivara la lucha contra Castro en una forma efectiva y práctica. Estos anunciados puntales de la lucha por la libertad de Cuba eran: Tony Costa (Costa Nursery Farms Inc.), Feliciano Foyo (Banner Beef Co.), Jorge L. Garrido (Monteruz Trading Trust), Francisco J. Hernández (Agrotech International), Alberto J. Mariño (Almar International Corp.),

---

[24] Ver Tomo III, págs. 26, 35, 55, 99, 119, 230, 254, 257, 353, 463, 539 y Tomo IV, págs. 77, 78.

Jorge Mas Canosa (Church & Tower Inc.), Domingo R. Moreira (Ladex Corporation), José Luis Rodríguez (M & R Farms Inc.), Carlos Salmán (Salman Realty), Luis Botifoll (Republic National Bank), Óscar Fernández (Trans Antilles Lumber Co.), Raúl P. Masvidal (Biscayne Bank), Carlos Pérez-Galán (Banana Services Inc.) y Diego R. Suárez (Inter-American Transport Equipment Co.). Después de efectuadas labores de reclutamiento de personalidades y de dinero y como complemento de ésto el mostrarse públicamente como solidarios con la política del Partido Republicano, tanto nacional como extranjera, y de propagandizar y apoyar la candidatura presidencial de Ronald Reagan, para lo cual contribuyó la Fundación con abundantes fondos, y de barajar posiciones directivas se dio a conocer la totalidad de su nomenclatura como sigue, todos representativos del alto comercio y la banca:

Cuerpo de Directores: Jorge Mas Canosa, Eduardo M. Beltrán, Carlos Benítez, Teresita R. Cambó, Armando Codina, Tony Costa, Anthony Estévez, Feliciano Foyo, Jorge L. Garrido, Félix Granados, Francisco J. Hernández, Alberto J. Mariño, Miguel A. Martínez, Domingo R. Moreira, José Luis Rodríguez, Carlos Salmán, Frank Calzón y Antonio R. Zamora.

Fideicomisarios: Luis Botifoll, Manuel J. Cutillas, Óscar Fernández, Ernesto Freyre, Raúl P. Masvidal, Manuel D. Medina, José M. Morales Gómez, Erelio Peña, Carlos Pérez-Galán, Diego R. Suárez y Agustín Rojo.

Consejeros: José M. Bosch, Senadores Federales Paula Hawkins y Richard Stone, Lord Hugh Thomas, William C. Doherty de AFL-CIO y Embajador en Chile, James Theberg.

En su Informe al Pueblo de Cuba, la FNCA alardeaba: *«Hemos llevado la causa de Cuba Libre ante las cámaras del Congreso americano, los foros universitarios y ante la prensa nacional y extranjera. Disfrutamos ya del acceso y confianza de líderes gubernamentales, senadores, representantes, líderes obreros y empresariales y personas· influyentes que forman opinión pública, dispuestos a oírnos y dar crédito a nuestras exposiciones. Nuestras publicaciones se han usado en la Casa Blanca, el Departamento de Estado, el Consejo Nacional de Seguridad y el Congreso como base de información y debate».* A página entera en los principales periódicos aparecían estas mentecateces publicitarias alentando recaudaciones cifarreras públicas a pesar de la FNCA componerse, de arriba a abajo, de ricos y millonarios, aunque las fotografías que acompañaban el Informe, eran solamente las de Jorge Mas Canosa con el presidente Ronald Reagan, y el Vicepresidente George Bush. No se mencionaban las Delegaciones en ciudades de Estados Unidos y países extranjeros, ni nombres de organizaciones que formasen parte de la FNCA. Su fuerte no era una sombrilla si no el nombre y las cuentas bancarias de su nomenclatura. Su ampliación hacia la política electoral municipal, condal, estatal y federal teniendo como pivote la causa de la libertad de Cuba la leeremos mas adelante. Debe ser aclarado que Frank Calzón, no era parte de la millonaria elite de la FNCA si no un empleado a sueldo de ella en Washington, encargado de su oficina en la Capital. La cuota de ingreso como miembro de la nomenclatura de la FNCA era de $10,000.00 deducibles de la declaración personal o comercial del Impuesto sobre la Renta Federal. Como se inscribió legalmente como una entidad no-lucrativa (non-profit) quedó autorizada a efectuar recaudaciones públicas millonarias y para beficiarse con ingresos procedentes del Tesoro yanqui dedicados a obras benéficas públicas catalogadas como subvenciones o dotaciones (grants or endowments.) La cuota voluntaria para simpatizantes de la FNCA, avalada por un carnet, era de $5.00 mensuales. Estos simpatizantes, que según informó Jorge Mas Canosa alcanzaban la cifra de 250,000, no tenían voz ni voto en la administración ni en las Juntas Directivas o de Fideicomisarios, ni intervenían en forma alguna, vocal o escrita, ni recibían Estados de Cuentas de los ingresos o dispendios de la FNCA.

Como previa, o anticipación, a los problemas institucionales de la FNCA y su nomenclatura, principalmente entre los periódicos The Miami Herald y El Nuevo Herald y Jorge Mas Canosa, es históricamente obligatorio el relacionar el nombre de los miembros de esa nomenclatura[25]. Además de los ya enumerados, hay que añadir los que siguen: Pedro Adrián, Bernabé Cabrera, Fernando Canto, Gerardo Chávez, Luis Cruz, Carlos Manuel de Céspedes, Clara María del Valle, Juan Delgado, G. Luis Domínguez, Jerónimo Esteve Abril, Fernando Fernández Catá, George J. Fowler III, Horacio S. García, Jesús García Jr., Juan Felipe García, José A. Ginarte, Rafael F. Gómez, John F. González, Raúl González, Abel Hernández, Alberto M.

---

[25] Néstor Suárez-Feliú, *El Rescate de una Nación*, Miami, 1998.

Hernández, L. Patrick Kelly, Enrique Lavernia, Rene Liedtke, José Antonio Llama, Humberto Lorenzo, Israel Mármol, Arnaldo Monzón, Elpidio Núñez, Elpidio Núñez Jr., Rodolfo Pardo, Remberto J. Pérez, Roberto Martín Pérez, Lombardo Pérez, Delfín Pernas, Luis Orlando Pons, Domingo Sadurní, Manuel Z. Solares, Luis Tigera, Arturo Torres, Felipe A. Valls y Óscar Vázquez como Directores y los que siguen, como Fideicomisarios: Gerardo Abascal, Amado Acosta, Gloria Alamo, Enrique Alonso, Carlos J. Arboleya, Donato Argüeyes, Luis Arrizurrieta, José María Bilbao, Hilario Candela, Eloy Cepero, Alfredo Cortina, Ana R. Craft, Elsa Eaton, Roberto R. Echevarría, Mario Famada, Leonardo Fandiño, Iván H. Fernández, Matías A. Fernández, Félix García, Aracelio González, Héctor Hernández, Emiliano Infante Segrera, Waldo Laurencio, Walter E. Lista, Adriel Longo, Severiano López Sicre, Mel R. Martínez, Raúl G. Martínez, José L. Mustelier, Israel Nodarse, Fernando Ojeda Jr., Herminio Orizondo, Antonio A. Pérez, Medardo Pérez, Ivo Pérez García, Julio Pichs, Raúl F. Pino, Juan A. Prada, Pedro E. Prado, José G. Puig, Carlos P. Quintela, Pedro L. Rodríguez Espinosa, Eduardo A. Sainz Moreira, Ignacio E. Sánchez, Eugenio Sansón, Ralph Santacruz, Joaquín Sicara, Lorenzo O. Tellería, Tony Trelles, Emilio Vázquez, Agustín Vázquez Leyva, Osvaldo Vento y José I. Zampano-Canto.

La llegada de Huber Matos a Miami, vía Costa Rica, después de cumplir veinte años de presidio político, consecuencia de los sucesos ocurridos en Camagüey en octubre de 1959[26], originó una trapatiesta digna de su controversial naturaleza política que lo hacía incapaz de prever la antipatía que generaban su altanería y aires de superioridad ejercida sobre sus partidarios que le enajenaban simpatías, tan necesarias a un líder. Unas extemporáneas declaraciones suyas relativas a justificar los numerosos fusilamientos de batistianos, a los que calificó de criminales de guerra merecedores de esa pena, llevadas a cabo bajo su mando militar, suscitó en su contra una campaña tremenda de acusaciones y reproches, no solo de batistianos si no de perjudicados por el comunismo que injustamente lo asociaban a él, a sabiendas de que propagaban un embuste de tan grande dimensión que llegó al extremo granujal de asegurar que su prisión fue una de privilegios y comodidades, en una celda especial separada de la población penal anticomunista.

---

[26] Ver Tomo IV, págs. 150-70.

El periodista José Ignacio *Pepinillo* Rivero lo bautizó como *Huber Mató*, dedicándole en Diario Las Américas una serie de artículos en su contra que fueron seguidos por otros iguales en los periodiquitos batistianos, en los estados de Florida, New Jersey, Illinois, Texas y California. Lo mismo ocurrió en programas radiales de índole cubana en esos territorios, que llegaron al extremo de acusarlo de ser un nuevo Fidel con el apoyo de la Internacional Socialista. Unido a estos rapapolvos iba la imputación de que la Revolución había sido siempre comunista en su inspiración y esto incitó a los exiliados de esa vertiente a unirse en un frente anti-batistiano y a ensarzarse en polémicas improcedentes entre si, reviviendo un pasado que no debía actualizarse. Hasta los presos políticos que durante su estadía en las cárceles se habían hermanado, fueron arrastrados al bochinche. Sabiamente, Huber Matos se abstuvo de dar mítines en Miami y llevó a cabo giras por los Estados Unidos llamando *«a la unidad para hacer la guerra por una Cuba independiente y democrática, jurando por su honor que jamás asumiría una posición de líder indiscutido y que respetaría la voluntad popular aunque le fuera contraria»*. Anunció que escogería un Comité Gestor que programara un Congreso a celebrarse en Caracas (Venezuela) los días 17, 18 y 19 de 1980, repitiendo por una Cuba independiente y democrática, encareciendo la cooperación de los por él escogidos gestores, que fueron él mismo, el Autor, Napoleón Béquer, Delia Henríquez, Carlos Fernández, Leví Marrero, Miriam Ortega, Mario Villar Roces, Mario Rivadulla, Hilmice Estéve, Luis Espina y Martha Frayde. El Autor inmediatamente se opuso a que fuese Caracas la sede del propuesto Congreso porque el gobierno venezolano mantenía preso ilegalmente a Orlando Bosch y sus compañeros; porque estaba identificado con la Internacional Socialista; porque Orlando García Vázquez y Ricardo *El Mono* Morales Navarrete eran esbirros de la DISIP y chivatos de la CIA y, además, porque Martha Frayde era una traidora a la Ortodoxia y una confesa comunista caída en desgracia con Vilma Espín. No se le prestó atención, no asistió al Congreso y se separó de toda relación con lo que fue constituido como un organismo político sectario, el CID, cuyo fracaso pronosticó y que culminó en una polémica interna que trascendió al público en la forma de un escándalo de marca mayor durante su III Congreso, celebrado en New York en octubre de 1982.

El Congreso por una Cuba Independiente y Democrática fue un paraván, una manipulación, para dar nacimiento, como institución social-demócrata al

CID, pero sin programa revolucionario ni de gobierno futuro constitucional, pintándolo como símbolo y voluntad de lucha y con una ideología comprendida en los siguientes cinco puntos: 1) Independencia Nacional, 2) Democracia Política, 3) Democracia Económica, 4) Justicia Social y 5) Integración Latino-americana. Palabrería huera, ampliando la referencia a José Martí con las de Simón Bolívar, José de San Martín y Benito Juárez. Pero lo que interesaba al exilio combatiente, el llamado a la unidad para la guerra, era un desmentido total a ello, un socavamiento de la voluntad beligerante, un infame insulto a los expedicionarios muertos y a los esfuerzos por alcanzar una victoria aún no lograda, pero persistiendo en luchar por los caminos del mundo por alcanzarla. Leamos:

«Sabemos de la labor útil realizada por otras organizaciones de cubanos desterrados, pero el objetivo aún no se ha alcanzado. Nos oponemos al sacrificio inútil de valientes compatriotas que se lancen sin suficientes recursos y adecuada preparación contra el aparato militar de la tiranía, porque solo ésta resultaría beneficiada. Creemos que Cuba no se libera con decisiones improvisadas o tomadas al calor de la pasión patriótica, en las que falte un análisis objetivo y correcto de las posibilidades inmediatas....»

El *Comité Ejecutivo Central* lo formaban: Huber Matos (Secretario General); Levi Marrero (1er Vicesecretario General); Delia Henríquez (2do Vicesecretario General); Napoleón Béquer (3er Vicesecretario General); Huber Matos Araluce (Secretario de Organización); Jorge Rodríguez Alvareda (Secretario de Finanzas); Carmen Plaza (Tesorera); Mario Rivadulla (Secretario de Orientación Revolucionaria); Emilio Guede (Secretario de Relaciones Públicas); José Francisco Lamas (Secretario de Propaganda); Miguel Remón (Secretario de Asuntos Jurídicos); Mario Villar Roces (Secretario de Relaciones Internacionales); Elisa Perdomo (Secretaria de Actas y Correspondencia); Francisco Suárez Quiñones (Secretario de Asuntos Obreros); José M. Pou Socarrás (Secretario de Asuntos Agrarios); Gladys Pena (Secretaria de Asuntos Femeninos); Carlos Fernández (Secretario de Asuntos Profesionales); Alfredo Fernández Supervielle (Secretario de Asuntos Juveniles); Miriam Ortega (Secretaria Asuntos Presos Políticos.) *Asesores Económicos:* José Bosch Lamarque, Felipe Pazos, Max Borges, Arsenio Núñez Basulto, Guillermo G. Mármol, Raúl Abreu y Roberto Escobar. *Asesores Políticos:* Juan J. Tarajano, Armando Palacio, Roberto

Fontanillas-Roig, Rogelio Matos Araluce, Alvaro Sánchez Cifuentes, Saúl Seisdedos y José Moreno. *Asesores Militares:* Ramón Barquín, Juan M. Ignarra, Jaime Costa, Julio C. Alonso y Antonio Michel Yabor. Se señalaban delegaciones en Miami, Tampa, New York, New Jersey, Washington, Chicago, Los Angeles, República Dominicana, Costa Rica, Puerto Rico, Venezuela y España, sin dar nombres de los Delegados.

V

La Sociedad de Mutua Admiración de longevos y currutacos. Las tropas de Milicias Territoriales. Genaro Pérez y Manuel Espinosa. La epidemia de dengue hemorrágico. Inicio del cabildeo y la politiquería tradicional. La pugna interna de la Brigada 2506. El campamento Cuba-Nicaragua. Su Estado Mayor. Los cambia-casacas. El juramento de ciudadanía americana. Su trascendencia.

No queriéndose quedar rezagados en la carrera organizativa de hacerse reconocer como representantes del Exilio, por señalamiento propio y sin efectuar elecciones, surgió una novel agrupación calificada por Diario Las Américas como Dirigentes del Exilio Cubano, legalistas currutacos, reliquias electorales y eclesiásticos a medias, que comenzando por dirigir una comunicación al recientemente electo presidente americano, Ronald Reagan, y a su Secretario de Estado, Alexander Haig, reclamando acción anticastrista del Presidente y su Gabinete que no estaban obligados a cumplir el Pacto Kennedy-Kruschev[27], o séase insinuar que Reagan ordenase la invasión de Cuba en lugar de demandarle que no se persiguiese y encarcelase a los cubanos combatientes del Exilio y que diese un perdón presidencial a los que se hallaban presos, continuaron impenitentemente su epistolario y se dividieron en peñas, tertulias y almuerzos en que longevos, de edad y de ideas, conformaban una sociedad de mutua admiración. *Firmaban:* Dres. Lincoln Rodón y Néstor Carbonell (Ex-presidentes de la Cámara de Representan-

---

[27] Ver Tomo IV, págs. 376-91.

tes); Dra. María Gómez Carbonell, Dr. José R. Andreu, Dr. Ernesto Rosell, Dr. Radio Cremata, Dr. Alfredo Jacomino, Dr. Germán Álvarez Fuentes, Sr. Armando García Sifredo, Srta. Isa Caraballo (Ex-senadores de la República); Dr. Raúl Menocal, Dr. Ángel Pardo Jiménez, Dr. Evelio Pou, Dr. Jesús Portocarrero, Dr. Alberto Varona, Dr. Juan F. López, Dr. Antenor Feria, Dr. Alberto Sánchez, Dr. José Sera Serrano, Sr. Prisciliano Falcón, Sr. Octavio Campos, Sr. Antonio Carbonell Alsina, Sr. José I. Guerra, Sr. Francisco Izquierdo, Sr. Alfonso Marquet, Sr. Antonio Franco Tauler, Sr. Miguel de León, Sr. Juan Aguirrechu, Sr. Gerardo Vázquez, Sr. Juan Amador Rodríguez, Sr. Andrés Pupo (Representantes a la Cámara.) *Personalidades:* Dres. José Álvarez Díaz, José Borrel, Francisco A. Bock, Bernardo Caramés, Vicente Cauce, María Crespi, Adolfo Chaple, Tulio Díaz Rivera, Luis Fernández Caubí, Alejandro Herrera, Dora Gómez Héctor, Antonio Maceo, Ariel Remos, Alfredo G. Menocal, Teobaldo Rosell, Alberto Salas Amaro, Donato Torres, José M. Vidaña y Pedro Roig; Sres. Amado Aréchaga, Carlos Arteaga, Osvaldo Aguirre, Manuel Amor, Paul Díaz, Rigoberto Fernández, Abelardo Gómez Gómez, Nicomedes Hernández, José Pérez San Juan, Silvestre Piña, Carlos M. Perdomo, Ectore Reinaldo, Isidoro Rodríguez, Óscar Samalea, Antonio Tella, Emiliano Machado, Argelio de Feria, Miguel Reyes, Sra. Estrella P. Delange, Reverendos Martín Añorga, Marcos A. Ramos y Razziel Vázquez y Sacerdote Ramón O'Farrill.

    El ascenso de Ronald Reagan a la Presidencia de los Estados Unidos, paladín de la derecha del Partido Republicano, declarado anticomunista que llegó a calificar a la Unión Soviética como *El Imperio del Mal*, a la vez benefactor y beneficiario de la Fundación Nacional Cubanoamericana, representativa del cabildeo en los corrillos congresionales en Washington mediante los fructíferos oficios del ricamente remunerado Director Ejecutivo de ella en el Capitolio y la Casa Blanca, Frank Calzón, preocupó, o asustó, a Fidel Castro que ordenó la organización y movilización de lo que se denominó Tropas de Milicias Territoriales, destinadas a enfrentarse a lo que anunció como inminente ataque yanqui a Cuba. Estas tropas no eran otra cosa que una nueva leva de milicianos que unidos a los ya existentes llegaron a la exorbitante suma de 1,200,000 hombres y mujeres al mando del General de División, Jefe del Ejército del Centro, Raúl Menéndez Tomassevich. Nunca llegaron a entrar en combate con ninguna tropa invasora yanqui pero gran cantidad de ellos fueron a servir y morir mercenariamente en Angola,

Etiopía y Somalia. Rafael Fermoselle, acucioso analista militar exiliado confirma la cifra de la MTT dentro del cómputo de 1,697,000 plazas que asigna al total de la fuerza armada comunista adscrita al Ministerio de las Fuerzas Armadas (MINFAR.)[28] Ronald Reagan, ex-actor cinematográfico de segunda clase y ex-Gobernador de California, contrastaba su bien parecido físico y su exquisita mundanidad con la fealdad y la mojigatería de su predecesor, Jimmy Carter, a quien había ridiculizado en los debates televisivos que habían protagonizado durante la campaña electoral. El creciente exilio cubano, orientado hacia las filas del Partido Republicano por la eficientísima maquinaria propagandística de la FNCA se volcó masivamente en pro de Reagan y contra Carter, olvidando ingratamente todo lo que este había favorecido a la inmigración del Mariel como anteriormente leímos. Se llegó al extremo de calificarlo despectivamente como *el manisero* porque en su vida privada se dedicaba agrícolamente a la cosecha y procesamiento industrial del maní. Los principales sargentos políticos y recaudadores de fondos del exilio reaganista fueron los directivos de la FNCA Jorge Mas Canosa, Carlos Pérez Galán y Carlos Salman.

La reputación de impenetrable que gozaba, tanto en Cuba como en Miami, la Seguridad del Estado recibió un golpe demoledor cuando Genaro Pérez, miembro del MIM que dirigía Luis Crespo, relató como se había infiltrado en la organización castrista que en Miami tenía como disfraz una agencia de viajes turísticos a la Isla y varias sucursales. Las pruebas que aportó Genaro fueron de tal legitimidad que el fiscal Paul A. DiPaolo, del Distrito Federal del Sur de la Florida, anunció el día 15 de noviembre de 1982, Caso No. 82-86-CR-JWK (S), que un Gran Jurado Federal había procesado a Carlos Alfonso, Charles Romero, Jorge de Basa, Miriam Contreras, Fernando Fuentes Coba, Roger Dooley, Lourdes Rey Dopico, Orestes Alemán, Havana Tours S.A., American Airways Charters Inc., Cañaveral Travel y Cuban American Enterprises Inc., por conspirar para comerciar con el enemigo (Cuba), defraudar a los Estados Unidos y no cumplir con las regulaciones de la Oficina de Control de Activos Cubanos. Con la excepción de Fuentes Coba que fue juzgado y condenado a un año de cárcel y multa de diez mil dólares, los demás encartados se fugaron a Cuba. Así las cosas, un

---

[28] Rafael Fermoselle, *Cuban Leadership After Castro*. Ediciones Universal, Miami, 1987.

canallesco personaje de nombre Manuel Espinosa que había creado una secta religiosa falsa, la Iglesia Cristiana Reformada de Hialeah en la que predicaba a un puñado de ingenuos una mezcla de evangelismo y santería, denominándose Reverendo y además alegando haber sido capitán del Ejército Rebelde sin nunca aclarar que Comandante de cual Columna Rebelde, en que Zona de Operaciones de la Sierra o el Llano a cuyas órdenes había combatido y en que fecha le había otorgado ese alto rango, provocó un escándalo político al declararse un agente encubierto de la SDE y del FBI y acusando de infiltrados castristas en Miami a Bernardo Benes, Regino Llagosteras, María Cristina Herrera, Napoleón Vilaboa, Antonio Costales, Salvador Aldereguía, Francisco Aruca, Lourdes Casals y Enrique Huertas[29]. Con el dinero que había desfalcado de su agencia turística Christian Charter alquiló una media hora radial en la WQBA (La Cubanísima) a la que enviaba grabaciones en las que se despachaba a su gusto difamando sin freno a los anticastristas, motejándolos de terroristas enemigos de los Estados Unidos que le preparaban un atentado mortal en venganza a sus denuncias. Era cierto lo que el descastado Espinosa denunciaba y que fraguaba Jorge *Bombillo* González pero la muerte intervino llevándoselo al infierno mediante un paro cardíaco. Su hijaputez la heredaron Francisco *Pancho* Aruca, Andrés Gómez y Walfrido *Peluquín* Moreno.

Contrastando la propaganda castrista acerca del magnífico estado sanitario de la población cubana, debido a los beneficios médicos prodigados generosamente por el régimen comunista, no fue posible a éste el disimular u ocultar la terrible epidemia de dengue hemorrágico que azotó la Isla en 1981 como consecuencia de haber dispuesto inhumanamente que los insecticidas y los elementos de fumigación fuesen empleados en su totalidad en los disparatados proyectos agrícolas de Fidel Castro que siempre culminaron en el mas completo fracaso[30]. La población, tanto urbana como campesina y de ellas principalmente los niños fueron víctimas de esa mutiladora y fatal enfermedad transmitida por el mosquito Aedes Aegipty que hasta entonces en la República se encontraba bajo rígido control. El día conmemorativo del asalto al Cuartel Moncada que se efectuó en Victoria de las Tunas, el día 26

---

[29] Ver Tomo III, págs. 153, 333, 359, 418 y Tomo IV, págs. 560-62, 566, 569.

[30] Ver Tomo IV, págs. 529-38.

de julio, Fidel acusó a los Estados Unidos de desatar una guerra bacteriológica contra la Revolución mediante la introducción subrepticia de gérmenes de plagas diezmantes y de ellas principalmente el dengue en todas sus variedades y el moho azul aniquilador de las plantaciones tabacaleras, a sabiendas que el Gobierno de los Estados Unidos, diez días antes, había autorizado a la Organización Panamericana de la Salud a enviar a Cuba 330 toneladas de pesticidas con destino a la fumigación de los lugares infectados. No obstante que el día 6 de septiembre la OPS declaró que los orígenes de la epidemia del dengue se hallaban en el Asia y África y que el State Department negó categóricamente que los Estados Unidos fuera responsable de las epidemias que sufría Cuba comunista y que ademas indicaba que el origen del dengue estaba en el contagio adquirido por las tropas castristas destacadas en África y repatriadas a la Isla sin sujetarlas a una cuarentena como corresponde a personas procedentes de territorios pestilentes, el día 24 ante la Asamblea de las Naciones Unidas, el Ministro de Relaciones Exteriores, Isidoro Malmierca, repitió socarronamente la acusación de guerra bacteriológica contra Cuba por parte de los Estados Unidos. Las cifras ofrecidas por la OPS tocante al dengue hemorrágico epidémico mostraron un total de 273,404 enfermos, 113 muertos adultos y 81 niños. Nunca ha sido hecho público el número de militares afectados o muertos a causa del contagio adquirido en los países africanos y asiáticos donde sirvieron de carne de cañón mercenaria.

 El triunfo electoral del Partido Republicano fue considerado por el Exilio como una victoria propia y un desquite contra el Demócrata que había elegido a Kennedy y a Carter, considerados como favorecedores de la convivencia con Castro, lo opuesto de Reagan en quien veían el redentor de sus cadenas comunistas cubanas y que daría la oportunidad de participar políticamente en el Gobierno, tanto en lo Federal como en lo Estatal y Municipal, especialmente en Miami donde radicaba la mayoría desterrada, que era necesario ciudadanizar, empadronar, afiliar y adoctrinar electoralmente, alejándola del sentimiento invasor y la actividad militante en pro del cabildeo y la crematística politiquera tradicional. El ataque a tiros a Reagan por el demente John W. Hinckley, en Washington, sirvió para que el oportunismo reaganista miamense se volcara estrepitosamente en condolencias, misas y votos de solidaridad en favor del malherido Presidente. Llegó en su exageración partidarista a ver en el ataque la mano oculta de Fidel Castro y en Hinckley un símil de Lee Harvey Oswald el matador de John F. Kennedy en

Dallas. Encabezados por la Junta Patriótica y sus atribuidas 215 organizaciones, por los gestores de la entonces naciente Fundación Nacional Cubanoamericana, y por los auto-proclamados Dirigentes del Exilio Cubano, antes mencionados, que separadamente inundaban la Casa Blanca con cartas, telegramas y telefonemas de compasión unos corrillos políticamente heterogéneos históricamente se sumaban a los anteriores en la puja de adulaciones. Los que mas llamaron al asombro fueron dos: un acto en el Centro Comunitario de la Pequeña Habana, el día 6 de mayo de 1981, en respaldo a la política exterior de Reagan (que no se sabía cual era) auspiciado por los pastores Marcos Antonio Ramos y Martín Añorga, el cura Ramón O'Farrill, el brigadista Juan Pérez Franco, el economista Frank Díaz Pou, el activista republicano Gilberto Casanova y los rectificados milicianos Armando Pérez Roura y Rolando Espinosa[31], y el otro el día 20 de ese mes, un reclamo de Orlando Bosch[32], preso en Caracas, dirigido a los combatientes de Omega 7, Alianza Cubana de Organizaciones Revolucionarias (ACOR), Movimiento Nacionalista Cubano (MNC), Movimiento Insurreccional Martiano (MIM), Brigada de Asalto 2506 y CORU que decía: *«Debemos espontáneamente abrir una especie de carta de crédito y confianza al gobierno del presidente Reagan».*

Excepción hecha de sus miembros que ingresaron en las Fuerzas Armadas de los Estados Unidos y otros que en forma irregular formaran parte de las operaciones de la CIA mundialmente, todos los cuales se distinguieron militarmente, la Brigada 2506, como institución, se transformó en una fraternidad veteranista, similar a las americanas de la Legión y los Veteranos de las Guerras Extranjeras, dedicada a la preservación de sus recuerdos, la exaltación de la lucha cívica anticastrista y, naturalmente, a la reconstrucción del interrumpido proceso estudiantil y comercial de sus integrantes. Fue admirable el éxito intelectual y financiero que alcanzaron mayoritariamente en cargos directores en la banca, de catedráticos en institutos y universidades y en empresas de construcción y desarrollo urbanístico, así como edificaron un suntuoso edificio que albergara un salón de conferencias y una nutrida

---

[31] Ver Tomo IV, págs. 43, 197, 209, 269, 568 y 224.

[32] Ver Tomo III, págs. 78, 80, 92, 103, 108, 112 y Tomo IV, págs. 231, 235, 460, 465, 474, 562, 599, 600, 604, 606, 608-09.

biblioteca. Aquellos pequeños conflictos ideológicos y personales, rescoldos de la Operación Pluto, el rescate de los expedicionarios de Bahía de Cochinos, el sacrificio de algunos de ellos en el paredón de fusilamientos y largas condenas de durísimo presidio y el desbande del Consejo Revolucionario Cubano[33] no quebraron permanentemente la solidez institucional de la Brigada. Pero en la semana que siguió a las elecciones celebradas el día 20 de abril de 1980 circuló entre los miembros de la Brigada, reconocida oficialmente en el Estado de la Florida como Asociación de Combatientes de Bahía de Cochinos una comunicación firmada por el que fuera Jefe Militar de la Brigada, José *Pepe* San Román, que exponía el propósito de llevar a cabo una reestructuración militar de la Brigada bajo un organismo denominado Jefatura Militar Conjunta de la Brigada 2506.

La reacción vigorosa de la recién electa Directiva no se hizo esperar. Denunció en un público documento, reproducido en Diario Las Américas, que el día 21 de abril de 1980, es decir, al día siguiente de las elecciones en que resultó triunfante la nueva directiva, la saliente extendió un cheque por la cantidad de $5,000.00 a nombre de los señores Mirto Collazo, Pedro Pablo Rojas y Heberto Lorenzo firmado por Alberto Martínez Echenique, Presidente, y Fidel Fuentes, Tesorero, que fue depositado en una cuenta del Barnett Bank en Midway Mall a nombre de Brigada de Asalto 2506, Jefatura Militar, con las firmas autorizadas de Mirto Collazo, Heberto Lorenzo y R. Torres Jiménez. Después de un relato sobre la inutilidad de los esfuerzos unionistas llevados a cabo por la nueva Directiva con quienes definió como «*grupo que actúa en esa línea divisionista y para mayor esclarecimiento de los hechos*», la Directiva en pleno de la Asociación declaró:

«***PRIMERO:*** *Que en el pequeño grupo de brigadistas que lleva a cabo ese movimiento divisionista valido de la confusión que crea al utilizar indebidamente el nombre de la Brigada 2506, figuran varios miembros de la anterior directiva, algunos de los cuales aspiraron en la candidatura que fue derrotada en limpias elecciones, como han sido realizadas todas por la Asociación.*

SEGUNDO: *Que la actual directiva de la Asociación no se opone ni censura el propósito de cualquier grupo de hombres que estime conve-*

---

[33] Ver Tomo IV, págs. 361-67, 397-99.

niente prepararse para la lucha en Cuba pero rechaza el propósito de ordenar reclutamientos que la directiva de la Asociación no ha determinado hasta este momento.

TERCERO: *Que desautoriza públicamente todas las gestiones que viene realizando la llamada Jefatura Militar Conjunta de la Brigada 2506 por no constituir un organismo válido y legal de la Asociación de Combatientes de Bahía de Cochinos, Brigada 2506, que es y ha sido siempre el organismo que representa a los combatientes de Bahía de Cochinos.*

CUARTO: *Que en estos precisos momentos en que se procura aglutinar a todo el exilio en un solo organismo que sea capaz de llevar a cabo las técnicas que las circunstancias demanden, este movimiento de la llamada Jefatura Militar Conjunta de la Brigada 2506 constituye una acción divisionista que podría obstaculizar la actuación de la Brigada 2506 en las actuales circunstancias.*

QUINTO: *Que la Asociación de Combatientes de Bahía de Cochinos, Brigada de Asalto 2506, denunció públicamente que la actuación de los personeros de la auto-titulada Jefatura Militar Conjunta de la Brigada 2506 podría acarrear consecuencias imprevisibles, peligrosas y perjudiciales para la causa cubana y para el buen nombre de la Asociación, por lo que hace responsables absolutos de lo que pueda ocurrir a las personas que están llevando a cabo tal movimiento.*

DIOS, PATRIA Y LIBERTAD

José Pérez Franco, Presidente; Carlos M. de Varona, Vicepresidente; Armando L. Calderín, Secretario; Pedro H. Yñigo, Vicesecretario; Óscar G. Rodríguez, Tesorero; José González Martí, Vicetesorero; Orlando Manrique, Director de Organización; Julio Tur Tur, Vicedirector de Organización; Dr. Antonio Curbelo; Director de Relaciones Exteriores; Dr. Héctor Lamar, Vice; Humberto Hernández, Director de Prensa y Propaganda; Francisco Marty, Vice; José R. Flores, Director de Asistencia Social; Fulgencio Castro, Vice; Óscar A. Carol, Director de Asuntos Militares; Eduardo Barea, Vice».

Las gestiones militares de la Jefatura Militar Conjunta encontraron muchos simpatizantes y nutrida concurrencia al campamento de entrenamiento que, con permiso de las autoridades, instalaron en una finca del noroeste de Miami que contaba con facilidades de cursos de obstáculos y de instrucción de maniobras de guerra de guerrillas. Todos los fines de semana se adiestraban multitud de exiliados, brigadistas o no, que anhelaban una actividad opuesta a la pasividad de la oficial Brigada 2506, dormida en sus laureles y vuelta en una verdadera aristocracia civil-militar exclusivista, contrariamente a sus impugnados que aceptaban en sus filas a ex-presos políticos, marielitos, balseros, ex-rebeldes, etc. Enfrentada a la competencia de la JMC, y a su triunfo recaudatorio, el día 13 de junio de 1982 la prensa y la radio miamense dieron a conocer el siguiente comunicado:

«La Directiva de la Asociación de Veteranos de la Bahía de Cochinos y su representación militar desautorizan categóricamente a la autotitulada Jefatura Militar Conjunta para realizar cualquier tipo de acto, declaración, colecta pública o privada, y que falsamente se atribuya el apoyo, anuencia o simpatía de la Brigada 2506, así como que nuestras proyecciones obedecen exclusivamente al sentir de la mayoría de nuestros compañeros brigadistas y por sobre todas las cosas a los mas altos y sagrados intereses de Cuba. Dr. Antonio Curbelo, Presidente; Armando L. Calderín, Secretario; Joaquín J. Varela, Director de Asuntos Militares».

El siguiente día 4 de julio de ese año, durante la celebración de un acto en honor al Día de la Independencia de los Estados Unidos en su campamento y vistiendo uniformes de camouflage y portando armas descargadas, parados en atención, los aforados y los visitantes oyeron a*«Fico»* Rojas, leer la siguiente Orden del Día, luego hecha pública:

«La Jefatura Militar Conjunta de la Brigada 2506 declara que fue organizada por orden del comandante José Pérez San Román, siendo Presidente de la Asociación de Combatientes de Bahía de Cochinos Alberto Martínez Echenique el cual acató y cumplió las órdenes de San Román. Los que no saben cumplir con el deber que la historia y la Patria un día nos señaló, no pueden tener autoridad para desautorizar a los que están dispuestos a luchar por la liberación de Cuba hasta sus últimas consecuencias. Lo firmamos Heberto Lorenzo, Fernando Torres Mena, Domingo Carmenate, Juan Saud y H. Villamil».

Los acontecimientos nicaragüenses posteriores a la victoria del sandinomarxismo, identificado sólidamente con el régimen comunista cubano, y la subversión salvadoreña del Frente Farabundo Martí inclinaron al presidente Reagan hacia una política de dos caras; una de pronunciarse fuertemente anticomunista y otra de bajo cuerda llegar a un acuerdo con Fidel Castro, acusado por la CIA de enviar cientos de toneladas de armas procedentes de Angola y Etiopía por la vía clandestina Cuba-Nicaragua-Honduras-El Salvador para nutrir a los guerrilleros salvadoreños que lanzaron su ofensiva en enero de 1981. Engatusados por la retórica anticomunista de Reagan los disputantes brigadistas pusieron fin a su diferendo y acordaron un pacto amistoso que permitía la existencia de la Jefatura Militar Conjunta y la Asociación de Veteranos de la Bahía de Cochinos, esperanzados en que Reagan los reconocería como iguales y que los incorporaría, oficialmente o secretamente, a su cuerpo de asesores en la Casa Blanca o la CIA ya que el Pentágono les estaba vedado pues este contaba con verdaderos profesionales militares de origen cubano, muchos de ellos procedentes de la Operación Pluto con relevantes Hojas de Servicio en Viet-Nam. El entusiasmo reaganista infectó a los injustamente considerados violentos que se integraron en una Fuerza Interamericana de Defensa cuyo Estado Mayor era el siguiente que radicaba en el pantanal Everglades, Campamento Cuba-Nicaragua: Coronel Jorge *Bombillo* González, Jefe Militar; Comandante Héctor *Fabián* Alfonso Ruiz, Jefe de Información y del Departamento de Organización Militar; Comandante Enrique Pérez, Jefe Interior del Campamento; Comandante Rene Silva, Mando Nicaragüense; Capitán Leopoldo Ramos, Departamento Sanitario; Capitán Andrés Martín, Departamento Médico; Capitán Ernesto Crucet, Departamento de Instrucción y Disciplina; Capitán Juan Mayea, Ayudante Orden Interior; Capitán Armando Alanís, Departamento de Relaciones Internacionales; Capitán Mario Pérez, Jefe de Seguridad del Campamento y Teniente Juan González Planas, Departamento de Prensa y Propaganda.

Una primicia de lo que sería la vehementemente apoyada política exterior de Reagan por los cubanos exiliados que debían tanto a los presidentes del Partido Demócrata, Kennedy, Johnson y Carter, como aparece detallado en el Tomo IV y repitiendo la demagogia de Nixon del nefasto Pacto de Piratería Aérea[34], la dio el Secretario de Estado, general Alexander Haig cuando, por órdenes de Reagan, dijo en una reunión de NATO (North Atlantic Treaty Organization) el día 2 de febrero de 1981, *«los Estados Unidos tienen como prioridad enfrentar la fuente del problema insurreccional de El Salvador, que lo es Cuba»*, para después reunirse en secreto en Méjico, a espaldas del exilio, buscando, por órdenes de Reagan un arreglo con Castro. Después repitió la infamia el general Vernon Walters yendo a La Habana a entrevistarse con Fidel con el mismo propósito[35]. En enero de 1982, David Korn un asesor de Haig visitó La Habana durante tres días en misión dialoguera, que fracasó, ordenada por la Casa Blanca. En mayo de 1982 el senador por Idaho, Steve Syms presentó una Resolución en el Senado reafirmando la Resolución Conjunta del Congreso, que fue aprobada y sancionada por el presidente Kennedy durante la crisis de los cohetes atómicos en octubre de 1962[36] y ahora ratificada nuevamente por el Congreso a pesar de la oposición de Regan y Haig a la misma alegando que interfería con el privilegio presidencial de regir la política exterior. Jamás fue puesta en efecto por sucesivos gobernantes americanos. Algo que claramente indicaba que la Presidencia, no importaba cual Partido, solo quería la cooperación de los cubanos que estuvieran conformes con obedecer órdenes, cobrar cheques de soborno y dialogar con el enemigo comunista. Fuese ya a título personal o bajo el disfraz de organizaciones. Alexander Haig, debido a su militarista actitud en el Departamento de Estado, antagonizó en tal mala forma a funcionarios y congresistas que muy a su pesar Reagan lo sustituyó con George Shultz.

En 1982 se cumplían los primeros veinte años del establecimiento en Miami, en firme, de lo que se llamó *el pueblo cubano del exilio* para diferenciarlo del que en la Isla, supermayoritariamente, apoyaba la tiranía comunista de Fidel Castro y sus secuaces. La industriosidad económica del exilio se había multiplicado y se hacía evidente que dominaba el control financiero bancario que costeaba el desarrollo urbanístico y comercial de una

---

[34] Ver Tomo IV, págs. 577-78.
[35] Ver Tomo IV, pág. 369.
[36] *Ibid.*, págs. 376-91.

ciudad que por casi un siglo languidecía como tan solo un centro turístico invernal para norteños americanos que huían del frío y para caribeños y centro y suramericanos que la usaban como puerta de entrada a los Estados Unidos y emporio de compras de mercancías adquiridas a precios muy por debajo de los exigidos en sus países. La estadística censual floridana mostraba que Miami, con el influjo de la inmigración cubana provocada por el castro-comunismo, estimada en 350,000 personas radicadas en el Condado Dade, hacían de La Ciudad del Sol la mas poblada del Estado, superando a Tampa, Jacksonville y Orlando. La prosperidad miamense fue incentivo para multitud de grupos étnicos procedentes de hispanoamérica que alegaban, igual que muchísimos cubanos, de ser exiliados políticos cuando en pura realidad no eran otra cosa que inmigrantes económicos oportunistas incalificados en profesiones y artesanías que al ofrecerse, forzados por la pobreza, a laborar por un salario mas bajo que el requerido por la ley envilecían tanto el derecho como el prestigio y la dignidad de la clase laboral nativa o residente legalizada, tal como ocurrió en Cuba antes de la Ley de Nacionalización del Trabajo establecida por Decreto en 1933 y especificada en la Constitución de 1940[37].

Al tiempo que la clase empresarial del exilio se enriquecía y enriquecía a su vez a la masa desterrada que de ella dependía para subsistir económicamente, se despertaron en aquellos los deseos de ocupar un espacio político-electoral en sus respectivas comunidades. La FNCA inició una robusta campaña destinada a lograr una populosa ciudadanización americana de los cubanos en los barrios en que habitaban y que, al igual que en la Cuba de antes, les facilitara el control afiliatorio a sus nuevos sargentos políticos y caciques partidistas. La apabullante derrota de Carter frente a Reagan presagiaba la segura aspiración reeleccionista en 1984 de éste y una baja tremenda en el Partido Demócrata y un ascenso en el Republicano y a las filas de éste corrieron abigarradamente los beneficiados por la caridad de los gobiernos demócratas y que ahora justificaban su cambio de casacas echándole con el rayo a Kennedy por el fracaso de la expedición fatídica de Bahía de Cochinos, calificándolos de liberales y socialistas fabianos y glorificando la cubanía y la lealtad nacionalista que se contradecía con el juramento que

---

[37] Ver Tomo II, págs. 455-56, 555-64.

voluntariamente habían prestado y que prestarían ante una Corte Federal, bajo pena de perjurio y que afirma:

«Yo (Fulano de Tal) totalmente renuncio y abjuro toda obediencia y fidelidad a cualquier príncipe extranjero, potentado, estado soberanía y particularmente a Cuba del cual he sido súbdito o ciudadano y juro ante Dios apoyar y defender la Constitución y las Leyes de los Estados Unidos y acepto esta obligación libremente y sin reservas mentales ni propósitos de evadirla. Una Nación bajo Dios, indivisible, con libertad y justicia para todos».

A partir de ese momento el antaño inmigrante deja de ser cubano, polaco, chino, etc., y pasa a ser un ciudadano americano 100% con todos los derechos y deberes de tal y equiparado por ello a un nativo. Adquiere el derecho a ostentar un pasaporte americano y a ejercer el voto en elecciones municipales, estatales y nacionales. Incitar al inmigrante a concentrarse en barrios o ghettos perpetuando una estructura etnicista marginal es condenarlos cruelmente a una existencia precaria, similar a la que les forzó abandonar su país. Atentar contra la integridad de los Estados Unidos transformándolo en una amalgama de minorías, de múltiples extranjerías, vulnerables a la patriotería y la demagogia con el propósito de utilizarlas como grupos de poder electoral es imperdonable.

VI

Granada. Trasfondo comunista. La contienda sectaria Bishop-Coard. Invasión militar americana. Humillación castrista a Pedro Tortoló. El Segundo Congreso del CID. Bajas notables en su Ejecutivo Central y Cuerpo de Asesores. Embestida de Herminio Portell Vilá, Tony Cuesta y ex-presos políticos batistianos. La trifulca Huber Matos-Roberto Cruz Zamora en el Tercer Congreso. Airado desafío de Armando «Seso Hueco» Pérez Roura. Cisma del Grupo Coincidente de Principios. Acusador folleto de Antonio P. Legrand atribuido a Alvaro Sánchez Cifuentes. Repercusión cismática en Los Ángeles. Censuras a Huber Matos de Celedonio González y Salvador Romaní. El Frente de Integración Nacional (FIN). Impugnación del CID a la FNCA en The New York Times. Reincidente altanería de Huber Matos.

En 1980 era ampliamente conocido el cúmulo de reveses sufrido por la política subversiva fidelo-comunista planificada en las reuniones de la OSPAAL y la OLAS[38] que culminara en el rotundo fracaso guerrillero de Che Guevara en Bolivia[39] y el derrocamiento de su émulo chileno Salvador Allende por el general Augusto Pinochet en septiembre de 1975. La victoria del Frente Sandinista en 1979 sobre la dinástica dictadura nicaragüense de los Somoza encendió nuevamente en Fidel el fuego demencial de su egolatría internacionalista y encomendó a su Departamento de América del Partido Comunista de Cuba, que regenteaba Manuel *Barbarroja* Piñeiro Losada, que fomentara un descalabro insurgente en Centroamérica y el arco isleño del Caribe con el doble propósito de desafiar la declarada antipatía del presidente Reagan por el comunismo y apoderarse del gobierno de El Salvador mediante su patrocinio al Frente de Liberación Nacional Farabundo Martí, de raíces marxista, que mantenía una fiera guerrilla cuyos jefes habían sido entrenados en Cuba y que se anotaba victoria tras victoria sobre las

---

[38] Ver Tomo IV, págs. 479-87.

[39] *Ibid.* págs. 503-29.

fuerzas gubernamentales. En Washington la Administración Reagan estudiaba anhelantemente el como intervenir militarmente en los planes de Castro apareciendo como rescatadores de la democracia que se perdía y no como los instrumentos armados del imperialismo norteamericano, patrono de las repúblicas bananeras, acusación tradicional que se le imputaba a los Estados Unidos desde la era de Theodore Roosevelt y revivida como consecuencia del desastre invasor de Bahía de Cochinos. La dorada oportunidad que se anhelaba se le presentó a Reagan en octubre de 1983 en la isla de Granada, la mas sureña de las de Barlovento.

Durante mas de doscientos años Granada había sido una posesión colonial inglesa que obtuvo su independencia, aunque manteniéndose dentro de la Comunidad de Naciones Británicas, en febrero de 1974 bajo el premierato de Eric M. Gairy un político moderado que se tornó en un corrupto gobernante que, mientras se hallaba ausente en New York sesionando en las Naciones Unidas, fue depuesto incruentemente mediante un golpe de estado por el New JEWEL Movement que encabezaban los marxistas Maurice Bishop y Bernard Coard, el día 13 de marzo de 1979. Dando por buenas las promesas de los golpistas de respetar la democracia, los derechos humanos, la propiedad privada y la celebración de elecciones libres la Comunidad Económica Caribeña votó por el reconocimiento del nuevo Gobierno Revolucionario del Pueblo, decisión aprobada por Inglaterra y Canadá. El día 22 la Administración Carter dio su visto bueno al régimen granadino. Sintiéndose seguro en el mando, Bishop anunció que buscaría armas en los Estados Unidos para defenderse de una contrarrevolución que preparaba Gairy. El embajador americano, Frank Ortiz, pidió a Bishop una relación detallada de las armas que alegaba necesitar y éste dijo que estaba preparándose la lista y afirmándole que Granada buscaría ayuda de cualquiera para rechazar la invasión de Gairy. La ruptura no se hizo esperar y Granada comenzó a recibir ayuda militar de Cuba y Guayana así como un grupo grande de instructores militares cubanos, médicos y maestros. La alarma hizo presa en los estados caribeños y los Estados Unidos cuando Rusia entró en funciones junto con Cuba para construir un enorme aeropuerto internacional y la fuerza laboral cubana importada era una en realidad de militares que, unidos a los milicianos granadinos, superaba en número y armamentos a las fuerzas policiales de las cercanas islas.

Una lucha interna por el poder entre las facciones comunistas de Bishop y Coard desató una sangrienta pelea el 19 de octubre de 1983 que resultó en el fusilamiento de Bishop y varios de sus mas cercanos colaboradores seguido de una cacería humana por toda Granada que ponía en mortal peligro a cientos de estudiantes americanos de medicina radicados allí. El día 21 los dirigentes de todas las naciones de la Organización de Estados del Caribe Oriental (Dominica, Santa Lucía, Montserrat, St. Kitt-Nevis, Antigua y Barbuda, San Vicente y las Granadinas) votaron unánimemente en favor de que una fuerza pacificadora fuese a Granada a imponer el orden, dejando esa responsabilidad a Washington y no a Londres. Según el testimonio documentado del presidente Reagan[40] su decisión fue mantener absoluto secreto sobre la expedición a Granada para evitar porfías similares a las habida sobre Viet-Nam. Ni siquiera a la Primer Ministro inglesa, Margaret Thatcher, se lo informó. El día 25 una poderosísima fuerza de Tropas Especiales en número de 6,000, apoyadas por helicópteros de combate, enfrentaron a un contingente comunista cubano disfrazado como obreros de construcción atrincherados en el aeropuerto y otros sitios fortificados de la isla derrotándolos rápidamente. Se rindieron en masa a pesar de la orden recibida de Fidel de morir hasta el último hombre gritando ¡Patria o Muerte! Su jefe, el coronel Pedro Tortoló, veterano laureado de las masacres de anticomunistas en África, corrió a asilarse en la embajada soviética. Repatriados a Cuba, Fidel los recibió como héroes ensalzando su valentía pero premió a Tortoló degradándolo a soldado raso y enviándolo de regreso a África a rehabilitarse. Los estudiantes fueron rescatados sin problemas. Bernard Coard escapó y su suerte ha quedado en un misterio. Los documentos oficiales ocupados mostraron firme evidencia de cinco acuerdos militares entre Granada, la Unión Soviética, Cuba y Corea del Norte relacionados con el uso del proyectado aeropuerto. Después de la evacuación de la fuerza de paz una coalición centrista eligió a Herbert A. Blaize que ganó la elección parlamentaria.

Mientras la Junta Patriótica y la Fundación Nacional Cubano-Americana competían por vertebrar en sus filas el sinnúmero de organizaciones anticastristas del exilio y luchaban por ser reconocidas en Washington como un moderno duplicado del Consejo Revolucionario Cubano de los años 60, su

---

[40] Ronald Reagan, *The Autobiography*, Simon & Schuster, New York, 1990.

rival, el CID de Huber Matos se desgarraba en una controversia interna típica del comportamiento político del cubano. Voluble y mudable, ejemplo de lo cual era la composición de la dirigencia del CID y de su máximo líder. El Segundo Congreso del CID celebrado en Miami en agosto de 1981 en el hotel Dupont-Plaza publicó, el domingo 23 de septiembre siguiente, una página entera, como anuncio político pagado, en Diario Las Américas, con el lema *Un Triunfo del Pueblo Cubano, Patria, Pueblo y Libertad* que luego de una extensísima monserga de ponencias aprobadas, que no se diferenciaban mucho de las publicitadas por la Junta Patriótica y la Fundación en sus Congresos precedentes, daba a conocer su Ejecutivo Central y su Cuerpo de Asesores como sigue: Comandante Huber Matos Benítez: Secretario General; Dr. Levi Marrero, Dra. Delia Hernández y Capitán Napoleón Bécquer: Vice-Secretarios Generales; Huber Matos Araluce: Secretario de Organización; Dr. Miguel Remón: Secretario de Finanzas; Carmen Plaza: Tesorera; Alvaro Sánchez Cifuentes: Secretario de Orientación Ideológica; José Francisco Lamas: Secretario de Prensa e Información; Ignacio Castro: Secretario de Relaciones Públicas; Dr. Mario Villar Roces: Secretario de Relaciones Internacionales; Elisa Perdomo: Secretaria de Actas y Correspondencia; Dr. Luis Espina: Secretario de Profesionales; Dra. Hilmice Estéve: Secretaria de la Mujer; Pedro Gracia: Secretario de Asuntos Obreros; José M. Pou Socarrás: Secretario de Asuntos Campesinos; Roberto Valero: Secretario de la Juventud; Reinaldo Aquit Manrique: Secretario de Presos Políticos; Jorge Rodríguez Alvareda: Secretario de Planificación Nacional.

Asesores Políticos: Sr. Roberto Fontanillas, Sr. Luis Palacios, Sr. Saúl Seisdedos, Ing. Rogelio Matos Araluce, Sr. Segundo Cazalis, Sr. Emilio Guede.

Asesores Económicos: Sr. José M. Bosch Lamarque, Dr. Felipe Pazos, Dr. Arsenio Núñez Basulto, Dr. Guillermo Mármol, Sr. Raúl Eugenio Abreu, Sr. Ariel Gutiérrez, Sr. Roberto Escobar.

Asesores Militares: Coronel Ramón Barquín, Comandante Juan M. Ignarra, Comandante Jaime Costa, Comandante Julio C. Alonso, Comandante Rinaldo Cruz, Capitán Dunney Pérez Alamo, Teniente Gualberto Plaza.

Huber Matos demostró durante tres años que su interés radicaba en la formación de cuadros políticos y no en la confrontación armada y para ello empleaba toda la recaudación económica del CID en propaganda radial y escrita y en viajar extensivamente y reunirse con dirigentes de organizaciones afiliadas a la Internacional Socialista, protegidas y financiadas por las fundaciones alemanas Friederich Ebert Sitftung, Conrad Adenauger Stiftung y Friederich Nauman Stiftung y por el equivalente yanqui Agency for International Development (AID.) Llamaba la atención periodística y la indagación político-militar que aparecían eliminados de la dirección del CID en octubre de 1981 Mario Rivadulla, Francisco Suarez Quiñones, Gladys Pena, Carlos Fernández, Alfredo Fernández Supervielle y Miriam Ortega; el Asesor Económico Max Borges; los Asesores Políticos Juan J. Tarajano, Armando Palacio y José Moreno y los Asesores Militares, artificialmente nombrados, Comandantes del Ejército Rebelde Antonio Michel Yabor, Víctor Mora Pérez y El Autor, que nunca tomaron posesión de esos cargos ni asistieron al Congreso de Caracas. Añadido a lo anterior, el historiador Herminio Portell Vilá denunció, el día 11 de marzo de 1981, que The National Review, The New York Times, The Washington Post y The American Heritage Foundation favorecían a Huber Matos mediante páginas enteras disimuladas como anuncios políticos pagados. El heroico Antonio *Tony* Cuesta[41], regresado de su prisión en Cuba ciego y manco, acusó a Huber Matos *«de representar al socialismo marxista y de no contar con la simpatía del exilio pero si del apoyo de organizaciones internacionales de esa ideología».* El día 5 de abril de 1981 los señores Pablo Facio y Luis Cabrera Celestrín, en nombre de la Agrupación de Ex-presos y Ex-Presas Políticas de Cuba, lo acusaron de ser el responsable de la algarabía que tuvo lugar durante la conmemoración del Día del Preso Político Cubano, en Miami, al pretender hacer uso de la palabra por la fuerza y de pronunciarse contra los ex-presos de filiación batistiana, cuestión que generó choques entre sus partidarios y los exiliados que eran adictos al derrocado dictador en Los Ángeles, Chicago, New York y Washington, en razón de los fusilamientos múltiples por Matos sancionados en Camagüey en enero de 1959 cuando sustituyó al comandante Víctor Mora que se había negado a efectuarlos[42]. El día 30 de abril de 1982 el periódico La Prensa de Buenos Aires informó que Huber Matos, en visita a esa ciudad, respaldaba la dictadura militar

---

[41] Ver Tomo IV, págs. 401, 459-61.

[42] Ver Tomo IV, págs. 18, 19.

argentina contra Inglaterra en la guerra de Malvinas, en nombre del CID, a pesar de que aquella era firme partidaria del régimen comunista de Fidel Castro y que ambas eran violadoras terribles de los Derechos Humanos en las patrias de Martí y de San Martín.

El Tercer Congreso del CID, realizado en New York los días 8, 9 y 10 de octubre de 1982, terminó en un escándalo morrocotudo cuyos detalles se conocieron mediante la prensa y la radio miamense que fueron reproducidos mundialmente. En especial en Cuba comunista donde desde Fidel hasta el menos inverecundo de sus cáfilas gozaba las querellas entre sus enemigos internos y externos. La trifulca del CID, a la luz pública, comenzó el día 14 cuando el jefe militar y de la seguridad del organismo, capitán Roberto Cruz Zamora, uno de los principales protagonistas de los sucesos de Camagüey en octubre de 1959[43], compañero de prisión con Matos por siete años, declaró por la emisora WQBA que abandonaba el grupo, junto con otros, debido a la falta de democracia en el seno del movimiento y porque dirigentes del CID mantenían en secreto la fuente y el destino de los fondos recaudados. Su gravísima acusación decía en parte lo siguiente:

«Huber Matos es unególatra insoportable que no está preparado para ejercer la democracia y si volviera a tener poder en Cuba fusila a todos los suyos y a los que no lo son si se atreven a discrepar de él y dejaría chiquito a Fidel Castro y carece de la mas elemental ética política. En el segundo día de sesiones del Congreso de New York presenté un Proyecto de Enmienda a los actuales estatutos del CID, el cual fue sometido a la Mesa No. 3 (Estructura y Unidad Interna) y cuando estaba leyendo a los señores delegados integrantes de la Mesa el alcance del proyecto, la intervención totalitaria y dictatorial de Huber Matos impidió que terminara de leer el alcance del mismo, ante el asombro de todos, argumentando, como única razón de su increíble actitud, que no estábamos ante comités electoreros del pasado ni aquello era un club social para debatir arbitrariamente. Respondí airadamente a Huber Matos, en protesta de su actitud antidemocrática lo cual fue respaldado por algunos de sus incondicionales, entre ellos sus hijos Hubertito y Rogelio que pertenecían a dicha Mesa o Comité el cual fue

---

[43] *Ibid.*, págs. 150-70.

aumentado hasta el número de sesenta miembros para obtener mayoría en la susodicha Mesa. Podemos decir, como prueba convincente de que en el CID no existe el mas mínimo respeto a los procedimientos democráticos....»

El siguiente día 15, Alfredo Izaguirre Horta reportó en el periódico Noticias del Mundo la entrevista que tuvo con el capitán Cruz Zamora en la cual éste ratificó su acusación de que Huber Matos había defraudado la fe de millares de hombres y mujeres, y de otros dirigentes, al imponer su voluntad personal sobre los intereses de la mayoría en dicho Tercer Congreso del CID y explicó que su proyecto contemplaba un nuevo sistema de elección del Ejecutivo Central a través de voto directo y secreto y un control de los ingresos y egresos por un grupo del Consejo de Dirección a lo que se opuso Matos por no querer que el sistema de finanzas tuviese variación ni que fuera del conocimiento general de los integrantes del Consejo de Dirección ni que se variara el modo electoral. En Los Angeles el Dr. Carlos Fernández, Asesor Político, y Ambrosio Reyes, Delegado Obrero, anunciaron su renuncia y la disolución del CID en California en solidaridad con Cruz Zamora.

La respuesta de Huber Matos el día 16 en comparecencia en la emisora RHC, entrevistado por Tomás García Fusté, y mediante comunicado de la Secretaría de Prensa del CID, publicado en Noticias del Mundo, en que acusaban a Roberto Cruz Zamora de crear un caos inspirado por La Habana, que debía su libertad y exilio a Huber Matos y que había algo raro en él porque estudió en Cuba Ciencias Jurídicas, curso que solamente era permitido a los miembros del Ministerio del Interior o de la Juventud Comunista y que todo era un plan de La Habana y la Seguridad del Estado para desprestigiar a Matos. Insólitamente lanzaban un brulote contra Armando Pérez Roura, locutor de WQBA, acusándolo de confabularse con Cruz Zamora porque aquel no podía ver al CID porque no se le dio el cargo de Prensa e Información al principio de crearse el movimiento y que por esto Cruz Zamora contactó con él, para crear un ambiente de histeria en Miami. Coincidentemente aparecieron en Miami unos volantes en que se imputaba a Pérez Roura el haber sido miliciano comunista y antes batistiano. La airada respuesta de Pérez Roura, motejado como *Seso Hueco*, fue un vibrante desafío a Huber Matos: «*Usted acusó a algunos de los que trabajamos en esta cubanísima WQBA de ser infiltrados y de servir los intereses de la tiranía castro-comunista de Cuba. En su soberbia señor Matos y con ese tono de elegido de los dioses con que usted habló tiene que presentar las pruebas con nombres y apellidos contra los que llama infiltrados de Castro que trabajamos en WQBA. Si no lo hace, usted podrá seguir siendo un gran líder revolucionario para sus seguidores, pero para nosotros será, como desde la tarde de ayer... ¡Un mentiroso, mentiroso! Sí, señor Matos, ¡Un mentiroso que no merece nuestro respeto ni el de ningún cubano honrado!»* Recibió la callada por respuesta.

El día 21 el periódico El Mundo en reportaje de Humberto Estenoz, sobre la visita del periodista Álvaro Sánchez Cifuentes, ex-ideólogo del CID y Roberto Cruz Zamora, ex-jefe militar del CID, informó de la separación de ese organismo de un grupo de sus dirigentes y afiliados inconformes con el egocentrismo, nepotismo, aviesos procedimientos, egolatría y métodos autocráticos prevalecientes en el CID y su constitución en un Grupo Coincidente de Principios que con el lema *Por una Cuba Libre* contraían un compromiso con la patria esclava, con sus gloriosos mártires y con sus indoblegables presos políticos, jurando por su honor de revolucionarios no descansar hasta ver libre a la patria esclava. Firmaban: Álvaro Sánchez Cifuentes, Pedro Gracia, Saúl Seisdedos, Pilar Mesa, Manuel Perdomo, Carmen Plaza, Elisa Perdomo, Gualberto Plaza, Oliverio Tomeu, Carlos F. Quijano, Leonidas Lloren, Rubén Espinosa, Roberto Cruz Zamora, Bartolomé Barreto, Félix Díaz, Héctor Antúnez, Silvia Quijano, José García Taboada, Orestes Santos, Alberto Ferreira, Álvaro Romero, Roberto Servando, José A. Moreno, Jorge Triana, H. R. Almeida, Bernardo Juan, Gastón Collado, René Poveda, Eugenio González y Mario Miralles.

Añadiendo leña al fuego intenso en que se consumía el CID apareció un folleto de veinte páginas intitulado *Huber Matos, Un Farsante* autorado por Antonio P. Legrand, en que afirmaba que aquel poseía tres casas-fortalezas en la urbanización Westchester de Miami rodeadas por cercas de acero, rejas de hierro, luces de alta intensidad, cámaras de televisión y guardias de seguridad con perros guardianes cuyas instalaciones valían $160,000.00. Agregaba Legrand que Matos había confesado un gasto de un millón de dólares en 1982 en financiar el CID, que la nómina mensual de sus empleados era de $15,000.00, que el industrial José M. Bosch le había provisto de un reloj Rolex por valor de $5,000.00 que había rifado en $25,000.00, que una Congregación Bautista le había donado dos partidas de $100,000.00 y reproducía, en fotocopia, un anuncio publicado en The New York Times, el día 13 de marzo de 1983 solicitando contribuciones del público americano para sostener diez estaciones de radio de onda corta con un poder de dos megawatts cuyo costo era de $3,500,000.00 y su gasto de operaciones anuales era de $750,000.00, y denunciaba que las partidas monetarias públicas del CID eran manejadas por Miguel Remón y las secretas únicamente por los Matos. El dicho folleto fue calificado de libelo por Huber Matos Araluce y asegurando además que Antonio P. Legrand era un seudónimo usado por el verdadero autor, el ex-Secretario de Orientación Ideológica del CID, Álvaro Sánchez Cifuentes.

El día 21 de octubre de 1983 el cisma del CID repercutió en Los Angeles. El periódico La Voz Libre, que dirigía Ángel Prada, informaba que en Méjico el Buró Federal de Seguridad azteca había frustrado un plan castrista para asesinar a Huber Matos fraguado por los diplomáticos cubanos José R. Pérez Ayala y Arturo Guzmán Nolazco, arrestados en compañía de dos cubanos residentes en la Florida identificados como Raúl Barandela y Dunney Pérez Alamo en posesión de una bomba de alta potencia que se intentaba utilizar para eliminar físicamente al líder del CID y que Hilda Pérez, vocera del CID en Washington revelaba que su organización tenía conocimiento de planes castristas para matar a sus dirigentes, en los que estaban involucrados agentes de inteligencia cubanos infiltrados en los Estados Unidos manipulados por Joaquín Méndez Cominche, jefe de la Dirección General de Inteligencia de Cuba comunista. Los diplomáticos cubanos fueron expulsados a La Habana y Barandela y Pérez Alamo deportados a E.U. El ex-coordinador del CID en California, Carlos Fernández, emplazó judicialmente a La Voz Libre por difamación y Ángel Prada se disculpó mostrando el parte telegráfico recibido procedente de la oficina del CID en Washington y abrigándose en el derecho de libertad de información periodística.

El resumen de la discordia dentro del CID fueron las censuras del acontecimiento expresadas por un respetado colaborador de Diario Las Américas que responsabilizó a Huber Matos por el desaguisado. Opinó Celedonio González en su artículo *El Derrumbe de una Esperanza*, el día 23 de octubre:

«Matos padece de un egocentrismo intolerable, se cree el ombligo del mundo y eso unido a su soberbia mas el nepotismo que ha demostrado en la constitución del aparato que regentea, lo descalifican para una empresa de la magnitud que confrontamos los cubanos.... Se ha

repetido al papel carbón la historia del JURE, aquel otro aparato que con el mismo cordón umbilical, pretendió darnos lecciones de patriotismo, para terminar en una dulce pachanga matrimonial, sin penas ni glorias. Este es un exilio maldito, condenado a la ineficacia por factores ajenos y por una incapacidad nuestra que no tiene parangón en los anales de la historia...»

El día 25 de octubre Salvador Romaní, Presidente de la Junta Patriótica Cubana para América Latina y Delegado Permanente del Colegio Nacional de Periodistas de Cuba y Secretario General del Partido Revolucionario Cubano Auténtico en Venezuela expresó a El Mundo de Alberto González en Miami:

«Oportuna y cívica la denuncia de los señores Cruz Zamora y Sánchez Cifuentes, entre otros muchos del CID, que no resistieron la imposición dictatorial de Huber Matos. Necesitamos un tribunal popular del destierro para juzgar moralmente a Matos por su contrabando ideológico, cesarismo autocrático, mitomanía fidelistoide antidemocrática, sospechosos ocultamientos de las finanzas, muestras inequívocas de procedimientos dictatoriales, discriminación entre cubanos, farisaica conducta pública y envanecimiento al pretender suplantar al tirano Castro....»

Los impugnadores de Matos se separaron del CID y junto con otras personas de antecedentes revolucionarios procedentes de Abdala y de la Junta de Liberación Nacional integraron el Frente de Integración Nacional (FIN) que sustituía al Grupo Coincidente de Principios. El Comité Gestor Nacional del FIN anunciaba la siguiente dirigencia: Coordinador: Roberto Cruz Zamora; Ideólogo: Carlos Quijano; Relaciones Exteriores: Dr. Vicente Lago; Finanzas: Bartolomé Barreto; Prensa e Información: Aldo Rosado; Tesorero: José R. Fernández; Adjuntos: Pedro Gracia, Eliecer Grave de Peralta, Pilar Mesa, Jorge Triana, Alfredo Sayús, Silvia Quijano, Manuel Perdomo, Rubén Espinosa, Oliverio Tomeu, H.R. Almeida, José López Legón, Gualberto Plaza, Elisa Perdomo, Carmen Plaza, Ricardo Linares, Orlando Gutiérrez, Pablo Correa, Rafael Mayola y Miguel Jiménez. El FIN enfrentó graves problemas de recaudación y militancia y silenciosamente se disolvió sin poder materializar su lema *Por la Justicia, el Pan y la Razón.* Por su parte Huber Matos, en nombre del CID, publicó en The New York Times una página entera, a un costo de $35,000.00, bajo el rótulo *¿Estamos* *matando a Castro?* combatiendo la creación de Radio Martí que gestionaba en Washington la FNCA y abogando en favor de la cadena de radio del CID que según él contaba con cinco emisoras transmitiendo fuera de los Estados Unidos. Indiferente a las opiniones contrarias a su altanería característica, que tanto le restaba a su admirable expediente revolucionario y le enajenaba simpatías públicas, Huber Matos era incapaz de rectificar sus errores políticos. Por el contrario, se encaracoló en un aislador nepotismo que, como veremos, condujo a la separación sistemática del CID de sus co-dirigentes y a la desaparición de sus Delegaciones. En los anales historiológicos cubanos pudiera, quizás, asimilársele al cesarismo ilustrado ejercido por el general Mario García Menocal durante sus dos períodos presidenciales, pero es mas que aventurado, injusto, asemejarlo a los dictadores que fueron Gerardo Machado y Fulgencio Batista y al tirano que es Fidel Castro.

VII

Inicio de la captura del poder político en Miami por la FNCA. La ampliación a Tallahassee y Washington. Controversia de la película «Cara Cortada». Las elecciones alcaldicias y estatales de 1981 y 1982. La jugarreta de la FNCA en las elecciones alcaldicias de 1983 y la presidencial de 1984. Desaciertos de la JPC.

En la misma medida en que la población cubana emigrada fue convirtiendose en la etnia mayoritaria miamense fue creciendo el deseo de sus líderes en ganar el poder político allí donde habían obtenido la supremacia económica y social sobre las comunidades anglo y negra. Pero para lograrlo tenían que deshacerse del portorriqueño Maurice Ferré que ejercía de Alcalde desde 1972 y era afiliado del Partido Demócrata. Además, la familia Ferré tenía orígenes cubanos y había protegido inmensamente a los exiliados en su establecerse en Miami. El primer cubano nativo en formar parte del gobierno municipal fue Manolo Reboso, veterano de Playa Girón, demócrata y asesor del gobernador de la Florida Ruben Askew, por señalamiento de la Comisión Municipal. Fue electo en 1973 y re-electo en 1977 y renunció en 1979 para dedicarse a las finanzas y el inversionismo relacionados con intereses bancarios venezolanos en Miami. Fue sustituido por selección de Armando Lacasa quien fue electo en 1979 junto con otro cubano, Joe Carollo, que había derrotado al comisionado negro Theodore Gibson en 1977 y re-electo en 1979. Lacasa y Carollo eran afiliados republicanos. Reboso había desertado su lealtad demócrata al apoyar una oportunista campaña presidencial bajo el patronímico de Grupo de Demócratas por Reagan. En 1981 la FNCA encubiertamente inició su trabajo politiquero de financiar la elección de sus preferidos candidatos a la comisión alcaldicia de Miami en las personas de Manolo Reboso para Alcalde y de Xavier Suárez y Luis Morse para Comisionados. La prensa, la radio y la voz pública aseveraban que dos importantísimos directores de la FNCA, Francisco J. *Pepe* Hernández y Antonio R. *Tony* Zamora eran los cerebros de ese cartabón miamense similar al BAGA[44] de funesta recordación isleña. El dinero sobornante fluía incontenible hacia los periodiquitos y periodicuchos que proclamaban el propósito chauvinista y discriminador enmarcado en el lema *¡Cubano, vota cubano!* y que presentaban una fotografía de Xavier Suárez, Manolo Reboso y Luis Morse orlada por el emblema *¡Los tres ases!* y otra en que aparecía Reboso estrechando la mano de Ronald Reagan y con la divisa *¡El salvador de América y del Mundo necesita hombres que lo secunden!* Todo no mas que una detestable y barata patriotería intencionada a la artimaña demagógica de presentar la cubanía como una defensa contra la pérdida de ésta si se aceptaba su integración en el crisol de nacionalidades que eran los Estados Unidos, ignorando zorramente el juramento que habíase efectuado en la ceremonia de naturalización.

Aunque las elecciones municipales no tenían carácter partidarista, el hecho de que los candidatos opuestos al trío de ases, Mauricio Ferré, Demetrio Pérez y Miller Dawkins eran demócratas la mal intencionada propaganda republicana pretendió llevar al ánimo de los votantes de origen cubano (naturalizados americanos) que el votar por ellos era votar por el partido de los Kennedy y los Roosevelts, compañeros de viaje del marxismo socialistoide. Mal le salió el resultado del bochinche a sus gestores pues Ferré, Pérez y Dawkins batieron sonoramente en las urnas a Reboso, Suárez y Morse. El revés electoral sufrido por el republicanismo miamense dentro de la FNCA,

---

[44] Ver Tomo III, págs., 51, 59, 60, 62, 73, 81-83, 86, 115-16, 172, 192.

que ya despuntaba como la representación del capitalismo salvaje que en Cuba había creado las onerosas condiciones económicas y políticas explicativas del porqué del Diez de Marzo de 1952 y del 1ro. de Enero de 1959, analizadas en detalle en el Tomo III, motivó a sus Directores tomar un rumbo internacional, cubiliteando el anticomunismo, la libertad de Cuba, la ampliación de su influencia hacia lo estatal y federal, y la asociación con el gobierno que en Washington mandase, sin distinción de Partido, y, primariamente, sofocar cualquier intento insurreccional, externo o interno, por las buenas o por las malas, que anulase el cabildeo, el tráfico de influencias politiqueras, el cifarreo y la codicia del poder por los intereses creados y reviviese la aparentemente desvanecida o muerta Revolución Traicionada. Así pues, el día 22 de julio de 1982, Diario Las Américas, informó que asistían a Washington, invitados por el presidente Reagan, los señores Carlos Benítez, Roberto Casas, Al Cuéllar, Raúl de la Milera, Mario Elgarresta, Guillermo Freixas, Tomás García Fusté, Roberto Godoy, Pablo Gómez, Evaristo Marina, Manolo Reboso, Santos Rivero y la señora María de la Milera quienes mostraron su simpatía por la reelección presidencial en 1984.

El propósito logrero de fabricar una artificial defensa de la comunidad emigrada de raíz hispánica frente a una conveniente imaginada discriminación por parte de anglos, negros y pro-yanquis de variadas nacionalidades, encontró una magnífica oportunidad en ocasión de proyectarse la filmación en Miami de la película *Cara Cortada* cuyo argumento se basaba en la vida de un marielito cubano-americano señor del tráfico de drogas heroicas que terminaba muerto violentamente. Voceando el derecho a la libertad de expresión salieron en defensa de la empresa cinematográfica Osvaldo *Fotuto* Soto por SALAD; Leslie Pantín por la Autoridad de Desarrollo de la Pequeña Habana; Sandy González por la Cámara de Comercio del Gran Miami; Willy González por el Club Kiwanis; Frank Soler por Miami Mensual; María Cristina Barros por el Condado de Dade y Manuel Crespo por la Asociación de Abogados Cubano-Americanos. Sacrosantamente opuestos a la película, que estimaban una degradación para la puritánica comunidad cubana exiliada aparecieron Carlos Arboleya, Luis Botifoll, Edgardo Caturla, Armando Codina, José Feito, Frank Angones, Willy Gort, Frank Paredes, Ariel Remos, Luis Sabines, Sam Verdeja, Octavio Verdeja y Tere Zubizarreta. La película fue filmada, resultó un fracaso taquillero y movió a burla y no a furor a los espectadores. Porque la guerra de la cocaína que tenía lugar en

Miami comprendía a varios cubanos, marielitos o no, muy conocidos, como leeremos. Una conjunción de los opositores y los favorecedores de la filmación de *Cara Cortada* se hermanaron mas tarde en la agrupación *Facts About Cuban Exiles* para defender la imagen de la comunidad cubana ante el mal informado pueblo norteamericano, según aseguraron públicamente.

Demostrando su especial habilidad política y publicitaria de escoger el momento oportuno para producir la mayor ganancia, la FNCA auspició la concurrencia de cubanos ciudadanizados, como candidatos en las elecciones primarias partidistas para seleccionarlos a cargos gubernamentales locales, estatales y federales preferentemente republicanos y demócratas cambiacasacas. La prensa informó que aspiraban a la Cámara Estatal los demócratas Marta Prado, Ed Cardounel, Tito Pérez, Lincoln Díaz Balart, Luis C. Morse y Reydel Santos y los republicanos Raúl Pozo, Ileana Ros, Roberto Casas, Yolanda Montesinos, Willy Bermello, Armando Bucelo, Humberto Cortina, Evaristo Marina, Ceferino Rodríguez, Humberto Amaro, Franz Arango y Steve Ascencio. Al Senado Estatal aspiraban los republicanos Frank Díaz Silveira y Carlos Domínguez y a Representantes Federales los republicanos Evelio Estrella, Manuel Iglesias y Ricardo Núñez Portuondo. En las elecciones finales de 1982 ganaron escaños en la Cámara Estatal Ileana Ros, Roberto Casas, Humberto Cortina y Armando Bucelo solamente. Con un pie en la antesala política estatal en Tallahassee la FNCA rehizo su plan electoral para las elecciones municipales y nacionales en 1983 y 1984. Su favorito miamense, Manolo Reboso, había decidido no participar como candidato alcaldicio debido a su participación en un escándalo financiero, denunciado por The Miami Herald en su edición de septiembre 9 de 1983, acerca de que el Banco Industrial de Venezuela facilitó un préstamo de 45 millones de dólares a la empresa Effingham Properties de Miami, presidida por Reboso, que se relacionaba a la construcción de un edificio de veinte pisos en Brickell Avenue y que los detalles del turbio negocio estaban siendo investigados por las autoridades federales en Miami y Caracas.

La jugarreta de la FNCA para ganarse el electorado de la emigración fue una obra maestra del descoco. Utilizando la astucia reconocida del locutor Tomás García Fusté para convocar frenéticamente las masas a los mismos trajines que en Cuba utilizaba Fidel Castro con Carlos Franqui, unido al control que ella ejercía sobre la banca y el comercio a través de la CAMA-

COL, los Latin Builders, Church and Tower, etc., llevó al ánimo del llamado exilio que la alcaldía de Miami, la reelección de Reagan y el apoyo irrestricto al Partido Republicano junto al desprestigio que se le echaría encima al Demócrata y a los Kennedy por el desastre de Bahía de Cochinos mas el logro de una conjunción de batistianos y fidelistas reciclados que juraran, y perjuraran, que la Revolución Traicionada siempre había sido comunista y que la guerra por los caminos del mundo era simplemente terrorismo que era necesario y patriótico abatir en favor de un indecente cabildeo con Washington y Moscú, le sería lavado el cerebro a los mismos cientos de miles sicofantes que habían respaldado los fraudes del JURE y el Plan Torriente. En síntesis, hacer del anti-comunismo y el anti-castrismo una próspera industria económico-política, proyectando la falsedad de la discriminación angla en forma agresiva y reclamando el privilegio que los Estados Unidos siempre brindó al inmigrante como un derecho inalienable que *los rednecks, los hippies, los blackpowers y los fellowtravelers izquierdistas* impugnaban. *El enemigo de mi enemigo es mi amigo* fue la consigna proclamada por el neo-BAGA de la FNCA y la Junta Patriótica para justificar la presencia en ellas de marzistas, marxistas, clericalistas y toda clase de politiqueros y malversadores que habían sido los culpables de la quiebra de la República de vice-versa y de caudillismo que sus historiadores oficiales nos presentaban como Jardín del Edén, primero, y como paraíso comunista, después. Siempre ignorando a la Minoría Histórica reivindicada en esta*Historiología Cubana*.

La campaña electoral alcaldicia en 1983, juzgando por los reportes de prensa y radiales de ese tiempo, se redujo al interés de la FNCA, a través de sus jerarcas, especialmente Erelio Peña, *Pepe* Hernández, *Tony* Zamora, Jorge Mas Canosa y Carlos Salman de instalar en el Palacio Municipal a un polichinela de su preferencia capaz de derrotar a Mauricio Ferré y sus demócratas, al tiempo que fomentaban la reelección de Reagan asociando a ella la libertad de Cuba. Comenzaron por traer a Miami al Presidente, rodearlo de una propaganda monstruosa anticomunista y anticastrista, pasearlo en una caravana de autos engalanados por la Pequeña Habana, un almuerzo en el mas popular restaurante cubano y un mítin en el Dade County Auditorium. Toda la mojiganga efectuada, a propósito, coincidente con la fecha del 20 de mayo, aniversario de la creación de la República de Cuba en 1902 con su *apéndicitis* de la Enmienda Platt y la admisión en el gobierno del remanente españolizante del autonomismo colonialista[45]. Reagan cumplió a cabalidad su misión gastronómica comiendo arroz con frijoles negros, lechón asado, postre de flan de leche y bebiendo un cafecito cubano, exclamando *¡Cuba si, Castro no!*, posando fotográficamente con Xavier Suárez, el niño de oro de la FNCA y el clericalismo politiquero, seleccionado para enfrentarse a Ferré. Y, por supuesto, sin mencionar las gestiones dialogueras de Haig y Vernon Walters, ya relatadas, y la implacable persecución de la Administración Reagan a los combatientes, de hechos y no de palabras, que relataremos. Un entusiasmo garrafal se apoderó de la comunidad cubanamiamense cuando Reagan dijo de Jorge Mas Canosa: *«Cuando no está dirigiendo su compañía está envuelto en actividades como ésta, tratando de proteger la libertad que ha sido tan importante en su vida. Jorge Mas, muchas gracias por todo lo que has hecho, y todo lo que estás haciendo...»* Capitalizando la visita presidencial, Carlos Salman envió una carta-circular a todos los votantes del Condado Dade cuyo párrafo mas elocuente expresaba: *«El presidente Reagan y yo esperamos por ti y contamos con tu voto para elegir a Xavier Suárez alcalde de Miami...»*

En lo nacional, se creó un festinado comité electoral llamado *¡Viva 84!* recaudador de fondos favorable a Reagan que tenía como máximos directores a Carlos Pérez Galán y Tirso del Junco, respectivamente en el Este y el Oeste de los Estados Unidos y como Presidente de Honor al Dr. Luis J. Botifoll. Paralelamente surgió una titulada *Coalición para una Cuba Libre* declarando *«que es un organismo creado por cubanos libres para actuar dentro del sistema político norteamericano en defensa de los ideales de una Cuba Libre que recaudará fondos para la campaña reeleccionista Reagan-Bush»*. Firmaban: Teresita Cambó, Raúl González, Francisco J. Hernández, Jorge Mas Canosa, Tony Costa, Alberto Mariño, Domingo Moreira, Alicia Suárez, Pedro Roig, Erelio Peña, Feliciano Foyo, Diego Suárez, Juan Suárez Rivas, Raúl Santos Bermúdez, Rafael Montalvo, y Otto Reich. No queriendo quedarse atrás en la carrera hacia el rampante reaganismo hizo presencia HAVE (Hispanic American Voters Education) integrada por la FNCA, FACE y SALAD que instaba a inscribirse para votar, predicando que *«los cubanos nunca liberarán a su patria del*

---

[45] Ver Tomo II, págs. 91-121.

comunismo al menos que tengan poder político en los Estados Unidos». Firmaban: Jorge Mas Canosa, Luis J. Botifoll y Osvaldo *Fotuto* Soto. Apoyando a Reagan brotó una piñita de profesionales, *Médicos por Viva 84* encabezada por Virgilio Beato. Y, no faltaba mas, para no ser relegados al olvido por sus competidores católicos un grupúsculo evangélico*«Comité de Educadores Cubanos pro-Reagan»* lidereados por Marco Antonio Ramos, Martín Añorga, Rolando Espinosa y Razziel Vázquez trompetearon al mundo que unían fuerzas para favorecer la libertad de Cuba con la ayuda de un Washington republicano. Acto seguido los cambia casacas salieron a la palestra con un *Comité Demócrata por Reagan* nutrido con Julio González Rebull, Alex Puig, Luis Sabines, Lincoln Díaz Balart, Eloy González y Aida Leviтán. La Junta Electoral de Dade County informó el 19 de julio de 1984 que un promedio de cuatro mil votantes demócratas mensualmente se habían cambiado para el republicano, en su inmensa mayoría cubano-americanos que tenían siete representantes estatales republicanos que eran Ileana Ros, Roberto Casas, Arnhilda González Quevedo, Javier Souto, Alberto Gutman, Luis Morse y Rodolfo *Rudy* García.

El colmo del tropelaje reaganista, o republicano, lo protagonizó la Junta Patriótica Cubana en su IV Convención al tener como orador invitado a Eldridge Cleaver, un agitador comunista de las Panteras Negras que vivió en Cuba, Corea del Norte, la Unión Soviética y Viet-Nam del Norte, ex-preso en California por sus depredaciones y por el uso y distribución de drogas heroicas y ahora ejemplo mayor del comunista reciclado. En Chicago ocurrió lo inconcebible durante un acto de la JPC. El Dr. Manuel Mariñas, su orador principal quien en Cuba gozara de merecida reputación de hombre sincero y democrático, que había ostentado con gloria y honor la presidencia del Club Atenas, el non-plus-ultra de la intelectualidad negra cubana y mambisa, defensor gratuíto de revolucionarios durante el batistato y el fidelato, admirado y querido por el Autor y su familia, en su vibrante discurso bajo el tema *Ronald Reagan y la democracia en América* afirmó irresponsablemente: *«Los Estados Unidos encara el proceso de socialización iniciado por Franklyn Roosevelt, la destrucción de las fuerzas morales de la Nación, alcanzó su temperatura mas alta, amenazando con que la democracia zozobrara con Jimmy Carter, planteada por los liberales, socialistas y comunistas en el complot contra Nixon»*. Imposible es imaginar que un abogado del calibre académico de Manuel Mariñas fuera desconocedor de la obra presidencial de Franklyn Roosevelt y la de su contrapartida Richard Nixon. No solamente en los Estados Unidos si no también en relación a Cuba y sus gobernantes dictatoriales o corrompidos. Máxime cuando estaban en posesión de los datos historiológicos documentados tal como aparecen en las páginas de esta obra que conscientemente ha ignorado[46].

Siguiendo el método abominable de *calumnia que algo queda* tan utilizado en la política electoral cubana, en Miami se desató contra Ferré una propaganda que lo hacía aparecer anti-cubano, tomando fuera de contexto algunas de sus expresiones o tergiversando sus declaraciones respecto a que Miami no era parte geográfica de Cuba. Y socarronamente resaltando en forma negativa la popularidad de Ferré en la comunidad negra mediante volantes anónimos, pasando por alto que Miller Dawkins, comisionado de la raza negra, era co-presidente de la campaña en favor de Xavier Suárez. La elección alcaldicia no resultó decisiva en favor de uno de los contrincantes y de acuerdo con la ley debía celebrarse una elección de segunda vuelta entre los dos que mayor votación había alcanzado, que como era de esperarse fueron Ferré y Suárez. El comisionado Joe Carollo, aliado de Ferré asestó una puñalada trapera cuando anunció durante una conferencia de prensa, en presencia de aquel, que apoyaría a Suárez. Esta duplicidad de Carollo benefició a Ferré pues los votantes anglos y negros, así como muchos hispanos que resentían la prepotencia de la FNCA y sus representativos, hicieron causa común el derrotarlos. El dinero corrió a ríos en la propaganda de *Cubano vota Cubano* pro-Suárez y la de *Operación Voto Grande* pro-Ferré. El resultado de la segunda vuelta fue una resonante victoria de Ferré sobre Suárez. Los cómputos efectuados por los analistas electorales mostraron que el voto negro fue de un 97% pro-Ferré; el voto anglo se dividió en un 53% para Ferré y un 47% para Suárez; el voto hispano dio a Suárez un 73% y un 27% a Ferré. De ese 73% un 80% de los votos fue emitido por la comunidad calificada como cubano-americana. Suárez, según la prensa, fue un noble perdedor pues concurrió a la ceremonia de instalación de Ferré y juntos acordaron dedicarse a lograr la paz étnica en Miami, misión que

---

[46] Ver Tomo II, págs. 401-03, 416, 447-49, 458-61, 486, 512, 526, 538, 553, 581, 587, 592, 618; Tomo III, págs. 44, 346-47, 432, 497; Tomo IV, págs. 59, 202, 221, 240, 286-89, 291, 570, 572-75, 577, 579-91, 593-95, 600, 625.

aplaudieron la FNCA y la JPC. Contrariamente, Joe Carollo se ofendió con ellos tornándose en su jurado enemigo. Pero, como será visto, en las elecciones de 1985 Mauricio Ferré se volcó de lleno en la sordidez de la urdimbre electorera americana y cubana que justamente cien años atrás, y aún vigente, describiera José Martí en su carta al periódico La Nación, de Buenos Aires, de fecha 15 de marzo de 1885[47], cuando se alió a Xavier Suárez contra Raúl Masvidal.

VIII

Continuada represión en Cuba. La masacre en el río Canímar. La invasión de opositores a la embajada de Ecuador. Atroz conducta del embajador Jorge Pérez Concha. La Nueva Política Económica. Consecuentes cambios en la nomenclatura. Los apócrifos intelectuales disidentes. Desenmascarados por Celedonio González, José Ángel Buesa, Ángel Cuadra y Nancy Pérez Crespo. Creación de Radio Martí. Mascarón de la Agencia de Información Americana.

Dentro de Cuba las circunstancias de su pueblo se conocían muy poco en el exterior pues la censura seguía siendo férrea. La escasez de bienes de consumo continuaba sujeta a la libreta de racionamiento y la esperanza de la libertad se concentraba en salir del país legal o ilegalmente. Las cárceles seguían abarrotadas y el sistema penal invariable. Se filtraron al exterior las malas nuevas de que la cosecha tabacalera era catastrófica por causa del moho azul y que el estimado hecho por el Ministerio de Agricultura de que alcanzaría 45,000 toneladas se redujo a la realidad de 5,000 que significaba una pérdida en divisas de cien millones de dólares. La represión sobre los emigrantes clandestinos ocasionó que en el río Canímar, en Matanzas, el buque de turismo fluvial Veinte Aniversario, sospechoso de intentar fugarse, fuera hundido a cañonazos de barcos de guerra guarda-fronteras y aviones MIG que dejaron un funesto saldo de 45 muertos, incluyendo mujeres y

---

[47] Ver Tomo II, págs. 103-04.

niños. El día 13 de febrero de 1981 forzaron su entrada en la embajada de Ecuador catorce personas nombradas Rómulo Delgado, Elsa Temprano, Juan Delgado Temprano, Pascual Delgado, José Rafael Delgado, Mercedes Balanza Expósito, María Elena Moreno Balanza, Gilberto Moreno Balanza, Lázaro Moreno Balanza, Rodolfo Félix Camejo, Carlos Manuel Márquez, Tomás Sergio Alvarado y Euclides Reylan quienes fueron arrestados, y luego encarcelados, cuando el embajador Jorge Pérez Concha retiró todo el personal diplomático permitiendo el asalto al edificio por genízaros de la Seguridad del Estado. Durante todo el mes de mayo de ese año la policía se dedicó a detener a los jóvenes de ambos sexos que usaran pitusas (blue jeans) con etiquetas y a cortárselas. Aquellos que se resistieron fueron a parar a los campos agrícolas. En la Gaceta Oficial apareció la Ley 50 de 1982 regulando la asociación económica de Cuba comunista con entidades capitalistas extranjeras, iniciándose con ello la división económica del país en total contradicción con la proclamada ideología marxista-leninista repudiadora del capital privado, cuya aplicación injusta costó tantas confiscaciones y penas de cárcel a los acusados de atesoramiento de dólares. Para aconsejar al régimen como poner en práctica la penetración de capitales extranjeros, sin considerar su procedencia delictiva, llegó a La Habana el americano estafador internacional Robert Vesco, prófugo de la justicia de su país. Para implantar esta anómala versión del comunismo fidelista, que recordaba la Nueva Política Económica soviética de principios del siglo, se reorganizó el sistema bancario, se modificó la Ley Orgánica del Banco Nacional de Cuba, se creó un llamado Grupo de Coordinación y Apoyo al Comandante en Jefe, presidido por José *Pepín* Naranjo, y se dictaminó que la JUCEPLAN cesara de controlar con carácter exclusivo la planificación de la economía y que dicha función planificadora la asumiese el Comité Ejecutivo del Consejo de Ministros, presidido por Fidel Castro. El remache constituyó en la decisión del onceno pleno del Comité Central del Partido Comunista de Cuba de liquidar a Humberto Pérez como zar de la economía, de reemplazar a Antonio Pérez Guerrero por Carlos Aldana como principal ideólogo, de nombrar a José R. Machado Ventura como responsable de la formación de cuadros y a José R. Balaguer para la jefatura del Departamento de Educación del PCC. Finalmente, se dio a conocer la muerte por suicidio de Haydee *Yeyé* Santamaría, Directora de la Casa de las Américas y Heroína de la Revolución y de Osvaldo *Cucharón* Dorticós Torrado, ex-presidente de Cuba comunista, sin dar razones de sus motivos, y el deceso de Raúl *El Flaco* Roa García, ex-ministro de Relaciones Exteriores. Defunciones todas que no hicieron derramar lágrimas al exilio ni a muchos en intramuros.

Así como en Cuba comunista floreció una intelectualidad abyecta que se integró mercenariamente en la UNEAC y la Casa de las Américas, apañada y propagandizada por Carlos Franqui y Guillermo Cabrera Infante en Lunes de Revolución y que llegó en su inmundicia académica a crear la Milicia de Trabajadores Intelectuales, el Consejo Nacional de Cultura, el Instituto del Libro Cubano, el Movimiento por la Paz y la Soberanía de los Pueblos y que frenéticamente aplaudieran y se solidarizaran con el úkase de Fidel Castro *Dentro de la Revolución TODO; contra la Revolución NADA* y que pasaron a cuchillo a Huber Matos en ocasión de su arresto en Camagüey[48], en el exilio, con la complicidad criminal y el financiamiento de la CIA, y el beneplácito del State Department, adquirieron el remoquete de intelectuales disidentes y de cubanólogos esparcidos por la prensa, la radio y los centros de enseñanza universitaria y asistiendo a congresos anti-comunistas mundiales con una desfachatez descomunal. Prosperaron increíblemente escritores y poetas de toda laya, o séase mejor dicho escritorzuelos y poetastros, en tal vergonzante forma que dos legítimos intelectuales democráticos exiliados, uno escritor notabilísimo y otro poeta legítimo se refirieron a ellos en un desenmascaramiento impactante. Leamos:

«Trajeron a Heberto Padilla en una carroza de oro y le pagaron noventa mil dólares por el libro «En mi jardín pastan los héroes» que no lo entiende ni la madre que lo parió. Y ya roto el velo de su desaprobación inicial, ahora es todo lo contrario. Si usted vino de allá, no importa que solo toque tumbadora, tiene que ser un gran músico. Si fue intelectual de la Casa de las Américas, aunque no le hayamos leído nunca un libro, es un fenómeno de las letras. Y así sucesivamente con todos los productos que pasaron el charco». (Celedonio González, Diario Las Américas, Diciembre 1 de 1981.)

«Los torremarfileros de Orígenes, de La Habana, y los de su reciente sucursalita en Miami son irremediablemente cursis, pero cursis con título y reválida, ya que con ellos sobreviene la cursilería intelectual,

---

[48] Ver Tomo IV, págs. 159-60, 198, 207, 342, 345-47.

los cursis del mentecatismo bibliográfico, la suficiencia summa-cum-laude de la soplabotellez, el picuismo mendezpelayesco del todólogo, el cocacolismo de la cultura, o, en menos palabras, la cursilería del pedante profesional. El verso libre pensado en prosa, ni es verso ni es poesía, ni quien lo escribe será poeta, si no sencillamente un cursi. La infiltración totalitaria de la poesía se efectúa a través del verso libre, proclamando como una modernización del verso lo que es una generalización de la prosa». (José Ángel Buesa, Diario Las Américas, Diciembre 3 de 1981.)

Honrando la verdad histórica, el precursor de la denuncia contra los poetas oficialistas del régimen comunista, cuyo mentor principal fue el amoral José Lezama Lima, y que descarnadamente anatematizó la hibridez literaria de los seguidores de éste encuadrados en la UNEAC y que hizo esto bajo el terror comunista que posteriormente lo condenara a doce años de prisión infamante, fue el poeta revolucionario, anti-batistiano y anti-comunista, Ángel Cuadra Landrove, miembro fundador de Unidad Nacional Revolucionaria (UNARE)[49]. He aquí fragmentos de su dramática inculpación:

«Al cabo los comunistas asumían todos los controles y, por consiguiente, los de la cultura. Precisaba el llamado a los colaboradores, a través de la formación de organismos que, en lo artístico, vino a concluir en la Unión Nacional de Escritores y Artistas de Cuba (UNEAC.) Y bajo la directriz de los viejos comunistas se plegaron surrealistas, abstraccionistas, seguidores de formas de Orígenes, de la dirección neo-romántica, eclécticos, cantores de motivos populares y campesinos, todos a fundirse en un pujo de compromiso literario, que exige una poesía que debe intentar, según ellos, llegar a la fibra y el entendimiento de la masa que, hecha populacho se la cante como consignas a coro al caudillo en la plaza pública. En consecución de ésto, se llegó al disparate —por no decir escarnio— de crear un «taller de poesía», para sacar consignas en verso, o algo que dice serlo. Los actuales «poetas de la corte», vástagos de Orígenes, apoltronados en la UNEAC, no han fabricado una obra de genuino valor, ni han superado la arritmia de la «hibridez». Los que se han echado a andar tras los

---

[49] Ver Tomo III, págs. 580-81 y Tomo IV, págs. 449-57.

pasos de aquellos, padecen el desastre que produce la imitación de un mal modelo». (La Poesía Cubana frente al Comunismo, La Habana, 1963.)

En otra fechaciente demostración de su decadencia, el exilio soportó indiferentemente que una gentuza intelectualoide defensora de la tiranía no solamente se infiltrara en sus predios si no que fuera homenajeada y considerada como valores culturales democráticos. Insensibles a la queja del Autor que citó la cínica conducta del homenajeado, la Academia de la Lengua Española, en su filial norteamericana en Miami, festejó el ingreso en ella de Enrique Labrador Ruiz[50] en un suntuoso banquete organizado por Jaime Santamaría y el reverendo bautista Marcos Antonio Ramos, en el restaurant Versalles, el día 8 de julio de 1980, al que asistieron como solidarios el reverendo presbiteriano Martín Añorga, José *Pepito* Sánchez Boudy, Agustín Tamargo, Bernardo *Vierita* Viera Trejo, Cristóbal Zamora, Mario Villar Roces, Carlos Ripoll, Alberto J. Varona, José A. Balseiro, Henry Besso, Humberto Piñera y Ezequiel Muthar. Añadiendo otro insulto al exilio combatiente se anunció la celebración de un Congreso de Intelectuales Cubanos Disidentes cuyo Comité Gestor lo componían Enrique Labrador Ruiz, Luis Aguilar León, Juan Arcocha, Gastón Baquero, Eduardo Manet y Leví Marrero Artiles. El Comité Organizador lo formaban Frank Calzón, Ramón Cernuda, Uva Aragón Clavijo, Pedro Ramón López, Teresa Saldice, Alberto Baeza Flores, Siro del Castillo y José Ignacio Rasco. Todo fue una demostración de hipocresía dado los antecedentes políticos de los asistentes que no se hace necesario relatar aquí pues son fácilmente localizados en los Tomos II, III, IV y en este final Tomo V. Califica el Autor de hipocresías los pronunciamientos porque fueron de índole politiquera tradicional y no reflejo de moralidad personal. Un siguiente Congreso celebrado en 1982 añadió los nombres de Carlos Alberto Montaner, Lydia Cabrera, Heberto Padilla, Carlos Franqui, Guillermo Cabrera Infante, Reinaldo Arenas, Marcelino Miyares, y Modesto Maidique. Fue llevado a cabo en un apropiado entorno de santurronería; la Universidad Jesuíta de Georgetown, Washington, D.C. En el léxico popular cubano *jesuita* es sinónimo de *hipócrita*. Contrarrestán-

---

[50] Ver Tomo IV, págs. 111, 160, 198, 207, 342.

dolos, Marifeli Pérez Stable[51], sicofante fidelista, areíta y maceíta, con permiso especial del State Department importó a la Universidad de New York-Westbury a los conferenciantes pro-comunistas castristas Cintio Vitier, Fina García Marruz de Vitier, Edmundo Desnoes, Roberto Fernández Retamar y Miguel Barnet. Estos entes malvados no eran hipócritas si no mal nacidos. Muy gráfica en la descripción de los reciclados escritores del exilio fue Nancy Pérez Crespo cuando afirmó de ellos: *«¿Quien es el que escribe? Tarea de periodistas sin periódicos, desconocidos fuera de las fronteras de Hialeah; empeño inútil de resentidos y revisionistas, congelados en el año 1959, tontos útiles, y, lo mas repugnante de todo: ¡servidores de Castro!»* (Diario Las Américas, Julio 6 de 1980.)

El gran aporte electoral y financiero que la FNCA diera a la campaña presidencial de Ronald Reagan comenzó a pagar dividendos al grupo de capitalistas que dirigía aquella pues consiguió el apoyo del presidente americano dentro del Congreso para que éste aprobara el proyecto de la creación de una poderosa emisora, similar a la Radio Swan de tiempos de Bahía de Cochinos, que transmitiera mensajes subversivos contra el régimen comunista de Fidel Castro y alientos de rebelión al pueblo y las fuerzas armadas, todo bajo la égida de la FNCA y de los reporteros y locutores que ella designase, pero con la condición de que los gastos corrieran por cuenta del tesoro yanqui y de las contribuciones que se lograran del exilio. El día 24 de septiembre de 1981 el presidente Reagan ordenó la creación de una emisora potentísima *«para decir la verdad sobre el gobierno cubano»*. Inmediatamente Jorge Mas Canosa, ya reconocido como el líder máximo de la FNCA, atribuyó el hecho al cabildeo de ésta en Washington, a su Director Ejecutivo en la Capital, Frank Calzón, y al político republicano de Miami Carlos Salman. Pero de acuerdo con la ley, no era suficiente la orden del Ejecutivo ya que como se requerirían millones de dólares procedentes del Presupuesto Nacional el proyecto debía ser sometido al Congreso y aprobado por éste. Una vigorosa oposición procedente de la Asociación Nacional de Radiodifusores de América estancó los esfuerzos de la FNCA pues temía la amenaza de Fidel Castro de interferir las emisoras americanas. Pero la FNCA triunfó contra aquellos cuando el día 20 de enero de 1982 la Casa Blanca anunció

---

[51] Ver Tomo IV, págs. 632-34.

que Reagan nombraba una Junta de Dirección para la proyectada emisora, que había cambiado del nombre propuesto por Mas Canosa, Radio Cuba Libre, al de Radio Martí preferido éste por el Presidente. Los nombrados fueron F. Clifton White, alto dirigente del Partido Republicano; William Bowne Bayer, comentarista de Radio WINZ de Miami; Tirso del Junco, presidente del Partido Republicano en California; George Jacobs, Ex-director de Ingeniería Acústica de la Junta de Radiodifusión Internacional; Jorge Mas Canosa, Presidente y Director Ejecutivo de Church & Tower, firma de ingeniería de Miami; Richard Scalfe, empresario editorial de Pittsburgh; Herbert Schmertz, Vicepresidente de Mobil Oil Corp.; Richard Stone, ex-Senador Federal republicano de Florida y Charles Wich, titular de la Dirección de Comunicaciones Internacionales.

En junio de 1983 los Comités de Relaciones Exteriores de la Cámara y del Senado aprobaron el proyecto de ley creador de Radio Martí instados a así hacerlo por los congresistas floridanos Paula Hawkins (republicana) y Lawton Chiles (demócrata), Senadores, y por los Representantes demócratas Claude Pepper y Dante Fascell. Finalmente, fue aprobado por el Congreso, el día 2 de octubre de ese año, el establecimiento en firme de Radio Martí con la otorgación de un crédito de $14,000,000.00 para 1984, mas $11,000,000.00 para 1985 y una recompensa de $5,000,000.00 destinados a retribuir a las radioemisoras que sufrieran interferencias de Cuba. Ante el clamor del exilio por lo que pensaba era una Radio Swan moderna y el embullo de docenas de periodistas, locutores y panfletarios que aspiraban a utilizar a Radio Martí para combatir al comunismo cubano y propiciar una revuelta armada interna, Jorge Mas Canosa se vio obligado a descubrir la verdad que había ocultado; *«Radio Martí era parte de la Agencia de Información del gobierno americano, que se regiría por las leyes que la gobernaban y que las condiciones ineludibles de sus transmisiones a Cuba exigían que no se insultase a Castro, que no se alentara la salida ilegal de emigrantes, ni la comisión de actos violentos contra el gobierno cubano y que las noticias sobre Cuba tenían que ser totalmente imparciales y documentadas».* Para vigilar que se cumplieran tales onerosas disposiciones que estaban destinadas a impedir que se produjera allí un cambio político-revolucionario fuera del control de Washington, o de su protegida la FNCA, el día 31 de mayo de 1984 Ronald Reagan designó a Jorge Mas Canosa como Presidente de la Comisión Asesora de Radio Martí y a Humberto Medrano[52] en el puesto de Vice-Director de ella. El magistral talento periodístico de Humberto Medrano, su demostrada vocación nacionalista y revolucionaria, ganador en Cuba de los prestigiosos premios periodísticos *Justo de Lara* y *José Ignacio Rivero*, heraldo del presidio político plantado y de abolengo mambí heredado de su progenitor que había sido oficial del Ejército Libertador, convertido en un burócráta radiodifusor en un organismo retranquista del gobierno americano y la FNCA que divulgó mundialmente una fotografía de Medrano compartiendo con Mas Canosa en los estudios de Radio Martí en Washington.

IX

Resurrección del caudillismo. Alabanzas a Jorge Mas Canosa. Actividades combativas de la Minoría Histórica. El Segundo Congreso del Partido Comunista. Nuevo Plan Quinquenal. Problemas legales de los viajes a Cuba. Jesse Jackson y el añejo derechismo del exilio. El Presidio Político Histórico. Sueño y pesadilla.

El mal del caudillismo[53], funesta aberración política cubana, se apoderó de la comunidad exiliada mayoritariamente y comenzó a idolatrar a Jorge Mas Canosa al igual que en la Cuba del pasado un similar populacho lo había efectuado así con Mario García Menocal, Gerardo Machado y Fulgencio Batista. Y en la Cuba presente con Fidel Castro allá y con José Elías de la Torriente aquí. El tránsito de ellos todos por la historiología está descrito, detalladamente, en los Tomos II, III y IV precedentes. Lo que, generalmente, se sabe de la vida política de Jorge Mas Canosa es que nació en Santiago de Cuba en 1939; que no tomó parte activa en la lucha contra la dictadura de Batista surgida el 10 de marzo de 1952; que conspiró contra el gobierno de Castro dentro de las filas del clericaloide Movimiento Demócrata Cristiano de José Ignacio Rasco en 1960; que se exilió en Miami y que tomó parte en

---

[52] Ver Tomo IV, págs. 176, 214, 361, 462, 560.

[53] Ver Tomo I, págs. 44, 45.

la fracasada expedición de Higinio *Nino* Díaz sincronizada con la invasión de Bahía de Cochinos; que en 1963 impugnó la jefatura de Rasco en el MDC en favor de José Fernández Badué; que se enroló en las Unidades Cubanas que en Fort Benning entrenaba el Ejército Americano, de las que se licenció cuando se hizo visible que no era para la lucha contra el comunismo en Cuba si no en Viet-Nam donde estaban destinadas; que se afilió al RECE dentro del cual se reveló y destacó como un capacitado organizador, propagandista y tribuno hasta su disolución después del desastre expedicionario de Amancio *Yarey* Mosqueda el día 3 de mayo de 1969 en el territorio baracoense[54]. Separado del activismo político se asoció a una empresa de ingeniería en Puerto Rico y Miami, la Church & Tower en la que triunfó en toda la línea, ampliándola y diversificándola mundialmente comercial y financieramente. Barajeando ingeniosamente su experiencia en el manejo de la publicidad patriótica ejercida en el RECE y los métodos de acometividad captadora del poder político del capitalismo salvaje en todo el Orbe, fue el artífice de la creación de la FNCA como quedó relatado anteriormente. Encandilado por su indiscutible carisma el exilio se volcó en su favor en tal exceso de encumbramiento que Jorge Mas Canosa perdió su humanitarismo y casó con la ambición de poder. Carlos Pérez Galán, que renunció a la FNCA en 1984 cándidamente lamentó: *«Jorge es puro poder, nada más que poder. Si Jorge tuviese sentido del límite sería un gran líder».*

Un repaso de *Diario Las Américas*, desde la creación de la FNCA hasta 1985, muestra la causa de la infatuación que metamorfoseó a Jorge Mas Canosa: *«Mas Canosa y Jeane Kirkpatrick, embajadora de los Estados Unidos en las Naciones Unidas reciben homenaje de la Cruzada Educativa Cubana de Vicente Cauce y María Gómez Carbonell, ex-Ministros del gobierno del general Batista, por su identificación con Reagan; Mas Canosa asocia a la FNCA al Centro de Estudios Estratégicos de la Universidad Georgetown por un trabajo de un año para resaltar la represión política en Cuba; Mas Canosa obsequia un cuadro del pintor Viola al Papa Juan Pablo II acompañado de una carta pidiéndole que eleve oraciones por la libertad y la paz en Cuba; Mas Canosa inspira la creación de un Buró de Conferencias en Washington formado por los*

---

[54] Ver Tomo IV, págs. 322, 367, 458, 460-61, 467.

cubanológos Hugh Thomas, Irving Horowitz, Bruce McColm, Carlos Ripoll, Modesto Maidique y Luis Aguilar León. Dice el Vicepresidente de la FNCA, José Luis Rodríguez, «que se proponen llevar la verdad sobre Cuba a las universidades norteamericanas»; Mas Canosa informa que Norman Luxenburg, especialista en estudios rusos de la Universidad de Iowa, es seleccionado como Académico Residente de la FNCA en Washington; Mas Canosa publica en Diario Las Américas una página entera propagandizando los éxitos políticos de la FNCA y solicitando contribuciones monetarias del público con el lema «La democracia te necesita. Participa»; Mas Canosa anuncia que Otto Reich, Directivo de la FNCA ha sido nombrado Asesor del Secretario de Estado con el rango de Embajador; Mas Canosa con una Comisión de la FNCA compuesta por Francisco «Pepe» Hernández, Carlos Benítez, José Luis Rodríguez, Feliciano Foyo, Antonio «Tony» Zamora, Miguel A. Martínez y Erelio Peña visitan El Salvador y se reúnen con el presidente Álvaro Magaña en apoyo a la política del presidente Reagan para lograr la victoria sobre los comunistas en ese país. Mas Canosa asegura que la libertad de Cuba viene por El Salvador; Mas Canosa anuncia que la FNCA entrega $10,000.00 y equipos médicos a los cubanos exiliados en España y que es el principio de un plan para hacer igual por los cubanos exiliados en Perú, Venezuela, Panamá y Costa Rica; Mas Canosa fue grandemente elogiado por el senador republicano Howard Baker, líder de la mayoría congresional, en el homenaje de la FNCA efectuado en el OMNI Internacional de Miami; Mas Canosa presidió el maratón radial para recaudar fondos para la campaña reeleccionista del presidente Reagan que alcanzó la suma de $201,000.00; Mas Canosa recibe una placa de reconocimiento por Acción Sindical Independiente de manos de Conrado Rodríguez Sánchez quien lo exalta por su patriotismo; Mas Canosa es concedido el título de «Hombre del Año» por la División Hispana de la Cruz Roja; Mas Canosa de Church & Tower, Enrique Pereira, dueño de la segunda mas poderosa constructora de Nicaragua; Octavio Sacasa, ex-dueño del Canal 2 de TV de Nicaragua; Adolfo Calero, gerente de Coca Cola y David Raskosky de la Cervecería Tropical en ese país crean la Fundación Nicaragüense-Americana para luchar contra el sandinismo. Mas Canosa dice que la libertad de Cuba viene por Nicaragua; Mas

Canosa al frente de la FNCA reúne en Miami a los Ministros de Relaciones Exteriores de El Salvador, Costa Rica, Guatemala y Honduras, respectivamente Fidel Chávez Mena, Carlos José Gutiérrez, Fernando Andrade Díaz y Roberto Gálvez Barnes con la idea de celebrar un Congreso sobre la situación política en América Central, con la asistencia participativa de los embajadores de Estados Unidos en Honduras, El Salvador y Costa Rica, señores John D. Negroponte, Thomas Pickering y Curtis Wilson. Mas Canosa dice a la prensa que será tratada la libertad de Cuba dentro del tema «Perspectivas para la democracia en América Central»; Mas Canosa auspicia, con la FNCA, el Desayuno de Honor ofrecido en la Cámara de Representantes Federales al ex-preso político cubano Armando Valladares. Los anfitriones fueron los Senadores por Florida Paula Hawkins y Lawton Chiles y los Representantes por ese Estado Claude Pepper y Dante Fascell; Mas Canosa es Invitado de Honor del Colegio de Periodistas de Cuba en el Exilio. Durante la recepción dice: «Se ha abierto un camino para llegar a Cuba libre» y finalmente; Mas Canosa anuncia que la FNCA crea el Fondo de Ayuda al Éxodo representado por los obispos Eduardo Boza Masvidal y Agustín Román y Ernesto Freyre que administrará los $250,000.00 recaudados en el radio-maratón celebrado.

Contrastando toda la precedente engañadora retórica de la FNCA, la Minoría Histórica del Exilio continuaba imperturbable el combate, de hechos y no de palabrería, contra el comunismo cubano y sus aliados. Otro recorrido por las páginas de Diario Las Américas durante el lustro 1980-1985 analizado muestra lo siguiente: *Adela Jover, miembro de Abdala, fue declarada inocente, en la Corte, del cargo contra ella formulado por Andrés Gómez, de la pro-castrista Brigada Antonio Maceo, de asalto con violencia porque durante la exhibición de una película de propaganda castro-comunista se armó una riña en la que el proyector de cine fue destruido; detenido en Hialeah José Tenreiro Nápoles, residente en New Jersey, acusado de pertenecer a un grupo terrorista cubano. Puesto en libertad bajo fianza de $50,000.00; Félix García Rodríguez, miembro de la Misión de Cuba comunista en la ONU, fue muerto a tiros cuando conducía su auto por una avenida del barrio Queens en New York. El Gobierno Federal ofrece $25,000.00 de recompensa por la captura de los autores y la ciudad de New York $10,000.00. Se efectúa* *en Miami una protesta contra la deportación a Méjico de Gaspar Jiménez y Gustavo Castillo acusados por las autoridades de ese país de ser los autores del atentado mortal al agente castrista Artañan Díaz en Mérida[55]. Renuncia Abdala a la Junta Patriótica Cubana por considerarla ineficaz; condenado José Tenreiro a dos años de cárcel en New York, acusado de mentir a un Gran Jurado acerca de su relación con Omega 7; Matilde Duarte y Francisco López, de Alfa 66, detenidos por la Guardia Costera y acusados de transportar armamentos entre los que se encontraban escopetas policiales, varios miles de balas y cartuchos, bombas de gases lacrimógenos, estandartes de Alfa 66 y mapas de Cuba; se crea un Gran Jurado Federal para investigar a Omega 7 que es acusada de perpetrar mas de veinte atentados explosivos en New York-New Jersey; Armando César Santana detenido en New Jersey acusado de pertenecer a Omega 7; Revolucionarios cubanos que participaron en las luchas contra las dictaduras que hubo en Cuba, desde Machado hasta Fidel Castro, integran «Reencuentro Revolucionario» con el propósito de vertebrar un partido de lucha revolucionaria. Su Comité Gestor lo forman Tomás Regalado Molina, Antonio Michel Yabor, Pilar Mora Morales, Pedro Roig, Luis Adam, Israel Pino, José Rodríguez, Erasmo Pedraza, Julio Fernández León, Amauri Fraginals, Ernesto Alanis y René Viera; Andrés Rodríguez Hernández, refugiado anti-castrista llegado como polizón, deportado a Cuba. Una concentración de 10,000 personas en la plazoleta donde está situado el monumento a los caídos en Playa Girón se efectúa pacíficamente pero otra frente a las oficinas de Inmigración es brutalmente atacada por fuerzas policíacas; Bombas explotan en la revista Réplica de Max Lesnick; en Transcuba y Hispanic Freight, enviadoras de mercancías a Cuba; Bomba incendiaria en Tabacos Padrón; Arrestado Jorge «Bombillo» González, acusado de dirigir el campamento subversivo «Cuba-Nicaragua; Sentenciados Ramón Saúl Sánchez, Lino González, Joaquín Boronat, Manuel Real, Eugenio Torriente y América López, de la Organización para la Libertad de Cuba, acusados de alterar el orden público durante la protesta contra el Departamento de Inmigra-*

---

[55] Ver Tomo IV, págs. 615-16.

ción que deportó a Andrés Rodríguez; Bomba en el Consulado de Venezuela en Miami en represalia por el cruel tratamiento carcelario en Caracas a Orlando Bosch, detenido arbitrariamente después de la voladura del avión de Cubana en Barbados[56]; atacado a tiros el almacén El Español en Miami y bombas explotan en los consulados mejicanos en Miami y New York; Aquilino Carrodeguas estrelló su camión en la parte delantera de un avión que llevaba suministros a Cuba desde Miami; Conrado Rodríguez lanzó su camión contra la Antorcha de la Libertad en Miami por considerarla una burla a la libertad de Cuba; Arresta el FBI a un grupo de combatientes de Alfa 66 cuando iban hacia Cuba en una embarcación que contenía bombas y granadas de mano de fabricación casera, ametralladoras, fusiles automáticos, armas cortas y municiones variadas. Presos Máximo Fernández, Ramiro Rodríguez, José Luis Escobar Martínez, Jorge Acevedo Avila y Edilberto Pulido; Jane Fonda se ve obligada a suspender la presentación de su sistema de gimnasio femenino en la tienda Burdines a causa de la protesta del exilio por su apoyo al Viet-Cong en contra de los Estados Unidos.

El Segundo Congreso del Partido Comunista de Cuba ratificó un nuevo Plan Quinquenal que proyectó un crecimiento económico de un 5%, sin detallar en cuales renglones de la producción se alcanzaría. Y desparpajadamente disculpó el fracaso del Plan que en 1975 proyectaba un aumento del 6%, atribuyéndolo a un dramático aumento en los intereses sobre los préstamos extranjeros y a las plagas que afectaron las plantaciones de caña y tabaco. Todas las organizaciones pantallas del gobierno ovejunamente dieron su aprobación al informe y se comprometieron a incrementar su laboriosidad y renunciar a beneficios económicos que se les ofreciera como premios a su marica voluntaria esclavitud a la tiranía y su Comandante en Jefe, sin darse por enteradas del malogro de las zafras que obligó a Cuba comunista a comprar 100,000 toneladas de azúcar a Tailandia y 120,000 a República Dominicana, Argentina, Guadalupe y Reunión para cumplir sus contratos con el campo socialista y la necesidad interna mínima que falsamente establecía la Libreta de Racionamiento. También fingían no saber que las combinadas

---

[56] Ver Tomo IV, págs. 602-09.

de corte, alza y tiro de la caña, de fabricación soviética, no rendían los resultados que se esperaban de ellas. Esas aclamadas combinadas se introdujeron en el país para reducir el corte manual, es decir, los enormes contingentes de trabajadores enviados a los cañaverales, debido a que esa fuerza laboral era sustraída de otras actividades productivas. Todos los descabellados planes industriales y agrícolas de Fidel Castro y sus adictos de la JUCEPLAN ya nos son conocidos en sus absurdos detalles[57]. A los agricultores pequeños, que disfrutaban un mínimo de concesiones dentro de la economía agrícola dirigida, se les negó el derecho de herencia y se estableció un impuesto sobre sus ingresos. La última agresión al sector obrero industrial fue condenar a la pena de fusilamiento a los jóvenes José Luis Díaz Romero, Ezequiel Díaz Rodríguez, Carlos García Díaz, Benito García Olivera y Ángel Donato Martínez García acusados de cometer un sabotaje pero en realidad fue por intentar la formación de un sindicato similar al de Solidaridad en Polonia.

Durante las presidencias de Gerald Ford y de Jimmy Carter, repúblicano uno y demócrata el otro, se aflojaron las restricciones impuestas a Cuba relacionadas con viajes, comercio y remisión de dólares, como leímos[58], pero dentro de limitaciones establecidas por la Ley que impedía que otras personas que no fueran investigadores, periodistas o individuos con familiares próximos visitaran la Isla. Esa Ley fue desafiada por la Unión Americana de Libertades Civiles (American Civil Liberties Union) en nombre de un grupo de ciudadanos que querían visitar la Isla. En mayo de 1983 un Juez Federal determinó que la Ley era inconstitucional y que el gobierno se había basado en una ley anacrónica cuando dispuso la prohibición. El Departamento de Justicia apeló a la Corte Suprema alegando que la política exterior de la Nación sufriría si se permitieran viajes turísticos y dispendio de dólares en Cuba comunista. Según la apelación del Departamento de Justicia la anulación de la Ley permitiría que Cuba recibiera una gran cantidad de dólares en los momentos que la política de los Estados Unidos estaba encaminada a impedir eso. El siguiente mes de julio la Corte Suprema aceptó una petición del presidente Reagan de suspender los viajes turísticos a Cuba hasta el mes

---

[57] Ver Tomo IV, págs. 228-30, 529-39.

[58] Ver Tomo IV, págs. 596-97, 625-29.

de octubre de ese año 1983. Sin emitir comentarios la Corte Suprema aceptó posponer los efectos de la sentencia del Juez Federal, antes referida, que había eliminado la prohibición del Departamento del Tesoro que prohibía que la mayor parte de visitantes viajaran a Cuba comunista. Las restricciones sobre viajes se mantendrían hasta que la Corte Suprema decidiera escuchar declaraciones sobre la legalidad de la prohibición. La diferencia legal, o administrativa, de los Departamentos del Tesoro y de Justicia sobre la interpretación del embargo contra Cuba se prestaba a su evasión leguleya por los avispados infiltrados de la SDE en Miami que fueron identificados por Genaro Pérez como aparece relatado en anterior página. El estira y encoge entre Washington y La Habana tocante al acomodaticio presunto embargo económico será evidenciado posteriormente en toda su impostura. Materializada por igual entre el gobierno americano y el populacho apóstata del exilio.

El reverendo Jesse Jackson, edecán del asesinado Martin Luther King, ambos líderes de la cruzada contra la discriminación de que era objeto la raza negra y luchadores enérgicos por los derechos civiles eran detestados por la inmensa mayoría de los exiliados que estaban influidos por la extrema derecha de sus componentes, anticomunistas de antecedentes batistianos y milicianos reciclados, encuadrados en la Junta Patriótica, el Comité La Verdad Sobre Cuba, Diario Las Américas, Union Radio, Radio Mambí, la John Birch Society y la FNCA, en ese orden Eduardo Borrell Navarro, Luis V. Manrara, Ariel Remos, Felipe Rivero, Armando Pérez Roura, José Norman y Francisco J. Hernández cuya función doctrinaria se centraba en acusar a la Revolución Traicionada de haber sido siempre comunista. Lo hacían así con el propósito de justificar su complicidad con el artero cuartelazo del 10 de Marzo de 1952[59] o con su fidelo-comunismo de Patria o Muerte. Su venenosa prédica tribunicia, escrita y radial tomaba frases fuera de contexto en pronunciamientos políticos de King, Jackson y Fidel, asociándolos maquiavelamente y eso calaba en el populacho moviéndolo a ver un comunista en cualquiera que se mostrase antagónico a las patrañas del vetusto derechismo provocador carente del pesar interno que produce en el alma una mala acción y que se consumió en impotente furia ante el éxito obtenido por el reverendo Jackson en su viaje a Cuba, autorizado por Rea-

---

[59] Ver Tomo III, págs. 197-230.

gan, y allí consiguió la salida de la Isla de 26 ex-presos políticos cubanos que ya habían cumplido largas condenas. Entre ellos Jorge Valls, Andrés Vargas Gómez, Esturmio Mesa y Francisco Chanes. Ninguno agradeció públicamente al reverendo Jackson su libertadora gestión. Merecidamente Jorge Valls fue homenajeado por los Pen Clubs de Francia, Inglaterra y Estados Unidos, fue nombrado Presidente de Honor del Instituto Jacques Maritain de Cuba en el Exilio y nominado Premio de Poesía en Rotterdam. Pero para El Autor, su fraternal amigo y admirador, que viajó de California a Miami para encontrarse con él, fue un doloroso descubrimiento el cambio efectuado en la prisión al carácter de Jorge Valls y su actitud frente al implacable enemigo comunista que merecía la mas dura sanción por su criminal ensañamiento con ellos[60].

Entre las oleadas de marielitos llegaron muchos ex-presos políticos que habían cumplido largas condenas motivadas por su temprana oposición al régimen que en los años sesenta había impuesto el terror como medio de gobierno. Habían sufrido los monstruosos rigores carcelarios que han sido relatados[61] y prácticamente perdido su juventud y la oportunidad de haberse hecho de una profesión o una artesanía que les sirviera de medio fructífero de ganarse la vida honradamente. Y además, con la desventaja de no conocer el idioma inglés. Pero pronto aprendieron que en los Estados Unidos las nuevas leyes sociales tendían a beneficiar las instituciones mas que a los individuos, especialmente cuando aquellas representaban una poderosa etnia o comprendían a personas a quienes el país les debiera agradecimiento por lo que por él habían sufrido o sacrificado. El mas palmario ejemplo lo ofrecían los miembros de la Brigada 2506, principalmente, y los que aunaron en las filas de la CIA. Y al margen de aquellos los miles de emigrados económicos que alegándose perseguidos políticos se cobijaban en los incalculables grupúsculos de la Junta Patriótica. Con toda la razón que les pertenecía se calificaron de *históricos* y esforzadamente fundaron el Presidio Político Histórico sin distinción de partidarismo político previo a 1959 ya que la hermandad nacida de la unidad épica con que habían enfrentado a sus sádicos carceleros comunistas había borrado toda anterior rivalidad. El mas

---

[60] Ver Tomo IV, págs. 410-11.

[61] *Ibid.*, págs. 432, 630-32.

noble de sus gestos fue el que *los plantados*[62] acogieran sin reservas a *los cuadrados* en La Casa del Preso, su principal local en Miami y en las colaterales de ella en el exilio mundial. La primera Directiva de la organización fue la siguiente: Presidente: Tomás Regalado Molina; Vice: Miguel Guevara; Secretario de Organización: Rodolfo Rodríguez San Román; Vice: Alejandro Moreno; Tesorero: Renán Llanes; Vice: Miguel Lucena; Secretario de Actas: Orlando Martínez; Vice: Pilar Mora Morales; Secretario de Propaganda: José Carreño; Secretario de Cultura: Santiago Díaz Bouza; Vice: Agustín Robaina. Lamentablemente, pero como era de esperarse en los cubanos, el afán protagónico hizo presencia y los ex-presos políticos se subdividieron en varias asociaciones de ellos cuyo resultado fue que disminuyera grandemente la admiración que por ellos se sintió y que derivaran en una sombrilla mas de siglas y rivalidades contraproducentes. Un desapasionado examen de la conducta enigmática de los ex-presos hacia los plantados del exilio[63] y su desapego en relación a la guerra por los caminos del mundo[64] podía atribuirse a lo profundo de la fraternidad generada en las prisiones que les impelía a dedicarse fundamentalmente a conseguir los medios, políticos o económicos, en el exilio que les permitiera sacar de Cuba a sus camaradas que quedaron atrás y a encaminarse en la estructura capitalista y el idioma inglés que le eran extraños. Y, quizás, aunque solo puede ser especulativo, que creyeran que era una injusticia el esperar de ellos el que se enfrascaran en una actividad que podía llevarles de nuevo a una cárcel, esta vez extranjera, en tanto que incorporarse a la propaganda de la defensa de los derechos humanos conculcados y la denuncia mundial a los desafueros castristas, patrocinados por Washington y la FNCA, era el método correcto de debilitar o derrocar al comunismo en Cuba y restringir su expansión por hispanoamérica. Su sueño decantó en pesadilla, como leeremos, en Ginebra, Radio Martí, Of Human Rights la OEA y la ONU.

---

[62] Ver Tomo IV, págs. 630-32.
[63] *Ibid.*, págs. 631, 636.
[64] *Ibid.*, págs. 604-10.

X

El populacho. La operación Tic-Toc. Final del Mono Morales Navarrete. Magnitud del narcotráfico y el lavado de dinero. Los cómplices en Cuba y Miami. El Pacto Migratorio. Batallas anticomunistas en New York-New Jersey. Los federicos. Aparición de Omega 7.

Desde los tiempos arcaicos hasta el presente las grandes concentraciones humanas han radicado urbanamente y en ellas han coexistido los buenos y los malos, parejamente ciudadanos y gobernantes. Las buenas obras, la corrupción y la delincuencia han sido, son y serán dos caras de una moneda, unas veces legítima y otras falsa. Las grandes ciudades muestran en sus anales esas características contradicciones: centros de cultura, palacios de justicia, progreso económico, beneficencia pública y privada, clubes deportivos, etc., por un lado, y por otro antros de perdición, vicios nocivos de juegos prohibidos, prostitución, proxenetismo, corruptela policíaca, etc. Hasta organismos creados para propagar la moral como base inconmovible de la sociedad, en lo legal y en lo teológico, han sido profanados por juristas, clérigos y agentes de la autoridad degradantes. El móvil generador de esa concupiscencia diametralmente opuesta al decoro es la afición desmesurada por el dinero o el poder gubernamental. El primero tiene como hijo al capitalismo salvaje y el segundo a la tiranía. Cuando se funden en uno estos hijos de puta originan el fascismo y el comunismo que depravan los pueblos, convirtiéndolos en populacho o en masa patibularia, verdugos del patriotismo, la honradez y la decencia. Mayorías oprobiosas que han tenido, tienen y tendrán como su implacable enemigo a la Minoría Histórica, paladín eterno de los pocos que, sin miedo y sin tacha, se sacrifican para mantener vivo el decoro que le falta a los muchos. Esta guerra entre el bien y el mal públicos está historiada mundialmente, desde Tucídides y Herodoto hasta Oncken y Toynbee. En el caso de Cuba El Autor, además de reconocer el mérito de los historiadores cuyas obras fueron consultadas como aparecen en la bibliografía, cree que con los cinco tomos de su *Historiología Cubana* ha cumplido cabalmente lo dispuesto en el Congreso Nacional de Historia, celebrado en Santiago de Cuba el día 30 de noviembre de 1948[65]. Quede al lector su calificada opinión de si los que han escrito sobre Cuba Colonial y Cuba Republicana han hecho igual que él. Fuese ello en intramuros o en el exilio.

Al desarrollarse Miami en una metrópolis fue afectada por los males sociales arriba descritos pero en mayor cuantía de los existentes anterior a 1959. Cierto era que en todo el territorio americano había aumentado el porcentaje de crímenes ocasionado por el contrabando, expendio y consumo de drogas heroicas, alucinantes, alcaloides y marihuana todo consecuente con el aflojamiento de la severidad costumbrista tradicional mas la influencia perniciosa de la izquierda filo-comunista, comunista y pro-castrista en círculos estudiantiles, artísticos, periodísticos, cinematográficos, radiales y televisivos que instigaba a la juventud a denigrar los símbolos patrióticos y las imágenes religiosas y hasta ponerse de parte del Viet-Cong y en contra de los Estados Unidos[66]. Como leímos, el Mariel trajo consigo un número considerable de mala gente sacada de las cárceles ex-profeso para mezclarlos con los miles de buenos cubanos reconocidos y subrepticiamente a una cantidad de agentes provocadores encomendados a crear problemas que diesen mala reputación al exilio, con preferencia relacionar a miembros destacados de éste con el narcotráfico regenteado por colombianos que se mataban entre si, de manera violenta, por toda la ciudad de Miami, en el empeño de controlar todas las fases del funesto negocio. Desdichadamente encontraron oportunos cómplices en cubanos exiliados carentes de pundonor y sobrantes de codicia, que en pleno conocimiento del daño que inflingirían al renombre de su comunidad, su familia y las organizaciones políticas, patrióticas y beneficientes de las cuales eran afiliados se zambulleron en el pozo negro del narcotráfico y sus agencias.

Materializando el dicho *para agarrar un malhechor se necesita un malhechor*, la versión inglesa *to catch a thief you need a thief*, la policía usó al mas ruin, vil y abyecto de los doble-agentes a la paga de la CIA,

---

[65] Ver Tomo III, pág. 101.

[66] Ver Tomo IV, pág. 462.

Ricardo *El Mono* Morales Navarrete[67] quien se ganó la confianza de Manuel Penabaz y luego lo delató y produjo su envío a prisión. Penabaz fue merecedor de su castigo pues era miembro de la Brigada 2506 y vástago de una honorable familia oriental. Escribió su deleznable autobiografía y en ella dedica treinta páginas a describir a *El Mono* en tal soez forma que El Autor se excusa de reproducirlas por lo que tienen de obscenas y pornográficas[68]. Otra maraña de *El Mono* fue la Operación Tic-Toc así conocida por haber colocado la policía un micrófono minúsculo dentro de un reloj en la pared de una habitación de la casa de Carlos F. Quesada y merced a sus grabaciones fueron identificados y encausados Quesada, el ex-agente de la CIA Frank Castro, los brigadistas Frank Condom Gil, Rafael y Raúl Villaverde Lamadriz, el contador público Roberto Ortega y el prófugo de la Justicia Federal, José A. Fernández. La consiguiente redada produjo el arresto de 21 otros narcotraficantes y la ocupación de 12 millones de dólares, 35 vehículos y 16 libras de cocaína. Todo en vano pues un año después el Juez Gerald Kogan, del Circuito del Condado de Dade, determinó que no eran legales las grabaciones de Tic-Toc porque violaban el Estatuto de Garantías Constitucionales obligando con ello a la Fiscal Estatal, Janet Reno, a retirar los cargos y decretar la libertad de los acusados todos. El pesar llegó al tuétano del exilio pues Rafael Villaverde, calificado como el cerebro de la mafia de traficantes, era el Director del Centro Comunitario de la Pequeña Habana, institución benéficente de ancianos y desvalidos que le servía de insospechable fachada a su felonía. Desapareció de Miami y se rumora que murió ahogado en un naufragio cuando iba a Cuba en un ataque comando como vía de rehabilitación. Recapitulando los antecedentes procaces de *El Mono* se encuentran oficios infernales: esbirro de la Seguridad del Estado; mercenario de la CIA en el Congo belga; matón a sueldo de la porra venezolana; chivato del FBI y la DEA (Drog Enforcement Administration) y narcómano irredimible. Su aborrecible vida terminó en noviembre de 1983 cuando, según el informe policíaco, estando de visita en un restaurant-bar de Key Biscayne, propiedad de Rogelio Novo, en estado de embriaguez cruzó fuertes palabras con Novo y Orlando Torres por causa de un vaso de bebida alcohólica derramado.

---

[67] *Ibid.*, págs. 293-94, 464-65, 601, 609, 614.

[68] Manuel Penabaz, *La Trampa*, Zoom Publishing, Miami, 1983.

Cuando se retiraba oyó a Torres pronunciar la palabra *maricón* regresando a preguntar si se referían a él, siendo informado negativamente pero no conforme golpeó violentamente a Novo y cuando se inclinaba para sacar un arma que llevaba atada ocultamente en el tobillo Torres lo madrugó con un tiro en la cabeza. Murió hospitalizado dos días después. El acto de Torres fue considerado como uno de defensa propia. Dos meses después Rogelio Novo fue asesinado a tiros en Pembroke Pines por desconocidos.

La magnitud del narcotráfico y del caudal que éste producía es increíble. El consumo de estupefacientes y el lavado del dinero emanado del maléfico negocio, en la época bajo consideración, era una cosa de espanto. El Secretario de Estado, George Shultz, expresó: «*Cada año los traficantes introducen en el país cuatro toneladas métricas de heroína, setenta toneladas de cocaína y noventa y cinco toneladas de marihuana procedentes de Colombia, Perú, Bolivia, Méjico, Belice, Jamaica, Paquistán, Afganistán, Irán, Tailandia y Birmania, con un valor anual de ochenta mil millones de dólares*». La Comisión sobre Estupefacientes de la Cámara de Representantes informó: «*Más de 20 millones de norteamericanos consumen regularmente marihuana, de 8 a 20 lo hacen de cocaína, cerca de 500,000 personas se drogan con heroína, 1,000,000 absorbe alucinógenos y aproximadamente 6,000,000 se intoxican con medicamentos somníferos, tranquilizantes o sedantes. Los narcotraficantes manipularon ciento diez mil millones de dólares en 1984*». Un ejemplo de la ganancia que obtienen los narcotraficantes es el siguiente, según cálculos hechos por la DEA: un kilo de cocaína comprado en Colombia como materia prima, por $2,400.00, después de ser combinado con lactosa se convierte en diez kilos de *nieve* que en poder de los expendedores se reducen a gramos que se venden a los viciosos a un mínimo de veinte dólares. Calcule el lector que si una tonelada tiene quinientos kilos, o séase dos mil libras, una libra tiene diez y seis onzas y una onza tiene treinta gramos ¿cuantos gramos contienen quinientos kilos? ¿en cuanto se multiplican los $2,400.00 de marras? Y así con la marihuana, la heroína y los alucinantes. Ajustando esos precios al número de los millones de norteamericanos que son consumidores de esos narcóticos no es insensato el estimado ofrecido por el Secretario de Estado George Shultz, la Comisión de Estupefacientes y la DEA.

Las dos Cubas, la de allá y la de aquí, se vieron envueltas en otro nocivo enredo del narcotráfico y el lavado de dinero. El día 25 de noviembre de

1981 fue arrestado en Méjico el traficante de drogas colombiano Jaime Guillot Lara quien confesó que residía en Miami y que era el armador del barco Karina que había sido hundido por la marina de Colombia cuando transportaba un cargamento de armas para la guerrilla y que el gobierno cubano estaba envuelto en el contrabando de armas por droga. Añadió que otro narcotraficante colombiano, Juan Lozano Pérez (a) Johnny Crump lo había puesto en contacto con el embajador cubano en Bogotá, Fernando Ravelo Renedo y con este había negociado el paso libre por aguas cubanas de sus barcos que transportaran drogas, o que recalaran en puertos de la Isla, pagando por ello $200,000.00 en cada ocasión y que se había reunido en Nicaragua con Raúl Castro y allí ratificado el acuerdo con Fernando Ravelo. En Miami fueron procesados Johnny Crump y Mario Estévez, dos de sus principales secuaces quienes se convirtieron en testigos de estado contra su jefe y además delataron a sus socios Cornelio Ramos Valladares, David Lorenzo Pérez, Jorge Felipe Llerena Delgado, José Rafael Martínez y Héctor González, todos cubanos, y a Levino Orobio Michelena, colombiano. David Lorenzo Pérez accedió a tornarse en testigo de estado. La lectura de las minutas del juicio muestran que los testigos de estado, Crump, Estévez y Pérez declararon que en la comisión de sus delitos habían sido sus cómplices René Rodríguez Cruz, Presidente del Instituto Cubano de Amistad con los Pueblos, Aldo Santamaría Cuadrado, Vice-Almirante Jefe de la Marina, Fernando Ravelo Renedo, Embajador de Cuba en Colombia, Gonzalo Bassols Suárez, Ministro-Cónsul de Cuba en Colombia y Héctor González Quiñones, miembro importante del gobierno Cubano. Guillot Lara no pudo ser extraditado a Miami porque el gobierno mejicano lo puso en libertad bajo fianza y escapó del país hacia lugar desconocido. Dícese allí que pagó diez millones de dólares por su excarcelación y posterior fuga. Los testigos de estado fueron beneficiados con ligeras condenas como premio a su cooperación delatora. El resto de los procesados fueron a la cárcel por largo tiempo. Los altos personajes del gobierno cubano, todos miembros del Partido Comunista, como se esperaba, no pudieron ser extraditados pero se les procesó en ausencia. Fidel y Raúl Castro calificaron de *paquete* el turbio asunto. Y ahí terminó el escándalo. Hasta que en 1989, como será leído, estalló la bomba de tiempo que era la complicación de la satrapía comunista cubana con el narcotráfico al hacerse de público conocimiento el juicio en el Tribunal Especial Militar, conocido como el caso Ochoa-De la Guardia.

No se había aún repuesto el exilio del impacto recibido de los anteriores sucesos cuando llovió sobre lo mojado. Un cubano, Leonel Martínez, procedente del humilde pueblo Campo Florido (Habana) que había alcanzado gran fama por su éxito en el giro de urbanizaciones en Miami al punto que una contracción de su nombre, *Leomar*, le fue impuesto a una calle de la ciudad, y que patronizaba generosamente las fiestas religiosas de Santa Ana, patrona de Campo Florido, y de La Tutelar, patrona de Guanabacoa, Término Municipal a que pertenecía Campo Florido, que, incidentalmente, es el pueblo natal de El Autor, fue descubierto como un narcotraficante. Procesado, condenado y confiscadas su cuenta bancaria y sus propiedades el nombre de la calle fue prontamente eliminado por las mismas autoridades municipales que lo habían honrado. Otro golpetazo similar fue experimentado cuando el día 24 de agosto de 1984, Diario Las Américas reportó que Agentes de Aduana confiscaron cocaína por valor de 700 millones de dólares que venía escondida en 180 poleas y que la droga había sido ocupada un mes antes pero que no se había revelado a la prensa en espera de capturar a su destinatario. Fueron arrestados Armando Pérez-Roura (hijo), su esposa Teresa Pérez y Jesús Wilfredo del Valle y acusados de importación de cocaína y asociación ilícita con el intento de distribución de ella. Fue, hasta aquel momento, la segunda confiscación mas grande de la droga en la historia de los Estados Unidos. Ese mismo periódico informó el día 14 de diciembre de 1984 que las autoridades federales habían tomado posesión del Sunshine Bank y que un Gran Jurado había encausado a su Director General, Ray Corona, y a su padre, Rafael Corona, Administrador General. Otros detenidos fueron Gerardo Jorge Guevara, Manuel López Castro y William Vaughn. Todos fueron acusados de que ganancias millonarias del tráfico de drogas fueron lavadas en bancos panameños para luego ser invertidas en Miami en la compra de la mayoría de las acciones del Sunshine Bank y usado de pantalla para financiar operaciones de narcotráfico. El jefe de la banda era José Antonio Fernández, el mismo mafioso de la Operación Tic-Toc.

Toda la alharaca de la FNCA, la Junta Patriótica y los emigrados republicanos respecto a que Reagan no entraría en negocios con Fidel Castro fue repentinamente silenciada cuando la Casa Blanca dio la noticia que el Asesor Legal del Departamento de Estado, Michael Kozak, estaba sosteniendo reuniones con los cubanos comunistas Ricardo Alarcón, Vice-Canciller; Joaquín Mas, del Departamento de América; Olga Miranda de la Dirección

Jurídica; José Arbesú, Subjefe de Inmigración y Ramón Sánchez Parodi, Jefe de la Sección de Intereses de Cuba en Washington al efecto de llegar a un acuerdo que permitiese el retornar a la Isla a los marielitos identificados como peligrosos criminales en Cuba, los que en los Estados Unidos hubiesen sido convictos de felonías y los que estuviesen comprendidos en los dos casos, que sumaban 2,746, a cambio de un Pacto Migratorio que comprometía al gobierno americano a recibir a 20,000 inmigrantes cubanos al año y a 3,000 ex-presos políticos que se hallaban libres después de cumplir largas condenas. Los inmigrantes viajarían basados en lo siguiente: Los reclamantes debían ser ciudadanos americanos con derecho a traer cónyuges, hijos e hijas solteros, hijos e hijas casadas, padres, hermanos y hermanas. Los reclamantes que fuesen residentes legales quedaban autorizados a traer cónyuges y hijos e hijas solteros. Los trámites de los viajes serían hechos mediante las mutuas Secciones de Intereses en Washington y La Habana. Basándose en la sentencia del Tribunal de Apelaciones No, 11, favorable a la deportación, fue enviado de regreso a Cuba un grupo de 23 marielitos criminales presos en Atlanta. La reacción de los protectores de la crápula deportable no se hizo esperar. Las lágrimas de cocodrilo eran como ríos procedentes de los ojos de los representantes de la Liga de Ciudadanos Latinoamericanos Unidos (LULAC), la Liga Hispanoamericana contra la Discriminación (SALAD), la Asociación de Abogados Cubanoamericanos, la Conferencia Católica de Estados Unidos, los Ministros Luteranos de Florida y la Sociedad Hebrea de Ayuda a los Inmigrantes quienes, santurronamente, denunciaban como una injusticia la deportación aceptada por el gobierno cubano. Independientemente de ellos el Dr. José Ignacio Rasco, líder de la Democracia Cristiana, afirmó en Diario Las Américas *«que era una monstruosidad jurídica la deportación indiscriminada y masiva de los presos del Mariel»*. Muy malas consecuencias traería este atolondrado apoyo a la canalla y el reparo a la Ley. Por su parte Castro, congraciándose con Reagan, elogió el Pacto Migratorio y las medidas represivas del gobierno contra quienes calificó *«de cubanos terroristas entrenados por la CIA»*, fundamentándose en los acontecimientos relatados a continuación.

El baluarte accional que era la zona norte del este de los Estados Unidos que comprendía los Estados de New York y New Jersey y dentro de ellos las ciudades de New York, West New York, Elizabeth y Union City, que desde 1975 contaba en su haber los siguientes ataques contra organismos que favorecían a Cuba, relacionados por la prensa: en New York a la Misión de Cuba en las Naciones Unidas (cinco veces), a la de Venezuela (dos veces) y a la de la Unión Soviética; en Elizabeth: al salón de banquetes The Town and Campus, al barco mercante ruso Ivan Shepetkov, y al comercio Almacén El Español; en Union City: al Almacén El Español (dos veces) y la eliminación física del infiltrado castrista Eulalio Negrín; en West New York a la oficina de Asuntos Cubanos; en New York al comercio deportivo Penn Plaza, al Diario La Prensa, al teatro Lincoln Center y a la terminal de la línea aérea TWA y a la soviética Aeroflot, se hallaba debilitado a causa de la intensa represión desarrollada por el FBI después del ajusticiamiento del comunista chileno Orlando Letelier[69]. Los *federicos* (agentes del FBI en el argot del exilio) no podían precisar a los autores de los atentados porque no encontraban chivatos que se lo informaran y por lo tanto englobaban en sus improvisadas exposiciones al Movimiento Nacionalista Cubano, a la Organización para la Liberación de Cuba y a Omega 7. El anómalo sosiego del activismo norteño fue desmentido por la prisión de José Tenreiro y el mortal atentado al seudo-diplomático Félix García Rodríguez anteriormente reseñados. En los autos procesales, o causa abierta, por esos hechos, por primera vez aparecía oficialmente el nombre de Omega 7 que era calificada como una organización terrorista formada por cubanos anticastristas. A la par, se le responsabilizaba, a partir de 1980, con el frustrado ataque dinamitero en New York al embajador de Cuba en la ONU, Raúl Roa Kouri, quien se salvó de ser enviado al infierno porque el artefacto explosivo colocado en su auto no funcionó y en Miami por los bombazos obsequiados a Padrón Cigar Factory (tres veces), a la revista *Réplica* de Max Lesnick (tres veces), a las agencias turísticas American Airways Charter, Trans-Cuba y Paradise International, a la farmacia Hispana-Interamericana y a los consulados de Venezuela y Nicaragua. Todo producto de hablillas sin un ápice de evidencias documentales o testimonios válidos de autores, fautores o testigos presenciales. Además, en ninguna de las acciones enumeradas había perdido la vida o sido lesionado de gravedad ningún agente de la autoridad o un ciudadano americano. Aparte que todos los edificios afectados estaban cubiertos por seguros que les resarcieron las pérdidas.

---

[69] Ver Tomo IV, págs. 613-15.

XI

Eduardo Arocena. Minibiografía. Encarcelamiento de militantes de la Organización para la libertad de Cuba. Procesamiento y juicio de Arocena en New York. Ensañamiento de los fiscales Giuliani y Taback. Condena matusalénica. Desafiante arenga de Arocena al Tribunal. Mutación miliciana y radiofónica de Seso Hueco. De Anota Flora a Tome Nota. El golpe maestro de deslealtad en Unión Radio. Compadrazgo en Radio Mambí. Forzado ocaso de Unión Radio.

Imposibilitado de penetrar a Omega 7 mediante delatores y apremiado por la Administración Reagan, instada ésta por la FNCA y su cabildeo politiquero, el FBI, copiando el método detestable de la CIA, maquinó el hacer creer a los combatientes del área norte que sus filas estaban infiltradas por castristas y que *los federicos* propiciaban una depuración de ellas como medio de asegurarse de su legitimidad anticomunista y eso les prevendría de cometer injusticias con los cubanos. Corrieron la voz de que la creada Fuerza Conjunta Anti-terrorista (Joint Terrorist Task Force) estaba formada por agentes federales y detectives de New York de entre los cuales, para el caso de los exiliados, habían sido designados el G-Man Larry Wack y el detective Robert Brandt, quienes eran hombres de honor que cumplían obligaciones investigativas dispuestas por un Gran Jurado que presidía el fiscal Michael Tabak quien requería la presencia del activista Eduardo Arocena, del que se sospechaba tenía relación con Omega 7 y sus ataques. Arocena accedió y después el agente Wack lo condujo al edificio del FBI para que allí fueran tomadas sus huellas digitales y muestras de su caligrafía para compararla con la hallada en las notas supuestamente dejadas por Omega 7 en los lugares dinamitados. Al pasar a lo federal el caso de Omega 7 el detective Brandt fue sustituido por el agente federal George Kysinski. Creyendo buena la colaboración de *los federicos* para combatir la subversión comunista, Arocena consintió entrevistarse secretamente con ellos para cambios de impresiones que subrepticiamente fueron filmadas. Esta ingenuidad de Arocena, producto de su inexperiencia en las lides del doble-juego y el camelo policíaco, añadido a su veneración por el FBI, le costaría muy caro.

El primer desengaño que recibió fue la noticia de que se le acusaba de perjurio ante el Gran Jurado y lo requisitoriaban los mismos agentes que creía eran hombres de honor. Sin demorarse se sumergió en la penumbra del clandestinaje que se figuraba impenetrable y constituido por otros hombres de honor fieles a su persona y a la causa de la libertad de Cuba. Un segundo desengaño mucho mas cruel que el primero lo esperaba.

Eduardo Arocena era un joven refugiado político natural de Caibarién que había escapado de Cuba como polizón en un barco de carga de bandera libanesa que lo llevó a Bahamas. Allí las autoridades inglesas le negaron asilo y siguió a Marruecos. En Tánger el cónsul americano le brindó protección semi-oficial y pasó a España por Algeciras hasta llegar a Madrid. Impaciente con la demora en los trámites para ingresar legalmente a los Estados Unidos se fue a Barcelona y de allí a Palma de Mayorca donde abordó secretamente el vapor turístico americano Independence que lo desembarcó en New York el día 27 de julio de 1966. Se estableció en la ciudad de Newark, New Jersey, en cuyo puerto encontró trabajo como estibador ganando un magnífico salario. Casó con la joven holguinera Miriam García y con ella tuvo dos hijos, Frank y Lorna. Sus actividades patrióticas beligerantes desde su llegada a New York hasta ser encausado, juzgado y encarcelado constan detalladamente en su auto-biografía, en vía de publicación. Cumpliendo con la ética periodística y la probidad historiológica El Autor se atiene a la información recogida de los sumarios procesales y los prontuarios de las Cortes añadidos a los informes de prensa y a lo autorizado publicable personalmente por Eduardo Arocena durante visitas en la cárcel y en su frecuente correspondencia postal y telefónica.

El día 5 de octubre de 1982 el exilio fue conturbado por la sensacional noticia de prensa que informaba la detención en New York de Andrés García, Alberto Pérez y Eduardo Losada acusados de pertenecer a Omega 7 y que el líder de ella, Eduardo Arocena se encontraba fugitivo de la orden de detención ordenada contra él por considerársele autor de la muerte violenta de Félix García Rodríguez y del frustrado intento dinamitero contra el embajador Raúl Roa Koury. En Miami fue arrestado Pedro Remón considerado un cómplice de los anteriores. El día 17 de enero de 1983 el Director Adjunto del FBI identificó a Arocena como *Omar*, el cerebro director de Omega 7, que se hallaba fugitivo, acusado de 30 atentados dinamiteros y dos asesinatos. El día 22 de julio de 1983 por razón de una confidencia el FBI arrestó a Eduardo Arocena en su escondite en Miami, lugar en que dijeron habían ocupado gran cantidad de armas de fuego y de pertrechos. El fiscal federal auxiliar de Miami, Fritz Mann, declaró que Arocena *«era un peje gordo, el líder de Omega 7»*. El siguiente día fue instruido de cargos y fijada una fianza de un millón de dólares para poder gozar de libertad provisional que, naturalmente no pudo prestar. El día 29 fue trasladado a New York bajo fuerte custodia y recluido en la prisión de Ottisville, en el norte del Estado, lugar en que por orden del fiscal federal Rudolph Giuliani le fue ofrecido el negocio de convertirse en testigo del gobierno, o vil chivato, a cambio de una pequeña sentencia y posterior protección y retribución económica. Se negó rotundamente a tamaña infamia. En venganza, el agente del FBI James Lyons, el día 21 de septiembre de 1983, durante una audiencia en la Corte del Distrito de Manhattan declaró que Arocena le había confesado ser *Omar* y que Pedro Remón había sido el agresor de Félix García y el fabricante de la bomba contra Roa Koury. La juez Nina Gershon se negó a rebajar el monto de la fianza de un millón de dólares. El día 29 de octubre de 1983 fueron encausados en New York por un Gran Jurado los jóvenes exiliados Ramón Saúl Sánchez, Julio Gracia, Eduardo Ochoa, Ignacio González y José López por negarse masculinamente a servir de colaboradores en la investigación cuyo propósito era desarticular a Omega 7, actitud que imitaron valientemente Andrés García, Pedro Remón, Alberto Pérez y Eduardo Losada. El día 25 de noviembre de 1983 la Liga para la Defensa de los Cubanos Desterrados, organizada en New Jersey, logró que un Juzgado concediera el derecho de Arocena a que la fianza de un millón de dólares fuese rebajada a la suma de doscientos mil dólares que fueron suplidos por la Liga en la forma de $57,000.00 en efectivo y el resto completado con propiedades de amigos y familiares. El día 21 de diciembre siguiente, por apelación del implacable fiscal Giuliani, otro Juzgado superior en categoría judicial, revocó el derecho de Arocena a beneficiarse con la rebaja de la fianza. Remachando lo anterior, por petición de Giuliani, se le impuso otra fianza de $750,000.00 por responsabilidades civiles. Que no fueron especificadas. Encima de esto fue denegada la petición de Arocena de ser trasladado a una cárcel de Miami para estar cerca de su familia y tuvo el exilio que sufrir la amenazante declaración de Arthur Nehrbass, Director del Grupo de Lucha contra el Crimen en Dade County: *«A pesar del encarcelamiento de Arocena y otros, Omega 7 no ha desaparecido.*

Seguimos atentos a sus criminales actividades». No contento con todo el apabullamiento verbal contra Arocena, y por carambola contra el exilio combatiente, reincidió el fiscal newyorkino en sembrar la discordia diciendo a la prensa el día 24 de agosto de 1984: *«Arocena propuso a los agentes federales del FBI un negocio que implicó su entrega de seis miembros de su organización Omega 7 que sospechaba fueran agentes de Castro infiltrados. Pasó al clandestinaje y durante dos años telefoneó a sus amigos del FBI para delatarles los agentes castristas en Omega 7. Sus llamadas fueron grabadas y servirán de prueba contra él en el juicio que se efectuará el próximo mes. La dinamita que los boy-scouts encontraron en el sótano de la iglesia de Union City era propiedad de Arocena y de Omega 7».*

La trama odiosa de *los federicos* de calumniar a Arocena para conseguir testigos de estado contra él, dicho sea en legítimo cubanismo, se fue al carajo. Dice así el informe de la fiscalía respecto a ello: *«El Gobierno señala que si Arocena hubiera estado dispuesto a testificar contra Remón y los otros, la organización Omega 7, que demostró una depravada indiferencia hacia la vida humana, pudo haber sido obliterada para siempre. Así pues, a causa de su falta de cooperación, sus subordinados pudieron solamente ser acusados de desacato criminal y esto resultó en cortos términos de prisión para personas que representan una seria amenaza a la seguridad de comunidades en New York, Miami y otras partes de este país».* Separados de la causa contra Omega 7 virtud a la negativa de Arocena a complicarlos y la vertical actitud de ellos negándose a colaborar con los investigadores y no permitiendo que las falsedades que ponían en boca de Arocena les atormentase o los incitase a un rencoroso desquite, aquellos juveniles titanes convictos de un improvisado delito, fueron sentenciados como sigue, antes de llevarse a cabo el juicio de Arocena: Ramón Saúl Sánchez a 9 años de prisión; Eduardo Ochoa a seis años; Julio Gracia a cinco años; Pedro Remón a cinco años y Andrés García, Alberto Pérez y Eduardo Losada a cuatro años. José Ignacio González con admirable entereza se declaró culpable de posesión ilegal de armamentos y de conspiración para usarlos. En libertad bajo vigilancia burló a sus alguaciles y desapareció en el clandestinaje.

Previamente al juicio de Arocena en New York se suscitaron problemas diversos en relación con la conducta de algunos de los abogados defensores hacia el enjuiciado que éste relata en su inédita auto-biografía y por tanto es impropio el reproducirlos por El Autor. El juicio comenzó el día 13 de agosto de 1984 y duró cuatro semanas, presidido por el Juez Robert J. Ward, actuando como acusadores los fiscales Rudolph Giuliani y Michael Taback y como defensores Humberto Aguilar y Luis Fernández Caubí (hijo.) El Jurado fue compuesto por seis hombres y seis mujeres de los cuales diez eran de la raza negra, uno blanco y un hispano. Los cargos contra Arocena fueron todos los bombazos efectuados en New York, New Jersey y Miami, la muerte de Félix García Rodríguez y el fallido atentado dinamitero contra Raúl Roa Koury. La fiscalía no presentó pruebas reales o evidencias corroborativas que comprometieran a Arocena si no un grupo de llamados expertos calígrafos que testificaron la similaridad de la caligrafía del acusado con la de las notas dejadas en los lugares afectados por las explosiones mas la aseveración de los agentes del FBI de que Arocena les había confesado su culpabilidad. Dos individuos que juraron ser miembros de Omega 7 y que fueron admitidos como testigos de estado declararon que Arocena era el jefe de Omega 7 y que les había confesado ser el autor intelectual y material de los actos de terrorismo efectuados en New Jersey y New York. En resumen, todo se redujo a una confrontación entre la credibilidad de Arocena y la de sus acusadores. El Jurado se decidió por los últimos y el Juez Ward condenó al culpado, el día 9 de noviembre de 1984, a cumplir dos cadenas perpetuas mas seis períodos consecutivos de 50 años de cárcel cada uno que en total sumaban mas de trecientos años. Un absurdo pues se trataba de un cubano llamado Eduardo Arocena y no de un bíblico Matusalén que, según la leyenda, vivió mil años. Si el propósito de la Administración Reagan era el hacer de Arocena un chivo expiatorio, de atemorizar a los exiliados combatientes y encaminarlos borregamente por el sendero del cabildeo indigno de su lacayuna FNCA el tiro le salió por la culata. Erguido y mostrándose como todo un hombre, cuando fue preguntado por su verdugo, el juez Robert J. Ward si tenía algo que decir antes de ser sentenciado, Eduardo Arocena pronunció un discurso que era a la vez un anatema al tribunal y una arenga patriótica al exilio. He aquí una selección de sus mas brillantes párrafos:

«No esperen de mi que comparezca hoy aquí y pida ningún tipo de perdón ni ningún tipo de reducción de pena. Porque con todo el respeto que el Sr. Juez pueda merecer, y todo el respeto que el sistema legal merece, jamás me doblegaré ante ninguna situación difícil. Ni mis

piernas temblarán ante ninguna situación adversa. Nunca me doblegaré ante nadie. Y lo quiero dejar bien claro nuevamente: Nunca cooperé con las autoridades y niego todos y cada uno de sus reportes al efecto. Si tengo que pudrirme en la cárcel me pudriré con gusto. Si lo tengo que hacer diez veces, lo haría de nuevo diez veces mas. No esperen de mi ninguna petición de clemencia. No tengo que arrepentirme de nada, porque no he hecho nada de que arrepentirme. Yo estoy de acuerdo con todas las acciones efectuadas por mis compatriotas. Desde lo mas profundo de mi corazón las respaldo. Y tengo el coraje de decirlo aquí públicamente y decírselo a ustedes en sus caras. El gobierno urdió intrigas para dividirnos y destruirnos a todos. Encarcelándonos, separándonos y esparciendo los rumores de cooperación con ellos. No me importan la cantidad de años que tenga que cumplir. El gobierno dice que yo soy un terrorista. Si luchar por la libertad de mi patria y sacrificarlo todo es ser un terrorista entonces yo soy un terrorista; si perderlo todo, en la forma en que lo he hecho, respondiendo al llamado del deber, si defender la democracia a pesar de los obstáculos presentados, si poseer principios inalterables es ser un terrorista, entonces, señores, yo soy el terrorista mas grande del mundo. Y no me arrepiento de ello. No tengo mas nada que decirles que ¡No me arrepiento de nada! Señor Juez, cumpla usted con su deber. Yo he cumplido con el mio».

Contrastando con las acciones de guerra efectuadas y con las condenas sufridas por los combatientes, los plumíferos, discurseantes y microfoneros itinerantes de antecedentes probados como cómplices de Fulgencio Batista en el cuartelazo de 1952 y de la traición de Fidel Castro a la Revolución triunfante en 1959, fraternizaban en congresos, coloquios, simposios, conferencias, conversatorios, debates y viajes de turismo anticomunista en un compadrazgo bendecido por la JPC, la FNCA y el State Department. Era incomprensible como militantes de Alfa 66 que eran vituperados por los enviados a prisión en 1959 como resultado de la conspiración Pedraza-Trujillo[70] asistieran al Cuarto Congreso de la Confederación Anticomunista de América Latina en Buenos Aires acompañando a Armando *Seso Hueco* Pérez Roura locutor oficial del Palacio Presidencial durante la dictadura de

---

[70] Ver Tomo IV, págs. 118-31.

Batista, que aparece junto a éste en una fotografía durante el acto de felicitación al dictador por haber salido ileso del ataque fallido del Directorio Revolucionario el 13 de marzo de 1957[71], que se sumó al fidelismo amparado por el comunista mordaz Orestes Valero que lo apadrinó como su relevo en la presidencia del Colegio de Locutores castristas, que profesaba un antiamericanismo rabioso, demostrado en el texto de su arenga publicada en el periódico Revolución el día 16 de diciembre de 1960, mencionada en el Tomo IV y que aquí reproducimos en su totalidad:

«Los locutores cubanos repudiamos el criminal atentado perpetrado en el centro de trabajo de la empresa CMQ, pagado con los dineros del imperialismo americano y que no es otra cosa que la continuación de una serie de hechos realizados por la contrarrevolución. Los locutores, a la vez que condenamos este sistema de agresión, no solo a los centros de trabajo, si no también a la familia cubana, estamos respondiendo presente en la lucha del pueblo de Cuba frente a los grandes intereses monopolistas y declaramos que estaremos vigilantes para evitar que los propósitos criminales de los enemigos de las ansias reivindicativas del pueblo continúen repitiéndose.

Tenemos que declarar, también, que ésta es una lucha abierta del pueblo trabajador y revolucionario, frente a los peores intereses, tanto nacionales como internacionales, que junto a los criminales, torturadores y esbirros de la dictadura, no cesan de trabajar para tratar de arrebatarle al pueblo las conquistas que ha alcanzado a base de tanta sangre. Por eso los locutores cubanos, en esta nueva llamada de la Patria, seguiremos repitiendo las consignas de la Revolución: Frente a las agresiones imperialistas, nuestra inquebrantable decisión de vencer o morir: PATRIA O MUERTE. Por la Junta de Gobierno del Colegio Nacional de Locutores: Armando Pérez Roura, Decano».

El abominable pasado fidelista de Armando Pérez Roura que contaba en su detestable haber su demanda del paredón para los opositores del naciente comunismo, sus viajes propagandizando favorablemente los desmanes del régimen, su interesada expulsión del Colegio de Locutores de aquellos que no se prestasen a sus logreras maniobras fueron atenuándose diluidas en sus

---

[71] Ver Tomo III, págs. 436-39.

editoriales anticomunistas y anticastristas que, ahora, bajo el lema*Tome Nota* sustituía sus *Anota Flora* de antes en Cuba, pro-castristas y filo-comunistas. Seguía, zorramente, los pasos de los renegados stalinistas Eudocio Ravines, Julian Gorkin, Valentín González *El Campesino*, Nathaniel Weyl, Louis Budenz y Henry Luce que lucraban sirviendo como voceros de la política impúdica del State Department de considerar, para su beneficio, que los cambia-casacas marxistas son los mejores anticomunistas y que el populacho los asimilaría y repulsaría a quienes los objetasen. Otro ejemplo de como algunos honrados revolucionarios cometen el error de avalar políticamente a esos tránsfugas castristas fue mostrado cuando la delegación cubana exiliada que concurrió al Congreso Mundial de la Liga Anticomunista, celebrado en Taiwan en agosto de 1981, juntó a los dirigentes de Alfa 66 Andrés Nazario Sargén, Miguel Talleda y Luis Beato con el inefable *Seso Hueco*. En diciembre de ese año, nada menos que en Miami, tuvo lugar el VI Congreso Interamericano de Locutores, con la concurrencia de 48 delegados de veinte países y ciudades de los Estados Unidos donde existían asociaciones de locutores hispanoamericanos y, créase o no, fue presidido por Armando Pérez Roura, Presidente del Colegio de Locutores de Cuba en el Exilio quien presentó una moción pidiendo que todas las emisoras de onda larga se comprometieran a interceptar las emisiones de Radio Habana Cuba que mantenía una constante campaña de subversión continental. Y que era de todos los que la oían el comentario que intermitentemente Radio Habana Cuba propalaba los *Anota Flora* que no se compadecían con los *Tome Nota* y eso levantaba ronchas a su mutable autor.

El tortuoso sendero hacia la penetración del exilio por medio de la radiofonía demagógica a que era y es tan vulnerable el cubano lo ha expuesto acuciosamente el destacado periodista y escritor Alberto González en numerosos artículos de prensa y programas radiales, referentes a la persona y los rastreros métodos de encumbramiento característicos de Armando Pérez Roura. De insulso lector de noticias en Radio Reloj, destacado en Palacio con la nómina de Batista, saltó a la Revolución haciéndose miliciano radical, defensor a toda máquina de la censura de prensa y alabador de las limpias del Escambray[72], las confiscaciones y los fusilamientos. Llegó desapercibido

---

[72] Ver Tomo IV, págs. 270-75, 438-48.

a Miami en una época en que el exilio se hallaba permeabilizado por la tolerancia predicada o impuesta por los dialogueros, a causa de lo cual se le abrían los brazos y los trabajos a desertores del castro-comunismo bajo el manto hipócrita del perdón y olvido que acomodaba por igual a los esbirros batistianos y los comunistas. Consiguió, mediante los oficios de Tomás García Fusté, un trabajo en la radioemisora La Cubanísima que popularizó realizando entrevistas y usando una dicción y un énfasis imitador de José Pardo Llada. Atento a su oportunismo terció en la polémica interior del CID ya descrita, atacando a Huber Matos con el mismo frenesí que lo había hecho cuando los sucesos de Camagüey que conocemos, utilizándolo como pedestal para ganarse la simpatía de los batistianos que odiaban a Matos a causa de los fusilamientos por éste permitidos, que se había negado a efectuarlos Víctor Mora, y recibiendo, de paso, la aquiescencia de un prominente ex-oficial del Ejercito Rebelde, Roberto Cruz Zamora, respetable y respetado, que candorosamente duplicó el error de Nazario Sargén de dar carta de legitimidad anticomunista al traspasado miliciano de patria o muerte de la CMQ y verdugo guillotinador del Colegio de Locutores.

Lo que Alberto González califica como *«golpe maestro de deslealtad»* lo materializó Pérez Roura contra tres compoblanos de Seiba Mocha que lo consideraban mas que un fiel amigo, un hermano. Exitosos comerciantes en Miami, Sebastián y Pablo Vega fueron inducidos y estimulados a invertir su capital, honradamente ganado, en la compra de una pequeña estación de radio que tenía a la venta su dueño, el óptico Pedro Ramón López (padre.) Confiados en la fidelidad de su amigo de la infancia, los Vega no solamente adquirieron la radioemisora si no que gratificaron a Pérez Roura con un alto porcentaje de acciones y le dieron rienda suelta para que contratara el personal que estimase conveniente como correspondía a su autoridad de Director de Programas. Sin dilación y a un alto costo fueron incorporados al elenco radiofónico notables periodistas, locutores, analistas y entrevistadores entre los cuales se destacaba el ingenioso Agustín Tamargo[73] que se describía a si mismo, frecuentemente, como *abogado del diablo* por los aprietos en que situaba a sus entrevistados con sus mordaces preguntas y solicitud de aclaraciones. Y, debemos reconocerlo, se le concedieron espacios a voceros

---

[73] Ver Tomo IV, págs. 140, 146, 147, 189.

de organizaciones, unas veces gratis y otras a un precio mínimo, que eran soslayadas por emisoras rivales. A pesar de su poco voltaje y limitado alcance de sus ondas hertzianas Union Radio se hizo la mas popular radioemisora de Miami, monarca indiscutible de la audiencia miamense mayoritariamente compuesta de exiliados cubanos y de nicaragüenses de procedencia somocista y anti-sandinista. Según testimonio ofrecido por los hermanos Vega, reproducido por Alberto González, el astuto *Seso Hueco* a espaldas de ellos estableció sigilosas relaciones con los empresarios electrónicos millonarios, Amancio Suárez y Jorge Rodríguez Alvareda[74] que cuajaron en la adquisición de una insignificante radioemisora americana cuyo valor estaba en su frecuencia radial número 710 de solamente cinco mil kilociclos. En un albur de arranque Pérez Roura se llevó con él a la 710 a todo el elenco de Unión Radio, dejando en cueros a los Vega pero reteniendo las acciones suyas que de acuerdo con la ley era compatible con su interés económico en su nuevo empeño radial. Ayudados por la influencia cabildera de la FNCA la emisora 710 aumentó su kilociclaje a 50,000 watts de potencia y se mudó del humilde local que ocupaba para un modernísimo edificio contentivo de los mas sofisticados equipos electrónicos, estudios, salones y aposentos y con el rimbombante nombre de Radio Mambí. El entusiasta compadrazgo inicial protagonizado por Armando Pérez Roura, Amancio Suárez, Jorge Rodríguez Alvareda y Jorge Mas Canosa en Radio Mambí, derivaría, como era de esperarse, en una gresca de solar, como habremos de leer. Los hermanos Vega atribulados por la alevosía sufrida, endeudados y apremiados por los acreedores se vieron precisados a alquilar espacios radiales a dialogueros y comerciantes pro-castristas que encabezaba el insidioso Francisco González Aruca con su comparsa carnavalesca disidencial de Vladimir Ramírez, Ariel Hidalgo, Carmen Duarte y el políticamente indefinible Álvaro Sánchez Cifuentes. El nuevo formato dictó el ocaso de Unión Radio.

---

[74] Ver Tomo IV, págs. 49, 92, 93, 551, 555.

XII

Chivata felonía del Nuncio Giulio Eunadi. Reunión en Managua de Fidel y Fray Betto. Reunión en La Habana de Fray Betto con los Obispos y el Nuncio. La Reflexión Eclesial Cubana y su adúltero coqueteo comuno-católico. Virajes. Alegoría mitológica y cabalística de Luis Conte Agüero. Oficiosidad pacificadora de la FNCA, la JPC y LIPREPOC. Imitadores. Miscelánea quinquenal. Pasión y muerte de Lauro Blanco. Forzoso adiós a California. Fin del Escuadrón Vengador.

Las relaciones amistad-enemistad de las iglesias católica y protestantes, o mejor dicho la clerecía de ellas, con el régimen comunista ateo desde 1959 hasta 1980 fueron ya pormenorizadas[75]. De 1980 hasta 1985 ocurrieron sucesos entre ellos que sumergieron en un mar de confusiones a la feligresía de ambas iglesias. Mucho mas en el exilio que en la Isla. El día 9 de diciembre de 1980 varios católicos desafectos al comunismo ocuparon el edificio de la Nunciatura reclamando derecho al santuario tradicional establecido en la Edad Media por el Vaticano. Vana ilusión religiosa pues el Nuncio, Giulio Eunadi, sustituto del funesto Monseñor Sacki, otorgó el pase a la Seguridad del Estado que entró al local arrestándolos. A pesar del secreto envuelto en la cuestión se filtró la noticia de que tres jóvenes, los hermanos García Marín, habían sido fusilados. Ese año de 1980, en ocasión de celebrarse en Nicaragua un aniversario de la revolución sandino-comunista, Fidel viajó a Managua y allí se reunió con el sacerdote dominico Fray Betto, un brasileño afiliado a la Teología de la Liberación, que le aconsejó ayudar a la iglesia a integrarse al socialismo marxista en lugar de hostilizarla y con ello no hacer el juego al imperialismo. Cogiendo el rábano por las hojas, una semana después, en Ciego de Avila, Fidel inició un sorprendente viraje afirmando; *«No hay duda de que el movimiento revolucionario ganaría mucho, el movimiento socialista, el movimiento comunista, el movimiento marxista-leninista ganaría mucho en la medida en que dirigentes de la Iglesia Católica y otras Iglesias vuelvan al espíritu cristiano de la época de las catacum-*

---

[75] *Ibid.* págs. 179-86, 192, 254-57.

bas...» La jerarquía obispal cubana respondió con su propio viraje en abril de 1981 con el rejuego de palabras siguiente: *«Se acuerda por la Comisión Episcopal poner a la Iglesia cubana en pie de reflexión sobre su ser y quehacer en el pasado, en el presente y en el futuro, de manera que desembocará en un Encuentro Nacional, donde se tomarán algunas opciones pastorales...»* El teatro dialoguero bajó el telón de su escenario hasta levantarlo en noviembre de 1982 anunciando que el embajador cubano ante la Santa Sede, Luis Amado Blanco, era sustituido por el comunista José Antonio Portuondo, antaño seminarista católico, y a éste el embajador en Portugal, Manuel Estévez Pérez quienes intercambiaron elogios mutuos sobre el Vaticano y La Habana con el canciller pontificio, cardenal Agostino Casaroli. En febrero de 1983 Fray Betto se reunió en La Habana con todos los Obispos y el Nuncio Apostólico y de ese festín de frailes brotó la puesta en marcha de la Reflexión Eclesial Cubana propulsora del acercamiento Iglesia-Comunismo en Cuba. En 1984 el Presidente de la Conferencia Episcopal francesa, Monseñor Jean Vilnet, fue calurosamente bienvenido a Cuba porque era portador de una considerable suma de francos suizos que no se dijo para ser empleados en que, si por la REC o por algún departamento del gobierno comunista. En Miami, ni desde el púlpito ni por la prensa, el alto y bajo clero católico, americano o exiliado, denunció el enjuage en ciernes que no solamente contradecía si no que violaba lo dispuesto por Pio XI en su Encíclica Divini Redemptoris de fecha 3 de marzo de 1937 que especificaba lo siguiente:

«Los comunistas, sin renunciar en nada a sus principios, invitan a los católicos a colaborar amistosamente con ellos en el campo del humanitarismo y de la caridad, proponiendo a veces, con estos fines, proyectos completamente conformes al espíritu cristiano y a la doctrina de la Iglesia. En otras partes acentúan su hipocresía hasta el punto de hacer creer que el comunismo en los países de mayor civilización y de fe mas profunda adoptará una forma mas mitigada, concediendo a todos los ciudadanos la libertad de cultos y la libertad de conciencia. Hay incluso quienes, apoyándose en algunas ligeras modificaciones introducidas recientemente en la legislación soviética, piensan que el comunismo está a punto de abandonar su programa de lucha abierta contra Dios.

Procurad, venerables hermanos, con sumo cuidado que los fieles no se dejen engañar. El comunismo es intrínsecamente malo, y no se puede admitir que colaboren con el comunismo en terreno alguno los que quieren salvar de la ruina la civilización cristiana. Y si algunos, inducidos al error, cooperasen al establecimiento en sus propios países, serán los primeros en pagar el castigo de su error».

Este adúltero coqueteo comuno-católico había sido experimentado en Cuba en 1950[76] y dado lugar a una pública reproducción del texto oficial de la excomunión contra el comunismo y sus favorecedores promulgada por Pio XII el día primero de julio de 1949. El entonces Cardenal Manuel Arteaga añadió aclaratoriamente: *«Ningún católico puede en modo alguno favorecer el auge, expansión o influencia del comunismo, ni ayudar o cooperar moral o económicamente a que algún partido comunista obtenga sus fines. Los candidatos católicos que militen en partidos políticos que en verdad no favorezcan ni presten ayuda moral o material al comunismo, pueden publicar laudablemente su completo desligamiento del comunismo, al cual en ningún modo pueden favorecer».*

Quien únicamente se dio por enterado de lo que ocurría, Luis Conte Agüero, que con la misma ingenua infatuación que siempre lo distinguió de atenuar apasionamientos partidaristas entre sus amigos, mediante su elegante retórica de bienaventuranzas, que no le conseguía otra cosa que problemas políticos, intervino conciliatoriamente con un artículo en Diario Las Américas, el día 31 de agosto de 1984, intitulado *Dios como Causa y Bandera* en el que cabalísticamente expresaba: *«Sigamos remando, cantando, triunfando, ardiendo en el fuego de Dios. El fuego es Dios. Carlos Marx trató de robar a los hombres el fuego que según la mitología Prometeo había robado a los Dioses. Carlos Marx intentó robarse a Prometeo, autoproclamándose un Prometeo moderno. El fuego de Prometeo, fuego del hombre, es el fuego de Dios. Dios es la única fuente del fuego y la creación. ¡Dios está con nosotros y Dios no puede perder!»*

Al cumplirse los primeros veinticinco años de implantarse en Cuba el socialismo comunista, en el exilio se hacía cada vez mas visible su decadencia revolucionaria anti-castrista. Frente a la persecución desatada por Wa-

---

[76] Ver Tomo III, págs. 128-29.

shington contra los activistas militantes, como lo demostraban el juicio y las condenas a Eduardo Arocena y las arbitrarias prisiones a los acusados de pertenecer a Omega 7, la insufrible Sociedad de Mutua Admiración, con sus longevos y currutacos, continuaba con su bobería de derrocar a Fidel Castro mediante utópicas fórmulas académicas y discusiones fastidiosas sobre la estructuración política de Cuba después del comunismo. Dicho sea en buen cubanismo: *Comerse el pescado sin tener que mojarse el culo pescándolo*. Un elocuente ejemplo de lo que antecede fue reportado por Ariel Remos el 13 de diciembre de 1984, en Diario Las Américas, sobre un coloquio celebrado en la Universidad Internacional de la Florida (FIU) convocado por el coordinador del Centro Latinoamericano y del Caribe, Adolfo Leyva de Varona y el profesor de Economía de FIU, Antonio Jorge, «*con el propósito de lograr el grado máxime posible de consentimiento por parte de un grupo de reconocidas personalidades de los segmentos mas representativos del exilio y de la Cuba republicana, para un programa definidor de los lineamientos básicos a mostrar por la Cuba del porvenir...*»

Lo esencial de lo expuesto teóricamente en ese mentecato coloquio, después de la ritual invocación a Dios por el imprescindible obispo auxiliar de Miami, Monseñor Agustín Román, y su habitual ruego de que el Todopoderoso siguiera orientándolos, se resumió en las ponencias siguientes: Andrés Vargas Gómez propuso retener lo básico de la Constitución de 1940, hasta la celebración de una nueva Asamblea Constituyente en dos años; Antonio de Varona se decidió por el concepto de una izquierda democrática estilo a la de Costa Rica; Carlos Márquez Sterling expuso la necesidad de un Comité de Enlace representativo de todos las organizaciones del exilio que se ajustara a la realidad presente en Cuba y no a la que habían dejado atrás hacía un cuarto de siglo; Justo Carrillo habló de una Cuba democrática, pluralista, cooperativista, populista y no alineada; Luis Aguilar León estimó que antes los vientos conciliadores que en aquellos momentos reinaban, se imponía la prioridad de que se iba a hacer frente a las negociaciones que flotaban en el ambiente; Jorge Mas Canosa alegó que la causa de Cuba debía venderse como una mercancía buena, poniendo énfasis en la imperiosa necesidad del cabildeo en Washington. Todos los asistentes exaltaron el éxito del coloquio y fueron premiados con un opíparo convite para que repusieran las energías consumidas en sus emocionantes, flamígeros y patrioteros discursos.

El equipo de combatientes californianos, conocido como *el escuadrón vengador*, sufrió el demoledor embate descrito anteriormente, ahora aquí ampliado al narrar la triste historia de su quiebra y posterior disolución, propiciadas por la zangamanga de la FNCA, la JPC y la Comisión Pro-Libertad de Presos Políticos Cubanos (LIPREPOC.) La primera con su poderío económico volcado en una propaganda sobre la facultad del cabildeo; la segunda con la exigencia a su sombrilla organizacional de obedecerla sin peros; y la tercera con su acomodamiento y cooperación a los propósitos de aquellas. La FNCA designó como su representante en Los Angeles al rico comerciante José *Pepe* García, fundador de la Cámara de Comercio Cubana, persona de gran arraigo social y benefactor comunitario y como su consejero político al Dr. Tirso del Junco, Presidente del Partido Republicano en California y amigo personal del presidente Reagan. Cuando *Pepe* García se separó de la FNCA su lugar fue ocupado por Primitivo *Pive* Aguilera[77], antaño ejemplar revolucionario contra Batista, que habiendo hecho una gran fortuna en el giro del transporte hogaño era un derechista radical republicano que dando la espalda a su pasado en Cuba rechazaba relaciones de amistad con El Autor, su jefe allá en Acción y Sabotaje, y con Carlos *Carapálida* García, su colega en el secuestro del corredor de autos argentino, Juan Manuel Fangio. Mas Canosa impactó al exilio de California con el mismo ímpetu que lo había hecho José Elías de la Torriente con su estafador Plan para la Liberación de Cuba. El intenso trabajo electoral conjunto de la FNCA y el Partido Republicano por la reelección de Reagan, unido a la impelida idea del derrocamiento de Fidel Castro por la fuerza del cabildeo, restó simpatía y logística a los practicantes de la guerra por los caminos del mundo.

La JPC, hasta el momento de la aparición de la FNCA, contaba en California, por lo menos en papeles, la mas numerosa representación de organizaciones cubierta por su sombrilla pero en realidad su vanguardia militante era Alfa 66[78] cuyos activistas principales eran Miguel Talleda, Néstor Aranguren, Joel Borges y Sergio Mayea. Todos cubanos de loable patriotismo e integridad personal pero cuya irrestricta devoción por la doctrina expedicionaria de Alfa 66 los hacía aparecer como sectaristas, cosa que

---

[77] Ver Tomo III, págs. 508, 521 y Tomo IV, págs. 47, 48, 136.
[78] Ver Tomo IV, págs. 465-73.

no eran en lo mas mínimo. Cuando la JPC dispuso que su sombrilla tomara parte en demostraciones callejeras de beligerancia anticastrista, para contrarrestar el ajetreo cabildero de la FNCA, disciplinariamente Alfa 66 obedeció y organizó piquetes en los lugares en que se anunciaban actos musicales, literarios, académicos, etc., por misiones cubanas o grupos locales procastristas. Esta novel actividad de Alfa 66 entorpecía la del escuadrón vengador que era aparecerse por sorpresa y dispersar la concurrencia con un ataque a palos o de gases lacrimógenos porque al pedirse permiso, dentro de la ley, para efectuar los piquetes, la policía enviaba un destacamento que garantizara el orden público y la evitación de una pelea, o riña tumultuaria, entre piqueteros y concurrentes. No solamente se turbaba la sorprendedora acción violenta del escuadrón vengador si no que amagaba un conflicto entre patriotas. En aras de la concordia fue acordado efectuar una encuesta que evidenciara la realidad del deseo de la comunidad exiliada: la lucha cívica o la guerra. Triunfó abrumadoramente la primera. Los clubes cubanos no solamente cortaron sus relaciones con los combatientes si no que vetaron el uso de sus salones para que aquellos no los usaran para reuniones o recaudación financiera.

El tiro de gracia, o puntillazo, le fue proporcionado al activismo beligerante de California, paradójicamente, por los ex-presos políticos cubanos. Anteriormente leímos cual era su entorno, o comportamiento, dentro del ambiente de admiración hacia ellos que habían generado y desarrollado los plantados del exilio y como había afectado la sensibilidad de éstos su impacto negativo. Poco tiempo llevó el comprender que los ex-presos traían con ellos planes propios de incorporación al exilio, que eran éstos de que el exilio se integrase a ellos y no vice-versa. Coincidieron sus propósitos de atraerse la simpatía y la economía exiliada mediante la exaltación, ya ampliamente reconocida antes de su llegada, de la crueldad del comunismo que era necesario divulgar mundialmente y la obligación de recaudar fondos con que financiar el viaje a los Estados Unidos de los presos liberados, y sus familiares, que quedaron detrás. Ignoraron las incesantes batallas de los combatientes contra los comunistas por los caminos del mundo, las expediciones, los desembarcos, las prisiones extranjeras, los muertos en naufragios, los llevados al paredón después de su captura en Cuba y, lo que fue peor, giraron en la órbita de la FNCA y el gobierno americano que los condujeron por el camino de Radio Martí, la ONU y su Comisión de Derechos Humanos, los viajecitos a Ginebra, y la asistencia a desfiles y concentraciones (convocados por adversarios de los plantados del exilio) que favorecían el cabildeo como forma ideal de lograr la libertad de Cuba. En el caso específico de California, René Cruz, Eduardo de Juan y Fernando Sánchez Camejo, tres preciados ex-presos, creyentes de buena fe en lo que planeaban, pero equivocados de medio a medio, fundaron LIPREPOC soñando que fuera un organismo que catalizara, mediante una posterior Federación Mundial de Ex-presos Políticos Cubanos, a los miles de ellos dispersos por todo el Orbe. Se calificaron de pacificadores, no de pacifistas, pero como no favorecían la permanencia de la guerra y el odio al enemigo castro-comunista si no la paz y el amor entre cubanos, allá y aquí, se ganaron el apoyo masivo de la comunidad, en especial de la Cofradía de la Caridad y el Club Cubano en Huntington Park que fueron sus captadores de la opinión pública. Metafóricamente expresado, en California los cantos pacificadores callaron los clarines de los guerreros.

Enfrentados a la realidad que la hora final del activismo anti-comunista relacionado con la libertad de Cuba se aproximaba, que sus esfuerzos bélicos durante años[79] habían sido estériles y que no tenían un relevo generacional que los sustituyese, llenos de amargura los combatientes californianos, legítimos representantes de la Minoría Histórica, decidieron aceptar que habían sido vencidos, aislarse de la comunidad y cada uno tomar el camino político o revolucionario que su conciencia le indicase. Y que la historia, o los historiadores, juzgase a ellos y a sus adversarios, basándose en la comparación de sus conductas y los resultados de éstas en la causa de la libertad de Cuba por los caminos del mundo. Peleando una guerra de verdad y no una de fantasía. El Autor, quebrantado el espíritu y seriamente enfermo el cuerpo, viajó a Miami para recuperarse y allí, una vez logrado esto, planeó mudarse y continuar la brega patriótica junto a los inclaudicables que en la Florida y en New York-New Jersey fraternalmente lo reclamaban. Podía legalmente alejarse de Los Angeles porque había caducado el período de libertad condicionada que le había sido impuesto virtud a la suspensión de la condena carcelaria, política y no común, que le había logrado la Legión

---

[79] Ver Tomo IV, págs. 463-69, 599, 603-05, 616, 632.

Americana, organización veteranista de la cual era un Comandante. Era su segunda prisión americana de tipo político relacionada con Cuba[80].

La fiebre de pacificación afectó la Capital del Exilio: René Viera, Víctor de Yurre, Rolando Borges, Manuel C. Díaz, Reinaldo Pico y Alfredo Díaz Puga, en nombre del Partido de la Revolución Cubana, llamaron a la unidad del exilio *«a través de la admisión del perdón y olvido por los querellantes del pasado y el presente porque la causa del mal de Cuba es una culpa que recae por igual sobre todos»*. Seguidamente, un grupo integrado por Sol Linowitz, ex-embajador de E.U. en la OEA; David Rockefeller, magnate bancario; Galo Plaza, ex-Presidente de Ecuador y la OEA; Cyrus Vance y Edward Muskie, ex-Secretarios de Estado en la Administración Carter; Robert McNamara, ex-Secretario de Defensa en las Administraciones de Kennedy y Johnson; Gabriel Valdés, ex-Secretario de Estado de Chile; Antonio Carrillo Flores, ex-Ministro de Relaciones Exteriores de Méjico y los cubano-americanos Roberto Goizueta, presidente de Coca Cola, y Jorge Domínguez, presidente de la Asociación de Estudios Latinoamericanos y profesor de Harvard University publicaron un documento en el que abogaban por la paz en Cuba y Centro América *«mediante la celebración de un diálogo entre delegados plenipotenciarios de Estados Unidos, la Unión Soviética, Cuba y Nicaragua teniendo como base el Pacto Kennedy-Kruschev de 1962»*. Que puso fin a la Crisis de los Cohetes y garantizó la permanencia y seguridad de Cuba comunista[81].

El quinquenio 1980-1984 llegaba a su final y en el ámbito mundial hubo hechos que se relacionaron con Cuba y los cubanos. El diplomático destacado en la Sección de Intereses en Washington, Ricardo Escartín, fue expulsado por espiar y negociar ilegalmente; Wilfredo Navarro y Frank Fiorini, de Cubanos Unidos, plantearon que miles de anti-castristas se trasladasen a la Base Naval Americana en Guantánamo, reclamaran el territorio y crearan allí un Gobierno Cubano en Armas y requiriesen el apoyo de la ONU y la OEA; Juanita Castro fue condenada a pagar multa de $5,000.00 por caritativamente vender un calmante sin receta médica y a multa por la misma suma la empleada de su botica, Mercedes Pérez; José Ignacio Rivero, en su

---

[80] Ver Tomo III, págs. 255-61 y Tomo IV, págs. 468-69.

[81] Ver Tomo IV, págs. 376-91.

columna *Relámpagos* de Diario Las Américas polemizó con Agustín Tamargo a quien llamó *Agustín Amargo* y reprodujo un escrito de éste, publicado en Bohemia, en relación con las confiscaciones, que en parte afirmaba: *«La Revolución hace honor a su nombre resplandeciente en un acto vindicativo, un acto de justicia para dar bienes al pueblo, bienes que los tenían algunos a quienes ha habido que arrebatárselos. Ese puñado de felices usufructuarios no los cedieron de buena gana y no se resignan a perderlos»*; en Venezuela terminó la huelga de hambre de Orlando Bosch que duró 56 días, tremenda acción en protesta por su injusto encarcelamiento relacionado con la explosión del avión de Cubana en Barbados[82]; Mario Villar Roces, del CID, anunció la inminente caída de Fidel Castro; Anwar Sadat, Presidente de Egipto, fue asesinado en El Cairo; el Papa Juan Pablo II fue herido de un balazo, en medio de una multitud en la Plaza de San Pedro por el turco Memet Ahgbta; el Pen Club sueco nombró al viejo comunista cubano, Edmigio López Castillo, delincuente de la Microfacción[83], Miembro de Honor, sin tener en cuenta, perniciosamente, que el muy canalla había sido escritor solamente para defender la barbarie marxista mundial; Wayne Smith renunció a su cargo de Encargado de la Sección de Intereses de Estados Unidos en La Habana para aceptar una cátedra en la Universidad *John Hopkins* y dedicarse a defender el régimen comunista cubano; en la Unión Soviética murió el déspota Leonid Brezhnev y lo sustituyó Yuri Andropov que murió también y lo reemplazó Konstantin Chernenko; Lincoln Díaz Balart, Presidente de los Jóvenes Demócratas del Condado de Dade, Vicepresidente de los Jóvenes Demócratas de Florida y Delegado a la Convención Estatal del Partido Demócrata se tramitó al Partido Republicano y de liberal se convirtió en conservador; la organización Abdala se separó de la JPC por considerar a ésta ineficaz; la vieja política resucitó en un Congreso Auténtico que eligió su directiva con Antonio *Tony* Varona, Presidente; Adalberto Alvarado y René Domínguez, Vicepresidentes; y como Presidentes Provinciales a José Díaz Ortega (Pinar del Río); Noel del Pino (La Habana); Arturo Castro (Matanzas); Antonio Rivero Setién (Las Villas); Genovevo Pérez Dámera (Camagüey) y Alfredo Marrero (Oriente); murió

---

[82] *Ibid.*, págs. 606-09.

[83] Ver Tomo IV, págs. 501-03.

en el exilio Julio Lobo, dueño de 13 ingenios azucareros y controlador del 40% de la zafra; en Perú fueron reubicados los marielitos indigentes, en el barrio miserable Pachacamac, brutalmente trasegados por la policía y en Miami reinó el desencanto al no realizarse el enésimo vaticinio del profesor Antonio Jorge de que el comunismo cubano se desplomaría económicamente.

El pensamiento y la acción nacionalista-revolucionaria puestos en práctica por Antonio Guiteras Holmes durante su vida en Cuba[84] (había nacido y pasado su niñez en Filadelfia, hijo de un padre cubano y una madre americana) estatuidos en la organización revolucionaria Joven Cuba, que él fundara, y que después de su muerte en El Morrillo (Matanzas) y de altas y bajas políticas ya relatadas fue reactivada bajo el liderazgo de Lauro Blanco[85], un ex-militar septembrista seguidor de Guiteras que derivase en destacado dirigente obrero del sector del transporte en las rutas 23, 24 y 25 de Ómnibus Aliados que tenían su paradero en el Reparto Lawton de La Víbora (La Habana), barrio residencial de El Autor que era compañero de estudios en el Instituto de la Víbora del sobrino de Lauro, Carlos González Blanco quien lo afilió a una pequeña célula estudiantil de Joven Cuba que fue el inicio revolucionario de El Autor y de su fraternal amistad con Lauro Blanco durante medio siglo. Dicho sea de paso que el primer derramamiento de sangre por causa política que presenciara El Autor, fue el ataque a tiros en el cuello y el pecho que sufrió Lauro a manos del comunista Miguel Morera durante una violenta querella habida en el local social de las rutas de ómnibus en que ambos laboraban. Sanó de las heridas pero le quedaron afectadas la faringe, la tráquea y las cuerdas vocales. Cuando estuvo en prisión bajo el régimen comunista se declaró solidario con una huelga de hambre en la que los sádicos carceleros lo alimentaron a la fuerza mediante unos sólidos tubos de caucho que le dañaron en tal grave forma que las lesiones le ocasionaron la pérdida de la voz y produjeron unas llagas incurables en el tracto esofági-

---

[84] Ver Tomo II, págs. 362, 410, 450-52, 456-57, 460, 462, 464, 471, 476, 482, 491-92, 495-97, 525, 542, 580, 597; Tomo III, págs. 17, 21, 48, 53, 54, 131, 254, 291, 533-34, 563 y Tomo IV, págs. 151, 214, 280.

[85] Ver Tomo III, págs. 26, 35, 55, 99, 119, 230, 254, 257, 353, 463, 537-39 y Tomo IV, págs. 77-78.

co. Cumplida su condena marchó a Venezuela y de allí pasó a Los Angeles a residir con su hermana Mercedes y su sobrino Carlos, que también cumplió prisión en Cuba, y a renovar la entrañable amistad que le reciprocaba El Autor. Para comunicarse con las personas se valía de papel y lápiz. Su enfermedad empeoró al cancerarse y un cirujano oncólogo le extirpó parte de la garganta, practicándole un orificio debajo de la nuez situándosele un adminículo removible, metálico en forma de embudo, pesado y molesto, que le permitía la alimentación líquida y que tenía que quitarse cuando le daba un acceso de tos acompañado de viscosa flema verde. El Autor lo llevó a Des Moines (Iowa) esperanzado en que un cuerpo facultativo del hospital universitario, famoso por ese tipo de cirugía, le reconstruyese la garganta y le devolviera el habla mediante un aparato electrofónico. Tuvo un éxito parcial pero desgraciadamente el cáncer en remisión cobró fuerza y se metastizó en los pulmones. Se aferró en no compartir con nadie su fea dolencia que fue determinada por los médicos como de carácter terminal. El Autor, René Cruz, y Fernando Sánchez Camejo le alquilaron y amueblaron un apartamentito y sus respectivas esposas se turnaban en atenderlo. Un aciago día no abrió la puerta a la esposa de Sánchez Camejo y cuando éste, de vuelta a la llamada de ella, forzó la entrada lo encontró muerto, suicidado de dos balazos, uno en el pecho y otro en la cabeza. Había utilizado un revolver de tan pequeño calibre que la bala en el pecho tropezó con una costilla y la otra, fatal, quedó dentro de la cabeza. Dejó una nota pidiendo ser incinerado. El Autor despidió su duelo y depositó sus cenizas en un mortuorio para que fueran llevadas a una Cuba libre algún día. Lió sus bártulos, se despidió de sus tres leales capitanes en el escuadrón vengador, Nelson Galindo, Ernesto Dumois y Jorge Clark y se mudó a Miami. Para hacer y escribir historia nuevamente.

XIII

Juicios de Arocena en Miami. El colmo de la ignominia. Villanías del fiscal Frederick Mann. Parcialidad del juez William Hoeveler. Nuevas largas condenas. Escarmientos a Mann de Miriam Arocena y El Autor. Barraganía dialoguera comunocatólica. Reprobación del chanchullo. La perestroika y el glasnost. Cancelación del Pacto Migratorio. El Alcalde Teflon y el No-Grupo.

Eduardo Arocena fue trasladado de New York a Miami bajo una fuerte custodia de policías federales que impidieron su contacto con familiares, amigos y admiradores. Tendría que enfrentar dos juicios en relación con la acusada jefatura del grupo secreto anti-castrista Omega 7, encartado de 16 cargos vinculados con armas de fuego a los que se añadieron otros 3 que sumaron un total de 19. Paralelamente, en cargos separados, fue acusado de 21 cargos relacionados con explosivos a los que posteriormente fueron añadidos 10 cargos mas, de igual naturaleza, acumulando un total de 31 por explosivos. Un gran total de 50 cargos para los dos juicios. Junto con Arocena sería juzgado Milton Badía a quien se acusaba de co-conspirador y proveedor de armamentos a aquel. Frente a un Jurado compuesto por seis mujeres y seis hombres, que incluían a tres Latinos, ante el Juez William Hoeveler, iban a contender los Fiscales Stanley Marcus y Frederick Mann y los defensores Miguel San Pedro, por Arocena, y William Meadows, por Badía. Nuevamente los policías federales exageraron la dimensión de la custodia en el traslado de los acusados de la cárcel al Juzgado si no también la vigilancia sobre los asistentes a los juicios y la protección de 24 horas diarias al Juez Hoeveler.

El Autor asistió diariamente a la Corte Federal de Miami para examinar las sesiones de los juicios contra Eduardo Arocena y recopilar las irregularidades cometidas por los agentes federales en su vengativa persecución contra los militantes anti-comunistas reputados como *los plantados del exilio* para favorecer con ello a los pacificadores cabilderos de la FNCA y la politiquería clericalista del Vaticano que representaba su Nuncio en Cuba, como hemos visto. No presentó el Fiscal Mann una sola prueba documental sobre la presunta culpabilidad de Eduardo Arocena; tan solo evidencias circunstanciales que utilizó diabólicamente para inclinar al Jurado a que dictase un veredicto de culpabilidad. Los agentes del FBI, Larry Wack y George Kysinski, cumplieron a cabalidad el papel que se les asignó de ganarse la simpatía de los titulados terroristas por medio del fingimiento de ser colaboradores de ellos en la identificación y encarcelamiento de los infiltrados castristas en los Estados Unidos, para aprovechando la ingenuidad de los combatientes, que confiaban en ellos, acumular pruebas en contra de los mismos y llevarlos como reos a los tribunales acusándolos de una conspiración que ellos, provocadores profesionales, instigaron. Como que esta bastardía les falló porque no hubo quien en New York-New Jersey o Miami se prestara a su rejuego, fraguaron el embuste que culminó en la monstruosidad que resultó ser los juicios contra Eduardo Arocena.

El colmo de la ignominia se realizó cuando la Fiscalía presentó como testigos de cargo a la hez de la tierra cubana que representaban tres miserables traidores y chivatos llamados Gerardo Necuza, Néstor Gómez y Justo Rodríguez, quienes aceptaron las bíblicas treinta monedas de plata de Judas en forma de una inmunidad que les garantizaba el no procesamiento si consentían en aceptar que habían cometido acciones violentas o terroristas ordenadas por Arocena, su jefe en Omega 7. Los tres fueron impugnados por el defensor, doctor Miguel San Pedro y siempre sus objeciones fueron descartadas por el Juez Hoeveler en tanto que todo el tiempo consideró razonables las alegaciones del Fiscal. Como si se tratase de personas decentes y no mal nacidos, los testimonios de esos pérfidos fueron caracterizados como legítimas verdades y como tales impresas maquiavélicamente en las mentes de los Jurados por el Fiscal Mann. Como si fuera poca esta inmundicia judicial, Frederick Mann presentó como instrumento suyo al agente castrista confeso y convicto, Fernando Fuentes Coba, para usar su falso testimonio como prueba contra Arocena e impresionar con éste al Jurado, a pesar de que esa escoria humana no lo acusó de delito alguno sino tan solo relató que su oficina de sucios negocios turísticos había sido dinamitada y allí habíase hallado un letrero que leía Omega 7. A falta de razones convincentes, Mann apeló a la engañifa de lacrimosamente poner al Jurado en el dilema de considerar inocente al acusado y con ello estigmatizar al FBI o emitir un veredicto de culpabilidad basado en el prestigio de esa otrora benemérita institución policíaca y en la supuesta honradez de sus miembros. La objeción a esta artimaña, por parte del Dr. San Pedro, fue denegada por el Juez Hoeveler. La farsa judicial contra Eduardo Arocena fue similar a la llevada a cabo en Francia contra el capitán Alfred Dreyfus un siglo atrás. La de éste para amedrentar a los judíos franceses, la de aquel para, infructuosamente, meter miedo a los cubanos, cubano-americanos y americanos combatientes anti-castristas. El insolente Mann llegó al extremo de su desfachatez al citar a José Martí asegurando que de vivir calificaría a Eduardo Arocena entre los que odian y destruyen y no entre los que aman y construyen afirmando que conocía la obra del Apóstol por haber vivido y estudiado en Cuba cuando niño.

En su rejuego de introducir en la mente del Jurado su responsabilidad de defender la sociedad del terrorismo de Omega 7 por medio de su obligación de considerar a Arocena culpable, intelectual y material, de los ataques atribuidos a Omega 7, Mann citó a declarar a Max Lesnick quien informó bajo juramento que su magazine *Réplica* había sido objeto de tres bombazos que costaron $20,000.00 en reparaciones y que adicionalmente había perdido $400,000.00 en ingresos por pérdida de anuncios a causa de amenazas de Omega 7 a los comerciantes y los siguientes testimonios documentales: la Asistente Consular mejicana, Patricia Soria-Ayuso, informó que los daños al edificio que albergaba el Consulado se estimaron en $2,000,000.00 y los daños a la oficina consular en $12,708.12; el Consulado de Venezuela reveló que los daños al edificio y su oficina fueron evaluados en $30,000.00; Orlando Padrón relató que los tres atentados dinamiteros contra su negocio importaron $13,000.00; Jesús Rodríguez de International Travel Agency dijo que la rotura del cristal de su negocio costó $800.00 el reponerlo y José Valdés, de Hispana Interamerica Pharmacies alegó que su negocio fue ametrallado y que tuvo que gastar $500.00 en reemplazar los cristales rotos. Dos personas, la sirvienta Mildred Jenkins del Consulado de Méjico reportó haber sido lanzada al suelo por la fuerza de la explosión y Enrique Carmenate notificó que manejaba frente a Padrón Cigar Company en el momento que hizo explosión una bomba causando un daño a su automóvil por valor de $200.00. Ante la protesta del defensor San Pedro de que tales hechos no implicaban personalmente a Eduardo Arocena y por tanto pedía que lo manifestado fuera tachado del sumario, el fiscal Mann infirió que si Omega 7, por medio de anuncios se había responsabilizado y que como posteriormente él demostraría que Arocena era el jefe de Omega 7 suya, obviamente, era la culpa. El Juez Hoeveler no accedió a lo solicitado por San Pedro. El jaque-mate de

Mann a Eduardo Arocena fue el testimonio vil de los felones chivatos que bajo juramento y riesgo de perjurio manifestaron que Arocena era el líder de Omega 7 y usado los seudónimos de *Omar*, *Medina* y *Alejandro* y les había proporcionado las armas de fuego y los artefactos dinamiteros que ellos habían utilizado. Todas las objeciones demandadas por el defensor San Pedro sobre que los testigos de cargo estaban moral y legalmente incapacitados como tales porque por sus confesiones equivalían a complicidad y a oportunismo para ganar indulgencia fueron también desechadas por el Juez Hoeveler.

El día 13 de abril de 1985 Eduardo Arocena fue encontrado culpable, por el Jurado, de todos los cargos por los que había sido procesado y juzgado en Miami. Específicamente, fue condenado por los siguientes delitos: conspiración para fabricar y poseer armas de fuego y explosivos; fabricación de artefactos explosivos; posesión de artefactos explosivos; maliciosos daños a propiedades usadas en el comercio interestatal e internacional y destrucción de propiedades usadas por gobiernos extranjeros en los Estados Unidos. El día 6 de mayo de 1985 el Juez William Hoeveler sentenció a Eduardo Arocena, por los dos juicios, a veinte años de prisión y a diez años de Supervisión Especial o séase a cumplirlos en prisiones para criminales de alto riesgo de seguridad. La totalidad de los cargos contra Arocena en los tres juicios fue de setenta y seis y los términos carcelarios fueron de dos cadenas perpetuas y trescientos ochenta años a cumplir consecutivamente. Con maligno ensañamiento contra él y sus familiares y amigos de Miami y New York-New Jersey fue trasladado a la Penitenciaría Federal de Máxima Seguridad en Lompoc, California, el día 3 de junio de 1985. En los momentos en que estas páginas son escritas, julio de 1998, el periplo carcelario errante de Eduardo Arocena ha sido el siguiente: Miami (Florida), New York City y Ottisville (New York) 1983; New York City (New York) y Miami (Florida) 1984; Lompoc (California) 1985; Terre Haute (Indiana) 1989; Jessup (Georgia) 1993; Atlanta (Georgia) 1995; y Marianna (Florida) y Talladega (Alabama) 1998. En Marianna coincidió su prisión con la de los condenados por el caso Letelier, que ya conocimos, José Dionisio Suárez Esquivel y Virgilio Paz Romero.

El fiscal Mann recibió su merecido cuando se postuló para Comisionado en Miami en 1987. Ayudado por los abogados cubanos Luis Fernández Caubí, padre e hijo, apeló al voto cubano jactándose de que había sido alumno en Cuba del Colegio Jesuíta de Belén, que era anti-castrista y que su propósito era combatir la corrupción administrativa. El ex-brigadista Felipe Rivero lo invitó a comparecer en su oído programa radial y allí fue, acompañado de su consejero Luis Fernández Caubi Jr. Cuando la ocasión llegó de abrir la línea telefónica a los oyentes para que opinaran, entró al programa la esposa de Arocena y puso en solfa al hipócrita ex-fiscal y a su consejero. Acusó al primero de toda la malevolencia que usó en los juicios y al segundo de haber cobrado $20,000.00 por una insulsa defensa y de no haber presentado una apelación al menos que se le pagase la misma suma, imprecándolo por encomiar al verdugo de su esposo. Unos días después, durante la celebración del Día del Periodista, Luis Fernández Caubi Sr. se atrevió a presentar benevolentemente a Mann a un grupo numeroso de asistentes y allí ardió Troya. El Autor, periodista colegiado y ex-Presidente del Colegio Nacional de Periodistas en California, denunció toda la torticera actuación del presentado, su uso de chivatos y castristas comprobados como testigos de cargos y su hijoputez de citar a José Martí alevosamente para menospreciar el patriotismo de Arocena. Cual perro jíbaro que huye con el rabo entre las patas, el ex-fiscal Mann desapareció del ámbito miamense después de su fracaso total en las urnas. Lo mismo hicieron los chivatos Gerardo Necuza, Néstor Gómez y Justo Rodríguez. Se los tragó la tierra.

La incipiente barraganía comuno-católica diseñada en el Vaticano por el Cardenal Agostino Casaroli y puesta en práctica por los Nuncios Sacki y Eunadi propició la visita a Cuba a fines de enero de 1985 de una representación de la Conferencia Nacional de Obispos de los Estados Unidos integrada por James W. Malone de Youngstown, Ohio; Daniel F. Hoye de Trenton, New Jersey; Bernard Law de Boston, Massachusetts y Patrick Flores de San Antonio, Texas. Fray Betto[86] relata que Fidel le expresó *«que los Obispos estaban deseosos de lograr un mayor acercamiento y un mejor entendimiento entre la Iglesia y la Revolución. Yo les dije que, a mi juicio, había muchas cosas comunes entre las doctrinas de la Iglesia y la Revolución...»* Apenas idos los Obispos yanquis el régimen comunista dispuso el establecimiento del Departamento de Asuntos Religiosos, nombrando como su responsable al viejo dirigente del antiguo Partido Socialista

---

[86] Fray Betto, *Fidel y la Religión*, Editorial Oveja Negra, Bogotá, 1986.

Popular, sucesor del Partido Comunista padreado por Fulgencio Batista en 1938[87], José Felipe Carneado quien, desde 1961 se había destacado como un cruel perseguidor de clérigos y feligreses. En el mes de marzo se aparecieron en La Habana el Secretario General del Consejo Episcopal Latinoamericano (CELAM) Monseñor Darío Castrillón Hoyos y el pastor metodista Carl Soule al frente de una delegación de protestantes que acompañados de los presbiterianos desertores cubanos Sergio Arce y Raúl Fernández Ceballos, manifestaron a Fidel que su congregación rechazaba el embargo económico contra Cuba. El periódico Granma, órgano oficial del Partido Comunista informó que el Consejo de Iglesias de la Florida y el Consejo Ecuménico Cubano habían firmado un comunicado conjunto pidiendo la restauración de las relaciones entre La Habana y Washington. En julio de ese año 1985, los notorios teólogos de la liberación Pedro Casaldáliga, Obispo brasileño, y Sergio Méndez Arceo, Obispo mejicano, concurrieron a la Conferencia Internacional sobre la Deuda Externa del Tercer Mundo montada por Castro y a ella asistió complacido y sonriente, invitado personalmente por Fidel, el Obispo habanero, Monseñor Jaime Lucas Ortega y Alamino tiempo atrás confinado en la UMAP[88] fichado por la Seguridad del Estado como afeminado. Su presencia fue saludada con una ovación estentórea por la numerosa concurrencia comunista y fue televisada apropiadamente a toda la Isla.

El día 8 de septiembre, consagrado como Fiesta de la Caridad del Cobre, Patrona de Cuba, se reunieron con Fidel Castro los Obispos de la Isla, Jaime Lucas Ortega Alamino, de La Habana; Pedro Meurice Estitú, de Santiago de Cuba; José Ciro González Bacallao, de Pinar del Río; Adolfo Rodríguez Herrera, de Camagüey; Héctor Luis Peña Gómez, de Holguín; Fernando Prego Casal, de Santa Clara-Cienfuegos y Mariano Vivanco Valiente, de Matanzas pero no se hizo de público conocimiento el resultado de la conversación sostenida. El día 22 de noviembre la Iglesia Católica cubana dio a la luz un documento dando a conocer las reglas que regirían las deliberaciones del Encuentro Nacional Eclesial Cubano (ENEC) convocado para febrero de 1986. Después de celebrado el Encuentro los Obispos dieron a la luz un documento de innumerables páginas, densas, kilométricas y aburridas, una

---

[87] Ver Tomo II, págs. 533-37.

[88] Ver Tomo IV, págs. 497-98, 500.

intricada monserga de la cual extraemos los párrafos esenciales en que se demuestra claramente su propósito: persuadir a los católicos cubanos a que olviden el anticomunismo oficial de las Encíclicas citadas y que se presten carneramente a favorecer el diálogo envilecedor con la tiranía. Leamos pues, este clerical lavado de cerebros a la feligresía católica en cautiverio:

«Entre las condiciones del diálogo la primera es el amor. Cuando no hay amor nos cerramos al diálogo; y nos abrimos al monólogo, a la violencia, a la intransigencia, a la polémica estéril, a la pretensión de reducir al silencio al adversario y hacerlo polvo, a la trampa del nosotros y ellos. El conflicto como base ni es solución de nada ni impulsa nada. La intención del diálogo es la reconciliación. El ENEC ha sido insistente en llamar a la Iglesia cubana a estar abierta al diálogo porque el diálogo no es una opción que se toma o se deja al arbitrio de cada uno, sino algo inherente al ser mismo de la Iglesia que debe estar siempre en diálogo como actitud y como método, aun en el caso que el diálogo no sea posible. Sin diálogo no es posible ni la misión, ni la participación, ni la comunión. El diálogo se fundamenta en el misterio de la Santa Trinidad de un solo Dios que constituye la vida cristiana como alianza, como vida de relación, y de relación no intelectual, sino personal, interpersonal y cordial. Recordemos que el diálogo no es solo para denunciar lo negativo del otro sino para reconocer también lo positivo. Razonemos nuestras opciones, pero oigamos al otro incluyéndolo en nosotros mismos. Hagamos del diálogo la actitud fundamental y el método normal de nuestras relaciones humanas, porque muchas divisiones que existen entre los hombres son artificiales e ilógicas. Busquemos juntos la verdad, que es patrimonio de todos, sin herir a nadie; ¿para que lastimar si la intención última del diálogo es la reconciliación? Apliquemos el diálogo para no caer en lo mismo y repetir los mismos errores. Mirar al otro desde nuestra vivencia y no desde la suya, es mirarlo desde esquemas que pueden convertirse en una falsa torre de marfil. Pensemos razonablemente que hay un germen de verdad en cada hombre, en cada sistema, en cada religión, y seamos comprensivos en aceptar el interés apasionado que cada hombre pone por su propio germen, lo cual es explicable y justificable».

La presencia en el Congreso del ENEC como representante de la Santa sede, Cardenal Eduardo Pironio de Argentina así como la de Ricardo Alarcón, Vice-Ministro de Relaciones Exteriores y del Embajador cubano ante el Pontificio, Manuel Estévez, unido a los pronunciamientos dialogueros reproducidos, reveló que todo era un chanchullo que se había tramitado secretamente entre el gobierno y la jerarquía clerical tendiente a lograr un mas amplio espacio eclesiástico-sacerdotal y un método académico-retórico de apaciguamiento a los plantados del exilio en complicidad con la Casa Blanca y sus paniaguados cubiches[89]. Pescadores de río revuelto fueron los pacificadores, los titulados disidentes, los comunistas reciclados, los evangélicos colaboracionistas, los emigrantes económicos que convenientemente se hacían pasar por refugiados políticos, los académicos cubanólogos, los aprovechados jerarcas del cabildeo y los agentes de viajes a Cuba. Y, principalmente el régimen comunista que aliviaba su carencia de divisas con la exorbitante que le llevaban viajeros que ingresaron a los Estados Unidos jurando su odio al comunismo que los calificó de traidores y ahora los bendecía como *traedólares*. Los clérigos exiliados, lo mismo católicos que protestantes, guardaron un silencio sepulcral respecto a la simonía que cometían sus congéneres en Cuba y al apoyo que éstos recibían de determinada jerarquía clerical en los Estados Unidos. Impenitentes continuaban a Dios rogando por la libertad de Cuba pero no eran capaces de ayudar a quienes luchaban por lograrlo con el mazo dando. Religiosamente pregonaban a los cuatro vientos: *¡Triunfaremos! ¡Dios está con nosotros y Dios no puede perder!* Convenientemente ignorando lo predicado en la copla hispana que versaba sobre la invasión árabe que sojuzgó a Iberia: *Llegaron los sarracenos —y nos molieron a palos— que Dios ayuda a los malos— cuando son mas que los buenos.*

En enero de 1985 se cumplían veinte años del reestablecimiento de relaciones diplomáticas con la Unión Soviética, que habían sido rotas por orden de Fulgencio Batista a raíz de su cuartelazo el 10 de marzo de 1952 causante de la revolución que lo obligó a huir despavoridamente el 1ro de enero de 1959. En uno de sus acostumbrados y extensos discursos, Fidel expresó «*que la URSS era el pilar fundamental del gobierno marxista-leninista cubano y que aunque la situación interna de ella era tensa en el orden administrativo, no debían ni el Partido ni el pueblo de Cuba*

---

[89] Cubano despreciable.

caer en un subjetivismo pesimista». Como era de suponerse, el populacho no entendía ni jota de que hablaba puesto que desde la Crisis de los Cohetes en 1962 las diferencias programáticas entre ambos países comunistas se habían mantenido en secreto. Únicamente se había publicado la noticia de la muerte de Konstantin Chernenko y su sustitución en la Secretaría General del Partido Comunista por Mikhail Gorbachev, jerarca de la KGB, y que éste había elevado al inescrutable Andrei Gromyko a la ceremonial posición de Presidente y su amigo Eduardo Shevardnadze al cargo de Ministro de Relaciones Exteriores. Intrigado, Fidel envió a su hermano Raúl a Moscú en viaje de indagación sobre cual sería la conducta de su nuevo patrón en relación a Cuba y a la dependencia de ésta del tesoro moscovita. El enviado fue recibido protocolarmente por Gorbachev en una breve entrevista en la que Gorbachev le notificó que enviaría un representante suyo a La Habana para allí, sobre el terreno, considerar lo pertinente al futuro. El día 16 de abril llegó a La Habana Ivan Arkchipov, Primer Vice-Presidente del Consejo de Ministros con una misión comercial que, según Granma, había acordado con la parte cubana un nuevo tratado quinquenal del que no especificó detalles.

Blasfemando, Fidel se enteró por la prensa internacional del informe que Gorbachev había presentado ante el Presidium del 27 Congreso del Partido Comunista sobre su programa de gobierno en el que se afianzaba el apoyo al socialismo marxista pero introduciendo en éste reformas que se designaban como *perestroika y glasnost* o séase reestructuración y apertura coincidentes con un llamado nuevo pensamiento político que fue entendido como una ampliación del deshielo iniciado después de la muerte de Stalin. Intranquilo y preocupado Fidel reclamó del Kremlin una nítida aclaración de lo que la perestroika y el glasnost reservaban para su régimen de cerrazón político-económica y a La Habana fue una delegación presidida por Ivan Kalin, Vice-Presidente del Soviet Supremo el cual expresó retóricamente *«que para el bien de los pueblos hermanos de Cuba y Rusia nada debía perturbar sus fraternales relaciones»*. Raúl Castro arrogantemente le contestó *«que Cuba no cedería sus principios marxistas-leninistas por ninguna dádiva material»*. El día 10 de mayo arribó a La Habana Mikhail Solomentsev, diputado de Shervarnadze, para inaugurar el nuevo edificio de la embajada soviética y en su perorata celebró la atmósfera fraternal y la total identidad de intereses entre los dos países. El día 20 de ese mes de mayo Fidel sufrió un ataque de furia provocado por el inicio de las transmisiones radiales de la emisora Radio Martí, similar a Radio Free Europe, que según Washington era una forma de romper el bloqueo informativo en que Castro mantenía a Cuba. En uno de sus habituales fidelazos el barbudo canceló el Pacto Migratorio suscrito cinco meses atrás ya descrito en anterior página, dando con ello a entender que se barruntaba la amenaza de desencadenar otra avalancha humana igual a la del Mariel.

Mientras los anteriores acontecimientos ocurrían en Cuba y Rusia, en Miami se aprestaban los magnates financieros del Exilio a volver a las andadas electorales para adueñarse de la alcáldia situando en ella a su predilecto Xavier Suárez pero refinando astutamente la trapisonda puesta en práctica en 1983 tal como aparece relatada en el anterior Capítulo VII. Un golpe de suerte les favoreció cuando la solidez candidaticia de Mauricio Ferré en la comunidad afro-americana se resquebrajó como consecuencia de su voto en favor de la destitución del Administrador de la Ciudad, Howard Gary, un joven profesional negro miamense, ídolo de su etnia que en represalia organizó una vigorosa campaña de recoger firmas de electores destinada a revocar la magistratura de Ferré. El cúmulo de firmas no alcanzó la cantidad requerida por la ley para lograr el propósito pero si tuvo el efecto de profundamente minar la popularidad del borícua alcalde que, no obstante, anunció su intención de postularse como reeleccionista, alentando la ilusión de que sus doce años consecutivos de primera autoridad municipal y su condición de latino le concedían, realmente, el sobrenombre de *Alcalde Teflon* sobre quien resbalaban, al igual que ese material plástico en los sartenes, las manchas políticas y administrativas de su regencia municipal. No pudo, o no quiso, darse cuenta que la conversión de Miami de un pueblo turístico a una metrópolis había multiplicado, en progresión geométrica, la proporción de votos en la comunidad hispano-americana de inmigrantes ciudadanizados y que esa votación respondería a la maquinaria electorera del capitalismo salvaje que estaba determinado a capturar el poder para compartirlo, o no, con el *No Grupo* gringo que él, Mauricio Ferré, había declarado en El Nuevo Herald, el día 1ro de septiembre de 1985: *«El No Grupo es el gobierno en las sombras del Condado de Dade..»* El periódico identificaba como miembros del *No Grupo* a los siguientes potentados y sus intereses económicos: Alvah Chapman (Knight-Ridder Newspapers), Frank Borman (Eastern Airlines), Richard Capen (The Miami Herald), Hugh Gentry (Barnett Bank), Norman Weldon (Cordis Corporation), Joe Robbie (Miami

Dolphins), Frank Callahan (Consejo de Planificación Regional), Willie C. Robinson (Florida Memorial College), Charles Babcock (Constructor), Sister Jeanne O'Laughlin (Comité del Orange Bowl), Harry Hood Bassett (Southeast Bank), Armando Codina (Urbanista), Raúl Masvidal (Banquero) y a los siguientes acaudalados personajes: Lester Freeman, Harper Sibley, David Weaver, Bill Colson y George Knox. Nombraba, además, a las siguientes empresas como participantes en el *No Grupo*, sin identificar a sus representantes: Arvida-Disney Corporation, AmeriFirst Federal Bank, Ryder System, Florida Power & Light y Burdine Corporation. El comentario final indicaba que el No Grupo había influido en el logro de la emisión de bonos de la *Década del Progreso* por valor de 553 millones dedicados a parques zoológicos, bibliotecas, hospitales, etc., y obtenido la suma de 1,000 millones procedentes de fondos federales, estatales y municipales para construir el incosteable Metrorail del cual dijo el Presidente Reagan al inaugurarlo y enterarse de la exhorbitancia de su costo y lo inútil de su servicio de pasajeros: «*Mas barato hubiera sido el regalar un Cadillac a cada uno de los que lo usarán...*»

XIV

Las elecciones alcaldicias de 1985. Relación de aspirantes. Corrillos partidaristas. Inconcluso resultado. La segunda vuelta. Animosidades. Viraje de Mauricio Ferré. Nueva intromisión de la FNCA.. El sistema de gobiernos locales. Gigantesco jamón presupuestal. Los electos. Acontecimientos diversos. Ilustres visionarios académicos. Lourdes. Nuevo control de divisas. La farsa de Manuel Sánchez Pérez, la FNCA y Roberto Rodríguez Tejera.

Las elecciones alcaldicias en Miami tenían la peculiaridad de no ser partidaristas o séase que los candidatos no se postulaban por los partidos políticos a que estaban afiliados y por ello los comicios se consideraban de carácter neutral. Otra cosa que las distinguía era la segunda vuelta a la que concurrirían los candidatos que hubieran alcanzado la mayor cantidad de sufragios pero no el 50% o mas de ellos, generalmente dos. Pero la carta de triunfo de los candidatos era lograr el apoyo de las comunidades étnicas que se consideraban, ex-oficio, la cubano-americana, la afro-americana y la anglo-americana. El remanente compuesto por hispano-parlantes Centro y Suramericanos habitualmente se aliaba a la cubano-americana por afinidad lingüística, religiosa y económica. Lo esencial de los procesos electorales norteamericanos, descritos elocuentemente por José Martí en 1885[90], se complementaban cien años después en 1985 en Miami con la reproducción cubana *del amarre, las buscas, la camarilla, el cartabón, el copo, el enjuague, el forro, el manengue, la piña, el relleno y el tallar*, cubanismos[91] generados en la politiquería, sinónimo de la corrupción de la política electoral que en la República solo tuvo como excepción la honradez de la elección presidencial en 1944 y las municipales de La Habana y Camagüey en 1950, exigidas e impuestas por los Presidentes constitucionales Fulgencio Batista Zaldívar y Carlos Prio Socarrás[92]. Como aspirantes a la alcaldía se presentaron Mauricio Ferré, Raúl Masvidal, Xavier Suárez, Marvin Dunn, Manuel Benítez, Evelio Estrella, Pedro Arriaga, Frederick Bryant, Harvey McArthur, Wellington Rolle y Otis W. Shiver. Los surveys, o encuestas, mostraron que solamente tenían oportunidad de ser electos Ferré, Masvidal y Suárez. Dunn, educador afro-americano aparentaba ser el comodín que podía inclinar la balanza favorablemente a cualquiera de los tres contendientes principales. El resto era pura comparsa que anhelaba ver su nombre en los periódicos o tallar un acuerdo gratificado con alguno de los favoritos. La extravagancia era Manuel *Manolito* Benítez, importante personaje histórico[93], que rejuvenecido con tintes y afeites, se proclamaba *«el ídolo de las electoras y la oveja descarriada que regresaba a los verdes pastos de su juventud idílica..»* El periodista Carlos Benito Fernández jocosamente describió, como una charada, a los candidatos siguientes, todos sus buenos amigos: *Del salón al solar*: Raúl Masvidal; *De la misa a la masa*: Xavier

---

[90] Ver Tomo II, págs. 103-04.

[91] Ver Tomo III, págs. 589-92.

[92] Ver Tomo II, págs. 444, 458, 483-84, 489, 549, 566, 585, 593, 620-21; Tomo III, págs. 19, 20, 74, 126, 179, 186, 282, 324, 558 y Tomo IV, págs. 86, 88, 124, 126.

[93] Ver Tomo II, págs. 619-20 y Tomo III, págs. 126-28.

Suárez; *De la mesa a la musa*: Manuel Benítez; *De la torre a la terraza*: Mauricio Ferré y *De la nada al olvido*: Evelio Estrella. A Comisionados se postularon Luis Conte Agüero, Rosario Kennedy, Demetrio Pérez, William Perry, Ivon Piñero, Manolo Reyes, Tom Washington, Fernando Casanova, Paul Collins, J. L. Correa, Miller Dawkins, Victor de Yurre y Nick Sakhnovsky.

Como era de esperarse la crema y nata cubano-americana formó filas junto a los candidatos de su preferencia. O de su conveniencia. Del lado de Mauricio Ferré firmaron Emilio Estefan, Alberto J. Varona, Carlos Benito Fernández, Tomás García Fusté, Mario Barrera, Carlos Márquez Sterling, Uva Clavijo, Armando Alejandre, Pablo Gómez, William Alexander, Fausto y Remedios Díaz Oliver y Reverendo Martín Añorga todos ellos individualmente y las organizaciones Orden Fraternal de la Policía, Asociación de Bomberos de Miami, Empleados de la Ciudad de Miami, Liga de Votantes y Contribuyentes, Concejo de Ministros Bautistas, Club Haitiano Demócrata, Asociación de Contadores de Cuba en el Exilio, Confederación de Profesionales Universitarios de Cuba en el Exilio y Alianza Portorriqueña. El día 4 de noviembre de 1985 apareció en Diario Las Américas una página entera celebrando la obra alcaldicia de Ferré y brindándole su irrestricto apoyo Luis Sabines, Elpidio Núñez, Adalberto Ruiz, Orlando Naranjo, Fernando Rodríguez, Guillermo Jorge, Laurentino Rodríguez, Arturo del Pino, Gustavo García, Óscar Romero, Manuel Rodríguez, Carmen Martínez, Fausto Díaz Oliver, William Alexander, Ángel Fandiño, Elena Peraza, Jorge Khuly, Modesto Gómez, Carlos Téllez, Humberto Quiñones, Al Cárdenas, Jay Rodríguez, Raúl L. Rodríguez, Elmer Leiva, Fernando Carrandi, Armando Alejandre, Anita Cofiño, Eugenio Sansón, Remedios Díaz Oliver, Antonio Quiroga y Antonio Ramírez.

Sin perder tiempo se declararon simpatizantes de Raúl Masvidal los brigadistas Miguel Álvarez, Manolo Reboso, Julio González Rebull, Humberto Cortina, Óscar Carol, Eduardo Ferrer y Modesto Castañer, Mario Goderich, Arnhilda González Quevedo y Leslie Pantin. El Obispo Eduardo Boza Masvidal, desde Los Teques, Venezuela, envió una carta declarando su simpatía por su pariente lejano.

Xavier Suárez dependió para su campaña en la atracción que ejercía en los jóvenes cubano-americanos por su juventud, su atlética figura, su excelente dominio del idioma inglés harvardiano, su inmersión en los barrios pobres de Miami, negros y latinos, y el prestigio familiar católico de su entorno. Frente al pragmatismo de Ferré y la aristocracia de Masvidal el derrotado aspirante alcaldicio de 1983 aparecía a los ojos de los electores como el hombre de pueblo que encarnaba el futuro Miami. Su alejamiento de los apasionados, y a veces chabacanos, debates entre sus oponentes Ferré y Masvidal, le favorecía entre los circunspectos votantes anglos. Fueron muy pocos los testimonios de apoyo que públicamente recibiera, en comparación a los tributados a Ferré y Masvidal, contándose entre ellos los de Miguel Olba Benito y José Ignacio *Pepinillo* Rivero representativos, respectivamente, del liberalismo masónico y el conservatismo clericalista. No le hizo mella alguna la insensata acusación que le hiciera durante una comparecencia en la radioemisora La Cubanísima el Comisionado Joe Carollo de que su trayectoria política era una de relaciones de amistad con elementos izquierdistas americanos y de ser socialista por tener al fidelista Napoleón Vilaboa como asesor en su campaña alcaldicia. Su presencia en las intersecciones de las calles y avenidas mas transitadas de la ciudad, acompañado de jóvenes de ambos sexos enarbolando pancartas que solicitaban votos, le granjeaban innumerables simpatías. Pero detrás de toda la algarabía que sus enemigos políticos y personales calificaban de populachería se encontraba el magnatismo calculador de Jorge Mas Canosa y sus prósperos camaradas magnates de la FNCA que, como si estuvieran en un juego de jai-alai, apostaban a la corta y a la larga (a la quiniela y el partido) dividiendo sus recursos entre los tres aspirantes ya que Manny Medina y Alberto Cárdenas favorecían a Ferré; Modesto Maidique, Pedro Roig y Armando Codina a Masvidal y *Pepe* Hernández, Erelio Peña y *Tony* Zamora a Suárez.

Las elecciones se celebraron y sus resultados fueron como sigue, detallando la votación certificada: Xavier Suárez, 16,224; Raúl Masvidal, 15,893; Mauricio Ferré, 15,006; Marvin Dunn, 7,199; Manuel Benítez, 629; Otis Shiver 355; Harvey McArthur 213; Frederick Bryant 211; Evelio Estrella 122; Wellington Rolle, 120 y Pedro Arriaga 118. Los candidatos a Comisionados obtuvieron los siguientes sufragios: Miller Dawkins, 23,242; Rosario Kennedy, 15,436; Víctor de Yurre, 15,082; Demetrio Pérez, 10,952; Manolo Reyes, 9,924; William Perry, 9,690; Fernando Casanova, 3,798; Tom Washington, 3,369; Paul Collins, 2,764; Luis Conte Agüero, 1,868; Nick Sakhnovsky, 1,549; J.L. Correa, 1,436; Ivon Piñero, 832 y Próspero Herrera, 288. De acuerdo con la legislación electoral correspondían enfrentarse en una segunda vuelta por la alcaldía Xavier Suárez y Raúl Masvidal y por la Comisión Rosario Kennedy y Demetrio Pérez y Miller Dawkins y Víctor de Yurre. En los comicios celebrados en la ciudad de Hialeah, aledaña a la de Miami y el Condado de Dade, que crecía en forma agigantada por la afluencia a ella de la inmigración cubana que saturaba a la Florida, fue electo alcalde Raúl Martínez y Concejales Hernán Echevarría, Paulino Núñez, Julio Martínez, todos cubano-americanos, y el anglo Ray Robinson los cuales iban a juntarse con Silvio Cardoso, Sebastián Dorrego y Andy Mejides, también de origen cubano, electos con anterioridad. Hialeah adoptó como lema un facsímil del que orlaba el escudo de armas de Marianao en Cuba: *La Ciudad que Progresa*. Tiempo después la paz sería quebrantada por causa de cuestiones ilegales, políticas y administrativas, como habremos de leer.

El tiempo que medió entre la elección alcaldicia y su segunda vuelta fue una demostración de la irresponsable conducta cívico-electoral que el exilio cubano revivía. Una ratificación de lo que había informado el Interventor, Charles Magoon, en 1907, que leímos en anteriores páginas[94] y que 78 años después se actualizaba en Miami. Vale la pena reproducir la mas gráfica y aleccionadora parte de ese informe de Magoon:

«Los lazos de los partidos no ligan mucho a los individuos en Cuba. Pocas son las bases, si es que hay alguna, que envuelvan puntos esenciales de la política nacional, o verdaderas diferencias de principios políticos. El elector individual ofrece su fidelidad al Partido que en aquel momento satisface sus inclinaciones, y fácilmente se pasa de un partido a otro. Un individuo podía ser liberal un mes, moderado al siguiente, o vice-versa, guiándose por la personalidad del candidato, o por los jefes locales que defienden su candidatura...»

Idénticos trajines eleccionarios de trasegar los votantes por los que se identificaron como trabajadores de campaña y voluntarios, copia fiel de los sargentos políticos cubanos, y de perifoneadores que enardecían a los oyentes con sus diatribas y falsedades encaminadas a destruir la reputación de los candidatos contrarios a los de su preferencia era una cosa sistemática. Al embuste de Carollo sobre el izquierdismo de Suárez se empató la vulgar embestida panfletaria de Demetrio Pérez contra Rosario Kennedy disminu-

---

[94] Ver Tomo II, págs. 193-94.

yendo su cubanía por usar el apellido de su esposo, el ex-alcalde David Kennedy, en lugar del paternal Argüelles y la ventajosa exaltación del activismo anti-castrista de Masvidal por sus compañeros de la Brigada 2506 que contrastaba con el academicismo neutralista de Suárez. Marvin Dunn fue víctima del racismo de su etnia afro-americana radical que censuraba su casamiento con una ejemplar dama blanca y su residencia en el rico Coconut Grove y no en los deslustrados Liberty City, Overtown o Pequeño Haiti. Por la Pequeña Habana circuló una hoja suelta que denostaba la aspiración alcaldicia del ex-general Manuel Benítez evocando su paso por la Jefatura de la Policía de La Habana y el Distrito Militar de Pinar del Río desde 1933 hasta 1944. Enfrentado a la cruda realidad que Miller Dawkins era imbatible en la comunidad afro-americana Víctor de Yurre no perdió su tiempo en socavarlo allí si no que basó su propaganda en pintarse como un tolerante integrista, armonizador de intereses comunitarios y prototipo de la nueva generación cubano-americana. En un viraje sorpresivo no compatible con su pasada cordura política Mauricio Ferré dio su apoyo a Xavier Suárez propinándole un golpe bajo a Masvidal que había sido el principal recaudador de fondos y obtenedor de votos en su campaña de 1983. No solamente eso si no que acusó a Howard Gary de recibir $150,000.00 de Masvidal por ayudarlo con el voto negro y además influyó con los líderes de esa etnia Marvin Dunn, Wellington Rolle, Jimmie Burke, Thelma Gibson, Athalie Range, Carol Ann Taylor, Rose Gordon, Otis Pitts, Bill Perry y Jacques Maurice Despinosse. El Reverendo Marco Antonio Ramos terció en lo seglar y electoralista, alejado del púlpito, recomendando las candidaturas de Xavier Suárez y Demetrio Pérez. The Miami Herald y El Nuevo Herald apoyaron a Masvidal, Kennedy y Dawkins. La víspera de las elecciones de segunda vuelta predecía una batalla sufragista entre los partidarios de Masvidal que lo asociaban a la lucha por la libertad de Cuba, representada por la Brigada 2506, y los de Suárez minoritariamente esparcidos en las tres comunidades señaladas, objetos de captación por la FNCA y sus coyunturados de Latin Builders mas los tramitados ferreistas de CAMACOL y la millonaria contribución de Norman Braman y sus socios del No-Grupo. El macanazo decisivo se lo dio a los masvidalistas el máximo jerarca de la FNCA, Jorge Mas Canosa, al enterarse de la afirmación cubanista de Masvidal efectuada en una reunión de brigadistas al efecto de que renunciaría como alcalde de Miami, inmediatamente, si Fidel Castro era derrocado para regresar con ellos a Cuba: *«La elecciones en Miami no tienen nada absolutamente que ver con la causa de la libertad de Cuba..»* Acto seguido declaró Suárez: *«Miami necesita un alcalde que gobierne bien a Miami, no a La Habana..»* Fue tan efectiva la maniobra de Mas Canosa que en la mente de los electores de las tres comunidades quedó sembrado el dilema que surgía de la pregunta siguiente: *¿Debe ser electo el mas cubano anti-comunista o el mas calificado?* Las urnas dieron la respuesta: Xavier Suárez derrotó a Raúl Masvidal por 31,662 votos contra 24,224; Rosario Kennedy apabulló a Demetrio Pérez por 31,840 votos contra 18,886 y Miller Dawkins venció a Víctor de Yurre por 28,801 votos contra 24,523. Ahora la incógnita a despejar era quien sería escogido como Administrador de la Ciudad.

Aquí es necesario un paréntesis aclaratorio que ilustre al desconocedor acerca de la particularidad del régimen municipal de la ciudad de Miami y el Condado de Dade en lo tocante al candente tema de un alcalde fuerte o un alcalde débil y la gobernación Municipal/Condal mediante el sistema Alcalde/Administrador. Esto lo hace El Autor en forma sucinta, no profesional, extractado y traducido en conformidad con el Copyright Law (Ley de Imprenta y Derechos de Autor) del magistral libro Government and Politics in Florida, Second Edition, Edited by Robert J. Huckshorn, University Press of Florida, Gainesville, FL 1998. Chapter 9.

«La mayoría de los gobiernos locales en Florida son regidos bien por un sistema que legaliza la existencia de una combinación de Alcalde-Comisión, Alcalde-Concejo, Comisión-Administrador y Concejo-Administrador. Bajo el «débil» sistema de Alcalde-Comisión el Alcalde, que es un miembro de la Comisión, es escogido por sus compañeros Comisionados, generalmente por un período de un año. Aún si electo independientemente, el Alcalde preside la Comisión pero no ejercita poderes ejecutivos separados de la Comisión como no sean deberes especiales que son mayoritariamente ceremoniales. Bajo el «fuerte» sistema Alcalde-Comisión los deberes ejecutivos y legislativos se hallan separados, con el Alcalde funcionando como el Ejecutivo-Jefe y a veces nombrando un Oficial Jefe Administrativo mientras que la Comisión es responsable de la materia legislativa. El Alcalde también nombra los Jefes de Departamentos, a menudo esto requiere la aprobación de los Comisionados. La Carta Municipal especifica los poderes del Alcalde y de la Comisión.

El sistema que combina el gobierno Comisión-Administrador, adoptado por Miami, es un clásico reformismo que anhela separar el curso de la acción política de las funciones administrativas en el gobierno municipal. La Comisión designa al Administrador de la Ciudad como jefe burocrático cuyos servicios son del agrado de los Comisionados y a través de ellos a la ciudadanía. El Administrador, sin embargo, tiene una amplia latitud para llevar a cabo lo dispuesto por la Comisión, supervisar los servicios, preparar y poner en vigor el presupuesto, hacer cumplir todo el funcionamiento del municipio y hacer valer sus regulaciones. En este sistema la burocracia administrativa está jefaturada por un administrador titulado profesionalmente, mas experto que el Alcalde, la Comisión o el Concejo. Muy frecuentemente en el sistema Comisión-Administrador la Carta de la Ciudad específica la relación entre los Comisionados y los empleados de la ciudad y definiendo la separación de las funciones políticas de las administrativas.

El Condado de Dade estuvo regido mediante una Carta del Condado desde 1957 hasta que en 1970 se efectuaron cambios que resultaron en un Administrador Condal seleccionado por una Comisión de ocho miembros elegidos al acaso, pero dentro de determinados distritos, y un alcalde separadamente elegido pero de condición «débil». En 1992 los votantes del Condado de Dade votaron por una enmienda a su Carta que aumentó los poderes del alcalde y la creación de uno «fuerte» que no tomara posesión hasta 1996 en que fuera electo. El cambio efectuado en la Carta, apareado a la conversión en Rama Legislativa de la Comisión, concedió al separadamente electo alcalde el poder de nombrar al Administrador Condal pero sujeto al consentimiento de la Comisión. Hoy en día el Condado de Dade tiene un fuerte Alcalde Ejecutivo y una Comisión electa por Distritos».

Lo que en Cuba se conocía como Cámara Municipal, popularmente, era el gobierno de los municipios y lo estatuido en la Constitución de 1940 para el régimen provincial-municipal hacía de éste la espina dorsal de la división político-administrativa de la República[95]. No tenía parecido con lo dispuesto en los Estados Unidos para los Condados y las Ciudades. Al igual que los

---

[95] Ver Tomo IV, págs. 542-49.

abogados graduados en Cuba se vieron en la necesidad de doctorarse en el llamado derecho inglés para ejercer en Cortes americanas, los políticos y politicastros exiliados se especializaron en la ciencia y el arte de apoderarse del poder político en Miami y el Condado de Dade así como obtener una cabeza de playa en la Cámara y el Senado estatales en Tallahassee en la forma que leímos en el precedente Capítulo VII. Millones de dólares se invertían por candidatos cuyos sueldos en las posiciones a que aspiraban no excedían diez mil pesos anuales parecía ser un mal negocio. Pero no lo era. Porque Miami y el Condado de Dade al desmesuradamente crecer demográficamente se convertía en una mina de oro y diamantes para constructores, urbanistas, banqueros, financistas, importadores y exportadores, transportistas, abogados, etc., cuyos proyectos de enriquecimiento capitalista desenfrenado requerían la cooperación, o el consentimiento fullero, de los Departamentos, Comisiones, Divisiones, Agencias, etc., encargados de aprobar planes de desarrollo portuario, de aeropuertos, de zonificación urbanista y comercial, de obras públicas, de calles y carreteras, de acueductos y alcantarillado, de edificios y centros de comercialización, de suministros tecnológicos de comunicaciones, etc., todo lo cual importaba miles sobre miles de millones de dólares. Un gigantesco jamón presupuestal del que docenas de codiciosos hombres de presa querían comerse una tajada. Los escogidos vigilantes por los electores para que celosa y honradamente velaran por una lícita administración y distribución de los recursos fueron: Por Miami, Xavier Suárez, Alcalde y Joe Carollo, J.L. Plummer, Miller Dawkins y Rosario Kennedy, Comisionados con César Odio como Administrador. Por Dade County, Steve Clark, Alcalde y Harvey Rubin, Barry Schreiber, Sherman Winn, Jorge Valdés, Beverly Phillips, Clara Oesterle, Barbara Carey y Jim Redford, Comisionados con Sergio Pereira como Administrador. Irónicamente, el causante de que una ciudad de mas de un millón de habitantes en los Estados Unidos tuviera un gobierno municipal de un Alcalde, un Administrador y mayoría de Comisionados cubanos por primera vez en su historia, era Fidel Castro pues todos ellos eran emigrados anti-comunistas. Y de ese millón y pico de habitantes de Miami cerca de un 80% eran cubanos o cubano-americanos que en 25 años de exilio exaltaron económica, cultural y socialmente a Miami mientras La Habana y el resto de Cuba comunista se arruinaban. El único mal que aquejaba aquel exilio era su afición al caciquismo, el caudillismo y la politiquería cambiacasaquista que amenazaba convertirlo en un enclave segregacionista, o ghetto, balkanizante y antagónico al ideal americano del *Crisol de Nacionalidades*.

La inclinación de la Junta Patriótica hacia el derechismo político se mostró cuando ofreció un homenaje a Manuel Fraga Iribarne un intelectual gallego, corchete franquista y solapado partidario castrista, en el Hotel Marriott de Miami, *«en mérito a que es uno de los líderes europeos mas destacados, brillante y experimentado parlamentario, genuino representativo de los ideales que inspiran y conservan la civilización cristiana de Dios, Patria y Libertad..»* La FNCA se anotó un triunfo cuando el presidente Reagan nombró como Asesor del Consejo de Radio Martí a su miembro José Luis Rodríguez y otro mas cuando Paul Drew renunció a la Dirección de Radio Martí forzado por la impugnación de Mas Canosa que lo describió como *«ignorante sobre Cuba»* y sufrió un revés cuando la madrina de la Fundación, Jane Kirkpatrick, fue cesanteada por Reagan como embajadora de los Estados Unidos ante las Naciones Unidas y reemplazada por el general Vernon Walters. El vocinglero comentarista radial Agustín Tamargo mostró su descontento con la programación de Radio Martí porque no alentaba el anti-castrismo y solo se atenía a insulsamente informar noticieramente saliéndole al paso, mortificado, Mas Canosa espetándole lo que todo el exilio sabía: *«El propósito de Radio Martí no es llamar a la revolución ni a la rebelión si no el de informar, según debatió y sancionó el Congreso y sancionó la ley el presidente Reagan..»* Alarmados por el sesgo conflictivo que la FNCA originaba surgió un ilusionado Comité de la Concordia integrado por *Pepinillo* Rivero, Luis Botifoll, Mercedes García Tudurí, Antonio Maceo, Guillermo Martínez Márquez, Padre Ramón O'Farrill, Conrado Rodríguez y Andrés Vargas Gómez que prontamente se disolvió por inoperante. Otro grupo de ilustres visionarios académicos dentro del ámbito del Museo Cubano de Arte y Cultura fundaron un *Comité para el Estudio de la Historia de Cuba Republicana* patronizado por Nunzio Mainieri, Presidente; Luis Gómez Domínguez, Secretario; y Carlos M. Luis, Félix Cruz Álvarez, Humberto Piñera, Manuel Mariñas, José Ignacio Rasco, Fernando de Armendi, Manuel R. Bustamante y Arnaldo Iglesias, Asesores. Fue una verdadera calamidad que la trifulca que tiempo después, como veremos, abatió al Museo, no permitió la realización del proyecto pues hubiera sido interesantísimo el ver como los honorables revisadores de la Historia de Cuba Republicana, dada su filiación política antes y después de 1959 en la

Isla y el Exilio, como aparece documentada en esta *Historiología Cubana*, Tomos II, III, IV y V y en el Tomo 9 de la Enciclopedia de Cuba, vislumbraban, interpretaban y exponían, en un libro, o libros, el devenir republicano desde Estrada Palma hasta Fidel Castro y sus cuarenta años de satrapía comunista.

Coincidiendo con la respuesta de Monseñor Luigi Eunadi, Pronuncio del Vaticano en La Habana, refiriéndose a lo que calificamos como *«inmoral barraganía comuno-católica»*, pregunta que le fue formulada por un corresponsal francés: *«Aquí no existe persecución en lo absoluto. La persecución está en la mente de los observadores que están fuera de Cuba...»* fue conocido que cerca de La Habana existía una base soviética de sofisticados sistemas electrónicos, llamada Lourdes, mediante la cual se detectaban los satélites comerciales y las comunicaciones marítimas y militares americanas así como los programas de la NASA (National Aeronautics and Space Administration) en Cabo Cañaveral, así como también las conversaciones telefónicas en el sur de la Florida. Esto, que enfurecía a los anti-comunistas que lo veían como una amenaza a la seguridad de los Estados Unidos que sus gobernantes calmosamente aceptaban y que merecía una destrucción bélica, no preocupaba al Pentágono por la sencilla razón que tenían iguales bases en España; Italia, Turquía y Japón. Y, naturalmente, en la Florida y el Caribe. Sin embargo, la Aduana y el Cuerpo de Guardacostas, carecían de elementos para efectivamente impedir el contrabando de cocaína y marihuana alijados desde Méjico, Centro y Suramérica como quedó demostrado cuando una lancha de alta velocidad encalló en Palm Beach con 2,350 libras de cocaína valoradas en $940,000,000.00. Fueron arrestados Máximo Hildo Teijo, Anastasio Vicente Fernández y Eyder Castellanos, tildados de marielitos y los yanquis William y Michael Bennett. En Key West fue abordado un camaronero repleto con 15 toneladas de marihuana siendo arrestados Maximiliano Serpa y René Banzo, igualmente considerados marielitos. En modo harto sospechoso ni por la prensa ni por la radio-difusión se dio a conocer después la condena impuesta a los narcotraficantes antes referidos, al igual que había ocurrido con los encausados Armando Pérez-Roura Jr. y Leonel Martínez que no eran marielitos.

Consciente de que lo ocurrido en Moscú, como consecuencia del glasnost y la perestroika, en La Habana se dispuso el establecimiento de un nuevo control de divisas poniendo en vigor dos categorías en la siguiente forma: La primera tendría valor de 1, 3, 5, 10 y 20 pesos cubanos y se entregaría contra moneda o efectos bancarios de países del campo socialista; la segunda categoría, o certificación, incluiría las anteriores mas un billete de $50.00 para el canje de moneda de diferente nacionalidad tales como dólares, libras, pesetas, libras, marcos, yens, etc., hasta un total de veinte monedas diferentes. Con esos denominados *«certificados de divisas»* los turistas y visitantes extranjeros podrían adquirir todos los productos existentes en las tiendas y establecimientos turísticos autorizados que hasta entonces se conocían como diplotiendas porque en ellas solo comerciaban los diplomáticos extranjeros o *los mayimbes y pinchos*, sobrenombre dado a los privilegiados de la Nueva Clase. Como no había de faltar, durante un simposio en la Universidad de Miami sobre *«Problemas de la Sucesión en Cuba»* en el cual los afamados cubanólogos de siempre, desde lo alto de la torre de marfil académica que era su majestuoso trono, redivivos oráculos de Delfos, debatían acerca de la duración de Fidel Castro en el desgobierno comunista que debía desplomarse prontamente, el dialoguero profesor de Harvard, Jorge Domínguez, profetizó que Fidel gobernaría a Cuba hasta el siglo XXI, o séase quince años mas. Le respondieron airados sus antónimos Luis Aguilar León, Antonio Jorge y Jorge Mas Canosa negando esa posibilidad por razones de gerontología, de bancarrota y de cabildeo, respectivamente. Cuando estas páginas sean leídas en el año 2000 se verá cual de las profecías resultó cierta.

En Madrid, en diciembre de 1985, se produjo un mayúsculo escándalo diplomático y policíaco cuando miembros de la Seguridad del Estado cubana intentaron secuestrar, en la vía pública, al funcionario comunista Manuel Antonio Sánchez Pérez quien histéricamente pidió a los asombrados transeúntes que lo socorrieran pues si lo llevaban a Cuba lo fusilarían inmediatamente. Intervinieron varios gendarmes madrileños que desconocían el porqué del intento de secuestro pero cumplieron con su deber de impedirlo mientras los frustrados secuestradores se daban a la fuga. El porcino y asqueroso agente castrista pidió protección de las autoridades alegando su condición de disidente y anti-comunista. La delegación de la FNCA corrió en su ayuda asegurando la veracidad del desertor comunista pero los sagaces periodistas madrileños descubrieron que era un sinvergüenza mayimbe que habíase apoderado, en su propio lucro, de los fondos a él confiados por la dictadura criolla. Sánchez Pérez fue concedido asilo político y presentó documentos probativos de que se trataba de comisiones que legalmente había obtenido de los suministradores. La FNCA le consiguió entrada en los Estados Unidos y ante la rabia de los exiliados combatientes el State Department lo apadrinó y la FNCA lo ensalzó y hasta Roberto Rodríguez Tejera, coordinador de un programa televisivo lo contrató como consultor político haciendo caso omiso de las encendidas protestas generadas por el desleal acto de amistad hacia un doble traidor. A la democracia y al comunismo.

XV

La tragedia de los combatientes del exilio. Su acoso por la Administración Reagan. El Comité Gestor Pro-Libertad de los Presos Políticos Cubanos en los Estados Unidos. La falta de apoyo de la Junta Patriótica, la Fundación Nacional Cubano-Americana y sus sombrillescas entidades. Solidaridad de la Primera Continental Democracia Combatiente. Disolución forzada del Comité Gestor. El llamado Proceso de Rectificación de Errores y Corrección de Tendencias Negativas. Los nueve Grupos de Trabajo y sus monigotes.

En el contexto histórico del exilio los combatientes anti-comunistas eran como una llaga doliente; la abuelita mulata relegada a la cocina por la encumbrada familia que se abochorna de su orígen racial. La tragedia del combatiente por los caminos del mundo, o los de ellos presos en cárceles extranjeras, especialmente en los Estados Unidos, consiste en que quienes lo persiguen, lo hostilizan, lo encarcelan y lo abandona a su mala suerte son sus supuestos amigos democráticos y sus hermanos procedentes del presidio político cubano. En tanto que se ensalza la huida de la Isla, se desmerita al invasor que trata de volver a libertarla. Allá, al menos, dentro de las ergástulas comunistas los penados eran una clase excepcional, hermanada y solidaria frente al carcelero y sus sicarios, reconocida mundialmente como presos políticos o de conciencia y defendida y prohijada por organismos internacionales. Aquí los presos políticos cubanos son considerados como presos comunes y como tales sujetos a un régimen penal oprobioso y desmoralizador. El preso político cubano en cárceles americanas es un paria, un olvidado, porque su defensa implica un ataque a su carcelero que tiene categoría de vaca sagrada porque apadrina y financia viajes a Ginebra para ante una Corte Mundial denunciar la violación de los derechos humanos en las cárceles comunistas. En el exilio existen, con suma honra, distintas organizaciones de ex-presos en Cuba que se han impuesto el deber de realzar la saga heroica y sacrificial de sus camaradas plantados pero equivocadamente, en nombre de la concordia, han dado carta de igualdad a los que aceptaron una humillante rehabilitación ofrecida por el régimen. Mas sin embargo, año tras año los combatientes del exilio han renunciado al bienestar económico, la tranquilidad del hogar y se han dado enteros a una causa que parece perdida para que en el exilio se mantuviese ardiendo la pequeña llama de la esperanza libertadora mediante acciones efectuadas contra la integridad física de genízaros comunistas cubanos, o de cualquier nacionalidad, contra las propiedades cómplices de la tiranía por los caminos del mundo porque la menor de esas acciones ha valido mas que cincuenta discursos patrioteros y cien lastimeros poemas de ridícula nostalgia. En 1986, siendo presidente Ronald Reagan, elevado a la idolatría por Jorge Mas Canosa y su FNCA, fue cuando mas se persiguió a los cubanos combatientes, cuando mas prohibiciones, amenazas y detenciones se efectuaron y mas alto número alcanzó el de los presos políticos cubanos en los Estados Unidos y de los que reclamados por el FBI vivían clandestinamente. Ellos eran: Eduardo Arocena (California); Andrés García (New York); Milton Badía, Valentín Hernández y Ramón Saúl Sánchez (Florida); Eduardo Fernández (Arizona); Eduardo Ochoa (Michigan); Alberto Pérez (Texas); Pedro Remón (Virginia) y Héctor Carbonell, José I. González, Jesús Lazo Rodríguez, José A. Martínez, Virgilio Paz Romero, José Dionisio Suárez, Enrique Velasco y José P. Rodríguez (Clandestinos).

La temprana trágica muerte del joven Lino González, ex-preso político en los Estados Unidos, en cuyo entierro el preclaro líder del MIM, Luis Crespo, despidiera el duelo en un emocionante panegírico en el cual se refirió con amargura al desamparo en que estaban los cubanos encarcelados en *el país de los libres y el hogar de los valientes* movió a un grupo de los dolientes a celebrar una reunión que resultara en la creación de un Comité Gestor que laborase en pro de una amnistía o perdón presidencial para los presos y los requisitoriados arriba referidos. El fundamento de la gestión sería el perdón presidencial dado por Jimmy Carter en 1979 a los nacionalistas portorriqueños Óscar Collazo, sentenciado a cadena perpetua por el intento de asesinar al presidente Harry Truman en su residencia de Washington, hecho en el cual murieron el boricua Griselio Torresola y el policía Leslie Coffelt y a los también nacionalistas Lolita Lebrón, Andrés Figueroa y Rafael Cancel Miranda quienes dispararon tiros al hemiciclo durante una sesión de la Cámara de Representantes que causaron heridas graves a seis Congresistas y como consecuencia fueron condenados a cumplir largas penas. El Comité Gestor se formó con Antonio Calatayud, Héctor *Fabián* Ruiz, Estrella Rubio y El Autor que fue seleccionado para ostentar su presidencia. No porque fuera mas meritorio que los otros si no porque en él concurrían ciertas cualidades favorables beneficiosas a la gestión propuesta: era un veterano de las guerras extranjeras en el Ejército Americano; un expreso plantado en Cuba y los Estados Unidos por dos veces; estimado por el sector batistiano del exilio porque siendo Comandante del Ejército Rebelde, Jefe del Quinto Distrito Militar, no permitió Tribunales Revolucionarios ni fusilamientos; respetado por los combatientes porque en las filas de Poder Cubano, Acción Cubana y el CORU había encabezado sus batallas anti-comunistas en California y porque era graduado universitario en Cuba y los Estados Unidos y profundo conocedor de la historia y la idiosincrasia de esos países. Sus desventajas consistían en su rígido carácter, su antipatía por los retóricos y clericales y su férrea voluntad de exigir que sus iguales, o sus subordinados, fueran análogos de Antonio Maceo, si cubanos, y de George Patton, si americanos, en la guerra. Y de Eduardo Chibás y Franklin Delano Roosevelt, en la paz. Además, su rango de Comandante en la organización veteranista The American Legion, le granjeaba simpatías en los sectores anglos y afro-americanos.

La estrategia publicitaria del Comité Gestor fue una de ganar adeptos mediante la radio, la prensa, y la convocatoria a eventos públicos. Antonio Calatayud, Héctor Fabián y Luis Crespo contaban con espacios radiales en Miami y regularmente instaban a sus oyentes a que testimoniaran su apoyo; Estrella Rubio, entusiasta y dinámica, reclamaba cooperación de sus amistades en los círculos políticos y electorales y El Autor acudía, cuando la oportunidad se presentaba, a los actos patrióticos y académicos que tenían lugar en el ámbito de las comunidades de habla inglesa y franco-haitiana, ya que dominaba ambos idiomas, y a las sesiones de los Puestos de la Legión Americana presentando a los asistentes el drama sombrío de las familias abandonadas, sus penurias y la necesidad que tenían de reunificarse. No fue limitada la campaña a Miami y el Condado de Dade pues en la ciudad de Hollywood, Condado de Broward, el general Manuel Benítez y el periodista Alberto González brindaron frecuentemente sus espacios en una radiodifusora local al presidente del Comité Gestor, gratuitamente. Nunca se solicitó por el Comité Gestor una cooperación económica para sus labores. Cuando se le ofrecía un donativo lo agradecía pero aconsejaba que se enviase a la familia de los presos y requisitoriados. Los gastos que se incurrían en transporte o impresión de volantes corrían por cuenta del presidente y su peculio particular y de las aportaciones de sus camaradas veteranos pertenecientes al Puesto de La Habana en el Exilio de la Legión Americana, del cual era Comandante vitalicio. Y que ostentaba el nombre de su último Comandante en Cuba, Howard F. *Andy* Anderson, fusilado en Pinar del Río en abril 19 de 1961. La solidaridad de los Legionarios con la causa del perdón presidencial a los cubanos presos se fundaba en que el presidente Carter, en 1977, había amnistiado a los evadidos y desertores del servicio militar durante la guerra de Viet-Nam y ahora se trataba de combatientes anti-comunistas pro-americanos que merecían estar en libertad. Por otra parte existía el antecedente que el presidente Gerald Ford había concedido el perdón al renunciado presidente Richard Nixon por el escándalo de Watergate.

Estrella Rubio interesó al senador estatal Joe Gersten y al hijo del entonces Vicepresidente George Bush, *Jeb*, en la causa que representaba. Los dos escribieron al Buró Federal de Prisiones pidiendo informes sobre el estado de los presos. Les contestó el Director, Norman Carlson, vagamente diciéndoles *«que Eduardo Arocena estaba en el lugar apropiado»*. La Junta Patriótica respondió, con la firma de su presidente, Manuel Antonio de Varona, a la solicitud de cooperación del Comité Gestor: *«La Junta Patriótica Cubana no acostumbra a participar en gestiones con otras organizaciones por el hecho que ella en si constituye una coalición de organizaciones cubanas, la cual reiteradamente ha invitado a todas las organizaciones que aún no se han integrado a la misma. No obstante la Dirección Nacional acordó designar al Sr. Rodolfo Capote que representa a los ex-presos y ex-presas políticas de Cuba para que coopere con las gestiones de ustedes por los compatriotas presos en los Estados Unidos»*. No solamente hubo que soportar la pedantería de Varona si no que Capote se hizo invisible. El Colegio Médico Cubano Libre, en carta de su presidente, Enrique Huertas, contestó a El Autor: «*En relación con el asunto que planteas en tu carta, me ha parecido conveniente pedirle al Dr. Marcelino Feal, miembro distinguido de nuestro Comité Ejecutivo, tenga la gentileza de llamarte y verte tan pronto como le sea posible sobre dicho tema..*» El Autor se entrevistó con él en las oficinas de Ramón Mestre y Adolfo San Pelayo, y le planteó crear un frente combativo para inquietar políticamente a la Administración Reagan. Feal lo oyó, se despidió cortesmente y se esfumó. ¿Y el Colegio Médico? Bien, gracias...

Las gestiones de Héctor Fabián con Jorge Rodríguez Alvareda y Armando Pérez Roura para que le facilitaran un turno de transmisión en Radio Mambí no tuvieron éxito. Ni la de El Autor con Tomás Regalado Molina en RHC Cadena Azul. Una por una la multitud de presuntas organizaciones cubanas del exilio fueron recibiendo la invitación a unirse al Comité Gestor y una por una fueron dando la callada por respuesta. Solamente la Primera Continental Democracia Combatiente (PRICONDECOM) que presidía Ernesto de la Fe, que contaba en su Directiva con Rodolfo Nodal Tarafa, Máximo Sorondo, Ramiro de la Fe, Domingo Carmenate, Francisco Pino, Héctor Alemán, Sofiel Ibáñez y Ovidio Kaba se solidarizó con el Comité Gestor y además de ello planteó ante la Conferencia de la Liga Mundial Anti-Comunista, celebrada en Dallas (Texas) en septiembre de 1985 que se incluyera en su agenda la propuesta del Comité Gestor. Fue aceptada y ratificada en la reunión de la Liga en Luxenburgo el día 9 de septiembre de 1986. Desgraciadamente, la FNCA ejerció tremenda presión sobre las organizaciones de ex-presos convenciendo a sus rectores que el mayor daño que podía inflingírsele a Fidel era el poner énfasis en la violación de los derechos humanos y la ferocidad del régimen penal cubano, llevando esa verdad a todo el Orbe y que, sobre todo, el impactar al pueblo de los Estados Unidos con relatos personales y publicaciones en inglés lo induciría a demandar de sus congresistas represalias severas contra Cuba y que eso unido al cabildeo y las exposiciones pictóricas y fotografías de endebles botes y balsas y de sus demacrados tripulantes culminaría en el logro de ganar en la Comisión de Derechos Humanos de las Naciones Unidas en Ginebra (Suiza) una Resolución condenatoria al régimen comunista cubano. La Agencia de Información de los Estados Unidos y la FNCA, actuando conjuntamente, planificaron y llevaron a cabo una ofensiva publicitaria que teniendo como basamento lo arriba expuesto debilitara el poder que Castro disfrutaba entre las múltiples naciones del llamado Tercer Mundo así como en varias de las grandes de propensión marxistoide para obtener de ellas un viraje que las inclinase inicialmente a renegar de Castro y después, si como consecuencia de ello se creara en la Isla una situación de pésimo orden público y de espantosa miseria económica y moral que condujera a una revuelta militar conseguir del Consejo de Seguridad de las Naciones Unidas (ONU) o de la Organización de Estados Americanos (OEA) autorización para implantar un estricto bloqueo aéreo-naval o decretar una intervención armada igual a las efectuadas en Santo Domingo en 1965 y en Granada en 1983.

Preliminarmente era preciso inducir al pueblo americano a favorecer una actuación beligerante contra Fidel Castro similar a la que apoyó la entrada de los Estados Unidos en la Segunda Guerra Mundial contra el Eje Berlín-Roma-Tokio, antes del ataque a Pearl Harbor, mediante la impactante presentación de los horrores perpetrados por el Eje contra los derechos humanos de las poblaciones sometidas a sus desafueros. Era visible que las denuncias de los exiliados, no importa lo veraces que fueran, eran puestas en duda por un público escéptico, pero la presencia de víctimas sobrevivientes relatando las torturas y mostrando sus cicatrices llegaban al alma de los auditorios. Delegaciones de ex-presos viajaron a Los Ángeles, San Diego, Chicago, New York, Washington, etc., donde conmovieron al público con la narración del sadismo de los carceleros comunistas y obtuvieron su reclamada solidaridad y contribución económica espontánea para trasladarse a Ginebra y allí conseguir no solo el sentar a Fidel Castro en el banquillo de los acusados si no también la aplicación de sanciones efectivas contra su desgobierno. Pero, lamentablemente, se mostraban indiferentes ante el viacrucis de los plantados del exilio, de sus lúgubres encarcelamientos, de las bajas en sus filas por muertes en combate contra los comunistas por los caminos del mundo y de sus mutilaciones físicas. Todo hecho y sufrido voluntariamente en la forma de un homenaje a los plantados del presidio político en ambas islas, la de Cuba y la de Isla de Pinos. La FNCA, por gestión directa de Jorge Mas Canosa, José Sorzano y Otto Reich, adoptó a Armando Valladares, liberado merced a la gestión del presidente francés Francois Miterrand con Fidel Castro, como su vocero representativo del presidio político cubano y publicando su libro *Contra toda Esperanza* en varios idiomas y numerosas ediciones elevando su categoría política-intelectual, merecidamente, hasta lograr su nombramiento por el presidente Ronald Reagan como embajador ante la Comisión de Derechos Humanos de las Naciones Unidas. La FNCA aumentó su influencia entre los ex-presos cuando llevó a Washington al presidente de su organización en Miami, Felipe Alonso, y allí lo presentó a Congresistas, Secretarios de Despacho, instituciones de gran prestigio democrático, diplomáticos acreditados y el Claustro de la Universidad de Georgetown. Impresionado por la visible fuerza político-cabildera que demostraba la FNCA en Washington *Felipito* Alonso regresó a Miami elogiando a sus anfitriones cada vez que participó en algún programa radial o respondió a preguntas de reporteros. Aunque sus elogios a la FNCA y sus jerarcas los hizo a título personal fue inevitable que el público los asimilara al organismo que presidía en aquellos momentos y que los tomara como una ratificación de que la libertad de Cuba venía por Washington. Todo ese aguaje publicitario fue negativo y pacificador frente a la línea agresiva de *la guerra por los caminos del mundo*. Parejamente un operativo académico confesional existente en Georgetown University, de nombre Of Human Rights Inc., publicaba una revista titulada *Of Human Rights*, en la que citaba como su Presidente de la Junta Directiva al obispo Eduardo Boza Masvidal y como Miembros de su Consejo de Asesores a los catedráticos de esa Universidad Luis Aguilar León, José M. Hernández, Richard McSorley y Eusebio Mujal-León, al profesor Juan Clark del Miami-Dade Community College, al profesor Modesto Maidique de la Universidad de Miami y al profesor Carlos Ripoll del Queens College de New York y como Director-Editor al periodista Frank Calzón, cuya revista mundialmente distribuida no solamente enfatizaba la principalidad de los derechos humanos si no que en su edición de 1985-86 se erigió en el heraldo del doble traidor Ricardo Bofill Pagés y sus compinches de la micro-facción, ya conocida en páginas del Tomo IV, provocando una pendencia monumental, que leeremos, con El Autor. Y que decantó en la disolución del Comité Gestor al hacerse patente a sus miembros que sus esfuerzos en favor de los presos políticos cubanos en cárceles americanas era gastar pólvora en salvas frente al poderío contrario de la FNCA y sus bien pagados alabarderos.

El ajuste de la economía cubana a la de Rusia y sus satélites que comenzara con la creación del INRA y siguiera con la JUCEPLAN, las JUCEI, la Libreta de Racionamiento y los disparates de la confiscación de pequeños negocios, la zafra gigante, el cordón de cafetales, la ley contra la vagancia y el ausentismo, los algodonales, los arrozales, la ganadería exótica, etc., ya detallados[96], se complicó con la perestroika y el glasnost que mostraban claramente un cambio reformista de las finanzas soviéticas tanto internas como externas. Receloso, Fidel viajó a Moscú tomando como excusa la celebración del XVIII Congreso del Partido Comunista pero en realidad para conocer personalmente a Gorbachev y sondearlo acerca de los subsidios a Cuba, sin éxito. Partió para Corea del Norte interesado en saber que actitud tenía ésta con el nuevo enfoque soviético y allí nada le informaron de valor. Regresó a Moscu y solo pudo saludar brevemente a Gorbachev, según informó *Pravda*. De vuelta en Cuba, el día 16 de abril de 1986, Fidel anunció la fomentación de un llamado *Proceso de Rectificación de Errores y Corrección de Tendencias Negativas* que expuso en detalles con la mayor desfachatez ante el II Pleno del Comité Central del Partido Comunista el día 22 de julio de 1986, como si él fuera ajeno a la debacle:

«*Descubrí que estábamos deslizándonos por una pendiente inclinada en el terreno moral con sus inevitables consecuencias económicas y políticas. Comenzamos a ser infectados por el mercantilismo, el liberalismo y otros vicios, íbamos entrando en un proceso de corrupción de los trabajadores, en el que todo se trataba de resolver con dinero. Como consecuencia de esta situación se perdió el concepto de integración en los programas de desarrollo, se eliminaron las microbrigadas, se estancaron las obras sociales, se subestimó el importante papel económico y político de las escuelas en el campo y fuimos cayendo, en el sector de las construcciones, en una situación de virtual impotencia para dar respuesta a las necesidades del país. Debemos partir de nuestras propias ideas y de nuestras propias interpretaciones del marxismo-leninismo para adecuar un sistema que, en buena medida, se tomó de la experiencia de los países de Europa oriental...*»

El rejuego de organizaciones fracasadas convertidas en la misma cosa pero con nuevos nombres y siglas de los mismos hacía visible que el propósito detrás de la mojiganga fidelista era reafirmar el comunismo cubano en aras de un mayor crecimiento económico de fundamento capitalista. Transformar el Sistema de Dirección y Planificación de la Economía (SDPE) en la Comisión Nacional del Sistema de Dirección y Planificación de la Econo-

---

[96] Ver Tomo IV, págs. 67-70, 228-30, 371-73, 529-41.

mía (CNSDPE) y manteniendo la JUCEPLAN y las JUCEI como fiscalizadoras del cumplimiento de las medidas político-económicas destinadas a limitar la corrupción en las empresas, la desviación de fondos, el burocratismo y la ineficiencia laboral al tiempo que se eliminaban las pequeñas empresas privadas y el mercado agrícola libre. El mamotreto que informaba la constitución de nueve grupos de trabajo por la CNSDPE para el estudio de los problemas de concepción y aplicación del sistema, su evaluación integral y hacer las propuestas que correspondían para su solución fue publicado en *Granma* el día 17 de mayo de 1986. A continuación, un extracto de El Autor de sus mas irrealizables propósitos que solamente sirvieron para un nuevo fracaso económico y para dar una oportunidad a los sapientes *economicos*[97] del exilio a comenzar una nueva ronda de charlas y habladurías resultantes en augurios funestos para el comunismo cubano que sería derrocado por una revuelta de sus hambreados súbditos. Definitivamente. Sin excusas ni pretextos. Según ellos...

«Cada grupo está presidido por uno de los jefes de organismos que integran la Comisión y lo forman otros Ministros y Viceministros y tendrán como Secretario un funcionario del aparato auxiliar de la Comisión del Sistema de Dirección. Los Grupos de Trabajo revisan el trabajo elaborado por la Comisión al cual incorporan las tareas que permitan asegurar que los aspectos deformadores en la concepción y aplicación del Sistema de Dirección de la Economía sean tratados prioritariamente. Este programa precisa las fechas de entrega de los documentos para su análisis por el pleno de la Comisión y está dirigido a que la mayor parte de las cuestiones tengan una solución dentro del presente año.

Grupo 1: *Francisco Linares, Ministro-Presidente del Comité Estatal de Trabajo y Seguridad Social, preside el Grupo de Trabajo, Salario y Estimulación Material, que integran representantes de organismos de la Administración Central del Estado y la Confederación de Trabajadores de Cuba (CTC). Los temas que analiza son las formas y sistemas de pagos, normas de trabajo, sistemas de primas y premios, pago de interrupciones, de horas extras y dobles turnos, trabajo voluntario,*

---

[97] Ver Tomo IV, págs. 539-41.

plantillas de los aparatos administrativos de empresas y unidades presupuestadas, simultaneidad y multioficio, política con los disponibles, política de empleo y capacitación. También las brigadas permanentes e integrables de producción, la disciplina laboral, ausentismo, certificados médicos y hago constar, subsidios, licencias por diversas causas y participa en la revisión de las actividades laborales por cuenta propia junto al Grupo de Trabajo del Sistema Financiero-Crediticio.

Grupo 2: *El Grupo de Trabajo del Sistema Financiero-Crediticio y de Información y Control lo preside Rodrigo García, titular del Comité Estatal de Finanzas y lo componen los Presidentes de los Comités Estatales de Estadísticas y Precios, así como representantes de la JUCEPLAN y de otros organismos. Sus temas de estudios son el papel del presupuesto, del crédito bancario y de los precios en el logro de una mayor coincidencia entre los intereses empresariales, ramales y de la economía nacional, garantizando en todos los casos la subordinación de los primeros a los últimos. También deben proponer los ajustes en el Sistema Financiero-Crediticio que permitan evitar que los criterios de rentabilidad primen sobre los del interés de la sociedad y del país. Asimismo, la utilización del presupuesto y del crédito bancario en el logro de una mayor eficiencia en el uso de los recursos materiales y financieros, en especial de la reducción de los costos y regular las actividades laborales por cuenta propia en coordinación con el Grupo de Salarios y Estimulación Material. La racionalización de la información estadística, controles económicos, sistema de contabilidad, pérdidas y faltantes, análisis económicos, sistema de inspección, auditoría y revisión estatal e inspección y control popular se evalúan en este Grupo.*

Grupo 3: *El Grupo de Organización Empresarial lo encabeza Marcos Portal, Ministro de la Industria Básica y lo integran los titulares del Ministerio de la Agricultura (Adolfo Díaz Suárez), del Ministerio de la Industria Alimenticia (Alejandro Roca Iglesias), del Ministerio de Comercio Exterior (Ricardo Cabrisas Ruiz), del Ministerio de la Industria Sidero-Mecánica (Pedro Miret Prieto) y del Comité Estatal de Abastecimiento Técnico-Material (Sonia Rodríguez Carmona) así como* *representantes de otros organismos de la Administración Estatal. Sus objetivos son la revisión de la actual organización de las empresas y propuestas de las modificaciones que deban llevarse a cabo con independencia de a que organismo se subordinan éstas en la actualidad, revisión de la política seguida hasta ahora en la creación de uniones de empresas y propuestas de la política que se debe adoptar tomando en cuenta la integración económica productiva ramal mas aconsejable. Además, proponer la integración agro-industrial de aquellas producciones en las que este tipo de organización económica-productiva resulte posible y aconsejable y revisar los complejos existentes con el objetivo de lograr estructuras mas racionales así como elaborar propuestas sobre el sistema empresarial del comercio exterior.*

Grupo 4: *El Grupo de Trabajo de la planificación lo encabeza el presidente de la Junta Central de Planificación, José A. López Moreno, y lo integran los titulares del Ministerio de la Industria Ligera (Antonio Esquivel Yedra) y del Ministerio de la Industria Pesquera (Jorge Fernández Cuervo) y de los Comités Estatales de Finanzas (Rodrigo García León) y de Estadística (Fidel Vascó González) y otros representantes de organismos estatales. Ellos evalúan el Sistema de Planificación, su simplicación y disminución del número de indicadores a manejar en los distintos niveles, la elevación del grado de consistencia entre las secciones del plan, y lograr una mayor correspondencia entre las categorías materiales y financieras. Junto al Grupo de Trabajo de Abastecimiento, el de Planificación participa en la revisión de los lugares de balance, y debe planificar con mayor rigor el fondo de salarios y convertir la planificación del costo en un instrumento que compulse la eficiencia en el uso de los recursos. Igualmente la participación de los trabajadores y el territorio en la elaboración y el control de los planes de la economía están en el estudio.*

Grupo 5: *El Grupo de Trabajo de Inversiones, que también preside José A. López Moreno, del cual forman parte los máximos dirigentes del Ministerio de la Construcción (Homero Crabb Valdés), del Banco Nacional de Cuba (Héctor Rodríguez Llompart), el Comité Estatal de Colaboración Económica (Ernesto Meléndez Bach), el Instituto de la Vivienda y otros funcionarios de organismos del Estado. Los objetivos* *de este Grupo son la concepción del Plan de Inversiones haciendo énfasis en la concentración de esfuerzos para terminar las obras y el enfoque integral de las inversiones, revisión del reglamento del proceso inversionista, de los precios del mantenimiento constructivo y de las nuevas obras y la revitalización de las microbrigadas en su concepción inicial.*

Grupo 6: *El Grupo de Trabajo de Abastecimientos, presidido por Sonia Rodríguez Carmona, Ministra del Comité Estatal de Abastecimiento Técnico-Material, incluye a los Ministros de Comercio Interior (Manuel Villa Sosa), del Azúcar (Juan Herrera Machado) y de la Construcción (Homero Crabb Valdés), el Presidente del Instituto del Turismo (Rafael Sed Pérez) y dirigentes de la JUCEPLAN y el Ministro de Comercio Exterior (Ricardo Cabrisas Ruiz) y responsables de otros organismos. Son de su competencia la revisión de los vínculos establecidos entre suministradores y consumidores a fin de eliminar los intermediarios innecesarios y la revisión de los lugares de balance en coordinación con el Grupo de Trabajo de Planificación. Además, determinar los casos en que es factible la organización de los suministros a través de vínculos directos con el comercio exterior, vínculos directos productor-consumidor y mecanismos de distribución, comercialización del producto y redes comerciales ajenas al productor.*

Grupo 7: *El Grupo de Normas de Calidad y Consumo, que preside Ramón Darias, máximo dirigente del Comité Estatal de Normalización y que integran representantes de la Junta Central de Planificación (JUCEPLAN), del Comité Estatal de Abastecimiento Técnico-Material (CEATM), del Ministerio de Comercio Interior (MINCIN), del Ministerio de la Industria Ligera (MINIL), del Ministerio de Comercio Exterior (MINCEX) y otros organismos trabajarán en la elaboración de normas de consumo y de calidad que propendan a lograr producciones con altos niveles de eficiencia y calidad y propondrán las formas y mecanismos en que las partes del Sistema de Dirección de la Economía pueden contribuir a tal fin.*

Grupo 8: *El Grupo de Trabajos de Política de Cuadros en el Estado, lo preside el General de División Senén Casas Regueiros, Miembro Suplente del Buró Político del Partido Comunista, del cual forman parte* *organismos de la Administración y el Instituto Superior de Dirección de la Economía. Su trabajo estará dirigido al control de la política de evaluación, promoción y movimiento de los cuadros, fortalecimiento de la disciplina administrativa y estatal, política de sanciones, métodos y estilo de trabajo de los cuadros del Estado, eliminación del reunionismo y crear un código de conducta de un empresario socialista.*

Grupo 9: *El Último Grupo de Trabajo, que encabeza el propio Presidente de la Comisión Nacional del Sistema de Dirección de la Economía, Joaquín Benavides Rodríguez, y del cual forman parte Vicepresidentes del Consejo de Ministros, Ministros y otros dirigentes, es el de Perfeccionamiento de la Estructura del Gobierno. Sus estudios incluirán el papel, atribuciones y funciones de los organismos de la Administración del Estado, precisando la de los organismos rectores de cada actividad así como el perfeccionamiento de la estructura y revisión de las atribuciones de los Órganos locales del Poder Popular y sus relaciones con los organismos centrales y las organizaciones económicas de subordinación nacional. Finalmente, la organización de atribuciones, funciones, método y estilo de trabajo del Consejo de Ministros y demás órganos ejecutivos del Gobierno y su aparato auxiliar, serán objeto de su atención. La constitución de estos nueve Grupos de Trabajo y los estudios que realizan forman parte de las medidas que se aplican para materializar los planteamientos formulados por el Comandante en Jefe, Fidel Castro Ruz, y su llamado a resolver las ineficiencias detectadas en la aplicación del Sistema de Dirección de la Economía».*

Todo el cacareado proyecto de los Grupos de Trabajo podía condensarse en la expresión cubanista *ponerse el parche antes que salga el grano* porque era de esperarse que Gorbachev y sus tecnócratas del glasnost y la perestroika no iban a consentir que, económicamente, la Cuba de Fidel siguiera chulapeando al tesoro soviético con subsidios y préstamos impagables. Máxime cuando *los bolos*[98] se preparaban a desmantelar lo que quedaba del stalinismo. Y que sabían perfectamente que jamás el fidelocomunismo dejaría de ser un clásico relajo criollo. Le plantearon a Fidel que

---

[98] Nombrete dado a los rusos.

no le permitirían a Cuba acumular una deuda en lo relativo al azúcar ya vendido y que tenía que resolver sus dificultades económicas internacionales por su propia cuenta según informó *Pravda*. El Comité Central del Partido Comunista de Cuba, en pose de gomígrafo, aprobó la línea dura del ficticio nuevo pensamiento económico a desarrollar por el CNSDPE con sus medidas de disciplina laboral y pretensa rectificación de errores que ya no podían achacarse a presiones del imperialismo yanqui. Toda la charlatanería trashumante contenida en las descripciones sobre las facultades y responsabilidades de los monigotes de los Grupos era pura mierda puesto que lo prescrito en lo concerniente a los Grupos números 8 y 9 era un machete bien afilado presto a decapitarlos cuando a Fidel le conviniese achacarles el fracaso de su propia demencia marxista y sus descabelladas improvisaciones gubernamentales. Y que seguiría metiendo su cuchareta imperial en zootecnia, física nuclear, hidrología, agronomía, geopolítica, ictiología, ecología y todas las demás ramas de las ciencias, las artes y las letras. Asignaturas que alardeaba dominar desde la A hasta la Z y en las cuales sentaba cátedra según juraban sus esclavos y sus mayorales. Que injustamente no le daban crédito por la potencia psicopatíaca que le hacia una deslumbrante persona: la megalomanía.

XVI

Nueva degradación abyecta de la UNEAC. Su fétido Cuarto Congreso. Sus amorales Delegados. La gloriosa Asociación de Poetas y Escritores Libres de Cuba. Su libro «La Muerte se Viste de Verde». Choque inicial de El Autor con la FNCA. Watsongate: el fallido atraco de la Isla Watson. Sus promotores y cómplices. La denuncia del Comisionado Joe Carollo. Los tres fiscales impávidos. El desquite de El Autor. Las recaudaciones de la FNCA. La petición de datos de PRICONDECOM sobre su relación de gastos en auxilios a refugiados. Menosprecio al Dr. Máximo Sorondo.

Los primeros efectos de lo que se denominó como Ofensiva Revolucionaria y Proceso Rectificador se sintieron en la Unión de Escritores y Artistas de Cuba (UNEAC) y en la Unión de Jóvenes Comunistas (UJC). En la primera, los artistas plásticos reafirmaron su lealtad al comunismo donando sus obras al agrupamiento preferido por Fidel, para en su local adornar sus paredes, esto era el Centro de Ingeniería Genética y Biotecnología dedicado a la creación de nuevas razas de ganado vacuno, caprino y caballar, conejos, aves de corral y frutales, inspiración de Andre Voisin[99]. Los plásticos (*de plasta*) fueron Mariano Rodríguez, Rita Longa, Luis Martínez Pedro, Manuel Mendive, Sandú Darié, José Ramón González, Agustín Villafaña, Alberto Carol, Antonio *Niko* Pérez, José Antonio Díaz Peláez, Sergio Martínez, Enrique Pupo, José R. Anaya, Ángel Norniella, Ana María Carballo, Juan Moreira, Gilberto Frómeta, Concepción Robinson Mendoza, Eugenio*Ludovico* Blanco, Alfredo Sosa Bravo, Pedro Vega, Tomás Oliva, Néstor Falcón, Lázaro García, Enrique Angulo, Leandro Soto, Gloria Lorenzo, Rafael Hernández, Lázaro Domínguez y Francisco Bedoya. En la segunda, Roberto Robaina fue elevado a Secretario General en lugar de Carlos Lage que pasó a ser Secretario del Comité Central del Partido Comunista; Pedro Saéz Montejo fue nombrado Segundo Secretario; fueron destituidos Alfredo Jordán Morales, Presidente de la Organización de Pioneros y Fernando

---

[99] Ver Tomo IV, pág. 531.

Ramírez de Estenoz del Buró Nacional de Relaciones Internacionales que fue sustituido por Ángel Arzuaga Reyes; Rogelio León García, Primer Secretario de la UJC de Matanzas pasó al Buró Nacional de Jóvenes Trabajadores y Elsa Agüero pasó de la Vicepresidencia a la Presidencia de la Organización de Pioneros y a miembro del Buró Nacional de la UJC.

La deserción de muchos escritores y artistas que renegaban del comunismo que habían servido lacayunamente, unos venidos por el Mariel y otros por vía de un mentiroso asilo político solicitado en países europeos y que indefectiblemente fueron a parar en las nóminas de la CIA, la FNCA y la Agencia de Información de los Estados Unidos estrepitó a la UNEAC y al Ministerio de Cultura al enterarse de que aquellos se habían integrado en un lucrativo compadrazgo de oportunismo anti-comunista que bautizaron con el apelativo de *Congreso de Intelectuales Cubanos Disidentes*. Ampliándose dentro del exilio fundaron un Museo de Arte y Cultura Cubano en Miami dedicado a los mismos trajines mercantilistas de aquellos. La oblicuidad de las gestiones académicas de esas embelecas entidades serán narradas y calificadas mas adelante. Prosigamos pues con lo referente a la UNEAC que el día 28 de enero de 1988, aniversario 135 del nacimiento de José Martí, celebró un Congreso cuyo propósito era ratificar lo determinado por Fidel Castro en 1961 en aquella fecha en que se creó la UNEAC: *Dentro de la Revolución TODO; contra la Revolución NADA*[100]. El organizador del envilecido Congreso fue José Loyola, miembro del Comité Central del Partido Comunista, secundado por Lisandro Otero. Ocuparon la Mesa Presidencial Fidel Castro, Armando Hart, Sergio Corrieri, José Loyola, Lisandro Otero y Carlos Rafael Rodríguez. La Delegación al Congreso, escogida por méritos marxistas-leninistas, la compusieron Neysa Ramón, Exilia Saldaña, Salvador Bueno, Graciela Pogolotti, Guido López Gavilán, Alden Knight, Rolando Pérez Betancourt, Harold Gratmages, Manuel Duchesne Cuzán, Roberto Fernández Retamar, Rosario Cárdenas, Juan Antonio Pola, Ignacio Gutiérrez, Marianela Boan, Zayda del Río, Sonia Calero, Héctor García Mesa, Nora Hansen, Electo Silva, Ramón Calzadilla, Luis Felipe Bernaza, Rogelio París, Orlando Castellanos, Juan Blanco, Arturo Sandoval, Alfredo Guevara, César Portillo de la Luz, Tomás Gutiérrez Alea y Abel Prieto. El día 3 de abril de

---

[100] Ibid., págs. 341-47.

1989 se le dio una nueva estructura al Ministerio de Cultura, separado del Ministerio de Educación, entregado a José R. *El Gallego* Fernández, quedando aquel regido como sigue: Ministro: Armando Hart; Viceministros: Carlos Martí Brene, Omar González y Norberto Estrabao; Consejo de Artes Escénicas: Raquel Revuelta; Consejo de Artes Plásticas: Marcia Leiseca; Instituto del Arte e Industria Cinematográfica: Julio García Espinosa; Instituto Cubano del Libro: Pablo Pacheco; Instituto Cubano de la Música: Manuel Duchesne Cuzán; Instituto de la Historia de Cuba: Jorge Enrique Mendoza. La UNEAC quedó constituida así: Presidente: Abel Prieto; Vicepresidentes: René de la Nuez y Graciela Pogolotti; Secretario: Miguel Barnet; Vicesecretarios: Alberto Carol y Juan Padrón; Miembros de la Directiva: Loipa Araujo, Waldo Leyva, José Gómez Labraña, Leo Brower, Roberto Fernández Retamar, Abelardo Vidal, José A. Portuondo, Tomás Gutiérrez Alea, Mario Balmaseda, Enrique Núñez Rodríguez; Abelardo Estorino, Roberto Favelo, Víctor Rodríguez y Ariel James. Historiador de La Habana: Eusebio Leal. Lo que en verdad eran todos los nombrados anteriormente lo expresó convincentemente el Ministro del Interior, General de División José Abrantes Fernández en un acto de honor a Carlos Aldana Escalante, Director del Departamento de Orientación Revolucionaria de las Fuerzas Armadas: «*Tenemos una intelectualidad que ha probado su firmeza al lado de la Revolución. Una intelectualidad compuesta ya por varias generaciones, desde los que eran figuras consagradas al triunfo de nuestra causa, hasta los mas jóvenes creadores...*»

Contrastando la hijaputez de todos y cada uno de los escritores, artistas, músicos, etc., cuyos nombres y apellidos aparecen relacionados apoyando la tiranía comunista dentro de la UNEAC y la Milicia de los Trabajadores Intelectuales[101], el día 29 de julio de 1978, aniversario 160 del nacimiento de Pedro *Perucho* Figueredo autor del Himno Nacional, fue fundada en la prisión de La Habana del Este, clandestinamente, la *Asociación de Poetas y Escritores Libres de Cuba* por Francisco Castellanos de la Sala, Juan Valdés Camejo, Ramón Pláceres Alfaro, Manuel Hernández Cruz, Ignacio Cuesta Valle, Emilio J. León González, Gregorio F. Valdés Paz, Rogelio Tejo Sánchez, Manuel Almaguer Garrido, Miguel Hernández Miranda, Guillermo

---

[101] Ver Tomo IV, págs. 159-60, 198, 342.

Escalada Montalvo, Fabio Ramos Molina, Raúl Arteaga Martínez, Santiago Méndez García, Wilfredo Echevarría Alpuin, Luis Lara Gallo, Santiago Díaz Bouza, Felipe Hernández García, Roberto Martín Pérez Rodríguez, Luis Rodríguez Rodríguez, Luis Arroyo Ramos, Daniel R. Morales León, Rafael Trujillo Pacheco, Manuel Márquez Trillo, Orlando Martínez Paz, Alberto C. Jane Padrón, Juan González Ruiz, Nelson E. Rodríguez Pérez, Rafael Rodríguez González, Armando Valladares Pérez, Ángel Enrique Pardo Mazorra, Miguel A. Guevara Sosa, José Tejeiro García, Carlos Pons Watler y Elio Curiel Ortega. Su emblema proclamaba: *Por los Caminos de la Vida Nueva*. En la primavera de 1982 fue publicado, por gestión de Santiago Díaz Bouza y Miguel Guevara el libro *La Muerte se Viste de Verde, Testimonios-Cuentos-Ensayos* cuyo prólogo fue encomendado al Dr. Pablo Castellanos Caballero[102], ejemplar preso político plantado que en 1962 fue condenado a 12 años de prisión y recondenado 4 veces mas por no incorporarse al sobornante *Plan de Reeducación Progresivo* y quien pasó los últimos siete años de sus cinco condenas en calzoncillos por negarse a vestir el uniforme azul de los presos comunes. El Autor se honra en declinar en favor del hermano preso político plantado en Cuba la apología, copiada de su *Prólogo*:

«La Muerte se Viste de Verde» es fruto amargo y ensangrentado de la misión cumplida mas allá de todos los horizontes del decoro. Los autores no retrocedieron ante riesgos y dificultades frustrantes. Asumieron con serenidad el deber de creadores comprometidos con la libertad y la democracia. Las terribles condiciones de vida no represaron su vocación de entrega y servicio. ¡Que diferentes y admirables son estos ideólogos militantes cuando los comparamos con los supuestos «intelectuales disidentes» que después de lamer las garras del tirano durante años y mas años, deciden exiliarse porque al fin comprendieron su «equivocación»! ¡Cínicos y prostituidos que son! ¡Irresponsables aquellos que los acogen en congresos que si bien no exculpan a los mercenarios de la pluma, si consiguen, en el mejor de los casos, envolver en dudas a sus patrocinadores! ¿Pueden compararse los tarifados Carlos Franqui, Heberto Padilla, César Leante o Reinaldo Arenas con

---

[102] Ver Tomo IV, págs. 152-53, 502.

Santiago Díaz Bouza, Miguel Guevara, Armando Valladares o Alberto Fibla? Aquellos castrados de la vergüenza quizás puedan expresarse con mas pujos estilísticos o estéticos, pero estos tienen la moral, la verdad y el patriotismo cimentados con rebeldías y corajes. ¡Aquellos escriben con baba; estos, con sangre!!!

Por estas páginas enajenantes y verídicas desfilan los asesinatos por fusilamiento, las huelgas de hambre aniquiladoras, las golpizas y torturas, la incomunicación indefinida, las requisas despojadoras y todas las facetas del terror científico, despiadado y frío. Tal es la versión comunista de los derechos humanos. ¿Como trabajaron sus ideas y datos? Pues bajo las peores circunstancias. Por mesa y asiento, el suelo de la celda o galera. ¿Papel? Ni pensarlo. Solo envolturas de cigarros y los márgenes de los libelos comunistas. ¿Lápices? Pedacitos escapados a la voracidad de los rateros uniformados. ¿Que tinta? Mercurocromo, a veces, y sangre anémica con mucha frecuencia. Si, dije sangre y no miento. Quien está dispuesto a entregar la vida no teme rajarse una vena para materializar en palabras su ideal de hombre libre aunque esté afixiado por muros, barrotes, alambradas, bayonetas y perros de cuatro y dos patas. De madrugada, a la luz vacilante y humosa de «chismosas» improvisadas, las celdas se convertían en fértiles trincheras de ideas martianas. ¡Así se escribió «La Muerte se Viste de Verde»!

Una brillante maniobra diplomática de Jorge Mas Canosa fue su nombramiento como presidente de la FNCA, con residencia en Washington, del Dr. José Sorzano, catedrático de Georgetown y Embajador Auxiliar de Jeanme Kirkpatrick en la ONU puesto que ambos le abrieron de par en par las puertas de esa organización mundial y lo relacionaron personalmente con multitud de Jefes de Estados y sus representantes. Repentinamente *The Miami Herald* informó, el día 19 de 1985, que la FNCA había pedido al oceanógrafo Jacques Cousteau que durante su estadía en Cuba intercediera con Fidel Castro para que pusiera en libertad *«al disidente y representante en Cuba de los derechos humanos, prisionero político y cesanteado profesor de la Universidad de La Habana Dr. Ricardo Bofill Pagés»*. Colérico. El Autor escribió a Sorzano detallando los antecedentes del hijo de perra comunista que era Bofill[103] y demandando saber quien, o quienes, dentro, o fuera, de la FNCA lo patrocinaban y que lo hacía con la autoridad que le otorgaban, como nacido en Cuba, el haber sido un comandante del Ejército Rebelde, declarado anti-comunista, preso político plantado y profesional universitario y como ciudadano americano por Acta Congresional en virtud de sus servicios en el Ejército de los Estados Unidos en la II Guerra Mundial y Corea y de Comandante en la Legión Americana. Sorzano le respondió, con copia a Mas Canosa, alegando que *«creía que la FNCA actuaba correctamente al interceder con Cousteau en favor de Bofill y que lamentaba decir que, a pesar del justificado apasionamiento de El Autor y de sus reconocidos méritos, él seguía convencido que la FNCA había actuado en una apropiada manera»*. Terminaba diciendo: *«Yo, por supuesto, estoy advertido que mi respuesta, lamentablemente, no le satisfará. Esta es una de esas situaciones en que nuestras respectivas organizaciones (la FNCA y The American Legion) mantienen divergentes puntos de vista pero esto no disminuye la realidad que compartimos los mismos objetivos fundamentales»*. Mas Canosa se mantuvo en silencio hacia El Autor y con ello se solidarizaba con lo expresado por Sorzano acerca de la divergencia con la Legión Americana a pesar que ésta, representada por El Autor como Comandante de su puesto de Cuba, en el exilio, había apoyado la creación de Radio Martí en su Convención Nacional celebrada en Seattle (Washington) el día 24 de agosto de 1983 y movido su poderosísima influencia veteranista en el Congreso para que éste, como así lo hizo, días después, aprobó el crédito que la echó a andar. Noblemente, entonces, Mas Canosa envió una carta de reconocido agradecimiento, en nombre de la FNCA, a El Autor que residía en Los Angeles y que guarda en su archivo.

Figuradamente considerado, la FNCA asemejaba un pulpo político-financiero que en sus distintos tentáculos apresaba personas y empresas que la apuntalaran en aquellas fuentes de poder. Igualmente doméstico o extranjero. Mediante los miembros de su plana mayor de Directores, Fideicomisarios y Consejeros, todos ellos paladines del mas reacio capitalismo avasallador, luchaban a brazo partido por conseguir que Jorge Mas Canosa se

---

[103] Ver Tomo IV, págs. 136-37, 497-503.

transformara en una versión moderna, en el exilio y luego en Cuba liberada, del difunto Presidente Mario García Menocal (1913-1921)[104] y su régimen en el que se hizo un lema del dicho *Si es bueno para la Cuban-American Sugar Company es bueno para Cuba*. Ahora aquí y luego en la Isla el lema tenía, debía, ser *Si es bueno para la Fundación Nacional Cubano-Americana es bueno para Cuba*... Una vez ganada la alcaldía de Miami para Xavier Suárez, como leímos, se dio vida a una tal *National Coalition for a Free Cuba* en la que aparecían Domingo R. Moreira (Presidente); Carlos M. de la Cruz (Vicepresidente); Charles D. Barnett (Secretario); Francisco J. Hernández (Tesorero) y Ernesto Bravo, Tony Costa, Alberto M. Hernández, Jorge Mas Canosa y Juan A. Suárez Rivas (Directores). Firmada por Domingo R. Moreira y Jorge L. Mas Canosa este grupo de millonarios envió una carta-circular solicitando dinero de quienes sudaban la camisa, fechada en agosto de 1986, sin especificar día, por decenas de miles, encabezada con los lemas *Nuestra causa es común: Democracia y Libertad* y *Nuestro objetivo: Erradicar el comunismo* impúdicamente atribuyéndose logros cabilderos indocumentados. La mas ácida crítica que merece tal cifarrera maniobra demagógica es reproducir integramente el texto de dicha carta-circular:

«*Aquellos que en el Congreso y el Senado comparten y defienden nuestra causa y nuestro objetivo necesitan el apoyo moral y económico para poder seguir llevando adelante la lucha que tenemos que librar. Ellos solos no pueden. Necesitan de todos y cada uno de nosotros para que, a través de ellos, nuestra voz y la verdad se canalicen con el propósito de ganar las batallas legislativas necesarias para nuestro empeño. No nos podemos dar el lujo de esperar que otros hagan por nosotros lo que es nuestro deber hacer: enfrentarnos al reto comunista que busca la destrucción de los valores espirituales y morales para sustituirlos por otros que son ajenos a nuestra historia, tradición y cultura.*

Gracias a la ayuda de ustedes se han alcanzado muchos logros: la salida al aire de Radio Martí, el 20 de mayo de 1985; la ayuda militar y económica del Gobierno de los Estados Unidos a los patriotas nicara-

---

[104] Ver Tomo II, págs. 239-309.

güenses y el apoyo y reconocimiento a las fuerzas que están combatiendo contra el gobierno comunista de Angola. Estamos conscientes que tenemos una tarea muy difícil que cumplir, pero asimismo tenemos la fuerza moral y la convicción de nuestros ideales. Por eso es que, una vez mas, te pedimos tu contribución generosa para poder llevar a cabo nuestros planes de trabajo y, con la satisfacción del deber cumplido, poder convivir en un mundo libre gracias al esfuerzo de todos. Acuérdate de las palabras pronunciadas por el Presidente Ronald Reagan durante su visita a Miami el pasado 23 de julio: «Todos ustedes que han sido tan cooperativos en estos últimos cinco años y medio pueden estar orgullosos porque están escribiendo la historia de la libertad. Tanto depende de ustedes».

Tu contribución es decisiva. Envíala en el sobre franqueado que adjuntamos».

El primero de los embrollos en que se vieron envueltos la FNCA y algunos de sus mas prominentes directores fue el conocido como *«el fallido atraco de la Isla Watson».* Su cronología fue como sigue, de acuerdo con lo informado por la prensa, la radio y la televisión miamense y por el testimonio de El Autor que se vio envuelto en la polémica pública generada por el feo asunto que recordaba los habido en Cuba desde Magoon hasta el Batista huido el día de Año Nuevo de 1959, intermitentemente, como se sabe y está documentado en los Tomos II y III de esta *Historiología Cubana.* Y que a partir de 1959, bajo el desgobierno de Fidel Castro el atraco no ha sido intermitente si no permanente y general.

La Isla Watson, situada en la Bahía de Biscayne, era una propiedad de la ciudad de Miami, a medio camino de Miami Beach y atravesada por la principal calzada-terraplen (causeway) que une a las dos ciudades. Estaba arrendada a los dueños de una empresa aérea de hidro-aviones y helicópteros, dos clubes náuticos y unas pocas pescaderías. Su valor comercial intrínseco radicaba en su potencial turístico y placentero de en ella construir hoteles, marinas de yates, valiosos condominios, etc., que costarían incalculables millones de dólares provenientes de inversionistas que en alguna forma tendrían que asociarse a la Municipalidad representada por el Alcalde y los Comisionados que, en definitiva, tendrían que aprobar tal asociación. Durante el período alcaldicio de Mauricio Ferré dos promotores de negocios llamados John Meyer y Bernardo Fort-Brescia presentaron un proyecto valorado en

130 millones de dólares que fue aprobado por Ferré y la Comisión pero que no pudo consumarse por la sencilla razón que los promotores carecían del numerario requerido en efectivo y tendrían que hacerse de él por propios medios o consiguiendo ajenos. Con Xavier Suárez de Alcalde, Meyer y Fort-Brescia contactaron a su socio de bufete, Antonio Zamora, impulsor de su campaña alcaldicia y apoderado de Blas Casares un cubano-venezolano acaudalado constructor naval y puestos de acuerdo y con la venia de Xavier Suárez procedieron a reclutar socios inversionistas en la sociedad anónima que fundaron con el nombre de Watson Island Development Corporation (WIDC). Y aquí fue Troya. El reportero Carl Hiaasen, del Miami Herald, descubrió que tras la fachada de la WIDC se ocultaban Jorge Mas Canosa, Alfredo Pernas, Francisco J. Hernández, Antonio R. Zamora, Tom Carlos, Jeanne Kirkpatrick y su hijo John todos miembros de la FNCA. La investigación del bochinche creció y puso de manifiesto como participantes al holandés Franz Heesen, al venezolano Umberto Petricca, a los españoles Gonzalo Zaldo, Alberto Díaz Fraga y Andrés Parlade y el alemán Alfonso Hohenlohe todos ellos señores de horca y cuchillo en el reino del capitalismo salvaje.

Sacando el ovillo por el hilo, The Miami Herald averiguó que la Betchel International Corporation y la Dean Witter Reynolds serían las encargadas, respectivamente, de las construcciones y de obtener el financiamiento de éstas que se calculaba en 40 millones de dólares, haciéndose eco del rumor de que se pagarían grandes comisiones (finders fees) a los testaferros. El golpe mortal al chanchullo de la Isla Watson se lo dio el Comisionado Joe Carollo cuando denunció que se hallaba comprometido en él un misterioso personaje árabe llamado Albert Abela no solamente asociado a Dean Witter Reynolds si no al campo comunista en compañías de aviación en Afganistan, Bulgaria, Checoeslovaquia, Etiopía, Polonia y Siria y en las pro-soviéticas de Tanzanía, y Sudán. Peor que ésto, Abela negociaba en Angola, en su provincia de Cabinda, suministrando servicios de cuartel maestre a los empleados de la petrolera Gulf-Chevron y a las tropas cubanas de ocupación que las protegían y defendían. Pero lo que rebosaba la copa de la infamia era que la FNCA, mediante Jorge Mas Canosa, Francisco *Pepe* Hernández, Feliciano Foyo y Antonio *Tony* Costa habían creado una entidad denominada *American Freedom Alliance*, organizada legalmente por Antonio Zamora y Jeanne Kirkpatrick que solicitaba contribuciones para financiar un boycot contra Gulf-Chevron que enriquecía a Albert Abela, el socio comanditario de la

Watson Island Development Corporation. Ante aquella destructora revelación Jeanne Kirkpatrick se separó del proyecto alegando ser inocente de su trasfondo. Cogidos fuera de base los traviesos muchachos de la FNCA imitaron a la Kirkpatrick exponiendo la misma razón de ella y afirmando, además, que habían sido engañados por Hohenlohe que era quien había reclutado al sinuoso Abela.

La reacción del exilio combatiente no se tardó en responder el ultraje recibido de la FNCA. El Dr. Rodolfo Nodal Tarafa, abogado internacionalista graduado en Europa y Estados Unidos, de gallarda actitud civilista en Guatemala con la Brigada 2506[105], en una serie de artículos de prensa intitulados *Los Traficantes de Influencias* puso al descubierto el sistema entronizado en Miami y Washington por aquella: «*Con un aparato habilidosamente estructurado para hacer creer que los fines son patrióticos, se teje toda una madeja de contactos políticos, mezclados con intereses económicos, para obtener contratos de suministros a través de programas de gobierno en Centro América y África. Se venden equipos a gobiernos del hemisferio asegurándoles financiamiento federal. Negocian concesiones comerciales con gobiernos locales o extranjeros para productos o actividades bajo control del grupo y mucho mas. Incluso se fomentan negocios solicitando concesiones sobre propiedades públicas utilizando sus influencias locales y en asociación con personajes vinculados a gobiernos comunistas. Ocupan un espacio político en Washington y Miami, mixtificando y confundiendo la representación de la lucha y haciendo el camino muy difícil a quienes están realmente dedicados a la libertad de Cuba. (El Mundo, Miami, julio de 1986).*

El periodista y ex-preso político Ernesto de la Fe, Presidente de PRICONDECOM y ejecutivo en la Liga Mundial Anticomunista demandó de la FNCA, como organización democrática, que esclareciera si la participación de algunos de sus dirigentes en el enjuague indecente de la Isla Watson y la asociación de éstos con Albert Abela era aprobada o no por sus Directores y Fideicomisarios ya que la causa de la libertad de Cuba no podía mancharse, a los ojos del mundo, con tales sucios manejos.

---

[105] Ver Tomo IV, págs. 279-80.

El Autor, resentido con la FNCA por su patrocinio del canallesco Ricardo Bofill Pagés, concurrió al programa radial *Al pan pan y al vino vino* del comentarista Agustín Tamargo en Radio Mambí para encomiar el presidio político cubano en los Estados Unidos y explicar el por qué del fiasco experimentado por el Comité Gestor en sus gestiones por lograr un perdón presidencial para los encarcelados. Como había de suceder, porque era la comidilla periodística del día, la charla derivó hacia el asunto de la Isla Watson y la FNCA. La encendida filípica del entrevistado fue grabada en cinta magnetofónica. He aquí su reproducción:

«Watsongate es un latrocinio similar a los que fueron perpetrados en Cuba mediante las estafas de las explotaciones petroleras; el canal Vía-Cuba; el túnel de La Habana; las Obras Alegres y sus sobreprecios; los Autobuses Modernos; los trueques de azúcar por arroz; los nombramientos tarifados del Inciso K; el robo de los caudales públicos detallados en el sumario de la Causa 82; el proyecto urbanístico de La Habana del Este y toda la gama de iniquidades que, en nombre de la libre empresa y el capitalismo inversionista llenaron de oprobio la historia político-económica de la indefensa República de Cuba. Desde el preciso instante en que supe de la trama inmoral de los promotores del proyecto de la Isla Watson, dentro y fuera de la Fundación Nacional Cubano-Americana, me opuse a ello porque los personajes principales del turbio affaire se proclaman como futuros constructores de una Cuba nueva, igualmente a lo asegurado por los arquitectos del JURE, el Plan Torriente, y los turiferarios de la CIA. Contrario a esto está la postura inclaudicable de quienes han sufrido prisión infamante en Cuba y los Estados Unidos, o que la están sufriendo actualmente, por no doblar el testuz al poder del dinero o de la influencia politiquera. Para los que surgimos a la vida pública cubana bajo la consigna nacionalista de «Cuba para los Cubanos», primero, de «Vergüenza contra Dinero», después, y continuada en el presente, frente a la tiranía comunista con el de «¡Viva Cuba Libre!» el escandaloso Watsongate con sus alabarderos no son diferentes a los pícaros del BAGA, del BANDES, de la ONDI, etcétera. No es que se trate de una destrozante querella que beneficia a Fidel Castro si no del desenmascaramiento de unos cubanos indignos que merecen ser destrozados políticamente antes de que por medios reprobables alcancen su fin que no es otro que

retornar la República de Cuba a un entorno igual al que originó el 10 de marzo de 1952 y ocasionó el 1ro de enero de 1959».

La controversia sobre la Isla Watson se acaloró en el ambiente oficial del Ayuntamiento y el público de la prensa y la radio. En el primero el Comisionado José Carollo incrementó su acrimonia denunciando que la firma Cosmos Electronics, matriz de Radio Mambi, propiedad de Amancio Suárez y Jorge Rodríguez Alvareda hacía negocios con China comunista diciendo que era con Taiwan; que Jorge Mas Canosa poseía una gran finca en República Dominicana y una cadena de mueblerías en Puerto Rico y que Armando *Seso Hueco* Pérez-Roura había sido miliciano y propagandista del castrocomunismo en Cuba y el extranjero. Consiguió que el Consejo se retractara de su favorecimiento del proyecto de la Isla Watson y decretara su invalidez. Ganó esa batalla pero no la guerra que le declaró la FNCA. Mas Canosa voceó que lavaría con sangre la mancha inícua que sobre su prestigio había causado Carollo y lo retó públicamente a un duelo a muerte. El desafiado aceptó pero con la condición que debía ser con pistolitas de agua y vestidos con impermeables. El chiste le costaría el cargo de Comisionado y su aspiración alcaldicia en las elecciones programadas para noviembre de 1987.

Las tres mas poderosas y populares estaciones de radiodifusión en Miami y que tenían el mayor alcance territorial y la mayor audiencia eran las de onda larga conocidas como Radio Mambí, La Cubanísima y RHC Cadena Azul. Sus directores de programas, que equivalían a ser aprobadores o censores de los mismos eran, respectivamente, Armando Pérez-Roura, Tomas García Fusté y Salvador Lew. Subordinados a ellos estaban los comentarístas políticos, verdaderos creadores de la opinión pública, en ese orden, Agustín Tamargo, Fernando Penabaz y Luis Fernández Caubí. El brulote de El Autor contra lo que bautizó *Watsongate*, igualándolo a Watergate[106], despertó inusitado interés en los radio-oyentes que demandaron de los comentaristas referidos extensas investigaciones de la trapacería. Desconociendo a Tamargo, Pérez-Roura anunció que en Radio Mambí se daba por terminado el debate entre Carollo y Mas Canosa sobre la Isla Watson porque era a Fidel Castro quien beneficiaba el asunto. Ernesto de la Fe, Rodolfo Nodal Tarafa y El Autor protestaron ante los dueños de la emisora, Amancio

---

[106] Ver Tomo IV, págs. 580-96.

Suárez y Jorge Rodríguez Alvareda por el úkase del inefable *Seso Hueco* quien, visiblemente, resentía el descubrimiento de su fanatismo por Castro y su militancia miliciana en CMQ Radio en La Habana. La protesta fue desatendida. Mas sin embargo, Fernando Penabaz y Luis Fernández Caubí, atentos al atractivo publicitario latente, brindaron sus espacios a los tres fiscales de Watsongate y la FNCA en fechas acordadas. Pero Tomás García Fusté y Salvador Lew decretaron la suspensión definitiva de las comparecencias basados en la misma falacia esgrimida por la gerencia de Radio Mambí. La prensa principal que se publicaba en español en Miami, *Diario Las Américas* y *El Nuevo Herald*, enmudeció y enterró en vida a *Watsongate* exponiendo que lo hacía para restañar heridas que nunca debieron ser abiertas. En fin, que, en ese respecto, imitaron el sistema comunista de acusar a sus impugnadores de ser agentes imperialistas mediante Granma y Radio Habana-Cuba. Aquí sembraron la calumnia de insinuar colaboración castrista cuando se denuncian las atrocidades que en nombre de la noble causa de la libertad de Cuba se cometen en el exilio.

La oportunidad de un desquite le llegó a El Autor en abril de 1987. Trajinando con el sentimiento caritativo del exilio para con los ex-presos políticos, la FNCA encomendó a uno de sus mas notables cabilderos y directores, Diego R. Suárez, la organización de un ciclo de conferencias que titularon *Homenaje al Presidio Político Cubano a través de los Siglos*. Diligentemente el ingeniero Suárez enroló en el proyecto a los dirigentes del Museo Cubano de Arte y Cultura y de la Sociedad Pro-Arte Grateli, Dr. Nunzio Mainieri y Sra. Pili de la Rosa y al Dr. Horacio Aguirre, Director de *Diario Las Américas* quienes aportarían, respectivamente, el local del Museo para celebrar las conferencias, el Dade County Auditorium y un elenco artístico-musical, y las páginas del periódico como medio publicitario y enviador de notas de prensa al resto de la media rotativa, radial y televisiva. La asistencia al Museo sería gratis pero la del Auditorium costaría un donativo de $10.00. Aquí es pertinente aclarar al lector que *donativo* es un disfraz de *precio*, usado para no pagar el correspondiente impuesto de venta. Se anunciaron dos conferencias en el Museo a llevarse a cabo los días 20 y 22 de abril en las cuales disertarían el profesor Félix Cruz Álvarez, el periodista Carlos Alberto Montaner, el historiador Pedro Roig y el ex-preso político en Cuba Ramón Grau Alsina. Los temas a exponer serían, en el orden señalado de disertantes, *El Presidio Político en la Época Colonial*,

Meditación sobre el Presidio Político, El Presidio en las dos Guerras de Independencia y La Vida del Presidio Actual. De acuerdo con las adhesiones recibidas por Diario Las Américas la concurrencia al Museo y al Auditorium sería incalculable.

Sintiéndose ofendidos porque no se consideró la existencia a través de los siglos del Presidio Político Cubano en el Extranjero, *los plantados del exilio* instaron a El Autor a que reclamara un turno disertante, petición que apoyaron familiares y amigos de los encarcelados en los Estados Unidos y Venezuela así como muchas personas que resintieron el desprecio hacia éstos de la FNCA. Recurriendo al espíritu militar que era parte integral de su carácter, El Autor enérgicamente objetó la manifiesta discriminadora actitud de la FNCA y sus aliados mediante un memorándum en que relataba las prisiones sufridas por patriotas cubanos durante la era colonial en España, Marruecos, Chafarinas, Fernando Poo y los Estados Unidos mencionando a Narciso López, Juan Gualberto Gómez, José Maceo, Alfredo Zayas, Quintín Banderas, Calixto García y Tomás Estrada Palma y en la República, en Estados Unidos, Aurelio Álvarez, Rosendo Collazo, Cándido de la Torre, José Duarte Oropesa, Carlos Prío Socarrás y Manuel Arques contra Machado y Batista y Valentín Hernández, Dionisio Suárez Esquivel, Virgilio Paz Romero, Ramiro de la Fe, Eduardo Arocena, José Duarte Oropesa y Ramón Saúl Sánchez contra Fidel, así como Orlando Bosch y Luis Posada Carriles en Venezuela y Gaspar Jiménez, Henry Agüero, Orestes Ruiz y Gustavo Castillo en Méjico. Añadió la exigencia de denunciar la persecución de los patriotas cubanos expedicionarios por las autoridades americanas y el deber de honrar a los cubanos veteranos del ejército americano muertos en el presidio político de la Isla Ricardo Rabel y Rafael del Pino Siero y los expresos Vidal Morales, José Nadal y José Duarte Oropesa. Aseguró que solicitaba el turno disertante respetuosamente y que anhelaba que se le concediera justicieramente. Caballerosamente el ingeniero Diego R. Suárez disculpó la omisión, que aseveró involuntaria, y rogó a El Autor que ocupara un merecido lugar en la tribuna. La mejor, e imparcial, manera de relatar lo ocurrido es reseñar el reportaje del acto, aparecido en Diario Las Américas, firmado por el Dr. Ariel Remos:

«*De brillante puede calificarse la sesión que tuvo lugar en el Museo Cubano de Arte y Cultura en homenaje al Presidio Político Cubano a través de los Siglos. Los oradores, Félix Cruz Álvarez, Carlos Alberto*

Montaner y José Duarte Oropesa, respectivamente, permitieron al público retrotraerse al presidio político de Cuba colonial; descubrir el sentido del sacrificio de la vida o de la familia y de la incomprensión de su martirio; y a entender mejor la lucha de patriotas cubanos cuyo empeño en atacar al tirano de Cuba en su propia madriguera o donde le pueda doler y causar daño los ha hecho ir a parar a cárceles que no son las de Cuba.

El historiólogo, veterano de la II Guerra Mundial y de Corea con el Ejército Americano, ex-comandante del Ejército Rebelde y ex-preso político en Cuba y los Estados Unidos, José Duarte Oropesa, vistiendo el uniforme de gala de la Legión Americana en la que ostenta el rango de Comandante, luciendo las condecoraciones ganadas en aquellos conflictos, comenzó su vibrante disertación diciendo que los presos políticos cubanos en las cárceles extranjeras eran «la llaga doliente en el cuerpo del exilio» y que, lamentablemente, quien los perseguía y encarcelaba era un amigo y no un enemigo. Indicó que muchos de sus hermanos Legionarios de origen cubano guardaron prisión por defender la democracia en Cuba como defendieron una vez la democracia americana «que puso en nuestros pechos éstas condecoraciones». Criticó acremente el sistema judicial de los Estados Unidos, con instituciones tan reprochables como la del otorgamiento de inmunidad al que se convierta en testigo de estado, lo que es igual en casos como los de los revolucionarios anticomunistas cubanos, a delatar a los compañeros de lucha por los caminos del mundo. Apasionadamente censuró la política del Departamento de Estado de abrir los brazos a desertores castro-comunistas que aplaudieron el fusilamiento de ciudadanos americanos, entre ellos al comandante de la Legión Americana en La Habana, Howard Anderson, y que no otorga un perdón presidencial a los cubanos y se lo da a portorriqueños que intentaron asesinar al presidente Truman y a congresistas. Contrastó la actitud pacifista de los que vienen de Cuba como inmigrantes económicos con la de los que van para allá ejerciendo el derecho de beligerancia como Tony Cuesta, Vicente Méndez y Plácido Hernández y con la de quienes animados por el mismo pensamiento, la misma idea, han experimentado, y experimentan, los sufrimientos morales causados por sentirse abandonados y hasta olvidados en ergástulas extranjeras. Terminó su discurso leyendo los nombres de los cubanos presos en el extranjero y pidiendo un aplauso para ellos. Dio las gracias a los organizadores de las conferencias por incluirlo en ellas. Concluyó exclamando ¡Viva Cuba Libre! ¡Long live America! cuadrándose militarmente.

El acto artístico-musical del Dade County Auditorium, según reportó la prensa fue un lleno completo y produjo una recaudación de $30,000.00 que fueron a engrosar la cuenta de la FNCA destinada, según su informe, a la ayuda que proporcionaba a los refugiados cubanos radicados en terceros países. Ninguno de los presos cubanos en cárceles extranjeras, ni sus mas cercanos seres queridos, recibió un solo centavo de lo recaudado. Capitalizando el asunto de las recaudaciones la FNCA emitió carnets acreditando a sus adquirientes como miembros de ella pero no con derechos de clase alguna en su administración, ni con voz ni voto en sus deliberaciones, ni participación en sus programas cabilderos. Alardeó de contar con 200,000 miembros cotizantes a $5.00 mensuales que importaban la bella suma de $1,000,000.00. Rápidamente llovieron las preguntas reporteriles sobre el destino de esos caudales exentos de impuestos que no procedían del bolsillo de los millonarios jerarcas de la FNCA y ésta respondió el día 20 de mayo de 1987 con un anuncio público de sus éxitos enumerando los siguientes: Visas a ex-presos políticos cubanos para que pudieran viajar a los Estados Unidos con sus familias; cancelación de la injusta medida del Departamento de Estado que impedía a cubanos varados en Panamá procesar solicitudes de visas para reunirse con sus familiares residentes en los Estados Unidos; visas humanitarias para cubanos enfermos y casos de urgencia; mas de 100,000 comidas servidas a cubanos refugiados en España, Panamá y Perú; pago de alquiler a 20 familias cubanas en Madrid, 30 en Lima y 12 en Costa Rica; pago de matrículas, uniformes y libros a 126 niños y 18 estudiantes universitarios en Madrid, 30 en Lima y 12 en Costa Rica; pago de matrículas, uniformes y libros a 125 niños y 16 estudiantes universitarios cubanos en Madrid y 70 niños de edad escolar en Perú; ayuda de Navidad en efectivo, de 20 a 100 dólares, dependiendo del número de miembros en la familia, a cada una de 1,050 familias cubanas en España, Panamá, Costa Rica y Perú. Prontamente el Dr. Máximo Sorondo, en nombre de PRICONDECOM, urgió a la FNCA que detallara que intereses había utilizado para lograr sus proclamados éxitos pues tenía fidedigna información de que lo que en España recibían los refugiados procedía del magnate azucarero Julio Lobo, humanitariamente, y que el gobierno español y la iglesia católica mantenían órganos de beneficencia y socorro a los refugiados. Añadió que todo Miami sabía que los refugiados en Costa Rica, Panamá y Perú sufrían penurias sin cuento y solicitaba que la FNCA presentara un estado de cuentas detallando los pormenores de ingresos y gastos que justificaran la certeza de lo que alardeaba. Lo tiraron a mondongo[107].

XVII

Bosquejo de Armando Valladares, Eloy Gutiérrez Menoyo y Roberto Martín Pérez. Presencia político-militar de Cuba en el Tercer Mundo. Triunfo sandino-comunista en Nicaragua. Las Enmiendas Boland. La deshonra Iran-Contra. Irangate. El Miami Medical Team. Testimonios escritos de Ronald Reagan, Richard Secord, Oliver North, Félix Rodríguez y Luis Posada Carriles. Fin de la guerrita bananera.

La FNCA y la Junta Patriótica estaban necesitadas de una figura procedente del presidio político de la Isla de Pinos que allí ostentara un expediente de plantado intransigente y por tanto su brillo atrajese hacia sus respectivas organizaciones las simpatías de la parte del exilio que las consideraba como cabildera una y retórica la otra. No habría problema alguno con la procedencia política o beligerante de esas personas pues el heroico y casi suicida comportamiento de ellas frente al sadismo de los carceleros comunistas había sido un crisol rectificador del pasado de cada uno, fuese este batistiano o fidelista. La FNCA había ensayado con Armando Valladares sin mucha fortuna pues su característica era la de un poeta y no la de un guerrero. Además, su trayectoria por la diplomacia y el cabildeo le habían inflado el ego hasta el extremo de pensar independientemente y de crear su propia *Fundación Valladares*, paralela y hasta competidora de la de Jorge Mas Canosa y sus ricachos camaradas que, sin tardanza, lo bajaron de esa nube. Perdió, como era de esperarse, su posición diplomática en la ONU y el

---

[107] Cubanismo por no hacer caso, menospreciar.

acceso al cabildeo en Washington pero logró ganarse la amistad y ayuda económica de la generosa y patriótica dama cubana Elena Díaz Versón Amos que colaboró con él en la exfiltración de Cuba del piloto militar Orestes Lorenzo y su familia y de Alina Fernández Revuelta, hija bastarda de Fidel Castro y Naty Revuelta, casos que mas adelante reseñaremos. Su rara manera de ser y actuar era su peor enemigo. Había ingresado en la policía de la dictadura de Batista cuando los jóvenes de su edad estaban contra ella, peleando y muriendo. No se le castigó por ello y además le colocaron de guarda-jurado en la Caja Postal de Ahorros. No era un militante de la juventud católica, estudiantil u obrera afiliada al Movimiento 26 de Julio o del Directorio Revolucionario. Cayó preso por cuestión de una algarada anticomunista frente a la Iglesia de la Caridad, de la cual no era feligrés. Después de liberado merced a las gestiones con Castro, como sabemos, del catolicismo francés movido por Regis Debrày, se popularizó mundialmente como el prototipo del preso de conciencia pero no estableció relaciones fraternas con sus compañeros del presidio político histórico y hasta llegó, en 1989, a lanzar un vitriólico ataque a los obispos cubanos diciendo: *«Los católicos cubanos son una pequeña minoría, por causa del comportamiento de los Obispos. La gran mayoría del pueblo cubano era católica antes de la revolución marxista. Hoy no lo es mas, porque la actitud de la Iglesia Católica, colaborando con el régimen, apartó a los fieles. Ellos veían en los Obispos a aliados de Castro. La Iglesia nunca levantó su voz para denunciar las torturas, la falta de libertad y las ejecuciones de los católicos»*[108]. Su falta de consistencia en las ideas y las acciones revolucionarias, cualidad propia de la mayoría de poetas y retóricos tribunicios, lo ha alejado de la palestra y acercado a la paleta pues está dedicado enteramente al arte pictórico en un bucólico paraje del Estado de Virginia.

Durante muchos años Alfa 66 mantuvo una admirable lealtad hacia Eloy Gutiérrez Menoyo, defendiéndolo de todas las culpas que se le atribuían por la destrucción del complot Trujillo-Pedraza mas la serie de errores políticos cometidos durante la lucha contra los regímenes de Batista y Fidel. Errores que se compensaban con las múltiples demostraciones de valor personal y

---

[108] Sergio F. de Paz y Eugenia G. Guzmán, Cubanos Desterrados, Miami, 1990.

audacia probados en páginas anteriores[109]. Alfa 66, como miembro valioso de la Junta Patriótica, anhelaba la presencia de Eloy en Miami, una vez puesto en libertad después de cumplir la larga condena que le fue impuesta, para que la JP lo reconociera como su líder militar y lo respaldara sólidamente en llevar a cabo, en forma definitiva, su estrategia de la guerra irregular en Cuba. Fue excarcelado y viajó a España, su patria natal, y de allí a Miami donde Andrés Nazario Sargén, Diego Medina y Emilio Caballero, máximos dirigentes de Alfa 66, organizaron un sonado acto en su honor en el Tropical Park el día 27 de marzo de 1987, nutrido con una vasta concurrencia. Como era natural los oradores exaltaron el regreso de Eloy y su reintegro a la jefatura militar de Alfa 66. El homenajeado usó brevemente la palabra para agradecer el acto, sin referirse para nada a su reintegro a la organización ni a revivir los propósitos beligerantes pasados, algo que perplejó a la numerosa concurrencia que días después se enteró por la prensa que no solamente *El Gallego* informó que desde el tiempo de su prisión en Cuba había dejado de pertenecer a Alfa 66 si no que censuró a Sargén, Medina y Caballero por haberle dado carácter sectario y no neutral al acto del Tropical Park. Este repentino y anonadante viraje de Eloy, inexplicable para sus seguidores y admiradores, dentro y fuera del ámbito de Alfa 66, se pondría al descubierto cuando se proyectó como un colaboracionista de la satrapía de Fidel Castro, como veremos. La alevosía asestó un golpe mortal al Alfa 66 como organismo de combate físico expedicionario de por si y dentro de la Junta Patriótica.

Al deshacerse de Armando Valladares, la FNCA trajo a su plana mayor al ex-preso plantado Roberto Martín Pérez quien habíase portado tan valientemente en todas las cárceles que sus antecedentes batistianos y pedracistas los había lavado con su sangre procedente de las muchas heridas que sufrió, sin pedir cuartel, de manos de los carceleros azuzados contra él por los esbirros comunistas. Diferentemente a lo ocurrido con Menoyo que su homenaje había sido una iniciativa exclusivamente de Alfa 66, ahora en Tropical Park, el día 25 de mayo de 1987, la convocatoria a su homenaje tuvo carácter de generalidad y la asistencia al mismo superó tremendamente

---

[109] Ver Tomo III, págs. 471-72, 497-501, 543-44, 576 y Tomo IV, págs. 121-31, 230-33, 303, 401, 434-35, 629.

a la tributada a Menoyo. Martín Pérez fue obsequiado con proclamaciones de las alcaldías de Miami, Miami Beach, Hialeah, Sweetwater, West Miami, West Palm Beach y Dade County que promulgaban la fecha como *el Día de Roberto Martín Pérez*. Ocuparon la tribuna para loarlo los alcaldes Javier Suárez de Miami; Pedro Reboredo de West Miami; Alex Daoud de Miami Beach y Steve Clark de Dade County; los Representantes Estatales Lincoln Díaz Balart y Javier Souto; la Senadora Estatal Ileana Ros; los expresos políticos Andrés Vargas Gómez y Ramón Mestre y el Administrador Municipal de Miami César Odio. El comprobado hecho de que la FNCA había patrocinado el homenaje, pagado los gastos del mismo y movilizado la comunidad a la asistencia no restó un ápice al afecto que se ganó Martín Pérez cuando instó a todos a unirse, en olvido del pasado y con la vista en el futuro, por el bien de una Cuba Libre con todos y para el bien de todos.

Hay que lealmente reconocer que la presencia de Roberto Martín Pérez en la FNCA fue fructífera para ésta pues la adornó con una aureola de emociones combativas que le faltaban a sus componentes archi-conservadores en su mayoría afiliados al partido Republicano, el de la clase veneradora del poder, sea este político o económico. Pero, siempre por desgracia hay un *pero*, los veinte y pico de años de constante combate contra los gamberros comunistas en el presidio, en perenne defensa de su persona y las de sus compañeros generaron, en su entorno, un mecanismo agresivo contra cualquiera que agrediese, verbal o físicamente, a uno de sus amigos o compañero de ideales. Se identificó en tal vigorosa forma con Jorge Mas Canosa que no comprendía que los ataques a la conducta política de éste no eran directamente a su persona si no a su liderazgo en la FNCA. Lo tomó tan a pecho que se vio envuelto en trifulcas que lo pintaban como un guapetón de la claque de Mas Canosa presto a reñir con los críticos de éste. Tuvo un encuentro público, en el concurrido restaurant *Versalles*, con el polémico Felipe Rivero, miembro distinguidísimo de la Brigada 2506, quien conducía un programa radial que se especializaba en formar un imaginario tribunal del pueblo en el que los oyentes juzgaban a una personalidad del exilio, actuando telefónicamente en forma anónima como fiscales o defensores. El día que le tocó a Jorge Mas Canosa ser juzgado fue una cosa de alquilar balcones. Felipe Rivero solo interrumpía a quienes usaban un lenguaje impropio, de malas palabras. Metafóricamente hablando, se puede afirmar que el monarca de la FNCA fue pasado a cuchillo. Furioso, Martín Pérez, que superaba en estatura y peso al esbelto Rivero, lo increpó fuertemente y cuando se le abalanzó y extendió un brazo hacia su oponente éste, que era un cinta negra karate, le aplicó una llave que después de elevarlo en vilo lo estrelló violentamente en el piso ante el asombro de los presentes que esperaban un diferente final. El incidente en el *Versalles* corrió de boca en boca en Miami con inusitada rapidez y los chistes sobre la FNCA y su gladiador, que fue por lana y salió trasquilado, se contaron por decenas.

En otra ocasión se apareció en la estación de radio de la cual era gerente Tomas García Fusté en los momentos en que éste entrevistaba al Dr. Pablo Castellanos, quien censuraba acremente la actuación de Mas Canosa en Washington en el cabildeo, enfrascándose con aquel en una pelotera verbal que escuchaban atónitos los oyentes pues se trataba de dos ejemplares presos políticos plantados envueltos en una insensata disputa que García Fusté terminó, sacando del aire bruscamente el programa. Las frases mas recordadas y repetidas profusamente en los corros y corrillos de exiliados fueron la de Martín Pérez advirtiéndole a Castellanos *que se estaba cansando de sus ataques a la Fundación* y la de éste respondiéndole *que a él no se le podía amenazar ni meter miedo*. Amigos de ambos contendientes intervinieron apaciguadamente logrando reconciliarlos. La FNCA encaminó el rumbo de Martín Pérez por senderos de relaciones públicas internacionales y éste se destacó brillantemente en Angola, Centro América y España así como en programas de Radio Martí destinados a los oyentes dentro de Cuba. Como premio a sus triunfos fue nombrado miembro del cuerpo de Directores de la FNCA. Su labor relacionada con los Derechos Humanos fue encargada a otro eminente ex-preso político plantado, Luis Zúñiga, hombre muy culto, versado en la historia política cubana y mundial y de valerosa conducta pero al incorporarse a la nómina de la FNCA perdería su libertad de pensamiento para volverse un disco fonográfico de ella.

Como sabemos, en enero-julio de 1967 fueron creadas en La Habana la Organización de la Solidaridad de los pueblos de África, Asia y América Latina (OSPAAL) y la Organización Latinoamericana de Solidaridad (OLAS) con el propósito imperialista-marxista de imponerlo mundialmente pero en especial en los países al Sur del Río Bravo. Frente a ello los Estados Unidos patrocinaron, y financiaron, la Conferencia de Presidentes en Punta del Este (Uruguay) que se comprometieron a mantener y defender la democracia. En lo que corresponde a Cuba en todo el proceso se enmarañó en sus guerras africanas de Angola, Zaire (Congo), Namibia, Etiopía, Somalia y Eritrea y fracasó en Venezuela, Bolivia, Argentina, Guatemala y Perú[110]. Veinte años después, en conveniente olvido de sus derrotas, Fidel Castro se jactó del éxito del Internacionalismo Socialista Cubano informando que Cuba tenía presencia político-económica en 36 países del Tercer Mundo con cerca de 3,000 especialistas laborando en las siguientes ramas dentro de ellos: Salud Pública 21; Educación 15; Agropecuaria 14; Construcción 12; Transportes 6; Pesca 15; Cultivo y Procesamiento del Azúcar 5; Industria Mecánica, Básica, Ligera y Alimenticia 5; Comunicaciones 2; Comercio 4 y Organismos Globales de Economía 6. Daba pena el constatar que en el extranjero Cuba alardeaba de beneficiar pueblos en renglones que su desgobierno comunista había desamparado y consecuentemente arruinado tales como la Salud Pública (epidemias de dengue hemorrágico); Agropecuaria (carencia de leche, carne y viandas); Construcción (decrepitud de viviendas y edificios); Industria Azucarera (mengua de producción); Alimenticia (desnutrición severa); Transportes (camiones y bicicletas en lugar de omnibuses y automóviles); Pesca (costera, no de alta mar) y Educación (adoctrinamiento). En cuanto a las Industrias, el Comercio y los Organismos Globales de Economía nos basta el atenernos a una simple deducción derivada del porqué se tuvo que implantar el llamado Proceso de Rectificación de Errores y Corrección de Tendencias Negativas descrito en anterior Capítulo.

Como anteriormente leímos, el gobierno de Carlos Prío Socarrás se vio envuelto en un problema político con Washington por causa del disgusto que produjo en éste la intromisión de aquel favorable a los enemigos de los intereses comerciales y financieros de éste en Guatemala. Mas tarde, en 1954, durante la lucha contra el Batista del 10 de Marzo de 1952, el exilio en Méjico se alió a los enemigos del dictador de Nicaragua, Anastasio *Tacho* Somoza, en una fracasada revuelta. Meses después, en Cuba, el embajador americano, Arthur Gardner, exigió a Batista que impidiese el viaje de jóvenes que pretendían ir en ayuda de Costa Rica agredida por Nicaragua. En noviembre de 1960 la aviación de la Brigada 2506 contribuyó decisivamente a la derrota de los alzados contra el gobierno de Miguel Idígoras Fuentes en Puerto Barrios, Guatemala. Era de imaginarse, pues, que con todas las

---

[110] Ver Tomo IV, págs. 479-87, 503-29, 620-23.

anteriores ocurrencias enemistosas sucedidas entre Cuba y los Estados Unidos teniendo como escenario a Centroamérica[111] nuevas confrontaciones tendrían lugar. Pero esta vez, con Fidel Castro dirigiendo a la OSPAAL y la OLAS y la Unión Soviética y sus satélites aliados comunistas apoyándolo, el choque iba a ser tremendo tanto en lo político como en lo militar en el ámbito tricontinental.

La guerra civil que se desarrollaba en Nicaragua terminó abruptamente el día 17 de julio de 1979 con la huida del dictador Anastasio *Tachito* Somoza hacia los Estados Unidos y luego a Paraguay donde fue muerto en un atentado en septiembre de 1980. El Frente Sandinista, victorioso, aceptó formar parte de una Junta de Reconstrucción Nacional con sus comandantes Daniel Ortega y Sergio Ramírez y los antisomocistas Violeta Barrios Chamorro, Alfredo Robelo y Moisés Hassem comprometidos con la OEA en instalar en Nicaragua un régimen democrático de economía mixta, una política exterior no alineada y un sistema pluralista electoral. En julio de 1980 Fidel visitó oficialmente a Nicaragua y mientras recomienda a los sandinistas no actuar radicalmente contra los capitalistas, los americanos y los religiosos acuerda con ellos enviarle armas en grandes cantidades para que, según se anuncia, modernicen sus fuerzas armadas. Ronald Reagan tomó posesión de la Presidencia en enero de 1981 y un mes después fue informado por la CIA que Nicaragua estaba tramando derrocar violentamente los gobiernos de El Salvador y Honduras con el armamento enviado por Cuba. El State Department, autorizado por Reagan, publicó un *Libro Blanco* denunciando la intervención comunista en El Salvador y detallando que desde mediados de agosto de 1980 cientos de toneladas de armas llegaron a Cuba procedentes de Etiopía y Viet-Nam que eran trasegadas a Nicaragua y de allí a El Salvador a través de Costa Rica y Honduras. El día 10 de enero de 1981 los guerrilleros salvadoreños coalicionados en un Directorio Revolucionario Unificado lanzaron una ofensiva general que no prosperó y que lo hizo volver a las tácticas de ataques guerrilleros en las selvas y montañas y de atentados personales y dinamiteros en las ciudades y pueblos, asesorados por personal militar cubano mandado por el general de brigada Néstor López Cuba jefe de la misión militar en Managua. Molesto, Reagan ordenó suspender la

---

[111] Ver Tomo III, págs. 134, 320, 334 y Tomo IV, págs. 309-10.

ayuda económica a Nicaragua que su antecesor, Jimmy Carter, había otorgado pensando que ello impediría la radicalización del sandinismo. Sin pérdida de tiempo Daniel Ortega se fue a Moscú a solicitar cooperación comunista con la excusa, pre-planeada, de que lo hacía porque los Estados Unidos lo obligaban a así hacerlo. En diciembre de 1981 Reagan firmó la Directiva 17 del Consejo Nacional de Seguridad autorizando a la CIA *«a conducir operaciones políticas y paramilitares contra la presencia de tropas cubanas en el ejército sandinista y para la creación de un frente popular que sea nacionalista, anticubano y antisomocista»* concediéndole un fondo de $20,000,000.00 para gastos. Un año justo después, en diciembre de 1982, Edward Boland, Presidente del Comité de Inteligencia de la Cámara de Representantes logró la aprobación de una ley que especificaba lo siguiente:

«Ninguna parte de los fondos provistos por la Directiva 17 puede ser usada por la Agencia Central de Inteligencia o el Departamento de Defensa para proveer equipos militares, entrenamiento militar, o sostén de actividades militares, a cualquier persona o grupo de ellas que no sea parte de las fuerzas armadas de un país, para el propósito de derrocar al gobierno de Nicaragua o para provocar un conflicto militar entre Nicaragua y Honduras».

La Administración Reagan continuó su ayuda a la oposición al gobierno sandinista, secretamente, conocida como *«la Contra»*, que se había alzado en armas y dividido en dos teatros de operaciones denominados Frente Norte, al mando del ex-coronel somocista Enrique Bermúdez, y el Frente Sur, al mando del ex-comandante sandinista Eden Pastora. En marzo de 1983 la simpleza que era la confrontación USA-Cuba-Nicaragua-El Salvador-Honduras en la guerrita bananera que en Centroamérica ocurría, se mezcló con la guerra petrolera que se libraba en el Medio Oriente entre Iran e Iraq, los dos enemigos jurados de Israel y los Estados Unidos, ocasionando el insensato negocio sucio bautizado por la prensa como, indistintamente, *Irangate* o *Iran-Contra*. Que al igual que ocurrió en el enredo de Watergate, por estar vinculados a la CIA cubanos exiliados en ese chanchullo, invocando la libertad de Cuba del comunismo, haya que considerar lo acaecido como parte del proceso historiológico cubano y que El Autor, como hizo en el Tomo IV, lo relate, analice y califique documentadamente. Y que, sin reservas, aconseje la lectura de libros que, escritos por protagonistas, investigadores y testigos auxilien al lector a formar su independiente criterio[112]. Y que lo impriman porque es mas que sabido que lo que se escribe, queda. Y lo que se habla se lo lleva el viento.

En 1979 el gobierno de Irán permitió que sus seguidores asaltaran la embajada americana y se llevaran de rehenes a sus empleados y visitantes. El entonces presidente Carter decretó un embargo y ordenó la deportación de ciudadanos iraníes en los Estados Unidos. Un intento de rescatar los rehenes fracasó pero en junio de 1980 fueron puestos en libertad cuando fueron aceptadas las condiciones humillantes impuestas por Irán. Ese año de 1979 en Iraq llegó al poder Saddam Hussein quien estableció un régimen de represión, abuso de los derechos humanos y terrorismo. En septiembre de 1980 Iraq invadió a Irán y comenzó una guerra entre ellos por cuestiones sectarias mahometanas. Lo único que tenían en común era su odio por Israel por cuestiones religiosas bíblicas y su interés en nacionalizar el petróleo que comercializaban intereses gasolineros americanos y británicos que de inmediato se dieron a la tarea de defender sus intereses movilizando sus cabilderos en Washington y Tel-Aviv y aumentando los precios del petróleo y sus derivados, buscando apoyo en los consumidores enojados por las consabidas molestias que generaban la escasez y los altos precios. Aconsejada por la CIA, la Administración Reagan dispuso, en marzo de 1983, un programa destinado a desalentar la venta de armas a Irán por Corea del Sur, Italia, Portugal, España, Argentina, Israel, Taiwan, Inglaterra, Alemania Federal y Suiza. Pero en mayo de ese año la CIA y el Departamento de Defensa entraron en negociaciones secretas con Israel para que éste transfiriera a la CIA el armamento que había ocupado a la Organización Palestina de Liberación de Yasser Arafat en la guerra contra ésta en Líbano en junio-septiembre de 1982. La CIA nombró al Mayor General (retirado) Richard Secord para que discretamente y en silencio se ocupara del negocio. En julio

---

[112] *Ronald Reagan, Autobiography,* Simon & Schuster, New York, 1990.
Richard Secord, Honorod and Betrayed, John Wiley, New York, 1992.
Oliver North, Under Fire, An American Story, Harper Collins, New York, 1991.
Peter Kornbluh, *The Iran-Contra Scandal,* New York Press, 1993.
Luis Posada, Carriles, *Los Caminos del Guerrero,* Guatemala, 1994.
Félix Rodríguez, *Guerrero en la Sombra,* Emece, Buenos Aires, 1991.

de 1983 equipos militares americanos por valor de cientos de millones de dólares fueron vendidos a Irán por medio de Israel y Corea del Sur. En octubre de 1983 sucedió algo inesperado: un cuartel de la Infantería de Marina yanqui en Beirut fue volado causando la muerte a 241 soldados. Créase o no, el Departamento de Estado acusó a Irán de responsable pero no tomó medidas contra éste ni suspendió el negocio mencionado porque su interés radicaba en fortalecer a Irán contra Iraq, ya que conocía que los planes de Saddam Hussein eran el controlar toda la producción petrolera de los países árabes en perjuicio del cartel monopolista de la Organización de Países Exportadores de Petroleo (OPEC).

Entre tanto, en Nicaragua y El Salvador continuaba en forma intermitente la guerrita bananera a pesar de la gestión mediacionista de la OEA en Contadora que reunió a Méjico, Panamá, Venezuela y Colombia. El intento de la CIA de fortalecer el Frente Sur para sincronizar sus operaciones con las del Frente Norte fracasó porque Edén Pastora se negó a unirse a éste acusándolo de estar bajo el control de oficiales somocistas al mando de Enrique Bermúdez, acantonados en Honduras disfrutando una vida regalada. El día 30 de mayo de 1984 Edén Pastora fue objeto de un atentado dinamitero en La Penca que lo hirió gravemente y mató a la periodista americana Linda Frazier. Pastora abandonó la lucha, acusó a la CIA de ser la autora del atentado y se mudó a Costa Rica a dedicarse a la pesca de tiburones. En noviembre de ese año se celebraron elecciones presidenciales que ganan, sin oposición apenas, los sandinistas con el ticket Daniel Ortega-Sergio Ramírez. En Washington era un secreto a voces que la Administración Reagan continuaba su ayuda secreta a *la Contra* violando la Enmienda Boland a la Directiva 17. Indignado con Reagan la Cámara de Representantes aprobó, por gestión del representante Edward Boland y su Comité de Inteligencia una segunda Enmienda, en enero de 1985, de obligado cumplimiento so pena de un procesamiento por desacato congresional, que especificaba:

«*Ninguno de los fondos al alcance de la Agencia Central de Inteligencia, el Departamento de Defensa o cualquier otra agencia o entidad de los Estados Unidos envuelta en actividades de inteligencia pueden ser dedicados o gastados en un propósito que pueda tener el efecto de ayudar, directa o indirectamente, operaciones militares o paramilitares en Nicaragua por cualquier nación, grupo, organización, movimiento o individuo*».

Restringida al máximo por la Enmienda Boland II, la CIA, de acuerdo con el Presidente Reagan, transfirió al Consejo Nacional de Seguridad la labor de seguir financiando a *la Contra* y proveyéndola de armamento. Marrulleramente la CIA y el CNS crearon una organización pantalla titulada Coordinadora Democrática, idéntica al Consejo Revolucionario Cubano de Bahía de Cochinos, con Adolfo Calero en el papel de José Miró Cardona. Lo primero que hizo Calero fue abrir una cuenta bancaria en clave para manipular los millones que misteriosamente le llegarían, a nombre de una dama, Esther Morales, que haría el papel del enigmático Juan Paula del CRC. Una verdadera mescolanza de Directores de la CIA y Miembros del CNS se hizo cargo de poner en funciones el nuevo programa anti-comunista para Centroamérica. William Casey, Director de la CIA, actuando bajo cuerda trajo al CNS a sus subordinados Clair George, Director General de Operaciones; Duane Clarridge, Director de Operaciones en Latinoamérica; Alan Fiers, Director de Operaciones en Centroamérica y a su hombre de confianza Elliott Abrams, Subsecretario de Estado para Asuntos Latinoamericanos. Por su parte, también bajo cuerda, Reagan encomendó a Robert McFarlane seleccionar militares profesionales de alto nivel y destacarlos en el CNS. Estos fueron el Almirante John Poindexter, el Teniente Coronel de la Infantería de Marina Oliver North y el General del Ejército Richard Secord. Oliver North, según documento guardado en el Archivo Nacional, presentó un plan de acción mas ambicioso que el fallido de la *Operación Pluto* de la CIA para Bahía de Cochinos. Leamoslo:

«Crear una zona liberada en un territorio costanero del sur de Nicaragua con la ayuda de las fuerzas aéreas de Guatemala y El Salvador atacando los tanques sandinistas que contra-ataquen. Los Estados Unidos limitarán su ayuda al gobierno democrático de Nicaragua a ayuda naval, con cobertura aérea que garantice que la introducción de tropas de desembarco cubanas y aviones MIGS serán enfrentadas por fuerzas militares americanas. Yo creo que la mayoría de naciones latinoamericanas, excepto Méjico, nos apoyarán y que todo esto durará, a lo sumo, dos o tres meses. Yo creo que el pueblo americano responderá favorablemente a la imagen de un Frente Revolucionario Democrático luchando gallardamente por liberar a Nicaragua del sandino-comunismo».

El general Secord, nombrado Jefe Superior de Operaciones por la amalgama CIA-CNS maquinó revivir la venta de armas a Irán para usar el dinero ganado en ayudar a *la Contra*. Esta vez la negociación se hizo por medio de Israel que aparentó enviarlas como equipos de exploración petrolera por cuenta de las firmas apócrifas Energy Resources International, Lake Resources, Udall Corporation y Amalgamated Commercial Enterprises de las que aparecía como gerente el iraní Albert Hakim. No satisfechos con los millones de dólares infectos que lograban, este grupo de estafadores internacionales obtuvieron que Arabia Saudita contribuyera con $32,000, 000.00 y Taiwán con $2,000,000.00 que según denunció la prensa posteriormente fueron a parar a la cuenta bancaria fantasma de Esther Morales. Separadamente, Richard Miller, ayudante presidencial de Reagan, estableció la International Business Communications (IBC) para recibir fondos procedentes de la National Endowment for the Preservation of Liberty, que por valor de $10,000,000.00 fueron entregados a Oliver North. Otra corporación, la Nicaraguan Humanitarian Assistance Office (NHAO) obtuvo una consignación congresional de $27,000,000.00. La venta de armas a Irán, esta vez, importó $3,800,000.00. Toda la millonada en cuestión, que al lector puede parecer exagerada, fue documentada en la investigación efectuada, por orden del Congreso, por la Comisión que presidió el Juez Lawrence Walsh en la criminal perrería Irán-Contra.

La vinculación de cubanos anticomunistas del exilio en el revoltijo *Irangate* tuvo dos carrileras: una humanitaria y otra paramilitar. La primera fue obra de un grupo de médicos cubanos miamenses que integrados en el Miami Medical Team, fundado por el cirujano ortopédico Manuel Alzugaray, estableció un hospital de sangre en territorio hondureño fronterizo al nicaragüense donde operaban las tropas antisandinistas al mando de Enrique Bermúdez, cuyo director político era Adolfo Calero en representación del Frente Democrático Nicaragüense, patrón Contra del Frente Norte, con su Estado Mayor y regimientos acuartelados en El Aguacate. El Miami Medical Team actuó profesionalmente, sin participar en las rivalidades que desdoraban políticamente la causa antisandinista. En el campo internacional el Miami Medical Team prodigó su humanitario servicio en Angola y Afganistán donde Cuba comunista y la Unión Soviética mercenariamente herían y mutilaban la población que los repudiaba. Los mas desalmados de esos mercenarios eran los pilotos de la aviación militar castro-comunista que en Angola bombardeaban inmisericordemente pueblos y villorrios asesinando niños, mujeres y ancianos siguiendo las ordenes indiscutibles de su jefe, el general Rafael del Pino Díaz, que repetía, una y otra vez, su sádica naturaleza evidenciada en Playa Girón[113]. Copiada inhumanamente por su fiel subalterno el capitán Orestes Lorenzo en África.

El general Secord, de acuerdo con Oliver North, decidió manejar la operación Irán-Contra con su propia gente y a la manera que lo había llevado a cabo, por cuenta de la CIA, en Viet-Nam y Laos. Reclutó a Tom Clines, Richard Gadd y Robert Dutton como sus hombres de confianza. Cuando llegaron a El Salvador se encontraron que un agente de la CIA, Félix Rodríguez, cubano de origen que usaba el seudónimo *Max Gómez* estaba destacado en la base aérea de Ilopango, coordinando suministros a la Contra por encargo de Donald Gregg, consejero confidencial del Vicepresidente George Bush que había sido Director de la CIA. Rodríguez era un veterano de Bahía de Cochinos que en Bolivia había actuado contra Che Guevara bajo el nombre de *Félix Ramos*[114] y que era poseedor de un extraordinario expediente de servicios con la CIA en su guerra secreta contra Fidel Castro y en la memorable, pero inútil, de Viet-Nam. *Max Gómez* había colocado como su colaborador al cubano nativo Luis *Bambi* Posada Carriles, fugado de la prisión venezolana en que estaba internado con Orlando *Piro* Bosch desde 1976[115]. Durante un viaje que dieron a El Salvador Oliver North y Secord arrogantemente resolvieron descartar el método de Rodríguez, que funcionaba exitosamente, y establecer uno de ellos que, aunque mas amplio era mas arriesgado, utilizara personal americano con un hispano parlante de traductor. Mas preocupado que enojado, *Max Gómez* viajó a Washington y expuso al Vicepresidente Bush su inquietud por lo que preveía como un desastre militar y político. Fue cortésmente atendido pero no se le prestó atención.

El día 5 de octubre de 1986 el paripé centroamericano del CNS explotó como un siquitraque gigante. Un avión de carga de la CIA en ruta a El Aguacate desde Ilopango, con cuatro toneladas de suministros bélicos, fue

---

[113] Ver Tomo IV, págs. 623-24.

[114] Ibid. pág. 524.

[115] Ver Tomo IV, págs. 606-09.

derribado sobre Nicaragua por un cohete tierra-aire sandinista. Perecieron los pilotos yanquis Bill Cooper y Buzz Sawyer y un traductor. Salvó la vida lanzándose con un paracaídas el tirador de carga Eugene Hasenfus quien fue capturado y a cambio de su vida descubrió toda la trama urdida en Washington, puesta en práctica en Honduras y El Salvador en complicidad con sus Fuerzas Armadas y con desconocimiento, según alegaron ellos, de sus respectivos Presidentes Roberto Suazo Córdoba y José Napoleón Duarte. La burla de las dos enmiendas Boland enfureció a Congresistas que demandaron una aclaración de la Casa Blanca y el Pentágono. El día 11 de noviembre el Presidente Reagan y el Secretario de Justicia, Edwin Meese, espantaron a la Nación al descubrir que la operación de vender armas a Irán, que estaba en guerra con Iraq, y la de transferir parte del dinero a los Contra estaban inter-relacionadas pero que Reagan *«no estaba totalmente informado de los detalles del turbio asunto».* Meese agregó que el Teniente Coronel Oliver North, de la Infantería de Marina, había sido relevado de su puesto en el Consejo Nacional de Seguridad *«porque era el solo inductor del chanchullo»* y que su jefe, el Almirante John Poindexter, Consejero Mayor del CNS, *«que tenía conocimiento general del plan»* había renunciado.

La suerte que corrieron los cubanos involucrados, que es lo que realmente debe interesarnos, fue que a Félix Rodríguez trataron de disminuir su credibilidad para que su testimonio contra Secord y North fuera puesto en duda, mermando su rango y hoja de servicios. Durante el juicio de Clair George la CIA presentó un resumen que describía a Félix Rodríguez como *«un contratista independiente entre 1960 y 1970»* y como *«un empleado contratado desde 1970 hasta 1976, prestando servicios mayormente en Viet-Nam antes de retirarse por causa de lesiones sufridas durante la caída de un helicóptero y que en 1984 había solicitado su reingreso pero que había sido rechazado».* Posada Carriles la pasó peor pues tuvo que marcharse a Guatemala y allí fue víctima de un atentado que le hirió muy gravemente en la cara, desfigurándosela. Todos los americanos envueltos en *Irangate* fueron perdonados presidencialmente por George Bush en las pascuas de 1992 mediante el Artículo II, Sección 2, de la Constitución de los Estados Unidos. El retiro de la ayuda americana a los Contra y la de Cuba-Rusia a la subversión sandinista-salvadoreña forzó una suspensión de las hostilidades y propició un acuerdo de paz que dio fin a la guerrita bananera. Enrique Bermúdez se incorporó al proceso civil nicaragüense y fue ultimado a balazos poco después. Un agente de la CIA, de origen cubano, Rafael Quintero, auxiliar de Secord no sale bien parado en el libro de éste, ya referido, pues lo cita informándole contra Félix Rodríguez, de acuerdo con el siguiente párrafo en la página 274: *«En agosto de 1986, North llamo a Rodríguez a Washington para tratar de moderar su comportamiento. Nosotros sentíamos que Félix significaba una amenaza a la seguridad y que cuando había personas importantes alrededor boconeaba sobre el proyecto. ¡Hasta llegó a traer al alcalde de West Miami a Ilopango! También en varias ocasiones, según Rafael Quintero, Félix instruyó a Mario del Amico, uno de los agentes de Ron Martin, sobre la operación».*

XVIII

Nueva controversia entre El Autor y la FNCA. Frank Calzón y José Sorzano patrocinan al esbirro comunista Ricardo Bofill Pagés. Denuncias de El Autor, Humberto Piñera y Pablo Castellanos. Apañamientos de Agustín Tamargo, Tomasito Regalado, The Miami Herald y Jeanne Kirkpatrick. Encausamiento de los Colegios de Abogados y Periodistas y el Presidio Político de Mujeres a Arnaldo Escalona e Hilda Felipe. Impactante denuncia de Giordano Hernández Frayle. El arietazo de los llamadores a la razón. Relación de apaciguadores bofilistas. Frente a Todos.

La controversia de El Autor con la FNCA volvió a ocupar espacios en la prensa y en los círculos polémicos de Miami cuando el presuntuoso Frank Calzón circuló una comunicación en septiembre de 1986, en nombre de *Of Human Rights*, pidiendo a los destinatarios que enviasen al Primer Ministro francés, Jacques Chirac, una adjunta tarjeta impresa en francés, pidiéndole su intervención en favor del *«prisionero de conciencia y profesor de filosofía política que se encuentra dentro de la embajada de Francia en La Habana, Ricardo Bofill, para asegurar su seguridad personal y su salida inmediata para el extranjero».* El comentarista radial Agustín Tamargo se dejó apoderar por su emocional temperamento e hizo una apología del canallesco lobo comunista que desertaba de la camada disfrazándose de manso perro de aguas. Olvidando sus meteduras de pata en Cuba en las páginas de Bohemia[116], ahora calificaba a Bofill de *«marxista ortodoxo»*, *«intelectual disidente»*, *«profesor universitario»* y justificaba su actitud mencionando que el presidente Reagan había escrito una carta a Bofill, respondiendo una de éste a él, encomiando el Comité Pro-Derechos Humanos en Cuba. El día 24 de ese mes de septiembre, el periodista Tomás Regalado superó la babosada de Tamargo con un largo artículo en El Miami Herald, exaltando la carta de Reagan en la siguiente plañidera cantilena: *«Era una carta del hombre mas poderoso del mundo libre a uno de los hombres mas hostigados de este planeta, cuando el hostigamiento de las autoridades era mayor, cuando sus innumerables dolencias se hacían crónicas por la falta de atención médica, cuando tal vez en sus momentos de soledad le asaltaba la idea de que el mundo le había abandonado. Hoy Bofill está ingresado en la embajada de Francia en La Habana porque era la embajada o la muerte»*. A renglón seguido, la ex-embajadora Jeanne Kirkpatrick, chanchullera de Watsongate, el día 5 de octubre, en Diario Las Américas, sobrepujó la tunantada de Tomás Regalado afirmando: *«Ricardo Bofill debe ser una vergüenza especial para Fidel Castro. Primero, porque fue profesor nada menos que de marxismo. Segundo, porque tuvo éxito llegando a ser Vice-Rector de la Universidad de la Habana a una temprana edad. Tercero, porque ni el encarcelamiento, ni las largas temporadas de encierro solitario, ni su prisión en un hospital de enfermedades mentales, ni la separación de su esposa e hijo, ni el hambre ni los malos tratos han quebrantado su espíritu»*. Cuando mas intensa era la comidilla del exilio acerca de quien era Ricardo Bofill y por que la FNCA lo patrocinaba y a santo de que Reagan le había escrito alabándolo, El Miami Herald y The Miami Herald al unísono editorializaron, en español e inglés, apoyando su libertad. El Autor, valiéndose de su reconocida autoridad como periodista colegiado en Cuba y los Estados Unidos demandó la oportunidad de esclarecer las dudas sobre Bofill mediante una respuesta al editorial mencionado. Se le concedió describiéndolo como *«un ex-preso político cubano y ex-comandante del Ejército Rebelde»*.

---

[116] Ver Tomo IV, págs. 140, 146, 189.

El artículo aclaratorio, intitulado *«Bofill: ¿disidente o discrepante?»* fue publicado en la sección Palestra de El Miami Herald el día 6 de octubre de 1986. He aquí su texto en su totalidad:

«El Miami Herald se ha hecho eco de una campaña destinada a obtener la libertad del Sr. Ricardo Bofill Pagés, refugiado en la embajada de Francia en La Habana, describiéndolo como un «disidente», profesor de filosofía universitario, creador y director del «Comité de Derechos Humanos de Cuba», y se queja el editorialista (en inglés y español) de que Amnistía Internacional no intervenga en la cuestión.

Noble tarea la del editorialista del Herald cuando se trate de un disidente o un prisionero de conciencia, pero no en el caso de Bofill Pagés, que no cabe en ninguna de las categorías mencionadas anteriormente. La verdadera catadura del personaje aludido ha sido convenientemente deformada por la llamada «desinformación» en manera y forma de confundir al público lector y lograr de este la simpatía que corresponde a un legítimo opositor o víctima de la tiranía comunista que aherroja a Cuba.

No es Bofill Pagés un disidente si no un «discrepante», ya que de acuerdo con el diccionario, el primero se separa de la común creencia y el segundo simplemente se opone a la opinión o conducta de otro sin renegar de la común creencia. El examen del historial político del titulado «disidente», así como su conducta pasada y presente, iluminará a los lectores la oscuridad en que sus apologistas le han sumido.

Ricardo Bofill Pagés fue uno de los miembros de la Juventud Comunista especialmente entrenado por Aníbal Escalante, Joaquín Ordoqui y Edith García Buchaca para formar los cuadros futuros del Partido Comunista. Durante las luchas de la juventud cubana nacionalista contra los gobiernos precedentes a Castro no se cuenta un hecho en el que Bofill haya sido golpeado, encarcelado o perseguido por la fuerza pública. Al triunfo de la revolución, en 1959, aparece en Ciudad Militar bajo la égida de Raúl Castro con la misión de grabar las transmisiones radiales anticomunistas del grupo de Capitanes del 26 de Julio en La Habana que dirigían Bernardo Corrales (fusilado), Plinio Prieto (fusilado), Giordano Hernández y Guido Bustamante (presos políticos) y Mario Dolz (exiliado). Después de cumplir esas viles funciones pasó con Escalante a vertebrar las «Organizaciones Revolucionarias Integra-

das» (ORI) que fue el instrumento comunistoide usado para disolver el Movimiento 26 de Julio, el Segundo Frente del Escambray, el Directorio Revolucionario 13 de Marzo y la Organización Auténtica. El resultado de esta maniobra marxista fue la creación de los Comités de Defensa, de triste recordación, bajo José Matar, y la implacable persecución a los miembros de aquellas fuerzas que se negaban a aceptar la línea comunista que desvirtuaba la revolución por la que habían luchado. A tanto llegó la exageración sicaria de las ORI que Fidel Castro se vio obligado a impugnarlas por lo que calificó de «sectarismo» y a destituir a Escalante y enviarlo a Checoeslovaquia. También se obligó a los seguidores de éste, entre ellos Bofill, a confesar su desviación y autocriticarse públicamente, como mas tarde hiciera Heberto Padilla en la ocasión de su purga. Es decir, que confiesan su discrepancia del lideralimaña pero no disienten del sistema o la ideología.

Una vez rehabilitado dentro del castro-comunismo, Bofill maquinó con Ramón Calcines la creación de FRUTICUBA, organismo que supuestamente se dedicaría al acopio, venta local y exportación de los productos cítricos cubanos, pero que en realidad fue el criminal engendro del terrible Plan de Cítricos, impuesto como trabajo esclavo a los miles de presos políticos que según Calcines y Bofill «se hallaban ociosos e improductivos» y a los cuales se les ofrecería «la libertad por el trabajo útil» o Plan de Rehabilitación. Lo que trajo como consecuencia FRUTICUBA está relatado en los libros «La Muerte se Viste de Verde», «El Presidio Político en Cuba Comunista» y «Contra Toda Esperanza», testimonios de infernales sufrimientos padecidos en los campos de concentración de Cuba comunista y que pueden ser comprobados personalmente por sus sobrevivientes en Miami, localizables en «La Casa del Preso».

Durante esta etapa de su comunista vida, Bofill Pagés actuó como Director de Adoctrinamiento en FRUTICUBA. Aquí de nuevo entró en conflicto con Fidel Castro y fue acusado de formar parte de la «microfacción» que alegaba que el tirano no era un legítimo marxista si no un desviado de la doctrina y que debía ser sustituido por un indispensable servidor del Kremlin. De nuevo Bofill se hizo el «hara-kiri» de la autocrítica y denunció a todos sus compañeros de aventura, ganándose con ello una nueva rehabilitación. Como prueba de su fe marxista se le nombró adoctrinador comunista en la Facultad Obrero-Campesina anexa a la intervenida Universidad de La Habana, cargo que ahora se ha mixtificado convenientemente, convirtiéndolo en «profesor de filosofía».

Durante sus breves estadías en prisión no fue un «plantado» ni renunció a su militancia comunista que ahora se convirtió en «marxismo ortodoxo», al decir de sus hermanos lobos o sus defensores. De la nada sacó un «Comité de Derechos Humanos» que le sirviera de conveniente disfraz piadoso ante la compasión mundial, compasión que el nunca tuvo para con los muertos, mutilados, bayoneteados, apaleados y vejados por su culpable instigación.

Repito que es loable el gesto del Miami Herald al interceder y demandar en favor de un preso político cubano la actuación de Amnistía Internacional y que se asombre de que no se haya hecho ésta, pero, ¿no han pensado sus editorialistas de que no se trata de un legítimo disidente o prisionero de conciencia si no de un discrepante de Fidel Castro en la aplicación del implacable sistema comunista ideado por Carlos Marx y puesto en práctica por Nicolás Lenin? ¿Cual es la real diferencia, para sus víctimas, entre el comunismo de Bofill y el de Castro? ¿Es que puede darse el título de anticomunista o demócrata a un verdugo que discrepe del tirano en la aplicación de la tiranía? ¿Es que se pretende igualar en patriotismo a la víctima y al victimario? Cuando se habla lacrimosamente de la esposa y prole de Bofill ¿no se piensa en las esposas y proles de sus victimas?

No es que clame por venganza, pero ardo en santa cólera cuando recuerdo al joven teniente, bajo mi mando en el Ejército Rebelde, Julio Tang Texiel, muriendo desangrado por un bayonetazo en Isla de Pinos, o a mi concuño José Luis Carreño expectorando sus pulmones destrozados a culatazos en Taco Taco por negarse al Plan de Cítricos, o cuando contemplo como la Fundación Nacional Cubano-Americana patrocina la libertad de Bofill Pagés y se desentiende de la de Eduardo Arocena, Valentín Hernández, Ramón Saúl Sánchez, etc., presos en los Estados Unidos por combatir el comunismo de Castro y de Bofill. ¿Es que un discrepante de los métodos de Castro vale igual que un disidente del totalitarismo comunista?

La libertad de un preso político o de conciencia –hombre o mujer– es una tarea humana digna de encomio y lo mismo la de una víctima de sus errores políticos o electorales. Pero no se trate de jugar con cartas marcadas ni se trate de obtener la libertad de un discrepante disfrazándolo con el ropaje de disidente. ¿Es que habrá que premiarse la vileza y no la virtud bajo la falsa premisa de dañar a Castro? Si fuéramos a aceptar como buena esa maldad Lavrenti Beria, Leon Trotsky, Malenkov, Bulganin, Khruschev, etc., son «disidentes» porque fueron excluidos de la jerarquía soviética al discrepar de hombres y no de métodos o ideología».

La denuncia de El Autor recibió el apoyo de uno de los mas distinguidos y respetados intelectuales exiliados, el Dr. Humberto Piñera quien publicó en Diario Las Américas, el 13 de octubre de 1986, un artículo que en sus mas gráficas expresiones asentía: *«Se dice que «el fin justifica los medios», pero no siempre, y este es el caso, tan llevado y traído, de Ricardo Bofill Pagés, a quien se quiere hacer pasar por víctima de la terrible tiranía de Cuba, como si se tratase, ni mas ni menos, de Tony Cuesta. Toda la alharaca promovida en torno al caso Bofill es de las que pretenden justificar un fin injustificable al apelar a medios nada lícitos en este caso. Ahora los que fraguan en el destierro la total y plena justificación de Bofill hablan de su condición de «profesor de filosofía» como si, en forma alguna, el marxismo fuese algo filosófico y no, como lo es de veras, solo tosca ideología. Pero este pretenso «profesor» ni ha dejado ni dejará jamás de ser marxista, ni siquiera en el caso de que consiga salir del infierno castrista. Entonces, ¿como pretender equipararlo a ninguno de los héroes y mártires de nuestra sagrada causa? Hay muchos «arrepentiditos» de esos que tras de dos décadas o mas de cordiales y provechosas relaciones con el régimen castro-comunista (suculento burocratismo, viajes al exterior, publicaciones, etcétera), cayeron en cuenta de la «maldad» del régimen, de sus fusilados y encarcelados, de la supresión de la libertad de prensa y de toda otra libertad. Fue, entonces, cuando en un melodramático gesto para la galería, se rasgaron las vestiduras en procura del apoyo de una opinión matizada de un sedicente «liberalismo». Pongamos, pues, las cosas en su sitio: Bofill no es ni podrá ser nunca un disidente, si no uno de tantos renegados que, so pretexto de una campaña en Cuba por los derechos humanos –violados sistemáticamente por él mismo durante tantos años– busca ahora afanosamente una reconciliación que la mas rigurosa ética rechaza...»*

El día 27 de octubre de 1986 la revista *Alerta* publicó una entrevista especial efectuada por su reportero Julio Osvaldo Don al Dr. Pablo Castellanos, uno de los líderes de los plantados del presidio de Isla de Pinos y del exilio militante, en la cual masculinamente expresa: *«Bofill es un marxista total que considera que Castro no lo es y pretende sustituirlo por un «marxista ortodoxo» o sea un tirano mas bestia y mas satélite soviético. Es a éste enemigo de la democracia a quien apoyan el presidente Reagan, la Fundación Cubanoamericana y Of Human Rights. Ricardo Bofill y Ramón Calcines integraron la empresa FRUTICUBA implantadora del plan de trabajos forzados en Isla de Pinos y en toda Cuba que causó la muerte asesina, a tiros y bayonetazos, de muchos presos políticos. Bofill tiene una deuda de sangre que no ha sido olvidada ni cancelada. No hay arrepentimiento en los discrepantes, durante muchos años fueron cómplices notorios de Castro. Repudian a éste pero no al marxismo».*

La comunidad cubana de New York-New Jersey sorprendida primero e interesada después por la publicidad en Miami dada al caso Bofill del cual supo por la reproducción en el periódico *Mensaje* que dirigía José Tenreiro Nápoles, del de El Autor en Diario Las Américas, motivó a aquel a inquirir de éste una información del trasfondo del repugnante asunto. La respuesta inmediata que Tenreiro recibió, y que publicó en *Mensaje*, fue el día 13 de diciembre de 1986: *«Quiero que sepas que esta cuestión no tiene otro trasfondo que la maligna intención de dividir al exilio una vez mas, esta vez mediante la canallada de hacerle creer que la gente del Partido Comunista que se oponen a Fidel son «marxistas ortodoxos no castristas» y que junto con ellos se logrará derrocarlo y luego implantar en Cuba «un gobierno pluralista demócrata-cristiano». El origen de esta infame conspiración está en Georgetown University y su gestor es Frank Calzón, representante en Washington de la Fundación Nacional Cubano-Americana que es quien patrocinó, y patrocina, a Ricardo Bofill y su falso Comité de Derechos Humanos que tienen como su representante en Miami a Arnaldo Escalona Almeida que fue el instrumento comunista que expulsó del Colegio de Periodistas y del Colegio de Abogados en Cuba a aquellos de sus miembros opuestos al marxismo-leninismo o que reclamasen derechos humanos a los titulados «tribunales revolucionarios». El propósito de los apologistas de Bofill es ocultar los crímenes genocidas de este Adolfo Eichman nacido en Madruga, presentarlo como víctima y no victimario castrista que sea aceptado como un aliado y por ese portillo colarse otros de su mala condición como Carlos Franqui, Guillermo Cabrera Infante, Eduardo Manet, Antonio Sánchez Pérez y hasta Ramiro Valdés y sus verdugos Pelayito «Paredón» Fernández Rubio, Fernando «Charco de Sangre» Flores Ibarra y José «Beria» Abrantes si alegan «arrepentirse» y ser defensores de los derechos humanos que suprimieron mediante el paredón y FRUTICUBA».*

El día 9 de enero de 1987 el contradictorio Agustín *Cachimba* Tamargo entrevistó en su programa radial escuchadísimo *La Mesa Revuelta* a la asalariada de Radio Martí, Gisela Hidalgo, quien confesó que su hermano Ariel, acólito de Bofill, era marxista pero creyente en un marxismo no dictatorial y afirmó tranquilamente que el Comité de Derechos Humanos era humanitario y que sus delegados en los Estados Unidos, nombrados personalmente por Bofill eran Arnaldo Escalona, Hilda Felipe, Maria Elena Bofill, Margarita Sánchez y José Solís Franco. Sin que Tamargo la contradijera acusó de extremistas, fascistas y retrógrados a quienes impugnaban a Bofill y su Comité *«que tienen conciencia política y moral de lo que hacen»*. Las encendidas respuestas a Gisela Hidalgo no demoraron. Refrendada por el Dr. Armando Arán, Decano y por el Dr. Juan A. Estévez, Secretario, el Colegio de Abogados de La Habana emitió el siguiente comunicado, el día 14 de febrero de 1987:

«El Colegio de Abogados de La Habana (en el Exilio), en la última sesión de su Junta de Gobierno, acordó, por unanimidad, declarar que Arnaldo Escalona Almeida no está calificado para formar parte de ninguna organización defensora de los derechos humanos, porque el mismo fue copartícipe, el día 5 de julio de 1960, en la toma del edificio del Colegio de Abogados de La Habana, en la calle de Lamparilla, en la ciudad de La Habana, por un grupo de abogados comunistas y milicianos, y en la destitución de la Junta de Gobierno, legítimamente electa, para ser reemplazada por una cuadrilla usurpadora integrada por abogados comunistas, en flagrante violación de los Estatutos de la

prestigiosa institución y del Código de Ética del Colegio Nacional de Abogados de Cuba y que, posteriormente, expulsó a numerosos colegiados».

Enterado de la comunicación del Colegio de Abogados de La Habana, a la vez que instado por su Vice-Decano, Roberto Pérez Fernández, el Colegio Nacional de Periodistas de la República de Cuba (Exilio) el día 28 de febrero de 1987 dio a conocer el siguiente parte:

«La Junta de Gobierno, en referencia a la conducta del interventor del Colegio en Cuba, Arnaldo Escalona Almeida, ha adoptado el siguiente acuerdo: Solidarizarse con el acuerdo adoptado por la Junta de Gobierno del Colegio de Abogados de La Habana (en el Exilio) en el sentido de declarar a Arnaldo Escalona Almeida como persona no calificada para formar parte de ninguna organización defensora de los derechos humanos. Asimismo, comunicar al Colegio de Abogados de La Habana, que el CNP hace suyo dicho acuerdo. Para constancia firman: Laurentino Rodríguez, Decano y Willy del Pino, Secretario Ejecutivo».

Los horrores del Presidio Político sufrido por hombres fueron superados en demasía por los padecidos por las mujeres cubanas. Relatos espeluznantes de esa ordalia están recogidos en los testimonios relatados por las Ex-Presas Políticas Democráticas Cubanas que aparecen en el libro *«El Presidio Político de Mujeres en la Cuba Castrista»* de una de ellas, Esther Pilar Mora Morales, editado por Revista Ideal, Miami 1986. El día 7 de marzo de 1987, esta extraordinaria patriota publicó una carta abierta dirigida al Colegio de Abogados de La Habana que leía:

«La organización Presidio Político Cubano de Mujeres, formado por un conjunto de ex-presas políticas anti-comunistas, la cual me honro en presidir, felicita al Colegio de Abogados de La Habana en el exilio por el acuerdo unánime de declarar a Arnaldo Escalona Almeida, persona no calificada para formar parte de alguna organización defensora de los derechos humanos. Nuestra institución no solo condenó la inmoral participación de Escalona como interventor de vuestro Colegio sino además de su creación de la milicia comunista en el Colegio[117]. *Su esposa, Hilda Felipe, y la esposa de Ricardo Bofill, María*

---

[117] Ver Tomo IV, págs. 198-99.

Elena López, ocupantes de altas posiciones en la comunista Federación de Mujeres Cubanas cometían toda clase de abusos pues obligaban a las trabajadoras a integrarse en ese odioso grupo esclavizante. Acusamos a Bofill de intrigante, charlatán y traidor, demagogo criminal que no tuvo el menor escrúpulo en participar en la organización FRUTICUBA, la de los diabólicos planes de trabajos forzados entre los patriotas presos por su anticomunismo, especialmente el Plan Cítrico que causó numerosas bajas y mutilaciones, no solo entre los presos adultos si no entre los niños y adolescentes estudiantiles en la UMAP a quienes se les obligaba a trabajar en los campos desde las cinco de la mañana hasta la caída del sol».

El día 19 de agosto de 1987 la mas impactante de las denuncias sobre la hipocresía de Bofill fue publicada en El Miami Herald firmada por Giordano Hernández Frayle, un combatiente capitán de milicias del 26 de Julio contra Batista, alzado en El Escambray contra Fidel y preso plantado por 17 años que convivió en la prisión con Arnaldo Escalona y salvó a éste la vida cuando se planeaba lincharlo por sus enemigos anticomunistas. La credibilidad de Giordano, respaldada por su expediente revolucionario, era indudable[118]. Escalona le confesó que Bofill era un agente provocador de la Seguridad del Estado que había manipulado las ORI y la Microfacción con el solo propósito de engrandecerse sectariamente dentro del castro-comunismo en tanto que planeaba chivatear a sus supuestos co-conspiradores si éstos eran descubiertos, como así, efectivamente, lo había hecho. Y que allí, en la prisión, mantenía correspondencia con las autoridades carcelarias, ocultamente, dándoles ideas sobre como intrigar para debilitar la resistencia de los recalcitrantes al Plan de Rehabilitación. En un acucioso análisis de la trayectoria de ambos, Escalona y Bofill, Giordano llegaba a la conclusión que eran un par de baratos maquiavélicos insertos en una planificada campaña avalada por el gobierno de Reagan y con la aprobación de Gorbachev y su nueva política de apertura, o *glasnost*, en relación a una pérfida maniobra de los elementos pro-soviéticos dentro de la estructura marxista-leninista de Cuba, que contaba con la idiota aprobación y apoyo del exilio, instigado por la FNCA, a la repugnante figura de Ricardo Bofill y su enteléquico y fantasmagoril Comité

---

[118] Ver Tomo IV, págs. 72, 136, 231, 273, 308, 502.

de Derechos Humanos, dirigidos por connotados marxistas. Su inculpación a la FNCA la basaba en una carta que procedente de Radio Martí, firmada por Ramón A. Mestre, daba a conocer que José Sorzano, Director de la FNCA y miembro del Consejo Nacional de Seguridad, declaraba, sin recato, *«que Arnaldo Escalona, César Leante y Carlos Franqui formaban parte de las reservas morales de la Cuba post-Castrista».*

Enfrentados a los argumentos irrefutables presentados por la minoría que se oponía a que el exilio aceptase la torticería tramada por la Administración Reagan y la FNCA –descrita por Giordano Hernández Frayle– que intentaba presentar a Bofill y demás esbirros marxistas renegados del castro-comunismo como potenciales émulos de los legítimos anti-comunistas de Cuba y del exilio, los plumíferos y microfoneros portavoces de aquellas dos alacránicas colectividades pusieron en funciones la práctica del sistema seudo-humanitario del *perdón y olvido*, el sórdido de preceptuar que *el enemigo de mi enemigo es mi amigo* y la cabronada de amordazar a sus censores presionando a los medios de prensa y radio para que no publicitaran en forma alguna sus denuncias al tiempo que dieran amplia cobertura a las monsergas de sus aduladores. Que en el vernacular cubanismo se les conoce por el sobrenombre de *guatacas*. Prueba al canto.

Luis Fernández Caubí, abogado que en Cuba defendiera valientemente a condenados por el Tribunal Revolucionario de la fortaleza de La Cabaña; que fue expulsado del Colegio de Abogados por su interventor comunista, Arnaldo Escalona; católico ultra-montano militante; columnista distinguido de Diario Las Américas y comentarista radial escuchadísimo fue el primero en pontificar a Bofill. El día 23 de octubre de 1986 publicó un largo artículo en dicho periódico en el cual sobresalían los siguientes párrafos:

«Acepto, como dice su documentado impugnador, José Duarte Oropesa, que Bofill ha sido alternativamente informante y sectario, que logró la rehabilitación por vía de la sumisión y de la autocrítica y que tuvo períodos de adoctrinador y verdugo en FRUTICUBA pero reconozco que su desviación de derecha es útil a la causa de la liberación de Cuba. Negarlo es cosa de esos dementes que quieren tapar el sol con un dedo. El exilio tiene la obligación histórica de ayudar a quienes formulen esos planteamientos de derechos humanos y se cubriría de infamia si le vuelve la espalda por falta de sentido histórico, argumentos comineros y mentalidad de aldea. Por suerte, todo parece indicar

que los sectores mas militantes y avanzados están en disposición de cumplir su compromiso con la historia y con la patria. Bofill será un marxista, pero sus planteamientos son democráticos y merecen la solidaridad y el respaldo de los que están pensando en el futuro y no en el pasado. Solidarizarse con los planteamientos de Bofill es una manera de contribuir al deterioro del régimen comunista que desangra a Cuba. Obstaculizar a Bofill es un servicio indirecto que se le presta al comunismo...»

El día 12 de noviembre de 1986 El Miami Herald, versión en español de The Miami Herald, divulgó una llamada a los lectores recomendándoles simpatía hacia Bofill porque *«no sería pragmático ni inteligente asumir una actitud de intransigencia política, que mataría en embrión lo que representa una manifestación sería del viraje que hemos estado proclamando y alentando desde el exilio. Partiendo de esta premisa, resulta contradictorio aplaudir el fenómeno de la creación del Comité de Derechos Humanos, que públicamente confronta y denuncia al sistema comunista desde sus entrañas, al mismo tiempo que se niega y se ataca a sus dirigentes».* Sagazmente, valiéndose de una dialéctica comparativa, los firmantes hacían *«un llamado a la razón»* (ese era el tema del artículo) para justificar el viraje de Bofill que se atribuían *«haber estado proclamando y alentando desde el exilio».* Leamos, pues:

«¿Es que hemos olvidado que Alexander Solshenitsyn, autor de las demoledoras denuncias «El archipiélago Gulag» y «Un día en la vida de Ivan Desinovich» fue, antes de repudiar al sistema soviético, capitán del Ejercito Rojo?» ¿Que Milovan Djilas, autor de «La Nueva Clase», la mas detallada disección filosófica del comunismo y su brutal práctica, era lugarteniente político y militar del dictador Josip Broz (Tito?) ¿No recordamos que antes de escribir «La Gran Estafa», que en Cuba fue la biblia del anticomunismo, Eudocio Ravines fue representante latinoamericano ante el Comintern y uno de los principales ejecutores de la estrategia para la toma del poder conocida como «El Camino de Yenan? ¿O el caso mas reciente del militante comunista, el famoso actor francés Ives Montand, que, decepcionado del marxismo, es hoy día uno de sus mas enérgicos detractores?»

Si no bastan estos ejemplos de meritoria rectificación individual, vale citar la rebelión popular húngara de 1956. Iniciada por los estu-

diantes de la Universidad de Budapest, muchos de ellos miembros de la Juventud Comunista, fueron apoyados por el primer ministro Imre Nagy y el general Pal Maleter, ambos de largo historial comunista. Quienes no vacilaron en participar junto con el pueblo en la captura y ejecución de los miembros de la odiada policía política, en enfrentarse a los tanques soviéticos y en solicitar ayuda de Occidente.

Alexander Dubcek encabezó en 1967 una coalición que, surgida de las filas del partido, forzó la renuncia del pro-soviético Antonin Novotny, sustituyéndolo como primer ministro para poner en vigor las reformas democráticas que condujeron a la llamada Primavera de Praga. ¿Quien iba a imaginar que Dubcek, marxista ortodoxo, formado en la Unión Soviética, se fuera a rebelar un día contra sus maestros y a liderear este hermoso movimiento?

Solidaridad es el último y mas conocido de los ejemplos de que, contra todas las predicciones marxistas, los obreros se escinden y se enfrentan a los sindicatos oficiales, controlados por el gobierno y el partido comunista polacos.

Por otra parte, los detractores de Bofill reviven sin querer etapas que creíamos superadas. Sería lamentable insistir en fragmentar a los cubanos por etapas cronológicas o procedencias. No debemos retroceder a los tiempos de la notoria columna periodística «Y siguen llegando...»

La muralla de intransigencia levantada por los impugnadores de Bofill y sus patrocinadores fue resquebrajada por el arietazo que significó la divulgación de *«Un llamado a la razón»* que calificaba de *«detractores de Bofill»*, sin nombrarlos, a El Autor, Humberto Piñera y Pablo Castellanos y como *«detractar»*, según el diccionario, es un sinónimo de *infamar, vituperar, maldecir y envidiar* los coexistencialistas, dialogueros, microfaccionales, etc., estuvieron de fiesta. Los firmantes de la llamada de marras, Roberto Cruzamora, Aldo Rosado y José R. Fernández fueron glorificados por pacifistas y pacificadores y tomados como ejemplos de amor martiano y piedad cristiana *frente al revanchismo divisionista de «los detractores de Bofill, que insistían en fragmentar a los cubanos por etapas cronológicas o procedencias».* Cruzamora, Rosado y Fernández se estaban curando en salud porque sus procedencias políticas eran la negación mas absoluta de su actual predicación. Los dos primeros habían sido rutilantes estrellas en el firmamento anticomunista cubano, en la Isla y el exilio, como justicieramente aparecen en las páginas de esta *Historiología Cubana*[119] y el tercero era un joven idealista, devoto de la investigación histórica que anhelaba apasionadamente ser reconocido como un orientador doctrinario. Este viraje de la postura que muestran en el anterior Capítulo VI fue aplaudido por la mayoría de la comunidad cubana exiliada en New York-New Jersey, Florida, Texas y hasta en California donde Aldo Rosado había estado tan ligado a El Autor en la lucha activa anti-comunista y cuyo radicalismo anti-marxista-leninista era furibundo. Tan así que lo había reafirmado corajudamente el día 4 de septiembre de 1976 en el periódico *Veinte de Mayo*, de Los Ángeles, en su sección *Mi Trinchera*.

El trillo hacia la respetabilidad que abrieron *«los llamadores a la razón»* a los *«marxistas de derecha»* se convirtió en una super-carretera por la que corrieron raudos los tapaditos partidarios de la reconciliación que habían guardado un conveniente silencio sobre sus intenciones. El día 3 de enero de 1987 fue dado a conocer profusamente *«la formación de un Comité de Apoyo a la Comisión de Derechos Humanos que dirige el profesor universitario Ricardo Bofill formado por personalidades de altos niveles sociales, políticos y revolucionarios»*. Era una mescolanza oportunista de viejos políticos tratando de actualizarse, de apoyadores del batistato y de opositores de éste pero todos, sin excepciones, hasta ese momento proclamados enemigos mortales de la tiranía y sus esbirros. Se relacionaban los nombres siguientes: Millo Ochoa, Andrés Rivero Agüero, Tulio Díaz Rivera, Andrés Paseiro, Fidel Fernández Zayas, Alberto Varona, Andrés Nazario Sargén, Diego Medina, Oziel González, Cesar Lancís, Marco Irigoyen, Israel Pino, Pablo Rodríguez, Rafael Menéndez, Conrado Rodríguez Sánchez, Prisciliano Falcón, Secundino Carrera, Pedro Ortiz, Herminio González, Israel Díaz, Pablo Vega, Rafael Díaz Balart, Humberto Tarafa y Rafael Gallardo. Burla sangrienta y mordaz fue el acuerdo tomado de *«organizar una misa en la Iglesia de San Juan Bosco a la memoria del obrero del Central Corazón de Jesús, Ernesto Díaz Madruga, asesinado a punta de bayoneta en el presidio por los esbirros de la tiranía y de Joseito Díaz Alfonso, fusilado en el paredón de Santa Clara. La mencionada*

---

[119] Ver Tomo IV, págs. 153-57, 170, 614, 632.

misa se hará extensiva a todos los obreros, campesinos y estudiantes mártires bajo la tiranía de la Bestia Roja, que sufre y padece nuestra patria». Pablo Castellanos y El Autor resaltaron la contradicción flagrante que existía entre homenajear al autor del plan agrícola que había costado la vida de Ernesto Díaz Madruga y dar una misa en memoria de éste. Su reclamo de una explicación fue totalmente ignorado.

Las declaraciones de solidaridad con quienes El Autor calificó como *«comunistas reciclados»* fueron múltiples. Un conciso recuento de ellas, documentado en informes de prensa indicados en archivo, lo muestra. Tulio Díaz Rivera en nombre de su areópago *Casa Cubana* sentenció: *«En prueba de convencimiento y adhesión al criterio de apoyar al profesor Ricardo Bofill dije, y responsablemente aquí reproduzco, que si resucitado Batista me convenciera de su disposición de luchar contra Castro, y si a estas playas llegara su hermano Raúl, un espécimen que me es tan repulsivo como me es su hermano, que nadie dudase verme subir y bajar por Flagler llevando a un brazo a Batista y del otro a Raúl, porque me siento amigo y asociado de quien quiera que con su escopeta apunte contra el castrismo, como del mismo soy amigo leal y sin reserva de todos los que equivocados en un primer momento contribuyeron en forma más o menos ostensible al encumbramiento de Castro».* (Diario Las Américas, Diciembre 30 de 1986). Sucesivamente, expresaron su irrestricto apoyo al detestable y apócrifo Comité de Derechos Humanos y personalmente a Ricardo Bofill, Víctor E. Hernández, Armando Valladares, Roger Hernández, Jorge Valls, Félix Toledo, Álvaro Sánchez Cifuentes y los reciclados Carlos Verdecia, Guillermo Hernández, Carlos Quintela, José L. Solís y Carlos Franqui. El día 29 de mayo de 1987 apareció en El Miami Herald la publicación de un *Documento Patriótico,* firmado en la Ermita de la Caridad, que repetía las mismas consignas de culpar al comunismo internacional, a los hermanos Castro, al pacto Kennedy-Khruschev, etc., de ser los responsables de la tragedia cubana. Pero había diluido en su texto frases que delataban los propósitos pacifistas de los firmantes que iban dirigidas, en un ataque de flanco, a los intransigentes enemigos del perdón y olvido y de la reconciliación con los verdugos reciclados del Comité de Derechos Humanos de Bofill y sus hermanos lobos. Santurronamente iniciaban el mamotreto diciendo:

«*En presencia de Dios, y viendo que nuestros enemigos desean mantenernos divididos y distanciados, un grupo de cubanos de buena voluntad, con historial conocido, envía un mensaje de paz y amor a todos los cubanos, tanto en la Isla como en el Exilio, y pensando en Martí, que predicó el amor y rechazó el odio, acudimos juntos a la opinión pública para exponer lo siguiente: No podemos ni debemos resaltar en discusiones internas y estériles los acontecimientos negativos del pasado, puesto que cometer errores es humano y solamente Dios es perfecto.... Hoy estamos condenando públicamente a los que insisten en atacar las cosas y actos positivos y a los que se niegan a enterrar el pasado.... No es prudente, sensato, inteligente ni patriótico gastar energías discutiendo hechos que ocurrieron hace mas de treinta años. Por eso pedimos a todos los cubanos, del Exilio y de la Isla, que reflexionen y vivan en el presente.... Deseamos que en una Cuba nueva no existan venganzas ni odios para que reinen Dios y el amor.... Firmamos este documento, después de haber sido debidamente revisado y aceptado, las siguientes personas: Reverendos Martin Añorga, Sergio Carrillo, Humberto Noble Alexander, Juan Ramón O' Farrill; Doctores Antonio Alonso Avila, Manuel Antonio de Varona, María Gómez Carbonell, Lincoln Rodón, Antonio Lancís, Fausto Waterman, Alberto Hernández, Vicente Lago Quintana, Vicente Lago Pereda, Antonio Maceo, Carlos Márquez Sterling, José Miguel Morales Gómez, Norberto Martínez, Guillermo Martínez Márquez, Emilio Ochoa, Ángel de Jesús Piñera, María A. Prio Tarrero, Roberto Rodríguez Aragón, Ariel Remos, José Ignacio Rasco, Andrés Rivero Agüero, Andrés Vargas Gómez, Tulio Díaz Rivera, Claudio Benedí, Emilio Brower; Señoras Polita Grau Alsina, Carmen Remón, María Ciérvide, Delia Reyes de Díaz; Señores Fulgencio Rubén Batista, Ramón Grau Alsina, Luis Quintero, Cesar Lancís, Jorge Mas Canosa, Virgilio Pérez, Armando Pérez Roura, Andrés Nazario Sargén, Armando Salas Amaro, Carlos P. de Céspedes, Miguel Reyes, Rogelio Batista, Fernando G. Mancera, Tony Curbelo: General Manuel Benítez.*

La deserción del general de brigada Rafael del Pino Díaz, de la Fuerza Aérea y del mayor Florentino Azpillaga, de la Seguridad del Estado, que mas adelante enjuiciaremos, se unió a la declaración del presidente Reagan que destacaba unas palabras de Bofill sobre Radio Martí elogiándola. Añadió el presidente americano de su cosecha: *«Todos los que están relacionados con Radio Martí nunca recibirán mayores elogios que las palabras de este valiente hombre que está pagando el precio de constantes amenazas y acosamiento»*. O el presidente mentía a sabiendas o la FNCA y José Sorzano le ocultaron que Bofill estaba cómodamente asilado en la embajada de Francia en La Habana. Fuese lo que fuese, los valores de Bofill subieron como la espuma con la bendición de Reagan y las páginas de los periódicos y los estudios radiales se abarrotaron con sus parciales cantándole loas y exaltando su talento político. Ninguno de sus apologistas mencionaba la pugna interna que en aquellos momentos existía en el Comité de Derechos Humanos, ni ninguno de los comentaristas en Miami se hacían eco de ella. Fue Beatriz Parga, Redactora de El Miami Herald, quien dio la alarma el 18 de octubre de 1987 informando que Bofill había destituido a Jorge Valls como Vicepresidente en el exterior así como también a Elizardo Sánchez, Vicepresidente en La Habana del Comité de Derechos Humanos. Nauseado por el batifondo que esa porquería del Comité de Derechos Humanos calaba al exilio, El Autor solicitó espacio periodístico para analizarlo pero solo lo encontró en *Diario Libre*, de Alberto González, gratis, pues los tres grandes de Miami[120] exigieron un precio altísimo como *«anuncio político pagado»* y los tres grandes del micrófono[121] no lo aceptaron alegando que era de naturaleza muy polémica. El artículo-ensayo, intitulado *«Frente a Todos»* fechado en 20 de noviembre de 1987, decía:

«En el verano de 1951, durante la guerra en Corea, los Estados Unidos y Cuba compartieron una activa campaña contra el comunismo que en la Isla favorecía a los enemigos de la democracia. El State Department concibió la infeliz idea de contratar los servicios de Valentín González, alias «El Campesino», monstruo comunista jefe de la Brigada Internacional que durante la guerra civil española asesinase sin piedad alguna a republicanos y franquistas por igual, desalmado que inspiraba terror en todos y quien aún tintas en sangre sus garras por el crimen y la rapiña cometidos por sus sicarios en la península hispana, se le presentaba como un representativo del obrerismo español

---

[120] The Miami Herald, El Miami Herald, Diario Las Américas.

[121] Agustín Tamargo, Tomás García Fusté, Fernando Penabaz.

y como un «disidente» que recorrería los sindicatos vituperando a quienes, con su despiadado concurso, habían repletado la Madre Patria de tumbas de anti-comunistas. A Cuba fue llevado con otro malhechor comunista renegado, Julián Gorkin, obligándose a la Confederación de Trabajadores de Cuba (CTC) la ingrata tarea de presentarlos en los centros de trabajo a pesar de la protesta que privadamente hicieran varios líderes obreros de probado expediente anti-comunista ante el Ministro de Trabajo y el Presidente de la República. El padrinazgo otorgado a «El Campesino» y a Gorkin por el State Department, aceptado a regañadientes por la CTC y el presidente Carlos Prío, jurados enemigos del comunismo ambos, según alegaron sus voceros «por razones de realismo político», fue impugnado por el «Diario de la Marina», el Puesto de la Legión Americana en Cuba y la Asociación de Veteranos Cubanos de las Fuerzas Armadas de los Estados Unidos, entre otras entidades y personas, con el razonamiento de que el hecho de que «El Campesino» y Gorkin discreparan de sus genocidas cófrades marxistas en manera alguna los redimía de sus atrocidades ni mucho menos los igualaba a sus numerosas víctimas y que su deleznable presencia prostituía la pureza del anti-comunismo cubano. Los obligados, o voluntarios, defensores de aquellos simuladores esbirros argumentaron que el Diario de la Marina y su director eran voceros del falangismo, que la Legión Americana y los Veteranos Cubano Americanos de la Asociación eran una punta de lanza en Cuba del imperialismo americano y que repudiar a «El Campesino» y a Gorkin era igual a beneficiar al comunismo que los vetaba puesto «que el enemigo de nuestro enemigo es nuestro amigo» y que, además, contaban con el visto-bueno del State Department y el FBI.

La querella provocada por la imposición de «El Campesino» Y Gorkin fue creciendo en magnitud y amenazaba en convertirse en un grave problema político y de orden público pues las embajadas de Rusia, Polonia y Checoeslovakia fueron asaltadas y en parte incendiadas por los Veteranos de la Asociación en represalia por la muerte de jóvenes Cubano-Americanos en Corea, uno de ellos Manuel Pérez Jr., hijo del sargento Manuel Pérez García, ganador éste de la Medalla del Congreso y posteriormente expedicionario de la Brigada 2506. Repugnados hasta la saciedad por la defensa que se hacía de aquellos desen-

trañados verdugos comunistas, un grupo de combatientes del lado republicano en la guerra civil hispana, muchos de los cuales ocupaban importantes cargos electivos y administrativos en el gobierno Auténtico y que bien los conocían, hicieron una pública declaración en la que relataban sus nefastos antecedentes al tiempo que demandaban su expulsión de Cuba. Firmaban, entre otros, Eufemio Fernández, Jorge Agostini, Rolando Masferrer, Armantino Feria, Manuel Rivero Setién, Andrés González Lanuza, Gilberto Galán y Manuel Romero Padilla. No fueron expulsados «El Campesino» y Gorkin pero prontamente se marcharon de Cuba desacreditados y despreciados.

Quizás si por aquello de que «la historia se repite» se reproducen aquellos hechos, treinta y cinco años después, en el exilio en relación a la comunidad Cubano-Americana y la lucha contra el comunismo. Funcionarios del State Department en conjunción con Of Human Rights y la Fundación Nacional Cubano-Americana pretenden la imposición de los genocidas comunistas Ricardo Bofill Pagés, Rafael del Pino Díaz y Florentino Azpillaga respectivamente creadores de FRUTICUBA y del plan «Camilo Cienfuegos» que costara tantas vidas de presos políticos; ametrallador de los botes que escapaban de Playa Girón y de miles de patriotas angolanos; y componente de la tenebrosa Seguridad del Estado, cueva de torturadores y desalmados especialmente entrenados para ellos por la KGB y del cómplice de aquellos en la rapiña de Cuba, el abyecto y adiposo Manuel Sánchez Pérez culpable máximo del hambre, la penuria y el secuestro de divisas desde el alto cargo que ocupaba en el Ministerio de Comercio. La radioemisora «Radio Mambí» y el canal televisivo 51 tienen a éste último nada menos que como «analista» de asuntos cubanos y «Diario Las Américas» como columnista. De nuevo se esgrime el zorro argumento de que «el enemigo de nuestro enemigo es nuestro amigo», que el presidente Reagan y su Administración los apoyan y que el impugnarlos equivale a ayudar a Castro. Como remache a los protestantes se les victimiza con la burla sangrienta que es una declaración reciente del presidente Reagan en ocasión del segundo aniversario de Radio Martí en la que llama a Bofill «luchador por la libertad» mientras su régimen persigue y encarcela implacablemente a los combatientes cubanos anti-comunistas en los Estados Unidos.

Este funesto paralelo histórico entre «El Campesino» y Julián Gorkin, antaño, y Bofill, Del Pino Díaz, Aspillaga y Sánchez Pérez, hogaño, descubre la torticera maniobra de sus gestores intencionada a menoscabar los combatientes del exilio con el subterfugio marxistoide de la concordia, el olvido a lo pasado y el perdón cristiano al tiempo que se esparcen los infundios de vengatividad y revanchismo contra los intransigentes o «plantados del exilio», todo con el tétrico y maléfico propósito de lograr una Cuba sin los Castro de tipo titoísta o polacorumano. Toda esta urdimbre de grupos exaltadores de los derechos humanos como útil artificio político oportunista es originada por «pececitos rojos que nadan en agua bendita»; notorios «cuadrados» del presidio político que abogan por los delincuentes marielitos y son insensibles al sufrimiento de los presos políticos cubanos en cárceles de los Estados Unidos; por damas que celebran cocteles de lujo con propósitos recaudatorios para viajes turísticos en total olvido de la congoja que abate las familias de aquellos; por «cubanazos» que crucifican al Miami Herald y pretenden aplicarle una mordaza despótica sin acato a la libertad de prensa y pensamiento; por directores de programas radiales y televisivos que los facilitan a confesos comunistas y comunistoides y vetan a sus objetadores; por organizadores de congresos de supuestos intelectuales donde se revuelcan en bochornoso compadrazgo víctimas y victimarios de la UNEAC, la Casa de las Américas y el Instituto Cubano del Libro; por dirigentes y voceros de fantasmales organizaciones que derrochan veintenas de miles de dólares en congresos y convenciones sin divulgar su procedencia; por gentes que denostan la publicidad de un delito común imputado a un funcionario público pero que guardan cómplice silencio acerca de la felonía de la Isla Watson; por opositores a ultranza de un plebiscito que escoja democráticamente a líderes del exilio y que socarronamente proclaman aquella consigna fidelista «¿elecciones para qué?»; por millonarios enfermos de un «dollarium tremens» que en su arrogancia creen que el dinero es superior a la vergüenza en las gestas libertadoras; por nuevos autonomistas, plattistas y nazifascistas y por «microfaccionales» soviéticos usufructuadores del welfare de un país del que siempre fueron enemigos y difamadores y que pagan contribuyentes en forma injusta.

Encarados a todos los precedentes con la frente alta y el ánimo fuerte y pese al abandono que nos prodigan quienes debían apoyarnos, FRENTE A TODOS y hermanados con la MINORÍA HISTÓRICA que ni transije, ni se rinde, ni se vende y en comunión con los Plantados de Cuba que nos inspiran, los Plantados del Exilio marchamos hacia la guerra necesaria junto con «las reservas de la Patria» que el Apóstol describiera. Y aunque fuera solos, porque para luchar y morir por Cuba dignamente no hace falta compañía».

XIX

La conferencia sobre la emigración-inmigración. El iconoclasta. Análisis de los orígenes de la migración. Xenofobia. El pragmatismo americano y la idealización hispánica. La inmigración en Estados Unidos entre 1870 y 1920. José Martí opuesto a la inmigración inculta y a sus peligros. La inmigración en Estados Unidos desde 1920. Recuento de la inmigración en Cuba democrática. Conflicto generacional migratorio. La amalgama de reciclados y su pugna interna. El revés de Lourdes. El éxito de Indianápolis.

La proximidad de la celebración de elecciones para la Presidencia de la Nación, parte de los Congresos Federales y Estatales, Gobernaciones y Alcaldías movilizó en Miami electoralmente a los profesionales de la captación de votantes, la bandería partidista y, no podía faltar, la consigna de la libertad de Cuba del comunismo. La conveniente patriotería de *Cubano vota Cubano* sería resucitada y puesta en práctica en 1987 añadiéndole un nuevo ingrediente politiquero: la resistencia a integrarse en la sociedad americana –el melting pot– porque ello significaba la pérdida de la cubanía y, consecuentemente, de la tradición, el idioma, la cultura y la cohesión familiar. Absurdamente se alentaba la naturalización americana para obtener el derecho al voto que elegiría legisladores comprometidos a impedir el establecimiento de leyes nacionalistas contrarias a la extranjerización del *American Way of Life* establecido con éxito, y durado, por doscientos años. Como era de esperarse, esa demente actitud alienó no solamente la comunidad denominada como *anglo* si no a parte de la llamada *hispana*. La primera porque se veía agredida por inmigrantes desagradecidos y la segunda porque rechazaba que, por asociación, se le considerase como tales. En aquellos momentos, manipulado por el comunismo internacional del que Cuba era satélite, méjico-americanos dieron vida políticamente a una mítica *Nación de Aztlan*[122] cuyos líderes, que se designaban *Chicanos*, la declaraban autónoma en una jugarreta que recordaba el intento comunista de crear en Cuba, en 1934,*«un Estado independiente en la Faja Negra de Oriente»*[123]. La cuestión derivó hacia el academicismo y surgieron tesis acerca de la nacionalidad, la colonización, el aborigenismo y sobre todo, una relativa a la emigración-inmigración, los derechos civiles, el sub-desarrollo y el imperialismo que encontró su campo mas fértil para el debate en la comunidad cubana del exilio.

El Instituto de Profesionales Hispanos Retirados organizó, en el Koubek Center de la Universidad de Miami, un ciclo de conferencias pertinentes a la emigración-inmigración poniendo énfasis en los Estados Unidos y Cuba. Pero, siempre entre los cubanos hay un *pero*, dicho énfasis fue puesto en los logros económicos creados, o disfrutados, por los inmigrantes en los dos países y la fusión familiar amorosa. El Autor fue honrado con una invitación a que disertara sobre tan interesante tema la que agradecidamente aceptó. Su exposición, reproducida a continuación, no agradó a la mayoría del auditorio que lo calimbó con el epíteto *iconoclasta* por declararse pro-ciencia y anti-teología y devoto del pragmatismo americano y opuesto a la sofistería hispana.

«La migración es un fenómeno social, político y económico a la vez, consistente en el abandono voluntario o forzado de su patria por el individuo, la familia o una suma de ellos, para ir a establecerse en otro Estado ya constituido, con o sin intención de volver. Como se comprende por esta definición el concepto de la emigración va inseparablemente unido al de la inmigración, pues toda salida de un individuo o familias de un país produce la entrada de los mismos en otro u otros países. Por lo tanto, a los efectos de este asunto usaré el término migración como el apropiado, una dicotomía.

---

[122] Ver Tomo IV, pág. 462.

[123] Ver Tomo II, págs. 463-64.

«En el universo el reino animal tiene características migratorias la supervivencia de las especies. Los renos y los caribúes efectúan multitudinarias y extraordinarias caminatas regionales en las tierras polares norteñas y en África duplican el periplo alimenticio las especies vacunas que la habitan. De todos es conocido la *saga* del salmón que emigra al mar y regresa a su lugar de nacimiento a desovar y de las ballenas que anualmente viajan a reproducirse desde el extremo gélido de los océanos hasta las cálidas aguas del sur atlántico y Pacífico. Sin olvidarnos de los millones de aves y mariposas que estacionalmente cruzan los cielos en su anual peregrinaje. Hay un misterioso, incomprensible, movimiento migratorio suicida de los roedores lemming que en Escandinavia, en ciertas épocas, recorren largas distancias desde tierra adentro hasta el mar, venciendo toda clase de obstáculos, para una vez alcanzada su meta lanzarse a sus aguas desde las playas y los acantilados, por cientos de miles, para morir ahogados.

«La antropología, ciencia que estudia y analiza el ser humano en su relación a la distribución, origen, clasificación y relaciones de las razas, los caracteres físicos, entorno vital, composición social y cultural y la arqueología, ciencia del estudio del pasado material del ser humano representado por fósiles, artefactos, reliquias y monumentos, demuestran fehacientemente que aquel, desde la penumbra de su prehistoria significada por *el eslabón perdido* ha sido, es, y será un emigrante y un inmigrante. Emigrante porque como quedó dicho se desplaza de su lugar de nacimiento hacia otros lares donde encuentra asiento temporal o final como inmigrante. Sin entrar en pormenores discursivos académicos sobre si la aparición del ser humano en la Tierra es una obra divina o el resultado de un desarrollo evolutivo antropoideo, me declaro partidario y defensor de las aceptadas, indiscutibles, afirmaciones científicas catalogadas enciclopédicamente por los modernísimos métodos experimentales mediante el uso del radio-carbono y el fluoreno y opuesto a la infértil lucubración teológica de la creación homogénea, del paraíso y el pecado original.

«En forma general se concuerda antropológicamente que los fósiles humanos encontrados datan del pleistoceno o sea hace un millón de años y que contando con la reconocida incógnita del eslabón perdido, se puede afirmar que la descendencia humana comprobada es como sigue:

    1.– Hombre de Java y de Peking (Pitecantropus erectus).
    2.– Hombre de las Cavernas (Neandertal).

3.– Hombre de Cromañón (Homo Sapiens).

«Si éstos especímenes de carácter humano fueron localizados en Rodesia, Peking, Java, Kanjera y Ternifine, lugares de África y Asia, y sus descendientes se esparcieron por Europa y América ¿no fueron ellos emigrantes e inmigrantes? ¿Llegaron a nuestra América sobre un sólido Estrecho de Behring y bajaron por Alaska, Canadá, Estados Unidos, Méjico, Centro y Suramérica hasta el Estrecho de Magallanes? ¿O navegaron en balsas tipo Kon-Tiki por la Corriente de Humboldt hasta la costa de Perú desde Micronesia? En lo que a Cuba se refiere no existió el *Homo Cubensis* si no que sus primitivos habitantes, los Guanajatabeyes, Siboneyes y Taínos fueron inmigrantes, en ese orden cronológico, procedentes de las bocas del Orinoco, venezolanos y arauacos, que saltando de isla en isla por el Mar Caribe y Haití y Santo Domingo entraron a Cuba por su extremo oriental.

«Los descubridores y colonizadores de las Américas procedían de Europa, especialmente de España e Inglaterra, emigrantes todos por razones políticas, económicas y religiosas que se convirtieron en inmigrantes en las nuevas tierras, ya habitadas por titulados aborígenes que no eran otra cosa que descendientes, a su vez, de inmigrantes. Esa misma España que alardea de su españolismo ¿no era una mescolanza de inmigrantes? ¿Que fueron los fenicios, los romanos, los godos, los visigodos, los vándalos y los moros que allí se asentaron huyendo de los asiáticos hunos? ¿El mismo Cristóbal Colón no era un inmigrante genovés?

«En cuanto a Inglaterra y Francia colonizadoras de Estados Unidos y Canadá, ¿no eran naciones de inmigrantes? ¿Los primitivos pictos y escoceses, los germánicos anglo-sajones, los normandos y los vikingos, sucesores de los romanos, no eran inmigrantes? ¿Los francos, alamaines, borgoñeses, lombardos, vándalos y sajones del imperio de Carlomagno eran nativos de Britania y Galia? No, no lo eran.

«Con el decursar de los siglos todas esas sociedades de inmigrantes y emigrantes se establecieron permanentemente en los predios que invadieron y crearon una nueva sociedad en la que se fundieron en reinos, ducados, principados, margraviados, condados, repúblicas y hasta en imperios creadores de virreinatos coloniales. Paulatinamente, influenciados por el cristianismo, unificaron sus respectivos territorios, aceptaron fronteras, establecieron sus propios lenguajes y culturas y definieron sus nacionalidades y formas de gobierno. Dejaron de ser inmigrantes para convertirse en nacionales.

«Y en su condición de nacionales identificados con sus patrias declararon una guerra sin cuartel a los grupos de inmigrantes que optaron por no integrarse sinceramente a su sociedad nacionalista y los expulsaron de su seno o los obligaron a integrarse oficialmente bajo pena de muerte, renunciando bajo juramento a toda lealtad a nación, príncipe o soberano extranjero y en especial al país del cual procedían ellos o sus predecesores, dando con ello origen al pasaporte, la cédula de identidad y la consideración de las aduanas, la moneda y el *ius sole* y el *ius sangui* o séase el derecho a la ciudadanía por haber nacido bajo el sol del país o en un país extranjero, hijos de padres emigrantes.

«Como ejemplo histórico de lo que hoy en día se califica de xenofobia (odio al extranjero) podemos citar la expulsión de los hebreos y moros de España que se aferraron a sus costumbres tradicionales y sus creencias religiosas; la quema en la hoguera en España, Inglaterra y Francia de los calificados de herejes por la Inquisición; la masacre de los sajones por Carlomagno en Francia y Alemania y el exterminio de los aborígenes antillanos, incas y aztecas en nombre de la civilización cristiana y el disfrute, después de incinerados, del paraíso celestial eterno destinado a los conversos. Privilegio que legendariamente rechazó el cacique Hatuey en Yara porque ello implicaba el compartirlo con sus verdugos hispanos[124].

«Pasando a la moderna historiología de los Estados Unidos y Cuba encontramos que al igual que ocurre con otros grupos de inmigrantes de procedencia europea, africana y asiática, los llamados hispanos sufren el impacto del encuentro cultural con una sociedad cuyo fundamento filosófico fue, y aun es, el espíritu de frontera; el impulso dominador de la naturaleza; la valoración del éxito económico sobre lo poético o retórico, el abolengo y la prosapia familiar; la tolerancia religiosa y política y sobre todo eso la total ausencia de una rígida política de inmigración similar a la constitucionalmente establecida en todos los países al sur del Río Bravo y del Estrecho de la Florida que se aplica inflexiblemente a los ciudadanos extranjeros en general y a los de los Estados Unidos en particular.

«La filosofía norteamericana –el pragmatismo de William James y John Dewey– cree que los hábitos morales y sociales dependen del resultado

---

[124] Ver Tomo I, págs. 31-36.

práctico que produce la prosperidad al individuo y a la sociedad y que la validez del pensamiento se mide por la acción, positiva o negativa, que de él resulta. Los cambios en la titulada moral y en las costumbres se consideran necesarios para el mantenimiento progresivo del *American way of life* y se logran mediante leyes apropiadas o reformas constitucionales después de grandes movilizaciones de la opinión pública que decantan en consultas populares mediante el voto y que, en última instancia, se someten a la consulta y aprobación o denegación de las Cortes estatales y federales y finalmente a la Corte Suprema de Justicia.

«En definitiva, los Estados Unidos es un país de empresarios, tecnólogos, científicos, comerciantes, mecánicos y artesanos calificados y no uno de humanistas, poetas y campesinos y obreros no calificados. No obstante su reconocido materialismo, en el orden humanitario los Estados Unidos se destaca por su constante ayuda a países necesitados aún cuando muchos de ellos son sus declarados enemigos políticos y económicos. Desde la Guerra de Secesión, que puso fin a la esclavitud negra y a la servidumbre de la gleba, el balance de la sociología norteamericana arroja un saldo favorable en lo que se refiere a derechos civiles o derechos humanos, cualesquiera de esos dos términos que prefiere usarse.

«Los países de hispanoamérica –incluido el Brasil– así como los antillanos o caribeños de habla inglesa y francesa, han carecido de esa dinámica socio-económica-política que distingue a los Estados Unidos y los constantes desequilibrios gubernamentales que los caracterizan no les ha permitido una estabilidad y progreso consecuentes con sus recursos naturales que propicie la elevación del per cápita familiar imprescindible y de ello se deriva el ansia migratoria, legal o ilegal, hacia el Norte de gran parte de sus habitantes, desde el profesional hasta el obrero urbano o campesino quienes fijan su meta en llegar al país beneficiente, que a diferencia del de ellos, determina en su Constitución el derecho innegable de sus ciudadanos y residentes legales a la vida, la libertad y el logro de la felicidad.

«Sintetizando, las sociedades migratorias referidas se distinguen por su estancamiento socio-económico, su turbulencia política, su afición a las artes literarias, la música popular bullanguera, las corridas de toros, las peleas de gallos, el balompié (que provocó una guerra entre Honduras y El Salvador), el béisbol, la politiquería y la farolería forénsica, mas que por su dedicación al trabajo ingente, el respeto a la Constitución y la laboriosidad. Y a que no hablar de los golpes de estado, las revueltas sectarias, el fanatismo religioso, la santería, el vudú, el candomblé, los fraudes electorales, las dictaduras y las tiranías fascistas o comunistas.

«Cierto es que puede afirmarse que dentro de ese lóbrego panorama sociológico deprimente la mayoría de los ciudadanos se consideran felices, pero no es menos cierto que esa felicidad puede ser considerada como imaginaria, como un escape a la realidad de su pobreza que indudablemente le prohíbe el disfrute de una existencia libre de endeudamiento con el usurero prestamista o bancario, el patrón, el casero y el mercachifle. El emigrante de esos países conocidos como sub-desarrollados o tercermundistas solo a regañadientes acepta esas verdades y generalmente opta por idealizarlos pero la realidad de su tragedia es indiscutible: o abandona o se ve forzado a abandonar su patria por causa de su miseria, la injusta valoración de su capacidad profesional o por ser víctima de un régimen gubernamental dictatorial o tiránico. Las estadísticas al efecto muestran que una vez establecido económicamente en los Estados Unidos, ya sea como ciudadano americano o como residente legal, tanto el profesional como el artesano regresan a su país de origen como visitante y no como repatriado voluntario.

«La guerra civil americana alteró el panorama demográfico-industrial-agrícola de los Estados Unidos en forma inesperada pues produjo un desplazamiento migratorio para el cual no se habían preparado instituciones públicas y privadas capaces de encauzarlo. Los granjeros sureños, privados de la esclavitud que era su fuerza laboral no asalariada y sin recursos económicos con que financiar la reconstrucción de sus algodoneros emporios, escogieron marchar hacia el oeste, a colonizar las tierras en que se asentaban las tribus indias y a desarrollar minas, ferrocarriles, ganaderías, bancos, trigales, puertos marítimos y fluviales que sirvieran de bases suministradoras tanto a los colonizadores y su comercio como a los territorios del este del país que, a su vez, crecían industrialmente. Los odios de la guerra entre americanos del norte y del sur se habían disipado en los contendientes que, disfrutando de la prosperidad post-bélica ventilaban sus diferencias por medio de leyes, tribunales, partidos políticos, elecciones, etc. Todo lo anterior es simplemente un esbozo pues una exposición detallada de esos acontecimientos se encuentra en abundancia en textos al efecto en bibliotecas, librerías y centros de enseñanza. Esta expansión interna territorial-económica se extendió mucho mas allá de las fronteras de los Estados Unidos, antes y después de la guerra civil, o de secesión, a expensas de España y los países hispanoamericanos. En la bibliografía cubana existe una obra que aporta un exhaustivo informe de ese proceso histórico que El Autor de él aprendió y que no vacila en recomendarla como valioso libro de consulta[125].

«Si era cierto que el territorio americano rebosaba de potencialidades económicas extraordinarias, no era menos cierto que carecía del potencial humano, nativo y extranjero, que como mano de obra, materializara los proyectos de engrandecimiento diseñados por los empresarios y financieros que, casi dueños del poder político cabildearon hasta lograr un aflojamiento en las existentes duras leyes de inmigración que permitiera el acceso al país de incalculables legiones de individuos y familias que supieran, con creces, la carencia de un proletariado doméstico que abundaba en una empobrecida Europa. Entre 1870 y 1920 entraron en los Estados Unidos veinte millones de inmigrantes. En los decenios de los años 70 y los 80 la mayoría de ellos seguía procediendo de las mismas naciones que en el pasado habían dado tantos: Gran Bretaña, Alemania y los Países Escandinavos. Las compañías navieras trasatlánticas establecieron relaciones directas con Nápoles, Danzig, Memel, Fiume y Atenas y contrataron miles de agentes en Italia, Polonia y Austria-Hungría para reclutar pasajeros de tercera clase. Otras compañías salían de Ellis Island al encuentro de los inmigrantes y los conducían como rebaños de ovejas a las regiones mineras o a las zonas fabriles. En California arribaban por decenas de miles chinos, japoneses y filipinos a laborar en minerías y ferrocarriles. La carencia de una Ley de Inmigración que regulara el número de inmigrantes así como sus calificaciones laborales o intelectuales era un amplísimo portón de entrada al país. Un inmigrante procedente de la colonia española de Cuba, José Martí Pérez, publicó en la revista La América de New York, donde residía, el siguiente editorial de fecha febrero de 1884 intitulado *De la inmigración inculta y sus peligros. Su efecto en los Estados Unidos*[126].

«*Hablando de esos inmigrantes sin educación industrial y sin familia, espuma turbia de pueblos viejos y excrecencias de cueva, que*

---

[125] Ramiro Guerra Sánchez: La Expansión Territorial de los Estados Unidos, Cultural, La Habana, 1938.

[126] Obras Completas, Tomo VIII, Editorial Nacional de Cuba, 1963.

de Europa vienen a los Estados Unidos en bandadas, demuestra una estadística reciente que no hay alimento mas abundante para las cárceles, ni veneno mas activo para la nación, que estas hordas de gente viciosa y abrutada. No, embrutecida no: abrutada.

«Aparece de la estadística que si la embriaguez habitual nace, como de la noche la sombra, el crimen, de la falta de ocupación regular e instrucción especial en un arte u oficio determinado, como no permite al inmigrante torpe, cargado de apetitos, satisfacerlos por corrientes seguras en un mercado de trabajo conocido y fijo, se producen tentaciones y necesidades de delitos, no menores en número que los que la embriaguez estimula.

«Self se llama un escritor norteamericano que sabe de inmigrantes. No hay, a juicio de Self, peligro mayor para un pueblo nuevo que esas barcadas de hombres rudos, sin aptitudes y con vicios, llenos de odio y vacíos de conocimientos agrícolas, mecánicos e industriales. La langosta hace estragos en los campos, pero no mas que semejantes inmigraciones en las ciudades. Es como hacerse una pierna de lodo; una nación fuerte no podría mantenerse sobre ella.

«Se piden inmigrantes en muchas de nuestras Repúblicas. Los pueblos que tienen indios deben educarlos, que siempre fructifican mejor en el país, y lo condensan mas pronto en Nación, y la alterarán menos los trabajadores del país propio que los que le traigan brazos útiles pero espíritu ajeno. Porque esa es la ley capital en la introducción de inmigrantes: solo debe procurarse la inmigración cuyo desarrollo natural coincida y no choque con el espíritu del país. Vale mas vivir sin amigos que vivir con enemigos. Importa poco llenar de trigo los graneros si se desfigura, enturbia y desgrana el carácter nacional. Los pueblos no viven a la larga por el trigo si no por el carácter.

«En inmigración, como en medicina, es necesario prever. No se debe estimular una inmigración que no pueda asimilarse al país. Pues ¿quien se sienta sobre las minas que lo han de hacer saltar? En cambio, no hay cosa mas hermosa que ver como los afluentes se vierten en los ríos, y en sus ondas se mezclan y resbalan, y van a dar en serena y magnífica corriente, al mar inmenso».

«Al terminar la Primera Guerra Mundial en 1918 y anticipando una nueva y tumultuosa inmigración irrestricta procedente de una Europa devastada y empobrecida, mediante una serie de leyes consecutivamente aprobadas en 1921, 1924 y 1929, el Congreso dispuso un límite de 150,000 al número de inmigrantes a ser permitidos anualmente. De esa cantidad fueron excluidos los que procedieran de Canadá y países al sur del Río Bravo y de Florida pero como las leyes aprobadas prohibían la entrada a los que no pudieran ofrecer pruebas de solvencia económica o profesionalismo que los previniese de convertirse en cargas públicas, esto ante los cónsules americanos en sus respectivos países de origen, y como la economía general y personal de los aspirantes a radicarse en la tierra de promisión era precaria, de hecho se restringía en forma efectiva la inmigración pobre de esos lares. Se permitía la entrada libre, por un período de tiempo especificado, a turistas y estudiantes matriculados solventes.

«Al terminar la Segunda Guerra Mundial y comenzar la Guerra Fría se originó una inmigración política universal hacia los Estados Unidos beneficiada con el ropaje de refugiados y perseguidos políticos por el comunismo o por países anti-democráticos. El Acta de Inmigración y Naturalización fue reformada en 1965, 1976 y 1978 para permitir la entrada, con mínimas restricciones, de la unificación familiar de extranjeros con ciudadanos americanos y residentes legales. La migración está ahora bajo el control federal de los Comités Judiciarios del Senado y la Cámara y del Departamento de Justicia pero su impacto social y económico recae en los gobiernos estatales y el contribuyente. De este remolino de leyes, disposiciones, interpretaciones, reclamaciones, apelaciones, etc., ha proliferado una clase profesional denominada y reconocida como abogados de inmigración, especializados en la materia quienes, a la gresca con los abogados gubernamentales que los refutan, cuestan al deseoso inmigrante y al Tesoro tantos dolores de cabeza y dinero que unos y otros parecen ser propiciatorias víctimas de la funesta maldición gitana que impreca *¡Entre abogados te veas!*

«El sectarismo electorero ha sentado sus reales en esta laberíntica problemática migratoria, especialmente en Florida y California, demarcaciones donde, según informó el Buró de Estadísticas Vitales en 1986, anualmente ingresaron un millón de refugiados legales y medio millón de ilegales que desde 1970 han costado la astronómica suma de treinta mil millones de dólares al fisco en pensiones, alquileres, préstamos impagables, asistencia médica, escolaridad, relocalización, traductores en las Cortes, deportaciones, encarcelamientos, transporte, abogados de inmigración, campamentos de temporal reclusión, cupones de alimentos, etc. Políticos y politiqueros de Florida, California y los estados fronterizos con Méjico, unos con sincero sentimiento humanitario y otros con interés partidarista inconfesable han amalgamado los procedimientos migratorios con los derechos humanos, exaltando interesadamente, y demagógicamente, la inverosímil tesis de que los Estados Unidos está obligado, moral y materialmente, por ser una ejemplar democracia, a cumplir con lo que, alegóricamente preceptuado, simboliza la Estatua de la Libertad en la entrada del puerto de New York, con su placa que reproduce el soneto de Emma Lazarus que expresa; *«Denme sus agotados, sus pobres, sus apiñadas masas que anhelan respirar en libertad, el miserable residuo que llenan sus playas. Envíenme sus sin hogares, las víctimas de la tempestad. Yo alzo mi farola junto a la puerta de oro...»* (Traducción Libre)

«Los problemas migratorios de los Estados Unidos no han sido, ni son, muy diferentes a los experimentados por Cuba Republicana. El día 15 de mayo de 1902 la Intervención Americana dictó la Orden No. 155 disponiendo la entrada libre de inmigrantes procedentes de España, las Islas Canarias y otros países europeos con el propósito de blanquear el país, orden que el 11 de julio de 1906 puso en funciones el presidente Estrada Palma. Como dejara sentado José Martí la inmigración que se necesitaba era una de calificados agrónomos y artesanos y lo que se nos echó encima fue una nube de jornaleros y domésticas analfabetos así como una plaga de *sobrinos*, prófugos de las levas de quintos, que nutrieron las filas de dependientes del comercio español en detrimento de la juventud cubana y en especial los de raza negra. Desde 1902 hasta 1907 entraron en Cuba, protegidos por la negativa Ley de Inmigración, 155, 252 extranjeros blancos de los cuales 38, 301 no tenían, según declaración jurada, ocupación determinada y 59, 841 alegaron que venían a trabajar en lo que sea pues no tenían oficio ni beneficio alguno. En resumen, 98,152 extranjeros incalificados que vinieron a aumentar la competencia por los trabajos, producir una baja en los salarios y acrecentar la pobreza del nativo.

«El presidente José Miguel Gómez (1909-1913) continuó la política de inmigración de su predecesor, Estrada Palma, y durante su cuatrenio entraron a la Isla 140,000 extranjeros ineptos que perjudicaron tremendamente a la clase obrera nativa al vender su fuerza laboral por salarios de miseria. Mario García Menocal (1913-1921) favoreció el torrente proletizador de la inmigración de braceros, incrementándola con haitianos y jamaiquinos para la industria azucarera. Se volcaron sobre Cuba 182,334 extranjeros de los cuales el 85% eran varones y el 66% completamente analfabetos. Desglosadamente, nos invadieron 111,204 españoles con el 20% de analfabetos; 28,151 haitianos con el 94%; 26,040 jamaiquinos con el 6% y 16,939 chinos y de otras nacionalidades con el 80%. Este analfabetismo se entendía en los españoles porque no sabían leer y escribir; en los demás porque ni siquiera sabían hablar español. Los haitianos y chinos eran los mas ignorantes de todos pues además de no hablar español ni siquiera sabían leer y escribir en su idioma nativo. Todos esos inmigrantes arruinaban la economía de los obreros cubanos porque laboraban por un jornal diario de 25 centavos cuando los nacionales exigían el legal de $1.00. En sus dos últimos años presidenciales Menocal permitió la introducción en Cuba de 254,585 extranjeros de los cuales el 92% eran varones. De esos inmigrantes indeseables 133,573 eran españoles con un 11% de analfabetos; 46,044 haitianos con un 96%; 51,187 jamaiquinos con un 6% y 23,781 asiáticos y europeos balcánicos con un 27%. El total de peones extranjeros analfabetos y semi-analfabetos que se volcó sobre Cuba durante la Administración Menocal fue de casi 500,000. Siervos de la gleba para el capitalismo salvaje azucarero y comercial en su inmensa mayoría.

«El presidente Alfredo Zayas (1921-1925) autorizó a la United Fruit, la Tacajó, la Atlantic Fruit y la Cuban-American Sugar a importar, en conjunción, 10,000 haitianos y jamaiquinos. Al final del período zayista esta nueva importación de braceros había vomitado sobre las provincias orientales 32,740 haitianos y 15,385 jamaiquinos que hacían un total de 48,125 futuros indigentes y posibles delincuentes. Salvo excepciones. Marginalmente, miles de polacos, rusos, lituanos, latvios, estones, rumanos y ukranianos entraron subrepticiamente en Cuba con la esperanza de luego introducirse clandestinamente en los Estados Unidos. Gran parte de esos inmigrantes eran hebreos y con ellos se inició el ghetto, o barrio judío, de La Habana Vieja tan injustamente desdeñado y calumniado. Gerardo Machado (1925-1933) autorizó la entrada de 70,338 braceros antillanos que trabajaran la caña por jornales misérrimos y que se unieron a los miles de parias, negros y blancos, que apenas libraban la subsistencia en las colonias cañeras y se revolcaban en la inmundicia de los barracones. El censo de 1931 demostró que de la población total de 3,962,344 habitantes 850,413 eran extranjeros. De ellos habían entrado en Cuba, desde 1919, la colosal suma de 598,906. El porcentaje de haitianos había aumentado en un 279%; el de jamaiquinos en un 123%; el de españoles y europeos en un 51% y el de chinos en un 137%. Al derrocamiento de Machado siguió un Gobierno Revolucionario, auténticamente nacionalista, que promulgó el 8 de noviembre de 1933 un Decreto-Ley disponiendo que el 50% de la fuerza laboral tenía que componerse de cubanos nativos o nacionalizados[127]. El 25 de enero de 1936 bajo la presidencia de José Barnet Vinajeras se estableció el Registro de Extranjeros que acreditara su estado legal en el país o sufrir deportación inmediata. El 2 de febrero de 1937 durante la presidencia de Federico Laredo Bru se ordenó la repatriación de braceros antillanos por miles. Tiempo después se impidió el desembarco en La Habana de cientos de judíos alemanes que arribaron a bordo del trasatlántico *San Luis*. La Constitución de 1940 fijó definitivamente las cláusulas que regirían la inmigración en Cuba. Sus severas leyes de extranjería se consideraron nacionalistas y ningún cubano, excepto los comunistas, jamás las calificó de xenofóbicas en público ni las impugnó ante los Tribunales de Justicia. ¡Ni loco de atar lo hubiera hecho un extranjero!

«La tiránica imposición del comunismo en Cuba después de la derrota de la dictadura de Fulgencio Batista en 1959, generó una gigantesca migración hacia los Estados Unidos de cerca de un millón de personas de todas las edades, razas y clases sociales y económicas que fueron reemplazadas allí en una gran proporción de extranjeros de filiación marxista. Además, al participar Cuba en guerras africanas cerca de medio millón de soldados sirvieron en ellas, en lo que puede ser considerado como una migración intervencionista.

«A partir de 1959 los distintos gobiernos norteamericanos, mediante *visas waivers*, en forma privilegiada albergaron la migración cubana calificándola de refugiados anticomunistas beneficiándola con ventajas económicas y políticas que nunca antes habían otorgado a otros grupos migratorios. Reproduciendo la conducta de los inmigrantes europeos y asiáticos del siglo 19 y principios del 20 los cubanos se concentraron en barriadas y mantuvieron a todo trance sus costumbres y organizaciones políticas, negándose a integrarse mayoritariamente en *el crisol de nacionalidades* y en muchos casos

---

[127] Ver Tomo II, págs. 454-57.

calificando de indignos a aquellos de sus compatriotas que si lo hacían. Y al igual que ocurrió con los descendientes jóvenes en pasadas épocas los actuales entraron en conflicto con sus mayores al despojarse de convencionalismos familiares extraños a la sociedad pragmatista en que crecían y prosperaban educacionalmente y económicamente.

«Los cambiantes azares de la política, unidos al transcurso inexorable del tiempo, han ido debilitando la estructura rígida del exilio político anticomunista, auxiliado ello por la tolerancia de las leyes de inmigración yanqui, que en el presente cientos de miles de cubanos que arribaron a los Estados Unidos proclamándose exiliados políticos se comportan como verdaderos emigrantes económicos y contribuyen con cerca de 900 millones de dólares a la apuntalación de la maltrecha hacienda castro-comunista mediante copiosos envíos de divisas a la Isla esclava y viajando a ella descaradamente, en violación abierta no solamente de la ley si no del pensamiento de José Martí dirigido a la emigración de su tiempo: *«Visitar la casa del opresor es sancionar la opresión»*. Y rematando esta abominable y desagradecida conducta acogiendo en la diáspora a renegados oportunistas y en complicidad con autoridades aquí, a genízaros de la Seguridad del Estado, profesores de marxismo leninismo, mercenarios intelectuales de las artes, miembros del Partido Comunista y demás organizaciones totalitarias, lobos vestidos con piel de corderos, verdugos inexorables, traidores dobles. Traidores a Cuba cuando la vendieron a Rusia y traidores al comunismo vendidos a la CIA que, decididamente, les paga pero los desprecia».

* * *

Uno de los mas obscenos, pero apropiados, chistes acerca de Fidel y sus descabellados proyectos económicos, que secretamente corría de boca en boca en Cuba, era que *El Caballo padecía de diarreas mentales porque todo lo que pensaba le salía cagado al ponerlo en práctica*. Y efectivamente el llamado Proceso de Rectificación de Errores y Corrección de Tendencias Negativas y los Grupos de Trabajo fueron a parar al alcantarillado juntándose con sus predecesores de la Industrialización, la Zafra Gigante, la JUCEPLAN, las JUCEI, el INRA, el Cordón de Cafetales, etc[128]. Como había sucedido siempre antes el aparato propagandístico gubernamental

---

[128] Ver Tomo IV, págs. 39, 51-56, 66-70, 228-30, 282-86, 371-73, 529-41.

trompeteó a todas horas las medidas rectificadoras que se pondrían en funciones de austeridad para ahorrar divisas y aumentar la estabilidad financiera, afirmando que la producción y la calidad de los productos de exportación eran las mayores prioridades que se emparejaban con medidas de reducción de la circulación del dinero a fin de alcanzar un lógico balance fiscal interno. Este lenguaje mentecato y brumoso lo que significaba era el aumento del precio de los menguados alimentos recibidos por la libreta de racionamiento, del pasaje y la vestimenta, la supresión de meriendas en las oficinas y los comedores obreros, la reimplantación de impuestos, la supresión de los mercados campesinos y la vuelta de las cooperativas a la colectivización. En cuanto al desempleo, que cínicamente se denominaba *desvinculación laboral* se reduciría mediante la formación de brigadas permanentes en el sector agrícola y de brigadas integrales en otros sectores de la producción con énfasis en el de la construcción. Y como también había sucedido siempre, a la decisión de implantar el trabajo esclavo se anunció la reactivación del sistema de vigilancia de los Comités de Defensa de la Revolución (CDR) con el objetivo de fortalecer la cooperación revolucionaria del pueblo y el apoyo a las fuerzas de defensa interna y sus métodos de mantenimiento del orden. El colofón a esta nueva coyunda laboral tuvo lugar el Día del Trabajo en 1988 cuando Roberto Veiga, Secretario General de la CTC, en presencia de Fidel Castro, afirmó que continuaría la lucha para maximizar el rendimiento de la jornada diaria de trabajo, aumentar el ahorro de materiales y recursos humanos, mejorar la calidad de la producción y los servicios, reducir costos y aumentar la productividad mediante una mayor cuota de eficiencia. El populacho dio un nuevo viva a las cadenas que le obsequiaba su dictadura del proletariado. Amen.

Alentados por las noticias que recibían de Miami al respecto del apoyo que les daban sus patrocinadores antes mencionados, en la Isla se inició una multiplicación de fingidas organizaciones defensoras de los derechos humanos cuyos dirigentes, todos ellos comunistas reciclados, aspiraban a hacerse de un expediente contestatario que les facilitase su entrada en los Estados Unidos para pegarse a las ubres de la CIA, Radio Martí, al National Endowment for Democracy, la FNCA, etc., y vivir bien a costa del anticomunismo como lo habían hecho igual a expensas del marxismo-leninismo. Además, la prisión política era ahora un hotel de cinco estrellas comparado a la sufrida por los verdaderos presos políticos que ellos, los que se auto-titulaban disidentes, ostentaban la aciaga gloria de ser aplaudidores cómplices del tiránico régimen que los había hecho sufrir los horrores descritos por los sobrevivientes en los libros cuya lectura ha sido recomendada. Lo mas triste de esta situación era que ex-presos plantados, que con su ejemplo de valentía y de indudable patriotismo, que se habían mantenido enhiestos ante sus verdugos comunistas, se abrazaban, física y políticamente, con esas sabandijas humanas y antagonizaban a sus hermanos de causa, de armas, de prisión y exilio que se negaban tenazmente a reconciliarse con la pandilla de fascinerosos comunistas reciclados que, salvo excepciones, eran criminales de guerra merecedores de la mas severa sanción.

La consideración de criminales de guerra no solamente corresponde a los militares si no también a los civiles que intelectualmente sirvieron de adoctrinadores totalitarios y de representantes de la tiranía en el extranjero en misiones diplomáticas y culturales. Los iniciadores de la amalgama reciclada de los derechos humanos eran todos viejos miembros del Partido Comunista y de la Juventud Comunista: Ricardo Bofill Pagés, Edmigio López Castillo, Elizardo Sánchez Santacruz, Adolfo Rivero Caro, José Solis, Ariel Hidalgo, Arnaldo Escalona, Hilda Felipe, Delia Espino, Enrique Hernández Méndez, Jorge Bacallao, Samuel Martínez Lara, María Elena López, José Lorenzo Fuentes, Indamiro Restano, Reinaldo Bragado Bretaña, Tania Díaz Castro, Rolando Cartaya, Hiram Abi Cobas, Félix Fleitas, Aida Valdés Santana, Ángel Espasande, Óscar Peña Martínez, Pablo Reyes, Roberto Luque Escalona, José Luis Pujol, Jorge Pomar, Vladimiro Roca y María Elena Cruz Varela. Se identificaron con ellos, absurdamente, revolucionarios democráticos, presos y libres, Gustavo y Sebastián Arcos Bergnes, Ramón Guin, Ángel Cuadra Landrove, Rolando Borges, Orlando Castro García, Georgina Cid, Jorge Valls, Alberto Fibla, Jesús Gómez Calzadilla, Alcides Martínez, Roberto Suárez de Cárdenas, Ángel de Fana. Siro del Castillo, Gustavo León, Raúl Díaz Torres, Huber Matos, Jorge Rodríguez Alvareda, Pablo Correa, Raúl Martínez Ararás, José Heredia, Julio Ruiz Pitaluga, Mario Chanes, Tomas Regalado Sr., Tomas Regalado Jr. y Roberto Simeón; y tránsfugas marxistas, oportunistas y malas gentes como Marta Frayde, Carlos Franqui, Guillermo Cabrera Infante, Carlos M. Luis, Carlos Alberto Montaner, Enrique Baloyra, Ramón Cernuda, Carlos Verdecia, José M. Estévez, Pedro Ramón López Jr., Alfredo Durán, Marifeli Pérez Stable, Enrique Patterson, Rafael Saumell, Sebastián Arcos Cazabón, Heberto Padilla, Belkis Cuza y Jesús Permuy.

La pugna interna existente en el seno del grupito que se auto-titulaba Comite Pro-Derechos Humanos fue confirmada por Beatriz Parga en El Miami Herald el día 29 de octubre de 1987 informando la creación de la Comisión Cubana de Derechos Humanos y Reconciliación Nacional, presidida por Elizardo Sánchez Santacruz, en La Habana, y representada en Miami por Héctor Aguilera, Ramón Solá, Luis Arroyo, Lino Sánchez, Marcos Correa y Roberto Simeón y en New York por Gisela Hidalgo. Sánchez Santacruz alegó haberse separado del Comité y de Bofill para preservar la credibilidad del Movimiento por los Derechos Humanos. Esto de la credibilidad se basaba en la demanda planteada en las cortes españolas por el escritor comunista cubano José Lorenzo Fuentes contra Ricardo Bofill y la Editorial Playor, regenteada por Carlos Alberto Montaner, por fraude y plagio de su novela *Brígida pudo soñar* publicada con el titulo *El tiempo es el diablo* por aquellos dos. Por su parte, Bofill declaró que el plagiario era Fuentes y que Sánchez Santacruz no se había separado de su Comité si no que había sido expulsado deshonrosamente de él por haberse comprobado que era un chivato a la paga de la Seguridad del Estado. El día 26 de diciembre de 1987 un largo escrito del villano comunista reciclado José Solís que describía a Bofill como *hombre instruido, intelectual, escritor, licenciado en Historia y Sociología, con un nombre que alcanza estatura internacional*, pintaba un cuadro de su vida y actividades con estos mentirosos colores: *«Ayer durmió en una casa amiga; hoy almuerza en otra, donde le invitan a compartir el pan de ración y le regalan un par de zapatos casi nuevos. Mañana regresa al desvencijado apartamento desprovisto de muebles, a ese apartamento otrora compartido con su hijo y su esposa, idos hace ocho años a los Estados Unidos; debajo del cual habita su tía, quien hace ya largos años se declaró su enemiga ideológica y también lo vigila en representación de los Comités de Defensa de la Revolución...»* Y continúa su diabólica información desinformante diciendo que los privilegios que goza de hacer y recibir llamadas telefónicas de Miami, de entrevistarse con periodistas extranjeros y no ser encarcelado son todos planificados metódicamente por un *«Neo-Mesianismo Socialista-Comunista que no es mas que una fachada para aventureros políticos, asaltantes del poder e intelectuales descontentos, detrás del cual se esconde un sustituismo político, encaminado a enraizar a una burocracia político-represiva, déspotica y expoliadora...»* La impugnación de El

Autor al simulador Solís en que descubría que Bofill era un desentrañado que mientras que su esposa e hijo lo veneraban y sufrían indeciblemente en Miami el vivía en concubinato, a sus espaldas, con una querindanga llamada Yolanda Miyares y que su descripción de lo que llamaba «Neo-Mesianismo Socialista-Comunista» era una fiel copia de lo que toda la pacotilla de reciclados habían hecho padecer a Cuba durante veinte años, no fue aceptada para su publicación por El Nuevo Herald.

Mientras toda esta mierda de Bofill y el bochinche de los derechos humanos contaminaba el ambiente anticomunista del exilio miamense, los inclaudicables combatientes planearon llevar a cabo una audaz empresa expedicionaria que diera al traste con la componenda conciliadora de la Administración Reagan y sus satélites de la FNCA. Cándido de la Torre, Elio Leal, Ernesto Botifoll y Aroldo Hernández Luege establecieron contactos con unos señores que tenían en su poder dos cohetes teledirigidos y que estaban prestos a venderlos con la condición de que no fueran usados nada mas que contra Cuba comunista. Examinados por El Autor demostraron no ser cohetes teledirigidos si no uno de artillería y otro antitanque que podían habilitarse para ser disparados desde una embarcación hacia un punto en tierra firme en una parábola de antemano calculada por un artillero naval y un observador costero. Cándido y El Autor confiaron a Tony Cuesta, José Enrique Dausá y Ramón Font el proyecto y los tres, sin la mas mínima vacilación, no solamente lo acogieron si no que aportaron dos motores marinos fuera de borda que sumaban 700 caballos de fuerza y exigieron participar en la empresa como navegantes armados. El barco fue ofrecido por Orlando *Bebo* Acosta quien además de también exigir una participación en el proyecto se comprometió a contribuir con el observador costero que tendría la responsabilidad de efectuar los cálculos distancia-altura que necesitaría el artillero naval para determinar el ángulo en que sería emplazado el lanzador de cohetes. Como blanco se escogió la base Lourdes de telecomunicaciones soviética. El día 12 de noviembre de 1987 agentes federales interfirieron a Leal, Botifoll y Hernández Luege ocupándole los dos cohetes, sin sus cargas de artillería, que declararon estaban destinados a la Contra en Nicaragua y que nadie más que ellos estaban comprometidos en el asunto. Sin pérdida de tiempo Cándido de la Torre se presentó en Diario Las Américas y declaró a su principal reportero, Ariel Remos, lo que sigue:

«Queremos hacer de público conocimiento que las armas que les fueron ocupadas a los compatriotas Elio Leal, Ernesto Botifoll y Aroldo Hernández, no estaban destinadas a Nicaragua si no a Cuba. Es bueno que se sepa que si el mundo se ha olvidado de la tragedia del pueblo cubano, un buen grupo de cubanos sigue la lucha con los ojos fijos en producir hechos y no palabras. Queremos asimismo divulgar que el dinero con que fueron adquiridas dichas armas fue recolectado peso a peso durante mas de un año, entre gente humilde, entre cubanos que están apoyando nuestros planes».

Como los cohetes ocupados no estaban armados, la defensa de los tres encausados se basó en que eran piezas de museo que no estaban aptas para ser usadas militarmente y por lo tanto no estaban sujetas a ser consideradas como peligrosas o en violación de la ley de neutralidad y que la declaración de Cándido de la Torre no podía ser tomada como una inculpación si no como una opinión personal permitida por la Constitución. La sentencia fue una multa y un período de libertad condicionada. Este suceso se unió, para dar importancia a la labor de los activistas, con lo ocurrido en Indianápolis unas semanas antes. Allí se iban a celebrar los Juegos Deportivos Panamericanos y era tradicional que en la ceremonia de clausura se honrara la bandera del país en que tendrían lugar los próximos juegos, que sería Cuba comunista en 1991. El lugar de la ceremonia era el parque de la Legión Americana en el centro de la ciudad y se esperaba una asistencia de 30,000 espectadores. El Autor, en su autoridad de Comandante de la Legión Americana de Cuba en el Exilio viajó a Indianápolis, residencia del Cuartel Nacional de la Legión, y expuso su protesta de que fuera a ofenderse el honor del Cuerpo glorificando el símbolo de un gobierno que había fusilado en 1961, en Pinar del Río, a su Comandante en La Habana, Howard Anderson. La prensa local y la del estado de Indiana se solidarizaron con la protesta y a pesar de la influencia ejercida en contra por la Administración Reagan el Concilio ordenó el traslado de la ceremonia a otro lugar. Durante los juegos una representación de Radio Martí, encomendada a Juana Isa, fue atacada a golpes por judokas dirigidos por el delegado comunista Alberto Juantorena porque aplaudían a los atletas y daban muertes a Fidel Castro.

XX

La batalla electoral miamense en 1987. El fondo de $3,000,000.00 de la Fundación y los Latin Builders. Arthur Teele, Ben Yahweh, Xavier Suárez y la subasta del voto negro. Vientos de fronda en la Fundación. El ataque a The Miami Herald. Los errores políticos de Luis Botifoll. El Nuevo Herald. Roberto Suárez de Cárdenas y Carlos Alberto Montaner. El Quinto Congreso de Intelectuales Disidentes en Caracas. Denuncia contradictoria. Los arrepentidos anticomunistas. Los tapaditos. El camino de Damasco.

La batalla electoral por ganar la alcaldía de Miami en 1987 se vislumbraba como una pelea de perros dogos y no como una contienda entre hidalgos caballeros políticos municipales. La resaca del fallido atraco de la Isla Watson determinó a Jorge Mas Canosa, personalmente, y a la Fundación Nacional Cubano Americana (FNCA) y a la Latin Builders Association (LBA), como entidades, hacer una cuestión de negra honrilla el derrotar decisivamente en las urnas a Joe Carollo y reelegir al alcalde Xavier Suárez. Sin recato alguno los hombres de presa que eran rectores de esas ententes capitalistas salvajes recrearon las actividades que en Cuba sus predecesores utilizaron para afianzarse dentro de las esferas del poder político con el mismo dominio que ejercían el poder económico. Remedaban el papel desempeñado en la Isla por el Trust Azucarero en tiempos de Menocal; las Clases Vivas en época de Machado; la Unión Social-Económica de Cuba (USEC) con Batista en su período de caudillo militar y luego presidente constitucional; nuevamente las Clases Vivas con Batista dictador y con Osvaldo Dorticós cuando sustituyó al derrocado por Fidel Castro, el infeliz Manuel Urrutia[129]. El periodista y comentarista radial, Alberto González, reveló que en una reunión celebrada en las oficinas del Dr. Luis Botifoll varios dirigentes de la FNCA y la LBA habían acordado la creación de un fondo de $3,000,000.00 destinado a copar las asambleas de los grupos

---

[129] Ver Tomo II, pags. 240, 247-49, 266-67, 351-52, 356-58, 537-40, 617-18; Tomo III, pags. 215-17, 439, 577-82 y Tomo IV, pags. 106-118.

étnicos o las de partidarios de Carollo y Ferré. O séase una duplicación del BAGA y La Aplanadora de los gobiernos de Grau San Martín y Prio Socarrás ya descritos. En posterior transmisión radial Alberto González identificó como asistentes a la dicha reunión a los señores Jorge Mas Canosa, Domingo Moreira, Diego Suárez, Erelio Peña, Pepe Hernández y Tony Costa. La revelación de Alberto González mostró ser cierta cuando se hizo un frío análisis de la crematística de esas elecciones municipales. Veamos:

Se presentaron como aspirantes a la alcaldía el reeleccionista Xavier Suárez, Mauricio Ferré y Arthur Teele. Los dos primeros son ya conocidos nuestros. Teele era un formidable candidato que contaba en su favor el ser miembro distinguido del Partido Republicano, oficial condecorado en Viet-Nam y subsecretario del Transporte durante la presidencia de Reagan. Pero Teele era de la raza negra, un afroamericano como ahora por conveniencias políticas se les denominaba así a los de esa etnia cuyos radicales militantes del black power, enemigos mortales suyos lo calificaban de *Tio Tom* y *House Nigger* remedando a los personajes negros de la novela *La Cabaña del Tio Tom*, fieles sirvientes de los esclavistas. Esta incidencia evocaba en los exiliados de edad madura el calificativo de *caleseros* que en tiempos de José Miguel Gómez endilgaban los Independientes de Color a los negros afiliados al Partido Liberal mientras se apodaban asimismos de *cimarrones*[130]. Era predecible que Teele no triunfase en las elecciones ya que el voto negro, dividido entre sus partidarios y enemigos, no le era suficiente y ademas la mayoría republicana en los votantes hispanos, lo probaban las anteriores elecciones, votaban por uno de los suyos a pesar de su filiación republicana, demócrata o independiente. Lo que si era, mas que predecible, evidente, es que la fuerza electoral que aunara Teele entre los afroamericanos sería el fiel de la balanza que la inclinase hacia Xavier Suárez o Mauricio Ferré, ambos muy populares entre ellos. El fiel de esa hipotética balanza serían los $3,000,000.00 del fondo acumulado por Luis Botifoll y sus cofrades de la FNCA y la LBA. Entretanto, la guerra contra Joe Carollo en venganza por su descalabro al fallido atraco de la Isla Watson y sus chanchulleros, iba en aumento. Humberto Cortina y Víctor de Yurre se presentaron como sus oponentes y derrochando dinero procedente de la LBA acapararon todos los

---

[130] Ver Tomo I, págs. 49, 50 y Tomo II, págs. 219, 220, 226-31.

espacios radiales propagandizándolos y creando bancos telefónicos en su favor. Esto de bancos telefónicos fue el ardid de organizar a los simpatizantes de la FNCA y la LBA y a cientos de otras gentes para que acumulasen llamadas a los programas radiales que abrían sus micrófonos al público y opinasen en contra o a favor de Carollo y Ferré. El tramposo sistema impedía de la forma mas efectiva la entrada de llamadas favoreciendo a aquellos y dando la sensación al populacho de que los candidatos de la entente millonaria eran de antemano triunfadores y a los favorecedores de Carollo y Ferré que no valía la pena pasar los trabajos de ir a las urnas para votar por candidatos que de antemano se sabía no triunfarían.

En las elecciones primarias ganaron el derecho a ir a una segunda vuelta Xavier Suárez y Mauricio Ferré. Arthur Teele no obtuvo el suficiente porcentaje de votos requerido y quedó en la posición de gran elector entre aquellos dos ya que el voto negro que lo favorecía era crucial para dar la victoria a quien apoyase entre aquellos dos. Carollo y De Yurre pasaron a otra segunda vuelta pues quedaron eliminados Humberto Cortina, Paul Collins y el candidato afroamericano Bill Perry quien con su votación quedaba en la misma situación de gran elector en que estaba Arthur Teele. Pero había una fuerza política-religiosa-económica-gangsteril en la comunidad negra que era el poder tras el poder a quienes todos temían, desde la policía hasta el ciudadano común, los Yahwehs cuyo historial, de acuerdo con la ficha de ellos existente en el archivo policíaco mostraba que un superchero y carismático predicador nombrado Hulon Mitchell, con antecedentes penales de fraude y extorsión se proclamaba hijo de Dios, descendiente directo de una desaparecida tribu israelita había adoptado el nombre de Yahweh Ben Yahweh y creado un Templo del Amor en Liberty City, atraído a miles de adocenados admiradores que le habían entregado sus caudales y propiedades, que había reinvertido provechosamente hasta organizar un consorcio financiero de bienes raíces y préstamos que estaba siendo investigado por autoridades federales bancarias y por agencias policíacas a causa de acusaciones que se le hacían de usar métodos de fuerza para someter y disciplinar a sus acólitos. Los Yahweh se habían declarado partidarios de Teele pero después de una reunión que sostuvieron Xavier Suárez y Ben Yahweh, reportada ampliamente en la prensa escrita, radial y televisiva, los Yahweh proclamaron su apoyo a Suárez y De Yurre y movilizaron sus huestes agresivamente en una campaña en la comunidad negra, que les temía con pavor, y que al hacerse el cómputo de la votación por comunidades éste demostró que Suárez y De Yurre habían derrotado decisivamente a Ferré y Carollo con la ayuda masiva del voto negro aportado por los Yahweh y por la maquinaria electorera regenteada por la FNCA y la LBA que habían tenido un extraordinario éxito al conseguir el prodigio de triunfar de lleno en las tres comunidades miamenses: la cubano-hispana, la anglo y la negra. Pero, como veremos, en 1989 la avaricia rompió el saco que era la armonía comunitaria, supuestamente lograda en 1987 por los munificientes arquitectos electoreros de la FNCA y la LBA. En especial dentro de la tramoya frágil que era la cubanoamericana con su potaje de republicanos y demócratas que sin el menor recato cambiaban de casaca partidista de acuerdo con sus personales intereses pero siempre confirmando que sus móviles no eran esos sí no la libertad de Cuba del comunismo y el ser fieles al ideario de José Martí. Cuando mas tarde, como leeremos, la justicia procesó y condenó a Hulon Mitchell y sus sicarios Yahweh por constituir un grupo de asesinos, violadores y extorsionadores probados, el bochorno de su alianza con la FNCA y la LBA no disminuyó en nada el apoyo del populacho miamense a ellas y sus selectos candidatos alcaldicios.

Vientos de fronda azotaron a la FNCA a fines de 1987. En el mes de octubre Frank Calzón y José Luis Rodríguez renunciaron sus cargos de altos dirigentes de ella alegando tener serias discrepancias con Jorge Mas Canosa acerca del entremetimiento de éste en campañas políticas y electorales en Miami que estaban en conflicto con la programación dispuesta para Radio Martí en lugar de dedicar sus esfuerzos a la libertad de Cuba. Cuando el comentarista Alberto González protestó que Radio Mambí entrevistase loablemente al renegado esbirro Florentino Aspillaga, alto oficial de la Seguridad del Estado, algo que estaba en oposición a lo dispuesto por el Gobierno Federal contrario a retransmitir localmente programas de Radio Martí destinados al campo internacional, el tremebundo ex-presidente de los locutores castristas, Armando Pérez Roura, defendió flamígeramente el derecho de su Radio Mambí a contemporizar con sus reciclados camaradas con las siguientes palabras textuales reproducidas en el batistiano *Patria* el día 19 de octubre: «*La enmienda primera a la Constitución de los Estados Unidos, la Carta Magna de este país, brinda amplias garantías de libre expresión y diseminación de información. Todo material público que sea de interés público, que sea de interés al pueblo y especialmente a los ciudadanos de esta nación en que vivimos, esta garantizado bajo la Enmienda Primera..»* Esta profesión de fe democrática expresada después que Agustín Tamargo renunciara su puesto en Radio Mambí y pasara a la emisora RHC porque *Seso Hueco* impugnaba los invitados de aquel que combatían a la FNCA.

Coincidiendo con la precedente barrabasada la FNCA publicó una página entera en el Miami Herald, arrogándose la representación de la comunidad cubana, acusándolo de tergiversar sus procedimientos en relación a la libertad de Cuba porque el periódico publicó un editorial pidiendo la investigación de estaciones de radio de Miami que retransmitían programas de Radio Martí, lo cual el Herald consideraba como una violación de la norma federal que regía a Radio Martí. La parte mas sañuda de la inculpación al Herald afirmaba: *«Ignora nuestras esperanzas, nuestros ideales, nuestros temores, nuestros anhelos, ignora nuestros valores y desprecia nuestras instituciones. Es completamente insensible a las inquietudes de una mayoría de la población del Condado de Dade y es además una falta de respeto a los presos políticos que sufren y mueren en las cárceles de Castro...»* Firmaban los Directores Ernesto A. Bravo, Fernando Canto, Alberto Cárdenas, Armando Codina, Tony Costa, Feliciano Foyo, José García, Raúl González, Alberto Hernández, Francisco J. Hernández, Carlos López Aguilar, Alberto J. Mariño, Venancio C. Martí, Miguel A. Martínez, Jorge L. Mas Canosa, Domingo Moreira, Elpidio Núñez, Erelio Peña, Lombardo Pérez, Delfín Pernas, Jorge A. Rodríguez Alvareda, Domingo Sadurni, Diego R. Suárez, Felipe A. Valls, Óscar Vázquez, y Antonio Zamora. Los Trustees Arturo M. Alfonso Bru, Carlos J. Arboleya, José Bacardí, Luis Botifoll, Thomas P. Carlos, Luis Cruz, Manuel J. Cutillas, Carlos Manuel de la Cruz, Juan Delgado, Pedro L. González, Ariel E. Gutiérrez, Jorge Leiseca Garmendia, Israel L. Mármol, Reinaldo P. Mayor, Homero Meruelo, Fernando Ojeda, Pedro R. Pelaéz, Pedro V. Roig, Julio Rumbaut, Arnaldo Santa Cruz, Rafael E. Tamayo y Osvaldo Vento.

La reacción al brulote de la FNCA contra el Miami Herald, que no era mas que un ataque a la libertad de prensa, no se hizo esperar. Hacía solo unos meses que la FNCA ofrecía sus casettes a cambio de suscripciones al Herald; era abominable que se exigiera la libertad al tiempo que se negase a otros esa misma libertad; se estaba tildando de enemigo de la democracia a un periódico que publicaba un anuncio político de crítica contra si mismo;

se vislumbraba un chantage económico intencionado a silenciar a cualquiera que discrepase con la filosofía de los millonarios de la FNCA y el Partido Republicano y por último endilgarle una falta de respeto a los presos políticos que sufrían y morían en las cárceles de Castro igualaba en impudicia a la implantación en Cuba de la coletilla y el amordazamiento de la libertad de prensa. En su aberrante antagonismo contra el Herald la FNCA llegó al absurdo extremo de financiar una campaña publicitaria en su contra que consistió en negociar con la empresa de ómnibus el usar espacios en sus unidades para en ellos desplegar unos anuncios, en su interior y exterior, que proclamaban la frase desafiante YO NO CREO EN EL HERALD. Lo mas lamentable de este infortunado acontecimiento fue que Luis Botifoll, quien en la Cuba dictatorial del Batista del 10 de Marzo de 1952 fuera despojado por Amadeo Barletta del periódico El Mundo mediante lo que llamó «*Cuartelazo en El Mundo*», ahora firmase una paparrucha de naturaleza reaccionaria similar a la de que una vez fue víctima. Y esto equivalía a otros errores políticos suyos inoportunos; su participación en el Movimiento de la Nación (*Meneíto*) y sus gestiones dialogueras en aquella época[131].

Los editores de The Miami Herald decidieron independizar de este una edición en español que se atrajese la simpatía del exilio cubano poniendo énfasis en el interés de este por los asuntos que se refiriesen a los eventos en Miami y La Habana, y en Washington y Moscú, que afectasen la libertad de Cuba del comunismo pero con el cuidado que no se mostrase favorable a otra cosa que no fuese el diálogo, la componenda y la aversión a la violencia favorecida por los calificados de intransiguientes. Y, de paso, ganarle el mercado a Diario Las Américas, reputado como conservador apareciendo El Nuevo Herald como liberal o séase, en buen romance, aquel representativo de un caduco pasado y este como paladín de un prometedor futuro. Así pues, Roberto Suárez de Cárdenas fue designado Editor y Carlos Alberto Montaner nombrado Director de las Páginas de Opiniones las dos posiciones mas influenciales políticamente de un periódico. Suárez de Cárdenas, católico militante jesuita se había distinguido en la Resistencia Cívica contra la dictadura de Batista y ocupado el cargo de Director de la Financiera Nacional en el Gobierno Revolucionario del cual se separó prontamente y se incorporó al

---

[131] Ver Tomo III, págs. 332-33, 357-58, 379.

Movimiento Revolucionario del pueblo (MRP) de Manuel Ray y con el seudónimo de *Gonzalo* funcionó ardorosamente en la clandestinidad contra el régimen comunista[132]. Dedicado a labores periodísticas en el exilio ascendió desde una humilde posición en los talleres hasta la incomparable de gerente del mas importante rotativo de la ciudad de Charlotte en Carolina del Norte. Profesionalmente, su tránsito por El Nuevo Herald fue estupendo pero una negación absoluta del *Gonzalo* revolucionario. Montaner un joven de notable inteligencia era el prototipo del reformador social de teorías y utópicos proyectos incapaz de llevarlos a la práctica revolucionaria por carecer del carisma de un líder militar que atrajese una tropa armada dispuesta a seguirlo hasta la victoria o la muerte heroica en combate. La conjunción Suárez de Cárdenas-Montaner en El Nuevo Herald abrió de par en par las puertas del periódico a los reciclados comunistas y las cerró a cal y canto a las víctimas y a los enemigos de ellos como será visto y comprobado en páginas siguientes. En tanto que los batistianos y somocistas insertos en Diario Las Américas continuaban sus catilinarias contra *la Revolución Traicionada*, conjugando el castrismo y el sandinismo, desde su génesis nacionalista-revolucionaria, con el comunismo, en El Nuevo Herald los reciclados, los fellow-travelers, los tapaditos y los plumíferos se banqueteaban haciéndose pasar procazmante como luchadores democráticos víctimas de la tiranía comunista y no como lo que eran, criminales victimarios de los anticomunistas tradicionales.

El dos veces traidor Ricardo Bofill Pagés, traidor a Cuba y traidor al comunismo, encontró en Miami, como leímos, apoyo de un grupo de personas que se suponía fueran enemigos de quienes los habían hecho salir de Cuba, encarcelado y hasta fusilado a familiares y amigos pero que ahora se quitaban de las filas intransigentes y se sumaban a las de los dialogueros, reconciliadores, colaboracionistas y apócrifos defensores de los derechos humanos. El proyecto de pacificar al exilio combatiente encaminándolo por la senda trazada en Washington del cabildeo y la quimera de una perestroika y un glasnost castrista que condujera a la libertad por el apaciguamiento de la tiranía al no presentarle combate y el condenar al abandono y el olvido a los cruzados de la guerra por los caminos del mundo se agigantaba día tras día.

---

[132] Ver Tomo IV, págs. 53, 304, 306.

La intelectualización y el academicismo rampante en los centros de enseñanza superior y repetidos en artículos periodísticos, transmisiones radiales, charlatanería en peñas, cafés y barberías en el exilio se emparejaba con el deterioro cívico que caracterizaba al populacho de intramuros. Como viniendo de la oscura noche del pasado colonial, sumiso y vil, se actualizaba la definición de aquella sociedad hecha por Francisco de Frías, Conde de Pozos Dulces, paladín del Reformismo[133]:

«No hay que dudarlo ni por que esconderlo: el mayor de los males que en Cuba ha originado el despotismo es esa mansedumbre crónica que todo lo sufre y sobrelleva con resignación, esa inercia profunda que se ha enseñoreado de todos los ánimos, ese envilecimiento de los caracteres que los hace simular el contentamiento y la lealtad, esa atonía moral que los aleja de la política y de todo cuanto con ella se roce, esa inconstancia de propósito que anonada los espíritus al primer revés de fortuna, ese confiar en las estrellas o en el tiempo para remedio de los males que afligen a la patria...»[134]

Ese estancamiento cívico colonial empezó a tomar cuerpo en el exilio cuando en octubre de 1986, en Filadelfia, el VII Congreso del CID reeligió a Huber Matos como líder indiscutible y otorgó al renegado Manuel Sánchez Pérez el cargo de Delegado a pesar de sus antecedentes comunistas. De ahí en adelante los tapaditos se quitaron sus disfraces de sordo-mudos y se vistieron con el ropaje de cotorreantes disidentes para frecuentar actos en que se les aceptaba como iguales por personas que habían sufrido sus desmanes en Cuba comunista. Auto-titulándose representativos de una izquierda democrática celebraron unos festinados Congresos, financiados por organismos-pantallas de la CIA y el State Department, hasta culminar con uno en Caracas en septiembre de 1987 que pomposamente titularon *Quinto Congreso de Intelectuales Disidentes* que descubrió la olla de grillos que era la mescolanza de participantes y la baraunda de ideas que bullían en sus filomáticas cabezas de huevo. El día 20 de septiembre de 1987 la Sección Correo de El Miami Herald publicó una carta-protesta firmada por Roberto

---

[133] Ver Tomo I, págs. 81-87.

[134] Vidal Morales, *Iniciadores y Primeros Mártires*, Tomo III, La Moderna Poesía, Habana, 1931.

Cruzamora, Pepe Fernández y Aldo Rosado, respetados anticomunistas cuya labor revolucionaria conocemos en anteriores páginas, en la que al tiempo que denunciaba *que la mayoría inmensa de los asistenses no tenían nada que ver con el mundo intelectual y que una idea meritoria se prostituye, se distorsiona y pierde consenso, dándole argumentos a Fidel Castro para calificarnos de vendedores de gato por liebre*, impactaba a los lectores con la contradicción de quejarse de la falta en el Congreso de Guillermo Cabrera Infante, Heberto Padilla, Hilda Perera, Reinaldo Arenas, Luis Aguilar León, Leví Marrero y Enrique Labrador Ruiz todos los cuales se identificaron plenamente con la UNEAC, calificaron de desertor y traidor a Cuba a Huber Matos y formaron filas en la Milicia de los Intelectuales[135]. El día 21 de septiembre en la Sección Trasfondo de El Miami Herald el cáustico periodista Luis Ortega Sierra[136] coincidió con la opinión de Cruzamora, Fernández y Rosado de que *el Congreso careció de la presencia de intelectuales cubanos conocidos y la presencia en su lugar de muchos improvisados que proyectaron una imagen negativa y llena de intolerancia que la prensa venezolana repudió.*

Un mes después, el día 19 de octubre de 1987, El Miami Herald publicó fragmentos del discurso de clausura del Congreso, pronunciado por Ramón Cernuda, en una media página, entre cuyas sandeces aseguraba que *los concurrentes hablaron sin rencores y sin apetitos revanchistas, que aprestaron sus pechos y sus brazos para el abrazo reconciliador y fraternal para el otrora adversario*, rematando su perorata con una alabanza a Ricardo Bofill y su Comité pro Derechos Humanos. La otra media página la ocupó un tal Ricardo Menéndez para destacar la presencia allí de arrepentidos anticomunistas como Huber Matos, Eloy Gutiérrez Menoyo, Ángel Cuadra, Frank Díaz, Jorge Valls y Cristina Cabezas que confraternizaban con los tapaditos Pedro Ramón López, Carlos Verdecia, Uva Aragón Clavijo, Marta Miyares y Carlos M. Luis y los stalinistas reciclados Arnaldo Escalona Almeida y su compañera Hilda Felipe. El vocablo *tapaditos* se aplicaba en la Isla a los que proclamándose castro-comunistas

---

[135] Ver Tomo IV, págs. 42, 69, 103, 131, 143, 145, 148, 159-60, 198, 207, 216, 296, 342, 345, 347, 541.

[136] Ver Tomo III, págs. 187, 233, 236, 245-46.

tramitaban taimadamente su salida desertora al extranjero y en el exilio definía a los que promulgándose opuestos al castro-comunismo lo beneficiaban trabajando por la suspensión del embargo, actuando como dialogueros y abogando por la reconciliación en nombre del amor cristiano y martiano. Carlos M. Luis, un tapadito Director del Museo Cubano de Arte y Cultura de Miami respondió a las críticas de Cruz Zamora, Fernández, Rosado y Ortega Sierra, ese mismo día en El Miami Herald, Sección Mirador, acusando a los primeros tres de informar falsamente sobre la no invitación a los intelectuales que mencionaron y al último de *ser parte de los cubanos que durante años no habían hecho otra cosa si no predicar un anticomunismo histérico que no iba a ninguna parte y que no todos los cubanos participaban en esa imagen negativa que, efectivamente, las insensateces de mas de un exiliado ha querido proyectar* y además declarando que se estaban haciendo esfuerzos para hacer borrón y cuenta nueva del pasado.

La realidad de la existencia de una actividad disidente, pero no contestataria, dentro de Cuba se mostraba muy confusa en los círculos anticastristas del exilio donde hasta entonces había predominado la voluntad de la acción bélica y el odio mortal hacia el enemigo comunista. Repentinamente en la prensa, la radio, en los centros de enseñanza superior, en las organizaciones políticas cubanas del exilio, en las mas célebres peñas, cenáculos, círculos de profesionales y religiosos y hasta en los hogares se iniciaron pláticas, intercambio de opiniones, discusiones y disputas, acerca de considerar un cambio hacia la transigencia y el acercamiento hacia los que ahora se publicitaban como defensores de los derechos humanos determinados en la Carta de las Naciones Unidas. A falta de una explicación convincente acerca de los verdaderos motivos de los que se calificaban de disidentes y no de discrepantes, que los combatientes desdeñosamente comparaban a ratas que abandonaban oportunísticamente el barco comunista que se hundía, los protectores, financiadores y consejeros del reciclamiento comunista los asimilaban a la leyenda bíblica del Camino de Damasco en que Saulo de Tarso se convirtió en San Pablo, de verdugo de cristianos en apóstol de la iglesia católica[137]. El anuncio, el 1ro de noviembre de 1987 de que el expulsado obispo cubano Eduardo Boza Masvidal, estrechamente ligado a la FNCA, visitaría Cuba

---

[137] La Sagrada Biblia, Torres Amat, Hechos 9: 1-19.

santificó lo que anteriormente calificamos de adúltero coqueteo comuno-católico.

XXI

El populacho del exilio contra la Minoría Histórica. El Nuevo Herald campeón del reciclaje de comunistas. Roberto Suárez de Cárdenas, Carlos Alberto Montaner y sus dóciles editores de mesa. Pugna del Comité y la Comisión. Desaprobación del Arzobispado al Comité. El conflicto plagiario Fuentes-Bofill. Santificación hipócrita de Bofill en El Nuevo Herald. Sam Dillon en The Miami Herald desenmascara a Bofill. El embuste de las piedras en el riñón. Metamorfosis de Ángel Cuadra Landrove.

Los nombres de los que se mencionaban como dirigentes de la nueva ola disidencial eran desconocidos en los añejos exiliados y los informes que de ellos daban los ex-presos políticos, especialmente los plantados, era de que se trataba de viejos comunistas y de nuevos marxistas-leninistas caídos en desgracia con Fidel Castro por causa de su vinculo con la Microfacción. La tremolina resultante de la campaña contra Ricardo Bofill descrita en el anterior Capítulo XVIII fue una tempestad en un vaso de agua. Contrariamente, el populacho del exilio, de costa a costa en los Estados Unidos, acogió apasionadamente la defensa de los reciclados comunistas y su pretenso Comité Cubano Pro Derechos Humanos como pescaditos recolectados en la atarraya que eran la FNCA, el State Department y la CIA. Aislados y hasta en muchos casos rebatidos calumniosamente y pintados como revanchistas sedientos de sangre, la odisea de aquella Minoría Histórica del exilio, y sus componentes, al ser relatada aquí, se une indisolublemente a las páginas llenas de honor, nacionalistas y revolucionarias, que se leen de principio a fin en esta *Historiología Cubana*. Así como, inexorablemente, quedarán impresos los actos y los nombres, apellidos y apodos de sus detractores fuesen ellos inocentones manipulados por demagogos o perpetradores de deleznables crímenes de lesa patria.

La voz cantante en la voluminosa propaganda periodística de ensalzar a los titulados disidentes y en dar carácter de intrepidez a lo que se presentaba como una labor de zapa no-beligerante dentro de Cuba y contra el régimen comunista, en imitación a la llevada a cabo por Mahatma Ghandi, Martin Luther King, Andrei Sakharov y Lech Walesa, la llevó El Miami Herald rebautizado como El Nuevo Herald. La contraportada de aquellos se centró en Ricardo Bofill Pagés como un moderno José Martí o Ignacio Agramonte o como un redivivo Eduardo Chibás o Frank País. Un resumen cronológico extractado de los artículos referentes al esbirro de FRUTICUBA que ahora era el *golden boy* de Roberto Suárez de Cárdenas y su grupito de *editores de mesa* recolectados entre la desertora morralla del castro-comunismo, los arrepentidos anticomunistas procedentes de las filas de la Revolución Traicionada y algunos clericaloides jesuíticos o ultramontanos es la mejor forma de presentar al lector lo acaecido y cuya consecuencia fue un revés funesto para los combatientes y los partidarios de la guerra por los caminos del mundo.

El Nuevo Herald, Oct. 29, 1987 (Beatriz Parga): «*La creación de un nuevo grupo de derechos humanos en Cuba bajo la dirección del exprofesor de marxismo Elizardo Sánchez Santacruz bajo el nombre de Comisión Cubana de Derechos Humanos y Reconciliación Nacional que operará independiente del Comité de Derechos Humanos dirigido por Ricardo Bofill fue anunciada por los miembros del nuevo organismo en Miami: Héctor Aguilera, Ramón Solá, Luis Arroyo, Lino Sánchez, Marcos Correa y Roberto Simeón. La división en el Comité de Derechos Humanos ha creado mucha controversia, tanto en Cuba como en el exilio, haciéndose pública en el exterior tras la aceptación del poeta Jorge Valls al cargo de vicepresidente del Comite para representarlo en el extranjero. La aceptación fue seguida de su inmediata destitución por parte de Bofill. Gisela Hidalgo representará la Comisión en New York. Sánchez Santacruz era vicepresidente del Comité que dirige Bofill. La reunión que dio el anuncio se realizó en la editorial de Ramon Cernuda*».

El Nuevo Herald, Nov. 1, 1987 (Cable): «*El domingo pasado el Comité Cubano de Derechos Humanos y un grupo de sus partidarios concurrieron a la iglesia de San Juan de Letrán, en La Habana, para orar en memoria del asesinado sacerdote polaco Jerzy Popieluszko. El sacerdo-*

te oficiante dijo que se trataba de su misa dominical y no aludió a Popielusko en la homilía. El secretario de la Conferencia Episcopal Católica de Cuba, Monseñor Carlos Manuel de Céspedes desaprobó la misa diciendo que el Comité realizó esa actividad, convocó a periodistas extranjeros y diplomáticos sin contar con el Rector de la Iglesia ni con nosotros en el Arzobispado. Añadió que la autoridad eclesiástica no va a autorizar ese tipo de manifestaciones y que la Iglesia desde hace muchos años tiene gran cuidado en evitar que las ceremonias religiosas se conviertan en otra cosa».

El Nuevo Herald, Nov. 24, 1987 (Pablo Alfonso): «*Para quienes hemos seguido de cerca la conducta errática de este eclesiástico de abolengo aristocrático y mambí, de atractiva personalidad e inteligencia brillante y erudita, no resulta muy difícil admitir que, una vez mas, Monseñor Céspedes hace un flaco servicio a su Iglesia, en aras de una dudosa neutralidad política, que solo beneficia al comunismo cubano. Céspedes beneficia mas a Bofill cuanto mas lo critica por aquello de que los amigos de mis enemigos son mis enemigos. Todo parece indicar que está en marcha un nuevo proceso de negociación entre ciertos sectores del exilio y el régimen cubano, con la mediación de la Iglesia Católica y acaso la prudente complacencia de Wahington. Si ese proceso de negociación existe realmente, nada mas inoportuno entonces (de acuerdo con la línea seguida por Monseñor Céspedes) que los planteamientos aparecidos en el titulado «Llamamiento a La Habana» leído por el doctor Bofill durante el acto en cuestión. Esto pueda quizás explicar la actuación de Monseñor Céspedes, aunque a nosotros nos parece que el «Llamamiento a La Habana» pudiera muy bien servir de base a quienes están autenticamente interesados en encontrar una viable salida democrática al angosto callejón del totalitarismo comunista. Por lo demás, solo el tiempo podrá ir despejando las dudas que aun subsisten en el exilio sobre la autenticidad del Comité Cubano de Derechos Humanos y su controvertido presidente, Ricardo Bofill. Es realmente lamentable que la suspicacia y la falta de confianza paralice el respaldo que se merecen los que, dentro de Cuba, denuncian de frente y en voz alta lo que el resto de los cubanos callan o comentan en voz baja, pero esas actitudes son una de las tantas consecuencias de mas de un cuarto de siglo de gobierno totalitario y terror planificado».*

El Nuevo Herald, Dic. 2, 1987 (Pablo Alfonso): *«El Secretario General de la recién constituida Comisión Cubana de Derechos Humanos y Reconciliación Nacional, Elizardo Sánchez Santacruz, presentó el pasado lunes su solicitud de pasaporte a las autoridades cubanas, con la intención de responder a una invitación recibida de una universidad neoyorkina, aseguró Ramón Solá. Por su parte, autoridades del Miami Dade Community College están estudiando la posibilidad de cursar una invitación al activista cubano de los derechos humanos. Sánchez se separó del Comité dirigido por Bofill y fundó su propia organización alegando «razones de credibilidad». Al parecer esas razones están relacionadas con el supuesto fraude cometido por Bofill con la novela «El tiempo es el diablo», cuya autoría se atribuye el escritor cubano José Lorenzo Fuentes. La revista pro-castrista Areíto, que se edita en Miami, proyecta publicar en su edición de diciembre un extenso reportaje sobre el conflicto Bofill-Fuentes, donde aparecerá también una entrevista con Elizardo Sánchez. El director de Areíto, Andrés Gómez, estuvo en noviembre en La Habana y se entrevistó con Fuentes, con Bofill y con Sánchez, quien cuestiona la «credibilidad» de Ricardo Bofill en este asunto. José Lorenzo Fuentes, viejo militante comunista, ex-prisionero de Castro involucrado en la «microfacción», tiene planteada una demanda ante las cortes españolas contra Ricardo Bofill y la Editorial Playor, regenteada por Carlos Alberto Montaner, por un pretendido delito de falsificación. La revista Areíto publicará su reportaje coincidiendo con las críticas de Sánchez Santacruz contra Bofill, en un claro intento por desacreditar y dividir al movimiento interno cubano por los derechos humanos. Desde La Habana, Bofill aseguró telefónicamente a Hilda Felipe, miembro del Comité en Miami, que no concedió ninguna entrevista personal al director de Areíto y que solo contestó preguntas de Andrés Gómez durante una conferencia de prensa. Por su parte, Ramón Solá, integrante de la Comisión, dijo que Elizardo Sánchez manifestó el lunes, también telefónicamente, sus discrepancias con «la actitud tolerante y condescendiente de Areíto ante los desmanes contra los derechos humanos que se cometen en Cuba».*

El Nuevo Herald, Dic. 26, 1987 (José L. Solís): *«Vigilado, acosado y utilizado por el régimen castrista, Ricardo Bofill Pagés camina por La*

Habana en busca de un futuro mas humano en la Isla. Hombre instruido, intelectual, escritor, licenciado en Historia y Sociología, se le niega toda posibilidad de ejercer un trabajo profesional. Sin embargo, a última hora, con él, con este hombre, la tiranía decide jugar una partida distinta. Luego que su nombre alcanza estatura internacional por las repetidas denuncias que por largos años hace llegar al extranjero, el gobierno decide otorgarle cierta posibilidad de movimiento. Se le permite realizar llamadas telefónicas; se le permite entrevistarse con algunos periodistas extranjeros que visitan Cuba; se le permite caminar por las calles a la par que se lanza la siguiente consigna: «En el país no se violan los Derechos Humanos. He aquí una prueba». Todo se dice de él –trabaja el régimen tras bambalinas, buscando desprestigiar su imagen, y mas, lo que esta representa– todo se dice de él, del hombre, de ese, de este hombre que se llama Ricardo Bofill Pagés, al que ayer en la «tranquilidad y seguridad» de las calles de La Habana, dos karatecas «desconocidos» le propinaron una golpiza, y el que mañana pudiera morir en un «lamentable accidente» o de la alta presión arterial que padece».

El Nuevo Herald, Enero 28, 1988 (Pablo Alfonso): *«Hilda Felipe, miembro de la Delegación del Comité en el exterior y portavoz oficial de esa organización en Miami informó la entrevista de Bofill con las agencias de prensa extranjeras y las representaciones diplomáticas occidentales de Gran Bretaña, Alemania Occidental, España y la Sección de Intereses de Estados Unidos. Felipe agregó que las declaraciones de Bofill denunciando la continuación de las ejecuciones de opositores al gobierno del presidente Fidel Castro, consecutivas a procesos sin garantías judiciales se producen para reforzar las denuncias que serán presentadas próximamente en Ginebra».*

El Nuevo Herald, Enero 29, 1988 (Pablo Alfonso): *«Hilda Felipe, portavoz del Comité en el exterior denunció que Bofill estuvo preso durante cuatro horas junto con Rolando Cartaya y Rafael Saumell cuando salían de una visita a la embajada de Francia. Felipe agregó que según sus informes la intervención de funcionarios diplomáticos acreditados en La Habana condujo a la pronta liberación de los detenidos. En otra reacción a las denuncias procedentes de La Habana, Alcides Martínez, director del Centro de Derechos Humanos del Movi-*

miento Demócrata Cristiano de Cuba en el Exilio, dijo que su organización reitera su apoyo y solidaridad al Comité y a su presidente Ricardo Bofill».

El Nuevo Herald, Febrero 7, 1988 (Roberto Suárez de Cárdenas): *«La Comisión de Derechos Humanos de las Naciones Unidas discutirá en Ginebra las violaciones de los derechos mas elementales en la Isla, y gracias a la valentía y la labor de Ricardo Bofill tal vez el régimen de Castro sea condenado como se merece. La validez de las denuncias que lanzan desde Cuba los activistas pro derechos humanos, está por encima de cualquier acusación personal sobre los mismos. Debemos fijar la atención en los hechos que se denuncian, exigir que se investiguen esas denuncias y no caer en las trampas del castrismo. La polémica entre los grupos de activistas no es lo que se discutirá en Ginebra. Tenemos que comprender que esos individuos viven traumatizados por las tensiones, sufren encarcelamientos y persecuciones y ante la fuerza de las adversidades hacen lo que pueden por sobrevivir».*

El Nuevo Herald, Febrero 7, 1988 (Carta de Bofill): *«Les dirijo estas líneas pues, en la edición del periódico de fecha 2 de diciembre, he leído varias notas que se prestan a confusión. En primer lugar, las declaraciones de Elizardo Sánchez de que se separó del Comité Cubano Pro Derechos Humanos «por razones de credibilidad», y la deducción que hace el comentarista de que estas razones son el problema del libro que, miserablemente me acusaron de plagiar a José Lorenzo Fuentes carecen de toda seriedad. Como los hechos y las pruebas en mi poder demuestran, el Sr. Elizardo Sánchez no se separó del CCPDH, si no que fue expulsado deshonrosamente por ser un vulgar delator. Como se sabe, el incidente con el asunto del libro «El tiempo es el diablo» fue en noviembre de 1985 y ahora, en noviembre de 1987, el Sr. Sánchez trata de hacer creer a alguien que esta es la razón de su salida del Comité. Lo cierto es que como ya Elizardo Sánchez no le sirve mas a la policía política como un infiltrado entre nosotros, entonces lo utilizan para repetir el argumento del régimen contra mi. Porque lo cierto es que ese show y esa acusación los montaron la UNEAC y la Seguridad del Estado y, en estos momentos, Elizardo Sánchez repite lo mismo y hace similar juego.*

Por otra parte, también Areíto y el Sr. Andrés Gómez se proponen atacarnos con los mismos propósitos. En realidad, por falta de información sobre quien era Andrés Gómez yo acepté hablar con él. Cuando me enteré de que este es un sujeto presuntamente financiado por la Dirección General de Inteligencia de Cuba, se lo manifesté personalmente y lo desautoricé, por rechazo total a todo lo que ellos representan. Sin embargo, dada la manera en que están delimitados los campos, para mi representa un motivo de máximo orgullo que el Sr. Andrés Gómez y la revista Areíto me ataquen, como es un entero placer que Elizardo Sánchez y toda la maquinaria propagandística y de desinformación del gobierno de Cuba me achaque los peores pecados. Por último, quiero recabar vuestra colaboración en los esfuerzos que vienen realizando Hilda Felipe de Escalona y María Elena Bofill para publicar un conjunto de textos sobre el tema de los derechos humanos en Cuba, que tengo en esa ciudad».

The Miami Herald Tropic Magazine, Febrero 7, 1988 (Sam Dillon): *«Bofill y Sánchez habían sido profesores de marxismo hasta mediados de los años sesenta cuando cayeron en desgracia con la revolución durante una purga. Después de cumplir prisión habían formado el primer comité pro derechos humanos de Cuba. Ambos habían sido fuentes inapreciables de información interna y un rayo de esperanza para los cubanos exiliados de todas partes. Ahora, menos de cuatro meses después de haber visto a Bofill y Sánchez predicando en perfecta armonía, cada uno se había convertido en el peor enemigo del otro. Deseaba averiguar por que. Fui a La Habana a visitarlos. La versión de Sánchez de su ruptura con Bofill no tenía nada que ver con la policía. Atribuyó la súbita hostilidad de Bofill a una confrontación sobre los cargos de plagio en torno a la novela «El tiempo es el diablo». Sánchez dijo que el estaba en la cárcel en 1985 cuando surgió la controversia. Después de ser liberado en 1986, se dio cuenta que la credibilidad del comité estaba en peligro. Le pidió a dos intelectuales que investigaran la disputa. En agosto de 1987, dijo Sánchez, días después de habernos reunido con ellos dos en el apartamento de Bofill, los dos intelectuales informaron que Bofill había robado el libro. Sánchez manifestó que inmediatamente le pidió a Bofill que renunciara a la presidencia de su comité y que hiciera una explicación pública del plagio. Pero Bofill se negó a renunciar. En lugar de eso, dijo Sánchez, comenzó a visitar embajadas y agencias de prensa extranjera para acusarme de agente de la policía. También dice que José Lorenzo Fuentes es agente de la policía. «Bofill esta enfermo mentalmente».*

Se me hizo claro que los dos hombres que hacía seis meses lucían compenetrados eran antípodas políticos. Bofill, otrora marxista hablaba como un republicano, aconsejándoles a sus defensores en Estados Unidos que se unieran al Partido Republicano y que apoyasen a quien Ronald Reagan respaldara para presidente. Sánchez, que también había sido marxista, parecía ahora un social-demócrata enfatizando que en su movimiento había lugar para los comunistas. Sobre la división habida Bofill se mostró inflexible: «No se ha producido una división, solamente expulsamos a un traidor que agarramos en flagrante colaboración con la policía». Bofill agregó que una carta que le fue enviada por Ariel Hidalgo fue interceptada por Sánchez y entregada a la policía que confrontó a Hidalgo. Se refirió a una visita a Estados Unidos de la madre y la hermana de Sánchez quienes al llegar a Miami anunciaron el nombramiento de Jorge Valls como representante del Comité en el exterior descartando a la antigua líder del Comité en Miami, Hilda Felipe Escalona. Añadió que la tentativa de nombrar a Valls fue una maniobra de la policía secreta de Cuba. Bofill mostró documentos firmados por miembros de su Comité que yo había conocido, así como por Ariel Hidalgo, instando la expulsión de Sánchez. Bofill dijo que había escrito en prisión en 1985 «El tiempo es el diablo» que Hilda Felipe había sacado y entregado a José Lorenzo Fuentes para que los papeles manuscritos los pasara a máquina. Unos días mas tarde convocó a una conferencia de prensa para acusarme de robarle su novela. Pero en 1986 un tribunal literario certificó que yo era el autor. Le pregunté donde se había reunido ese tribunal y me respondió que en París. Le pregunté quienes habían participado. Me dijo que Marta Frayde que vivía en París y que Hilda Felipe tenía mas información. Visité a José Lorenzo Fuentes y éste me contó que había terminado la novela en 1974 y que Bofill había tomado prestada una copia que luego dijo haber perdido. Sacó de un estante el manuscrito original y lo colocó junto a la novela publicada por Bofill. El texto era idéntico, palabra por palabra, incluidas las correcciones garabateadas.

De regreso en Miami, la tela de la historia de Bofill comenzó a deshilacharse. La primera hebra que halé fue su alegación de que un jurado literario, reunido en París en mayo de 1986, había certificado que él era el verdadero autor. Bofill dijo que Hilda Felipe, su principal representante en Miami, le había informado sobre la decisión del jurado y podía suministrar mas detalles al respecto. Marta Frayde era la amiga que residía en París que él dijo había integrado el jurado. Llame a Frayde. No solo no había integrado el jurado si no que ni siquiera había oído hablar de ese tema. Me reuní con Hilda Felipe y María Elena Bofill. Pregunté: ¿Es cierto que un jurado certificó que Bofill era el autor del libro? «Si, dijo Hilda, pero la certificación se extravió. Bofill nos dijo que había habido una especie de veredicto literario y que él nos había enviado una copia. Pero nunca llegó». Comencé a percatarme de que sus declaraciones sobre el mismo tema variaban con frecuencia en cada ocasión. Bofill dijo que, mientras estaba en prisión, había escrito la primera novela «El tiempo es el diablo» y luego una segunda titulada «El diablo es el tiempo». Dijo que ésta la iban a editar muy pronto en los Estados Unidos. Mas adelante, en la misma entrevista, dijo que en Méjico. Luego me percaté de que en otra entrevista había dicho que en España. Añadió que su esposa tendría detalles. María Elena Bofill dijo no saber de planes para publicar la segunda novela de su esposo porque la única copia se había perdido. Empecé a encontrar otras contradicciones.

María Elena Bofill dijo que él estudió periodismo y recibió su título mas alto, una licenciatura en historia. Pero encontré que sus credenciales docentes habían sido exageradas. Amnistía Internacional lo describió como Doctor en Filosofía en un informe de 1985. Un folleto de American Watch lo describe como «Ex-Vicerrector de la Universidad de la Habana». Revisando el relato de Bofill de que Sánchez había suministrado una carta del preso político Ariel Hidalgo a la policía cubana llamé a la hermana de Hidalgo a su casa en Mahopac, New York. Me dijo que Hidalgo le había dicho que el incidente no ocurrió nunca. Hablando conmigo, Bofill había calificado la designación de Jorge Valls como un truco de la policía encaminado a dividir el Comité pero un prisionero político me dijo que había asistido a una reunión en la cual Bofill había aprobado el nombramiento de Valls. Las contradiccio-

nes se acumularon hasta que finalmente me convencí que Bofill mentía. Y las mentiras se habían acelerado a medida que trataba de justificar su posición y presentaba todas sus discrepancias como resultado de un complot de la policía».

El Nuevo Herald, Febrero 11, 1988 (Carlos Verdecia): *«¿Es justo juzgar a un valiente y genuino defensor de los derechos humanos tan eficaz como Bofill a partir de un perfil sicológico trazado en el contexto tenso y represivo en el que diariamente confronta a sus opresores? Poco importa a estas alturas si Bofill es o no el autor legítimo de una novela. Poco importa si la organización de derechos humanos de Bofill se dividió en dos grupos rivales. ¿Acaso no se ha fragmentado el exilio cubano en cientos de pedazos, muchas veces por diferencias triviales desde el confort de Miami? Lo que realmente importa es que Ricardo Bofill le dice al mundo, arriesgando la vida desde La Habana, que Fidel Castro es el peor canalla que ha llegado a gobernar una nación moderna».*

El Nuevo Herald, Mayo 28, 1988 (Luciano García): *«Bofill expresó que su Comité no tiene carácter político ni critica a ningún régimen existente. Agregó que el movimiento pro derechos humanos en Cuba tiene un carácter netamente democrático y no emite declaraciones ni propone iniciativas sin que previamente sean discutidas y aprobadas por todos los integrantes del Comité que está constituido por las siguientes personas: Presidente Ricardo Bofill; Secretario Gustavo Arcos Bergnes; Vicepresidentes Sebastián Arcos Bergnes, Teodoro del Valle, Edmigio López Castillo, Enrique Hernández Méndez, Adolfo Rivero Caro, Reinaldo Bragado Bretaña, Rolando Cartaya García, Andrés Solares y Ariel Hidalgo Guillén; Secretario Religioso René Díaz Almeida y Secretario Jurídico Domingo Jorge Delgado Fernández».*

El Nuevo Herald, Agosto 19, 1988 (Héctor Hereter): *«El presidente del Comite Pro Derechos Humanos en La Habana, Ricardo Bofill, ha otorgado a Rolando Cartaya la representación en Miami del recién fundado Partido Pro Derechos Humanos en Cuba (PPDHC.) Cartaya, quien llegó a Miami el pasado 16 de mayo dijo que «el Partido Pro Derechos Humanos es único en su clase en el mundo; ya que no persigue el poder ni disputárselo a Fidel Castro». En la carta que trajo, firmada por Bofill, éste hace un llamamiento a la unidad. Al preguntarle si éste llamado a la unidad iba dirigido al Comité y su representante en Miami, Hilda Felipe, Cartaya respondió: «Yo con ella no tengo relaciones. Bofill tiene la última palabra y tratará de arreglarse con ella». No fue posible localizar a Hilda Felipe para recoger sus comentarios al respecto».*

El Nuevo Herald, Agosto 26, 1988 (Pablo Alfonso): «*El presidente del Comité Pro Derechos Humanos, Ricardo Bofill, llegará próximamente a Miami para recibir atención médica. «Tengo un cálculo en un riñón que requiere cirugía porque es demasiado grande para que pueda expulsarlo». La portavoz del Comité en el exterior, Hilda Felipe puntualizó que no tenía comentario que hacer al respecto. En las últimas semanas, mas de una veintena de miembros del Comité y su Dirección han llegado a los Estados Unidos. Está anunciada la llegada de Reinaldo Bragado Bretaña, miembro del Comité Ejecutivo a cargo de la Sección de Artistas e Intelectuales. Teodoro del Valle arribó a Miami hace dos días y según Hilda Felipe le dijo que Bofill tiene dos piedras grandes al nivel del riñón y el uréter y que se le están aplicando calmantes y le han puesto 17 sueros en los últimos días. Rolando Cartaya aseguró que existen en Cuba personas muy valiosas que pueden continuar los trabajos del Comité y citó a Tania Díaz Castro, Pablo Llabre, Roberto Bermúdez y Raúl Montesinos».*

El Nuevo Herald, Agosto 27, 1988 (Mirta Ojito): «*El Centro de Cálculos del Riñón del Sur de la Florida ofreció atender gratuitamente a Ricardo Bofill mediante un tratamiento llamado litrotripsia mediante el cual las piedras se disuelven a través de ondas ultrasónicas pero que necesita ver las placas de sus riñones. Mary Lou Algeciras, encargada de relaciones del Centro señaló que en Cuba tienen el sistema de litrotripsia».*

El Nuevo Herald, Agosto 30, 1988 (Luciano García): «*Reinaldo Bragado Bretaña dijo a su arribo a Miami que Ricardo Bofill cuenta con la autorización del gobierno cubano para viajar al exterior y recibir tratamiento médico por piedras en el riñón. Bragado destacó que Bofill viajará a condición de que se le permita regresar a Cuba tan pronto como se recupere de su dolencia. Personalmente considero que si es tratado en Cuba le inoculen un virus en su organismo que en meses posteriores sería fatal. Yo me negué a hacerme la prueba del SIDA, dijo, porque sabía que era una trampa para decir que había dado positiva, detenerme, mandarme al sanatorio del gobierno y acabar conmigo».*

Acomodándose a la campaña de prensa descrita, numerosos defensores de Bofill y sus acólitos en Cuba se desparramaron en las peñas y las horas radiales hispanas del exilio miamense contribuyendo con sus descargas verbales artilúgicas, en defensa del principio de la libertad de expresión y el ejercicio de la democracia en los Estados Unidos, a fomentar cizañas resquebrajadoras del arraigado sentimiento anticomunista beligerante de los plantados del exilio. Lo mas penoso de esta osadía era que los mas destacados de estos tramitados al pacifismo tenían un respetable expediente militante anti-batistiano y anti-castro-comunista. Ex-oficiales del Ejército Rebelde como Raúl Díaz Torres y Jesús Gómez Calzadilla que habían sido expedicionarios del Granma; del Directorio Revolucionario como Ramón Guin y Lázaro Fariñas; asaltantes de los cuarteles Moncada y Bayamo como Raúl Martínez Ararás y Orlando Castro García; distinguidisimos profesionales como Virgilio Beato, Juan Rodríguez Iñigo, y Tomás Gamba; comentaristas radiales como Luis Fernández Caubí, Fernando Penabaz y Tomas García Fusté; expedicionarios de Bahía de Cochinos como Juan Clark, Marcelino Miyares y Miguel González Pando y profesores de moral y cívica demócrata-cristiana (¿democrata-cretina?) José Ignacio Rasco, Jesús Permuy y Alberto Muller cantaban endechas al perdón y olvido. Defendidos a pie firme en su derecho a así hacerlo por los rectores de las dos mas populares y académicas peñas de Miami: Antonio Jorge y Teobaldo Rosell. Si para El Autor fue grande el quebranto espiritual sufrido en California, antes relatado, fue inmensa la tribulación que le produjo el ver que dos de sus mas queridos hermanos de causa en UNARE[138], Ángel Cuadra y Rolando Borges lo abandonaban y se pasaban a las filas de los partidarios del pacifismo, el diálogo y la provechosa defensa de los derechos humanos con su derivado protagonismo, comparecencias en eventos académicos y literarios, viajes al extranjero entorno de Suiza, España, Inglaterra, Suecia, Finlandia, Centro y Sur América. Ángel Cuadra explica con candidez su metamorfosis en un tardío artículo en Diario Las Américas intitulado *El derecho a cambiar de opinión*, que en su

---

[138] Ver Tomo IV, págs. 449-57.

oportunidad comentaremos, del que extractamos sus párrafos mas elocuentes:

«Hay un derecho que debe ser respetado y, mas aún, hasta estimulado, que es el derecho a cambiar de opinión. Pero ese cambio, para ser respetado, tiene que ser sincero, genuino, resultado de una nueva convicción, de una nueva toma de conciencia, esto es, un reajuste interno. Uno se enfrenta con uno mismo, y llega a la convicción de que la actitud asumida en un asunto determinado era un error. Y tenemos que estar dispuestos a rectificarlo.

«Cuando se trata específicamente de un asunto que trasciende al orden público, a las relaciones humanas en lo político e ideológico, que pesa e influye en una sociedad, en un país, por lo que cuenta en la vida y la historia de un pueblo, lo sincero y hondo de ese cambio es esencial. No basta con una nueva posición de acuerdo con circunstancias y con conveniencias personales, lo cual es oportunismo, y es imperdonable. Si hemos cambiado honestamente de opinión y la actitud que a tenor de aquella habíamos adoptado, es que hemos roto con lo que hasta cierto momento apoyábamos. No podemos situarnos con un pie de un lado de la frontera y el otro pie del lado de acá».

XXII

Reanudación del Pacto Migratorio. Los motines carcelarios en Oakdale y Atlanta. El pretexto de la violación de los Derechos Humanos. Las leyes sobre extranjería en la Constitución de 1940. Mediación múltiple de santuchos y conversos. Pacificación en Oakdale. Agresividad anti-americana insensata. Contraataque del Puesto de Cuba de la Legión Americana en el Exilio. Sus razones. Exposición fiscalizadora del Comandante del Puesto.

El Pacto Migratorio de 1984, que fue suspendido por el gobierno cubano en represalia por la creación de Radio Martí, se reanudó el día 20 de noviembre de 1987. El siguiente día los presos comunes de origen cubano llegados en la avalancha de refugiados del Mariel y otros que habían adquirido esa condición por haber cometido delitos graves en los Estados Unidos, temiendo su próxima deportación, se amotinaron en la prisión federal de Oakdale, en Louisiana, reteniendo en calidad de rehenes a 25 carceleros e incenciando varias instalaciones. El día 23 de noviembre estalló en la prisión federal de Atlanta, en Georgia, un motín de grandes proporciones fomentado por los marielitos criminales allí encarcelados que tomaron como rehenes a 94 personas de la dotación carcelaria. El escándalo sacudió hasta los cimientos a la ciudadanía del país y ocupó mayoritariamente la atención de la prensa y demás medios de comunicación cuyos reporteros hicieron notar la similaridad de los eventos en prisiones separadas por miles de millas de territorio y lo exacto de la sincronización de las sublevaciones y la movilización de organizaciones de exiliados que solicitaban del gobierno americano su anuencia para interceder con los amotinados de Oakdale y Atlanta y con las autoridades de las respectivas prisiones. La base y bandera que usaban como arma para erigirse en campeones de los amotinados era la Declaración de Derechos Humanos establecida por las Naciones Unidas el día 10 de diciembre de 1948. La Declaración fue inspirada en el Bill of Rights anexo a la Constitución de los Estados Unidos y el Derecho Común de Gran Bretaña así como en la proclamación de las cuatro libertades hecha por el presidente Franklin D. Roosevelt ante el Congreso, el día 6 de enero de 1942, sentando las bases por las cuales su nación entraba en la II Guerra Mundial y que eran: *Libertad de Expresión; Libertad de Religión; Libertad de la Miseria y Libertad del Miedo.* Lo estipulado en la Declaración de las Naciones Unidas sobre los Derechos Humanos invocado constantemente por los defensores de los criminales comunes cubanos amotinados en Oakdale y Atlanta y usado para atacar demagógicamente a los Estados Unidos y sus instituciones jurídicas democráticas nada tenía que ver con lo que ocurría en las prisiones de Oakdale y Atlanta. Dice la Declaración de Naciones Unidas:

«*Todos los seres humanos son iguales en dignidad y derechos y están titulados al disfrute de la vida, la libertad y la seguridad personal. La esclavitud queda prohibida así como los castigos crueles, degradantes y el maltrato de los pueblos, quienes deben tener igual protección de la Ley y privacidad en sus hogares, familias y correspondencia. Todo acusado será considerado inocente hasta que se le pruebe culpable. La libertad de pensamiento, de conciencia, expresión, religión y de pacífica reunión serán garantizadas, así como el derecho de personas adultas de casarse con la persona de su elección y de fundar una familia. Se reconoce el derecho a la educación, a poseer propiedad, de libremente escoger empleo, de disfrutar condiciones de trabajo favorables, pago justo y protección contra el desempleo. Los trabajadores pueden formar y unirse en sindicatos. Todos tienen derecho a un medio de vida adecuado para la salud y el bienestar propio y de su familia. Todos tienen el derecho de participar en el gobierno de su país y la voluntad del pueblo será la base de la autoridad del gobierno. Ninguno de los derechos y libertades definidos en esta Declaración podrá ser denegado a una persona por causa de su raza, color, sexo, nacimiento y cualquier otro estatuto mas allá de su personal control».*

Tanto en la Cuba pre-Castro como en los Estados Unidos esos Derechos fundamentales quedan sujetos a la Ley Procesal Penal que establece las garantías necesarias para que todo delito resulte probado independiente del testimonio del acusado, del cónyuge y también de sus familiares hasta el cuarto grado de consanguineidad y segundo de afinidad. Era algo inaudito que personas que en Cuba fueron legisladores, hombres de leyes, agentes de la autoridad, educadores y eclesiásticos, cultos todos, hicieran causa común con ignorantes y mal intencionados fueran voceros de un cubanismo espurio y por boca de ganso utilizaran la desvergüenza de unos motines carcelarios para atacar a las instituciones de derecho de un noble país que les abrió los brazos, los alimentó y ayudó a prosperar y les regaló privilegios de los que nunca disfrutaron nativos, nacionalizados, residentes legales y veteranos de sus fuerzas armadas. Y que lo hicieran desconociendo a propósito lo que dictaminaba la Constitución cubana de 1940, antecesora de la Carta de las Naciones Unidas de 1948, sobre extranjería. Copiado esto del Texto Constitucional Cubano de 1940, libro publicado por Judicatura Cubana Democrática existente en la biblioteca *Pepín Rivero* del Colegio Nacional de Periodistas de Cuba (Exilio) en Miami en presencia testifical de su Presidente, Dr. Roberto Pérez; su Secretario, Willy del Pino y su Tesorero, Sr. Gustavo Pérez:

Título II De la Nacionalidad

Art. 15 La Ley determinará causas de indignidad que produzcan la pérdida de la ciudadanía por naturalización.

Título III De extranjería

Art. 19 El gobierno tendrá la potestad de obligar a un extranjero a salir del territorio nacional en los casos y forma señalados por la Ley. (Artículo 51, Código de Defensa Social.)
Los extranjeros están en la obligación de acatar el régimen económico-social de la República.
En la obligación de observar la Constitución y la Ley.
En la obligación de contribuir a los gastos públicos.
En la sumisión a la jurisdicción y resoluciones de los Tribunales de Justicia y autoridades de la República.
En cuanto al disfrute de los derechos civiles, bajo las condiciones y con las limitaciones que la Ley prescribe.

Título V Sección segunda: Cultura

Art. 56 En todos los centros docentes, públicos o privados, la enseñanza de la Literatura, la Historia y la Geografía cubanas y de la Cívica y la Constitución deberá ser impartida por maestros cubanos por nacimiento y mediante textos de autores que tengan esa misma condición.

Título VI Del trabajo

Art. 70 Se establece la colegiación oficial obligatoria para el ejercicio de las profesiones universitarias. La Ley regulará también la colegiación obligatoria de las demás profesiones reconocidas por el Estado.

Art. 73 El cubano por nacimiento tendrá en el trabajo una participación preponderante en el importe total de los sueldos y salarios como en las distintas categorías de trabajo.
Se extenderá protección al cubano naturalizado con familia sobre el naturalizado sin esas condiciones y sobre el extranjero.

En el desempeño de los puestos técnicos indispensables se exceptuará de lo preceptuado en los párrafos anteriores al extranjero, previas las formalidades de la Ley y siempre con la condición de facilitar a los nativos el aprendizaje del trabajo técnico de que se trate.

Art. 76 La Ley regulará la inmigración atendiendo al régimen económico nacional y las necesidades sociales. Queda prohibida toda inmigración que tienda a envilecer las condiciones del trabajo.

TRANSITORIA

Al Título VI Del Trabajo

El gobierno de la República procederá a reglamentar la forma de expulsión de todos los extranjeros que hubiesen entrado en el territorio nacional con infracción de las leyes de inmigración.

Oportunísticamente el Obispo Auxiliar de Miami, Monseñor Agustín Román se brindó para mediar entre los amotinados y los rectores de la prisión de Oakdale con la cooperación de su abogado el Dr. Rafael Peñalver pero tal oficioso servicio fue rechazado por el Director del Bureau de Prisiones Michael Quinlan. Sin arredrarse, veinte de las organizaciones que componían la Junta Patriótica, El CID y la nomenclatura de la FNCA se reunieron en la Ermita de la Caridad y allí tomaron la decisión de inmiscuirse en el problema a título de representantes de la comunidad cubana exiliada, apoyándose en la influencia partidista que tenían en las esferas gubernamentales del gobierno de Reagan quien, por cierto se desentendió del asunto. Dos ómnibus llenos de familiares de los amotinados viajaron a Washington donde una comisión de ellos, encabezada por el Presidente de la Junta Patriótica, Tony Varona, se reunieron con Stephen Trott, Secretario Adjunto de Justicia; Alan Nelson, del Servicio de Inmigración y Naturalización y Robert Martínez, de la Oficina de Relaciones Públicas del Departamento de Justicia pero no con el Secretario de Justicia, Edwin Meese. A su regreso a Miami Tony Varona declaró: *«La actitud intransigente manifestada por las autoridades provoca que el problema siga empeorándose. Ellos están cerrados a sus criterios y no aceptan intervención de ninguno de nosotros».* Tomando otro camino, el de las relaciones ganadas por las muchas y grandes contribuciones monetarias dadas durante campañas electorales, la Junta de Directores de FACE (Facts About Cuban Exiles), bajo la presidencia del prominente banquero, Carlos Arboleya, acordó dirigirse al Presidente Ronald Reagan; al Vice-Presidente George Bush; al Secretario de Justicia Edwin Meese; al Sub-Secretario de Justicia Michael Quinlan a cargo del Bureau de Prisiones y a los Senadores por Florida, Lawton Chiles y Bob Graham solicitando de ellos su anuencia para que se permitiese a representantes de la comunidad cubano-americana interceder con los convictos de Oakdale y Atlanta y con los regentes de dichas prisiones *antes de que se incrementasen mayores actos de violencia.* El Secretario de Justicia, Meese, aceptó la mediación y al recomendado Monseñor Román como amigable componedor de intereses.

Sin perder un minuto los componentes del primer grupo que viajó a Washington, y que fue tirado a mierda, se reorganizó y entró de nuevo en cancha declarando *«que acordaban ir a Washington y a las prisiones a fin de hacer mas visible y patente la unidad de criterio reinante en el exilio, hacer las gestiones pertinentes y ratificar la presencia de los cubanos en la solución de estos problemas que atañen a todos».* La comisión quedó integrada por Tony Varona, Huber Matos Benítez, Andrés Vargas Gómez, los Alcaldes de Miami, West Miami, Hialeah y Sweetwater, respectivamente Xavier Suárez, Pedro Reboredo, Raúl Martínez e Isidoro Cuevas; la Senadora Estatal Ileana Ros; los Representantes Estatales Javier Souto, Roberto Casas, Lincoln Díaz Balart y Luis Morse y los agregados Uva Clavijo, Siro del Castillo, Alberto Muller, Frank Calzón y Reinaldo Arenas. No fueron a Washington si no a Atlanta en cuya prisión representantes de los amotinados rompieron las negociaciones después de negarse a entregar a un grupo de sus rehenes, en prenda de buena fe, a otro grupo de exiliados cubanos compuesto por Jorge Mas Canosa, Armando Valladares y Roberto Martín Pérez y tres agentes del FBI. Resubiendo la parada, los alcaldes Xavier Suárez y Pedro Reboredo, el representante Javier Souto, el comisionado de Metro-Dade, Jorge Valdés y Huber Matos Araluce dramáticamente se ofrecieron a ser canjeados por los rehenes en Atlanta, pero la iniciativa fue rechazada por el gobierno. El día 28 de noviembre, de acuerdo con lo dispuesto por el Departamento de Justicia, en un avión oficial llegaron a la Base Aérea England, cerca de Oakdale, el Obispo Román, Rafael Peñalver, Carlos Arboleya el abogado León Kellner y allí negociaron con autoridades de Justicia, el FBI, el Departamento de Prisiones y de Inmigración que el Obispo Román grabara un video-cassette llamando a la paz y la cordura a los amotinados que califico de *«desamparados y no indeseables»*. Una vez pasada la grabación dentro de la penitenciaria los amotinados fueron llevados a la azotea de un edificio carcelario desde donde pudieran ver al Obispo Román dirigirles la palabra solicitando de ellos la renuncia a la violencia y la entrega de las armas en su poder, a lo que accedieron. El plante fue liquidado armoniosamente, se firmó un documento especificando una moratoria en las deportaciones y la revisión de los delitos y las condenas. Quedaba aún pendiente la solución del problema en la prisión de Atlanta que llevaba diez días de plante.

Marginalmente a lo relatado, dentro de las comunidades del exilio cubano, principalmente en los estados de Florida, New York, New Jersey, California y Texas un grupito de provocadores cubiches mantenían una constante y arengadora campaña culpando a los Departamentos de Justicia y de Inmigración y Naturalización por el motín, los incendios y la captura de rehenes alegando que representaban un caso especial porque habían sido enviados por Castro después que el presidente Carter había ofrecido *«recibirlos con los brazos abiertos y ahora se les negaban sus derechos humanos y su igualdad constitucional»*. Tan virulentas y constantes eran las diatribas que la mayoría de los exiliados optaron por mantenerse en silencio en lugar de combatirlas. En Miami, considerada como *«la capital del exilio»* la prensa radial, escrita y televisiva daba amplio espacio publicitario a los defensores de los amotinados mientras lo negaba a los impugnadores de éstos. Por inexplicables razones el Secretario de Justicia prefería negociar con los amotinados a través de autoproclamados mediadores de Miami, que todo el tiempo justificaban las revueltas en Oakdale y Atlanta, achacándolas a la inmoral injusticia perpetrada por el Departamento de Inmigración, mientras no se daban por enterados de las viciosas amenazas contra la vida de los rehenes, la incendiaria destrucción ocasionada y los super-afilados machetes, lanzas, cuchillos, hachas y otras armas blancas esgrimidas por los encarcelados criminales. Enfrentándose al nefasto socavamiento que se hacía de las instituciones estadounidenses, tomando como excusa a los derechos humanos y la malhadada acusación de que eran violados en el caso de los cubanos presos comunes en Oakdale y Atlanta, los oficiales y miembros del Puesto de La Habana (Exilio) de la Legión Americana (The American Legión) ordenaron un examen a fondo de la Declaración de los Derechos Humanos de las Naciones Unidas y de lo prescrito acerca de ellos en la Constitución de 1940 en Cuba, como aparece en precedentes páginas, y una vez convencidos de que estaban en el deber de cumplir con lo dispuesto en el Preámbulo de su Reglamento que lee:

«Por Dios y la Patria nos asociamos para los siguientes propósitos: Mantener y defender la Constitución de los Estados Unidos de América; para apoyar y afirmar la ley y el orden; para promover y perpetuar un Americanismo cien por ciento; para preservar incidentes y memorias de nuestra participación en las Grandes Guerras; para inculcar un sentimiento de obligación individual a la comunidad, el estado y la nación; para combatir la autocracia de las clases y las masas; para hacer del derecho el señor de la fuerza; para promover la paz y la cordialidad en la tierra; para conservar y transmitir a la posteridad los principios de justicia, libertad y democracia y para consagrar y santificar nuestra camaradería mediante la devoción por la ayuda mutua».

Con el Juramento de la Bandera que se recita en las reuniones:

«Juro lealtad a la bandera de los Estados Unidos y a la República que representa, una Nación bajo Dios, indivisible, con libertad y justicia para todos».

Y con el Credo Americano que expresa claramente:

«Creo en los Estados Unidos de América que es un gobierno del pueblo, por el pueblo y para el pueblo; cuyos justos poderes se derivan del consentimiento de los gobernados; una democracia en una república; una Nación soberana compuesta de muchos Estados soberanos; una perfecta inseparable unión; establecida sobre los principios de libertad, igualdad, justicia y humanidad por la cual patriotas Americanos sacrificaron sus fortunas y sus vidas. Por lo tanto creo que es mi deber para con mi país el amarlo, apoyar su Constitución, obedecer sus leyes, respetar su bandera y defenderlo contra todo enemigo».

Decidieron salirle al paso a los calumniadores encargando al Comandante del Puesto la vindicación de la democracia y la justicia escarnecidas. Así fue que se demandó de la mas poderosa y popular radio-emisora de Miami, Radio Mambí, el principal vocero de los apologistas de los amotinados, un espacio de tiempo en su programa mas oído de noticias y comentarios, en nombre de la libertad de expresión y el derecho de réplica y como ciudadanos americanos ofendidos, determinados, en caso de negación, a apelar a la Comisión Nacional de Radio, Prensa y Televisión del Congreso de los Estados Unidos. El día 3 de diciembre de 1987, en el programa *En Caliente*, moderado por los periodistas Armando Pérez Roura y Ernesto Montaner, cortesmente se recibió al Comandante del Puesto que fue presentado por el primero de aquellos dos con las siguientes palabras escuetas:

«Hoy tenemos aquí un invitado, el Comandante José Duarte Oropesa, que es un veterano del Ejército Americano en la Segunda Guerra Mundial y en la de Corea y Comandante del Puesto de Cuba en el exilio de la Legión Americana que ha sido un preso político, antes y después de Castro, en Cuba y los Estados Unidos. Fue además comandante del Ejército Rebelde, Jefe del Quinto Distrito Militar, relevado del mando por negarse a implantar el paredón de fusilamiento y está aquí hoy de completo uniforme de la Legión Americana luciendo condecoraciones notables porque las declaraciones que va a hacer repecto al Mariel, los motines de Oakdale y Atlanta, al tratamiento dado a ellos y a los distintos enfoques de este problema las hace en nombre de su organización y del historial que lo avala. Bienvenido Comandante Duarte Oropesa. Tiene la palabra:

«Gracias señores por la oportunidad que se me ha dado para exponer nuestro criterio en relación a este problema migratorio y a los amotinamientos ocurridos en las prisiones federales de Oakdale y Atlanta.

«Deseo primero ilustrar a la audiencia sobre el Puesto que represento. Fue fundado en La Habana en 1919 por dos veteranos de la Guerra Hispano-Cubana-Americana y ocho veteranos de la Primera Guerra Mundial. De estos ocho, tres eran cubanos nativos que se incorporaron voluntariamente al Ejército Americano en New York. La membresía del Puesto aumentó después de la Segunda Guerra Mundial y Corea con cubanos que habían tomado parte en ellas y americanos nacidos en Cuba de padres americanos. Las actividades del Puesto, hasta 1962, fueron el mantenimiento de una tropa de Boys Scouts, el conceder becas a estudiantes cubanos en el Instituto Cultural Cubano-Americano, el organizar bancos de sangre y centros de recreo e instrucción sobre la Política del Buen Vecino y el mantenerse en contacto con los familiares de cubanos que servían en los teatros de guerra para

asistirlos en lo que fuera necesario, desde ayudarlos económicamente hasta gestionarles traslados a los Estados Unidos y darle sepultura a los caídos en el panteón de la Legión en el cementerio de Colón. Nunca hubo división de sentimientos políticos entre sus oficiales y miembros a pesar de que el entorno cubano después del 10 de marzo de 1952 vio a un gran número de sus miembros de origen cubano tomar partido en la oposición y algunos de ellos sufrieron penas carcelarias en los Estados Unidos por violación de la Ley de Neutralidad. Al tornarse Cuba en una satrapía comunista el Puesto fue ocupado por la milicia, sus archivos y propiedades confiscadas y sus miembros americanos obligados a marcharse de Cuba junto con los miembros cubanos que se negaron a renunciar su ciudadanía americana. La lucha contra el comunismo, dentro de la Isla, costó la vida al Comandante del Puesto, Howard Anderson, fusilado en Pinar del Río en abril de 1961, y murieron en prisión infamante los veteranos Rafael del Pino Siero y Ricardo Rabel y cumplieron sentencias, plantados, quien les habla y sus camaradas Vidal Morales y José Nadal. El Puesto fue reconstruido en el exilio y aumentado con la afiliación de veteranos cubano-americanos de la guerra de Viet-Nam. Por acuerdo unánime de sus miembros fue acordado que la función del Puesto en el Exilio sería dedicada a la libertad de Cuba y a la defensa de la democracia de los Estados Unidos dentro y fuera de sus fronteras. Pasemos ahora, pues, al problema del candente asunto de Oakdale y Atlanta, teniendo como premisas la justicia del procedimiento migratorio; el humanitarismo de esta Nación hacia los inmigrantes y la ingratitud de muchos de ellos para con sus gratuitos benefactores.

«*En la Cuba pre-Castro el procedimiento para adquirir visa de residente en los Estados Unidos era muy difícil de cumplir. Además de una comprobación de la salud del aplicante que no padeciera enfermedades contagiosas tenía que tener una carencia total y absoluta de antecedentes penales y de eso se encargaba el departamento investigativo de la Embajada o el Consulado con la Policía Nacional de Cuba y además el posible emigrante debía probar financieramente que no sería una carga pública en este país. Se concedían visas turísticas por 29 días y si eran violadas siempre se dio oportunidad al violador de la ley de regresar voluntariamente a Cuba sin expediente contrario, o séase que podía aplicar después legalmente. Si la entrada era ilegal y era casado con ciudadana americana, con o sin hijos, se le permitía salir a Cuba, al Canadá o Méjico para tramitar su visa de residencia en esos países pero siempre con una vista ante un Oficial de Inmigración.*

«En 1953 cuando la guerra de Corea estaba en pleno apogeo y previendo que se cometieran posibles injusticias, como las ocurridas con la concentración de japoneses, italianos y alemanes que tenían descendencia del Eje, el Congreso a instancias de una Ley del Senador McCarran decidió que todo residente legal o nacionalizado americano culpable de una felonía incurrida, como decía la Constitución de Cuba en este caso, «causal de indignidad», que en los Estados Unidos se conoce como «moral turpitude», estaba sujeto a deportación a su país de origen después de cumplida la sentencia. Esto fue hecho para limpiar América de la mafia siciliana y la camorra napolitana y con el beneplácito de la comunidad Italo-Americana. Nunca ha deportado los Estados Unidos a un condenado por violación de la Ley de Neutralidad ni revocado su residencia o ciudadanía.

«El máximo organismo jurídico de los Estados Unidos es la Corte Suprema. Sus decisiones sobre los derechos constitucionales o civiles son finales e inapelables. Su jerarquía está sobre la del Congreso o el Ejecutivo en esos aspectos. La Corte Suprema dictó en una apelación hecha respecto de los presos comunes en cárceles Federales, injustamente calificados de «marielitos», que la decisión del Departamento de Justicia era procedente en los casos de exclusión o deportación porque no eran refugiados políticos sino culpables de felonías con «causal de indignidad» o «moral turpitude». Hay dos clases de presos comunes en esas cárceles: los que se comprobó eran empedernidos asesinos procedentes de Cuba y los que cometieron crímenes en los Estados Unidos, fuesen procedentes del Mariel o residentes aquí con anterioridad a ese hecho y hallados culpables por una Corte de Justicia después de un Juicio o que se declararon culpables voluntariamente.

«Todo país tiene el derecho y la obligación de proteger sus fronteras de elementos indeseables y de regular la inmigración. Cuba se distinguió, antes de Castro, por la protección que brindaba a los refugiados políticos y la severidad de su política de inmigración. Existía el

Carnet de Extranjero; una Ley de Nacionalización del Trabajo preferencial del nativo o el nacionalizado sobre el extranjero; una prohibición al extranjero de ingresar al país sin bienes de fortuna y sin conocimiento del español que según la Constitución de 1940 era el idioma oficial de la República; una Ley que ordenaba la expulsión de extranjeros perniciosos o indeseables y la repatración de indigentes por cuenta de su país de origen. El lugar en que se recluía a los extranjeros sujetos a investigación de antecedentes o de deportación era Triscornia y desde la presidencia de Menocal en que se expulsaron anarquistas europeos y se repatriaron haitianos y jamaiquinos hasta el gobierno de Grau San Martín al mafioso Lucky Luciano no hubo un motín de extranjeros en ese lugar y que seguramente hubiera sido ahogado en sangre. Cuando en época presidencial de Carlos Prío Socarrás tres marineros americanos borrachos profanaron la estatua del Apóstol en el Parque Central de La Habana sentándose en su cabeza y orinando en su base por poco fueron linchados por el populacho. Y como desagravio sucedió algo insólito: el Embajador Americano y los mas altos oficiales navales de la flotilla anclada en la bahía colocaron una ofrenda floral en la estatua y el Puesto de la Legión Americana en nombre de los veteranos Cubano-Americanos exigió el castigo en los Estados Unidos, que fue efectuado, de los borrachos profanadores.

«*Cuando se examinan esos hechos históricos se maravilla uno que políticos que en Cuba legislaron rigurosamente sobre extranjería; líderes obreros que exigían el preferencial nativo con el lema de «Cuba para los cubanos»; profesionales que exigían la Colegiación para impedir la competencia foránea y refugiados económicos que aquí llegaron por cientos de miles con visa waiver alegando persecución política, adquiriendo todos, desde el momento de su llegada y gratuitamente derechos y beneficios económicos de welfare, seguridad social a la que nunca contribuyeron un centavo, medicina y hospitalización, pago del 80% del alquiler en casos múltiples, beneficios todos que nunca disfrutamos gratuitamente los veteranos ni muchísimos americanos nativos, hoy se pronuncien en forma draconiana contra los organismos institucionales de un país que les abrió los brazos, les mató el hambre y le concedió derechos iguales a los de un nativo, ciudadano o residente legal. Yo hubiera querido ver que hubiera ocurrido en Cuba si americanos, europeos o asiáticos actuaran, o se expresaran virulentamente, contra los organismos oficiales y los congresistas como aquí lo hacen los defensores de estos malhechores de la peor ralea que tomaron de rehenes a funcionarios penales, incendiaron las prisiones de Oakdale y Atlanta ocasionando pérdidas por millones de pesos y amenazaron asesinar a sus rehenes sin cuidado de la angustia y el terror de sus familiares ni preocupación alguna por la sensibilidad de la sociedad americana atónita ante esta duplicación de Beirut en su país, ni el daño político que causaban a la Administración Regan, ni el favor que hacían a Fidel Castro y al comunismo internacional.*

«*Se ha llegado tan bajo en el nivel de la infamia contra las instituciones de derecho y contra el espíritu humanitario de nuestra sociedad que se ha llegado a afirmar que aquí se violan los derechos humanos de esta canalla delincuencial que nunca consideró los de sus víctimas y se ha glorificado un motín carcelario de anti-sociales como un ejemplo de rebeldía contra la injusticia y como norma a seguir por los exiliados. Su máximo heraldo, Huber Matos, es precisamente quien recuerda Camagüey como sustituto del comandante Víctor Mora que se negó a fusilar a un vencido adversario político o militar y el cual, al tomar el mando, no demostró con aquellos los sentimientos humanitarios de que hoy hace alardes para con la crápula. Véase la contradicción entre lo predicado perversamente por los alabarderos de esa chusma amotinada y la realidad visible. El Nuevo Miami Herald publicó un reportaje sobre la esposa de un preso de Atlanta, del cual no define su delito, pero descubre que recibe un cheque del Gobierno mensualmente por $315.00; que compra alimentos con $240.00 de estampillas del Gobierno que al ser canjeadas duplican casi su valor; que recibe $70.00 de su cónyuge por concepto de salario ganado por su trabajo de carpintero en la prisión mas cada dos meses un paquete de alimentos enlatados y ropa, cortesía de una iglesia local. ¿Cuando en la añorada Cuba tan católicamente humanitaria se vio esto?*

«*La relación de delitos publicada es aterradora: narcotraficantes; violadores de niños, niñas y ancianas; asaltadores de viejas y viejos; ladrones con violencia; asesinos alevosos, nocturnales y premeditados; secuestradores; extorsionadores; falsificadores de moneda; estafadores; viciosos de drogas heroicas; corruptores de menores; chulos y profesionales de la trata de blancas, en fin, toda una morralla de los mas bajos fondos. Y todos juzgados y condenados de acuerdo con la ley. Pero mas aborrecible que esa gama de delitos y felonías, crímenes de lesa sociedad, es el daño incalculable causado a la imagen y prestigio del exilio ante América y el mundo y específicamente a la emigración del Mariel pues el despectivo vocablo «marielito» es sinónimo de desagradecimiento, maldad, delincuencia y perversidad a los ojos norteamericanos. Demagógicamente quieren atribuirse sus depravaciones al comunismo. La matemática los desmiente: de ciento veinte mil inmigrantes del Mariel solo una ínfima minoría de 2,700 ha demostrado delincuencia vocacional, y cierto es que la delincuencia es una vocación. El total de los buenos se destaca por su laboriosidad, su respeto a la ley y su agradecimiento al país que los acogió. Y no se diga falsamente que muchos son presos políticos pues han tenido ocho años para demostrar su condición de tales en las Casas del Preso en todos los Estados Unidos y no lo han hecho. ¿Cual de sus caritativos defensores los quiere tener de vecinos o protegidos? ¿Por que ese amor por la cloaca y la indiferencia ante el calvario de las familias de los presos políticos cubanos en los Estados Unidos? ¿De cuándo a dónde esa proclamada hermandad con esa carne de presidio tan diferente de las personas decentes que fueron sus víctimas? ¿Se pretende que la feligresía exiliada olvide que jamás los clérigos y su jerarquía han demandado piedad ni derechos humanos para los mártires que por cientos murieron en el paredón de fusilamiento gritando ¡Viva Cristo Rey! Como si lo han hecho por comunistas como Julián Grimau en España y Angela Davis en California? ¿No recuerdan estos impertinentes que durante el gobierno de Federico Laredo Bru se le negó refugio a miles de hebreos alemanes que arribaron a La Habana en el vapor «San Luis» alegándoseles irregularidad migratoria? ¿Implican que la palabra «cubano» en su ghetto miamense equivale a una patente de corso? Separemos la verdad de la mentira y pongamos los puntos sobre las íes en esta algarada de Oakdale y Atlanta. He dicho».*

XXIII

Armisticio en Atlanta. La ilegitima Comisión Pro-Justicia para los Prisioneros del Mariel. El libro impreso en ingles «Mariel Injustice». Su contenido afrentoso a Estados Unidos santificado por Monseñor Román. Fulminante refutación del vocero de la Legión Americana. Los trompolocos del Comite de Trabajos y sus absurdos propósitos. El golpe bajo de Ángel Cuadra. Encendida respuesta al sofismo del aludido. La deserción doblemente traidora del brigadier Rafael del Pino Díaz, genocida piloto de Playa Girón y Angola. El colmo de lo absurdo.

La catilinaria de El Autor no tuvo efecto positivo de sensatez alguna en el populacho y sus arreadores. El grupo de negociadores de FACE logró un armisticio en Atlanta y se firmó un acuerdo cuyos principales puntos fueron la revisión de los expedientes de los amotinados para favorecerlos con la libertad condicionada; el envío a entidades médicas para reconsiderar su estado de salud mental y física; derecho a permisos de trabajo para quienes fueran liberados; nadie sería considerado responsable de los daños ocasionados; los que fuesen aceptados por terceros países serían allí enviados y la moratoria en las deportaciones ratificada. Fueron liberados los rehenes y comenzaron los trámites para trasladar a los presos a otras prisiones pendiente de los procesos revisionarios. Pero la cosa se enmarañó cuando el Departamento de Justicia anunció su plan de revisión que no fue del agrado de los negociadores de FACE y sus solidarios, ni de Gary Leshau un abogado de Atlanta, vocero de los presos. De nuevo surgió otro corre-corre en Miami hacia la formación de grupos que exigían ser oídos en la discusión de los puntos controversiales del acuerdo y entre ellos se nombraba en la prensa a la Junta Patriótica Cubana, Municipios de Cuba en el Exilio, Cuba Independiente y Democrática, Abogados Cubano-Americanos y a los señores Miguel Tudela, Julio Estorino, Roberto Martín Pérez, Tony Varona, Huber Matos, Tomas García Fusté y José Rodríguez.

Inesperadamente, el día 13 de diciembre de 1987, Diario Las Américas reportó la creación de una Comisión Pro-Justicia para los Prisioneros del Mariel (Commission Pro-Justice for Mariel Prisoners) compuesta por Uva

Clavijo, Marta Velasco, Siro del Castillo, Alberto Muller, Elio Muller, Ramiro Lorenzo, Juan Vázquez, Salvador Subirát, Carlos Gastón y Ángel Cuadra quienes, en rueda de prensa celebrada en el Museo Cubano de Arte y Cultura, presentaron un libro impreso miemográficamente en inglés e intitulado *Mariel Injustice* cuyo prólogo decía:

«El propósito de este libro es ofrecer al pueblo norteamericano una detallada información sobre el caso de la flagrante violación de los derechos humanos que tiene lugar en su propio país: el caso de los refugiados cubanos que vinieron en la «Flotilla de la Libertad» (1980) y que están en un limbo legal en diferentes cárceles de los Estados Unidos, sufriendo discriminación, separados de sus familias, maltratados y amenazados con la deportación a Cuba comunista».

La señora Uva Clavijo quien tuvo las palabras de apertura de la conferencia de prensa, según el periodista Guillermo Cabrera Leiva, *«distribuyó entre los presentes varios ejemplares del libro y señaló su importancia como expresión documental de toda la injusticia cometida con los cubanos presos, muchos de los cuales han cumplido ya su condena, pero siguen encerrados en violación flagrante de la ley y que los señores Muller, Subirat y Castillo indicaron, respectivamente, diversos aspectos de las tareas de la Comisión, que consiste, en resumen, en promover entre el pueblo norteamericano, el mejor conocimiento del caso de los presos procedentes del Mariel y evitar con ello que se prolongue la injusticia y que otros refugiados, no cubanos, vayan a caer en la misma situación».*

Afirmó Cabrera Leiva que Monseñor Román, allí presente, expresó: *«Estamos aquí para dar a conocer un importante documento, en forma de libro, que revela la trágica situación de nuestros hermanos cubanos llegados del Mariel, a quienes no se les ha hecho justicia. Este libro es el producto de muchos esfuerzos y desvelos y resume el cuadro de violación de los derechos humanos de éstos cubanos. Este libro expone la verdad. Sus editores merecen nuestra felicitación por tan noble y cuidadosa labor».*

El día 18 de diciembre viajaron a Washington el Obispo Román y su abogado Rafael Peñalver acompañados del abogado de inmigración de Miami, Robert Boyer; Dael Schwartz y Gary Leshau, abogados de inmigración de Atlanta; Huber Matos Araluce; Salvador Subirat; Luis Fernández

Caubí; Miguel Tudela y Julio Estorino. Sostuvieron una reunión sobre la deportación a Cuba con los senadores John Whitehead, Subsecretario de Estado y Arnold Burns, Subsecretario de Justicia logrando solamente de éstos la oferta de reunirse después de pasadas las fiestas de Pascuas y Año Nuevo. El libro *Mariel Injustice* llegó a manos de El Autor que cuando vio que estaba siendo enviado a personas de habla inglesa y que The Miami Herald no lo comentaba editorialmente por su contenido ultrajante, se personó en la redacción y demandó su derecho a refutarlo. Le fue concedido y el día 8 de enero de 1988 fue publicado su artículo que produjo un impacto de cien megatones en el ánimo de los lectores. Tanto en los americanos como en los de origen extranjero que dominaban el idioma inglés. Y de los cubanos y cubano-americanos ni hablar del bacatazo, puesto que el idioma inglés en su estilo periodístico va directamente al asunto y llama al pan, pan, y al vino, vino. Helo aquí en su original versión:

> *Mariel book slanders noble Nation*
> By: José Duarte Oropesa, Commander
> of Havana Post No. 1 (Exile), Miami

«As if the mutinies at the Oakdale and Atlanta prisons didn't cause enough pain and shame to the Cuban-American community, a small group of apologists of the mutineers has launched a vicious attack against the judicial, immigration, penal and Constitutional institutions of the United States. This attack through the radio, television and print media has culminated in a thick booklet, «Mariel Injustice». Page after page chastises America with unfounded accusations of cruelty, brutality, violation of human rights, injustice, abuse, and callousness toward the mentally ill. It deliberately disinforms the American people and spits out the blasphemy that «the present and former Administrations have shown a total lack of sensitivity» and that «the natural rights of men have been violated in the name of civil responsabilities». It also affirms that «with the Cuban prisoners of Mariel, all human rights are violated».

«This accumulation of inaccuracies is in the rabid anti-American style of speech of Fidel Castro, and it is earning the publishers of this slandering booklet the repulsion of Americans and Cubans alike. It

makes them guilty of ingratitude toward this noble nation that opened its arms to them as their native country never did with foreigners. Many Cuban-Americans once upon a time were constituents and congressmen who legislated rigorously on foreigners. They required a Foreigner's Identity Card to be carried permanently. As labor leaders, they demanded preference of natives over the foreign-born under the slogan «Cuba for Cubans». Doctors, lawyers, bankers, teachers, journalists, poets, and artisans all urged fellowship to restrict foreign competition. Now they act as if they have forgotten that the Cuban Constitution of 1940 gave the government the right to deport foreigners guilty of crimes involving moral turpitude as well as to limit the civil rights of resident aliens. And aliens were not allowed in Cuba unless they were solvent and were able to speak, read and write the official language of the country - Spanish.

«Yet today, here and now, all these pretend to be blind to the fact that hundreds of thousands of their compatriots were received in the United States as political refugees, when in reality the great majority of them were economic immigrants. From the moment of their arrival, they received welfare; medical services; subsidized housing; free education and scholarships; food stamps and free meals for the elderly; and even the right to claim relatives who upon arrival would be an economic stress to Social Security and not to the family budget. All this was regardless of their ignorance of English. Worse than being conveniently forgetful of all this, they now side with the anti-socials of Oakdale and Atlanta and against the Constitution, the law and the penal authorities with a gall and impudence that, had it been done in Cuba by a foreigner, he would have been kicked out of Cuba ipso facto. And if a bunch of arsonists, kidnappers and extortionists of alien extraction had destroyed Triscornia, the place where deportees were quartered in Cuba, the troops from near-by La Cabaña fortress would have wiped them out in a bloodbath.

«In a radio program a few days ago, Dr. Rafael Peñalver was asked about our accusation that the publishers of «Mariel Injustice» were guilty of contempt of the United States. He bravely declared that to do so was the best way of favoring Fidel Castro and of antagonizing an American society so fond of its Constitutions and laws. He said that to

obey the law is mandatory, and the method to achieve reforms is to engage the help of congressmen. He said that Monsignor Agustin Roman, whom he represents, shares this thought. The recent declaration of General Vernon Walters only confirms our prediction that Fidel Castro will profit at the U.N. Commission of Human Rights in Geneva by using the abhorrent testimony of Mariel Injustice as proof that human rights are being violated here as claimed by Cuban exiles. The booklet presents a photocopy of Monsignor Roman's handwriting in a note entreating God to bless the publication in its search for justice. This might be interpreted as an endorsement of its anti-American contents. Further, in a story published in a local paper on the occasion of the booklet's presentation to the media, Monsignor Roman is quoted declaring, «This booklet resumes the framework of violation of human rights of these Cubans».

«Havana Post No. 1. The American Legion (in exile), is an organization of Cuban-Americans veterans of the U.S.A. Armed Forces in its foreign wars. It counts in its record of services the battlefields of both Cuban and American democracies. Its martyrs and political prisoners either died in communist Cuba's jails or served long prison terms without recanting the principles of justice, freedom and democracy. The officers and members of Havana Post No. 1 believe that they have the moral right and the historical background to respectfully and firmly request from Monsignor Roman his rectification of this rather dubious solidarity with the publishers of this booklet «Mariel Injustice». Just as Dr. Peñalver candidly rebuked those who played Castro s game, we do trust that the most respected and revered Auxiliary Bishop of the Archidocese of Miami will kindly set the record straight for the sake of the Cuban-American community in the whole of the United States of America».

Desacreditados los defensores de los criminales amotinados ante la opinión pública como consecuencia del contenido tortuoso de *Mariel Injustice* y dados de lado en Washington sus comisionados, durante todo el mes de enero de 1988 anduvieron como trompolocos de una reunión en otra tratando de encontrar una vía de acercamiento a las autoridades de los Departamentos de Justicia e Inmigración sin lograr nada efectivo, especialmente porque Monseñor Román y el Dr. Rafael Peñalver demostraban su deseo de separarse de tan engorroso asunto que afectaba, por asociación, a sus ejemplares personas. Ninguna mejor manera de presentar al lector esos sucesos que transcribir integramente el reportaje de Luciano García, Redactor de El Nuevo Herald, el día 29 de enero de 1988:

«*Un Comité de Trabajo, que abogará en altas esferas gubernamentales por los detenidos del Mariel, fue creado el jueves en Miami a instancias de Monseñor Agustín Román, Obispo Auxiliar de la Diócesis. El Comité quedó constituido por 12 personas, todas vinculadas directamente a la situación de los cubanos presos. «Es importante tener este Comité para poder dar una respuesta rápida y permanente. Tenemos las ideas y podemos clarificarlas, pero es difícil reunirnos cada vez que tenemos que dar una respuesta», dijo Román. El Comité de Trabajo planea reunirse pronto, ya que se espera que las audiencias del Departamento de Justicia a los detenidos comiencen el día 6 de febrero próximo. Los miembros del grupo trabajarán a partir de una serie de puntos, aprobados por representantes de la comunidad en una reunión efectuada la noche del lunes en la Ermita de la Caridad. Estos puntos son: oposición a negociaciones secretas o públicas de Estados Unidos con el gobierno de Fidel Castro, así como a las deportaciones a Cuba; creación de delegaciones que viajen a Washington para visitar la Casa Blanca, así como a líderes del Congreso; y estructuración de la defensa legal para los detenidos, para que tengan audiencias justas e individuales, según el espíritu de los acuerdos de Atlanta y Oakdale.*

«*Asimismo se buscará movilizar a la opinión pública de la comunidad, para que el esfuerzo abarque a todos los sectores; reclamar sinceridad del gobierno estadounidense, para que de a conocer cuales son las negociaciones que se efectúan con Cuba y el contenido del Tratado de Inmigración entre ambas naciones. El Comité se eligió luego de una reunión a la que asistieron 30 personas. Los elegidos fueron Aida Betancourt, Miguel Tudela, Luis Botifoll, Siro del Castillo, Julio Estorino, José Garrido, Carlos Arboleya, Ramón Saúl Sánchez, Raúl Rodríguez, Luisa García Toledo, Salvador Subirat y Huber Matos Araluce.*

«*Rafael Peñalver, abogado de Monseñor Román, dijo que la misión del Comité es «continuar encaminando digna y responsablemente este proceso, utilizando los mas altos canales políticos que se tienen, tratan-*

do de que no se perciba como algo partidista, o como un ataque a los Estados Unidos o a esta Administración». Pero Siro del Castillo, uno de los presentes en la reunión respondió: «Estamos de acuerdo en que nuestro esfuerzo no se perciba de esa manera, pero si llega el momento hay que estar dispuestos a fajarse con el que sea». Por su parte, Peñalver agregó «que no se está reclamando que los criminales salgan para la calle. Lo que estamos reclamando es que se efectúe un proceso legal con verdadera justicia y que no haya deportaciones hacia un país que no respeta los derechos humanos».

«A pesar de que se les pidió unánimemente que fueran miembros del Comité, tanto Monseñor Román como Peñalver solicitaron no participar en el mismo y finalmente quedaron como asesores del grupo. También fueron elegidos como asesores los abogados, expertos en inmigración, Leopoldo Ochoa y Robert Boyer».

Sabiamente el Obispo Román y el Dr. Peñalver se desconectaron de la patochada solidaria con los amotinados anti-sociales de Oakdale y Atlanta pero quedó al Dr. Ángel Cuadra echar el resto en la forma de un taimado ataque periodístico al Autor el día 30 de enero de 1988 en Diario Las Américas intitulado *«Los acuerdos inmigratorios: fundamento de temor»* en el que insinuaba que el acuerdo de deportar a la canalla podía ser utilizado para aplicárselo a Eduardo Arocena. La parte en que se refería al Autor, sin mencionar su nombre pero si sus acciones, en términos boxísticos lo que se llama *un golpe bajo*, se lee, integralmente, a continuación:

«Desde luego, no han faltado voces que la han emprendido con los que se han pronunciado en defensa de todo lo que es defendible en la situación que han venido pasando los presos del Mariel; que no han querido admitir distinciones en ese conglomerado de cubanos en desgracia y abogan porque se trate a todos en bloque y se les devuelva hacia Cuba, en la misma forma masiva e indiscriminada en que fueron embarcados para acá; que inculpan de mal agradecidos a los cubanos que opinen y protesten por este problema, ya que los gobiernos de Estados Unidos han acogido a los exiliados cubanos en este país; y postulan que debemos acatar todo lo que dichos gobiernos hagan (concerniente a los cubanos), con un gesto dócil de huérfano pobre recogido por una familia adinerada, ante la cual no cabe mas actitud que bajar la cabeza en gesto de bochorno, ni mas palabra que un

«yes» sumiso, como si éste no fuera un país con libertad de opinión, o como si del ejercicio de esa libertad estuviéramos excluidos. Incluso, alguno que otro, en pose de fiscal «ex lege» ha hecho acusaciones tortuosas a quienes se han manifestado en apoyo a los presos del Mariel, como si el testimonio de aquellos al respecto fuera el único vehículo de conocimiento del caso por parte del gobierno cubano, el cual está de sobra al tanto –y mucho mas–; y que todos los canales de la prensa han difundido, inclusive con constantes entrevistas en vivo de los reclusos del Mariel en distintas cárceles describiendo su situación, y de familiares de los mismos, cuyas emisiones llegan a Cuba en su diario fluir.

«Finalmente queda la interrogante de lo que espera en destino a los presos del Mariel, a unos cuantos cubanos presos en Estados Unidos por actos de índole política en el fondo, que ya he citado, y para los otros residentes cubanos, en cuanto al alcance de los acuerdos inmigratorios ya renovados. El informe de la Comisión que acompañó a Monseñor Román a Washington, es un alerta oportuno para lo que ya no es un vago presagio de temor».

Como era de esperarse, el Autor dio una encendida respuesta al políticamente descarriado antiguo colaborador en UNARE. Diario Las Américas declinó publicar su artículo-respuesta alegando que Cuadra era un gacetillero del periódico y que no era correcto el publicar algo en su contra, especialmente cuando su artículo generalizaba y no personalizaba al Autor. El Nuevo Herald consintió la publicación con la misma cláusula de la generalización en la respuesta. El día 21 de febrero, en la sección *Tribuna*, con el título *«Paralelo histórico: Atenas A.C. y Miami D.C.»* apareció su texto que a continuación es reproducido con exactitud:

«Cuatrocientos cincuenta años antes de Cristo, durante el período conocido como «el Siglo de Oro de Grecia» en que floreciera la democracia en Atenas, fueron notabilísimos el estudio y la enseñanza de sistemas filosóficos que guiaran la conducta de gobernantes y ciudadanos. Pericles hizo de Atenas la capital de aquel mundo antiguo patrocinando el auge del arte, las letras y las ciencias, así como fomentando la construcción de maravillas arquitectónicas y viales, y de paso llenando las arcas públicas y privadas como consecuencia del adelanto económico resultante. De los territorios adyacentes fluyó hacia Atenas

una inmigración deseosa de compartir y disfrutar la prosperidad ateniense y su democracia, ambas cosas ausentes en sus lares. Platón y Aristóteles eran los guías intelectuales mas notables de aquella sociedad y sus criterios sirvieron, siglos después, de oráculos e inspiración a los pensadores dialécticos y escolásticos. Sus discursos sobre lógica, el análisis y la ley aún, tienen vigencia en este mundo nuestro en que predominan la tecnología y el pragmatismo.

«Frente a aquella democracia, surgió una clase intelectual disociadora cuyos miembros fueron conocidos como heraldos del sofisma, creyentes en un sistema que alegaba la no existencia del movimiento dialéctico y que proclamaba que todas las leyes sociales y dictados de la razón eran arbitrariedades que lesionaban y disminuían el valor del hombre que era «la medida de todas las cosas». Sus principales campeones, Protágoras de Tracia, Gorgias de Sicilia y Aristipo de Cirenaica, fueron acusados por Platón de aprovecharse de la democracia ateniense para, en su doble condición de extranjeros sin derechos políticos y de profesionales sin clientela, destacarse dentro de una sociedad que les era ajena mediante argumentaciones falaces con apariencias de verdaderas y, haciendo uso de su elocuencia, don de letras y de la ignorancia prójima, intentar embaucar y engañar con artificios retóricos. Aristóteles los definió como demagogos aduladores del populacho que excitaban a las masas sin importarles los reales intereses del país que caritativamente los acogía y que aprovechaban particulares situaciones histórico-políticas pretendiendo demostrar, por accidente, que lo posible es probable. Los acusó también de encumbrarse en hombros de la plebe utilizando la sensiblería y el fárrago. Los sofistas fueron despreciados durante 2,300 años hasta ser rehabilitados por Federico Nietzche, quien devino en inspirador del nazismo.

«Como una demostración de que la historia se repite, en el mundo del exilio cubano y particularmente en Miami, un grupito de modernos sofistas acogidos compasivamente por esta gran nación, dentro de la cual algunos son ciudadanos americanos por conveniencia y extranjeros permanente por vocación otros, aprovechan los desaciertos de la política exterior yanqui para agresivamente insultar a presidentes y congresistas por no resolver un problema cubano que es nuestro y no de ellos, ultrajar instituciones legales y constitucionales que son mode-

los democráticos para el resto del orbe, reclamar con exigencia irreflexiva derechos que constitucionalmente se negaron a extranjeros o refugiados en Cuba, y en el caso abominable de criminales comunes amotinados, incendiarios y secuestradores, ponerse de parte de éstos y no de las autoridades penales y de inmigración.

«Santurrona y falazmente derraman lágrimas de cocodrilo por presos y ex-presos cubanos condenados por violación de la Ley de Neutralidad de los Estados Unidos, a los cuales ni conocen, ni con los cuales se han identificado jamás, ni a sus familiares han socorrido, pretendiendo hacer creer en la probabilidad de su deportación si se logra la deportación bien merecida de una canalla delincuente que deshonra al exilio. Con desfachatez olímpica acusan de «no sentir en cubano» a los que no comparten su absurda xenofobia hacia el país en que residen.

«Son ellos los que aborrecen el honroso calificativo de cubanoamericano que ostentan quienes nacieron aquí de padres cubanos; los que crecieron y se educaron en Estados Unidos; los que en una precisa hora vistieron el uniforme de sus fuerzas armadas en la defensa de la democracia en sus guerras extranjeras y los que, por sentimiento y no por conveniencia, son ciudadanos americanos. No tienen estos sofistas concepto alguno de universalidad, si no solamente un atávico sentir chauvinista con mentalidad de «ghetto», del que hacen una industria demagógica conveniente que se acabará con la liberación de Cuba del comunismo, a la que únicamente irán de visita.

«Todo lo que Platón y Aristóteles en sus tiempos afirmaron sobre los sofistas de Atenas, puede ser perfectamente predicado de los actuales en Miami. Son desagradecidos que glorifican el idioma y la literatura hispana y que se niegan a hablar bien el inglés por un evidente y simple complejo de inferioridad ante la superioridad cultural de los genuinos cubanoamericanos, ante sus logros conseguidos mediante el esfuerzo y el deseo de superación y ante el historial patriótico de los cruzados de la democracia por todos los caminos del mundo».

El final de esta desventurada cuestión fue que Monseñor Román y el Dr. Peñalver se separaron de las gestiones que en definitiva no tuvieron éxito pues los marielitos criminales fueron deportados a Cuba. El librejo *Mariel Injustice* fue retirado de la circulación y sus patrocinadores recibieron un merecido chaparrón de censuras en forma de protestas enviadas a The Miami Herald, publicadas en su sección *Speak-out*, y en El Nuevo Herald en la suya de *Correo*. Innecesario se hace resaltar que El Autor aumentó la antipatía que, con abundancia, le regalaban los cubiches y cubanazos que vivían de la patriotería enmarcada dentro del grito estentóreo de *¡Cuba primero, Cuba después, Cuba siempre!* ocultaban su pasado político negativo a la democracia o su presente colaboracionista. Si no triunfaron en la brega de venderle al exilio su mala mercancía de considerar a los antisociales del Mariel como hermanos descarriados, víctimas del desgobierno comunista, si se anotaron un tanto en lo siguiente:

El brigadier Rafael del Pino Díaz, el mismo piloto genocida comunista de Playa Girón y Angola, que ya conocemos, cayó en desgracia con Raúl Castro al mostrarse inconforme con los golpes prodigados por agentes de la Seguridad del Estado a un hijo suyo y planeó fugarse a Miami disfrazado de disidente. Coincidió en el propósito con su amigote Luis Orlando Domínguez, ex-secretario de la Juventud Comunista quien era en esos momentos Presidente del Instituto de Aeronáutica Civil y Director de la empresa estatal Aerocaribe y quien supervisaba todo el movimiento de aviones de pasajeros y de avionetas fumigadoras con la misión de impedir deserciones del personal o escapatorias clandestinas. Para no levantar sospechas, juntos simularon ocasionales vuelos cortos de placer y de fumigación. El día 4 de julio de 1987, acompañado de un hijo menor, Del Pino sorprendió a los guardianes, firmó un permiso de vuelo y aterrizó en Miami-Key West dejando detrás, a su mala suerte, a sus traicionados cómplices Luis Orlando Domínguez, José Márquez Díaz y José Dalmau Alarcón quienes fueron arrestados, juzgados y condenados a larga prisión. El doble traidor, ahora bajo el asuspicio de la FNCA, fue recibido en Washington como un héroe, entrevistado repetidas veces por Radio Martí, provisto de abundantes fondos y, ¿como habría de faltar?, acusando a los hermanos Castro Ruz de ser culpables de todos los abusos, crímenes y masacres efectuados en Cuba y África, en los cuales él, Rafael del Pino Díaz, había sido cómplice ejecutor y ganado por ello la condecoración máxima de Héroe de la República de Cuba Comunista. El colmo de lo absurdo se produjo el día 12 de julio de 1989 en Washington cuando durante el séptimo congreso anual de la Fundación el bravío segundo jefe de la Brigada 2506, en esos momentos oficial superior de la Guardia Nacional del Distrito de Columbia, Erneido Oliva, sin pudor alguno se abrazó fraternalmente al asesino de sus subordinados que trataban de escapar en botes después de vencidos en Playa Girón. Y mas penoso aún que eso fue que ni la Directiva ni ningún miembro de la Asociación de Veteranos de Bahía de Cochinos expresó su descontento con lo ocurrido.

XXIV

La campaña por el Inglés Oficial. Su historial en Florida. Ileana Ros-Lethinen, Emily Shafer, Terry Robbins y la asimilación. La Enmienda 11. La calumnia de English Only. El memorándum sobre americanismo. Los muñidores electorales de English Plus. Los artículos determinantes en The Miami Herald y El Nuevo Herald. Apoyo nacional de la Legión Americana a Official English. La coalición de embaucadores de English Plus. Su fracaso legal. La crisis de U.S. English y Florida English. Apabullante victoria de Official English. El triunfo malevo del Cuban Caucus en el Congreso Estatal.

El nacionalismo democrático propugnado por El Autor, ideológicamente enseñado y guerreramente defendido, tanto en Cuba como en los Estados Unidos, entró en conflicto nuevamente con el cubaneo oportunista. Esta vez no tuvo como campo de batalla la Ciudad de Miami y el Condado de Dade sino el Estado de Florida entero. El candente problema fue la campaña emprendida por la Legión Americana de lograr que el idioma inglés fuera el oficial de la nación, logrando esto mediante una legislación federal o una estatal escalonada. A diferencia de la mayoría de los países que componían las Naciones Unidas en cuyas Constituciones se establecía su idioma oficial, en la de los Estados Unidos no existía ese precepto. Esta campaña de la Legión coincidió con una similar que, bajo el patronímico de *U.S. English*, tenía lugar en los estados de Arizona, Colorado y Texas. Ya existía el idioma inglés como el oficial en los estados de Arkansas, California, Georgia, Hawaii, Illinois, Indiana, Kentucky, Mississippi, Nebraska, North Carolina, North Dakota, South Carolina, Tennessee y Virginia. La idea política consistía en lograr una reforma constitucional que oficializara el inglés mediante la demanda de ello por las dos terceras partes de los estados o una ley conjunta de la Cámara y el Senado. Para que el lector obtenga una versión lo mas exacta posible de ese conflicto que afectó muy profundamente a Florida, especialmente a la comunidad cubana exiliada en ella, es preciso remontarse al origen de la cuestión, documentándola.

En 1974 la Comisión Alcaldicia del Condado de Dade aprobó una disposición declarando bilingüe su territorio, al igual que había hecho en la villa de Sweetwater, fronteriza al Condado, su alcalde, Jorge Valdés, respaldado por la Comisión Municipal. Basándose en lo anterior, que no había despertado interés en los votantes en disputarlas, en septiembre de 1980 el Comisionado de la Ciudad de Miami, Joe Carollo, propuso declarar bilingüe a la Ciudad de Miami. No llegó a considerarse lo propuesto por Carollo porque poco después fue derogada la Resolución que hizo del Condado de Dade una demarcación bilingüe. La derogación fue objeto de un referéndum que le concedió 257,259 votos contra 173,168. La oposición al bilingüismo en el Condado tenía razones económicas y no raciales. La inconformidad consistía en que el desarrollo comercial e industrial fomentado por la gigantesca inmigración legal e ilegal, principalmente cubana, daba preferencia en los empleos a familiares y amigos, fuesen o no angloparlantes, antes que a los nativos monoparlantes. Esto era perfectamente legal pues no existía una ley de nacionalización del trabajo. Además, la existencia de una enseñanza bilingüe que consideraba al inglés como un segundo idioma en lugar de primero y que empleaba cientos de millones de dólares en tal disparatado programa pero que empleaba miles de maestros de español y a cientos de otros en docenas de lenguajes extranjeros fue percibido como una amenaza a la integridad cultural y social en los Estados Unidos. Enfrentándose a esto, el presidente Ronald Reagan declaró en su comparecencia ante la Liga Nacional de Ciudades el día 3 de abril de 1981:

«Es un error total, y va en contra de todos los conceptos norteamericanos, tener un programa de enseñanza bilingüe abiertamente encaminado a preservar el idioma materno de los hijos de inmigrantes y no darles un nivel adecuado en el dominio del idioma inglés para que puedan acudir al mercado laboral y participar en el mismo».

El día 5 de mayo de 1985 el congresista estatal Grover Robinson, de Pensacola, presentó un proyecto de ley que hacia al inglés el idioma oficial de Florida. Influenciado por el llamado *Cuban Caucus*, como así era conocido el grupo de congresistas de origen cubano, el Subcomité de Justicia lo rechazó, obligando con ello, de acuerdo con la ley, a una recogida de 342,939 firmas de electores registrados para someter una enmienda constitucional que fuese aprobada o rechazada por los floridanos en las elecciones que tendrían lugar en noviembre de 1988. Deduciendo inteligentemente que la oficialización del inglés era un primer paso que se daba conducente a la asimilación en *el melting-pot* que acrisolaría la inmigración, la congresista estatal, Ileana Ros-Lehtinen, cubana naturalizada, publicó en Diario Las Américas, el día 3 de noviembre de 1985 un artículo intitulado *No a la Asimilación*, en que se suscribía a John Dewey y su teoría educacional con las siguientes palabras:

«*Dewey deseaba el contacto cultural, no la separación cultural, y valoraba la cultura del inmigrante afirmando que la variedad es la sal de la vida y que la riqueza y el atractivo de las instituciones sociales dependen de la diversidad cultural entre las distintas enclaves*».

Además, la distinguida y respetadísima legisladora estatal afirmaba de su personal criterio: «*Antes que el Secretario de Educación, William J. Bennett continúe atacando la educación bilingüe debe, quizás, examinar su propia filosofía sobre cual es el papel de la escuela. Ese papel jamás ha sido la asimilación*».

La intervención extemporánea de la congresista estatal floridana Ros-Lehtinen interpelando al Secretario de Educación del Gabinete de Reagan, los dos republicanos como ella, afirmando que «*el papel de la escuela jamás ha sido la asimilación*» al tiempo que, de acuerdo con el título de su artículo se pronunciaba contraria a la asimilación del inmigrante al crisol de nacionalidades estadounidense dio lugar a que dos damas hebreo-americanas, Emily Shafer y Terry Robbins, se ampararan en la declaración del presidente Reagan, antes citada, para iniciar un movimiento político-electoral tendiente a demandar que la enseñanza primaria contuviese un programa de americanismo que instilase en el estudiante lo apropiado que era su asimilación al *American Way of Life* y no su apartamiento de éste. Calculando que la oficialización del inglés podía ser utilizada como arma auxiliar en su empeño, las dos igualmente distinguidas y respetadísimas activistas sociales dieron vida a la organización *Dade Americans United to Protect the English Language, Inc.*, cuyos afiliados se dieron ingentemente a la tarea de recolectar firmas que en número de 342,939 se necesitaban para someter la enmienda a la Constitución de Florida antes citada.

Coincidentemente, en Washington existía en funcionamiento una organización, de corte nacional, denominada *U.S. English* que asesoraba y financiaba a las que apoyaban en los distintos Estados la oficialización del inglés. Esta organización había sido fundada por el senador por California, S.I. Hayakawa, afamado lingüista, quien rehusaba la clasificación *niponésamericano*, reconoció como su filial en Florida a *Florida English*, presidida por el Dr. Mark La Porta, italo-americano. El texto de la moción presentada por *Florida English* para que fuera, si triunfadora, legalizada como la Enmienda 11 a la Constitución del Estado decía escueta y específicamente: (The Miami Herald, August 1, 1988.)

«*English is the official language of Florida. Establishes English as the official language of the State of Florida; enables the Legislature to implement this article by appropiate legislation*».

Mal intencionadamente, El Nuevo Herald, no publicó en su edición de ese día la traducción del texto de la Enmienda 11, que era:

«*El inglés es el idioma oficial de Florida. La Legislatura tendrá potestad de llevar a la práctica esta Sección mediante leyes apropiadas.* (Diario Las Americas, Mayo 6, 1988)

No escarmentados por la derrota que sufrieron en el caso de los amotinados criminales de Oakdale y Atlanta, muchos de sus defensores desacreditados que formaron filas con los divulgadores de *Mariel Injustice* volvieron a las andadas de difamar a quienes se les oponían y a juntarse en el propósito de triunfar con malas artes. Comenzaron por divulgar la insidiosa especie de que constituían una congregación hispanista en Florida que estaba opuesta a la implantación de *English Only* que representaba el racismo y la discriminación contra los hispanos. Mentían cínicamente a sabiendas porque trastrocaban *Official English* en *English Only* y se llamaban hispanos también a sabiendas que tal denominación no era otra cosa que un gentilicio aplicado a todos los hispano parlantes y que ellos, altaneramente aclaraban, cuando se les preguntaba si eran hispanos, «*que no eran tal cosa, si no cubanos*». Dieron vida artificial a una festinada agrupación que titularon *English Plus* carente de un programa que indicase sus ideales pero si su propósito de fomentar el voto negativo tan utilizado por conveniente en su país de origen o del cual descendían. Y olvidadizos de que cuando allí residían su apoyo a leyes de extranjería lindaba en la xenofobia.

Mientras tanto, dentro de los cuadros dirigentes de la Legión Americana se corrían los trámites para llevar a su Convención Nacional, que tendría lugar en Louisville (Kentucky) en el mes de septiembre. De acuerdo con el Reglamento, para que una Resolución favoreciendo que el idioma inglés fuera el oficial de los Estados Unidos, aprobada en la Convención Nacional debía seguir el siguiente proceso; la Comisión de Americanismo de un Puesto tenía que lograr la aprobación de sus miembros al texto de la Resolución que debía ser presentada ante la Comisión de Americanismo de un Departamento (Estado de la Unión) y si era allí aprobada, trasladada a la Convención Nacional de los Departamentos donde la Comisión Nacional de Americanismo la estudiaría y si la aprobaba se convertiría en parte de su Reglamento Constitucional. Siguiendo paso a paso el procedimiento relatado, el Puesto No. 1, *Howard F. Anderson,* de La Habana, Cuba (Exilio) dio poder a su Comandante para que redactara un memorándum explicativo del por que su Comisión de Americanismo apoyaba la Enmienda 11 y solicitaba que la Legión Americana, basada en sus argumentos, considerase el apoyar la oficialización del inglés en lo estatal y lo federal. El texto del memorandum, que luego fue de público conocimiento, expresaba:

«La Comisión de Americanismo cree en que al efectuar el Juramento de Lealtad al país y a su bandera en el momento de recibir su carta de Ciudadanía americana ante un Juez Federal el antaño inmigrante deja de ser un Polaco, un Cubano, un Chino, etcétera, y con mucha honra pasa a ser un ciudadano americano 100% con todos los derechos y deberes de tal y equiparado por ello a un nativo. Adquiere el derecho a ostentar un pasaporte americano y a ejercer el voto en elecciones municipales, estatales y nacionales. En el juramento que prestó, voluntariamente afirmó que «totalmente renunciaba y abjuraba toda obediencia y fidelidad a cualquier príncipe extranjero, potentado, estado o soberanía y particularmente al país de que hasta entonces había sido un súbdito o ciudadano, que juraba ante Dios apoyar y defender la Constitución y las leyes de los Estados Unidos y que aceptaba esta obligación libremente y sin reservas mentales ni propósitos de evadirla. Una nación bajo Dios, indivisible, con libertad y justicia para todos». Cree la Legión Americana que las distintas denominaciones de Cubano-americano, Afro-americano, Asiático-americano, etcétera, son simples metáforas literarias, términos antropológicos o interesadas clasificacio-

nes de índole política o económica. Cree la Legión Americana en que el inmigrante debe honrar su ancestro pero no esgrimirlo como una cimitarra, una vez convertido en ciudadano americano, para mantener vigente estructuras sociales y políticas ajenas a las del país que lo acogió generosamente cuando en su país de origen sufría penurias económicas, carencia de oportunidades de progresar, o persecución policial política. Ejemplo vivo de lo precedente son los millones de inmigrantes, refugiados políticos y extranjeros indocumentados que aquí viven y los otros millones que en todo el orbe aspiran tener la oportunidad de residir en la nación que es el hogar del bravo y la tierra del libre, a realizar el sueño americano y despertar de la pesadilla de su tierra natal.

«La Comisión de Americanismo cree que el camino a la vida, la libertad y el logro de la felicidad, derechos naturales del ser humano, lo encuentra el inmigrante mediante su educación cívica en el sistema americano de gobierno con el consentimiento de los gobernados y en su fundirse en ese crisol de nacionalidades que son los Estados Unidos de América sin que por ello se le obligue a renegar de sus raíces extranjeras, ni a dejar de venerar su ancestrales lenguajes y costumbres y practicarlas en la santidad de su hogar, sus organizaciones patrióticas legalmente constituidas, ni impedirle reclamar justicia y ayuda para su nativo terruño cuando en él la democracia sea derogada por una dictadura o una tiranía. La Comisión de Americanismo cree que el conocimiento de los fundamentales principios que son la base de nuestra libertad y nuestra independencia debe ser adquirido por toda persona que disfrute el privilegio de residir en los Estados Unidos y en especial en los inmigrantes cuya meta es el hacerse ciudadanos americanos. La Comisión de Americanismo cree que el conocimiento de esos fundamentales principios y la fe en ellos inculcará en el inmigrante un sentimiento de obligación individual a la comunidad, el estado y la nación y la comprensión de que en América el poder supremo y la autoridad corresponden a los ciudadanos que con su voto expresan su voluntad por medio de representantes y senadores a nivel nacional y de comisionados o concejales a nivel estatal o municipal que actúan ajustándose a la Constitución y a las interpretaciones que de ella haga la Corte Suprema de Justicia. Ellos aprenderán, como nosotros, que la

Constitución es un documento vivo, creciente que lleva en sí el método para su reforma y cambios gubernamentales que la ciudadanía estime necesarios o deseables en forma de estar al día con el progreso de la nación y ordenadamente efectuar cambios sociales, políticos y económicos bien lejos de la fuerza, la violencia y el atizar el fuego de pasiones que dividan y degraden la sociedad. Hombres y mujeres de la Legión Americana que en una precisa hora combatieron en guerras extranjeras lo hicieron para que el derecho primara sobre la fuerza. Las armas de fuego de la guerra han sido cambiadas por las armas de la paz que son la Constitución, las leyes y el voto.

«*La Comisión de Americanismo cree que para el inmigrante en América el conocimiento y uso del idioma inglés es de capital importancia. El hablar, leer y escribir el inglés es el catalizador de ese crisol de nacionalidades que son los Estados Unidos. Todos los fondos federales o estatales que se requieran deben ser dedicados a esa noble tarea. El inglés debe ser enseñado al inmigrante como primer idioma y no como segundo al suyo natal. La educación del niño inmigrante, analfabeto o no, debe ser del tipo de «inmersión» y no de «continuación» como se proyectan nuestros distinguidos opositores. El adulto debe ser beneficiario de una enseñanza práctica intensiva del inglés dentro de los parámetros de su previa función artesanal o profesional para que en el menor tiempo posible se integre productivamente en su nueva sociedad y lo libere de la dependencia, manipulación o tutela de autotitulados campeones de minorías étnicas o lingüísticas que retrasan su desarrollo ciudadano. Incitar al inmigrante a concentrarse en barrios o ghettos perpetuando una estructura etnicista marginal es condenarlos cruelmente a una existencia precaria, similar a la que les forzó abandonar su país. Exacerbar pasiones utilizando errores de política exterior para fomentar divisiones dentro de la integral sociedad americana es un crimen. Tergiversar el patriotismo de ciudadanos americanos nacidos en el extranjero es mas abominable que el disputar el del nativo. Mostrarse desagradecidos de la tierra que les dio abrigo cuando la suya los obligó a buscar la libertad y la prosperidad allende fronteras y mares es imperdonable. Derramar lágrimas de cocodrilo por la integridad de América al tiempo que se trata de socavarla internacionalizando su sociedad, pretendiendo convertirla en una Torre de Babel, así como atentando contra su integridad transformándola en una aglomeración minoritaria de múltiples extranjerías es simplemente execrable.*

«Tales actividades divisionistas y perniciosas no son desconocidas de la Legión Americana. El utilizar minorías vulnerables a la patriotería y la demagogia con el propósito de utilizarlas como grupos de poder político asomó durante el conflicto de Viet-Nam. En el lejano oeste Reyes Tijerina, «Corky» González y «La Raza Unida» fraguaron «La República de Aztlán» que demandaba la segregación de los antiguos territorios mejicanos, el repudio del tratado Guadalupe-Hidalgo y la imposición del idioma español y de leyes retroactivas. Stokely Carmichael, Robert Williams, y Donald DeFreeze, entre otros, exigían la creación de una república negra, miles de millones de dólares como recompensa a la esclavitud de sus antecesores y el uso del swahilli africano como lenguaje. Los primeros bajo la guisa de «Poder Carmelita» y los segundos de «Poder Negro». Desde entonces la Legión Americana, por medio de su Comisión de Americanismo, ha luchado por conservar intacta la integridad territorial, la integridad idiomática y la integridad social de los Estados Unidos. Y lo hace dentro del marco de la Constitución y la Ley y mediante el voto mayoritario de sus ciudadanos. Por eso apoya decididamente la Enmienda número 11 a la Constitución de la Florida en todos sus alcances a través de la legislatura en Tallahassee.

El día 22 de marzo de 1988 durante el escuchadísimo programa radial de Fernando Penabaz el Comisionado Jorge Valdés inició la guerra contra *Official English* calificando con los mas soeces epítetos a sus propugnadores. Penabaz no solamente lo secundó en su diatriba si no que negó a El Autor el derecho de réplica. Inmediatamente, las llamadas hispánicas radioemisoras WAQI (Radio Mambí), WQBA (La Cubanísima) y WRHC (Cadena Azul) y las televisoras Canales 20, 23, 40 y 51 brindaron sus micrófonos y sus cámaras a quienes se pronunciaban por *English Plus*. Se hace aquí necesario aclarar que *English Plus* no era ni una moción opuesta a la que aparecía en la boleta electoral ni un proyecto de ley sometido a la Legislatura. Era solamente un lema publicitario engañoso destinado, sofísticamente, a hacer creer a los electores que al votar contra *Official English* se votaba a favor de *English Plus*. Estos muñidores electorales, copia-carbón de los de la Isla, desde Estrada Palma hasta Fidel Castro, calculaban que de esa aviesa forma lavarían el cerebro de miles de ingenuos, o ignorantes, que caerían en sus redes pescadoras de incautos. Ni tardío ni perezoso El Autor repitió la exigencia presentada cuando el caso de *Mariel Injustice* y obtuvo de The Miami Herald y El Nuevo Herald que en sus ediciones especiales del día 4 de julio 1988, fecha patriotica máxima en los Estados Unidos, se publicara en la sección *Viewpoints* del primero y en la sección *Tribuna* del segundo su artículo que impactó profundamente a los lectores. Tanto así que decidió el triunfo arrollador de la Enmienda 11. Leamos, pues:

Un sí al inglés oficial

Uno de los más importantes programas educacionales de la Legión Americana se relaciona con el americanismo como base de la instrucción cívica del inmigrante en su camino hacia la adquisición de la ciudadanía americana. Este programa enfatiza la verdad de que Estados Unidos se creó para unir su sociedad mediante las pasiones que exaltan y ennoblecen y no las que separan y envilecen. Estados Unidos se reconoce mundialmente como la tierra de promisión para el inmigrante económico y de abrigo para el refugiado político. Estados Unidos es el único país que jamás ha tenido que avergonzarse de que alguno de sus ciudadanos haya sido, o sea, un emigrante económico o un legítimo perseguido político. Como consecuencia de su humanitarismo, Estados Unidos es un crisol de nacionalidades donde se unen los diversos grupos étnicos mediante la educación, la solidaridad social, el agradecimiento y la participación activa en su devenir histórico.

La democracia norteamericana, por dos siglos, ha sobrevivido sus conflictos internos y externos y mantenido incólume sus instituciones en tanto que las de múltiples países se han desmoronado. La inmigración que de corazón y no por conveniencia ha hecho de Estados Unidos su nuevo y verdadero hogar, sin renegar de sus raíces extranjeras, es el más fuerte defensor que ha tenido y tiene. Prueba de ello son los nombres de origen extranjero que se leen en las tumbas de los cementerios militares en Estados Unidos y en ultramar y en el muro erigido en Washington en honor de los caídos en Vietnam, así como en los registros de afiliados a la Legión Americana, los Veteranos de Guerras Extranjeras y otras organizaciones de ex combatientes. Porque quien ofrece su vida, el bienestar familiar, la fortuna y la salud en aras de su patria adoptiva, está dando pruebas del más legítimo patriotismo, más puro aún que el del nativo a quien la ley obliga.

El vehículo esencial de la convivencia social para el inmigrante en Estados Unidos es el conocimiento y uso del idioma inglés. El dominio del inglés es de capital importancia para el inmigrante porque lo beneficiará al familiarizarlo con las leyes y la cultura de Estados Unidos, al tiempo que lo librará de la dependencia de autotitulados campeones de minorías étnicas que, con propósitos egoístas, atizan el fuego del descontento y el divisionismo.

Muchos inmigrantes desconocen el idioma inglés y debido a ello son atraídos hacia un aislamiento del grueso de la sociedad, y se hacinan en guetos y barrios que son fértiles campos de provecho para mercachifles, politiqueros y agitadores radiofónicos y periodísticos. Incitar al inmigrante y al refugiado político a perpetuar en la tierra del libre y el hogar del bravo, una nación bajo Dios, indivisible, como rezan el himno y el juramento de la bandera, una estructura etnicista marginal, es condenarlos cruelmente a una existencia precaria, similar a la que les obligó a abandonar su país. El espíritu del americanismo que propugna la Legión Americana consiste en alentar al inmigrante a que se enorgullezca de su origen, venere el recuerdo de su patria, sus tradiciones y conserve el uso de su lenguaje nativo, pero aconsejándole que esos privilegios no otorgan el derecho a socavar la sociedad integral norteamericana extranjerizándola o dividiéndola en sectores étnicos.

Un suceso que afecta a los inmigrantes de la Florida, en especial a los cubanos, es el intento de que el inglés sea el idioma oficial del estado, tras una consulta popular en las próximas elecciones de noviembre. Los patrocinadores de la medida del inglés como idioma oficial ejercen su derecho de ciudadanos norteamericanos al amparo de la Constitución, inspirándose en la noble idea de que, al igual que ocurrió en California, la oficialización del inglés impedirá la división demográfica de la Florida en sectores étnicos y lingüísticos, ahorrará millones de dólares al erario público, contribuirá a mejorar la educación pública y propiciará una inmigración selecta contraria a una infusión de incalificados laborales que puedan ser víctimas de la explotación. En ningún momento los partidarios de la medida se han pronunciado a favor del «English Only» ni han pretendido que se prohíba el uso del español en privado. Cuatrocientos mil votantes registrados han expresado, con sus firmas, su deseo de que la cuestión se ventile, al estilo norteamericano, mediante un referéndum.

Un grupo llamado «English Plus», dirigido por ciertos inmigrantes de origen cubano, tergiversa la cuestión y suele acusar a sus rivales de discriminación y racismo. Llegan al extremo de afirmar que sus adversarios ayudan al castrocomunismo. Se impone recordar a esos cubanos que la Constitución de 1940, que tanto defienden, determinó que el español era el idioma oficial de la República; que en todo colegio, público o privado, las asignaturas de Historia, Geografía, Literatura, Cívica y Constitución tenían que ser impartidas por cubanos nativos que usaran textos de autores cubanos por nacimiento; que las profesiones que requieran títulos tenían que ser ejercidas por nativos o naturalizados que hubiesen adquirido esa condición cinco años antes de su solicitud de ejercicio; que la inmigración se limitaba a personas que contribuyeran al interés económico nacional o a las necesidades sociales, y que solamente los nativos y los naturalizados con familia cubana tenían derecho a la preponderancia en el trabajo. Por una ley congresional se obligaba al extranjero a llevar un carnet que lo identificara como tal. ¿Por qué exigen aquí, sin méritos para ello, lo que allá negaban? ¿Piden limosna con escopeta? ¿Cuervos que sacan los ojos a sus criadores?

El Puesto No. 1, «Howard F. Anderson», de Cuba (en el exilio) de la Legión Americana, de acuerdo con el sistema de guía cívica y patriótica de la Comisión Nacional de Americanismo, en Indianápolis, Indiana, apoya la enmienda a la Constitución de la Florida que oficialice el inglés como lenguaje gubernamental a todos los niveles.

Nuestra lealtad a Estados Unidos y Cuba; nuestra hoja de servicios a nuestras patrias nativa y adoptiva, están abiertas a examen. La invectiva de los voceros de English Plus la consideramos como un «fotutazo» y no como una clarinada.

JOSÉ DUARTE OROPESA es comandante del Puesto No. 1, «Howard F. Anderson», de Cuba (en el exilio) de la Legión Americana.

'Use of English... contributes to citizenship'

One of the most important programs of The American Legion involves Americanism as a guide to the education of the foreign born on their road to American citizenship. This program emphasizes the fact that America was created to unite mankind by those passions that lift and ennoble and not by the passions that separate and debase.

America is universally regarded as the promised land for the economic immigrant and the haven for the political refugee. America is the only country in the world never to have the shame that one of its citizens is an economic emigrant or a genuine political outcast. Its humanitarianism and opening of arms to immigrants makes it a melting pot of nationalities whose unifying substance is their integration through education, social solidarity, gratitude, and active participation as citizens in the mainstream of homes, schools, business, shops, the armed forces, political parties, and government.

For two centuries, American democracy has overcome internal and external conflicts and kept intact its institutions while those of other countries have decayed. Immigrant America, which wholeheartedly has made of it a true new home without forsaking foreign-born roots, is its most gallant defender.

Proof of this are the names of foreign extraction inscribed on tombstones of military cemeteries in America and overseas and in the Vietnam Memorial wall in Washington, D.C. They are also in the rosters of The American Legión, Veterans of Foreign Wars, and other veterans organizations. He who lays down his life, family welfare, fortune, and health for the cause of his adopted motherland, and does it voluntarily, shows pure patriotism.

For the immigrant in America, the knowledge and use of the English language is of paramount importance. This is not only because English is its mother tongue, but because it is today the language of international affairs, be they cultural, political, or economic. The power to speak, read, and write English is one of the greatest tools for a contented, prosperous life that the foreign born can have, and that they came over to achieve.

Not only is the knowledge of English beneficial to familiarize foreign-born illiterates with the laws of the land and its customs, ideals, and habits, but it will make them more self-reliant, more able to cope with American city life. Moreover, it will contribute to the development of patriotism and citizenship while liberating them from their dependency on self-serving opportunists and agitators who pose as their champions for no other reason than personal or political profit.

Quite a few of our foreign born are illiterate in the English language. Due to this liability, many of them are attracted to an environment that isolates them from the mainstream of America's society. There they fall prey to a scheme of chauvinism and Anglophobia devised by certain politicians, newsmen, and radio and television commentators of the Hispanic media. These generate in them a ghetto mentality and comportment that is not only alienating, but also makes them victims of resentment and hostility by other members of the community.

The purpose of more than 400,000 Floridians in bringing the question of Official English to a referendum in November is to prevent the Sunshine State from becoming a copy of Swiss cantons or maverick states within state, to save billions of dollars for taxpayers, to strive for reform in labor or hiring procedures that are harmful to monolingual Americans, and to increase and perfect the teaching of English to immigrants. At no time whatsoever have they referred to «English Only», as unfairly charged by their opponents affiliated with the «English Plus» movement. Those opponents, through the Hispanic media, use such slandering insults as «shameless racists», «discriminating rednecks», «envious pygmies», «secret members of the Ku Klux Klan», and even «Castro's instruments» against the sponsors of «Official English».

Since, unfortunately, the leaders of «English Plus» are mostly immigrant Cubans pretending to be political refugees, we are forced to refresh their memory with the following facts that are unknown generally by the people of Florida:

The Cuban Constitution of 1940, which they heartily glorify, made Spanish the official language of the Republic. In all schools, public or private, subjects such as history, geography, literature, civics, and constitution were to be taught exclusively by native Cubans using textbooks written by native Cubans. Immigration was limited to people who would contribute to the national economic interest and to social necessities. Foreigners had to carry at all times an identity card. The use of foreign languages was prohibited in naming schools, businesses, places of recreation, and means of transportation.

Why, then, demand of Florida what was denied to Americans in Cuba? Are they asking alms with a shotgun? When they swore allegiance to the Constitution and the flag upon becoming American citizens, was it fallacy? perjury? convenience? or an honest, patriotic pledge?

The Havana, Cuba, Post No. 1., «Howard F. Anderson», of The American Legion (in exile), in accordance with the guidance of The National Americanism Commission in Indianapolis, Indiana, supports the proposed amendment to the Florida Constitution that will make English the official language of government at all levels.

Jose Duarte Oropesa is commander of the Havana, Cuba, Post No. 1, «Howard F. Anderson», of The American Legion (in exile.)

El día 14 de julio el Departamento de New York de la Legión Americana durante su Convención en Niagara Falls aprobó su Resolución 21 relativa a la legalización del idioma inglés utilizando los razonamientos presentados en el memorándum del Puesto de Cuba en el Exilio y acordó remitirla a la Convención Nacional a celebrarse en Louisville en el próximo mes de septiembre exponiendo: *«Resolvemos que la aprobación de enmiendas constitucionales en los niveles estatales y federales que hagan del idioma inglés el lenguaje oficial en todos los grados del gobierno sea aprobada por la Convención Nacional».* Presentada la Resolución, aprobada por el Departamento de New York, fue defendida en Louisville por el Dirigente Nacional de la Comisión de Americanismo, Robert Turner. Sin una opinión contraria, la septuagésima Convención Nacional aprobó su Resolución 491 que decretaba: *«La Legión Americana apoya la legislación que haga el inglés el lenguaje oficial de los Estados Unidos».* (The American Legion, Office of Archives, Indianapolis, Indiana.)

Cuando se hizo de público conocimiento que la Legión Americana apoyaba la oficialización del idioma inglés en Florida, el pánico cundió entre los embaucadores de *English Plus* que comprendieron que su cercana batalla con el veteranismo estaba perdida y que un intento de desacreditar el nacionalismo cubano-americano de El Autor los conduciría a los tribunales de Justicia acusados de difamación de persona (character assesination.) Si el delito era comprobado la sanción implicaría un resarcimiento económico al perjudicado de inimaginable cantidad. Pero no cejaron en el empeño y acudiendo una vez mas a sus malicias capitalistas y a su bien provista bolsa, anunciaron en Diario Las Américas, el día 11 de agosto de 1988 la creación de una entente que integraría una coalición de organizaciones hispanoamericanas que se opondría a *Official English*. Su resumida intención la copiamos seguidamente:

«Una nueva organización llamada Speak Up for Florida Now (SUNFF), integrada por estadounidenses, se acaba de formar con el objeto de combatir la enmienda que oficializaría al idioma inglés en el Estado de Florida. El Dr. Luis Botifoll, presidente de la Junta Directiva del Republic National Bank dijo que el esfuerzo de aunar a la antigua organización English Plus, integrada por hispanos, con la nueva organización SUNFF era una buena medida para combatir la enmienda que haría del inglés el idioma oficial, afectando no solo a los hispanos sino a toda Florida en general. Los directores de esta nueva organización son Ambler Moss, ex-embajador de Estados Unidos en Panamá; Mark Freddman, director regional del Congreso de Judíos Americanos y el abogado Parker D. Thompson. El Dr. Botifoll dijo que consideraba positiva la unión de SUNFF y English Plus para así evitar dañar la imagen internacional de nuestro Estado, que podría dar a entender que existe un repudio por todos los hispanos. Aunque ambos grupos trabajarán juntos, el English Plus concentrará sus esfuerzos en el Condado de Dade, particularmente entre todos los hispanos, mientras que SUNFF buscará apoyo entre los estadounidenses del resto del Estado».

A partir de agosto, y hasta noviembre de 1988, fueron anunciadas como afiliadas a *English Plus* y SUNFF las siguientes organizaciones y personajes: SALAD (Spanish-American League Against Discrimination); LULAC (League of United Latin American Citizens); ACLU (American Civil Liberties Union); MALDEF (Mexican-American Defense League); GMU (Greater Miami United); CAMACOL (Cámara de Comercio Latinoamericana); AHIE (Asociación Internacional de Hombres de Empresas); The Miami Herald; El Nuevo Herald; The Miami News; Colegio de Abogados Cubanoamericanos; Obispos de la Iglesia Católica en Miami; las radioemisoras hispánicas WAQI, WQBA, WRHC y WCON; las televisoras Canales 20, 23, 40 y 51; los Municipios de Cuba en Exilio; los alcaldes Xavier Suárez (Miami), Pedro Reboredo (West Miami), Raúl Martínez (Hialeah) e Isidoro Cuevas (Sweetwater); la Universidad Internacional de Florida y los señores Roberto Suárez de Cárdenas, Alberto A. Vilar, José Manresa, Lisandro Pérez, Manfred Rosenow, Max Castro, Miguel González Pando, Juan J. Alberti, Vanesa García-Serra, Leonor Gordon, Fausto Gómez, Natacha Millán, Osvaldo Soto, Manolo Reyes, Carlos Salcines, Dámaso Santana, Feliciano Feria, Ángel Cuadra, Tulio Díaz Rivera, Octavio Jordán, Armando González, Xavier Souto, Carlos Valdés, Manuel Arqués, Armando Alejandre, Aurelio Torrente, Dorothy Gaiter, Antonio Jorge, Ramón Grau Alsina, Agustín García, Arnhilda Badía, Andrés Vargas Gómez, Dick Capen, Guarioné Díaz, Alejandro Portes, Ramón Iglesias, Leonel de la Cuesta, René Rojas, Roberto Canino, José García Lara, Gilberto Carrillo, Modesto Maidique y Ricardo Riaño Jauma.

El día 8 de octubre de 1988, un mes justo antes del día de las elecciones, el alcalde de Miami, Xavier Suárez, anunció oficialmente su apoyo a *English Plus* y entregó a sus dirigentes, Osvaldo Soto, Carlos Salcines y Vanessa García-Serra una Proclamación designando esa fecha como *Día del English Plus* con la presencia solidaria del Colegio de Contadores y la Latin Builders Association. El siguiente día 12, John Weber, abogado a sueldo del Republic National Bank y director ejecutivo de SUNFF, presentó un recurso judicial en la Corte Federal del Distrito Sur, en Miami, a nombre de Pedro Delgado, Elia Gregorio, Marcelo Llanes y Marta R. Torres, ciudadanos americanos, demandando la eliminación de la boleta electoral la consulta sobre la Enmienda 11, alegando que no conocían el idioma inglés, lo cual les había impedido participar en el proceso de recogida de firmas que puso en la boleta la consulta sobre la propuesta Enmienda 11. El día 24 el juez federal, James W. Kehoe, dictaminó que la Enmienda 11 permanecería en la boleta porque estaba amparada por la Primera Enmienda de la Constitución de Estados Unidos que garantizaba la libertad de expresión. La sentencia fusiló el leguleyismo puesto en práctica por los alegres compadres de Luis Botifoll, Osvaldo Soto y John Weber.

Mientras todo lo precedente ocurría, dentro de los cuadros dirigentes de la campaña de *Florida English* se producía una crisis porque se conoció en Washington que el Dr. John Tanton, de Michigan, había escrito, dos años atrás, un memorándum considerado denigrante para los hispanos, donde decía que los inmigrantes hispanos ponían en peligro el poder de los anglos y que tendían a ser corruptos. Tanton era el presidente de la Junta Ejecutiva de *U.S. English*, el motor impulsador de *Florida English* y su aliada *Dade Americans United to Protect the English Language*. Linda Chávez, Presidenta de *U.S. English* y Walter Cronkite, Asesor, obligaron a Tanton a renunciar a su cargo bajo amenaza de hacerlo ellos si aquel no lo hacía. Mark La Porta y Terry Robbins tuvieron que aguantar el cúmulo de insultos que le endilgaron sus enemigos de *English Plus* por causa de lo expresado por Tanton. No lo hicieron así con la campaña de *Official English* de la Legion Americana porque era independiente de *Florida English* ya que Mark La Porta accedió a no participar en Miami-Dade que quedó totalmente a cargo del delegado de la Comisión de Americanismo de la Legión, que era El Autor. El resultado del referéndum efectuado, teniendo como vehículo las elecciones que ganaron, en lo nacional, la Presidencia y Vicepresidencia a los candidatos del Partido Republicano George Bush y Dan Quayle, fue una apabullante victoria de *Official English*. Todos los 67 Condados de Florida votaron a su favor en mayoría de 83% y en especial Miami-Dade, alegadamente un bastión hispánico, fue ganado por una votación de 66% contra 34%. El desglose de ese 66% arrojó que el 56% fue del llamado voto hispánico que vanidosamente reclamaban para si, totalmente, los vocingleros heraldos de *English Plus*. El prestigio de la Legión Americana y la incomensurable labor proselitista llevada a cabo por las damas de su Comisión de Auxiliares en todo el Estado, silenció el bembeteo insultante de los guapetones, masculinos y femeninos, de los coalicionistas de *English Plus* ya enumerados. Todavía, el tarambana de John Weber tuvo el descaro de amenazar que acudiría a los tribunales para, según dijo: *«Encaminaremos nuestra lucha en Tallahassee y en las Cortes para prevenir que los derechos de los hispanos sean violados por esta peligrosa enmienda»*. Esta bravata fue seguida el día 10 de noviembre por otra en que informaba que se utilizaría el lobbysmo[139] para tener control sobre la implementación de las leyes que afectarían la Enmienda 11. A su vez, el legislador estatal Roberto Casas entrevistado televisivamente expresó: *«El Presidente de la Cámara, Tom*

---

[139] Camarilla de cabilderos.

Gufstafson, debe su cargo a los legisladores cubanos y se ha comprometido con ellos a engavetar durante dos años, en Sub-Comités, todo lo que venga en esa dirección». Añadieron a esa advertencia el Dr. Modesto Maidique, Rector de la Universidad Internacional de Florida y la Senadora estatal Ileana Ros-Lehtinen en El Nuevo Herald el día 10 de noviembre de 1988:

«Yo creo que los proyectos de ley que fueran perjudiciales para los intereses hispanos encontrarían la fuerte oposición de los legisladores del sur de Florida, especialmente del pujante «caucus» cubanoamericano que ahora cuenta con siete miembros en la Legislatura». (Maidique)

«La aprobación de esta Emnienda presentará un reto a la Legislatura en este período de sesiones y en los próximos. Los líderes de la Cámara y del Senado han prometido cooperar con los legisladores hispanos para asegurar que esta medida no tenga una repercusión negativa sobre las personas de nuestra etnia. Yo me esforzaré para conseguir que no se eliminen los exámenes estatales que se ofrecen en español». (Ros-Lehtinen.)

Efectivamente, esos vaticinios ominosos se cumplieron. Gozosamente toda la prensa hispana escrita, radial y televisiva en Miami-Dade informó el día 21 de mayo de 1989 que Roberto Casas, Javier Souto e Ileana Ros-Lehtinen se habían pronunciado triunfalmente en el Senado Estatal contra el Proyecto de Ley 953, presentado por el Senador Bob Johnson, de Sarasota, que pedía implementar la Enmienda 11 aprobando que todos los documentos públicos emitidos por cualquier gobierno local, o el Estado, debían estar impresos en inglés. El cacareado triunfo consistió en que se remitió a Sub-Comités ese proyecto de ley para que fuera estudiado y luego recomendado, o no, al Pleno Senatorial, sin fijación de fecha término. Allí, engavetado, duerme el sueño de Rip-Van-Winkle. La mecánica partidista y los intereses hispanos mencionados por Maidique se burlaron de la supermayoritaria voluntad de los electores floridanos. Punto.

XXV

Andrés Reynaldo y El Sueño Americano. La brecha cultural hispano-americana. Convicciones nacionalistas. Política exterior americana equivocada. Confesiones del general Smedly Butler y el embajador Earl T. Smith. Obligaciones nacionalistas en Cuba y el extranjero. Fin de la guerra en Angola. El acuerdo bilateral Cuba-Angola y el tripartito Cuba-Angola-Suráfrica. Los beneficiados y los perjudicados. Simetría extremista Castro-Mas Canosa.

En esta lucha solitaria y casi quijotesca de El Autor contra los contrarios a la asimilación del inmigrante a la sociedad integral americana, que se valían del azuzamiento de bajas pasiones étnicas para lucir campeones de los derechos civiles de aquellos, afortunadamente no estuvo solo como siempre antes. Un joven periodista de origen cubano, Andrés Reynaldo, tuvo el coraje tremendo de enfrentarse a los partidarios de la asimilación reversiva en un artículo publicado en El Nuevo Herald el día 9 de diciembre de 1988, sin conexión con El Autor, que gana páginas de honor en este Tomo V. Leámoslo:

El sueño americano

Un viejo caballo de batalla de la izquierda latinoamericana (y a veces de la derecha) es la discriminación de los latinos en Estados Unidos.

La sociedad norteamericana es la formación etnográfica más heterogénea del planeta. Constitucionalmente, las minorías gozan de iguales derechos y oportunidades. En la década del 60, la lucha de los negros por sus derechos civiles reafirmó la inviolabilidad de las garantías de los grupos no sajones.

La discriminación en Estados Unidos no es institucional. Al contrario, la integración institucionalizada ha disminuido las tendencias discriminatorias.

Prestamos breve atención, sin embargo, a la discriminación en el seno de las minorías. Mexicanos, cubanos, puertorriqueños, argentinos, dominicanos, salvadoreños, venezolanos, colombianos, suelen discriminarse entre sí a menudo y hasta con violencia.

La discriminación entre latinos es una extrapolación de los «chauvinismos» locales. Todos sabemos –aunque nunca se dice– del cretino encarnizamiento con que al sur del río Bravo nos pasamos la vida echando pestes del vecino.

Nuestra xenofobia surge de complejos tan irrisorios como para irnos a la guerra por un partido de fútbol o caernos a machetazos para determinar si en su país o el mío se elaboran las mejores empanadas.

Cierto que en la civilizada Europa también florecen tales fobias; lo cual, lejos de disculpar nuestra aberración, agrava la de los europeos. Al menos en el viejo continente los motivos son discernibles. Es una soberbia creer que una nación sea' superior porque ha dado muchos premios Nobel. Pero basar la supremacía en la habilidad para freír chicharrones degenera en lo bufo.

El latino en Estados Unidos recibe unos derechos que ningún país latinoamericano concede a los extranjeros. Con frecuencia encuentra en la sociedad norteamericana las libertades, la tolerancia y el respeto que jamás disfrutó en su tierra. Sin condicionamientos políticos o morales. Las universidades y empresas norteamericanas cuentan en sus plantillas con cientos de intelectuales y funcionarios de Latinoamérica, exiliados por las dictaduras de derecha, que mantienen abiertas y militantes posturas antinorteamericanas. No pocos de ellos laboran intensamente en comités de agitación y organizaciones que se identifican con gobiernos enemigos de Estados Unidos.

El drama de los «espaldas mojadas» mexicanos y centroamericanos que cruzan la frontera del sur, ha sido explotado por los teóricos de la discriminación. Se habla de las ciudades suburbanas donde se hacinan los inmigrantes y de los maltratos que reciben de sus patronos. No se menciona que las redes de transporte, con su secuela de estafas y desapariciones, son principalmente un negocio de latinos. Tampoco se aclara que los braceros prefieren trabajar para patronos norteamericanos, porque los latinos pagamos menos, exigimos horarios medievales y los consideramos peor que a las herramientas.

A pesar de los pesares, la innegable marginación de esos inmigrantes dentro de la opulenta sociedad estadounidense les depara alimenta-

ción, asistencia médica y posibilidades de superación muy por encima de cuanto les ofrecen sus países de origen. Es en Estados Unidos donde por primera vez cuentan con sindicatos que defienden sus derechos y con una responsable infraestructura de servicios sociales.

De manera que es una perversión, desde el punto de vista sociológico, establecer que los abusos suceden al amparo de las leyes y con el consenso de la sociedad.

Otro aspecto tabú es nuestra hostilidad hacia la cultura norteamericana.

Resentimos el pragmatismo, la convicción utilitaria y la disciplina de los norteamericanos. Nos divide la concepción del trabajo, que es el motor de la cultura. Depositarios de una tradición señorial, nos sentimos rebajados cuando fregamos platos y limpiamos inodoros. Formados en sociedades irrealizadas, lastradas por el paternalismo demagógico y la intervención estatal en la esfera íntima, nos asustan las responsabilidades del libre albedrío.

Lamentablemente, el rechazo a la cultura norteamericana no tiene por contrapartida una afirmación de nuestros auténticos valores. La renuencia a comprender el mundo de los otros es un efecto de la incapacidad para afrontar el nuestro. Nos invaden porque nos evadimos. Nos quejamos de zozobrar en la periferia cuando, en realidad, nos diluimos en el limbo.

Ninguna nación ha desarrollado un esfuerzo constitucional y social comparable al de Estados Unidos para integrar a los inmigrantes latinoamericanos.

El apoyo e interés que Europa brinda a nuestra cultura no resiste el contraste con la cantidad de becas, cátedras, conferencias y subvenciones de todo género patrocinadas por fundaciones y organismos estadounidenses.

En este país existen personas y hasta grupos racistas; escorias del avance social que, aunque no pierdan virulencia, apenas hallan eco en publicaciones residuales e inteligencias desordenadas.

Contundente argumento contra la leyenda negra de una sociedad norteamericana reacia a admitirnos, son los millones de latinos que trabajan y triunfan en Estados Unidos, tanto en el área privada como en la pública.

Obreros, empresarios, almirantes, artistas, estudiantes, científicos o delincuentes, vivimos sin que nada nos detenga por no haber nacido en Ohio o tener la tez oscura.

No somos parias en una tierra enemiga. Somos beneficiarios de unos valores y oportunidades que en nuestros países no supimos construir. El sueño americano es el sueño de los laboriosos y los libres. Trabajar en libertad. He ahí la raíz de todos los derechos. Un sueño de mínimos riesgos y grandes recompensas.

Como era de esperarse, Andrés Reynaldo fue receptor de una invectiva que lo denostaba *como un cipayo y un lamebotas del gobierno americano*, en particular por los componentes de la Asociación Nacionalista Cubana y el Movimiento Nacionalista Cubano que lidereaban Felipe Rivero y los hermanos Ignacio y Guillermo Novo jóvenes de moral y valentía probadas pero emocionalmente intranquilos en su admiración por el pensamiento de la extrema derecha, ya pasada de moda, del falangismo, el nacional-socialismo y el fascismo, que consideraban como ejemplares ideologías y acciones anticomunistas[140]. Aprovechando la coyuntura, los fanáticos opositores del *melting pot* y la asimilación derrotados por *Official English* metieron su cuchareta glorificando el idioma español y defendiendo a brazo partido la no implementación de la Enmienda 11. El día 21 de abril de 1989 nuevamente les salió al paso, lanza en ristre, en El Nuevo Herald, el Autor con el siguiente artículo, que aclaraba y rectificaba la filosofía de John Dewey en relación a la enseñanza y el *American Way of Life* que, como había de suponerse, aumentó considerablemente la antipatía que le profesaban los campeones del exaltado hispanismo, o mas bien hispanería.

LA BRECHA CULTURAL HISPANO-AMERICANA
Por: José Duarte Oropesa

Al igual que ocurre a otros grupos de inmigrantes de procedencia europea y asiática, los llamados «hispanos» sufren el impacto del encuentro cultural con una sociedad cuyo fundamento fue, y aún es, el espíritu de frontera, el impulso dominador de la naturaleza, la valora-

---

[140] Ver Tomo IV, págs. 340, 367, 414, 567, 604, 614-15.

ción del éxito económico sobre el abolengo y la prosapia familiar, la tolerancia religiosa y política y la ausencia de una rígida política de inmigración. La filosofía americana –el pragmatismo de William James y John Dewey– cree que los hábitos morales y sociales dependen de los resultados prácticos que produzcan prosperidad al individuo y a la sociedad y que la validez del pensamiento se mide por la acción, positiva o negativa, que de él resulta. Los cambios en la moral y las costumbres se consideran necesarios para el mantenimiento progresivo del «American way of life» y ellos se logran mediante legislación apropiada después de grandes movilizaciones de la opinión pública que decantan en referéndums y/o reformas constitucionales nacionales o estatales. En definitiva, los Estados Unidos es un país de empresarios, tecnólogos, científicos, comerciantes; mecánicos y artesanos y no uno de humanistas, poetas, agricultores y obreros no especializados. No obstante su reconocido materialismo, en el orden humanitario los Estados Unidos se destaca por su constante ayuda a países necesitados aún cuando muchos de ellos son sus abiertos enemigos. Desde la Guerra de Secesión el balance de la sociología estadounidense arroja un saldo favorable en lo que se refiere a derechos civiles.

Las sociedades en los países de Iberoamérica incluyendo al Brasil así como los antillanos de habla inglesa o francesa han carecido de esa dinámica socio-económica que distingue a los Estados Unidos y los desequilibrios políticos constantes que los caracterizan no les ha permitido una estabilización y un progreso consecuente con sus recursos naturales y de ello se deriva el ansia migratoria de gran parte de sus habitantes desde el profesional hasta el obrero manual o agrícola que fija su meta en la entrada legal o ilegal en el país que determina en su Constitución el derecho innegable de sus ciudadanos y residentes legales a la vida, la libertad y el logro de la felicidad. En general, las sociedades al sur del río Bravo se distinguen por su estancamiento y afición a las artes, la música popular, las corridas de toros, las peleas de gallos, el balónpié y el beisból mas que al trabajo ingente y la industriosidad. Cierto es que puede afirmarse que dentro de ese cuadro sociológico sus miembros se consideran felices pero no es menos cierto que esa felicidad individual puede ser considerada como un escape a la realidad de su pobreza que, indudablemente, le prohíbe el disfrutar una existencia libre de endeudamientos con el casero o el patrón. El emigrante de esos países resiente el ser dicho estas verdades pero la realidad de su tragedia es indiscutible. O abandona, o es forzado a abandonar, su patria por causa de su miseria o por ser víctima de un régimen dictatorial o tiránico. Y las estadísticas demuestran que una vez establecido en los Estados Unidos, séase como residente legal o como ciudadano americano, tanto el profesional como el artesano regresa a su país como visitante y no como repatriado voluntario.

Tomando como ensayo a la comunidad cubana que ingresó masivamente en los Estados Unidos como consecuencia de la implantación del comunismo en la Isla ya que ella fue la precursora de la clasificación de «refugiados políticos» frente a la de «extranjeros indocumentados», podemos asegurar que la percepción usual del inmigrante hispano, jamaiquino o haitiano, debido a la conducta arrogante y desagradecida de sus autotitulados o reconocidos líderes hacia el país que caritativamente les abrió sus puertas, ha desmerecido ante los ojos de la inmensa mayoría de los ciudadanos, nativos o naturalizados, de los Estados Unidos. El mantenimiento a todo trance de las costumbres nativas que pugnan con las de este país así como su oposición a que el inglés sea el idioma oficial de Norteamérica; su defensa de los criminales y dementes venidos por el Mariel que incendiaran las prisiones de Oakdale y Atlanta y secuestraran a sus carceleros; sus insultos radiofónicos y periodísticos que van desde la Presidencia al Congreso al Departamento de Justicia y a los ciudadanos de origen hispano que califican de «cipayos» porque defienden la integridad territorial, social e idiomática, muchos de los cuales son veteranos de las Fuerzas Armadas americanas en sus guerras contra el totalitarismo fascista y comunista en Europa y Asia, todo ello unido a la agrupación de ciudadanos americanos de origen cubano electos congresistas estatales y comisionados municipales que declaran formar un bloque étnico de corte discriminatorio y racista «para defender los intereses de la comunidad hispana» como separada de las que componen la integral comunitaria abre y profundiza la brecha cultural hispano-americana provocada por quienes medran al socaire de un divisionismo abominable que es utilizado como ariete tanto para socavar los cimientos del «melting pot» que es los Estados Unidos como para perpetuar una maquinaria electoral fullera.

Este absurdo intento de lograr una «asimilación reversiva» por los exaltadores de un prepotente etnicismo hispánico y haitiano incrementando su aislamiento cultural del resto de la población tiene caracteres de demencia. Solo ha logrado su aplastante derrota en las consultas populares sobre Inglés Oficial en 17 estados de la Unión y de candidatos que han basado su campaña en esa premisa del voto hispano. El mas elocuente ejemplo lo dio la Florida cuando el pasado noviembre votó 87% contra 13% en el estado y 67% contra 33% en Dade County (que consideraban un baluarte hispánico-haitiano) favorable al Inglés Oficial. Una reciente sentencia de la Corte Suprema de Justicia revocó una decisión de un tribunal de California y sentenció ratificando una norma que exige a los empleados gubernamentales hablar solamente inglés en su trabajo y con ello propinando un golpe mortal a las aspiraciones del conjunto de entidades hispánicas que se coaligaron contra U.S. English y la Legión Americana en la Florida y en especial en Dade County y que contaron con el apoyo del Miami Herald y de la iglesia católica por mediación de sus Obispos.

Celébrese por todo lo alto el Día del Idioma Español, cántense loas a sus luminares y hónrese a los miembros de la Academia Norteamericana de la Lengua Española pero suprímase en las festividades la fiera retórica ofensiva a los Estados Unidos, sus instituciones y sus ciudadanos que solo contribuye a ensanchar y profundizar la brecha cultural hispano-americana que amenaza dividirnos irremisiblemente.

****

Las convicciones nacionalistas impulsan a los que defienden la integridad de la sociedad estadounidense, tanto los nativos como los naturalizados, a oponerse a la balcanización que proyectan las comunidades que esgrimen sus particulares etnias como un azadón para desraizarla. Ese pensamiento nacionalista que se aceptó como ineludible obligación cuando se prestó juramento al adoptarse la ciudadanía americana, como fue descrito en precedentes páginas, es la inspiración de la incansable lucha contra el capitalismo salvaje, doméstico o internacional, y el totalitarismo político o económico que representan las transnacionales imperialistas. El nacionalismo que defiende y protege el American Way of Life de sus extranjerizantes socavadores es el mismo que excecra la vacilante política exterior de Norteamérica para los pueblos al sur del Río Bravo y el Estrecho de Florida, política que es cobarde por naturaleza, oscura por vocación y confusa por procedimiento y que acabará haciéndonos pasto del enemigo común porque con razón debe perder la honra el que quiere tenerla entre aquellos a quienes sus vicios hacen verdaderamente infames y deshonrados, como son los reciclados comunistas cubanos o los impenitentes batistianos autores y fautores del cuartelazo del 10 de Marzo de 1952.

Desde su emancipación del coloniaje español, la América morena ha sufrido la ausencia de valores democráticos y ello ha coincidido con la condescendencia, o apoyo, a los dictadores de turno por parte de, con honrosas excepciones, los gobernantes de los Estados Unidos. Pensando tan solo en los intereses financieros, los jerarcas del State Department era tras era han contribuido a crear el antiamericanismo de que se aprovechan el comunismo y el fascismo para filtrarse en los movimientos nacionalistas y, luego del triunfo de las fuerzas democráticas populares, secuestrar el triunfo que produjo una lucha en la que apenas tomaron parte. La clásica y tradicional estrategia de los expertos en asuntos latinoamericanos del State Department y la Casa Blanca, aconsejados por hispanistas y cubanólogos, ha sido renegar a última hora de sus hombres fuertes, echarlos por la borda y tratar de ganarse a fuerza de dólares a los revolucionarios triunfantes. Si eso les fracasa, entonces enarbolan la bandera del anticomunismo, el peligro nacional que representa un gobierno marxista que ellos dejaron afianzarse y alientan o instigan a los luchadores por la libertad a enfrentarse a la cárcel o la muerte en defensa de la democracia aherrojada. Pero tan pronto como esos luchadores por la libertad representan un peligro a sus trapisondas diplomáticas y sus rejuegos secretos con el enemigo comunista, se echa sobre ellos toda la fuerza del aparato policíaco federal con el propósito de frenar sus entusiasmos libertadores y atemorizar a sus apoyadores. O fomentan organizaciones supuestamente respaldadas, para con ellas dividir al exilio y drenar su savia combativa. Ejemplos de ello fueron el Plan Torriente, el JURE y la presente Fundación Nacional Cubano Americana y su cabildeo en Washington.

El aserto nacionalista de que el capitalismo salvaje financiero norteamericano es la maldición del noble pueblo de Estados Unidos quedó expresado en las palabras del Mayor General de la Infantería de Marina, Smedley

Butler, quien en su biografía afirmó: *«Pasé 33 años en los Marines como un rufián muy bien pagado para los grandes negocios, los bancos y Wall Street. Ayudé a purificar Nicaragua en 1906-1912 para la casa internacional de Brown Brothers. Llevé la luz a la República Dominicana en 1916 para beneficio de los intereses azucareros americanos. Colaboré en hacer de Cuba y de Haití unos lugares decentes para el National City Bank. Ayudé en la rapiña de media docena de repúblicas bananeras en Centroamérica para provecho de Wall Street...»* Si la imposición de la Enmienda Platt en 1901 fue una ofensa a la República que nacía, fue aun mas terriblemente infame la confesión que hiciera el 30 de agosto de 1960 el embajador Earl T. Smith *(Cañabrava)*[141], ante la Subcomisión de Seguridad Interna del Congreso cuando respondió al Senador Eastland: *«Senador, déjeme explicarle que Estados Unidos era tan abrumadoramente influyente en Cuba que el embajador americano era allí la segunda persona en importancia y algunas veces aun mas importante que el propio presidente cubano...»*

No son, pues, canijos los resentimientos de los nacionalistas cubanos legítimos, anticomunistas y antifascistas, en la Isla esclava y en el Exilio decadente, contra la política exterior norteamericana sino algo mas que comprobado. El nacionalista cubano, en intramuros, debe estar totalmente en contra de la corrupción gubernamental, las dictaduras y las tiranías, el ingerencismo, el racismo, la politiquería y el militarismo. El nacionalista cubano naturalizado estadounidense debe ser un fiel cumplidor de la Constitución y las Leyes, respetador de las costumbres establecidas, estudioso de la historia del país, ejercer su derecho al voto libremente y no inducido fulleramente por los mercaderes electorales de su etnia, y cumplir rigurosamente lo preceptuado en el juramento que prestó al voluntariamente hacerse ciudadano americano. El nacionalismo es inherente al país en que se reside, tal como se siente en el predicado *«el hombre es donde se hace y no donde nace..»* El nacimiento conlleva legalmente la ciudadanía pero no compromete su cumplimiento como la que se prefirió conscientemente, a plenitud de honradez garantizada por fiadores-patrocinadores y respaldada por certificación

---

[141] Ver Tomo III, págs. 407, 410, 462-65, 496-97, 503, 505, 540, 551-52, 556, 558, 562, 565-66, 569, 571-72, 577 y Tomo IV, págs. 57-59, 126, 202.

de haberse instruido en un curso preparatorio de instrucción cívica y de residencia documentada.

La crisis político-económica generada en la Unión Soviética por las reformas introducidas por la perestroika y el glasnost repercutió dentro de la estructura del gobierno comunista cubano ya que sus ingresos recibidos de Moscú eran lentamente siendo restringidos, especialmente en lo que se refería a la subversión en Centro y Suramérica y la guerra activa y costosísima que Cuba sostenía en África, brutal pero no declarada. Suráfrica estaba siendo acorralada por el efectivo bloqueo económico decretado por la ONU y cumplimentado vigorosamente por Estados Unidos e Inglaterra que se veían presionadas por sus grandes sectores de etnias hindúes y africanas que profundamente resentían la racista política del Apartheid que a los ojos del mundo entero estaba agonizando, exactamente igual que el comunismo en Rusia. Las enormes y poderosas empresas transnacionales como la diamantífera DeBeers, la General Motors, Standard Oil, la Lloyds of London, etc., y las inversionistas de Rodhesia, Katanga, Kenya, etc., necesitaban desesperadamente el fin de la guerra que obstaculizaba su enriquecimiento y que amenazaba arruinarlas. Así como en la Unión Soviética su nueva dirigencia decidió abandonar la política expansionista que tanto le costaba, sus adversarios hegemónicos en el Sur de África se acercaron a Washington para les sirviera de intermediario, usando la ONU como cadena de transmisión, para materializar la necesitada paz africana similar a la obtenida cuando la crisis de los cohetes atómicos en Cuba en 1962[142]. Y ahora, como entonces, Fidel Castro sería soslayado y tendría que acomodarse a lo que decidieran las dos superpotencias mundiales. Su cruenta aventura africana, primero iniciada por *Che* Guevara y después personalmente por él mismo[143], fracasaría sin remedio. Pero, irónicamente, usaría su aparato publicitario desinformador para transmutar la derrota en una victoria. Que el populacho criollo aceptaría con aplausos pero que tendría una resaca terremótica dentro del Ejército y el MINFAR y sus esbirros de la SDE, como veremos mas adelante.

Puestos de acuerdo en terminar la guerra fría diplomática y la guerra caliente en África, Reagan y Gorbachev delegaron en sus respectivos

---

[142] Ver Tomo IV, págs. 376-91.

[143] Ibid. págs. 413-18, 620-24.

Secretarios de Estado, George Shultz y Eduard Shevardnadze el instruir al Secretario General de la ONU, Javier Pérez de Cuellar negociar en forma tripartita Cuba-Angola-Suráfrica, con la mediación de los Estados Unidos y el apoyo de la Unión Soviética, para llegar a un acuerdo que pusiera fin al conflicto en Angola e instrumentar la independencia de Namibia (África Suroccidental o SWAPO.) Después de múltiples vaivenes en que figuraron notablemente el Subsecretario de Estado americano, Chester Crocker; el Comisionado soviético Anatoli Adamishin; el presidente del Congo-Brazaville, Sassou N'Gueso; el presidente de la República de Cabo Verde, Arístides Pereira y el Comisionado de la ONU en Namibia, Jan Bernt Carlsson, el día 22 de diciembre de 1988 se firmó un convenio en New York, entre los gobiernos comunistas de Cuba y Angola que determinaba la retirada por etapas y total de las tropas internacionalistas cubanas en el territorio de la República Popular de Angola, que entraría en vigor a partir del momento de la firma de un Acuerdo Tripartito entre los gobiernos de la República Popular de Angola, la República de Cuba y la República de África del Sur, por la cantidad de 50,000 efectivos humanos militares. Este Acuerdo Bilateral fue firmado por los Cancilleres Isidoro Malmierca de Cuba y Alfonso Van Dunen de Angola y la presencia como observadores de los generales internacionalistas Abelardo Colomé Ibarra, Ulises Rosales del Toro, Leopoldo Cintra Frías, Pascual Martínez Gil, Ramón Espinosa Martín, Jesús Bermúdez Cutiño, Rubén Puente Ferro, Víctor Schueg Colás y Rafael Moracén Limonta y los miembros del Comité Central del Partido Comunista, Jorge Risquet, Rodolfo Puente Ferro y José Arbesú Fraga.

El texto del Acuerdo Tripartito especificaba las disposiciones siguientes: *1) Las partes solicitarán inmediatamente al Secretario General de la ONU que obtenga autorización del Consejo de Seguridad para iniciar la aplicación de este Acuerdo; 2) Todas las fuerzas militares de la República de Suráfrica se retirarán de Namibia; 3) De conformidad con las disposiciones del Consejo de Seguridad la República de Suráfrica y la República Popular de Angola cooperarán con el Secretario General para asegurar la independencia de Namibia mediante elecciones libres y justas, y se abstendrán de cualquier acción que pueda impedir la ejecución de la Resolución del CDS. Las partes respetarán la integridad territorial y la inviolabilidad de las fronteras de Namibia y asegurarán que sus territorios no serán utilizados por cualquier Estado, organización o persona en relación con actos de guerra, agresión o violencia contra la integridad territorial o la inviolabilidad de las fronteras de Namibia o cualquier otra acción que pueda impedir la ejecución de la Resolución del CDS; 4) La República Popular de Angola y la República de Cuba aplicarán el acuerdo bilateral firmado el mismo día de la firma del presente acuerdo, en el que se dispone el repliegue al norte y la retirada por etapas y total de las tropas cubanas del territorio de la República Popular de Angola y los arreglos alcanzados con el CDS para la verificación in situ de esa retirada; 5) De conformidad con sus obligaciones según la Carta de la ONU, las partes se abstendrán de la amenaza o el uso de la fuerza y asegurarán que sus respectivos territorios no sean utilizados por cualquier Estado, organización o persona en relación a actos de guerra, agresión o violencia contra la integridad territorial, la inviolabilidad de las fronteras o la independencia de cualquier Estado del suroeste de África; 6) Las partes respetarán el principio de la no injerencia en los asuntos internos de los Estados del suroeste de África; 7) Las partes cumplirán de buena fe todas las obligaciones asumidas en el presente acuerdo y resolverán mediante negociaciones y en espíritu de cooperación cualquier diferendo relativo a su interpretación o aplicación; 8) Este acuerdo entrará en vigor en el momento de su firma. Por la República Popular de Angola: Alfonso Van Dunem; Por la República de Cuba: Isidoro Malmierca; por la República de Suráfrica: Roeloff Botha. Firmado en New York, en triplicado en los idiomas español, portugués e inglés teniendo cada versión igual validez, el día 22 de diciembre de 1988.*

    Detrás de toda la palabrería retórica y diplomática contenida en los Acuerdos Bilateral y Tripartita se percibía claramente que Estados Unidos se beneficiaba porque la explotación petrolera de la Exxon, Gulf y Standard Oil en la provincia angolesa de Cabinda continuaría impertubada y Fidel Castro sería privado de los cientos de millones de dólares que recibía anualmente por la protección armada que daba a esas transnacionales[144]; Suráfrica se quitaría de encima el embargo y daría inicio a la liquidación del Apartheid reconociendo la legalidad del clandestino Congreso Nacional Africano

---

[144] Ver Tomo IV, pág. 626.

que lidereaba el preso Nelson Mandela; el gobierno comunista de Angola se reforzaría al ser reconocido como legítimo por la ONU y Rusia se desprendería del lastre económico-militar que era su sociedad con Cuba en los conflictos africanos y le ganaría mucho en aprecio estadounidense por su cooperación en el descrédito del marxismo-leninismo por vía de la perestroika y el glasnost. Los perjudicados eran Jonas Savimbi y Michael Hoare que, como aliados de Suráfrica en la guerra contra Angola comunista, quedaban ahora como unos malhechores si continuaban su brega solos. Hoare no era mas que un arriesgado y temerario soldado de fortuna pero el infortunado Savimbi, que en su lucha anticomunista se había identificado y aliado al régimen racista de Suráfrica, fue derrotado electoralmente cuando Angola aceptó el pluripartidismo años después. Sufrió la pena que sus compatriotas lo consideraban como un negro mercenario del Apartheid. Algo parecido a los *chapelgorris*, negros cubanos al servicio de España en la Guerra de Independencia que tanto odiaban los generales mambises Antonio Maceo, Roberto Bermúdez y Quintín Banderas[145]. Finalmente, la extrema izquierda socialista-comunista y la extrema derecha capitalista salvaje se atribuyeron lo alcanzado en los referidos acuerdos. Fidel Castro se arrogó el haber logrado que Suráfrica saliera de Angola y Namibia y que diera comienzo a la derogación del apartheid y se comprometiese a poner en libertad a Nelson Mandela; Jorge Mas Canosa se confirió el mérito de ser quien propició la firma de los acuerdos por su apoyo a Savimbi y el potencial cabildero en Washington de la FNCA. Es tan repugnante la tarea de relatar el cúmulo de desinformación publicado por sus tarifados amanuenses que El Autor se excusa de hacerlo y remite al lector a las fuentes documentales probatorias[146].

---

[145] Ver Tomo I, pág. 306.

[146] Néstor Suárez Feliu, obra citada y Granma, diciembre 23 de 1988.

XXVI

El Museo Cubano de Arte y Cultura. Su aceptada política de exhibiciones. La subasta conflictiva. José Juara y el cuadro de Mendive. Renuncia de Directores. Los sustitutos. El Comité de Rescate. Su declaración de propósitos. Contrarresto. La exposición retrospectiva de Amelia Peláez. Patrocinadores e invitantes. Impugnaciones mutuas de tono sectario. Confiscación de la galería de Cernuda. Pleito. Sentencia del Juez Federal Kenneth Ryskamp. Ilusión unitaria beatífica de Juan Manuel Salvat. Nuevas disputas. Celebración de elecciones. Triunfo de la candidatura oficial. Las relaciones Museo-Consejo Cubano por la Democracia y Comité de Rescate-Fundación Nacional Cubano Americana. Pleito Museo-Ciudad de Miami. Sentencia-remache del Juez Federal James Lawrence King.

Las distintas formas del arte, durante las dos primeras décadas del exilio, alcanzaron el máximo de popularidad en la farándula, el teatro, la música bailable, la coreografía, etc., ya que con ello el público consolaba su nostalgia. No era solamente en Miami que tenía lugar esa remembranza de la patria perdida sino que compañías teatrales y musicales viajaban a los distintos lugares en que residían comunidades cubanas a las que entretenían exitosamente[147]. Esta actividad artística como era viva establecía una relación simpática actores-público que era sumamente atractiva. No ocurría lo mismo con el arte pictórico por su condición contemplativa paisajista, bodegona y retratista que se prestaba solamente a exhibiciones en galerías, subastas y colecciones públicas o privadas. Naturalmente esto en lo que se refiere al clasicismo cuyo valor es prohibitivo para las clases sociales pobre y media en lo que se refiere a adquisiciones y que se conformaba con copias u obras de pintores noveles, tanto en la Isla pre-comunista como en el destierro. Todo eso tuvo su final al consagrarse el marxismo-leninismo y rapazmente apoderarse de toda la propiedad privada que, desde luego, incluía

---

[147] José Jorge Vila y Guillermo Zalamea, Exilio, AIP, Miami, 1967.

colecciones de obras de arte y del patrimonio nacional existentes en el Palacio de Bellas Artes y en museos y galerías provinciales y municipales. Afortunadamente, algunos de los desposeídos pudieron sacar al extranjero, clandestinamente, parte de sus valiosos cuadros, esculturas y orfebrería que o bien pusieron a la venta o guardaron celosamente. Las obras que fueron puestas en subasta ofrecían pruebas de legitimidad adquisitiva por sus propietarios.

La voz se corrió en Miami que en New York estaban siendo puestas a la venta o subastándose obras de arte procedentes de Cuba que eran de procedencia confiscatoria y entre ellas el servicio de mesa, de porcelana y oro emblemado con el escudo de la República, saqueado del Palacio Presidencial. En 1973 un prestigioso grupo de exiliados entre los que se contaban el Dr. Luis Botifoll y las Dras. Ofelia Tabares, Mignon Medrano, Rosa Abella, Ana Rosa Núñez y Elvira Dopico fundaron el Museo Cubano de Arte y Cultura que posteriormente, en 1975, inscribieron en Tallahassee como sociedad no lucrativa con el objetivo de conservar el patrimonio cultural cubano en el exilio. Hasta 1982, en que la alcaldía de Miami le concedió el uso de un edificio que había servido de cuartel de bomberos, el Museo había efectuado sus operaciones de recitales, exhibiciones de arte, etc., en bibliotecas, centros comunitarios, clubes sociales, etc. En 1985 el coleccionista nicaraguense, Avilés Ramirez residente en Paris, donó al Museo obras de Carlos Enríquez y Víctor Manuel sin problema alguno pero cuando en 1987 los herederos del crítico de arte, Rafael Casalins, regalaron al Museo su colección que incluía una pintura de Wilfredo Lam, reputado marxista-castrista, Mignon Medrano se opuso a su exhibición pero la mayoría de los Directores y Miembros votaron porque se pusiera a la vista. Además, establecieron como política que «*el Museo considera la libertad artística y cultural fundamental a su existencia*». Esta primera disensión entre los Directores y Miembros del Museo necesita la enumeración de ellos, como aparece impresa en su papel de carta en enero de 1987, para seguir sus pasos controversiales y cambiacasacas posteriormente, cualidad inherente en intelectuales retóricos no combatientes.

Presidente: Nunzio Mainieri; *Vicepresidentes*: Rosa M. Abella, Ramón Cernuda, Ofelia Tabares Fernandez; *Tesorero*: Raúl Cosculluela; *Secretario*: Iñaki Saizarbitoria; *Presidente Emérita*: Mignon Medrano; *Director Honorario*: Guillermo de Zéndegui; *Directora de Amigos del Museo*

Cubano: Mercy Díaz Miranda; *Director Ejecutivo*: Carlos M. Luis; *Consejero Legal*: José I. Astigarraga; *Fideicomisarios*: Mario Amiguet, Carlos Arboleya, Ramón y Yolanda Báez, Luis J. Botifoll, Andrés Candela, Jorge A. Coloma, Francisco J. Hernández, Sergio Fernández, Pedro Ramón López, Humberto López Iglesias, Reynaldo Madiedo, Modesto Maidique, Jorge Mas Canosa, Raúl F. Masvidal, Domingo Moreira, Arturo Munder, Hilda Perera Díaz, Teresa Saldise; *Miembros*: Emilio Alonso, Ana M. Álvarez, María E. Álvarez del Real, Mario R. Arellano, Fernando J. Armendi, Margarita Cano, José F. Castellanos, Félix Cruz Álvarez, Ana Rosa de Velasco, Frank Díaz Pou, Rolando Fernández, Luis Fernández Rocha, Dorita Feldenkreis, Miguel M. González, Willie González, Arnaldo Iglesias, Salvador Juncadella, Francisco H. Laurier, Alina Méndez Novaro, Carmen Martinez, Ildefonso R. Mas, José M. Morales Gómez, Ángel Moreno, Manuel I. Muñiz, Rene V. Murai, Eduardo Padrón, Matilde Ponce, Raúl Rodríguez, Margarita F. Ruiz, Juan Manuel Salvat, Rodolfo R. Sánchez, Eugenio Santiago, Dora Valdés Fauli, Enrique Viciana, Elena Zayas. Posteriormente, en abril y mayo de 1988, aparecen en Actas los nombres de Eloisa Lezama Lima, Roberto Oliva, Felipe Préstamo, Virgilio Beato, Haydee Ceballos, Juan Espinosa, Orlando González Esteva, Agustín de Goytisolo, Eric Maspons, María Elena y Marian Prio Tarrero y Eduardo Rodríguez. Y revelan la existencia de un organismo llamado *Nueva Generación* que reclama reconocimiento en los programas del Museo y que integran Eliana Domínguez, Carmen Franchi de Alfaro, Hilda Ana Álvarez, Roberto E. Domínguez, Jimmy Carmenate, Rolando Fernández, Justo Sánchez y Pedro Ramón López. Este grupúsculo creó un primer problema cuando pretendió que se aprobara su propuesta de llevar de conferencista a la filo-castrista María Cristina Herrera, destacada dialoguera especialmente repudiada por las ex-presas políticas cubanas por su defensa del régimen dictatorial que las encarcelara durante largos años y porque era colaboradora de la revista *Areíto* vocero de la infiltración pro-comunista en el exilio. La propuesta fue vigorosamente rechazada.

Un segundo gran problema se suscitó en abril de 1988 cuando Ramón Cernuda organizó una subasta de mas de 160 obras de pinturas antiguas, modernas y contemporáneas de artistas cubanos, que tendría lugar en el Museo y en el auditorium de la escuela Saints Peter and Paul con la condición de que del precio pagado por la obra ofertada en subasta el Museo recibiría donaciones del vendedor y del comprador de la obra, que fluctuarían del 20% al 35% del precio de venta. El plan entró en crisis cuando se supo que se subastarían pinturas de René Portocarrero, Carmelo González, Mariano Rodríguez y José M. Mijares fidelistas de patria o muerte, fundadores de la UNEAC y defensores a ultranza de lo establecido por Fidel Castro: *Dentro de la revolución todo, contra la revolución nada*[148]. Fueron incluidos pintores de conocida militancia marxista como Wilfredo Lam, Raúl Milián, Mirta Serra, Manuel Mendive y Raúl Martínez en el repudio. En la sesión en que se debatió censurar o aprobar la inclusión de obras de pintores controversiales se decidió repudiar la censura y efectuar la subasta. Un numeroso grupo de fundadores y miembros, cuyos nombres no fueron dados a conocer, se retiraron del Museo y lidereados por la combativa anticomunista y activista política, Dra. Margarita Ruiz, vertebraron un *Comité Pro-Rescate del Museo Cubano, Inc.* que movilizó la opinión pública en forma favorable a éste y contraria a quienes permanecieron en la Directiva alegando razonadamente que lo que correspondía hacer era quedarse y desde dentro luchar por los ideales que dieron vida al Museo. Motivados por los adversarios de la subasta, en los días previos a ésta, grandes números de protestadores celebraban vigilias alumbradas con velas frente al Museo gritando improperios anticomunistas. La noche de la subasta el expedicionario de Bahía de Cochinos, el ingeniero José Juara, compró un cuadro de Mendive, *El Pavo Real*, por $500.00 y le dio candela a la vista de todos en la calle. Impertérrito definió su acción como un acto de guerra, digno de una imitación que brilló por su ausencia. El día 3 de mayo una bomba explotó bajo el auto de Teresa Saldise ocasionando un daño de menor cuantía. La perjudicada culpó al Comité de Rescate de ser el inductor del atentado. Los acusados negaron la impugnación y calificaron de auto-inducido el asunto por los que llamaron *usurpadores del Museo* que nunca dieron a conocer públicamente el resultado económico de la subasta ni que cantidad le había correspondido al Museo.

El acta de la Junta de Directores del Museo, de fecha mayo 10 de 1988 muestra que con la asistencia de Fernando de Armendi, Mario Arellano, Virgilio Beato, Margarita Cano, Haydee Ceballos, Ramón Cernuda, Raúl Cosculluela, Juan Espinosa, Miguel González, Orlando González Esteva,

---

[148] Ver Tomo IV, págs. 345-47.

Agustín de Goytisolo, Eloisa Lezama Lima, Pedro Ramón López, Nunzio Mainieri, Eric Maspons, Ángel Moreno, Eduardo Padrón, Felipe Préstamo, María Elena Prio, Marian Prio, Eduardo Rodríguez, Iñaki Sairzabitoria, Teresa Saldise, Juan M. Salvat, Justo Sánchez, Rodolfo Sánchez, Eugenio Santiago, Elena Zayas y Guillermo de Zéndegui y después de una acalorada disputa sobre como recrear la Junta de Directores sustituyendo a los renunciantes fue decidido, por moción de Eloisa Lezama Lima, que los presentes tuvieran el derecho de nombrar sus sustitutos que ocuparían sus puestos hasta la celebración de nuevas elecciones en 1989. Fue escogida la siguiente Directiva y ordenado que sus nombres y cargos fueran impresos en el papel de cartas oficial: *Presidente*: Teresa Saldise; *Vice-Presidentes*: Ramón Cernuda, Miguel González, Agustín de Goytisolo, Eduardo Padrón y María Elena Prío; *Tesorero*: Ángel Moreno; *Secretario*: Fernando de Armendi; *Director Ejecutivo*: Carlos M. Luis; *Directores*: Marcelino Álvarez, Mario Arellano, Francisco Barreras, Lodovico Blanc, Margarita Cano, Siro del Castillo, Haydee Ceballos, Eliana R. Domínguez, Alfredo Durán, Dolores Espino, Juan Espinosa, Laureano Batista Falla, Rolando Fernández, Julio Hernández Rojo, Eloisa Lezama Lima, Pedro Ramón López, Juan Martínez, Eric Maspons, Mignon Medrano, Josefina C. Arellano, Santiago Morales, Daniel Pérez Menéndez, Lisandro Pérez, Marian Prio, Manolo Reboso, Eduardo Rodríguez, Iñaki Saizarbitoria, Juan Manuel Salvat, Justo Sánchez, Eugenio Santiago, Dolores Smithies y Elena A. Zayas. Los renunciantes habían sido, de acuerdo con reportes de prensa salteados, Nunzio Mainieri, Rosa M. Abella, Ofelia Tabares Fernández, Raúl Cosculluela, Iñaki Sairzabitoria, Guillermo de Zéndegui, Mercy Díaz Miranda, Emilio Alonso, Ana M. Álvarez, Raúl Álvarez, Andrés Candela, José F. Castellanos, Ana Rosa de Velasco, Arnaldo Iglesias, Humberto López Iglesias, Miguel M. González, Reynaldo Madiedo, Alina Méndez Novaro, Carmen Martínez, Ildefonso R. Mas, José M. Morales Gómez, Manuel I. Muñiz, Matilde Ponce, Margarita F. Ruiz, Rodolfo R. Sánchez (listados en papel oficial), y Haydee Ceballos, Alberto Menacho, Virgilio Beato, Orlando González Esteva, Felipe Préstamo, Julio Aenlle, Fernando Álvarez Pérez, Marisa de la Roza, Miguel Machado, Armando Porto, María Antonia Prio, María Elena Rodríguez, Mercedes Sandoval y María de Armas (No listados.) Cambiaron de casaca retirando sus renuncias y quedándose en la Directiva María Antonia Prio, Elena Zayas e Iñaki Sairzabitoria.

El Comité Pro-Rescate del Museo Cubano publicó en El Nuevo Herald, el día 17 de junio de 1988, una página entera informando al público en general las razones de su constitución que originalmente habían sido el impedir una subasta que incluiría obras de pintores afiliados al comunismo cubano y que sirviera de vil comercio beneficioso a ciertos de sus Directores-Coleccionistas. En su acápite cardinal intitulado *«Lo que queremos»* expresaba:

«El retorno del Museo Cubano de Arte y Cultura a su función primaria: coleccionar, exhibir y estudiar las obras culturales y documentos históricos de la nación cubana libre y auspiciar el desarrollo de las diversas manifestaciones artísticas de la comunidad cubana exiliada. La construcción por parte del Museo de salones permanentes de exhibición histórica que servirán para corregir la versión tergiversada de la historia cubana diseminada por la dictadura de Castro. La defensa por parte del Museo de todos los derechos garantizados por la Constitución de los Estados Unidos de América. Lograr que el Museo garantice el respeto a las leyes que prohíben que los directores de museos se beneficien personalmente directa o indirectamente de los eventos de recaudación de fondos para el Museo. Asegurar que el Museo no venda objetos provenientes de Cuba comunista porque aparte de ser una traición a los principios de esta institución, el comerciar con tal mercancía viola el embargo comercial impuesto a los productos cubanos en 1963 y que todavía esta en vigencia. Lograr que las autoridades gubernamentales pertinentes investiguen el papel que jugó el Museo en los diversos aspectos de la subasta».

Firmaban: *Ejecutivos del Comité*: Margarita F. Ruiz, Ana M. Álvarez, Andrés Candela, Ana Rosa de Velasco, Fernando Álvarez Pérez, Víctor Gómez, Vicente Lago, Humberto López, Ofelia Tabares Fernández, Arnaldo Iglesias; *Miembros del Comité*: Rosa Abella, Raúl Álvarez, Emilio Alonso Mendoza, Virgilio Beato, José F. Castellanos, Reynaldo Madiedo, Nunzio Mainieri, Carmen Martínez, Ildefonso Mas, Alberto Menacho, Alina Méndez Novaro, José M. Morales Gómez, Roberto Oliva, Hilda Oliva, Matilde Ponce, Felipe Préstamo, Rodolfo Sánchez, Guillermo de Zéndegui, Lillian V. Bertot, Lilia Ana López, Teresita Candela, María Eugenia Rodríguez, Teresa Guillén, Pedro Solares, Marisa de la Rosa, Andrés Valerio, Rafael Consuegra, Mirta Iglesias, Miguel Ordoqui, Mercy Díaz Miranda, Manuel Muñiz, José B.

Lacret, Luis Vega, Leonor Álvarez Pérez, María Rita de la Portilla, Raúl del Portillo, Bernard Coniff, Ricardo Pau Llosa, Rafael Peñalver.

Contrarrestando la proclama del Comité y sugiriendo que era un instrumento político sectario de la FNCA, la Junta de Directores del Museo publicó en una página entera de El Nuevo Herald, el día 13 de julio de 1988, una invitación al público en general a la exposición retrospectiva de la fallecida pintora de fama mundial Amelia Peláez, quien nunca tuvo probadas relaciones con el Partido Comunista, que tendría lugar el siguiente día 15 en el local del Museo. Como demostración de la personalidad de sus Directores y de los múltiples individuos que se solidarizaban con la invitación, y por carambola con aquellos, fueron relacionadas por sus nombres y sus calificaciones, las siguientes personas y personajes:

Directores: Marcelino Álvarez (Comerciante), Josefina C. Arellano y Mario Arellano (Decoradores), Fernando de Armendi (Médico), Francisco Barreras (Médico), Laureano Batista Falla (Abogado), Lodovico Blanco (Ingeniero), Margarita Cano (Coordinadora de Relaciones Comunitarias), Siro del Castillo (Pintor y activista por los Derechos Humanos), Haydee Ceballos (Contador Público), Ramón Cernuda (Editor de Libros), Eliana R. Domínguez (Asistente Legal), Alfredo Durán (Abogado), Dolores Espino (Catedrática Universitaria), Juan Espinosa (Director de Galería de Arte), Miguel González (Abogado), Agustín de Goytisolo (Abogado), Julio Hernández Rojo (Pintor y Sicólogo), Eloísa Lezama Lima (Catedrática Universitaria), Pedro Ramón López (Abogado y Banquero), Juan Martínez (Catedrático Universitario), Eric Maspons (Arquitecto), Santiago Morales (Ex-preso Político y Comerciante), Ángel Moreno (Ingeniero), Eduardo Padrón (Decano Universitario), Daniel Pérez Menéndez (Urbanizador), María Elena Prio (Abogada), Marian Prio (Sicoterapeuta), Manolo Reboso (Dirigente Político), Eduardo Rodríguez (Arquitecto), Teresa Saldise (Abogada), Juan Manuel Salvat (Editor de Libros), Justo Sánchez (Profesor), Eugenio Santiago (Ingeniero), Dolores Smithies (Master S.W.), Elena Zayas (Secretaria), Carlos M. Luis (Director Ejecutivo.)

Invitantes: Ramón Alejandro (Pintor), Carlos Alfonso (Pintor), T.D. Allman (Escritor), Xiomara Almaguer (Actriz y Profesional), Julio Álvarez (Profesional), Natacha Amador (Actriz), Mario Amiguet (Coleccionista de Arte), Manuel Aranda, Marqués de Santa Olalla (Abogado), Eduardo Arellano (Urbanizador), José R. Arellano (Profesional), José Arenal (Periodista,

Crítico Teatral y Ex-preso Político), Liza Austin (Curator), Enrique Baloyra (Catedrático Universitario), Belissa Barbachano (Catedrática Universitaria), Max Barnes (Banquero), María Julia Barrenas (Poetisa), Cundo Bermúdez (Pintor), Renee Betancourt (Decana Universitaria), Giulio Blanc (Historiador y Crítico de Arte), Ángel Clarens (Ingeniero), Ernesto Briel (Pintor), Carol Brown (Artista), Miguel Byron (Intelectual), María Julia C. de Barreras (Estética), Rosa María C. de Fernández de Castro (Estética), José F. Cabrera (Comerciante), Rigoberto Canal (Arquitecto), Elsa Caneda (Anticuaria), Pablo Cano (Pintor), Justo Carrillo Hernández (Economista y Politólogo), Andrés Cao (Médico), Mercedes R. Cao (Doctora en Farmacia), Agustín Cárdenas (Escultor), Mario Carreño (Pintor), Eduardo Casado (Diseñador Gráfico), Ramiro Casañas (Coleccionista), Edilio y Ofelia Castañeda (Dirigentes Sindicales), Roberto Cayuso (Intelectual), Paul Cejas (Miembro de la Junta Escolar Condado de Dade), Jorge Clavijo (Comerciante), Raúl Cremata (Pintor), Ángel Collazo (Profesional), Rolando Conesa (Arquitecto), Antonio Copado (Ingeniero Ex-preso Político), José Corrales (Dramaturgo), Mercedes Cortázar (Escritora), Rodolfo Cortina (Catedrático Universitario), Ángel Cuadra Landrove (Poeta y Ex-preso Político), Ernesto Cuesta (Profesional), Natalio Chediak (Cineasta), Nicolás Chirani (Empresario), Manny Díaz (Abogado), Norman Díaz (Comentarista Radial), Rubén Díaz (Comerciante), Gina Díaz de Miranda (Periodista), Nora Díaz Reboso (Voluntaria Comunitataria), Ana Díaz Silveira (Empresaria), Ana Digot (Dama Cívica), Margarita Dihigo de Rodríguez Cáceres (Profesora), Delia Do Muiño (Actriz), Herberto Dume (Director de Teatro), Gregorio C. Echevarría (Contratista), Mercedes Enríquez (Actriz), José L. Estévez (Arquitecto), Estrella Expósito (Escritora), Arístides Falcón (Poeta), Frank Fernández (Ingeniero y Escritor Acrata), Mauricio Fernández (Escritor y Periodista), Wilfredo Fernández del Castillo (Coleccionista y Fundador del Museo Cubano), Mimi Ferrer Succar (Artista), Joaquín Ferrer (Pintor), Eloisa Ferro (Exdirectora de los Amigos del Museo Cubano y Catedrática Universitaria), Fernando J. Figueredo (Abogado y Ex-catedrático Universitario), Enrique Fortún (Ex-preso Político), Marta Frayde (Médico e Intelectual), Fernando Freyre (Abogado), Benito García (Escritor), Bruno García (Coleccionista y Comerciante), Hernán García (Pintor), Lilia García (Profesora de Arte), Juan Carlos García Lavín (Pintor), Alfredo García Menocal (Abogado y Ex-preso Político), Lorenzo García Vega (Escritor), Roberto García York

(Pintor), Enrique Gay García (Escultor), Pedro A. Goicuría (Arquitecto), Félix Gómez (Arquitecto), Finita Gómez (Expresa Política), Lourdes Gómez Franca (Pintora), Yara González Montes (Escritora), Miguel González Pando (Escritor y Profesor Universitario), José Luis González-Perotti (Arquitecto), Maggie González-Perotti (Arquitecta), Fernando González-Reigosa (Catedrático Universitario), Ramón Guerrero (Fotógrafo), Agustín Guitart (Ex-catedrático y Ex-miembro del Directorio Estudiantil Universitario de 1930), Mauro Hernández (Arquitecto), Óscar Hernández (Abogado y Profesor), Raimundo Hidalgo-Gato (Actor), Adela Jaume (Escritora y Crítica de Arte), Octavio Jordán (Periodista), Mitchell Kaplan (Librero), Jorge Khuly (Arquitecto), Margarita Khuly (Arquitecta), Martin Kreloff (Artista), Enrique Labrador Ruiz (Escritor e Intelectual), Francisco Laurier (Diseñador), Felipe Lázaro (Poeta), Eddie Levy (Profesional), Aida López (Profesora), Enrique López (Ingeniero), Nicolás López (Comerciante), Tony López (Escultor), Margarita López González (Especialista y Consultora en Educación), Alfredo Lozano (Escultor), Roberto Lozano (Compositor), Laura Luna (Escultora), Sheldon M. Lurie (Director de Galerías de Arte), Eduardo Manet (Cineasta e Intelectual), Frank Marcos (Compositor y Músico), Jorge Marcos (Compositor y Músico), Gustavo Marín (Dirigente Político), Silvia Martell (Excatedrática Universitaria y Ex-miembro del Directorio Estudiantil Universitario de 1930), Gretel Martínez (Trabajadora Social), Raúl Martínez (Corredor de Bienes Raíces), María M. Maspons (Profesora Universitaria), Raúl Masvidal (Banquero), Carlos y Carmen Mateo (Comerciantes), Manny Medina (Urbanizador), Alfredo F. Méndez (Médico), José M. Mijares (Pintor), Pablo Milá (Comisionado de Asuntos Hispanos del Estado de Florida), Elliot Miller (Artista), Rafael Mirabal (Arquitecto y Escenografo), Marcelino Miyares (Politólogo y Productor de Cine), Miguel Ángel Moenck (Empresario), Matías Montes Huidobro (Dramaturgo y Catedrático Universitario), Magda Montiel Davis (Abogada), Edith Napp (Ex-presa Política), Ángel Naya (Contador Público), Andy Nóbregas (Actor), Griselda Nogueras (Actriz y Ex-presa Política), Ana Núñez (Ex-presa Política), Orlando Núñez de Villavicencio (Intelectual), Tomás Oliva (Escultor), Juan O'Naghten (Abogado), Julián Orbón (Compositor y Musicólogo), Luis Ortega Sierra (Periodista), Hilda Ortiz (Pedagoga), Fernando Palenzuela (Poeta), Leslie Pantín Jr. (Profesional y Líder Cívico), Gina Pellón (Pintora), Bernardo Pérez (Arquitecto), Pedro Pérez (Pintor), Jorge Pérez Castaño (Pintor),

Nicolás Pérez Diez-Argüelles (Editor de Revista), Juan Pérez Franco (Ex-presidente de la Asociación de Veteranos de Bahía de Cochinos), Yolande Poulelac (Profesora), Mariví Prado (Empresaria y Activista por los Derechos Humanos), Roger Presas (Contador Público), Julio de Quesada (Intelectual), Antonio Quiroga (Arquitecto), Rubén Rabasa (Actor), Marco Antonio Ramos (Pastor Protestante y Escritor), Santiago Rey Pernas (Dirigente Político), Ernestina Riaño (Dama Cívica), Lourdes Riquelme (Marchante de Arte), Enrique Riverón (Pintor), Edmundo Robaina (Catedrático Universitario), Arturo Rodríguez (Pintor), Demi Rodríguez (Pintora), N.A. Rodríguez (Músico), Ninón Rodríguez (Catedrática Universitaria), Raúl Rodríguez (Arquitecto), Luis Rodríguez Cáceres (Abogado), Arturo Munder (Urbanizador y Coleccionista), Teresa María Rojas (Directora de Teatro), Mercedes Roselló (Ex-presa Política), Margot Roselló (Ex-presa Política), Margarita Ross (Coleccionista), Gilberto Ruiz Valdés (Pintor), Miguel Sales (Poeta y Ex-preso Político), Mario Ernesto Sánchez (Director de Teatro), Margaret Sánchez-Agramonte (Profesional), Manuel Sánchez Perez (Economista y Vice-Ministro), Jesús Selgas (Pintor), Julius Ser (Librero), Pio Serrano (Poeta y Ex-preso Político), Ward Shelley (Artista), Roberto Simeón (Abogado e Intelectual), Roberto Smith (Arquitecto), Roberto Soto (Director de Teatro y Dirigente Político), Ramón Suárez (Cineasta), Eduardo J. Tarajano (Industrial), María Elena Toraño (Asesora Administrativa), Héctor Valls (Comerciante), Jorge Valls (Poeta y Ex-preso Político), Jorge L. Vidal (Abogado), Arturo Villar Bernes (Periodista), Tony Wagner (Empresario), Gregory Wolfe (Ex-Presidente Florida International University), Dora Yero (Dama Cívica), Carole Meisner Valverde (Abogada), Lynne Gelfman (Artista), Beryl Solla (Artista y Profesora de Arte), James Yates (Artista y Sicólogo), Bárbara Greene (Directora de Galería), Deborah Gray Mitchenn (Fotógrafa), Silvia Lizama (Fotógrafa y Profesora de Arte), Donna Sperow (Artista), Lourdes Valdés Cruz (Coleccionista), Calep Davis (Director de Galería), Rene Touzet (Compositor y Músico), Percy Steinhart (Banquero), Cristina Gelats (Activista Cívica), Mary Lee Ataie (Artista y Profesora de Arte), Shahreyar Ataie (Artista), Jorge Camacho (Pintor), Jorge Ulla (Cineasta), Anuca Valverde (Publicitaria), Hervin Romney (Arquitecto), Ruth Shack (Presienta Dade Foundation), Seth Gordon (Vice-Presidente Asuntos Públicos CITYCORP.)

El tiempo que medió entre las publicaciones arriba expresadas y la celebración de elecciones programada para el verano de 1989 fue consumido en virulentas polémicas periodísticas y radiales entre partidarios de las dos tendencias que lavaban su ropa sucia no en casa sino públicamente. La consideración académica dio paso franco al sectarismo partidarista. De una parte el Comité de Rescate denunciaba la filiación marxista de Carlos Luis porque había sido uno de los creadores de la Milicia de los Intelectuales junto con Enrique Labrador Ruiz; que algunos personajes (que no nombraba) eran los mismos involucrados en el Diálogo con Castro en 1978 y en la división y destrucción del Congreso de Intelectuales; y que otros fueron presos integrados en el Plan Progresivo de Rehabilitación en el presidio político[149]. Abundaba sus impugnaciones revelando que Pedro Ramón López y Teresa Saldise, marido y mujer, condueños del General Bank contaban entre sus empleados y asociados a Eduardo Padrón, Raúl L. Rodríguez, Jorge y Margarita Khuly, Antonio Quiroga, Eugenio Santiago, Ángel Cuadra, María Elena y Marian Prio y Justo Sánchez, que estaban propuestos como candidatos a la dirección del *usurpado* Museo. Por su parte los regentes del Museo denunciaban a la FNCA como *la gatica de María Ramos que tira la piedra y esconde la mano* ya que el Comité contaba en sus filas a Luis Botifoll, Carlos Arboleya, Francisco J. Hernández, Domingo R. Moreira, Margarita Hernández, Armando Valladares, Roberto Martín Pérez, Raúl Masvidal, Víctor de Yurre, Luis Morse y Ofelia Tabares, aunque no especificaban que cargos ocupaban en la FNCA o si era puramente una deducción basada en que Jorge Mas Canosa había declarado a The Miami Herald *«que la actividad coleccionista de Ramón Cernuda era un caso de delincuencia, el caso de un hombre enriqueciéndose a costa de un ilegal arte cubano»*. Lo ocurrido el día 5 de mayo de 1989 dio visos de certeza a lo aventurado por los regentes del Museo. Veamos:

Instigados por el Fiscal Federal, Dexter Lehtinen, unos agentes de la Aduana asaltaron la mansión de Cernuda y confiscaron su colección de arte para usarla como evidencia y presentarla a un Gran Jurado como prueba de una flagrante violación del Acta de Comercio con el Enemigo. El hecho retumbó en Washington y allí The Post citó a Mas Canosa declarando: *«En*

---

[149] Ver Tomo IV, págs. 630-32.

efecto, somos responsables por esta investigación y por otras que espero que materialicen». En junio 19 Ramón Cernuda demandó al Comisionado Regional de Aduanas alegando que se había violado la Enmienda 1 de la Constitución y el siguiente día 18 de septiembre el Juez de la Corte Federal del Distrito del sur de Florida, Kenneth Ryskamp, ordenó la devolución de lo ocupado agregando, además, *«que aunque si las pinturas hubieran procedido directamente de Cuba estarían protegidas por la enmienda congresional de 1988 que exceptuaba materiales informativos que gozaban la protección de la Enmienda 1».* El Departamento del Tesoro se negó a aceptar la decisión de Ryskamp pero finalmente acordó dictar nuevas regulaciones que exceptuarían el arte procedente de Cuba del embargo comercial existente. A partir de abril 1 de 1991, después de 30 años de prohibición, el arte producido en Cuba comunista puede entrar libremente en los Estados Unidos protegido por la ley. No solamente el arte plástico sino también el actuante o *performing arts* que incluye a músicos, orquestas, cantantes, etc.

Mezclado con lo que antecede, el día 10 de mayo de 1989, lleno de ilusiones beatíficas que recordaban el Sermón de la Montaña, Juan Manuel Salvat se dirigió a los Directores del Museo armoniosamente en un documento cuyos mas expresivos párrafos, además de demostrar una respetuosa inconformidad con la candidatura oficial manifestaba: *«Las elecciones deben servir para lograr un cambio que pueda sacar a nuestra institución de una crisis prolongada y del enfrentamiento con parte de nuestra comunidad. Creemos que la solución de los problemas internos del Museo, como los de nuestra Nación, no pueden resolverse excluyendo personas, grupos o tendencias. Al contrario, consideramos que todos deben estar presentes. Los principios de libertad y cubanía no pueden ser sacrificados. La función del Museo es preservarlos y aumentarlos, logrando medios idóneos y serenos de orientar y servir a nuestra comunidad. Nuestra labor debe ser la de aunar esfuerzos, obtener medios económicos y comunitarios adecuados para desarrollar los fines culturales de la institución. Reorganizar el funcionamiento interno de la misma, para que sea un instrumento eficaz en el desarrollo de los planes adoptados. Es tarea difícil que seguramente requerirá tiempo y sacrificios que estamos dispuestos a dar. Creemos que tenemos soluciones y aspiramos a tener oportunidad de implementarlos. Estamos segu-*

ros que de la reflexión de nuestros Directores saldrá el respaldo que reclamamos». Firmaban: Juan Manuel Salvat, Elena de Zayas, Dolores Espino, Laureano Batista, Justo Sánchez, Siro del Castillo, Eloísa Lezama Lima, Rolando Fernández, Mario Arellano, Josefina C. Arellano, Agustín de Goytisolo, Julio Hernández Rojo y Miguel M. González que presentaban la siguiente candidatura alterna: Presidente: Juan Manuel Salvat; Vicepresidente: Laureano Batista, Justo Sánchez y Rolando Fernández; Tesorero: Dolores Espino; Secretario: Elena A. Zayas. Directores: Todos los que fueron nombrados en mayo 10 de 1988.

Como era de esperarse, los mandantes del Museo hicieron el caso del perro a las bienaventuranzas de Salvat puesto que el día 27 de mayo de 1989 Diario Las Américas informó que una tercera división había quedado planteada en el Museo al ser excluídos por el Comité de Nominaciones Juan Manuel Salvat, Justo Sánchez, Mignón Medrano, Iñaki Sairzabitoria, Laureano Batista Falla, Juan Espinosa, Rolando Fernández y Agustín de Goytisolo. Una nueva ronda de disputas y cartas a la prensa entre Margarita Ruiz y Justo Sánchez; una suspensión de las elecciones; una nueva convocación a elecciones; una notificación de un bufete de abogados que representaban a Mignon Medrano demandando que se le entregasen a ella los libros de contabilidad y minutas de las actas habidas; y un aviso de la firma de auditores Deloitte & Plender de que no practicarían el escrutinio de votos emitidos no valieron para nada. El día 16 de junio de 1989 fueron celebradas las elecciones en que triunfó por abrumadora mayoría de votos la candidatura oficial de Teresa Saldise, Presidenta; Miguel M. González, María Elena Prío, Fernando de Armendi y Santiago Morales, Vicepresidentes; Ángel Moreno y Julio Hernández Rojo, Tesoreros y Eliana Domínguez, Secretaria. Fue añadida con ocho nuevos Directores: Paul Cejas, Ángel Cuadra, Manny Medina, Mario Amiguet, Manuel González, Margarita López González, Arturo Munder y Jorge Pérez. El requiem al proceso lo cantó Salvat diciendo a Diario Las Américas: *«Considero muerto al Museo Cubano porque hoy es solo el Museo de un grupo»*. Al finalizar el año 1989 comenzaría una nueva batalla por el Museo pero ahora en el ámbito del Ayuntamiento de Miami y el Congreso Estatal en Tallahasse, relacionada con la propiedad del edificio y las donaciones que lo mantenían en operación con fondos procedentes de las arcas publicas a lo que aparecía legalizado como una institución no lucrativa o *non-profit* y lo que muchos ahora acusaban de ser una galería mercantil de arte con fines políticos castristas, fundándose en la creación, el día 29 de agosto de 1989, del *Consejo Cubano por la Democracia* como organización rival de la FNCA y en cuya directiva aparecían los miembros del Museo Pedro Ramón López y su esposa Teresa Saldise, respectivamente presidente del banco General Federal Savings y presidenta del Museo Cubano de Arte y Cultura; Alfredo Durán, ex-presidente del Partido Demócrata de Florida; el banquero Raúl Masvidal, derrotado aspirante a Alcalde de Miami; Eduardo Padrón, vicepresidente del Miami Community College; Paul Cejas, ex-presidente de la Junta Escolar del Condado de Dade; Ramón Cernuda, Director del Museo Cubano de Arte y Cultura; Manny Medina, presidente de la urbanizadora Terremark; Santiago Morales, presidente de Transco Industrial Corporation; Arturo Munder, propietario de Munder Development Corporation; Jorge Pérez, presidente de Related Companies of Florida y María Elena Prio Tarrero, abogada y directora del Museo Cubano de Arte y Cultura.

En febrero de 1990 los Comisionados de Miami, por moción de Víctor de Yurre quien, como anteriormente leímos, debía su elección al dinero sobornador de la LBA y la FNCA, votaron por el desalojo del Museo en marzo de 1991 si no se reconciliaban sus Directores con los del Comité de Rescate. Entraron en funciones como amigables *componedores de bateas*[150] Carlos Arboleya, Tomás García Fusté, Osvaldo Soto, Modesto Maidique y Manny González pero nada consiguieron de entendimiento pues Teresa Saldise se negó a aceptar un propuesto laudo de aquellos árbitros echándoles a la cara la confiscación a Cernuda que habían censurado acremente Carlos Alberto Montaner, Jorge Clavijo, Sergio López Miró y Ángel Cuadra. El día 28 de marzo de 1991 los Comisionados ratificaron su decisión de no renovar el contrato de alquiler del Museo. Ramón Cernuda, Alfredo Durán y Santiago Morales inmediatamente pleitearon con la Ciudad de Miami acusándola de violación de la Enmienda 1 ante la Corte Federal del Distrito Sur de Florida. El día 21 de marzo el Juez James Lawrence King votó a favor de los demandantes y canceló la orden de desalojo ordenada por los Comisionados de la Ciudad. Basó su laudo en que había quedado demostrado un abuso de poder por parte de la Ciudad que parecía ser víctima de una comunidad intolerante

---

[150] Ver Tomo III, pág. 590.

hacia aquellos que deseaban proveer un forum a controversiales artistas y que el Museo, por mayoría de sus Directores y Miembros, había establecido como política que *«El Museo considera la libertad artística y cultural fundamental a su existencia»* en 1987. Fue una victoria pasajera pues estaba el tremendo problema de las donaciones públicas y privadas que eran indispensables para mantener vivo el Museo. Quedaba por ver si los Directores y sus simpatizantes se harían cargo de llenar, por su cuenta, la caja si se producía una quiebra económica. O si el General Bank de López-Saldise sustituiría la FNCA de Más Canosa.

XXVII

Arribo a Miami de Orlando Bosch. Nuevo hostigamiento. Cambio del rifle por la pluma. Los satélites asentidores de la FNCA. Viaje de Fidel a Caracas. Llegada de Gorbachev. Perestroika y Castrotroika. El arresto de Arnaldo Ochoa, los jimaguas De la Guardia y sus cómplices en el narcotráfico. Resumen informativo del PCC. El Tribunal de Honor Militar. Confesión indigna, lacayuna y cobarde de Ochoa. La degradación. El Tribunal Militar Especial. Amaricamiento de los bravucones jimaguas. Apelación negada por el Consejo de Estado. Fusilamientos y condenas. Purga en el MININT y su SDE. Prisión y muerte de José «Beria» Abrantes. Análisis lógico del proceso. Reflejos en el Exilio.

Intercalados entre los acontecimientos descritos, objetivamente políticos, se hallaban otros de orden sociológico que afectaban seriamente la consistencia esencial que requería el exilio combatiente que era socavado en su vigor por el mal ejemplo dado, y que la prensa destacaba con fruición sensacionalista que el gobierno comunista cubano resaltaba en sus medios de prensa, radio y televisión calificando tales abominables hechos como*«perpetrados por la mafia del exilio en Miami, compuesta por politiqueros corruptos, narcotraficantes y antisociales que no tenían cabida dentro de la moral ejemplar del marxismo-leninismo, los cuales medraban en la pudrición del imperialismo americano».* Pero, naturalmente, el editorial de Granma no se daba por enterado que en Cuba comunista todos esos crímenes eran de ocurrencia general consumados por sus cuadros gobernantes que gozaban de impunidad para cometerlos. Si esta iniquidad era característica del comunismo y el fascismo, lo doloroso era que los creadores de la opinión pública en el exilio voluntariamente no alzaban la voz para condenar a los delincuentes si no que gritaban su censura para con los exiliados que reclamaban la mas dura sanción, incluyendo su deportación a Cuba, para esa llaga cancerosa delincuencial que desacreditaba la pureza patriótica del exilio.

Duplicando la *Operación Tic-Toc* ya descrita, la *Operación Cobra* del FBI descubrió que Mario S. Tabraue, Guillermo Tabraue, Francisco Quintana, Orlando Cicilia, Raymond Van Nostrand y Phillip Epstein usaban como pantalla un negocio de joyería y de animales exóticos para lavar dinero de drogas producido por expendio de medio millón de libras de marihuana y 95 kilos de cocaína valorados en 75 millones de dólares y que un chivato infiltrado, Larry Meich, había sido asesinado, trucidado en una máquina de aserrar troncos de árboles y sus restos incinerados. A este terrible crimen de sangre se añadieron dos de menor cuantía en comparación pero no por eso despreciables en si: Sergio Pereira, Administrador del Condado de Dade se vio obligado a renunciar a tan distinguida posición civil al comprobarse que falsificó su declaración de impuestos al no declarar ganancias obtenidas en ventas de casas, uso indebido de helicópteros para labores de índole personal y compra de trajes robados a sabiendas de su procedencia y Sebastián Dorrego, concejal de Hialeah, fue a la cárcel condenado por cohecho, según reportó El Nuevo Herald, en marzo de 1988.

Después de estar preso en Venezuela durante once años sin haber sido juzgado ni sentenciado en el caso del avión de Cubana, llegó a Miami Orlando Bosch. Inmediatamente fue detenido por tener pendiente la acusación de haber violado la libertad condicional a que estaba sujeto cuando escapó a Caracas[151]. Merced a una decisión de la Corte favorable a dejarlo en libertad bajo fianza, la Comisión de Libertad Condicional del Estado decidió mantenerlo encarcelado durante noventa días. Una vez cumplida esa condena el gobierno federal revocó la libertad autorizada por la Comisión y resolvió

---

[151] Ver Tomo IV, págs. 599-600.

mantenerlo encarcelado indefinidamente por considerarlo un riesgo y peligro para la seguridad de los Estados Unidos. Esta nueva prisión extranjera duró veintinueve meses hasta el día 17 de julio de 1990 en que se le concedió una mísera libertad sujeta a que llevara en un tobillo un aparato electrónico que monitoreaba sus pasos dentro del límite geográfico permitido y por un período de tres horas diarias. Se le negó un permiso de trabajo como si se tratase de un inmigrante ilegal y se mantenía una estricta vigilancia sobre sus visitantes mediante cámaras fotográficas. Pero el combatiente irreductible que era Orlando Bosch se negó a aceptar dádivas y se echó a la calle a vender limones en una de las mas importantes esquinas de Miami donde congregó una multitud a vitorearlo y comprarle sus cítricos, algo que forzó una intervención policíaca amistosa para mantener fluido el tráfico de vehículos y peatones. Su confinamiento hogareño lo empleó en perfeccionar su vocación pictórica y sus productos de luminoso colorido y variados temas campestres y florales fueron su medio de vida honrado. Impedido legalmente por las severas medidas policíacas que hacían impracticable poner en práctica sus métodos accionales, Orlando Bosch cambió el rifle por la pluma para con ella continuar su incansable lucha por la libertad de Cuba por el camino de una nueva estrategia que consistió en la fundación del Partido Protagonista del Pueblo. Teniendo como consigna el lema *«Mezcla para los Albañiles»*, el día 10 de octubre de 1991 se celebró un concurridísimo acto en el estadio «Bobby Maduro» donde se consagró la salida del PPP a la palestra ideológico-partidista del exilio. Su Secretaría de Prensa publicó un libro intitulado *«40 Años de Lucha y 40 Años de Razón»* que debe ser de obligada lectura ilustrativa e historiológica, ahora en el exilio y luego en Cuba libre, para que sea conocida a fondo la gesta heroica de Orlando Bosch y su guerra por los caminos del mundo. Y porque honrar, honra. (José Martí)

Adjunta a la paralización del activismo anticomunista programada por Washington, como lo representaban la acusación federal contra Andrés Nazario Sargén, Oziel González, Diego Tintorero, Francisco Avila, Alberto Laucerique y Ernesto de la Torre de que efectuaban simulacros de guerra invasora en Elliot Key y el tratamiento dado a Orlando Bosch, la FNCA extendía sus tentáculos controladores de su leal oposición a la violencia anticastrista dando vida a un organismo llamado *«Derechos Humanos 88»* que era una pantalla académica de su matriz, los *Jóvenes Profesionales de la Fundación Nacional Cubano Americana* que padreaban Adolfo Leyva,

Ernesto de la Fe y Mariano Socarrás que tenían como satélites asentidores a la *Juventud Cubana de las Municipalidades*, a la *Juventud de la Junta Patriótica Cubana* y a la *Juventud de Cuba Independiente y Democrática* presidenciadas, respectivamente, por Ana Julia Rodríguez, Jorge Cantera y Néstor Presas que anunciaban sus inmediatas batallas que eran una vigilia solemne en Tropical Park donde suministrarían las velas por miles; el llevar flores al Consulado de Costa Rica en Miami como agradecimiento de ese país a su simpatía con ellos; celebrar maratones radiales para recaudar fondos con que financiar viajes a dar charlas iluminadoras en universidades de Estados Unidos y Latinoamérica y requerir de los amantes y simpatizantes de la libertad de Cuba en Miami, Florida, los Estados Unidos y el Orbe entero que mostrasen su apoyo poniendo lazos amarillos en sus ropas y también en los autos y las casas. Esto de los lazos amarillos era inspirado por la letra de una canción de moda, «*Tie a yellow ribbon around the old oak tree*», en la que un recién liberado convicto instaba a su otrora novia a que si todavía lo amaba que se lo demostrara poniendo una cinta amarilla en el viejo roble frente a su casa. Además de estos *demoledores ataques* a la tiranía comunista, Adolfo Leyva tenía bajo su responsabilidad la organización de presentaciones del verdugo de FRUTICUBA, Ricardo Bofill Pagés y sus aliados de la Microfacción, Arnaldo Escalona y su consorte Hilda Felipe, comunistas reciclados, que relataran los oprobios del marxismo-leninismo en Cuba, ocultando intencionadamente que habían sido sus probados criminales cómplices.

En la Isla el año 1989 comenzó con la proclamación de éste como el del *XXX Aniversario del Triunfo de la Revolución*, en una nueva farsa cronológica puesto que la Revolución triunfante en 1959 había sido traicionada y sustituida por una satrapía soviética, tal y como aparece detalladamente en el precedente Tomo IV de esta Historiología Cubana. Preocupadísimo por los cambios que tenían lugar en Rusia ocasionados por la prestroika y el glasnost, que sospechaba afectarían su gobierno, Fidel Castro viajó a Caracas para asistir en febrero, a la toma de posesión de Carlos Andrés Pérez como Presidente de Venezuela y de paso conversar con los primeros mandatarios José Sarney de Brasil; Felipe González de España; Óscar Arias de Costa Rica; Joaquín Balaguer de la República Dominicana y con el ex-Presidente de los Estados Unidos, Jimmy Carter, para que éstos le socorrieran por dos vías: la primera en lograr que Venezuela continuase sirviendo a

Cuba petróleo que compensara el posible recorte que le impondría Moscú, y segunda que influenciasen con sus colegas en las Naciones Unidas para que el voto latino-americano le favoreciese, como así fue, en la Comisión de Derechos Humanos de las Naciones Unidas que en marzo votó por observar la situación de los derechos humanos en Cuba por otro año, pero que rechazó la proposición americana de tomar, respecto a aquellos, medidas de condena o de imposición de sanciones políticas o económicas.

La primera semana del siguiente mes de abril llegó a La Habana, en visita oficial, que era la primera de un líder soviético desde la de Leonid Brezhnev en 1974, el ex-jefe de la tenebrosa KGB y su ergástula de torturas *Lubianka* y ahora reciclado stalinista, Mikhail Gorbachev. Fue recibido con grandes honores por Fidel Castro y su plana mayor de *pinchos y mayimbes* en el aeropuerto. Primeramente Gorbachev fue a examinar el estado constructivo de la planta nuclear en Cienfuegos y luego de conferenciar privadamente con Fidel Castro comparecieron juntos ante la Asamblea Nacional del Poder Popular. El compadrito criollo se esforzó en explicar las confusas relaciones que existían en aquel momento entre ambas tiranías comunistas por causa del viraje marxista de su protectora, insinuando que la perestroika no cabía en su territorio feudal que no era susceptible a cambios a menos que éstos fueran para preservar su revolución, o séase, en buen romance, que si acaso algo fuera cambiado ello sería por una *Castrotroika*. Por su parte el patrón moscovita se mostró conciliador expresando que en su país los cambios económicos favorables propiciaron un clima de cooperación y paz. Pero tras bambalinas, según se supo mediante la agencia de noticias France Press, Gorbachev había advertido a Fidel la necesidad de que Cuba dependiera menos de la ayuda soviética que sería objeto de revisión el próximo año 1990, que seguiría financiando la base de Lourdes y no así la de Cienfuegos por lo super-costosa y la aprensión de que sufriese una catástrofe nuclear como la ocurrida en Chernobyl, en Ukrania, en 1986. Además, y esto le produjo mayor disgusto al sátrapa cubano, que la URSS se había retirado totalmente de Afganistán; que estaba en tratos con EU para acordar el retiro de tropas y armamentos soviéticos de Europa Oriental; que estaba en camino la reducción de las fuerzas armadas en la URSS y que Hungría estaba presta a desmantelar la cerca dinamitada que fijaba su frontera con Austria. Si el recibimiento a Gorbachev fue esplendoroso, su despedida fue simplemente protocolar en el aeropuerto.

El día 13 de junio de 1989 el periódico Granma escuetamente dio a conocer que el General de División, Miembro del Comité Central del PCC, ex-Ministro del Azúcar y Derivados, ex-Jefe de Misión en Angola y actual Vicepresidente del Consejo de Ministros y Ministro de Transporte Diocles Torralbas González había sido destituido y arrestado por corrupción y manejo ilícito de recursos. El siguiente día 14 publicó una información oficial del MINFAR que decía:

«Nos vemos en el desagradable deber de informar que el General de División Arnaldo Ochoa Sánchez ha sido arrestado y sometido a investigación por graves hechos de corrupción y manejo deshonesto de recursos económicos. De acuerdo con las normas que rigen la conducta de las Fuerzas Armadas Revolucionarias, el General de División Arnaldo Ochoa será sometido en primer término a un Tribunal de Honor integrado por oficiales de su rango que recomendará las medidas ulteriores a seguir, incluidas las de tipo legal, que se correspondan con las faltas cometidas por él».

El día 16 de ese mes y año Granma ampliaba la información diciendo que Ochoa se hizo sospechoso de estar promoviendo campañas militares que sirvieran de excusa a operaciones comerciales que aportaran recursos para ellas y que el Alto Mando (Raúl Castro) había asignado al General de División Leopoldo Cintras Frías la jefatura del Frente Sur en Angola, que fue donde se decidió la victoria cubana sobre las tropas de Suráfrica que condujo al Acuerdo Tripartito de paz antes relatado. Continuaba el desmérito de Ochoa con la revelación de irregularidades de tipo moral en su conducta, por lo que había sido suspendida la intención de nombrarlo jefe del Ejército Occidental de la Isla y vigilarlo estrechamente para evitar el riesgo de su deserción. El mas impactante párrafo del informe sobre la reprobable conducta de Ochoa decía:

«Independiente de graves faltas de carácter moral, disipación y corrupción de Ochoa implican su responsabilidad en corrupción de oficiales subordinados y su conducción a hechos delictivos; uso indebido, apropiación, malversación, despilfarro y malgasto de divisas convertibles, y afán desmesurado de acumular y manejar fondos. Además, lo que constituye un hecho mucho mas grave y sin precedentes en la historia de la Revolución: Ochoa y algunos funcionarios del Ministerio del Interior en conexión con él, hicieron contactos con traficantes

internacionales de drogas, concertaron acuerdos y cooperaron con algunas operaciones de tráfico de drogas en las proximidades de nuestro territorio. Sobre ese aspecto, sumamente serio, que puede haber dado base a las insidiosas campañas del imperialismo contra la Revolución Cubana, se centran ahora las investigaciones. Por su participación en uno u otro tipo de hechos, o en varios, han sido arrestados, del MINFAR y por orden de grado de implicación: Coronel Antonio Rodríguez Estupiñán y Capitán Jorge Martínez Valdés, ambos ayudantes de Ochoa. Los principales implicados del MININT son: Patricio de la Guardia Font, General de Brigada; Antonio de la Guardia Font, Coronel; Alexis Lago Arocha, Teniente Coronel y Amado Padrón Trujillo, Mayor, todos los cuales están arrestados».

El día 22 de junio de 1989 en una edición especial Granma publicó un kilométrico informe proveniente de la Dirección del Partido Comunista de Cuba y los investigadores de las FAR y el MININT relacionado con el tráfico de drogas en el caso Ochoa-De la Guardia del cual, por razones de espacio, resumimos así: Jorge Martínez Valdés establece contacto en Panamá, siguiendo órdenes de Ochoa, con el narcotraficante colombiano Fabel Pareja en octubre de 1986, quien se identifica como colaborador del capo mayor Pablo Escobar, del cartel de Medellín. En noviembre de 1987 los carteleros de Medellín entregan a Martínez un pasaporte colombiano a nombre de Fidel Buitrago Martínez y se entera que Antonio *Tony* de la Guardia del Departamento MC (Moneda Convertible) del MININT tiene contacto operacional con gente de Pablo Escobar. Trasladados a Angola en misión administrativa, Ochoa y Martínez se dedican al tráfico ilegal de colmillos de elefantes y diamantes en confabulación con Patricio de la Guardia, hermano gemelo de Tony, allí destacado. Ambiciosamente envían a Martínez a Colombia a tratar directamente con Pablo Escobar usando el pasaporte colombiano que Patricio, en el MINFAR, y Tony, en el MININT, aprueban como legítimo en caso de que tenga que ser usado subrepticiamente en Cuba y el exterior por Martínez. Después de varias peripecias se estableció el sistema contrabandista, que ya funcionaba con los hermanos gemelos y sus acólitos del MINFAR y el MININT, dándole participación a Ochoa y los suyos. El informe de Granma describe un número de contrabandos de cocaína llevados por mar y aire a Varadero y depositados en almacenes del Departamento MC, que luego fueron llevados clandestinamente a

Miami por lancheros. Según el informe, entre enero de 1987 y abril de 1989 el grupo de Tony de la Guardia organizó 19 operaciones, de las cuales 4 fracasaron y 15 alcanzaron los objetivos propuestos, que produjeron a los grupos Ochoa-La Guardia aproximadamente $3,400.000.00 cuyos jefes alegaron haberlos entregados al Estado como parte de las operaciones comerciales del Departamento MC, pero que se había probado el cinismo de tal declaración cuando aparecieron en maletines bien guardados, escondrijos y casas de amigos íntimos o familiares, cientos de miles de dólares, lo que hacía evidente que estaban acumulando grandes cantidades de dinero casi todo en dólares. Las partidas ocupadas fueron las siguientes:

A Eduardo Díaz Izquierdo, estrecho colaborador de Tony de la Guardia se le ocuparon en Santa María del Mar 159,000 dólares; en el Reparto Guiteras, bajo una lápida de cemento, 108,000 dólares; en Santos Suárez, 26,600 dólares; en el Reparto California en San Miguel del Padrón, embutidos en una nevera, 166,020 dólares y 100,620 pesos.

A Antonio Sánchez Lima, 262,911 dólares.

A Tony de la Guardia, 174,446 dólares y 203 pesos.

A Amado Padrón, 46,000 dólares y 14,586 pesos.

A Gabriel Prendes Gómez, 35,150 dólares y 113,160 pesos.

A Miguel Ramón Ruiz Poo, 21,120 dólares y 55,705 pesos.

A Arnaldo Ochoa, en su residencia 25,800 dólares y en un banco de Panamá 250,000 dólares.

El Tribunal de Honor que juzgó a Ochoa los días 25-26 de junio de 1989, fue formado por los Generales de División Ulises Rosales del Toro, Presidente; Jesús Bermúdez Cutiño, Secretario, y Ramón Pardo Guerra, Vocal. Como miembros del Tribunal de Honor los Generales de División Rogelio Acevedo González, Carlos Fernández Gondín, Rigoberto García Fernández, Pedro García Peláez, Raúl Menéndez Tomassevich, Joaquín Quintas Solá, Romárico Sotomayor García y Sergio del Valle Jiménez; los Generales de Brigada Efigenio Ameijeiras Delgado, Leonardo Andollo Valdés, Ladislao Baranda Columbié, Lino Carreras Rodríguez, Enrique Carreras Rolas, José Causse Pérez, Gustavo Chui Beltrán, Raúl Fernández Marrero, Julio Fernández Pérez, Arnoldo Ferrer Martínez, Gustavo Fleita Ramírez, Juan de Dios García Arias, Rolando Kindelán Bles, Carlos Lamas Rodríguez, Manuel Lastre Pacheco, Carlos Lezcano Pérez, Néstor López Cuba, Miguel A Lorenzo León, Antonio E. Lussón Batlle, José L. Mesa Delgado, José Millán

Pino, Hiraldo Mora Orozco, Rafael Moracén Limonta, José Morfa González, Juan B. Pujol Sánchez, Guillermo Rodríguez del Pozo, Irving Ruiz Brito, Victor Schueg Colás, Roberto Viera Estrada, Samuel Rodríguez Planas, Rigoberto Sancho Valladares y Filiberto Olivera Moya; el Vicealmirante Aldo Santamaría Cuadrado y el Contralmirante Pedro M. Pérez Betancourt.

Vestido con su uniforme de gala y ostentando las múltiples condecoraciones ganadas por sus servicios en la guerra revolucionaria contra la dictadura de Batista; las campañas subversivas comunistas en Venezuela y Nicaragua; las hostilidades expedicionarias en Angola, Etiopia y Somalia; las limpias del Escambray y la máxima condecoración de *Héroe de la República*, Arnaldo Ochoa escuchó cabizbajo las acusaciones contra él proferidas por Raúl Castro quien presentó como pruebas de culpabilidad traidora las grabaciones de sus dos entrevistas con Ochoa, el editorial de Granma del día 22 de junio y el informe escrito redactado por los investigadores del MINFAR subordinados del General de Cuerpo de Ejército Abelardo *Furry* Colomé Ibarra. Ordenado por el Presidente del Tribunal de Honor a que expusiera lo que considerase necesario en su defensa, Ochoa se auto-acusó de todos los cargos que se le imputaron en la forma mas indigna, lacayuna y cobarde que pensarse pudiera por alguien. Un extracto de su repugnante extensa confesión de culpas, que se comparaba a la de Rolando Cubelas cuando el juicio por *La Causa de La Dulce Vida*[152], demuestra hasta que punto de amoralidad los comunistas descienden cuando son purgados por el mismo implacable sistema judicial asesino por ellos creado para sus opositores democráticos.

«Yo quiero ante este tribunal afirmar que ni el Comandante en Jefe, ni el Ministro, ni el Partido, ni el Gobierno, ni nadie en las Fuerzas Armadas, tuvo nada que ver con esto, que todo fue artificio de mi mente, que soy yo el responsable material y moral de todo tipo... En cuanto a las acusaciones que se me hacen quiero además decir que no solo esto que se ha leído hoy aquí, sino que todo lo que ha salido por la prensa, por la televisión se ajusta exactamente a la verdad y creo que este relato que acaba de dar el Ministro es mucho mas explícito que lo que yo mismo pudiera decir.... Pero si quiero decirles a los compañeros generales que creo que traicioné a la Patria y que la traición se

---

[152] Ver Tomo IV, pág. 490.

paga con la vida..... Cuando el Ministro me llamó en dos ocasiones debo decir que lo engañé y que no tuve valor para enfrentarlo y yo mismo me desprecio.... Yo creo firmemente, conscientemente, en mi culpabilidad y si aun puedo servir aunque sea de un mal ejemplo, la Revolución me tiene a su servicio, y si esta condena, que puede ser el fusilamiento, llegara, en ese momento si les prometo a todos que mi último pensamiento sera para Fidel, por la gran Revolución que le ha dado a este pueblo. Gracias».

Unánimemente los componentes del Tribunal de Honor aprobaron la siguiente Decisión:

«*Este Tribunal de Honor Militar constituido para analizar las graves conductas infractoras del General de División Arnaldo Ochoa Sánchez, después de escuchar lo expresado por el Ministro de las FAR, General de Ejército Raúl Castro Ruz, lo declarado por el infractor y lo expuesto por los testigos, investigadores y Generales participantes, ha llegado a las conclusiones siguientes:*

«*Que el General de División Arnaldo Ochoa Sánchez ha incurrido en graves faltas al honor y la dignidad de su condición de oficial superior de las FAR, traicionado la confianza depositada en él por el pueblo, la Revolución, el Partido y sus compañeros, lo que constituye el hecho mas repudiable y por lo que deben adoptarse las mas severas medidas disciplinarias y legales.*

«*Ha quedado demostrada su participación directa e intencional en las graves acusaciones que lo involucran, independiente o conjuntamente con oficiales del MININT, en el tráfico internacional de drogas, que como se expresó atentan contra la moral y el prestigio internacional de Cuba y lo mas grave aún, contra la seguridad de nuestro país; serias faltas de carácter moral y corrupción, manejos deshonestos, uso indebido y despilfarro de recursos económicos; obsesiva persistencia en negocios ilícitos involucrando a oficiales subordinados y el no acatamiento de órdenes e indicaciones impartidas por el Ministro de las FAR.*

«*POR TANTO: Este Tribunal de Honor Militar, en uso de las facultades legales y reglamentarias que le están conferidas, resuelve:*

1) Proponer al Ministro de las FAR y que eleve al Consejo de Estado:

a) La solicitud de que sean retirados el Título Honorífico de Héroe de la República de Cuba y demás órdenes, medallas y condecoraciones conferidas.

b) Que solicite al Presidente del Consejo de Estado y de Gobierno y Comandante en Jefe, la privación del grado de General de División y su expulsión deshonrosa de las FAR.

c) Ponerlo a disposición del Tribunal Militar Especial, de acuerdo con lo establecido en el artículo 5 de la Ley de los Tribunales Militares para que sea juzgado por su alta traición a la patria, y que sobre él recaiga todo el peso de la Ley, en correspondencia con la extrema seriedad de sus delitos.

2) Recomendar a los organismos políticos y a la Asamblea Nacional, dada la gravedad de los hechos, su expulsión del Partido y por lo tanto de su Comité Central, así como privarlo de su condición de Diputado de la Asamblea Nacional».

El Tribunal Militar Especial para juzgar la Causa Número Uno de 1989 fue constituido por los Generales de División Ramón Espinosa Martín, Julio Casas Regueiro y Fabián Escalante Font, respectivamente Presidente y Jueces; el General de Brigada Juan Escalona Reguera, Fiscal y Teniente Coronel Ernesto Vasallo Consuegra, Secretario. Los acusados fueron los siguientes, todos expulsados deshonrosamente de sus rangos y cargos y vistiendo pobrísima indumentaria civil: ex-General de División Arnaldo Ochoa Sánchez; ex-Coronel Antonio Rodríguez Estupiñán y ex-Capitán Jorge Martínez Valdés (de las FAR); ex-General de Brigada Patricio de la Guardia; ex-Coronel Antonio de la Guardia; ex-Teniente Coronel Alexis Lago Arocha; ex-Mayores Amado Padrón Trujillo y Gabriel Prendes Gómez; ex-Capitanes Miguel Ruiz Poo, Antonio Sánchez Lima, Leonel Estévez Soto, y Rosa María Abierno Gobín y ex-Tenientes Luis Piñeda Bermúdez y Eduardo Díaz Izquierdo (del MININT.) Como defensores les fueron asignados oficiales de menores grados que cumplirían el cometido de reconocerlos culpables en virtud de sus abyectas confesiones y simplemente se limitarían, como así fue, a solicitar del Tribunal condescendencia en las condenas teniendo en cuenta los valiosos servicios que habían prestado a la Revolución *«antes de cometer sus imperdonables errores propios de militares burgueses pro-imperialistas».* El Fiscal Escalona se ensañó en merecida y cruelísima forma, descargando sobremaneramente sobre todos ellos insultos y ofensas y regocijadamente describiendo en detalle sus hipócritas maquinaciones de bolsa negra (candonga) en Angola cobrando en kwanzas y luego convirtiendo éstas en dólares que secretamente contrabandeaban a Cuba y Panamá ocultándolas en escondrijos o en cuentas bancarias extranjeras, y desmintiendo enfurecidamente la excusa de Ochoa y sus cómplices que pensaban invertir en operaciones de turismo en Cuba. No pasó por alto las comprobadas orgías de sexo y drogas que sistemáticamente organizaban en Angola, para las cuales llevaban de Cuba putas documentadas por el MININT como *internacionalistas proletarias*. Toda la degenerada conducta de esos villanos, mas que merecedores de la purga que sufrían, aparece relatada con lujo de detalles en tres libros que son de obligada lectura para el lector investigativo[153].

Los bravucones jimaguas repitieron la degradante confesión de Ochoa amaricadamente declarando como sigue:

«Yo quiero decirle, Fiscal, que yo soy uno de los máximos responsables de toda esta situación. Fui un cobarde, no tuve la valentía de imponérmeles a Ochoa y Tony cuando me dicen que Martínez había tenido contacto con un hermano de Escobar. No tuve el valor para hacer nada; me quedé callado. En la irresponsabilidad y las estupideces en que yo estaba no me ponía a pensar en nada, era un irresponsable total. En estos días yo he leído unos cables de la prensa extranjera en que unos señores de una comisión de derechos humanos han mencionado mi nombre, el de mi hermano y el de otros compañeros acusados con gran preocupación por nosotros. Plantean que hemos sido torturados física y mentalmente; plantean que hemos estado incomunicados, que hemos estado expuestos a grandes presiones, que nuestras familias han estado expuestas a presión policíaca y no se cuantas mentiras y barbaridades mas. Yo quiero decirles que desde el primer momento en que me detuvieron me trataron como no debían haberme tratado; me trataron con el mayor respeto, la mayor consideración y la mayor atención. En ningún momento hemos estado incomunicados, cada

---

[153] Andrés Oppenheimer, *La Hora Final de Castro*, Simón and Schuster, New York, 1992; Jean-Francois Fogel-Bertrand Rosenthal, *Fin de Siglo en La Habana*, T.M. Editores, Bogotá, 1994 y *Narco Tráfico, Crimen sin Fronteras*, Alfa y Omega Editores, Santo Domingo, 1989.

vez que he querido algo lo he solicitado y me lo han traído. Nadie me ha presionado a nada, ni a decir lo que he dicho. Lo que he hecho lo he reconocido porque he querido. No quiero pasar la vergüenza que esos señores de ninguna comisión de derechos humanos se estén interesando por mi». (Patricio de la Guardia)

«Quiero señalar aquí que acepto todos los cargos que se me imputan y resaltar, señalar, que el máximo responsable soy yo; que ninguno de mis jefes tenía conocimiento de esto. Quiero señalar también que la razón fundamental de todas esas operaciones está dada por un estado de deformación, de irresponsabilidad, de cuanto calificativo de corrupción que llegue a tener, que no me hizo ver, no me hizo tomar conciencia de los graves errores que estaba cometiendo. Fue una actitud de intereses personales, de lucro, de beneficios personales míos, que me hacía tener acceso a dinero, dinero que yo no tenía que justificar. Estoy consciente del daño, del error tan grande que he cometido; del daño que le he hecho a Fidel, a la Revolución, a mis compañeros, a mi institución, a mis hijos, daño que es irreparable. Quiero señalar que nosotros, los acusados aquí, no somos representativos del MININT que está lleno de combatientes heroicos. Nosotros nos olvidamos de todo eso; traicionamos la memoria de nuestros mártires que yo he traicionado vilmente. Nosotros nos merecemos el mas severo castigo. Esto no se borra de la conciencia: imposible traicionar al Comandante en Jefe, su imagen, a esta Revolución y a mi organismo, a mis compañeros que tantos años me fueron leales; la deslealtad mía hacia ellos, la confianza que depositaron en mí. Exhorto a los detenidos a que tengan una actitud cívica, honesta y que digan el por que hicieron estas cosas; que no se refugien en la Revolución, que esto no tiene excusa de ningún tipo». (Antonio de la Guardia.)

El largo y detallado informe oral conclusivo del Fiscal Escalona Reguera, impreso en las páginas 317-35 del libro *«Narco Tráfico, Crimen sin Fronteras»*, termina con su solicitud de la pena de muerte por fusilamiento para Arnaldo Ochoa Sánchez, Antonio de la Guardia Font, Jorge Martínez Valdés y Amado Padrón Trujillo; pena de 30 años de cárcel para Patricio de la Guardia, Antonio Sánchez Lima, Eduardo Díaz Izquierdo, Alexis Lago Arocha, Miguel Ruiz Poo y Rosa María Abierno Gobín; 25 años de prisión para Luis Piñeda Bermúdez, Gabriel Prendes Gómez y Leonel Estévez Soto y 10 años de privación de libertad para Antonio Rodríguez Estupiñán. Un Recurso de Apelación presentado por los defensores contra la sentencia del Tribunal Militar Especial, ante la Sala de lo Militar del Tribunal Supremo, fue rechazado por ésta que ratificó las condenas solicitadas por el Fiscal. El día 9 de julio de 1989 los 29 Miembros del Consejo de Estado se reunieron para considerar si procedía ejercer la facultad de conmutar la sentencia de pena capital dictada por el Tribunal Militar Especial, ratificada por el Tribunal Supremo. La Mesa Presidencial la ocuparon Fidel Castro, *Presidente del Consejo de Estado*; Raúl Castro, *Primer Vicepresidente del Consejo de Estado y Ministro de las FAR*; Pedro Miret y Carlos Rafael Rodríguez, *Vicepresidentes del Consejo de Estado* y José M. Miyar, *Secretario del Consejo de Estado*. Los curules fueron ocupados por los Miembros siguientes: Armando Acosta, *Coordinador de los Comités de Defensa de la Revolución*; Severo Aguirre, *Presidente de la Asamblea Nacional del Poder Popular*; José R. Balaguer, *Secretario del Comité Central del Partido Comunista de Cuba*; Senén Casas, *General de División, Primer Sustituto del Ministro de las FAR*; Abelardo Colomé, *General de Cuerpo de Ejército, Ministro del Interior*; Pedro Chávez, *Presidente de la Asamblea del Poder Popular de La Habana*; Mercedes Díaz, *Enfermera*; Vilma Espín, *Presidenta de la Federación de Mujeres Cubanas*; José R. Fernández, *Ministro de Educación*; Guillermo García, *Miembro del Comité Central*; Armando Hart, *Ministro de Cultura*; Carlos Lage, *Miembro de la Secretaria del Comité Ejecutivo del Consejo de Ministros*; Orlando Lugo, *Presidente de la Asociación de Agricultores Pequeños*; José Ramírez Cruz, *Miembro Suplente del Buró Político*; Roberto Robaina, *Primer Secretario de la Unión de Jóvenes Comunistas*; Pedro C. Saez, *Ingeniero*; Zeida Suárez, *Dirigente Juvenil*; Lidia M. Tablada, *Científica*; Ramiro Valdés, *Miembro del Comité Central*; Roberto Veiga, *Miembro del Buró Político*; Félix Villar, *Obrero*; Juan Almeida Bosque, *Miembro del Buró Político*; Osmani Cienfuegos, *Secretario del Comité Ejecutivo del Consejo de Ministros* y José R. Machado Ventura, *Miembro del Buró Político*, todos los cuales, en mayor o menor dimensión, desratizaron a los candidatos al paredón y aplaudieron la perorata-resumen de Fidel Castro en la que se atribuyó la estrategia militar que, según él, había radiado desde La Habana a Ochoa *y puesto en práctica por este simulador y oportunista narco traficante*. La madrugada del día 13 de julio de 1989 fueron pasados por las armas, con pleno apoyo de ello por el Consejo de Estado, los cuatro condenados. Que eran despachados sin ceremonia al círculo del infierno reservado por Lucifer para los fallecidos comunistas y fascistas mundiales. Que lo compartían con los capitalistas salvajes corruptores de la democracia constitucional representativa universal.

Ajustándose al patrón totalitario de las purgas partidistas, los hermanos Castro Ruz entraron a saco en el MININT encarcelando a su sádico jefe, el General de División José *Beria* Abrantes Fernández y sometiéndolo a un juicio secreto del cual no se publicitó su resultado pero si la noticia que había muerto de un ataque cardíaco en prisión. Además, el Granma publicó una nota en que brevemente anunciaba que habían sido aceptadas las renuncias de los Generales de Brigada del MININT Amado Valdés de las Tropas Guardafronteras; Miguel Bermejo del Cuerpo de Bomberos y Manuel Suárez Álvarez y Félix Véliz Hernández, Jefes de la Dirección Política. A esto siguió la noticia que Leví Farah, Ministro de la Industria de Materiales de Construcción y Emilio Aragonés Navarro[154], Presidente del Banco Financiero Internacional, habían sido sustituídos. La misión represiva del MININT y su Departamento de la Seguridad del Estado continuó ininterrumpida bajo el mando del General de Cuerpo de Ejército Abelardo *Furry* Colomé Ibarra solo que ahora pasaban al control del MINFAR. Sin entrar en detalles del asunto, el Granma dio a conocer que Diocles Torralbas González después de ser deshonrado como General de División, había sido condenado a 30 años de cárcel y que se prohibía la distribución de las revistas soviéticas *Novedades de Moscu* y *Sputnik*. Habrá que esperar hasta la caída del régimen comunista cubano y que los investigadores historiológicos tengan acceso a lo que pueda quedar en los archivos secretos del MINFAR y el MININT para saber con relativa exactitud la verdad de lo ocurrido. Pero la mas aproximada conjetura presente, juzgando los antecedentes de los personajes envueltos, es que el tráfico de drogas estaba aprobado por Fidel Castro y administrado por sus agentes complicados en el escándalo descrito en anteriores páginas pero que había sido suspendido en vista del procesamiento de aquellos en Estados Unidos y que había sido renovado *«por la libre»* por

---

[154] Ver Tomo IV, págs. 48, 110, 136, 171, 196, 223, 272, 322, 351-52, 375, 395, 408, 478, 605.

Ochoa y Tony de la Guardia con vista a enriquecerse clandestinamente para en un momento determinado desertar y hallarse en posesión de tremendo capital en el extranjero para seguir viviendo *«la dulce vida»* y convertidos en *«disidentes»* al estilo de Manuel Sánchez Pérez, José Luis Llovio, Juan Benemelis, Manuel Moreno Fraginals, Norberto Fuentes, Carlos Franqui, Carlos Verdecia, Roberto Luque Escalona, Rafael del Pino, Orestes Lorenzo, Daniel Alarcón Ramírez y toda la interminable lista de traidores dobles que infectan la prensa, el radio y la televisión del exilio, santificados por Washington, la Fundación Nacional Cubano Americana, Florida International University, University of Miami y su North-South Campus y Radio Martí.

Hasta que punto bajo de indignidad llegaron algunos grandes señores del supuesto exilio anti-comunista fue mostrado en Diario Las Américas, el día 13 de julio de 1989 cuando informó que Tony Varona, Jorge Mas Canosa, Armando Valladares y Diego Suárez pedían apoyo público a su campaña por el no fusilamiento de Ochoa alegando que el genocida piloto de Playa Girón y África, Rafael del Pino, les había confiado *«que Ochoa y un grupo de oficiales de alta graduación conspiraban para implantar en Cuba la perestroika y el glasnost de acuerdo con Mihail Gorbachev...»* El siguiente día 18 los lectores fueron impactados por ese periódico con la estrepitosa declaración de Alberto Martínez Echenique, vocero del Partido Independentista Cubano, acerca de una asonada militar en Oriente que había producido doce muertos y que con su palabra de honor garantizaba la veracidad del hecho. Ignorando los antecedentes turbios de la conducta de Ochoa, puestos al descubierto por el *Autor* y Victor Mora, que lo conocían bien[155], a bombo y platillo fue anunciada una Mesa Redonda en Radio Mambí que presidida por Armando *Seso Hueco* Pérez Roura e integrada por los reciclados comunistas Rafael del Pino, Óscar Valdés, Nelson González y el sicario de la SDE, Manuel Beunza y los antaño enemigos de ellos, Andrés Nazario Sargén y Ángel Cuadra Landrove *«presentarían un documentado y sereno análisis que auguraba un cercano derrocamiento de Fidel Castro como consecuencia del caso Ochoa-La Guardia»*. Todo resultó un nada entre dos platos excepto por la inaudita propuesta de Cuadra Landrove que se abriera una carta de crédito política por adelantado a todos los

---

[155] Ver Tomo IV, págs. 135, 477, 482, 623-24.

que desertaran de su militancia fidelo-comunista. No obstante que Agustín Tamargo, Tomás García Fusté y Marta Flores, sin discusión alguna los mas escuchados comentaristas y entrevistadores radiofónicos del exilio, continuaron dándole importancia al caso Ochoa-La Guardia insistiendo en la probabilidad de un alzamiento militar o un golpe de estado protagonizado por los miles de subalternos de aquellos en la cruenta aventura africana castrista[156], que según ellos los adoraban, de acuerdo con los informes de sus fuentes conspirativas en Cuba, que ratificaban sus entrevistados, la prensa miamense anglo-cubana relegó a páginas interiores sus informes de un asunto que ya no era noticia importante puesto que en la Isla su populacho metódicamente acudía por cientos de miles a los actos convocados por sus rebañeros para reafirmar su apoyo al gobierno comunista que gozaba dándole patadas en el trasero. Bien merecidas.

XXVIII

La perestroika en Europa comunista. La invasión de Panamá. Detrás de las fachadas de las Villas Potemkin en Rusia, Cuba y la FNCA. La libertad de pensamiento y de prensa en las Constituciones de Cuba (1940) y de Estados Unidos. La mordaza aplicada al Noticiero La Mogolla de Alberto González. Primicias del proceso electoral de 1989. Triunfal elección de Ileana Ros-Lehtinen al Congreso Federal. Cantos de sirena del Partido Republicano. Aclaración demográfica y territorial de Miami-Dade County.

El reformismo que se desarrollaba en Rusia tomó cuerpo en sus naciones cautivas y creó un pánico moderado en los desgobernantes cubanos que presentían el resquebrajamiento del centralismo totalitario que los mantenían en el poder. La masacre de los estudiantes chinos en la plaza de Tiananmen, en Peking, fue disminuida como un asunto interno sin importancia para Cuba. La derrota comunista en las elecciones de Polonia no fue comentada en La

---

[156] Ver Tomo IV, págs. 620-24.

Habana. Temiendo el contagio perestroiko de sus jóvenes comunistas que hacían estudios en los países del Bloque Socialista se les ordenó regresar a Cuba junto con los miles de obreros que talaban bosques en Siberia. En Alemania Oriental los motines anticomunistas se multiplicaron y dieron lugar a la destrucción del Muro de Berlín y la ocultación del dictador Erich Honecker. En Bucarest fueron ajusticiados el dictador rumano Nicolás Ceausescu y su esposa Helena. En Checoeslovakia el reciclado comunista Vaclav Havel triunfó electoralmente con su *revolución del terciopelo* y en Bulgaria, el país mas sumiso a Moscú, después de declararse independiente y cambiar el nombre del Partido Comunista por el de Partido Socialista Búlgaro instauró un régimen de perestroika similar al de la nueva Rusia. En su traspatio antillano Castro tragó en seco cuando el gobierno sandinista de Nicaragua declaró su compromiso de celebrar elecciones libres. Y finalmente, el día 20 de diciembre de 1989 cumpliendo ordenes del presidente de los Estados Unidos, George Bush, fue invadida Panamá en forma brutal de bombardeos aéreos que redujeron a escombros el barrio Chorrillos de su capital causando tan grande número de víctimas que se ha guardado en secreto su total. El hombre fuerte de Panamá, Manuel Noriega había sido un coronel a sueldo de la CIA durante años pero se envolvió en el tráfico de drogas hacia los Estados Unidos y esa infausta labor fue su merecida desgracia. Los sucesos de Panamá fueron de tal complicadas facetas que su lectura es fascinante y comprometedora para las administraciones de los presidentes Reagan y Bush[157] y de refilón envuelven a Cuba comunista por lo de la maraña Ochoa-De la Guardia y su conexión pañameña contrabandista de equipos electrónicos, productos marinos y burla del embargo, aunque no de drogas ni lavado de dinero: el hebreo-cubano Bernardo *El Colorado* Benes[158].

El apelativo *Villas Potemkin* se originó en Rusia bajo el reinado de Catalina II en razón de que su favorito cortesano, Gregorich Potemkin, hizo construir a lo largo de las riberas del Volga una serie de poblaciones que solo tenían fachadas y en las cuales supuestos residentes de ellas, vestidos con sus mejores galas, alegremente saludaban a la comitiva de embarcaciones que transportaban, en viaje de turismo, a la emperatriz y su séquito que se

---

[157] Clifford Krauss, *Inside Central América*, Summit Books, N.Y. 1991.

[158] Ver Tomo IV, págs. 286, 563, 629.

complacían con aquellos demostraciones de cariño que contradecían las quejas que llegaban a la Corte en Moscú acerca de la pobreza en que vivían los campesinos. En Hollywood, la meca del cine, se le dio ese nombre a los edificios, castillos, casas, bosques, murallas, etc., también puras fachadas que servían de escenarios a las películas. Este farandulesco sistema de los politiqueros y los cinematográficos de mostrar lindas fachadas que oculten la realidad pavorosa existente detrás de ellas proliferó en Cuba desde Estrada Palma hasta Fidel Castro tal y como aparece documentado en los precedentes Tomos II, III y IV de esta *Historiología Cubana*. A sabiendas que el populacho siempre ha comprendido la incomensurable mayoría de los habitantes de la Isla y del Exilio, antes y ahora, carentes de conciencia cívica y susceptibles a la hipnótica fortaleza que sobre ellos ejercen retóricos, demagogos, tribunos de la canalla, escritorzuelos mercenarios, clérigos simoníacos, santeros y astrólogos embaucadores, potentados sobornadores, caudillos militares, poetastros sensibleros, tránsfugas, cambiacasacas y traidores ideológicos y partidistas, ficticios historiadores, etc., los componentes de esa morralla cubiche enumerada persisten en sus desvergüenzas y triunfan en sus malos empeños inevitablemente de desinformar y corromper al pueblo para trocarlo en populacho o masa.

Las Villas Potemkin del gobierno comunista hasta 1980, como leímos[159], fueron las Leyes 40 y 447, las Reformas Agraria y Urbana, el cordón de cafetales, la zafra gigante, etc., principalmente. Los síndicos de la FNCA, habilidosamente manipulados por Jorge Mas Canosa, aprobaron en 1989 el establecimiento de las suyas al enterarse del Informe de la Oficina del Censo, el día 21 de febrero de 1989 que descubría que los refugiados cubanos en los Estados Unidos eran el grupo hispánico de ingreso familiar mas alto y la tasa de desempleo mas baja y que los cubanos exiliados ocupaban mas empleos profesionales y administrativos que sus hermanos portorriqueños, méjico-americanos, colombianos, etc. Señalaban también que tenían un ingreso medio anual de $26,770.00 que era un 34% mas que las familias de otros grupos hispanos censados. Era una potencial fuente de ingresos para los propósitos políticos de la FNCA si se conjugaba sabiamente esa economía con una todo poderosa campaña publicitaria en favor de la libertad de Cuba

---

[159] Ver Tomo IV, págs. 39-40, 51-54, 66-70, 281-87, 529-40.

por vía del cabildeo y el concurso de gobernantes amistosos a la FNCA. La primera fase del enjuague consistió en empadronar a los exiliados con derecho al voto en el Partido Republicano que se hallaba en el poder nacional y que trabajaba ingentemente por ganarlo municipalmente en Miami y el Condado de Dade y por contar con una fuerte representación en la Cámara y el Senado estatal de cubano-americanos. Ademas, meterle una cuña negativa al Partido Demócrata asimilándolo al cooperacionismo con el régimen de La Habana y fragmentándolo con deserciones o grupos de sus afiliados declarándose en favor de candidatos Republicanos mientras actuaban de quintacolumnistas en el Demócrata. La maniobra era una copia-carbón de los artificios de la politiquería isleña ejemplarizada por *El Pacto de la Desvergüenza Liberal-Autentico* en 1951 y de gran parecido al logro capitalista salvaje practicado por los aprovechados autores y fautores del cuartelazo traidor del 10 de marzo de 1952[160]. Como mas adelante leeremos esos *«poderosos caballeros Don Dineros»* harían del anti-comunismo una provechosa industria que abatiría las organizaciones enfrascadas en *la guerra por los caminos del mundo*. En complicidad flagrante con los renegados de ella. Y por rebote beneficiando, al unísono, a Washington y la Habana. Prueba al canto seguidamente, copiada de la prensa miamense en 1989:

«La Fundación da comienzo a una intensa campaña periodística, radial y televisiva de proselitismo con el lema «Por una Cuba libre y democrática» con el objetivo, según Jorge Mas Canosa, de unir mas aún a la FNCA con el destierro en el esfuerzo de lograr la libertad y la democracia en Cuba. Vehementemente instó al público a asociarse a la Fundación contribuyendo mensualmente con diez dólares para así poder mejorar y aumentar la labor que ella está haciendo por Cuba y que ha logrado el establecimiento de Televisión Martí la cual recibirá la suma de $16,000,000.00 para operar durante dos años. (Abril 10 de 1989)

«La Fundación Nacional Cubano Americana anuncia que el Estado de Florida le ha concedido un millón de dólares para su Centro de Información sobre Cuba y revela acuerdo con Jonas Savimbi de UNITA

---

[160] Ver Tomo III, págs. 159-61, 335-43, 365-68.

en Angola y con el gobierno de apartheid en África del Sur para establecer la paz y conseguir la retirada de las tropas cubanas de Angola y Namibia. La delegación de la Fundación estuvo formada por Jorge Mas Canosa, Alberto Hernández, Feliciano Foyo, Tony Costa, Francisco «Pepe» Hernández, Roberto Martín Pérez y Tomás García Fusté». (Junio 11 de 1989)

«La Fundación publica un «Informe al Pueblo» haciendo una relación de sus éxitos cabilderos que han logrado una donación de un millón de dólares por el Estado de Florida; un Centro de Información sobre Cuba; el apoyo de los presidentes Ronald Reagan y George Bush a Radio y T.V. Martí; la victoria sobre Cuba comunista en Ginebra en la Comisión de Derechos Humanos de las Naciones Unidas; la decisiva ayuda a la UNITA de Jonas Savimbi en Angola y el Fondo de Ayuda al Éxodo Cubano para negociar con Washington la entrada legal en Estados Unidos de cubanos varados en terceros países». (Julio 27 de 1989)

«Crea la FNCA un programa financiero de tarjetas de crédito, con su logo impreso, en sociedad con el Republic National Bank del cual es gerente el Directivo de ella, Dr. Luis Botifoll, que le asignará un porcentaje de 6% de lo que el usuario cargue en la tarjeta. Según afirma Jorge Mas Canosa este programa le proporciona al exilio y a todos los amigos de la causa de Cuba una vía mas de participar en el trabajo por la liberación de la Isla esclavizada mediante la promoción en los Estados Unidos de los valores y el pensar de los cubanos libres». (Noviembre 28 de 1989)

Detrás de las fachadas de estas Villas Potemkin de la FNCA estaba la realidad de que Radio Martí y TV Martí no se oían ni veían en Cuba bloqueadas por emisoras comunistas; que las recaudaciones obtenidas por medio de maratones radiales, carnets de afiliación, comisiones por tarjetas de crédito y donaciones privadas constituían la fuente de los gastos de propaganda y viajes mundiales de *los mayimbes* de su Directiva y burócratas principales; que su alarde de haber fomentado y logrado la paz en África era un indecente cuento de camino; que la traída a Estados Unidos de cubanos varados en terceros países era respaldada por un seguro adquirido por sus familiares garantizando que no serían carga pública; que no favorecieron a los indigentes cubanos estancados en Perú y si a los esbirritos comunistas becados en Rusia y sus naciones cautivas, conocidos como *gusanos rojos* en el exilio; que la tal victoria en Ginebra en la Comisión de Derechos Humanos era falsa pues no se había condenado por su violación ni a Cuba comunista ni a Fidel Castro y finalmente, que nunca, jamás, satisficieron la demanda exigida por el Dr. Máximo Sorondo, vista en anterior página, de que aclarasen las jactanciosas palucherías pregonadas el día 20 de mayo de 1987.

La libertad de prensa y los conflictos a causa de ella en la República entre empresas periodísticas, periodistas y gobernantes ocasionaron atrocidades inmensas que constaron desde asesinatos y golpeaduras hasta la ingestión forzada de palmacristi en dosis de un litro a reporteros y locutores. En especial durante los periodos presidenciales desde 1902 hasta 1940, como aparece en el Tomo II. El Artículo 33 del Título IV sobre los Derechos Individuales, hoy en día conocidos indistintamente como Derechos Civiles o Humanos, de la Constitución de 1940, determinó con claridad meridiana lo siguiente:

«Toda persona podrá, sin sujeción a censura previa, emitir libremente su pensamiento de palabra, por escrito o por cualquier otro medio gráfico u oral de expresión, utilizando para ello cualesquiera o todos los procedimientos de difusión disponibles. Solo podrá ser recogida la edición de libros, folletos, discos, películas, periódicos o publicaciones de cualquier índole cuando atenten contra la honra de las personas, el orden social o la paz pública, previa resolución fundada de autoridad judicial competente y sin perjuicio de las responsabilidades que se deduzcan del hecho delictuoso cometido. En los casos a que se refiere este Artículo no se podrá ocupar ni impedir el uso y disfrute de los locales, equipos o instrumentos que utilice el órgano de publicidad de que se trate, salvo por responsabilidad civil».

Lo especificado en ese Artículo 33 fue respetado desde 1940 hasta el día 3 de agosto de 1950 cuando el gobierno de Carlos Prío Socarrás puso en vigor arbitrariamente un llamado *Derecho de Réplica*, bautizado como *Decreto Mordaza* por la oposición, porque se restringían las denuncias públicas sobre la corrupción administrativa gubernamental que diera lugar a la Causa 82 y que ocasionara un motín político y una brutal represión policíaca que dejó una secuela de un muerto y varios heridos el día 18 de febrero de 1951[161]. La dictadura de Fulgencio Batista generada por el ignominioso golpe militar el 10 de marzo de 1952 decretó la censura de prensa en varias ocasiones y la tiranía de Fidel Castro eliminó lo expuesto en el Artículo 33 primero con *la coletilla* y después con la confiscación de periódicos, imprentas, estaciones de radio y televisión, noticieros cinematográficos, etc. para poner todos esos medios de información al servicio de su satrapía moscovita con el apoyo de tránsfugas y reciclados batistianos y comunistas que vuelven por las andadas en un sufrido destierro, por ellos creado, que desvergonzadamente los aplaude[162].

Como anteriormente quedó expuesto, Jorge Mas Canosa y sus eminentes comitivas en la FNCA resintieron que The Miami Herald descubriese líos y publicase artículos que no eran de su agrado y contra el dicho rotativo desataron la afrentosa campaña de «*No Creo en el Herald*» descrita. Esto, como es natural, era una descubierta embestida a la integridad del texto de la primera enmienda a la Carta Magna de los Estados Unidos que desde la instauración constitucional en 1791 de la Carta de Derechos había consagrado inmutables la libertad de expresión, de prensa, de religión y de asamblea. Pero mas que la molestia de que se dieran a conocer sus trapisondas político-económicas les llenó de ira el ser objeto de sátiras humorísticas por parte del irrefrenable y burlesco periodista y brillante creador de libretos que ponían en ridículo, a gusto y regusto de radioescuchas y televidentes, a gobernantes, potentados, figurones, etc., Alberto González, quien trajo con él a Miami su ganada fama en Cuba democrática y en Puerto Rico. Después de múltiples contratiempos profesionales y económicos Alberto González logró establecerse exitosamente con su programa humorístico *Noticiero La Mogolla* que compartía con el genial imitador de voces Tito Hernández a quien había sacado del olvido en que vivía en Miami y actualizado nuevamente. El víacrucis de Alberto González en el periodismo serio y en la farándula es conocido en detalles por el *Autor* pero como aquel está escribiendo su autobiografía no es ético, ni masculino, el adelantársele. Pero si hacer constar que el día 14 de noviembre de 1989 la señora Aurora Vaillant de Maldonado, accionista de la emisora WRHC Cadena Azul, anunció el despido de

---

[161] Ver Tomo III, págs. 158-59, 194-97.

[162] Ver Tomo IV, págs. 208-16.

Alberto González de su nómina y la clausura de su programa humorístico *Noticiero La Mogolla* diciendo: «*El Sr. González comenzó campañas de ridiculizar a personalidades y entidades respetables de Miami tales como Jeb Bush, hijo del Presidente de los Estados Unidos; el banquero Carlos Arboleya; la ex-Comisionada Rosario Kennedy; el alcalde Xavier Suárez y el presidente de la Fundación Nacional Cubano Americana Jorge Mas Canosa y eso no puede tolerarse de ninguna manera».* Esta mordaza impuesta a Alberto González en Miami era una duplicación de la que le impuso el comunista Carlos Franqui en La Habana a su Diario Nacional y al semanario humorístico Zig-Zag de Carlos Robreño y José Manuel Roseñada.

El proceso electoral del otoño de 1989 revivió el apasionamiento político y politiquero del entorno cubano-americano de Miami-Dade. Comenzó a raíz de la muerte del congresista del Partido Demócrata, Claude Pepper, benefactor destacadísimo de la inmigración cubana y de ella en especial de la niñez y la vejez para quienes había conseguido infinidad de mercedes presupuestales federales y estatales. El distrito electoral que representaba en Washington, al momento de su fallecimiento, contaba con una mayoría de votantes de origen cubano que cerradamente le favorecían en las urnas y que de acuerdo con investigaciones hechas al efecto eran afiliados al Partido Demócrata. El escaño de Pepper debía ser objeto de una elección de precandidatos en unas primarias partidistas que seleccionarían los dos que competirían por el vacado curul. La dirigencia del Demócrata convenció a la Comisionada de Miami, Rosario Argüelles Kennedy, a que aspirara a la postulación primaria después de renunciar su cargo en la alcaldía de Miami pues confiaban en que los votos de Pepper serían heredados por una candidata Demócrata de origen cubano. No resultó real el cálculo pues Rosario Kennedy fue vencida por otro aspirante Demócrata, Gerald Richman. El Republicano seleccionó en la elección primaria a la congresista estatal, cubana nativa, Ileana Ros-Lehtinen que ganó ampliamente su postulación al Congreso Federal y luego derrotó decisivamente a Richman y obtuvo el honor de ser la primera persona exiliada política cubana, hombre o mujer, que se sentara como Congresista en la Cámara de Representantes en Washington. Los dolidos partidarios de Richman atribuyeron su derrota a que Rosario Kennedy no había tomado parte en su campaña favoreciendo con ello a Ros Lehtinen y al Republicano. Lo cierto era que el llamado *voto cubano* se volcaba sobre el candidato que creían los beneficiaría económicamente y defendería su cultura y tradiciones amenazadas por la inmersión americanista del *Melting Pot* y no por lealtad al partido político a que pertenecían. El tan socorrido tema *Cubano vota Cubano* imperaba sobre la filosofía política de los partidos en la hora de las urnas cuando y donde el voto era secreto y personal, no partidista. Al partido de Lyndon Johnson y Jimmy Carter debían los exiliados cubanos, políticos o económicos, las bondades que nunca les proporcionaron los regentes del partido de Richard Nixon y Ronald Reagan. Pero lo olvidan cuando arrobados ponen atención a los cantos de sirena del Republicano y sus petulantes sermoneadores motejando el *New Deal* de Franklin Delano Roosevelt y sus leyes de servicio social como de inspiración comunista en intencionada ignorancia de lo que fue su política del *Buen Vecino*[163].

Lo que consideramos entorno cubano-americano en relación a la demografía del territorio geográfico del sur de Florida, asiento de la mayoría del exilio, ha sido en forma general o variada descrito como Miami, Ciudad de Miami, Condado de Dade, Miami-Dade y Metro-Dade. Estas descripciones, en relación a la política electoral y a la influencia de ésta en las esferas gobernantes no es exacta y puede confundir al lector meticuloso. Un examen cuidadoso del mapa del territorio del Condado de Dade muestra que dentro de sus límites, además de Miami existen municipalidades independientes tales como Coral Gables, West Miami, South Miami, Sweetwater, Miami Springs, Virginia Gardens, Medley, Hialeah Gardens, Opalocka, Miami Shores, El Portal, North Miami, Biscayne Park, North Miami, Aventura y Hialeah en algunas de las cuales han sido electos Alcaldes y Comisionados cubanos exiliados y sus descendientes nacidos en Estados Unidos. Y pariguales de ellos en Miami-Dade representan ese entorno cubano-americano en el congreso estatal en Tallahassee y el federal en Washington. El sistema de gobiernos locales fue descrito, con sus bienes y sus males, en el anterior capítulo XIV.

---

[163] Ver Tomo II, págs. 401-03.

XXIX

La pugna por el escaño cubano de Rosario Kennedy en la Comisión de Miami. Athalie Range y Luis Morse. Xavier Suárez acusado de traición. La controversia Juan García-Luis Morse. Las clases vivas en Cuba. Su apego a dictaduras y tiranías. El folleto ¡A Palacio!, apología batistiana. La CAMACOL. Su historia y nomenclatura. Luis Sabines, Presidente Emérito. Su cambio de casaca política de Demócrata Liberal a Republicano Conservador.

El escaño dejado vacante por Rosario Kennedy en la Comisión de Miami era firmemente considerado como *un escaño cubano* por los votantes de esa etnia y sus líderes dedicaron sus esfuerzos a cabildear al alcalde Suárez y a los Comisionados Miller Dawkins, Víctor de Yurre y J.L. Plummer para que votaran por el congresista estatal, Luis Morse, leal amigo y seguidor del alcalde, quien aceptó la proposición inducido por los personeros de la FNCA, según informe en *La Mogolla* de Alberto González, que fueron Erelio Peña, *Tony* Zamora y *Pepe* Hernández. Pero algo imprevisto agrió el potaje cabildero: la ex-Comisionada negra Athalie Range presentó su candidatura obligando a Miller Dawkins a votar por ella por las poderosísimas razones que era de su raza y que su cargo de Comisionado vencía en noviembre y si pensaba en reelegirse no podía enfrentar el desagrado de su comunidad. Inteligentemente Dawkins aseguró que Athalie Range se había comprometido con él a no aspirar en la elección programada para noviembre. Al saberlo los aspirantes Humberto Cortina, Miriam Alonso y Willy Gort desistieron de su deseo postulatorio como una deferencia a la comunidad negra que les agradecería el noble gesto. Solo mantuvo su aspiración, con el apoyo de Víctor de Yurre, Manolo Reyes que no era el Manolo *Niño Pilón* Reyes conocido anti-castrista[164]. El martes día 27 de junio de 1989 se reunieron los 4 grandes electores y después de votar diez veces se mantuvo un empate; Suárez y Plummer por Luis Morse y Dawkins y De Yurre por Athalie Range. Decidieron reunirse nuevamente el siguiente día para decidir la

---

[164] Ver Tomo IV, pág. 570.

cuestión. La víspera en la noche y en la mañana del miércoles 28, según documentamos de la prensa, cabilderos, que definieron como afro-americanos, visitaron a Xavier Suárez, mencionando a James Burke, Willard Fair, Jessee McCrary y los reverendos Victor Curry y Richard Dunn. No se mencionó el nombre de Yaweh Ben Yaweh que se hallaba en problemas con la policía acusado de criminalidad común.

Si Fidel Castro hubiera hecho su aparición como aspirante no se hubieran producido el asombro, la cólera y el chasco que impactaron a los partidarios de Luis Morse al contemplar anonadados que Xavier Suárez votaba por Athalie Range junto con Dawkins y De Yurre. El Comisionado anglo J.L. Plummer se mantuvo firme en favor de Luis Morse. La puñalada trapera de Carollo a Ferré en 1983 y el golpe bajo de éste a Masvidal en 1985 no eran tan repudiables como ésta maldad de Suárez a Morse, alegaban los respaldadores de éste, porque en aquellas ocasiones se trataba de un cubano contra un portorriqueño y de un portorriqueño contra un cubano pero ahora un cubano traicionaba a otro en favor de entregar *un escaño cubano* a una líder de la comunidad negra que se identificaba con Jesse Jackson y Nelson Mandela, amigos de Fidel Castro. Esta controversia que tenía ribetes de discriminación racial y chauvinismo se complicó mas aún cuando Juan C. García, asistente que había sido de Xavier Suárez y director de la publicidad de Ileana Ros en su contienda con Gerald Richman, publicó en El Nuevo Herald, el día 2 de julio de 1989, un artículo en que responsabilizaba a Víctor de Yurre con la trapisonda y afirmaba que Suárez había pedido a Morse que retirara su aspiración y se postulara en noviembre cuando le daría todo su apoyo. Con respecto al cabildeo ejercido sobre Suárez expresó claramente: *«Quizá nunca lleguemos a saber todo lo que se dijo o prometió, ni todo lo que se exigía a cambio de un respaldo en la votación del miércoles»*. El siguiente día 9 de julio de 1989 el representante estatal Luis C. Morse respondió en El Nuevo Herald con un artículo en que desmentía lo dicho por García de que Suárez le había pedido el retiro de su aspiración a cambio de apoyarlo en noviembre y declaraba: *«Sobre la petición de que habla Juan García, el mismo alcalde se encargó de desmentirla, cuando al ser interrogado sobre su cambio en la votación, decisión que me había comunicado, le expresó al periodista del Herald, Ronnie Ramos: «Nunca le dije que lo haría».* Esta declaración fue publicada en The Miami Herald y El Nuevo Heeerald el 29 de junio.... No se debe dejar de *prestar atención a lo que ocurrió en la oficina del alcalde Suárez cuando lo visitaron los dos reverendos, antes de cambiar su voto y otorgárselo a la Sra. Range. El propio Juan García expresó en su carta que «quizá nunca lleguemos a saber todo lo que se dijo o se prometió, ni todo lo que se exigía a cambio de un respaldo en la votación del miércoles».*

Como anteriormente leímos, al establecerse Cuba como un país independiente la industria y el comercio permanecieron en manos de españoles y colonialistas del autonomismo a quienes se sumaron empresarios imperialistas yanquis amparados por la Enmienda Platt. La máxima expresión del sistema de poner al Estado al servicio del interés particular del capitalismo financiero ocurrió durante los dos períodos presidenciales del general Mario García Menocal, arquetipo del gobernante fanático proclamado como *conservador*[165]. Cuando se postuló nuevamente en 1924 *las clases vivas* apoyaron su candidatura públicamente, algo que por primera vez ocurría en Cuba, pero perdió las elecciones frente al general Gerardo Machado que fue auspiciado y financiado por el americano Henry W. Catlin en representación de la Electric Bond & Share y por Laureano Falla ejecutivo magno de los azucareros, o *sucarócratas* como así corresponde llamar a esa clase económica y política. Cuando aspiró a su reelección en 1927, que culminó en la Reforma Constitucional, la Prórroga de Poderes y su derrocamiento en 1933 sus instigadores y cómplices fueron los hacendados cubanos presididos por Higinio Fanjul y los americanos por Walter H. Armsby de la Cuban-Dominican Sugar Company. Cuando Fulgencio Batista, después de haber tiranizado a los cubanos, como Jefe del Ejército desde 1934, aspiró a la presidencia en 1938, *las clases vivas* integradas en la Unión Social-Económica de Cuba (USEC) formada por la Asociación Nacional de Hacendados, la Banca nacional y extranjera, las Sociedades Regionales, los Centros de Detallistas y de la Propiedad y la Asociación de Industriales, inconcebiblemente hermanados con el revivido Partido Comunista, dedicaron enormes cantidades de dinero a la organización de un monumental acto de recibimiento al sargento-coronel a su regreso de su viaje a Washington calificándolo de

---

[165] Ver Tomo II, págs. 247-50, 307-09.

Mensajero de la Prosperidad y luego ganándole la presidencia en 1940[166]. En 1952, a raíz del cuartelazo del 10 de marzo de ese fatídico año, *las clases vivas* desfilaron por Palacio a ofrecer su cooperación a la nueva dictadura del ahora sargento-general y ex-Presidente Constitucional[167]. Cosa degradante que repitieron después de que saliera ileso del ataque al Palacio por el Directorio Revolucionario el día 13 de marzo de 1957[168]. Curiosamente, el libro que publicara en 1959 Marcos Bravo con el título *El Segundo Ataque al Palacio* fue duplicado, corregido y aumentado por Rafael Díaz Balart, anónimamente y sin pie de imprenta en Miami, bajo el título *¡A Palacio!* plenamente lleno de testimonios y fotografías en una de las cuales, en la página 23, aparece nítidamente Armando *Seso Hueco* Pérez Roura junto a Batista y el micrófono que utilizaba como locutor oficial de la oficina de propaganda radial del Palacio. *Las clases vivas*, camaleones oportunistas, volcaron su entusiasmo mercantilista, sobre Fidel Castro y Osvaldo Dorticós y también sobre el soviético Anastas Mikoyan en 1959[169] hasta que fueron siquitrillados a troche y moche y marcharon al exilio arrogándose la condición de exiliados políticos. La versión miamense de *las clases vivas* quedó representada principalmente en la Cámara de Comercio Latina (CAMACOL) cuya historia fue relatada por Floridano Feria en Diario Las Américas el día 13 de septiembre de 1989 en la siguiente forma:

«La creación de la CAMACOL surgió a través de una idea de Román Campa, actualmente asistente ejecutivo del renombrado banquero cubano-americano Carlos Arboleya, Chairman del Barnett Bank de Miami, quien, a su vez, es Asesor Financiero de CAMACOL. A Campa lo secundaron en el empeño los señores Eliseo Riera Gómez y Gilberto Almeida, ambos reconocidos hombres de negocios del sector, quienes se responsabilizaron inicialmente con la tarea de constituir la Junta de Directores Provisional. En 1968 fue elegida la Junta de Directores, siendo su presidente el señor Manuel Balado, dueño de Balado Tires,

---

[166] Ver Tomo II, págs. 537-40.

[167] Ver Tomo III, págs. 215-17.

[168] Ibid., págs. 436-39.

[169] Ver Tomo IV, págs. 111-15, 192-93.

quien fue reelecto para un segundo período de dos años. El criterio era constituir, organizar y poner en marcha una institución sin fines de lucro, para la defensa de los intereses de los comerciantes e industriales latinos en los Estados Unidos. En 1972 el señor Luis Sabines, un hombre que será con el tiempo sinónimo de CAMACOL –tanto así que hoy se le conoce como «Mr. CAMACOL»– es elegido presidente de la entidad (1972) y reelecto en 1974.

«Se trata, a partir de entonces, de una verdadera simbiosis entre la organización y su titular, convirtiéndose Sabines, tanto por su espíritu realizador como por su capacidad negociadora, digna, de acuerdo con sus mas allegados, de un versado diplomático internacional, en la imagen de CAMACOL que se prolonga hasta la fecha. Hoy, las nuevas generaciones actuantes dentro de la entidad conforman una unidad de acción con los pioneros y mas veteranos dirigentes, por lo que aquella imagen lograda mediante tanto esfuerzo por parte de tantos individuos tiene en la actualidad un perfil futurista de aún mayor crecimiento y progreso. En 1978, Sabines entrega el cargo al señor Rogelio Barrios, dueño de Lavín Baby Center, quien presidió la CAMACOL durante 1977-1979. Pero en 1979 Sabines vuelve a la presidencia por los períodos 1979-1981 y 1981-1983. Siguió a Sabines el señor Eloy B. González (1983-1985.) Pero es electo nuevamente Sabines en 1985 y reelegido en 1987 y en el día de hoy para el período 1989-1991».

A fines de 1989 la CAMACOL había vencido al *No Grupo* y era ahora lo que Mauricio Ferré había dicho de éste: «*Es el gobierno en las sombras del Condado de Dade*». El poderío económico de la CAMACOL había obtenido el poder político de Miami-Dade como se comprobó en la ocasión de celebrarse en Miami el Décimo Congreso Hemisférico de Cámaras de Comercio e Industrias Latinas, magistralmente organizado por Luis Sabines, William Alexander y Orlando Naranjo, que bajo el lema «*La empresa privada como factor de la integración económica de América Latina y el Caribe*» serviría según afirmaron, «*para afianzar aún mas los lazos comerciales y fraternales entre las Cámaras de Comercio y Funcionarios de 25 países ibero-americanos y los empresarios hispanos de los Estados Unidos*», cuando el gobernador de Florida, Robert *Bob* Martínez, entregó a Luis Sabines un cheque por valor de $300,000.00 «*para que la CAMACOL continuase sus actividades en favor de la comunidad y del incremento de las relaciones entre Florida y los países iberoamericanos..»* La revista Hispanic Business Magazine publicó que entre las 23 empresas hispanas mas poderosas de la nación se encontraban diez de ellas en Miami-Dade que disfrutaban de mas éxito en el campo empresarial que las existentes en ciudades de grandes núcleos hispánicos como Los Ángeles, San Antonio, New York, Dallas y Chicago. Estas diez empresas eran Bacardi Imports, Sedanos Supermarket, Gus Machado Enterprises, Related Companies of Florida, Republic National Bank, Northwestern Meat Inc., Capitol Bankcorp, American International Container, Eagle Brands Inc. y Precision Trading Corp., que tenían un volumen de negocios por un calor aproximado de dos mil quinientos millones de dólares.

La Junta de Gobierno de la CAMACOL, en la cúspide de su éxito era como sigue: Presidente: Luis Sabines; Vice Presidentes: Elpidio Núñez, William Alexander, Anthony Rivas, Adalberto Ruiz, Mario Pestonit, Armando Alejandre y Mario Gutiérrez: Secretario y Vices: Manuel Vega y Elmer Leyva y Virgilio Pérez; Tesorero y Vices: Orlando Naranjo y Ángel Fandiño, y Jorge Kulhy; Secretario de Relaciones Exteriores y Vices: Jay Rodríguez y José Elías Bello y Horacio C. García; Directores: Fernando Rodríguez, Manuel Rodríguez, Eliseo Riera Gómez, Fausto Díaz Oliver, María Elena Toraño, Carlos M. de la Cruz, Mayra Trinchet, Roberto M. Rodríguez, Sergio Campos, Augusto Ledesma, Rafael Calleja, Frederick Perry, Miguel Balsinde, Ricardo Arriaga, Alberto Calil y Rafael García Toledo; Asesores Económicos y Legales: Abel Holtz, Carlos Arboleya, Pedro Ramón López y Luciano Isla; Director de Prensa: Fernando Carrandi. De todos los caballeros y damas dirigentes de la CAMACOL la figura de Luis Sabines era la mas interesante y admirable, un ejemplo de auto-superación. Sus co-gobernantes en la CAMACOL lo aventajaban en cultura y antecedentes sociales. En el primero de los casos no era un profesional universitario ni un hombre de empresa en Cuba y los Estados Unidos, no dominaba el idioma inglés ni su español era notable gramaticalmente. Decíase que era un pequeño bodeguero en el pueblito matancero Banagüises y que era un intrascendente burócrata del BAGA en la era auténtica, pero de un espíritu beneficente y honradez probada, prototipo del guajiro cubano de pura cepa llamador de las cosas por su nombre sin temor alguno a las consecuencias. Adquirió un pequeño comercio mixto en Miami que puso desinteresadamente al servicio caritativo de sus compatriotas exiliados y su natural talento humanitario y don de gentes le merecieron los elogios que enumeró Floridano Feria. Pero cambió su imagen de demócrata liberal a la de republicano conservador al cambiar de casaca partidista y se identificó totalmente con la filosofía tradicional de *las clases vivas* que imperaban en la CAMACOL, contumaces derechistas.

XXX

Las elecciones municipales en 1989. Complejidad electoral étnica comunitaria. Xavier Suárez derrota a Armando Lacasa. La segunda vuelta: Rosario Kennedy-Miriam Alonso y Miller Dawkins-Joe Carollo. Extremismo sectario. Reinciden las clases vivas. Hetairismo católico-protestante-judaico-santero-comunista. Solitario rechazo del reverendo Martín Añorga. El Período Especial en Tiempo de Paz. El Plan Alimentario y sus potemkinos capítulos. Igualdad excremental del comunismo con los intelectuales de la UNEAC y sus reciclados en el exilio.

Las elecciones municipales en Miami en 1989 eran mas complejas que las anteriores en las cuales el partidarismo acerca de etnias, minorías electoralistas, contrastes ideológicos locales y extranjeros y asimilación o extranjerización costumbrista habían dominado las votaciones. Habíase quedado como probada verdad que para triunfar los candidatos tenían que ganar dos de las tres comunidades que componían el cuerpo electoral de Miami-Dade: la hispana, la anglo y la negra. Como ratificación de ese vaticinio estaba el resultado de las anteriores elecciones de 1987 en las cuales Xavier Suárez había triunfado sobre Mauricio Ferré y Víctor de Yurre sobre Joe Carollo como quedó explicado en precedentes páginas. Pero en las de 1989 la cosa era diferente pues en la comunidad hispana la acusada traición de Suárez a Morse había agrietado la solidez del bastión *cubano vota cubano*; en la negra los Yaweh habían perdido su hegemonía atemorizadora y la anglo se abstenía de participar en la contienda cívica con un conformismo derrotista. No presentó un candidato anglo a Alcalde o Comisionado advertida de su desventaja numérica y popular por la aniquilante derrota sufrida por Gerald

Richman frente a Ileana Ros-Lehtinen y el presagio de que el otro congresista anglo, Dante Fascell, tan superlativo benefactor del exilio como lo había sido Claude Pepper, y también Demócrata, sería batido arrolladoramente por un candidato Republicano de origen cubano que se le opusiera.

En los comicios de 1989 competían por la alcaldía el reeleccionista Xavier Suárez y el aspirante Armando Lacasa quien había sido nombrado por la Comisión para reemplazar al renunciante Manolo Reboso en 1979 y electo ese año en firme frente a Xavier Suárez y eliminado en las primarias de 1981 al no alcanzar el porcentaje de votos requerido. Su antagonismo con aquel lo llevó a sumarse a los ataques de Carollo a Suárez en el chanchullo de Watsongate. Como era de esperarse, el ofendido Luis Morse se declaró partidario de Lacasa y jefe de su propaganda en la Pequeña Habana, su baluarte electoral. Pero donde la contienda iba a ser de padre y muy señor mío era por los cargos de Comisionados. Uno el vacante por Rosario Kennedy, que regresaba a licitarlo, y otro el de Miller Dawkins que terminaba su período de dos años de ocuparlo. Frente a Rosario se postulaban dos cubanos: Miriam Alonso y Manolo Reyes y frente a Dawkins el combativo Joe Carollo. No tenían probabilidades de triunfo Alfredo Bared, Clarence Patterson, Willy Chávez y J.L. Correa frente a Dawkins y Carollo; ni Carole Ann Taylor, Prentice Rasheed y Kevin T. Marshall contrarios de Kennedy y Alonso. Eso es lo que aseguraban las encuestas. Y resultó cierto pues Suárez derrotó a Lacasa por un muy amplio margen y Rosario y Miriam tuvieron que ir a una segunda vuelta, al igual que sucedió con Dawkins y Carollo. Todos los otros pretendientes quedaron eliminados. Suárez obtuvo 21,946 votos y Lacasa 12,165.

Retornando a lo escrito por José Martí acerca del sistema sufragista americano que se había copiado en Cuba[170], no se enfatizó la propaganda sobre la buena conducta político-social de los candidatos si no por lo malo de aquella, fuese real o inventada. Armando Lacasa acusó a Xavier Suárez de despojar a los cubanos de su escaño para dárselo a Athalie Range, traicionando a su pueblo; Clarence Patterson denunció que Miller Dawkins había recibido dinero del narcotraficante convicto Isaac Hicks acción que este ratificó cuando fue entrevistado por WSVN-Canal 7 y que fue usada por

---

[170] Ver Tomo II, págs. 103-04.

Carollo en su video salido al aire por el canal 23; Manolo Reyes se vio obligado a reconocer falsedades en sus anuncios radiales calificando a Rosario Kennedy de *«insensible, extravagante, gastadora y comprometida con intereses especiales»*, campaña que Pedro Roig, asesor de aquella, calificó de baja y vergonzosa; Rosario impugnó la honradez política de Miriam señalando que ésta había sido sacada de la boleta electoral del Condado de Dade por falsear su residencia en él cometiendo perjurio y Miriam la ripostó calificándola de cambiacasaca que prometió ayudar a Richman contra Ileana Ros y no lo hizo, que había gastado mas de $100,000.00 en redecorar su oficina y de socializar con el convicto Monty Trainer que estaba preso por no pagar sus impuestos. Mucho mas fango fue echado sobre las reputaciones mutuas que nos excusamos de reproducir pero se hallan en páginas de El Nuevo Herald en reportajes de Luis Feldstein Soto, Ronnie Ramos, Jacquee Petchel y Tom Fiedler durante los meses de octubre y noviembre de 1989.

La rivalidad entre Rosario Kennedy y Miriam Alonso tenía un trasfondo político-social particularmente cubano-americano. Las dos eran descendientes de familias que en la Isla eran rivales pero no enemigas. Tanto en afiliación partidista como congresional. Los Argüelles, cuyo apellido era el soltero de Rosario, eran de raigambre conservadora y aristocrático menocalismo senatorial: los Ara eran revolucionarios liberalistas de base popular cuyo mas señalado miembro era Guillermo, padre de Miriam que era Alonso por vía de su matrimonio con Leonel Alonso quien en sus días de estudiante universitario era sospechoso de filo-comunismo académico, no activo ni sectario. Las dos muchachas, Rosario y Miriam poseían una magnífica educación, física belleza y envidiable carisma. La política miamense hizo de ellas contendientes animosas. Julio González Rebull, director de la campaña de Miriam Alonso se concentró en la comunidad hispana dejando que Tony Zamora lo hiciera en la anglo y Arthur Teele en la negra. Juan García, principal jefe de publicidad de Rosario Kennedy se dedicó a la etnia hispana delegando en el hebreo Robert Levy el trabajo en los anglos y a Carole Ann Taylor y Athalie Range en la comunidad negra. Las sub-divisiones aumentaron cuando Manolo Reyes abandonó su supuesta neutralidad y se decidió por Miriam junto con Luis Morse y los líderes negros Jefferson Reaves, Arthur Jackson y los ex-candidatos Prentice Rasheed y Kevin Marshall. El ex-Comisionado de Policía, Clarence Dickson y el ex-Administrador de la ciudad de Miami, Howard Gary, ambos de la raza negra, apoyaron a Rosario Kennedy. El extremismo sectario mezcló la política electoral habida en Pinar del Río con la de Miami cuando un volante, sin firma ni pie de imprenta, acusaba de batistianos a los senadores Elicio Argüelles Pozo y Elicio Argüelles Menocal, sin especificar que parentezco tenían con Rosario; exaltaba la hoja de servicios revolucionarios contra Machado, Batista y Fidel del representante por el Partido Auténtico, Guillermo Ara, padre de Miriam; desmentía la alegada militancia filo-comunista de Leonel Alonso y negaba el rumor de que aquella y éste hubieran sido funcionarios del gobierno castro-comunista. Esto último si era cierto: Leonel era un desertor del Cuerpo Diplomático, ex-embajador en Indonesia y Argelia y Miriam traductora renegada del Ministerio de Relaciones Exteriores, ambos desde 1966 residentes en Estados Unidos como refugiados políticos. El final de esta tragi-comedia electoral fue el triunfo de Miriam sobre Rosario por 17,562 votos contra 15,462.

La brega de la segunda vuelta eleccionaria entre el reeleccionista Miller Dawkins y su retador Joe Carollo estaba ganada por el primero de ellos antes de que se abrieran las urnas. *Las clases vivas* de la FNCA, la CAMACOL, la Camara de Comercio del Gran Miami, los Latin Builders, la Asociación de Hombres de Empresa y las corporaciones bancarias estaban prestas a repetir la derrota que habían propinado al arruinador del propinado proyecto de la Isla Watson en las anteriores elecciones de 1987. Que Miller Dawkins fuera un acusado de tener vínculos con un narcotraficante, que no simpatizaba con los llamados hispanos y que era propicio a la corrupción administrativa era *peccata minuta* para *las clases vivas*. Lo importante era impedir, al precio que fuese, que Joe Carollo volviese a ocupar el puesto de Comisionado. El día 3 de octubre, un mes antes de las elecciones, se celebró un señalado acto político en favor de la reelección de Miller Dawkins, al que asistieron miembros de las organizaciones mencionadas, en un acto solidario que evidenciaba lo dicho por Floridano Feria: *una verdadera simbiosis entre las organizaciones y sus titulares...* Diario Las Américas listó a los siguientes concurrentes: Xavier Suárez, Jorge Mas Canosa, Luis Sabines, Armando Codina, Manny Medina, Tomas García Fusté, Elpidio Núñez, Carlos M. de la Cruz, Manuel Balado, Manuel Vega, Frederick Perry, Willy Gort, Fausto Díaz Oliver, Jessie McGraig, Fernando Rodríguez, John Hall, Alex Fernández, William Alexander, Mayra Trinchet, Antonio Saúl, Tony Descalzo, Orlando Naranjo, Elmer Leyva, Billy Freixas, Óscar Vidal, Virgilio Pérez, Ricardo

Ruiz, Anthony Rivas, Jay Rodríguez, Humberto Hernández, Mario Pestonit, Mike Ruiz, Adalberto Ruiz, Eliseo Riera, Alberto Calil, Mario Gutiérrez, Nilo Gómez, Ángel Fandiño, Manuel Arqués, Ricardo Arroliga, José Elías Bello, Ramón Norniella, Roberto Rodríguez, William Candela, Héctor Gasca, Manuel Rodríguez, Sergio Campos, Waldo Castro Molleda, Joaquín Crespo, Bernardino Rodríguez, Armando Alejandre, Orlando Urra, David Fincher, Willard Fair, Tony Zamora, Manuel Alonso-Poch y Lázaro Albo.

El alcalde Xavier Suárez confesó públicamente su sentimiento anti-Carollo declarando: *Mi principal prioridad en las elecciones no es mi propia reelección si no la derrota de Carollo que es el mas destructor y divisivo Comisionado que se pueda concebir. No ha hecho nada desde que se fue, por lo que asumo que se trata del mismo Carollo, de regreso buscando mas pleitos..* Contrariamente a esa opinión que favorecía a Dawkins, el ex-alcalde Mauricio Ferré afirmó: *En los 20 años que he estado en la política nunca he visto un político de peor calaña que Miller Dawkins, quien rara vez dejaba pasar una oportunidad de pronunciarse contra los latinos. Sus sentimientos racistas eran obvios...* Dawkins optó por no defenderse de las acusaciones alegando que los electores, con sus votos, lo harían por él. Joe Carollo remató la polémica asegurando: *La razón por la cual están respaldando a Dawkins y no a mí es por motivo de sus negocios. Lo están haciendo por razones financieras...* El punto final a la zaragata lo impuso el resultado de las urnas: Miller Dawkins derrotó a Joe Carollo por la suma de 18,245 votos contra 16,043. La tragicomedia eleccionaria municipal de Miami-Dade bajaba su telón para un intermedio que duraría hasta 1993 en que se reanudaría su teatral politiquera farándula con los mismos, y algunos nuevos, actores, actrices, escenaristas y tarugos.

La mecánica del proceso llamado de rectificación de errores tenía como una de sus metas el pasar de un gobierno ateo a un gobierno laico y a esa tarea, durante el año 1990, el régimen comunista cubano aplicó grandes esfuerzos dedicados a ganarse la buena voluntad de la población creyente insinuándose como dispuesto a rectificar los desaguisados de la persecución a religiosos de todas denominaciones y alentando conversatorios amistosos y encuentros entre representantes del Consejo Ecuménico de Cuba y la jerarquía católica de Obispos y el Nuncio Apostólico comisionado del Vaticano. Así pues, un recorrido por las páginas de la prensa[171] nos muestra que la Iglesia Presbiteriana Reformada celebró el centenario de sus trabajos misioneros en Cuba sin interrupción ni coacción gubernamental según afirmación de sus dignatarios Sergio Arce y Rafael Cepeda; que el pastor bautista Luis Manuel González Peña aseguró que los bautistas tenían una libertad religiosa mas relativa que en pasados años y que habían reconstruido diez iglesias desde 1985; que a su llegada a La Habana el cardenal de Boston, Monseñor Bernard Law, fue recibido en el aeropuerto por José Felipe Carneado, jefe de la Oficina de Asuntos Religiosos del Partido Comunista de Cuba, por el Arzobispo Jaime Ortega Alaminos y por el Nuncio Apostólico, Monseñor Faustino Sainz Muñoz y citando al Cardenal Law declarando a Prensa Latina su satisfacción por su anterior encuentro amistoso con Fidel Castro así como por la evolución positiva de la situación de la iglesia católica en Cuba; que se encontraba en La Habana, de paso para asistir y cooperar en la Convención Bautista en Santiago de Cuba, el reverendo Jeriel de Oleveira, Consultante para Asuntos Latinoamericanos de las Misiones de la Iglesia Bautista del Sur de los Estados Unidos; que el reverendo Alford Alphonse, Secretario Ejecutivo para América Latina y el Caribe de la Junta General de Ministerios Globales de la iglesia Metodista Americana declaró su preocupación por el establecimiento negativo de T.V. Martí; que se efectuó un cordial encuentro de Fidel Castro con el presidente del Consejo Ecuménico de Cuba, presbítero bautista Raúl Suárez Ramos y 74 fieles protestantes y hebreos que expresaron la identidad de los principios cristianos y los del judaismo con los ideales de la Revolución; que un Culto de Acción de Gracias por la identificación cristiano-marxista se efectuó en el templo de la Iglesia Presbiteriana Reformada en Santa Clara, auspiciado por el Consejo Ecuménico de Cuba y su presidente, el pastor de la iglesia bautista de Marianao, Raúl Suárez Ramos.

A lo precedente, que ocurrió de enero a junio de 1990, siguió la información de prensa acerca de la hetáirica conducta eclesiástica favoreciendo a la tiranía: Pastores cristianos camagüeyanos, representantes de la dirección provincial del Partido Comunista de Cuba y con funcionarios del gobierno del territorio, la cual fue presidida, entre otros, por Noel González miembro del buró provincial del PCC y por el presidente del Consejo Ecuménico de Cuba,

---

[171] *Diario Las Américas, El Nuevo Herald, Granma International, Cubanos Desterrados.*

Raúl Suárez Ramos; miembros de iglesias de distintas denominaciones de la provincia de Las Tunas sostuvieron un encuentro con representantes del Partido y el Gobierno. La reunión tuvo lugar en la iglesia Los Pinos Nuevos. Fue presidida por el presbítero bautista Raúl Suárez; el Consejo Ecuménico de Cuba homenajeó a José Felipe Carneado, miembro del Comité Central del Partido Comunista de Cuba y Jefe de la Oficina para la Atención de Asuntos Religiosos, en ocasión de sus 30 años en la promoción de las mejores relaciones entre la Iglesia y el Estado y por el 75 aniversario de su nacimiento. Asistieron Carlos Rafael Rodríguez y el reverendo Raúl Suárez, presidente del Consejo Ecuménico de Cuba y José M. Miyar junto con los presidentes de las Iglesias Evangélicas de Cuba y directores de los movimientos ecuménicos; representantes del Consejo Ecuménico de Cuba y dirigentes del Partido y el Gobierno sostuvieron un encuentro para valorar el estado actual de las relaciones entre las iglesias evangélicas y las autoridades de la Revolución; el Arzobispo de La Habana y presidente de la Conferencia Episcopal Cubana, Monseñor Jaime Lucas Ortega y Alamino planteó la posibilidad de que jóvenes católicos militen en la Unión de Jóvenes Comunistas, sin contradicción con su fe; Fidel Castro hace un llamado a la unidad revolucionaria entre cristianos y marxistas y anuncia que incentivará el ingreso de cristianos en el Partido Comunista; el portavoz del Vaticano, Joaquín Navarro Valls anuncia que el Pontífice visitará Cuba en diciembre de 1990 y la Sociedad Religiosa de los Yorubas proclamó el apoyo de los santeros a la Revolución.

El anuncio de la visita del Papa a Cuba impactó a la comunidad católica cubana del exilio mas que la congoja que le causó el desdén que el titulado *Vicario de Cristo* le prodigó durante su visita a Miami los días 10 y 11 de septiembre de 1987 que se caracterizó por su mutismo al documento suplicatorio de su adhesión a la causa de la libertad de Cuba que le fue entregado personalmente por Monseñor Agustín Román. Quien, a su vez, aceptó silenciosamente el desplante propinado a él, al obispo Boza Masvidal, a 36 sacerdotes y numerosos ex-presos políticos, autoridades municipales y prominentes fieles católicos que en número de 80,000 habían firmado el inútil suplicatorio. Además, era bien sabido de toda esa aristocracia clerical de Miami que el día 26 de agosto de 1988 el Papa había recibido al Espiscopado en pleno y calificado de signos positivos su disposición al diálogo con Fidel Castro, exhortándolos *«a que laborasen para que esos signos positivos se desarrollasen y consolidasen ulteriormente de manera que la Iglesia pudiera cumplir libre y cabalmente su misión evangelizadora».* Cerrando el ciclo dialoguero-religioso en 1990, la Asamblea General de la Iglesia Presbiteriana de los Estados Unidos, que tuvo lugar en Salt Lake City (Utah) aprobó una Resolución señalando su deseo *de que Washington debía reexaminar su política hacia Cuba por haberse demostrado que esta era contrapruducente.* El pastor protestante presbiteriano, Dr. Martín Añorga, en nombre del Concilio Hispano Presbiteriano de Florida, rechazó la antedicha Resolución diciendo: *«Restablecer las relaciones con el espurio, corrupto y tiránico régimen que Castro encabeza no tiene justificación decente».*

Aparejado a la añagaza de la rectificación de errores se anunció el establecimiento, por etapas sucesivas, del programa económico *«Periodo Especial en tiempo de Paz»* que equivalía a un nuevo aprietamiento en la distribución de alimentos y una mas severa aun represión laboral. Para lo primero se diseñó una *Villa Potemkin* denominada *«Programa Alimenticio»* que constaba de los siguientes capítulos: 1) Abastecimiento de la población; 2) Autoabastecimiento de los organismos y empresas; 3) Autoabastecimiento de las comunidades y 4) Autoabastecimiento de las familias. Como era natural en el burocratismo marxista-fidelista se dio artificial vida al Consejo Científico del Instituto de Nutrición e Higiene de los Alimentos de Cuba (INHA); al Instituto de Investigaciones para la Industria Alimenticia (IIA); al Instituto de Ciencia Animal (ICA) y al Instituto Cubano de Investigaciones y Orientación de la Demanda Interna (ICIODI.) El numero 1 era una obligación del régimen que dispuso sustituir la libreta de racionamiento[172] y crear la misma cosa con el nombre de *ventas controladas* y los números 2, 3 y 4 quedaban a cargo de entidades adscritas a los Ministerios que invertirían recursos financieros en empresas agrícolas, comerciales y alimenticias controladas por aquellos. Una monstruosidad administrativa que reemplazace a la JUCEPLAN y las JUCEI[173]. Baste para conocer lo disparatado de ese Programa Alimenticio el resumir sus mas importantes resultados: Se ordenó reducir a un mínimo la mecanización agrícola y castrar 200,000 toros para convertirlos en bueyes y dedicarlos a la siembra, limpia, fertilización y

---

[172] Ver Tomo IV, págs. 371-73.

[173] Ibid., págs. 228-30, 537-41.

preparación de la tierra con un llamado *yunticultor*, un arado que tenía adjunto un recipiente para regar semillas en los surcos. Como que esa disminución ganadera de padrotes reduciría el pie de cría y con ello se mermaría la matanza de bovinos para consumo humano se planificó el multiplicar la cría de cerdos y aves de corral y de ellos entregar un pollito y un puerquito a las familias para que los criaran y alimentaran con las siembras que practicaran en todos los pedazos de tierra disponibles en los patios, jardines, canteros y en las divisiones entre una casa y otra. Se redujo el transporte al máximo de omnibuses y su lugar fue ocupado por camiones y bicicletas. De éstas se importaron un millón de China. Fue vetado el uso de elevadores y acondicionadores de aire refrigerado en edificios que no fueran oficiales y se decretaron apagones para reducir el servicio de alumbrado eléctrico. Y se reactivaron los Comités de Defensa de la Revolución para que sus canallescos chivatos delataran a los violadores de las draconianas medidas. La mierda que eran el comunismo y sus instituciones lo verifica el parte de prensa que literalmente copiamos que conjugan una y otro gráficamente:

«La consigna de Socialismo o Muerte sustentada por Fidel Castro tiene una interpretación muy concreta en la economía cubana. Bautizadas con el nombre de «Periodo especial en tiempo de paz», las medidas con las que experimenta Castro permitirían a los cubanos mantenerse en los niveles mínimos de subsistencia para afrontar la aguda crisis económica que se prevé en los próximos meses. El experimento se basa en la técnica del «reciclaje» y en la denominada «cadena de retroalimentación» que consiste en la utilización eslabonada de medios y recursos complementarios para la agricultura y la industria. En la finca El Mango los tractores usan carbón vegetal, las gallinas y puercos son alimentados con tallos de las plantas de maíz y de caña de azúcar. Con los excrementos de los puercos se alimentan los peces del criadero acuático. Ramón Cabrera, administrador de la granja, expresó que el nuevo alimento «no solo mejora la carne del animal sino además mejora su excremento y esto, a su vez, mejora la carne de los peces»[174]. Que seguramente tendría sabor a mierda de puercos a los anticomunistas y de

---

[174] Pablo Alfonso, El Nuevo Herald, Agosto 13, 1990.

gloria a la masa patibularia fidelo-comunista de sus intelectuales de la UNEAC. 100% de pura mierda. Todos y cada uno de ellos. Actuales allá y reciclados aquí.

XXXI

El asesinato de Manuel «Chichí» del Valle. El pacifista Ex-Club. Miscelánea de bochornos. Sombrillas y paraguas de organizaciones. La Cumbre Patriótica. El Fórum Cultural Cubano. La Plataforma Democrática Cubana. Nomenclaturas, monsergas, pamplinas y mentecateces seudo-doctrinarias. Contradicciones y paradojas. Los descubiertos y tapaditos de Radio Progreso. La gresca Ernesto Betancourt-Jorge Mas Canosa en Radio Martí. Rolando Bonachea, apologista de Fidel Castro y Che Guevara. Turbio historial de Televisión Martí. Bosquejo de Antonio «Tocayo» Navarro. El ovoide cubanólogo y el tramposo Comisionado. El fratricida pleito civil en Church & Tower. Nelson Mandela homenajeado y vituperado. Colofón.

Malas nuevas azotaron el prestigio de la comunidad cubana exiliada en Miami al enterarse que Manuel *Chichí* del Valle, había sido objeto de un mortal atentado en la puerta de su casa y su esposa gravemente herida por dos sujetos blancos hispanos que se dieron a la fuga. El difunto era presidente de el Ex-Club, organismo pacifista formado por ex-presos políticos y combatientes anti-comunistas entre cuyos dirigentes se contaban Jorge Villalba, Raúl Alfonso, Rolando Borges, Cristina Cabezas, Ángel Cuadra, Alcides Martínez, Salvador Subirá, Raúl Pérez Coloma, Ángel de Fana, José Luis González Gallareta, Pablo Palmieri y Antonio Marín. El informe policíaco descartó una complicidad castrista en el asesinato que quedó envuelto en el misterio, al igual que los anteriores de Aldo Vera, Juan José Peruyero y Rolando Masferrer, la dinamitera mutilación de Emilio Milián[175] y la desapa-

---

[175] Ver Tomo IV, págs. 601, 609.

rición de Rafael Villaverde, eje de la Operación Tic-Toc anteriormente descrita. Añadido a ésto, el Gobernador de Florida, Robert Martínez, destituyó al alcalde de Sweetwater, Iraín González y a los concejales Hugo Álvarez, Carmen Menéndez, Antonio Durán, Lucio Cobián y Manuel Avila procesados por un Gran Jurado Federal acusados de intentar una extorsión al comerciante de ese barrio, Maurice Bakarat. Parecidamente, Camilo Padreda, celebrado urbanista y recaudador de fondos para el Partido Republicano del Condado de Dade, aceptó declararse culpable de estafar al Departamento de Viviendas y Desarrollo Urbano (HUD) y arregló con los fiscales el servir de testigo en la investigación de la extensa corrupción pública que existía entre prominentes contratistas y políticos republicanos. Hasta los dialogueros dirigentes del Concilio Demócrata Cubano-Americano pasaron por tremendos problemas pues Raúl Masvidal además de ser desacreditado personalmente, su banco, Miami Savings Bank, fue puesto bajo intervención federal; Pedro Ramón López fue destituido de su presidencia en el General Bank y la compañía de seguros First Miami; Ramón Cernuda gastó doscientos mil dólares en abogados para rescatar su colección de cuadros; Alfredo Durán fue acusado de cohecho y Manny Medina vendió su Trans-Atlantic Bank para no verse en aprietos con los auditores bancarios federales. Toda esta bochornosa información era enormemente dolorosa pues era reproducida en la prensa anglo y en los periodiquitos de las comunidades hispano-parlantes no cubanas y, peor aún, en Granma doméstico y Granma Internacional originando y difundiendo una mal ganada fama de delincuencia, asociándola a la Cuba de ayer que la revolución comunista había destruido, y que por eso era combatida por los exiliados.

En la misma medida que se debilitaba el potencial del propósito insurreccional de los combatientes del exilio debido al socavamiento de su beligerancia emprendido por Washington y sus corifeos de la derecha extremista republicana y el clericalismo ultra-montano, se fortalecía el pacifismo dialoguero comenzado en 1978[176] emparejado con la exaltación desmesurada de la fuerza del cabildeo de la Fundación Mascanosista. Como si no fueran suficientes las fabulosas *sombrillas* de la Junta Patriótica y la FNCA surgieron *paraguas* de otras que contaban en su inventario con algunas que

---

[176] Ver Tomo IV, págs. 625-29, 632-38.

pertenecían a aquellas dos y con directivos y miembros ídem. Un recorrido por el índice onomástico ratificará la verdad de éste aserto. La incógnita que queda por despejar es si el móvil afiliatorio sombrillesco y paraguásico era el estar en todo sin comprometerse a nada; el deseo patriótico de no quedarse fuera de algo realmente guerrero; o el interés económico de pertenecer a la nómina de *la Compañía del Tio Sam*.

La *Cumbre Patriótica*, convocada por la Brigada 2506, se integró con las siguientes organizaciones: Agrupación Patriótica Mayor General Calixto García; Alianza Democrática Cubana; Alfa 66; Asociación de Veteranos de Misiones Especiales; Coalición Democrática Cubana; Brigada de Asalto 2506; Colegio de Enfermeros; Comisión Nacional Cubana; Cuba Independiente y Democrática; Diario La Prensa; Ex-Club; Cubanos Pro Derechos Humanos; Federación Cubana del Medio Oeste; Federación Mundial de Ex-presos Políticos; Frente Independiente Martiano; Frente Amplio de Cubanos Unidos; Fundación Nacional Cubano Americana; Joven Cuba; Leones Cubanos del Exilio; Movimiento Cubano de Liberación; Grupo Táctico de Combate; Movimiento de Recuperación Democrática; Movimiento 30 de Noviembre; Movimiento Insurreccional Martiano; Partido Independentista Cubano; Partido Pro Derechos Humanos; Presidio Político Histórico Cubano; Solidaridad de Trabajadores Cubanos y Partido del Pueblo Cubano. Su programa político expresado en su *Manifiesto de la Libertad*, era el siguiente: *Instauración de una República Democrática, dinámica, moderna, representativa, participativa y pluralista, humana y solidaria donde imperen la ley y la justicia, donde cada persona tenga acceso a la propiedad de la vivienda, la tierra, la empresa, así como a la educación, la salud y el poder público*. Firmaban sus redactores Juan Pino (Movimiento de Recuperación Democrática); Pablo Llabre Raurell (Partido Pro Derechos Humanos); Antonio Calatayud (Partido Independentista Cubano); Hiram González (Movimiento 30 de Noviembre); Eugenio Llamera (Federación Mundial de Ex-presos Políticos); Ramón Saúl Sánchez (Comisión Nacional Cubana) y José García Pino (Cuba Independiente y Democrática.)

El *Fórum Cultural Cubano* (Cuban Cultural Forum) entró en la cancha de la guerra anticomunista por la vía conferencial *para organizar, auspiciar y promover debates, discusiones, seminarios, foros, charlas, conferencias, reuniones o exhibiciones y cualquiera otra actividad que pueda ayudar al mejor entendimiento de los asuntos de interés a la comunidad cubana del exilio.* Los Directores del Forum, o *think tank* como lo llaman en inglés, eran los Doctores Fernando Álvarez Pérez, Lilian Bertot, Vicente Lago, Alicia Rodríguez, Mercedes Sandoval y Ofelia Tabares-Fernández y los Señores y Damas Humberto Calzada, Juan Luis García, Víctor Gómez, Ricardo Pau-Llosa, Pedro Solares, Mary de Armas, Marisa de la Rosa, María E. Rodríguez-Porto y Celia C. Suárez. El elenco de conferencistas *econo-micos*[177] que reunieron *para considerar sistemas económicos alternativos para una economía post-Castro* era impresionante: Doctores Antonio Jorge, Raúl Shelton, Rafael de J. Núñez-Cuesta, Jorge A. Sanguinetty, José Antonio Villamil, Alberto Martínez-Piedra, Ofelia Tabares-Fernández y el Sr. Nicolás Rivero. Sus conclusiones teóricas maravillosas fueron. Pero pasados diez años de ellas no han tenido la suerte de que otros hayan derrocado a Castro por la fuerza de las armas y entregándoles sumisamente la hacienda pública para materializar sus ideas parnasianas sobre la omnipotencia de la todopoderosa economía futurista.

En Madrid, en agosto de 1990, también retóricamente, se constituyó la *Plataforma Democrática Cubana* que planteaba *su compromiso con la búsqueda de un Estado de Derecho para Cuba por medios pacíficos mediante un encuentro entre el gobierno y la oposición que condujera a una negociación para establecer una democracia pluralista*. La Plataforma afirmaba estar compuesta por el Partido Demócrata Cristiano de Cuba, la Coordinadora Social Demócrata de Cuba y la Unión Liberal Cubana cuyos plataformeros excelsos eran, respectivamente, José Ignacio Rasco, Enrique Baloyra y Carlos Alberto Montaner. Apoyando el canijo entarimado dialoguero aparecían Fernando Bernal, Ricardo Bofill, Uva A. Clavijo, René L. Díaz, Miguel González Pando, Emilio Martínez Venegas, Felícito Rodríguez y Juan Suárez Rivas. Mas adelante en el tiempo, en ocasión de que el Canciller Roberto Robaina manifestó cierta voluntad del gobierno comunista a estudiar la posibilidad de un diálogo con los pacifistas, se integraron las siguientes comisiones plataformeras *Partido Demócrata Cristiano de Cuba*: Ángel del Cerro, Humberto Estévez, Reynol González, Marcelino Miyares, José Jesús Planas, José Ignacio Rasco, Rafael A. Sánchez y Raúl

---

[177] Ver Tomo IV, págs. 538-40.

N. Sorondo; *Coordinadora Social Demócrata de Cuba*: Lino B. Fernández, Enrique Baloyra, Emilio Martínez, Roberto Núñez, Salvador Subirá, Miguel Torres Calero, Juan Valdés de Armas y Lesbia Varona; *Unión Liberal Cubana*: Carlos Alberto Montaner, Roberto Bismarck, René Díaz, Roberto Fontanillas, Antonio Guedes, Ariel Gutiérrez, Humberto López Guerra y Humberto López Iglesias. A partir de ese momento, y hasta el presente, todos sus manifiestos y declaraciones no han sido mas que monsergas, pamplinas y mentecateces seudo-doctrinarias de raíz pacifista que el catedrático de la Universidad de Carolina del Norte (Greensboro), Dr. José *Pepito* Sánchez Boudy parennemente ha combatido mediante conferencias y artículos de prensa basándose en sus profundos y acreditados conocimientos de la Constitución y la Ley de la que fue Cuba democrática. Y de la presente en Cuba comunista que aquellos intentan legitimar y usarla como vehículo parlamentario transaccional.

La estructura del exilio declaradamente anticomunista se mostraba laberíntica y disparatada en la postrimería de ese turbulento año 1990. Contradicciones y paradojas en la conducta política, y hasta personal, de seres a quienes se respetaba, y en los que se confiaba un sólido criterio, súbitamente actuaban en distinta forma a la acostumbrada y sumían en un mar de confusiones a sus seguidores. Unas veces por causa de su acercamiento a reciclados y dialogueros y otras por querellas entre si que eran inexplicables. La mayor de las desventuras que abatían al exilio eran las crónicas sobre hechos de índole inmoral que los pro-castro-comunistas, descubiertos o tapaditos, utilizaban regocijadamente en la emisora Radio Progreso tales como Francisco Aruca, Marifeli Pérez Stable, María Cristina Herrera y Andrés Gómez. Ejemplo de lo expresado anteriormente es la siguiente reseña de reportes de prensa tomados de ediciones de Diario Las Américas y El Nuevo Herald:

La periodista Georgie Anne Geyer denunció que Jorge Mas Canosa forjó acuerdos que condujeron a la destitución de Ernesto Betancourt, Director de Radio Martí. Fue respaldada su denuncia por el célebre periodista Jack Anderson que añadió que la FNCA suministraba programas preparados por ella y el Canal 23 de Univisión en Miami. Se sustituyó a Betancourt con un Directorio Interino compuesto por Jay Mallin, Orlando Rodríguez y Rolando Bonachea quien fue luego nombrado en firme Director de Radio Martí incitando una vigorosa protesta del *Autor* que mostró pruebas de que Bonachea, en conjunción con Nelson Valdés, había publicado dos volúmenes propagando favorablemente las ideas marxistas de Fidel Castro y Che Guevara en lo que titularon *Obras Selectas* (Selected Works) contentivas de escritos, discursos, entrevistas y cartas de aquellos dos[178]. Una indagación sobre los antecedentes de Bonachea efectuada por Nelson Galindo, Pedro Cruz y Sergio Díaz, líderes de la Asociación Estudiantil Cubano-Americana en California[179], arrojó que fue beneficiado por la izquierdizante Fundación Ford y recomendado por los intelectuales jesuitas de Georgetown University entre los que se contaban José Sorzano, Otto Reich y Luis Aguilar León, estrechamente ligados a Jorge Mas Canosa y la FNCA. Sinuosamente el congresista por California, Robert Lagomasino, acusó a Ernesto Betancourt ante el Departamento de Estado de carencia de profesionalismo periodístico, de negación a considerar asesoramiento político y de beneficiar a amigos e intentar la creación de su propio feudo en Radio Martí.

El historial de Televisión Martí es tan turbio como el de Radio Martí. Repentinamente, el día 1 de enero de 1990 se anunció que Techniarts Inc., una empresa privada de televisión de Maryland, había sido contratada por la Agencia de Información de los Estados Unidos para por la cantidad de $1,300,000.00 organizar profesionalmente la programación de transmisiones hacia Cuba de una televisora propiedad de la Voz de América que usaría como vehículo electrónico un globo cautivo en Cayo Cudjoe, a una altura de 1,000 pies que sería inmune a vientos huracanados y tempestades de rayos que impidiesen sus envíos de imágenes que el gobierno cubano no podría bloquear. Si todo eso era cierto quedaba demostrado que el proyecto había sido llevado a cabo secretamente pues no podía ser que algo de esa magnitud tecnológica fuese una festinada improvisación. Especialmente financiado por un fondo presupuestario de 16 millones de dólares. La próxima impactante noticia fue que un tal Antonio Navarro había sido nombrado Director de Televisión Martí por la Voz de América y quien por considerable tiempo ostentó una vice-presidencia en la transnacional con base en New York y negocios en Centro y Sur América, W. R. Grace Company, considerada gemela de la *Mamita Yunai* (United Fruit Company), compinches de dicta-

---

[178] Ver Tomo IV, págs. 523, 541.

[179] Ver Tomo IV, pág. 467.

dores y testaferros de la CIA, caldo de cultivo del comunismo, el fascismo y el antiyanquismo. Días después Navarro fue identificado como uno de los miembros de la Junta Presidencial de Asesores de Radiofusión hacia Cuba, cuyo presidente era Jorge Mas Canosa. Se añadió mas adelante que existía un Buró de T.V. Martí en Miami del que formaban parte Roberto Rodríguez Tejera, Orlando Gutiérrez, Pedro Solares, Natacha Herrera y el reciclado comunista Juan Benemelis.

Una chiripa periodística en Los Ángeles aclaró la bruma que envolvía al personaje majestuoso de T.V. Martí. En esa ciudad californiana residía un cubano de ese nombre, Antonio Navarro, importante libretista y productor de programas de televisión y director de cortos cinematográficos. Deduciendo que ese era el designado, el reportero Jorge Clark lo entrevistó y recibió una sorpresa mayúscula. No era el Navarro de Televisión Martí pero si un amigo de él de muchos años que se conocían mutuamente como *Tocayo* por la igualdad de patronímicos. No fue extenso en su conversación alegando falta de tiempo y obsequió a Clark un libro autobiográfico de aquel, escrito en inglés[180], que lo describía como un líder revolucionario contra Fulgencio Batista y Fidel Castro mientras administraba el imperio económico de los hermanos Burke y James Hedges. El material libresco es una novelización de hechos reales pero en lo factual no está documentado ni corroborado ya que las personas que pone como testigos están todos fallecidos. Lo cierto y comprobable del ameno relato es que Antonio Navarro era yerno de Burke Hedges y poseía un don de gentes espectacular, talentoso en el campo de las relaciones públicas y comerciales. Nunca tuvo nada que ver con los innumerables chanchullos de Hedges con Batista, ni con los graves problemas laborales entre aquel y la Federación Textilera cuyos dirigentes Jesús Soto, Antonio Morejón y Jorge Villafranca eran afiliados del Movimiento 26 de Julio y Pascasio Lineras de la Organización Auténtica[181]. Al triunfo de la revolución se coló en ella habilidosamente y propulsó la teoría de que las empresas fueran nacionalizadas, no confiscadas, conservando su personal técnico y administrativo pero en la condición de empleados del gobierno. La tesis fue acogida por los Ministros de Hacienda y de Recuperación de Bienes

---

[180] Antonio Navarro, *Tocayo*, Sandown Books, 1981.

[181] Ver Tomo III, págs. 163, 238, 337.

Malversados, Rufo López Fresquet y Faustino Pérez pero rechazada por todo el resto de los gobernantes. Antonio Navarro se movía como una anguila engrasada por los vericuetos fidelistas entusiasmadamente cooperando en la organización de actos de apoyo de los cuales los mas destacados fueron su solidaridad con el derrocamiento de Urrutia y el homenaje a Mikoyan[182]. Fue apeado de su nube colaboracionista el día 22 de diciembre de 1959, recibiendo como regalo pascual la noticia siguiente publicada en *Revolución*:

«El imperio financiero creado por los hermanos Burke y James Hedges, protegidos de Batista, ha sido intervenido por el Ministerio de Recuperación de Bienes Malversados para determinar el enriquecimiento ilícito de éstas empresas al amparo corrupto del Poder Público. Durante todo el día de ayer fueron intervenidas la textilera Ariguanabo, la fábrica de estampados Permatex y otras veinte del monopolio textil de los Hedges. Fueron intervenidas también la Distribuidora Nytex, la Fábrica Cubana de Tejidos, los almacenes California de Santiago de Cuba, los almacenes Universal y Proveedora de Tejidos de La Habana, la compañía Confecciones Gamma, la industria Grasaybon S.A., la Compañía Kenafera de Canímar, las compañías de transporte Canímar y Goricelaya, la urbanizadora Josefita, la arrocera La Sabana, la minera Yayabo, la agrícola Dayaniguas, la Compañía Nacional de Acueductos de Cuba, así como otras empresas creadas para encubrir las oscuras operaciones del imperio».

Con enorme alborozo se anunció el éxito de las transmisiones a Cuba de T.V. Martí. No obstante que las agencias de prensa internacional permitidas en Cuba informaron que habían sido totalmente bloqueadas, el periodista de Diario Las Américas, Ariel Remos, entrevistó a Navarro que eufóricamente le expresó una de sus ocurrentes parrafadas: *«Encuestas a viajeros de Cuba demuestran que aproximadamente 273,000 hogares del área o meta primaria de T.V. Martí reciben la señal por lo menos parte del tiempo y que de acuerdo con el censo oficial de Cuba, cada hogar esta integrado por 4.1 personas y por eso los resultados permiten deducir que hasta aproximadamente un millón de personas pueden ver T.V.*

---

[182] Ver Tomo IV, págs. 114, 193.

Martí». A su vez, la periodista Judith Haverman reportó en El Nuevo Herald que Radio y T.V. Martí, que funcionaban por separado, se unían en la entidad *Oficina de Transmisiones a Cuba* bajo la dirección de Antonio Navarro quien, brioso y elocuente, declaró ante la American Society of New York, según Diario Las Américas de fecha septiembre 7 de 1990, *que a Fidel Castro solo le quedaba un año en el poder y que a su hermano Raúl no le interesaba sucederle.* Fuese ello coincidencia, o aventurero cálculo, en esos días Ariel Remos dio el palo periodístico del año con la noticia que se creaba un *Registro de Propiedades Confiscadas en Cuba*, presidido por el Comisionado del Condado de Dade, Barry D. Schreiber en sociedad con Jaime Suchlicki, ovoide cubanólogo[183], nada menos que Presidente del Instituto Superior de Estudios Cubanos de la Universidad de Miami quien, mediante el recibo de una cuota de $150.00, recibiría los informes de los interesados, les enviaría planillas de aplicación para que fuesen llenadas y una vez hecho eso enviadas de regreso a la Universidad para después de ser registradas propiamente remitirlas al Comisionado Schreiber. Una perfecta trampa para incautos que causó tal revuelo, acusada sin reparos de estafa, que obligó su disolución y la devolución de las cuotas.

La trayectoria política-social-económica de Jorge Mas Canosa está expuesta desde su inicio en las páginas del Tomo IV[184] y continuada en las de éste final Tomo V, mostrando siempre las pruebas de su conducta de hombre público como lo reflejan las informaciones de prensa publicadas y las grabaciones en cintas magnetofónicas y audiovisivas de sus comparecencias en la radio y la televisión. En la historiología política de los Estados Unidos y Cuba dos presidentes exhiben similaridad o parecido en lo contradictorio de sus conductas: Richard Milhous Nixon y Mario García Menocal. Poseedores de excelentes credenciales académicas y militares; profundamente religiosos y humanitarios; expertos conocedores y practicantes de la crematística de partidos y elecciones; carismáticos por naturaleza presentaban la incomprensible antinomia de idolatrar el poder; de cometer delitos para conservarlo; de valerse de rufianes y mercenarios para eliminar política o físicamente a opositores y de aliarse a hombres de presa capitalistas salvajes

---

[183] Ver Tomo IV, págs. 540-41.

[184] Ver Tomo IV, págs. 367, 458-62, 467-68.

y mostrar desprecio y enemistad por los reivindicadores de las clases pobres, considerándolos una amenaza a los intereses de *las clases vivas*. Análogos seres de doble personalidad, semejantes al personaje ficticio ideado por Robert Louis Stevenson en su novela *El extraño caso del Dr. Jekill y Mr. Hyde*. A los recelosos ojos de sus adversarios, Jorge Mas Canosa se estaba mostrando como un caso parecido que era imprescindible vigilar y analizar debido a un pleito de fratricidio civil desarrollado en una Corte de Miami durante la semana última de octubre de 1990 que reseñó El Nuevo Herald así:

Jorge Mas Canosa tenía como asociado en su empresa Church & Tower a su hermano Ricardo que estaba a cargo de una colateral llamada Equipment and Personnel Services que proveía equipos de perforación de zanjas para cables telefónicos y digitales; aplanadoras y excavadoras; postes y tendidos eléctricos; máquinas de pintar líneas divisorias de tráfico en calles y avenidas y contrataba el personal a sueldo y destajo que necesitaba la empresa matriz para cumplir los contratos millonarios que le otorgaban la telefónica Bell South, el Condado de Dade y la ciudad de Miami. Siguiendo al pie de la letra la filosofía capitalista salvaje de fomentar conglomerados monopolistas, avariciosos y desalmados, para tener total control financiero operacional, Jorge Mas Canosa reemplazó a la colateral de su hermano con una suya denominada Comunications Contractors Inc. y puso al frente de ella a su hijo mayor Jorge *Quijá* Mas Santos. El perjudicado protestó y según los autos de procesamiento que se levantaron cuando el asunto fue a Corte, Jorge Mas Canosa y su hijo mayor lo agredieron a golpes violentamente. El diferendo costó $245,000.00 a Mas Canosa que tuvo que pagar a Ricardo en un arreglo extra judicial. Pasado un tiempo, Ricardo Mas Canosa aplicó en Southern Bell para negociar con ella como contratista, virtualmente convirtiéndose en un posible competidor de su hermano mayor. Soberbio y revanchista, contra su propio hermano, Jorge Mas Canosa lo denigró ante el funcionario de Southern Bell a cargo de la concesión de contratos de trabajos a licitadores calificados, condición que ostentaba Ricardo. El funcionario de Southern Bell demandó una ratificación por escrito de los denuestos, que le fue suministrada y que motivó a la Southern Bell a liquidar sus relaciones contractuales con Ricardo quien llevó el asunto a Cortes y después de tres días de juicio un Jurado encontró a Jorge culpable de difamación y lo condenó a pagar a su denostado hermano la suma de un millón doscientos mil dólares como compensación por la infamia cometida con él. Al igual que Nixon en Watergate y Menocal en La Chambelona[185], Jorge Mas Canosa era un *Dr. Jekill* transformándose en un *Mr. Hyde*. Políticamente, es decir, porque Nixon y Menocal siempre fueron hermanos ejemplares. Aunque pésimos gobernantes. Echando al olvido lo que antecede, la FNCA homenajeó por todo lo alto, en el carísimo hotel Omni International, a Jorge Mas Canosa *como un premio a su hombría de bien y un desagravio a las calumnias sufridas.*

El fin de la guerra en Angola garantizado por los acuerdos bilateral y trilateral como aparece detallado en el anterior Capítulo XXV, comprometió a Suráfrica a poner fin a su criminal y antihumana política de *Apartheid* si deseaba ser liberada del yugo del embargo impuesto por la ONU y el retiro de los capitales inversionistas que eran vitales a su economía. Comenzó sus reformas poniendo en libertad a Nelson Mandela ídolo de las masas negras tiranizadas, fundador del Congreso Nacional Africano, y preso político maltratado cruelmente durante 27 años cuya libertad fue aplaudida mundialmente. En los Estados Unidos la Asociación Nacional para el Progreso de las Personas de Color (NAACP) encabezó una campaña en pro de invitarle a visitar el país. Mandela fue recibido y homenajeado en la Casa Blanca por el presidente George Bush; fue acogido en una audiencia especial conjunta de la Cámara y el Senado sin ser un Jefe de Estado, privilegio solamente extendido al Marqués de Lafayette y a Lech Walesa anteriormente y fue aclamado en el seno de las Naciones Unidas en New York. Compareció en el popular programa televisivo de Ted Koppel, *Nightline*, y cuando fue preguntado por éste acerca de su soledad y abandono durante tantos años de brutal encarcelamiento, Nelson Mandela agradeció a la Cruz Roja las gestiones por su salud y a Fidel Castro, Yasser Arafat y Mohammed Khadaffy por el apoyo que siempre dieron a su lucha contra el Apartheid, considerándolos sus amigos. Cuando la Federación Norteamericana de Empleados Estatales, Municipales y Condales (AFSCME), acreditados luchadores por mas de treinta años contra el Apartheid, informó sobre su invitación a Mandela para agasajarlo en el Centro de Convenciones de Miami Beach, los alcaldes Xavier Suárez de Miami; Julio Martínez, provisionalmente de Hialeah; Pedro

---

[185] Ver Tomo II, págs. 261-80 y Tomo IV, págs. 579-96.

Reboredo de West Miami; Gilda Oliveros de Hialeah Gardens y José Rivero de Sweetwater denunciaron a Mandela *por su apoyo a Fidel Castro*; la Cumbre Patriótica y su paraguas definió a Mandela como *elemento comunista que sirve a los enemigos de la libertad de Cuba* e individualmente los Representantes Estatales Alberto Gutman y Carlos Valdés y los llamados *activistas políticos* Anthony *Tony* Bryant y Armando Gutiérrez acusaron a Mandela *de ser un comunista confeso*.

El colofón de esta tempestad en un vaso de agua fue el que Nelson Mandela fue elegido libremente presidente de Suráfrica, restañó las heridas del Apartheid y ganó el Premio Nobel de la Paz en tanto que sus venenosos impugnadores de Miami, con el decursar del tiempo, como leeremos, fueron a parar a la cárcel por corrupción administrativa Gilda Oliveros y Alberto Gutman; condenado por dañar maliciosamente una propiedad ajena, Carlos Valdés; obligado a renunciar su cargo de Comisionado y multado grandemente por cohecho, Pedro Reboredo. Xavier Suárez perdió la simpatía de la comunidad afroamericana; Bryant fue descubierto como un negro de la peor especie criminal en California, narcotraficante, chulo explotador de fleteras, atracador violento y matón de alquiler que secuestró un avión y lo llevó a La Habana haciéndose pasar por miembro de las Panteras Negras con la fatalidad de que en esos momentos allí estaban los líderes de ese grupo en California, Bobby Seale y Eldridge Cleaver, que lo desenmascararon y fue a parar a la prisión común hasta que actuando como sanitario en la enfermería de la nueva prisión del Combinado de La Habana del Este, allí llegado después de rehabilitarse, hizo amistad y prestó ayuda al héroe mutilado, Tony Cuesta, quien luego lo protegió y defendió ante la justicia americana en una actuación de agradecimiento similar a la de Mandela hacia Castro, Arafat y Khadaffy. Armando Gutiérrez era un aprovechado sargento político, muñidor electorero en búsqueda de notoriedad publicitaria. Un simple cero a la izquierda cuya opinión no valía un pedo.

XXXII

El prototipo comunista-disidente-reciclado. Cuba: Territorio de Vice-Versas. El fecal mamotreto «Disidencia». Su lupino autor. Sus padrinos. Corruptor subsidio de la NED. Peñas y ojalateros. Los cuatro principales grupos del titulado Movimiento Disidente Cubano. Sus representantes en el extranjero. Las contradicciones internas y planteamientos anómalos. El proyecto neo-comunista de Criterio Alternativo. Desatinos del Ex-Club. Convención del remendado CID. El Partido Social Revolucionario Democrático. Su dirigencia y pensadores.

La relación documentada de la sofistería puesta en práctica por la intelectualidad pelandusca apoyadora del marxismo castrista que traicionase la Revolución triunfadora sobre la dictadura de Fulgencio Batista (1952-1959)[186] y que dejó su profunda huella así como el nombre de sus perpetradores, grabados indeleblemente en anteriores páginas, con su actuación deleznable en la farándula lisonjera; la declaración de escritores contra el comandante Huber Matos y los sucesos de Camagüey; la creación de la Milicia de los Trabajadores Intelectuales; la bastardía en el periodismo, la diplomacia y la propaganda internacional; las arteras infiltraciones en la oposición anticomunista; los procaces Congreso Nacional de Cultura y la UNEAC; la solapada desinformación y el perverso coexistencialismo; la purga de la Microfacción y la barbarie contra los derechos humanos cometida en FRUTICUBA y la UMAP, desde 1959 hasta 1980[187], continuó su fatídico trayecto, como hemos leído, en Cuba y el Exilio, en los anteriores capítulos de este Tomo V y que proseguimos describiendo y documentando. Pero es imperativo el repetir aquí la depravación característica del comunista cubano que con la careta de disidente medra con la complicidad de sus camaradas dialogueros, vividores de la provechosa industria anticastrista que

---

[186] Ver Tomo III, págs. 197-582.

[187] Ver Tomo IV, págs. 142-44, 159-60, 198, 205-16, 293-97, 341-43, 429-31, 496-503.

financia la National Endowment for Democracy (NED) plattista compradora de conciencias:

«Para llegar a ser miembro del Partido Comunista, la Juventud Comunista y sus colaterales el candidato debía ser un ente capaz de las mayores canalladas y cometerlas a conciencia del daño que producían. Eran reclutados entre la hez de los bajos fondos morales, sin reparos de edad, sexo, raza o religión; dispuestos a aceptar beneficios materiales a costa de la miseria popular y a obligar a los trabajadores a cumplir agotadoras sesiones de labor estableciendo cuotas de producción; sentar pautas de hostigamiento y represión en los CDR, las llamadas Organizaciones de Masas y el DSE. Insensibles al dolor de familias separadas y de los niños con padres encarcelados o ajusticiados, son producto de la educación para la muerte prójima. Mala gente criada entre abusadores y ladrones de la propiedad ajena son, o han sido, cómplices a sabiendas de un tirano creador de un régimen de bandoleros que han secuestrado todo el mecanismo burocrático del Estado, y toda la organización de la empresa privada para dirigirlos y estructurarlos enteramente de acuerdo con los principios y métodos de los bandoleros. Mafiosos, amordazadores de dignidades, gángsteres, raqueteros y cobradores de barato que han tenido, y tienen, como meta el someter a los cubanos a la esclavitud y la degradación moral con un primitivismo bárbaro y cruel. Malditos engendros del Averno iguales a los bárbaros de Atila que convirtieron los templos cristianos en caballerizas; idénticos a los militantes del Partido Nazi que aplaudieron los hornos incineradores de niños judíos en Polonia; copias al carbón de los bolcheviques que mataron por millones a los campesinos rusos opuestos a la colectivización de sus predios; imitadores de los nipones del bushido que masacraron millones de asiáticos en nombre del código samurai y mil veces peores que los verdugos inquisidores de la Santa Hermandad. Trágico y grotesco es el hecho que la fauna y flora librescay filomática del exilio, acompañadas por capitalistas salvajes de los círculos artísticos y musicales, que se auto-titulan exiliados políticos, le abren los brazos y las bolsas a desvergonzados de ambos sexos que durante años fueron cómplices de la tiranía y que, al igual que huyen las ratas del barco que se hunde, cambian la roja casaca comunista, que usaron con altanería, por la amarilla del cobarde oportunista que

deserta por dinero y se describe hijoputadamente como «disidente» luego de haber gozado de becas de estudio en el campo comunista europeo mientras jóvenes de su edad morían fusilados o sufrían inenarrables penalidades en los campos de concentración de la UMAP por ser patriotas y anticomunistas. Por todo lo anterior se justifica la expresión «el mejor comunista es el comunista muerto».

El crecimiento de la llamada disidencia comunista en la Isla se debió a una razón parasitaria. Todos los que la iniciaron estaban motivados por la realidad del fracaso marxista-leninista en la Unión Soviética y la consecuente restricción del derroche económico de ésta para con el régimen sátrapa castrista que los beneficiaba a expensas de la miseria colectiva. Originalmente, como hemos visto, sus primeros exponentes procedían de la microfacción sovietizante lidereada por Aníbal Escalante y su grupúsculo que en Miami, como los comunistas que seguían siendo, se convirtieron en parásitos del tesoro americano mediante la NED, la FNCA y la CIA y en chupópteros de las organizaciones de renegados verdugos comunistas existentes en Rusia, Checoeslovaquia y Francia. Meretrices ideológicas del burdel castro-comunista han derivado, por soborno, a rameras del capitalismo salvaje. Esta política ultrajante a la democracia que es habitual en el State Department, no importa cual partido político ocupe el poder en Washington, es tan abominable como el creer que para adoctrinar a las jóvenes sobre el peligro de la vida licenciosa que puede conducirlas al vicio de las drogas y al oprobio de la prostitución sus mas calificadas tutoras deben ser las viciosas, las putas y las matronas recicladas porque son quienes conocen a fondo esas lacras sociales y no las mujeres virtuosas ajenas, o contrarias, a ellas. Con nauseante repugnancia, pero con obligación historiológica, sea hecho un resumen del consorcio, o infame maridaje, disidencia-exilio iniciado en el otoño de 1987 y descrito y analizado en el anterior Capítulo XVIII.

El vocablo *disidencia* es un sinónimo de *astucia marxistoide* utilizable para justificar traiciones, aprovechamiento politiquero, y enmarañar a la democracia tolerante llamando a éstas argucias excecrables *dialéctica, virajes* y *saltos de calidad*. Desde su fundación, siguiendo fielmente la *praxis soviética*, se vendieron al dictador Gerardo Machado y al caudillo fascista Fulgencio Batista; penetraron los cuadros del Autenticismo y la Ortodoxia y perforaron la base del Movimiento 26 de Julio vertebrando las ORI y reafirmándose como los mas violentos alabarderos de Fidel Castro.

La criminal historia del comunismo y los comunistas en Cuba republicana está detallada en las páginas de esta *Historiología Cubana* y en un libro[188] por nuestra parte recomendada su lectura por lo exacto de su contenido que solo está empequeñecido por el disimulo que sus autores, de filiación batistiana, dedican al reconocido *Padre del Comunismo*[189] y a su infernal cuartelazo del 10 de Marzo de 1952 y subsiguiente dictadura, indudables causas de la revolución que llegó al poder el 1ro de Enero de 1959.

El ablandamiento del sistema penal de trabajos forzados y el cierre de los campos de concentración de la UMAP, así como las largas condenas en el penal de Isla de Pinos y Boniato a que fueron sometidos los verdaderos anticomunistas, estimuló la farsa de la disidencia cuya vida en el nuevo penal del Combinado del Este era la de un hotel de cinco estrellas comparado con el horror de las ergástulas que sufrieron los opositores activos, excepción hecha de los expedicionarios de Playa Girón que fueron objeto de rescate económico después de un escabroso proceso de transacción entre Washington y La Habana[190]. La notoriedad mundial del reclamo de los Derechos Humanos a Cuba comunista y la declarada política pacifista dialoguera que complacía por igual a las cancillerías de aquellas dos capitales, suavizó la represión hasta el extremo, otrora inconcebible, de autorizar una emigración de reciclados, la recepción de dólares, las no interrumpidas llamadas telefónicas y la bienvenida a los intercambios culturales de espíritu colaboracionista confesional. Encolerizados, los guerreros por los caminos del mundo y sus hermanos de causa presos en cárceles extranjeras o viviendo en el clandestinaje leían los nombres de sus mortales enemigos, esbirros y gamberros comunistas, que eran celebrados como víctimas y no repudiados como victimarios por un envilecido exilio que demostraba ser tan ignominioso como lo fueron, durante las luchas por la Independencia, los voluntarios, los guerrilleros blancos y los negros chapelgorris al servicio de la tiranía colonial española. Salvo la siempre rebelde, indomable y patriótica*Minoría Históri-*

---

[188] *Historia del Partido Comunista de Cuba*, Jorge García Montes y Antonio Alonso Avila, Ediciones Universal, Miami, 1970.

[189] Ver Tomo II, págs. 531-37.

[190] Ver Tomo IV, págs. 355-68.

ca que, desde Guamá y Hatuey[191] hasta el presente, con su sacrificio heroico rescata la dignidad perdida de la inmensa mayoría de un pueblo convertido en populacho.

Desde el punto de vista historiológico los programas políticos no cuentan para nada pues como reza el dicho *el papel lo aguanta todo*. Lo que tiene validez es el análisis biográfico de quienes lo fabrican, lo propugnan y garantizan con una conducta pública intachable y una línea recta ideológica a prueba de examen severísimo. El hombre, el ser humano, es el motor de la historia y el responsable concreto de sus aconteceres no los hados o la predestinación. Está comprobado en la historia universal: *el Estado es la imagen, el producto del hombre que lo crea; el ciudadano es la imagen, el producto del Estado que lo crea*[192]. No es que los tiempos cambien de por si; lo que cambia es la sociedad influenciada por el producto cultural de sus componentes sean ellos directores o dirigidos. En el caso específico de Cuba, desde la Colonia hasta el fin de la República destruida por los comunistas, imperó la politiquería adjunta periódicamente a la dictadura, siempre mayoritariamente apoyadas o toleradas. Un extranjero, Aldo Baroni la calificó como *País de Poca Memoria* y una extranjera, Ruby Hart Phillips, la definió como *Isla de Paradojas* aunque sería mas correctamente referirla como *Territorio de Vice-Versas*. Cinco tomos de esta conflictiva *Historiología* lo prueban. Y después de cuarenta años de desgobierno, crímenes de lesa patria, malversación de caudales públicos, masivo destierro y deshonor nacional impuestos por los comunistas se conspira intra-muros y extra-muros, afrentando a la nacionalista *Minoría Histórica* actual, para escudándose en una hipócrita *reconciliación familiar* y santurrón *perdón y olvido* hacer de la Perla de las Antillas lo que otro extranjero, el machadista italiano-cubano Orestes Ferrara, describió macarrónicamente como *Una República de Chicharrones y Cafe con Leche*.

No será hasta que sea derrocado el régimen comunista cubano y que los historiólogos tengan acceso a lo que quede de la documentación referente al llamado movimiento de la disidencia en los archivos, públicos o secretos, del MININT y la SDE y que igualmente suceda en Washington y Miami con los

---

[191] Ver Tomo I, págs. 31-36.

[192] José Duarte Oropesa, *Cosmología*, Ediciones Universal, Miami, 1990.

pertenecientes al State Department, el FBI y la CIA que se podrá con certeza describir documentadamente la realidad del proceso y los nombres de quienes, allá y aquí, fueron sus autores, fautores y financiadores del mismo. En el entretanto en esta *Historiología Cubana* se han utilizado los informes, nunca disputados total o parcialmente por alguien, que la media periodística ha dado a conocer y el análisis cuidadoso del contenido de artículos, folletos y libros que tratan del sombrío asunto y de los antecedentes políticos y compensación monetaria interesada percibida por sus escritores. De este material quimérico, que mal intencionadamente iguala el reciclamiento marxista-leninista a la obra reivindicadora de los humanistas Henry David Thoreau, Mahatma Gandhi y Martin Luther King, es firmemente recomendable la lectura del mamotreto defensor de la patraña disidencial[193] porque su autor descubre la urdimbre de ésta, los nombres de sus hermanos lobos y los de las personas que contribuyeron a su publicación en Miami irresponsablemente apareciendo como sus cómplices. Prueba al canto es el reconocimiento a aquellas:

«A los sindicalistas Mario Fontela, Óscar Álvarez y dirigentes en Venezuela de la Solidaridad de Trabajadores de Cuba (STC), a los comandantes de la Revolución Raúl Díaz Torres y Huber Matos, a los que llevaron la voz de la disidencia a todo el pueblo de Cuba, como el director de programaciones de la Voz del CID Ángel de Fana y el director de Radio Martí, Rolando Bonachea, al propietario de WRHC Cadena Azul, Jorge Rodríguez Alvareda, a Roberto Rodríguez Tejera, iniciador en la radio local de Miami del primer programa con la disidencia, a los periodistas Pablo Alfonso y Gregorio Arioza, a la escritora Dora Alonso, a la editora Dora Amador, a la editora Irene Moises, al abogado Alfredo Durán, al Dr. Gustavo León, a nuestros queridos amigos Len Hernández y Ana Olga Capeztani, al Colectivo de la revista autogestionaria Palenque, a los ex-presos políticos José Antonio Jiménez y Ángel Cuadra, al Grupo Libertad –en particular Luis Bandrich y Roberto Carballo–, al Grupo Libertad y Vida –en especial Israel Barrera, Orlando Castro y Georgina Cid–, a la organización 30 de Noviembre, al Comité Cubano Pro Derechos Humanos de Puerto Rico –en

---

[193] Ariel Hidalgo, *Disidencia*, Ediciones Universal, Miami, 1994.

especial Rafael Mayola y Mercedes Grandio–, al Ejército Rebelde en el Exilio –en particular Jesús Gómez Calzadilla–, a los activistas del Partido Demócrata Cristiano de Cuba, Siro del Castillo y Amaya Altuna de Sánchez, al Centro de la Democracia Cubana –en particular Enrique Baloyra y José Antonio Lanuza–, al Padre Francisco Santana, al activista de derechos humanos Ramón Cernuda, al activista del Movimiento Cristiano de Liberación Santiago Cárdenas, a los activistas residentes en Canadá Evelio Alarcón y Miguel Planas, al National Endowment for Democracy (NED) y a numerosas personas del destierro que aportaron sus pocos ahorros para que las comunicaciones con los disidentes pudieran mantenerse y por supuesto a todos los miembros de la disidencia interna que arriesgan su libertad y seguridad personal para informar al mundo de las violaciones de derechos humanos y civiles que día a día se perpetran en Cuba».

Añadiendo a lo que precede, El Nuevo Herald según reportó Alfonso Chardy, existía una competencia por el dinero procedente del Fondo Nacional para la Democracia (NED) organización pantalla que recibía fondos federales y que había jugado un papel importante en la promoción de los disidentes de Europa Oriental, muchos de los cuales se habían convertido luego en líderes nacionales en sus respectivos países. Chardy citaba al presidente de la NED, Carl Gershman, diciendo que los grupos disidentes cubanos podrían convertirse en partidos políticos de la Cuba postcastrista y además informando que en 1991 la NED había otorgado $462,132.00 para siete proyectos vinculados con Cuba; $282,132.00 mas que en 1990, cuando la organización financió cuatro de dichos programas y que en enero de 1992 la NED autorizó $66,000.00 adicionales para financiar un nuevo proyecto cubano que promovería las actividades de jóvenes disidentes en la Isla. Seguía el anonadante reportaje de Alfonso Chardy descubriendo que un funcionario del Departamento de Estado, que desgraciadamente no identificó, había asegurado *que los disidentes en Cuba juegan un papel clave en nuestra estrategia de cambio democrático pacífico en la Isla.* El remache del reportaje era el descubrimiento que parte del dinero sobornante de la NED había ido a parar a la Fundación Nacional Cubano Americana y a Radio Martí. En el Tomo IV fue descrito el meollo de lo que luego se denominó *disidencia,* que comenzó en las ORI, continuó en el Congreso Nacional de Cultura, la UNEAC, la Microfacción, FRUTICUBA y el Partido

Comunista y ha seguido en éste Tomo V, como se ha leído en anteriores Capítulos así como la nociva influencia que el proceso reciclador ha ejercido en el exilio, proceso que ha sido detallado en sus menesteres y hecho constar el nombre de sus estimuladores, desde su principio en el mes de agosto de 1961 hasta enero de 1991.

Las sombras que envolvían al exilio en relación a los renegados comunistas y a sus víctimas residentes en el extranjero comenzaron a despejarse a principios de 1991 cuando fue de público conocimiento que un tal Partido Social Demócrata Cubano, presidido por su Secretario General, el ingeniero José *Richard* Heredia, que había sido gran combatiente contra la dictadura de Batista como dirigente estudiantil del Movimiento 26 de Julio y luego preso político plantado durante años del fidelato, solicitaba la ayuda de la Internacional Socialista para su representante en Cuba, el viejo comunista Roberto Luque Escalona, furioso antiamericano durante su paso por la directiva del Instituto Cubano de Amistad con los Pueblos (ICAP)[194].Durante el IV Congreso de Alfa 66 fue llevada a cabo una Mesa Redonda sobre la disidencia, favorablemente a ella, cuyo panel lo compusieron los descastados Ricardo Bofill y Juan Benemelis y los ex-esbirros de la Seguridad del Estado y el MININT Manuel Beunza, Óscar Valdés y Nelson González. En los círculos de estudio sobre la cuestión cubana y su futuro, principalmente en los conocidos como *la Peña de Antonio Jorge* y *la Peña de Teobaldo Rosell*, se le abrían los brazos por igual a los reciclados y a sus defensores. Personas tan respetadas como el médico Virgilio Beato y el abogado Luis Fernández Caubí, cuyos pronunciamientos sobre el discutible asunto eran ejemplares en retórica y persuasión, argumentaban en pro de una solución pacífica tipo *Perestroika* y *Primavera de Praga*, cosechando aplausos y testimonios de solidaridad de las concurrencias que indefectiblemente mostraban su descontento con la intolerancia nacionalista hacia la componenda y el dialoguismo mostrada constantemente por el*Autor* y el periodista Evidio Pereira, expedicionario de Playa Girón, quienes optaron por no asistir mas a las semanales sesiones de esos grupos de longevos y currutacos *ojalateros*, como los llamara en la Guerra de Independencia el general Máximo

---

[194] Ver Tomo IV, pág. 295.

Gómez[195]. El mucho embullo para tan poca fiesta que inspiraba la disidencia llegó a la absurdidad cuando un puñado de *econo-micos* que componían un rimbombante *Comité de Negocios y Comercio de la Comisión del Gobernador de Florida para una Cuba Libre* aprobaron la creación de una *Oficina de Suministros de Emergencia para Cuba* con vista a la inminente caída de Castro. Firmaban: Remedios Díaz Oliver, Antonio Jorge, Sandra Lane, Luis Sabines y Eugenio Sansón.

Usando términos marinos puede decirse que el aguaje de la disidencia, que usaba como estandarte de combate la defensa de los derechos humanos y la no violencia, se convirtió en un ras de mar propagandístico desinformador propio de la naturaleza cipayista de sus voceros en Washington y Miami que como carneritos lactaban las ubres financieras de la NED y la CIA que utilizadas por el State Department, su patrón, demostraban con tremenda desfachatez que su cardinal propósito era desmantelar la *Minoría Histórica* que no se vendía al soborno ni se rendía a la amenaza de la cárcel y que mantenía, a todo riesgo, el practicar la violencia democrática enfrentándola a la violencia totalitaria fuese esta fascista o comunista no solamente en Cuba y Estados Unidos sino por los caminos del mundo. Siempre rebosante de pensamiento y acción nacionalista-revolucionaria tan temidos por los tenebrosos magnates del capitalismo salvaje monopolista y bancario que José Martí, *con la manga al codo, como el carnicero a la res,* pasó a cuchillo implacablemente[196]. Día tras día, en 1991-92, se informaba alegremente el nombre de organizaciones disidenciales en intramuros hasta el punto que su número sobrepasaba el de las reclamadas por las sombrillas de la JPC y la FNCA en extramuros. Alfonso Chardy reportó que los cuatro grupos principales del llamado Movimiento Disidente Cubano eran la Comisión Cubana de Derechos Humanos y Reconciliación Nacional, presidida por Elizardo Sánchez Santacruz y representada en Miami por Ramón Cernuda; el Movimiento Pacifista Solidaridad y Paz, presidido por Daniel Azpillaga Lombard y representado en Miami por Luis Zúñiga Rey, agente de la FNCA; Comité Cubano Pro Derechos Humanos, presidido por Gustavo Arcos Bergnes y representado en Miami por Ricardo Bofill Pagés; y Criterio Alternativo, presidido por

---

[195] Ver Tomo I, págs. 359-60.

[196] Ver Tomo IV, págs. 62-63.

María Elena Cruz Varela y representado en Miami y Madrid por Carlos Alberto Montaner. Pero las noticias procedentes de Cuba, tanto sobre el régimen como la disidencia confundían al exilio ya que reportaban por igual la existencia de otras organizaciones de derechos humanos cuyos participantes se comunicaban libremente por teléfono con sus partidarios en el extranjero; que se permitía el viaje a Miami de sus considerados líderes; que se encarcelaba a otros de ellos acusándolos de asociación ilegal y que se creaban partidas de fascinerosos con el nombre de *Brigadas de Respuesta Rápida* que agredían a quienes, pacíficamente, reclamaban reformas por medios legales; se conocían contradicciones internas y planteamientos anómalos originados en los estamentos disidenciales en la Isla y el exterior donde, por conveniencia de actualizarse, se celebraban congresos allá y acá que informaban sobre pretendidas uniones para la inminente liberación de Cuba por la fuerza de la charlatanería, el cabildeo y los paseos por los salones de las oficinas de las Naciones Unidas en New York y Ginebra. Leamos:

Embriagados por la propaganda emanada del artífice diabólico de FRUTICUBA. Ricardo Bofill Pagés, que pintaba como patriotas a sus socios en la persecución de anticomunistas y cuyas falsedades eran aprobadas por fundacioneros, plataformeros, plattistas y clericaloides el populacho del exilio remedaba al de la Isla en su carácter de masa patibularia[197]. No solamente no ponía atención a las advertencias de *los plantados del exilio* sobre el historial político abominable de renegados y reciclados comunistas de patria o muerte sino que se declaraban contrarios de aquellos y partidarios de éstos. La pugna entre Elizardo Sánchez Santacruz y Gustavo Arcos Bergnes por el liderazgo de la disidencia; la revelación que Tania Díaz Castro era una agente de la SDE y que sirvió de testigo contra Samuel Martínez Lara un envilecido ex-siquiatra de Villa Marista, torturador mental de presos políticos allí secuestrados; la proposición al gobierno de dialogar hecha por Gustavo Arcos a quien Armando Valladares calificó de *traidor* y Tony Varona de *merecedor del Premio Nobel de la infamia*; la revelación documentada que los homenajeados intelectualoides disidentes Luis Alberto Pita, Pablo Reyes, Hiram Abi Cobas, Enrique Patterson, Ramón Solá, Ariel Hidalgo, Óscar

---

[197] Ver Tomo IV, págs. 188-89.

Peña Martínez, Adolfo Rivero Caro y Reinaldo Bragado Bretaña habían sido profesores de marxismo, adoctrinadores perversos de la juventud estudiantil para hacer de ésta una fuente de futuros perros de presa de toga y birrete y la ratificación del presidente de la FEU, Felipe Pérez Roque, de que solo comunistas probados podrían asistir a las universidades en Cuba o el extranjero porque no había cabida para nadie que no fuera revolucionario comunista dentro de las universidades, cosa que quitaba la careta de inocencia a los graduados en Cuba y Rusia y de los gusanos rojos, abandonados a su mala suerte de tránsfugas por Europa, no mermó un ápice al apoyo político y económico que sus favorecedores del exilio les confería. Es mas, cuando los directores de Criterio Alternativo María Elena Cruz Varela, Fernando Velázquez, Roberto Luque Escalona y Víctor Serpa Riestra, según informe de su representante en Miami y Madrid, Carlos Alberto Montaner, pidieron reformas moderadas al régimen fueron endiosados como tremendos opositores víctimas de ataques físicos por una Brigada de Respuesta Rápida que le hizo tragar a María Elena Cruz Varela una proclama sin masticarla. El día 18 de julio de 1991 fue publicado en El Nuevo Herald, firmado por su redactor Pedro Sevcec y bajo el título de *Ideario de Disidentes Respeta a Comunistas*, el reportaje que transcribimos literalmente a continuación:

«El grupo de intelectuales disidentes Criterio Alternativo, planteó en Cuba al gobernante Partido Comunista que «en caso de que ocurra una transición ordenada a la democracia los comunistas no serán perseguidos, expulsados de sus trabajos, despojados de sus casas o eliminados de la vida pública. Los comunistas y nosotros tenemos visiones distintas del mundo, pero somos hermanos. No queremos que ocurra como en Rumanía o Etiopía» afirmó el documento, leído telefónicamente desde La Habana por la integrante de Criterio Alternativo, María Elena Cruz Varela, a la activista exiliada en Miami, Teté Machado.

Criterio Alternativo, con un puñado de miembros, ha tomado las posiciones antigubernamentales mas atrevidas en tiempos recientes dentro de la Isla. A fines de mayo instó al gobernante Fidel Castro a celebrar elecciones democráticas, liberar a los presos políticos y reinstaurar los derechos civiles. En la declaración del miércoles, Criterio Alternativo dice que sale al camino de la «malintencionada campaña de infundios y terror sicológico desatada por algunos sectores de poder en la Isla, así como las declaraciones irresponsables de aislados y minoritarios elementos en el exilio». Este es el resumen de los diez puntos del documento, dirigido a todos los funcionarios, militantes y simpatizantes del Partido Comunista:

1) *En ningún caso el Partido Comunista de Cuba (PCC) será disuelto.*
2) *Los bienes del PCC serán separados del Estado y de las propiedades del gobierno.*
3) *Nadie se inmiscuirá en los asuntos internos del PCC.*
4) *Nadie podrá expulsar del trabajo a un obrero, técnico o asesor o dirigente, por militar o haber militado en las filas del PCC.*
5) *Ningún militante del PCC será expulsado del servicio exterior si es funcionario o diplomático de carrera. Esto no reza con los burócratas nombrados por amiguismo.*
6) *Ninguna persona será despojada de la casa en que habita siempre que la haya adquirido de acuerdo con las normas establecidas durante los últimos 30 años. Nadie que se encuentre fuera del país podrá reclamar la propiedad de una residencia.*
7) *Ningún artista plástico, escritor, periodista, cantante, compositor, músico, teatrista, cineasta, será discriminado o censurado por pertenecer o haber pertenecido al PCC.*
8) *Los actuales maestros y profesores serán confirmados en sus puestos, sin discriminación alguna por su pertenencia al PCC.*
9) *Todos los exvicepresidentes, viceprimeros ministros, ministros, viceministros, generales y otros funcionarios de alto rango que se acojan al retiro, tendrán derecho a sus pensiones.*
10) *Quede bien claro que la oposición cubana no desea eliminar de la vida publica al PCC ni a sus militantes y simpatizantes. Tampoco desea eliminar o denigrar a las Fuerzas Armadas o al Ministerio del Interior. Esos son nuestros cuerpos armados y los únicos que tenemos.*

El documento establece que «nadie desea una funesta intervención extranjera, excepto los traidores, desesperados y sin futuro».

A pesar de lo que existía en el fondo de Criterio Alternativo, descubierto por Sevcec y que nadie contradijo, los dirigentes del llamado Ex-Club, Rolando Borges, Eddy Carreras, Ernesto Díaz Rodríguez, Alfredo Mustelier y Guillermo Rivas Porta adoptaron como heroína de la disidencia a Aida Valdés Santana recibiéndola en el aeropuerto de Miami a su llegada de La Habana y colmándola de elogios. El periódico La Nación publicó un artículo de la ex-presa política Leopodina *Polita* Grau Alsina en el que denunciaba a la Valdés Santana como una infiltrada de la SDE en el presidio de mujeres haciéndose pasar como miembro de la Microfacción. Relata *Polita* que pidió a una visitante, Nena Aróstegui, que indagara con Arnaldo Escalona y su esposa, Hilda Felipe, por antecedentes microfaccionales de Aida Valdés Santana y aquellos le respondieron que era militante del Partido y chivata del G-2 ratificándolo con estas palabras: *Cuando los Escalona llegaron por el Mariel fueron a la finca de Paquito Cairol. Allí estaban Tony Varona, José María Aguilera, Agustín Tamargo y Caridad y Juan Vizcaíno, con quienes fui, y allí Escalona me repitió las actividades de Aidita.*

El desatino del Ex-Club no se detuvo ahí pues provocó un serio problema entre dos Puestos de la Legión Americana, formados por veteranos cubanos de las Fuerzas Armadas de los Estados Unidos en sus guerras extranjeras: el de Cuba en el Exilio y el 346 de Miami. Durante la celebración de un acto social en honor, muy bien merecido, al Comandante de la Base Naval de Guantánamo, William McCamy; al coronel Félix Rodríguez Mendigutía, distinguido en Viet-Nam; a José Basulto, líder de Hermanos al Rescate y destacado en Misiones Especiales de la CIA y al militante anticomunista y ex-preso político Ernesto Díaz Rodríguez, activista en el Grupo de Apoyo a los combatientes de la Guerra del Golfo, *se le otorgó una Placa de Reconocimiento a la activista cubana pro derechos humanos de visita en Miami, Aida Valdés Santana, Huésped de Honor del Puesto 436 y del Ex-Club*, decía el parte de prensa. Inmediatamente, el Comandante del Puesto de Cuba en el Exilio, José Duarte Oropesa, basándose en el Código de Ética de la Legión Americana, impugnó lo hecho puesto que reverenciar a una harpía comunista sin cuidado de la ofensa que se infería a la memoria del fusilado último Comandante del Puesto de Cuba en La Habana, Howard F. Anderson; a la de sus miembros Rafael del Pino Siero y Ricardo Rabel Núñez muertos horriblemente en prisión; a los padecimientos sufridos en la cárcel por el Vice-Comandante y el Ayudante, el suscribiente y José Nadal, y a la confiscación de bienes del Puesto y de sus miembros era una flagrante violación del principio de la Legión Americana referente a la armonía de las relaciones entre Puestos que no debían en forma alguna entrar en actividades que contraríase a otro u otros. La controversia no se hizo pública y se resolvió fraternalmente cuando fue comprobado que los honorables miembros y ejecutivos del Puesto 346 desconocían los antecedentes de Aida Valdés Santana y que los oficiales del Puesto de Cuba en el Exilio se habían precipitado en su impugnación creyéndose soslayados. Meses después el periodista canadiense Jean-Guy Trepanier que visitaba Cuba en una misión encubierta encomendada por Luis Zúñiga, agente de la FNGA, fue arrestado por tres agentes del Ministerio del Interior cuando visitaba a Aida Valdés Santana en su casa. Trepanier fue expulsado y en Miami declaró que los interrogadores sabían con lujo de detalles que había sido portador de una videocinta subversiva, agregando que alguien lo había chivateado.

Saliendo de la oscuridad política que lo envolvía desde su desmembramiento anteriormente descrito, el CID de Huber Matos celebró una convención en Miami y la primera resolución aprobada fue la de nombrar Presidentes de Honor a Gustavo Arcos Bergnes, Elizardo Sánchez Santacruz, Osvaldo Payá Sardiñas, Roberto Luque Escalona y María Elena Cruz Varela. Los oradores invitados fueron los reciclados Jorge Villalba, Ariel Hidalgo, Óscar Peña Martínez, Hiram Abí Cobas y David Moya Alfonso y los no definidos políticamente Orlando Gutiérrez, Roberto Rodríguez Tejera y Ernesto Díaz Rodríguez. Las conclusiones de la convención fueron innumerables y una monótona repetición de las anteriores acerca de los derechos humanos, la democracia, la reunión familiar y *blah, blah, blah*. A esta entelequia siguió otra, el Partido Social Revolucionario Democrático cuyos ejecutivos eran Manuel Fernández, Jorge Zayas, José Casas, Roberto Simeón y Óscar Hernández y los miembros del Comité de Dirección Política eran Enrique Ovares, Fernando Hurtado, Jorge Triana, Haroldo Hernández, Eddy Guallar, Eva Gutiérrez, Giordano Hernández, Mario Tauler, Martín Castellanos, Ángel de Jesús Piñera, Raúl Díaz Torres, Guido Bustamante, Jorge Costales, Rodolfo Aybar, Miguel Guitart, Jorge Valls y Ángel Cuadra. Su programa, obra de sus pensadores Manuel Fernández, Roberto Simeón, Giordano Hernández, Jorge Valls, Ángel Cuadra y Ángel de Jesús Piñera era inconmensurable y como reflejo de la personalidad de ellos era abstruso, recóndito, filosofal, poético y esotérico.

XXXIII

Malogros comunistas locales y mundiales. Desmadraje de militantes y periodistas ñángaras. El IV Congreso del Partido Comunista. Nuevas Villas Potemkin. Recuento constitucional. Mascarada modificadora de la Constitución de 1976. La venía absolutista. Resurgimiento combativo de Comandos L. El desembarco de El Júcaro. Fusilamiento de Eduardo Díaz Betancourt y condenas de Daniel Santovenia y Pedro Álvarez. Contraste entre patriotas anticomunistas y malparidos milicianos uneacos. Revelador artículo de Contrapunto. Altibajas del embargo. La Ley Torricelli. Capicúa de la FNCA. Impugnación interna y externa a la Ley Torricelli. El fondo electoral del CAP de la FNCA. Equiparación de pluripartidismo a pluriporquería.

El plan de política exterior que era vital para el gobierno cubano en su propósito de eternizarse en el poder sufrió rudos golpes cuando en Nicaragua sus amigos sandinistas perdieron las elecciones democráticas que creían iban a ganar; en El Salvador la guerrilla abandonó la lucha; Irak invadió Kuwait y su admirado Saddam Hussein fue aplastado por su odiado enemigo estado unidense; Alemania comunista se fundió en la Alemania Federal; Gorbachev recibió el Premio Nobel de la Paz; Lech Walesa fue elegido presidente de Polonia Democrática; COMECON acordó disolverse; un intento de dar un golpe de estado por elementos stalinistas en Moscú fue despachurrado; en la embajada rusa en La Habana se arrió la bandera de la hoz y el martillo y se izo la antigua zarista; Checoeslovakia advirtió que no representaría mas los intereses de Cuba en Washington y durante la Cumbre de Presidentes Iberoamericanos celebrada en Guadalajara (Méjico) Fidel fue recibido con frialdad y fue instado por el jefe del gobierno español, Felipe González, y el presidente mejicano Carlos Salina de Gortari a democratizar Cuba. De regreso en la Isla suspendió la celebración de los carnavales habaneros alegando falta de dinero pero sin embargo gastó millones en la celebración de los Juegos Panamericanos a la que asistieron 4,550 atletas de mas de cien países, con sus numerosas delegaciones, cronistas y entrenadores que consumieron toneladas de alimentos que eran sustraídos del racionamiento popular. El macanazo económico que propinó a Cuba comunista la desintegración de la Unión Soviética y la disolución del COMECON fue tan dañino como el desplome de la teoría marxista de descalabrar, por cualesquier método, la democracia y sus instituciones y sustituirla por un capitalismo monopolista de estado. Era, pues, necesario un viraje, un vice-versa, pero uno que no pusiera en peligro *la seguridad del estado.* Y, por supuesto, la vida y la hacienda de su mayimbera nomenclatura y sus desentrañados partidarios. Al bayú[198] comunista era necesario darle una capa de pintura castrotroica que lo hiciera aparentar una academia de baile o una casa de citas. Eso fue encomendado al IV Congreso del Partido Comunista y a la Asamblea Nacional del Poder Popular (ANPP.)

El muy cacareado IV Congreso del Partido Comunista de Cuba se efectuó durante los días 10-12 de octubre de 1991 en el teatro *Heredia* de Santiago de Cuba a puertas cerradas a la prensa extranjera y condicionada la local. Su proclama de apertura estableció lo siguiente: *El IV Congreso se pronuncia por la reafirmación inequívoca en los Estatutos del objetivo supremo de la Revolución: la edificación socialista en Cuba; por la inclaudicable adhesión de nuestro Partido al ideal comunista que alienta su actividad y por la mas rigurosa fundamentación de su condición de partido único de la nación cubana martiana, marxista y leninista. Para cada militante la disciplina partidista comporta el deber de defender la línea del Partido por encima y aun en contra de su opinión personal.* Como una justificación a la Veda de la prensa extranjera y a la medida de informar a la del país a conveniencia del régimen, Fidel expuso la interpretación del comunismo de la prensa y los periodistas de intramuros así: *El periodista es un militante de la Revolución, la prensa es un instrumento de la Revolución, y el deber primero del periodista es apoyar y defender la Revolución. Los periódicos son de la Revolución y para la Revolución, nuestro camino consiste en saber como utilizamos los medios de manera óptima para apoyar la causa revolucionaria, desarrollarla e ir hacia el perfeccionamiento de la sociedad.* Treinta y dos años atrás, el día 7 de enero de 1959 afirmó en Ciudad Libertad: *El periodis-*

---

[198] Cubanismo por burdel.

ta llena una función de servicio al pueblo. Cuando un gobierno actúa rectamente no teme a ninguna libertad. Si no roba, si no asesina no tiene que temer a la libertad de prensa. Seis meses después renegó traidoramente lo expresado mediante la censura, la coletilla y la confiscación de los periódicos. Apoyo de patria o muerte por Carlos Franqui y Guillermo Cabrera Infante en *Revolución* y secundados éstos en Prensa Latina, Verde Olivo, Juventud Rebelde y El Caimán Barbudo por sus acólitos, hoy dándoselas de disidentes y albergados en Diario las Américas, El Miami Herald y Radio y Televisión Martí. Entre ellos, en distintas fechas, Huber Jerez, Roberto Luque Escalona, Jorge Masetti Jr., Victor Serpa, Cesar Leante, José Lorenzo Fuentes, Álvaro Alba, Bernardo Marques, Jesús Díaz, Manuel Granados, Néstor Baguer, Humberto Castelló, Carlos Verdecia, atcétera, etcétera y etcétera[199]. Tomaría muchísimas páginas de este Tomo V relatar el proceso parlamentario del IV Congreso con sus ponencias y debates. Es preferible hacer notar que lo único importante fue la autorización a los creyentes para pertenecer al PCC; reconocer al Estado como laico en vez de ateo; consolidar el viraje hacia la Nueva Política Económica (NPE) y la Nueva Orientación Política (NOP); la selección de cuadros jóvenes que sustituyesen la Vieja Guardia burocrática del Partido y el Gobierno y la aprobación de un congreso de la Asamblea Nacional del Poder Popular que procediera a reformar la Constitución de 1976 para legalizar cuestiones que en aquella se consideraban ilegales y que su violación llenó las cárceles. Confirmaba lo antes predicado: *Cuba, Territorio de Vice-Versas*. Nuevos cuentos de camino y nuevas Villas Potemkin para ser aplaudidas por un populacho de imbéciles y de hipócritas. Véase el siguiente ejemplo:

«*Estos programas y medidas se enmarcan en el objetivo supremo de salvar la Patria, la Revolución y el Socialismo, alcanzar la independencia económica y seguir adelante la construcción de la sociedad socialista cubana. El programa alimentario tiene como objetivo asegurar con la mayor celeridad posible el incremento de un grupo de alimentos básicos para la población cubana, que sea factible producir en nuestro país, mediante la introducción al máximo de los adelantos de la ciencia y la técnica, de un amplio plan de inversiones en este campo, sistemas*

---

[199] Ver Tomo IV, págs. 205-17.

de organización y remuneración mas eficientes, la atención al hombre y la movilización de los recursos humanos necesarios, la recuperación y el desarrollo de la voluntad hidráulica, el desarrollo del sistema de drenaje y riego parcelario en la caña, sistemas ingenieros en el arroz, aplicación del riego localizado en plátanos y cítricos, la construcción de pastoreos racionales perfeccionados y aplicación de la cerca eléctrica en la ganadería, construcciones de nuevas instalaciones de lecherías, naves avícolas y porcinas, centros de crías, alevines para la multiplicación intensiva de los ejemplares de agua dulce, centros de producción de camarones, utilización de los derivados de la caña como la sacarina y la miel proteica y de otros productos de la agricultura a la alimentación del ganado, la producción nacional de semillas mejoradas, nuevas variedades de vegetales y viandas mas productivas y resistentes a plagas, desarrollo de controles biológicos, de pesticidas y biofertilizantes, de productos veterinarios que contribuyan a mejorar la salud animal, nuevos medios de preparación de tierras, el multiarado, la preparación de bueyes para sustituir los tractores y otras numerosas medidas de esta índole. Los planes de autoconsumo territoriales y de centros de trabajo, estudios y unidades militares son también un aporte que fortalece la mentalidad de productores y la optimización en el uso de la tierra, que deberán ser estimulados combinando adecuadamente las decisiones nacionales con las decisiones que necesariamente se deberán adoptar de manera práctica en los territorios».

Como hemos leído en los precedentes análisis sobre la evolución constitucional de la República, la primera Carta Magna de 1901, tarada por el funesto Apéndice de la Enmienda Platt, fue objeto de una Reforma indigna en 1928 que dictó una Prórroga de Poderes al gobierno de Gerardo Machado que culminó en la revolución de 1933. Como consecuencia de la turbulencia política siguiente y hasta 1940 los períodos presidenciales entre esos años modificaron sus preceptos convenientemente con el alegato del mantenimiento del orden público y de los procesos electorales. Restablecida la paz se llevó a cabo una Convención Constituyente que en julio 8 de 1940 promulgó la Constitución que fue funestamente violada por el cuartelazo batistiano el 10 de marzo de 1952 y en cuya defensa y restitución se basó el movimiento revolucionario democrático conjunto que bajo el liderazgo del Movimiento Revolucionario 26 de Julio y su brazo armado, el Ejército Rebelde, ocupara el poder el 1ro de enero de 1959, exclusivamente. La gesta revolucionaria triunfadora lo había establecido claramente en el *Manifiesto del Moncada: La Revolución declara su respeto absoluto y reverente por la Constitución que se dio al pueblo de Cuba en 1940 y la restablece como Código Oficial* y ratificado en el testimonio de *La Historia me Absolverá*, discurso-defensa de Fidel Castro: *La primera ley revolucionaria devolvía al pueblo la soberanía y proclamaba la Constitución de 1940 como la ley suprema del Estado*. Pero el día 10 de enero de 1959 fue desechada la Constitución de 1940 y en su lugar establecida la Ley Fundamental de la República, el día 7 de febrero de ese mismo año 1959, que duró hasta el día 24 de febrero de 1976 cuando entró en funciones la de ese año que basada en la soviética de 1936 ahora se precisaba reformar para denominarla *martiana* y sin mencionar, como la anterior, *la amistad fraternal, la ayuda y la cooperación de la Unión Soviética y otros países socialistas*[200].

La modificación de la Constitución de 1976 el día 12 de julio de 1992, no fue otra cosa que una mascarada para encubrir el propósito de dar entrada en Cuba, oficialmente, a la inversión capitalista extranjera asegurando a esta todos los derechos y privilegios que el marxismo repudiaba clásicamente y cuya puesta en práctica en la Isla, por vía de confiscaciones, la había arruinado. Ahora no se consideraba el resarcir a los perjudicados sino plantear un viraje determinando que la propiedad estatal sería sobre los medios fundamentales de producción asociada en forma mixta con capital foráneo para lo cual se eliminaba el monopolio del comercio exterior para que las empresas neocapitalistas pudieran importar y exportar libremente lo que quisieran. En previsión de que las reformas pudieran servir de excusa para originar protestas marxistas-leninistas de nuevos microfaccionales se crearon los *Consejos de Defensa* que funcionarían como un refinado CDR a los niveles nacional, provincial, municipal y zonal presididos por los secretarios del PCC en esos lares *para actuar contra cualquiera que intente derribar el orden político, social y económico establecido por esta Constitución*. Estas y todas las demás reformas no tenían validez alguna pues el totalitarismo seguían vigente ya que Fidel continuaba como Presidente del Consejo de

---

[200] Ver Tomo II, págs. 85-102, 358-64, 432, 450, 479, 507, 554-64; Tomo III, págs. 232, 291-94, 299-306; Tomo IV, págs. 29-31, 618-20.

Estado, del Buró Político del PCC y su Comité Central y por tanto ostentaba la facultad de representar integramente al Estado y al Gobierno y dirigir su política general; organizar, dirigir y presidir las actividades de los Consejos de Ministros; nombrar u ordenar la sustitución de los miembros del Consejo de Estado; desempeñar la Jefatura Suprema de las Fuerzas Armadas Revolucionarias y con personal autoridad para decretar en todo o en parte un estado de emergencia en caso de agresión o su inminencia, catástrofes naturales o sucesos que afectasen el orden interior, la seguridad y la estabilidad del Estado y la venía para igualar el absolutismo de Luis XIV de Francia expresado en su frase histórica *¡El Estado Soy Yo!* (L'etat c'est moi.)

Desde su llegada a Miami en 1978, beneficiado con el planteamiento de la reunión familiar entre el régimen cubano y personeros coexistencialistas del exilio, Tony Cuesta, ciego y mutilado, dedicó sus incansables esfuerzos a reactivar Comandos L y continuar la guerra activa, combatiente contra el comunismo sin importarle nada el infortunio sufrido la noche del 29 de mayo de 1966 frente a la costa de La Habana[201]. Secundado por sus leales y heroicos hermanos de armas en anteriores epopeyas, de los cuales solamente estamos autorizados mencionar a Santiago Álvarez y Ramón Font, los nuevos Comandos L reanudaron sus operaciones marítimas y expedicionarias. En los días que se celebraba el IV Congreso del Partido Comunista y que inauguraban hoteles de lujo en consorcio con capitalistas españoles y se recalcaba la fortaleza del Cuerpo de Guardafronteras de la Seguridad del Estado, Comandos L audazmente ametralló el hotel Melia, en Varadero, poniendo en ridículo al Ministro del Interior, sustituto del muerto José Abrantes, General de Cuerpo de Ejército Abelardo Colomé. Irritadísimo, Fidel disminuyó la importancia del ataque que causó pánico en los turistas y preocupó a los hoteleros, máxime cuando había alardeado de la impenetrabilidad de las fronteras marítimas cubanas, reforzadas después del caso Ochoa-La Guardia. Durante la inauguración de un nuevo gran hotel de lujo en La Habana construido con financiamiento extranjero y dedicado exclusivamente al turismo internacional, afirmó que cualquier intento de invasión a Cuba o ataque pirático marítimo a sus instalaciones sería costosísima para quien o quienes lo perpetrasen. Unos días después, un operativo expedicionario de Comandos L tomó tierra

---

[201] Ver Tomo IV, págs. 459-60.

en El Júcaro, Cardenas (Matanzas), proveniente de Cayo Maratón (Florida) pero víctimas de una delación fueron capturados Eduardo Díaz Betancourt, Daniel Santovenia y Pedro Álvarez. Un rápido enjuiciamiento sentenció a la pena de muerte por fusilamiento a Díaz Betancourt y la condena a 30 años de cárcel a Santovenia y Álvarez.

Constrastando el hecho heroico de esos tres representativos de la Minoría Histórica del exilio, el populacho miamense se vistió de luto y elegíacamente llenó las páginas de periódicos, los espacios radiales y los locales de sociedades literarias para loar las personas y los méritos intelectuales de dos fallecidos y un suicidado miembros de su decadente cifarra de reciclados: Enrique Labrador Ruiz, Néstor Almendros y Reinaldo Arenas. El primero es ya conocido en detalle mediante varias páginas anteriores del Tomo IV y de este V; el segundo un cineasta español comunista, vástago del corruptor marxista de la Escuela Pública, Herminio Almendros[202], de quien, siguiendo el ejemplo se coló en el Instituto Cubano del Arte e Industria Cinematográfica (ICAIC), monopolio estatal absoluto para la producción de noticieros, documentales y largometrajes de adoctrinamiento comunista y la selección y distribución de filmes del campo marxista-leninista. Caído en desgracia cuando la microfacción, se trasegó mercenariamente al reciclamiento vengándose del ICAIC produciendo, con fondos de la NED, en sociedad con otro reciclado, Orlando Jiménez Leal, un documental que cruda y gráficamente presentaba, bajo el título de *Conducta Impropia* la odisea de su cofradía de sodomitas y pederastas condenados a la UMAP y mezclando con ellos, satánicamente, la SDE, a los miles de íntegros, física y moralmente, jóvenes no comunistas enemigos de la tiranía y el tercero un novelista desertor de la UNEAC, degenerado sexual y depravado moral de la peor ralea cuya vida de envilecimiento social la relata, con escalofriantes detalles pornográficos en su autobiografía[203], en la que describe como sus iguales en mariconerías obscenas a José Lezama Lima y Virgilio Piñera. Eran de tal naturaleza falaces los elogios que los pintaban como ejemplares ciudadanos víctimas democráticas del comunismo que, comparativamente, los tributados al burro *Perico* en su despedida de duelo cuando murió en Santa Clara,

---

[202] Ver Tomo IV, págs. 80, 343.

[203] Reinaldo Arenas, *Antes que Anochezca*, Tusquets, Barcelona, 1992.

efectuada por el senador Elio Fileno de Cárdenas[204], merecen una histórica mención folclórica por veraces y sentimentales.

La Nueva Política Económica (NPE) del régimen sorprendió a los sabihondos *econo-micos* del exilio pero no así a los rectores del State Department que estaban a cargo de los asuntos cubanos y que recibían informes confidenciales, fidedignos, de sus espías comerciales tanto en Cuba como por medio de sus agregados comerciales destacados en las embajadas americanas en todos los países del mundo capitalista y los que quedaban del resquebrajado campo comunista. Lo que con espíritu humorístico hemos bautizado como *econo-micos* en lugar de *economistas*, por las razones demostradas en anteriores páginas[205], dependían para sus profecías de lo que publicaban entidades subvencionadas por la NED o por periodistas afines al social-cristianismo germano que patronizaba la Fundación Hanns Seidel de Baviera con el lema de *Democracia Participativa* cuyo líder en hispano américa era el cubano-venezolano Dr. Amalio Fiallo[206] quien, a su vez, contaba como su mas fiel colaborador, especialmente para la cuestión cubana, al Dr. Nicolás Ríos, que editaba la revista miamense *Contrapunto*, que por reafirmarse políticamente centrista e imparcial, fue un *punching-bag* de extremistas sectarios y objeto de agresiones económicas ejercidas sobre posibles anunciantes, según denunciase, por parte de CAMACOL y la FNCA que forzaron su bancarrota. Pero en lo que se refería a la NPE su análisis es el mas exacto de todos los publicados por la prensa del exilio. En lo que se refiere a la idea de reconciliar enemigos irreconciliables, mediante la invocación de las bienventuranzas del Sermón de la Montaña, Chicho Ríos, católico devoto, recibió la misma recompensa que el católico devoto, Juan Manuel Salvat cuando intentó armonizar los ánimos exaltados en la bronca del Museo de Arte y Cultura. Su problema con los exiliados consistía en que no era fuerte en atacar a la nomenclatura comunista cubana y si era implacable con la FNCA y sus falsías en un programa radial de nombre *Al*

---

[204] Ver Tomo III, pág. 32.

[205] Ver Tomo IV, págs. 538-40.

[206] Ver Tomo III, págs. 128, 284, 333, 359, 405, 441-42, 461, 491, 503 y Tomo IV, pág. 179.

Rojo Vivo que compartía con Agustín Tamargo en la RHC del cual se vio obligado a renunciar por causa de su impopularidad. Fue, a petición personal de Tamargo, sustituido por el *Autor* que batió el cobre contra el comunismo en Cuba, sus tapaditos en Miami, los reciclados disidentes y sus mecenas de la FNCA en igual medida al tiempo que, estimulado por el acelerado *Cachimba*, abogaba por la guerra por los caminos del mundo. Pero, como era de esperarse, el gerente de la RHC, Jorge Rodríguez Alvareda, plegándose a presiones políticas y renegando su nexo revolucionario con el *Autor*[207] provocó la renuncia de Tamargo que inmediatamente fue contratado por Tomás García Fusté en La Cubanísima donde reanudó su escuchadísimo programa compartiéndolo con Bernadette Pardo-Llada en lugar del *Autor*.

El antes referido artículo de Contrapunto intitulado *Socialismo en busca de capitalistas*, descubría que el descarado viraje hacia el capitalismo salvaje dado por Fidel Castro lo había justificado atractivamente ante sus futuros socios en la rapiña económica de Cuba persuadiéndolos con el razonamiento que Cuba era el país mas seguro del mundo, porque ya había realizado su revolución socialista y en ninguna parte han ocurrido dos revoluciones socialistas; enfatizándoles que si ocurriera otra revolución, esa sería capitalista, por lo que en cualquiera de los dos casos, siempre el inversionista saldría ganando. A continuación relacionaba las inversiones extranjeras procedentes de España, Canadá, Austria, Alemania, Francia, Inglaterra, Finlandia, Suiza, Irlanda, Panamá, Brasil, Méjico y Venezuela según datos obtenidos en el Banco Nacional de Cuba que regenteaba Héctor Rodríguez Llompart y de un estudio de la universidad John Hopkins cuyo experto cubanólogo era nada menos que Wayne Smith. Leamos:

«La operación de incorporar al capitalismo al socialismo cubano, se lleva a cabo bajo el amparo de la «Ley sobre asociaciones económicas entre entidades cubanas y extranjeras». En esa ley se establece que el capital extranjero no puede adquirir mas del 49% en la formación de empresas mixtas, reservándose el estado cubano el otro 51%. Pero también otorga facultades discrecionales al Comité Ejecutivo del Consejo de Ministros para que en casos excepcionales autorice una mayor participación. Las excepciones parecen convertirse en lo común y ya se

---

[207] Ver Tomo IV, págs. 49, 92, 93.

ofrece el 50% y mas, asegurándose que se estudian casos para consentir hasta el 100% al capital extranjero. Aunque dicha Ley grava con un impuesto del 30% las utilidades netas, el Comité Estatal de Finanzas goza de la facultad de eximir de ese y otros impuestos a las empresas, a las cuales se les autoriza personalidad jurídica propia y autonomía para su organización interna y para realizar sus operaciones en el mercado mundial, concediéndoles libertad para repatriar todas las utilidades y, en caso de disolución, para regresar el capital correspondiente. Se garantizan, además, concesiones de tierras y propiedades por 25 años o mas, excención de aranceles para importaciones y exportaciones, recuperación del capital en un plazo de dos a cinco años y mano de obra calificada y barata. Se estima que Cuba recibió el pasado año 1991 inversiones que fluctúan entre los 400 y los 500 millones de dólares de inversión directa, dirigidas principalmente a la construcción de hoteles. El grupo español Sol, que tiene 183 hoteles esparcidos por el mundo, construyó en Varadero el hotel Sol-Palmeras con 460 habitaciones y 200 cabañas, a un costo de $40,000,000.00 y el Melia-Varadero con 490 habitaciones, a un costo de $70,000,000.00, considerado el mas lujoso del archipiélago cubano. Este grupo proyecta la construcción de otros dos hoteles: Meliá-Las Americas, con 250 habitaciones y un campo de golf de 18 hoyos, y el Meliá-La Habana que sera inaugurado en 1995 en la zona residencial habanera de Miramar, junto al mar y detrás del edificio de la embajada rusa. El grupo Sol, ademas, se ha convertido en copropietario de la empresa de promoción turística estatal Cubanacán.

«Sherrit Gordon, corporación minera canadiense, invertirá $1,200 millones en un plazo de cinco años para la extracción e industrialización del níquel, de cuyo metal Cuba tiene las reservas mas grandes del mundo. Se firmó un contracto por seis años con el consorcio francés Total Petroleum y la Compagnie Europeene des Petroles, para financiar la exploración petrolera en la plataforma marítima cubana, asegurándoseles un 50% si se encuentra petróleo. Acuerdos similares se han confirmado con la Taurus Petroleum de Suecia y la Northwest Energy Limited de Canadá. Air Rianta, aerolínea irlandesa, firmó un convenio para operar los aeropuertos internacionales de La Habana y Varadero, adquiriendo Cubana de Aviación el derecho de realizar vuelos regula-

res a Irlanda. La Scarapharm, compañía alemana, construyó una fábrica de vitaminas y productos farmacéuticos que no requieren receta médica, asociada con el estado cubano. La empresa española especializada en técnicas de mercadeo Asturcoex consiguió el contrato para convertirse en la vendedora mundial del equipo médico Lasermed, creado y desarrollado por Cuba para tratar las enfermedades con rayos laser de helio y neón. En asociación con inversionistas brasileños se formó una compañía farmacéutica que producirá la vacuna para la Meningitis-B que será desarrollada por Cuba.

«El comercio con subsidiarias de corporaciones estadounidenses en otros países se elevó de $246 millones en 1988 a $705 millones en 1990, según estudios de la universidad John Hopkins. En este comercio se involucraron 105 de esas empresas, entre las que se encuentran: ITT, ITB, Johnson & Johnson, Monsanto, Continental Grain, Exxon, Union Carbide, Goodyear, Firestone, General Motors, Ford y General Electric. Ya hay unas 30 empresas mexicanas haciendo negocios con Cuba, participando en las ramas del turismo, la construcción, la industria alimentaria, el níquel y las comunicaciones. Entre esas empresas están las siguientes: Editorial Limusa, CIVERT S.A., CAMEX, Bufete Industrial, INFRA S.A., Compañía Mexicana de Aviación, PANAMEX S.A. y las subsidiarias norteamericanas Aimexa, Celanesa, Aluminio, Elevadores Otis y Raychem. En 1991 México otorgó a Cuba un crédito por $307 millones..»

A la precedente estadística, demostrativa de que a pesar de la enorme deuda exterior de Cuba su gobierno comunista seguía teniendo crédito capitalista, debía haberse añadido los quinientos millones de dólares anuales que los cubanos del exilio enviaban a sus familiares y amigos y que enriquecían las arcas de la tiranía contribuyendo a su sostenimiento. El tan llevado y traído embargo americano en la práctica no existía. Como leímos fue impuesto por la Administración Eisenhower sobre toda clase de mercancías con excepción de alimentos y medicinas[208]; reformado favorablemente para Cuba por la Administración Carter[209]; disputado durante las de Gerald Ford,

---

[208] Ver Tomo IV, págs. 284-87.

[209] Ibid. págs. 625-29.

Ronald Reagan y George Bush pero todos ellos abrazados al concepto *se acata pero no se cumple* de que hacían gala los gobiernos coloniales cubanos respecto a las disposiciones reales emanadas de la metrópolis[210]. En noviembre de 1992 debían celebrarse las elecciones presidenciales y en ellas aspiraba ser reelecto el republicano George Bush, vicepresidente que había sido de Ronald Reagan en sus dos períodos, que se enfrentaría al candidato demócrata William *Bill* Clinton, ex-Gobernador de Arkansas cuando el grave problema creado por los amotinados marielitos. Las elecciones congresionales y gubernatoriales precedentes a la presidencial habían mostrado una superioridad del Demócrata sobre el Republicano y esto ponía la carne de gallina a los cubanos de Florida que mayoritariamente eran afiliados de éste y no de aquel. Por conveniencia y oportunismo, no por principios, puesto que habían recibido mas beneficios migratorios de los demócratas presidentes Kennedy, Johnson y Carter que de los republicanos Nixon, Ford, Reagan y Bush. Como siempre antes, la causa de la libertad de Cuba de las cadenas comunistas sería envuelta en la contienda electoral que se aproximaba.

Las altibajas del embargo se debían, mas que nada, a la carencia de disposiciones de rigidez legal que, aprobadas congresionalmente, hicieran obligatorio su cumplimiento por organismos judiciales o castrenses que lo transformasen, si se diera la ocasión, en un bloqueo naval y aéreo tan efectivo como lo fue el impuesto cuando la crisis de los cohetes atómicos en octubre de 1962 que forzó la capitulación de Nikita Khruschev[211]. Esto no volvería a suceder pues el pacto Kennedy-Khruschev garantizaba la seguridad del comunismo cubano por el compromiso contraído entre las dos potencias de que una no instalaría en la Isla armas estratégicas y la otra que no invadiría ni permitiría expediciones desde su territorio o del de cualquier país vecino. El subsiguiente acuerdo Nixón-Castro[212] sobre lo que denominaron piratería aérea dio remate a los esfuerzos bélicos de *los plantados del exilio* y dio vida fuerte al dialogueo y al cabildeo patrocinado por la FNCA y sus *Caballeros Don Dineros* que lograron, justo es reconocérselos, la aproba-

---

[210] Ver Tomo I, pág. 33.
[211] Ver Tomo IV, págs. 376-91.
[212] Ibid. págs. 572-78.

ción congresional del Proyecto de Ley 5323, denominado *Acta Congresional para la Democracia en Cuba,* o Ley Torricelli, que aunque motivó descontento en los sectores del exilio motejados de intransigentes por considerarla morigerada, no obstante refrenó el impulso coexistencialista que amenazaba triunfar en el Congreso y la Casa Blanca. Nadie mas calificado para describir el proceso crematístico que obtuvo la aprobación de la Ley Torricelli que Jorge Mas Canosa quien, amistosamente inquirido por el *Autor* lo remitió a su exposición del asunto publicada en libro de Néstor Suárez Feliú anteriormente referido. Transcribimos:

«Años antes de la campaña electoral de 1992 habíamos decidido que el momento ideal para elaborar una ley, la cual debía ser muy importante para el destino de Cuba, sería un año de elecciones presidenciales, porque dentro de ese año es cuando los políticos de ambos partidos, el Republicano y el Demócrata, tratan de ganarse los votos de los ciudadanos, incluyendo los nuestros, los cubanos exiliados, que somos un grupo reducido pero que no dejamos de ser importantes... Desde el año 1982, quedamos convencidos de que Bob Torricelli podía convertirse en un elemento estratégico en la lucha contra Castro. Desde aquella época continuamos nuestras relaciones con él hasta que eventualmente sustituye al único miembro del Partido Comunista en el Congreso, un hombre de la raza negra del estado de Michigan, como Presidente del Subcomité de Asuntos para el Hemisferio Occidental del Comité de Relaciones Exteriores de la Cámara de Representantes. Esa posición le sirvió a Torricelli como plataforma ideal para lanzar un proyecto que rápidamente adoptó su nombre: la Ley Torricelli, la cual inmediatamente movilizó en su contra a todos los izquierdistas de Estados Unidos, a la prensa de Washington, de New York y también de Miami...

Relata Suárez Feliú que por aquel entonces se produjo algo totalmente inesperado cuando Jeb Bush, hijo del presidente George Bush, le comunicó a Mas Canosa que su padre planeaba oponerse a la ley basándose en el concepto de la *«extraterritorialidad»,* o sea, que Estados Unidos no podía imponer su política a las empresas norteamericanas radicadas en países extranjeros porque eso violaría el derecho nacional de esos países. Además, el presidente Bush opinaba que la Ley Torricelli le quitaba sus prerrogativas presidenciales, protegidas por la Constitución, la cual establece la separación de poderes. En ese caso, según dicho argumento, el Congreso estaba legislando en materia que correspondía al Poder Ejecutivo, encargado de formular la política exterior de Estados Unidos. Aquí fue donde otra vez Jorge Mas Canosa dio prueba de lo que se mostró en anterior página como una simetría extremista suya con la tradicional de Fidel Castro que, aunque no sea considerada como una virtud sino como una audacia temeraria, es digna de admiración por su osadía. Confesó el líder de la FNCA:

«Cuando escuché la noticia me causó una profunda tristeza y entonces decidí que la única forma de lograr que Bush respaldara la Ley Torricelli con su firma para convertirla en ley, era lograr el apoyo público del candidato demócrata Bill Clinton al proyecto de ley. Gestioné entonces la ayuda de uno de los congresistas mas brillantes de Estados Unidos, Stephen Solarz del estado de New York, liberal e izquierdista, pero con quien habíamos desarrollado una buena amistad y aprovechando que el deseaba realizar una campaña a favor de Clinton entre los judíos de Florida, lo invité a una cena en Miami en Victor's Café a la cual asistieron mi señora y el vicepresidente de la Junta de Directores de la Fundación, el Dr. Alberto Hernández. Lo convencimos de la importancia de este proyecto de ley y le sugerimos que sería muy importante para nosotros, y muy provechoso para el candidato Bill Clinton, respaldar públicamente la Ley Torricelli. El congresista Solarz se comprometió con nosotros y nos prometió que hablaría con Bill Clinton. Informé a Bob Torricelli, quien rápidamente se puso a trabajar con el candidato demócrata. Los resultados no se hicieron esperar. Solarz y Torricelli fueron muy efectivos persuadiendo al candidato y eventual presidente de Estados Unidos. Bill Clinton pasó unos días estudiando el asunto y hablando con el autor del proyecto de ley hasta que finalmente decidió apoyarla. Pocos días después, éste visitó Miami y en un acto en Victor's Café anunció su respaldo a la Ley Torricelli».

Expresado en lenguaje vernacular puede decirse que Mas Canosa le sirvió la mesa al presidente Bush y sus republicanos y no les quedó otro remedio que sentarse a comer. Efectivamente, ante la latente amenaza de perder el voto cubano si vetaba la Ley Torricelli, el presidente vino a Miami y en un acto masivo efectuado en el hotel Omni el 25 de octubre de 1992, firmó la disputada Ley de la Democracia Cubana que había sido aprobada por el Congreso. Fue un acto 100% partidista pues no fueron invitados los demócratas, ni siquiera el propio Bob Torricelli. En una inteligente movida Jorge Mas Canosa tributó un agradecimiento público, que no fue del agrado de los apoyadores de la candidatura republicana reeleccionista George Bush-Dan Quayle, a los legisladores demócratas senador Bob Graham y representantes Bob Torricelli y Dante Fascell. De nuevo usando el vernacular, la jugada de Mas Canosa era una *capicúa* que es como se llama en el juego de dominó cuando se triunfa con una ficha que se empareja finalmente en los extremos de las dos filas de fichas sobre el tablero. Diario Las Américas reportó que Bush obsequió con una pluma que llevaba el emblema nacional y su firma a quienes le acompañaron en la tribuna durante la ceremonia: el senador Connie Mack; los representantes federales Ileana Ros-Lehtinen y Lincoln Díaz-Balart; Jorge Mas Canosa, líder máximo de la FNCA; los organizadores del acto y jefes de la campaña Bush-Quayle señores Al Cárdenas, Carlos Salman, Jeb Bush y Armando Codina y a los periodistas de filiación republicana Ariel Remos, Tomas García Fusté y Armando *Seso Hueco* Pérez Roura y reprodujo una declaración hecha por Bush, un mes antes que decía: *«El primero y mas importante objetivo de la política de mi Administración hacia Cuba es estimular la transición pacífica a un gobierno democrático. Nuestra política y la Ley de la Democracia Cubana no están concebidas para dañar al pueblo cubano. Esta legislación ofrece incentivos para provocar un cambio pacífico en Cuba».*

El documento original contentivo de la Ley Torricelli constaba de 20 páginas que principalmente se dedicaban a la práctica del comercio internacional con Cuba que se limitaba a ciertos renglones que serían liberados de sus sanciones, mediante *pasos calibrados* como premio a *cambios positivos* del gobierno cubano La esencia de la Ley radicaba en la aplicación de sanciones a los países cuyos barcos llevaran carga a puertos cubanos excepción hecha de alimentos y medicinas. Pero por otra parte no se hablaba de inspeccionar dichos cargamentos en puertos extranjeros ni en alta mar. Mas que eso, *no* se mencionaban los medios de carga aérea y *si* se declaraba la intención de negociar para establecer y mantener los servicios de telecomunicaciones y correo que proveerían millones de dólares a Cuba. En resumen, mientras que en la Ley los potenciales daños al régimen comunista dependían en la aplicación de castigos económicos, no políticos, a países del mundo que no los aceptarían considerando que violaban el Derecho Internacional, el beneficio de establecer relaciones oficiales con Cuba y planteando de antemano condiciones que determinaban la clase de gobierno que sería aceptable a Washington eran en si una contradicción que pronosticaba un fracaso porque lo que se necesitaba, después de treinta años de tiranía comunista, compensando con ello el fiasco de Bahía de Cochinos, no era un ficticio embargo sino permitir la libre acción del exilio combatiente o la implantación de un bloqueo aéreo-naval a quienes comerciasen con Cuba comunista.

Fuese ello que el miedo a que la Ley Torricelli iba en serio, o que cumpliesen órdenes de La Habana de tratar de impugnarla a su favor, en El Nuevo Herald apareció el día 24 de octubre de 1992, como un anuncio político pagado, una media página con un *Mensaje al Congreso y al Gobierno de los Estados Unidos de América* que en su mas ferviente párrafo manifestaba lo que sigue:

«La sociedad cubana ha acumulado demasiados problemas y consideramos una irresponsabilidad política empujarla aún mas hacia el hambre, la falta de libertad y la violencia. Apelamos al Congreso y al Gobierno de los Estados Unidos de América para que rechacen la Ley Torricelli, contribuyendo así a distender la atmósfera de las relaciones entre ese país y Cuba y ofreciendo un digno ejemplo de voluntad democrática y sabiduría política que anime a la comunidad internacional, incluídos los propios Estados Unidos, a intensificar la búsqueda de nuevos caminos para ayudar al pueblo de Cuba a salir de su grave crisis y crear las condiciones necesarias para que, en ejercicio pleno de su soberanía, decida por si mismo sus destinos, que deseamos sean los de la reconciliación nacional, el pluralismo político, la libertad económica, la justicia social, la paz y el respeto irrestricto a los derechos inalienables de la persona humana.

Firmado en La Habana, Cuba por: Elizardo Sánchez Santacruz, Presidente, Comisión Cubana de Derechos Humanos y Reconciliación Nacional; Francisco Chaviano, Presidente, Consejo Nacional por los Derechos Civiles en Cuba; Rolando Prats Páez, Coordinador, Corriente Socialista Democrática Cubana; Lazaro Loretto Perea Alonso, Presidente PSR, Asociación Defensora de los Derechos Políticos; Vladimiro Roca Antúnez, Vice-Coordinador, Corriente Socialista Democrática

Cubana; Violeta Romero Rivero, Profesora de Lengua y Literatura, Corriente Socialista Democrática Cubana; Néstor Castellanos, Profesor Titular de Física; Gladys Rodríguez, Licenciada en Lengua y Literatura, Corriente Socialista Democrática Cubana; Néstor E. Baguer, Periodista, Corriente Socialista Democrática Cubana; Nelson García Laucirica, Activista de Derechos Humanos; René del Pozo Pozo, Actor, Comisión Cubana de Derechos Humanos y Reconciliación Nacional; Bernardo Marqués Ravelo, Periodista y Escritor, Corriente Socialista Democrática Cubana.

Refrendan la presente: Ramón Cernuda, Representante, Corriente Socialista Democrática; Óscar Álvarez, Director, C.O.D.E.H.U.; Tony Santiago, Corriente Socialista Democrática.

Firmado en el exterior por: Enrique Patterson, Profesor; Jorge Nogales, Psicólogo; Ramón Cao, Profesor; José Vilasuso, Profesor; Ángel W. Padilla, Editor; Maria Cristina Herrera, Profesora; Marifeli Pérez Stable, Profesora; Samuel Farber, Profesor; Dolores Espino, Profesora; Carlos M. Luis, Escritor; Lázaro Fariñas, Periodista; Ariel Hidalgo, Activista de Derechos Humanos; Ivette Murphy, Abogada; Eddy Levy, Activista Político; Xiomara Almaguer, Psicóloga».

La revista U.S. News & World Report, por antonomasia la mas representativa del conservatismo norteamericano, reportó en su edición de mayo 4 de 1992 lo siguiente, refiriéndose al fondo electoral que la FNCA disponía para repartir entre sus lobbystas congresionales:

«*Es en el Congreso donde el dinero de la Fundación habla mas alto. De acuerdo con Jorge Mas sus 65 directores, casi todos millonarios, pagan $10,000.00 cada uno como cuota de miembros y cada uno de los miembros de su círculo íntimo contribuye con $10,000.00 por concepto de donaciones políticas cada año. El pasado año el grupo componente de su Comité de Acción Política por una Cuba Libre y el Comité Ejecutivo de la Fundación hicieron una donación de $68,300.00 para campañas políticas y el presidente del Comité de Acción Política, Domingo Moreira, dice que la meta contributiva para 1991-92 será de $250,000.00 a $400,000.00. De acuerdo con el archivo de la Comisión Federal de Elecciones el dicho Comité de Acción Política (CAP) otorgó $182,000.00 a contribuciones de campañas electorales durante 1987-88 y $114,127.00 durante 1989-90. El patrocinador del Acta Congre-*

sional para la Libertad de Cuba, el representante Robert Torricelli, recibió $7,050.00 de los directivos de la FNCA en 1991 y según Moreira mucho mas está en camino a él. Dante Fascell, representante por Florida, presidente del Comité de Relaciones Extranjeras de la Cámara, obtuvo $5,865.00 del CAP en 1989-90 mas $4,047.00 para gastos extraordinarios. Otros Congresistas beneficiados con largueza por la FNCA incluyen al representante por Iowa Neal Smith, presidente del Subcomité que aprueba los fondos para las transmisiones de TV Martí hacia Cuba y el senador demócrata por Carolina del Sur Ernest Hollings, miembro de los Comités de Glosa e Inteligencia del Senado».

Continuando la mojiganga de los cambios, el día 29 de octubre de 1992 el régimen aprobó una nueva y peculiar ley electoral en que se ejercería un voto directo, es decir que el Partido no postulase ni eligiese sino que lo hiciera el llamado pueblo pero por el mismo y solo Partido Comunista. Desde 1965 la votación era indirecta, como quedó anteriormente descrita[213]. Enfrentado a la incongruencia del voto directo por candidatos designados por una gubernamental Comisión Nacional de Candidaturas (CNC) y la exclusión de grupos contestatarios dentro de la ficticia disidencia, a los que se les había negado reconocimiento y prohibidos por la ley de realizar propaganda o proselitismo y condenados a prisión quienes de ellos intentaron hacerlo, Fidel encolerizado respondió: *El pluripartidismo es pluriporquería. En Europa del Este les impusieron el pluripartidismo y desbarataron esas repúblicas. En los países africanos, que tenían un solo partido, la ofensiva reaccionaria occidental logró fraccionarlos al imponerles un pluripartidismo. Un principio fundamental es no caer jamás en el error de aceptar el pluripartidismo porque eso significa, frente al acecho exterior, fragmentar en mil pedazos una sociedad que solo puede resistir con el grado de unión con que cuenta. El pluripartidismo es una concesión que no puede hacerse jamás..*

---

[213] Ver Tomo IV, págs. 476-78.

XXXIV

Tremebundo reportaje de Peter Slevin. Odebrech-Church & Tower y Angola. Patrañas mascanosistas. La FNCA elogia al demócrata Bill Clinton. Críticas destructivas consiguientes. Las elecciones presidenciales de 1992. Pat Buchanan, Reinaldo López Lima y Ross Perot. Bosquejos de Bush y Clinton. Victoria electoral del Partido Demócrata. Elecciones comunistas en Cuba. La estructura electoral. El Voto Unido, la Operación Tun-Tun y el gato encerrado. El ciclón Andrew arrasa a Miami. Sabiduría ciclonera cubiche.

La logrera movida de Mas Canosa y su FNCA de estar a la vez con Dios y con el Diablo ocasionó comentarios reporteriles en The Miami Herald que desagradaron al caudillo del exilio que avinagradamente repitió su anterior acusación al periódico de mentir, amenazarle un boycot y la reanudación de su pasada campaña de *No Creo en el Herald*. Como si estuviera agazapado esperando ese paso en falso, el día 11 de octubre de 1992 el rotativo dedicó tres enteras páginas de su edición dominical a un reportaje de Peter Slevin que ponía en solfa a Mas Canosa y a la FNCA tanto en lo personal como en lo político. Slevin comenzó su trabajo haciendo una disección del contenido de una copia de la videocinta ocupada en Cuba al periodista canadiense Jean-Guy Trepanier, anteriormente mencionada, en la cual Mas Canosa aparecía entrevistado por su amanuense Luis Zúñiga Rey declarando que el gobierno castrista endiablaba a él y a la Fundación en un esfuerzo por meter una cuña divisionista entre los pueblos de Cuba y del exilio cuando la verdad era que lo que ellos deseaban era mostrar, por medio de su ejemplo, a los cubanos de dentro, que al cambiar el sistema el trabajar duro y el sacrificarse les conseguiría el mismo éxito económico alcanzado por los cubanos de afuera: un país de propietarios y no uno de proletarios. A esto seguía una reseña de los episodios políticos, económicos y judiciales que aparecen ya relatados en páginas anteriores y a los que se añadían los siguientes: Mas Canosa declinó ser entrevistado y dijo a la administración superior del periódico que había contratado a detectives privados para que investigasen a ellos y a sus hijos; que la FNCA había sido acusada de intolerancia hacia la libertad de expresión por Americas Watch, la Inter-American

Press Association y el New York Times que en un editorial se había referido, en el mes de febrero, *«a Mr. Mas Canosa y sus bienquerientes pandilleros» (thuggish wellwishers)*; y que preguntado en New York sobre si los comunistas tendrían derechos electorales Mas Canosa respondió que todo el mundo en Cuba tendría ese derecho y que la Fundación no tenía problema si el Partido Comunista se postulase. Pero lo que descubriría Peter Slevin en la pagina 21A era algo tremebundo por lo infame de mezclar la causa de la libertad de Cuba del comunismo con los intereses capitalistas salvajes de la FNCA como institución no lucrativa y la de su nomenclatura que obedecía sin chistar los esquemas de su máximo líder. Lo que sigue es una transcripción literal, en español, de el reportaje-denuncia en cuestión:

«Es de general conocimiento que Jorge Mas Canosa maneja las puertas de entrada al Congreso y del oficialismo por Cuba. Pero es menos conocido que su negocio familiar ha comerciado por valor de $80 millones con el gobierno de Metro-Dade durante los dos últimos años solamente. La familia Mas compitió por un contrato de $36 millones para la construcción del transporte elevado Metromover. Su competidor fue el urbanista Armando Codina quien, en otros proyectos, es socio del hijo del presidente Bush, nombrado Jeb. «Es igual a votar por el presidente de Cuba contra el presidente de los Estados Unidos», opinó la Comisionada de Metro-Dade, Mary Collins. Mucha de la riqueza de Mas Canosa procede del rellenado de baches y remiendo de calles. Church & Tower of Florida Inc. domina la contratación de la telefónica Southern Bell para la reparación de calles y aceras en el Condado de Dade. Durante los últimos ocho años la firma de Mas Canosa ha realizado mas de 35,000 obras valuadas en $13 millones para el Departamento de Agua y Alcantarillado de Metro-Dade. Últimamente, el negocio familiar se ha extendido, notablemente en una serie de proyectos públicos de construcción. Sus dos mas prominentes victorias fueron ganadas mediante fieras subastas ante la Comisión de Metro-Dade. Los oponentes derrotados alegaron trampas y denunciaron que el grupo de Mas no había cumplido las especificaciones del Metro-Dade cumplidas por sus competidores y que, en cada caso, la firma de Mas Canosa había sido beneficiada con un privilegio o un otorgamiento (waiver or concession.) Los Comisionados le adjudicaron un contrato por $9.2 millones para la expansión del Centro de Deten-

ciones de Metro West en septiembre de 1990 pero después de una retahila de ordenes de cambios, aprobadas por los administradores del Condado, el proyecto se amplió de 500 camas a 2,322 de ellas y su costo ascendió a la suma de $33 millones.

«*Al tiempo que Jorge Mas Canosa y la FNCA desataban una campaña contra el gobierno marxista de Angola una firma constructora brasileña de nombre Odebrecht S. A. efectuaba negocios millonarios con los angoleños. Una subsidiaria de Odebrecht está en sociedad en Miami con la familia Mas. La Sociedad de Riesgos Compartidos (Joint Venture) se llama Odebrecht Church and Tower. Se ganó dos contratos de construcción con la Comisión de Metro-Dade: la extensión de Brickell del Metromover por valor de $24.5 millones y el relleno de un lote en South Dade por $17.9 millones. La familia Mas entró en negocios con Odebrecht en 1990, un año antes de que los Marxistas y UNITA firmaran el tratado que puso fin a la guerra civil de 16 años de duración. Mas Canosa asistió a la ceremonia como invitado de UNITA. El gobierno marxista de Angola contaba con el gran apoyo de la Unión Soviética y un estimado de 30,000 soldados cubanos. Mas Canosa y la FNCA tomaron el lado de UNITA. Mas Canosa y sus colegas formaron una impresionante coalición en el Congreso para abrirle el camino al gobierno americano de apoyar a UNITA. Mientras tanto, Odebrecht S.A. trabajaba para el gobierno marxista que era enemigo de Savimbi. La firma fue contratada en 1984 para construir la represa de Kapanda, hidoreléctrica, por un valor de $1,200 millones. Carlos Bucalon, jefe de Odebrecht en sus operaciones en Angola dijo que la firma es responsable por un 25% de la obra. Un segundo proyecto dio comienzo en 1991 en la mina diamantera de Luzamba en la que Odebrecht es a la vez inversionista, contratista y accionista. Bucalon dijo que se espera que la mina produzca $1,300 millones en diamantes. Si la política que Mas Canosa sigue en relación a Cuba Marxista fuera aplicada a Angola Marxista, la Odebrecht sería exactamente la clase de inversionista prohibida por la FNCA que éste año ratificó su rechazo a la inversión extranjera en la Cuba de Castro. Mas Canosa, reincidió en su negativa a ser entrevistado. Su introducción en Odebrecht fue gestionada por José Sorzano, un pasado director ejecutivo de la Fundación que fuese el segundo en rango de la representación de los*

Estados Unidos en las Naciones Unidas quien dijo: «Yo no le platiqué a Odebrecht que fuera a Angola. Ellos hacen negocios allí. También lo hicieron en la Unión Soviética».

El día 30 de octubre de 1992 el reportero Pablo Alfonso, de El Nuevo Herald, publicó que era una mentira de Mas Canosa su afirmación de que se había reunido con el presidente del gobierno español, Felipe González, para elaborar juntos una estrategia ante la visita de Fidel Castro a España. Según Alfonso, durante una entrevista con Agustín Tamargo y Bernadette Pardo-Llada en la emisora WQBA-La Cubanísima, Mas Canosa expresó: *«Me reuní con Felipe González el 13 de mayo, día de la Vírgen de Fátima, donde planteamos y discutimos con lujo de detalles el recibimiento que se le iba a dar a Fidel Castro, y lo estoy diciendo ahora por primera vez aquí..»* pero, de acuerdo con Alfonso, un portavoz del gobierno español comentó a El Nuevo Herald: *«Suponer que el jefe del gobierno español discuta con un particular semejante barbaridad, no es solo una afirmación arrogante, sino una burrada mayúscula..».* No paró ahí ese embuste porque Mas Canosa añadió otro: *«Y la semana que viene estamos viendo a Carlos Andrés Pérez para hablar del pollo congelado que va para Cuba..»* La desmentida procedió de Roberto Yuste, director de información de la oficina de prensa de la presidencia de Venezuela: *«No puedo confirmar dicha cita. Hasta este momento no hay nada previsto. He consultado con la presidencia y nadie sabe nada..»* Termina Pablo Alfonso su reportaje de las patrañas mascanosistas así: *«También Mas Canosa mencionó que el presidente argentino Carlos Menem vendría a Miami el 21 de noviembre para participar en la reunión anual de la Fundación. Según Mas Canosa, Menem «fue el que abrió las puertas» para la reunión con González». «Y sí Menem tiene algunas reservas con la Ley Torricelli, le vamos a quitar las reservas» agregó. De acuerdo con un vocero de prensa de la embajada argentina en Washington, las autoridades de su país tienen conocimiento de que Menem ha sido invitado «pero hasta ahora el presidente no ha aceptado ni rechazado la invitación». De igual modo, en la ciudad de Méjico, un portavoz de la oficina de prensa de la presidencia indicó que, a diferencia de lo planteado por Mas Canosa el jueves, no existen acuerdos entre la Fundación y el gobierno mejicano. Durante el programa radial, Mas Canosa indicó que su reunión con el presidente de Méjico, Carlos Salinas de Gortari, ha sido una de las cosas mas importantes que ha hecho el exilio cubano. «Y los acuerdos con Salinas de Gortari son de enorme trascendencia para el destino y el futuro de Cuba y hay toda una nueva relación...»*

Indiferente a la queja de los exiliados de simpatías republicanas sobre su romance con los demócratas, Mas Canosa se reunió en Tampa con Bill Clinton y luego declaró que los cubano-americanos no debían temer a una presidencia demócrata, posición que fue interpretado como una ruptura en la línea pro-republicana contumaz de la FNCA que dio un giro de 90 grados al publicar un documento elogiando a Clinton y agradeciéndole su apoyo a la Ley Torricelli. Criticado por el sector republicano del exilio, soberbiamente Mas Canosa declaró: *«Si tengo que reunirme otra vez con Clinton me reuno otra vez con Clinton. No hay nada bochornoso en ello. Los cubanos no podemos dejar que nos encajonen en un solo partido. Cuba está por encima de afiliaciones políticas..»* Simón Ferro, presidente del Partido Demócrata de Florida expresó complacencia con lo sucedido diciendo: *«Yo lo veo como una visita muy pragmática y astuta. Liberó a muchos votantes cubanos que tenían dudas sobre Clinton respecto a Cuba. Fue un acto de mucho coraje y de mucha visión hacerle una visita corta al que va a ser el próximo presidente de los Estados Unidos..»* Ramón Cernuda, representante de la Coordinadora de Organizaciones de Derechos Humanos (CODEHU) dijo: *«Esta no es mas que la última de una serie de traiciones políticas de Mas Canosa. Primero traicionó a los republicanos al impulsar la Ley Torricelli a través de los demócratas; y luego traicionó a los demócratas al acceder a los deseos de Bush de excluirlos de la firma de la Ley. Ahora traiciona a los republicanos dándole a Clinton un certificado de buena conducta..»* Acosado por las múltiples críticas destructivas, Mas Canosa concurrió al programa *Primera Plana* en La Cubanísima y disparó a los oyentes uno de sus característicos doblejuegos retóricos: *«Mi afiliación es republicana, mi voto es para reelegir al presidente George Bush, pero mi trabajo por Cuba es mucho mas importante y muy superior a mis preferencias partidarias. La Fundación tiene que establecer relaciones con todas las partes que puedan ayudar a la causa cubana...»*[214]

Las elecciones presidenciales de 1992 no afectaron casi nada las lealtades partidaristas de los votantes cubano-americanos. El Republicano seguía siendo mayoritario en su seno miamense, sin discusión alguna. Las campañas por la selección candidaticia presidencial fue mas vigorosa entre los republicanos que se la disputaban entre si que las que dedicaban a desacreditar a sus contrarios Demócratas. La fiesta canibalística comenzó despellejando a Reinaldo López-Lima, partidario del ultra-derechista Pat Buchanan mediante la divulgación de un informe fotocopiado de Diario Las Américas, de fecha febrero 25 de 1964, que relataba su secuestro de un avión que obligó a aterrizar en Cuba llevando con él la suma de $35,000.00 producto de diversos actos delictivos por los que se encontraba procesado, entre ellos estafa, hurto y violación de correspondencia de la que había sustraído giros postales por la cifra aproximada de $46,000.00. Añadía, perversamente, porque no venía al caso, lo siguiente: *«El padre de Reinaldo López-Lima, del mismo nombre, de 50 años de edad, cumple actualmente una condena de cinco años en la penintenciaría federal de Atlanta. Fue declarado culpable por tráfico de narcóticos. Reinaldo López-Lima, padre, había sido abogado y representante legal en Cuba de Lucky Luciano...»* En forma aborrecible ignoraron el artículo de Anne Barlett, redactora de El Nuevo Herald, el día 2 de marzo de 1992, en que destacaba que el secuestro del avión había sido un truco de la CIA para infiltrarlo en la inteligencia cubana que lo descubrió y condenó a 23 años de prisión que cumplió como un plantado, sin participar en los planes de rehabilitación marxista. Liberado en 1987 emigró a los Estados Unidos. En 1990 la oficina del Secretario de Justicia intentó procesarlo por el secuestro del avión, bajo alegatos de que él ya no trabajaba para la CIA cuando ocurrió el hecho pero un juez federal dio por terminado el caso. La realidad del asunto radicaba en la acusación de López-Lima al presidente Bush de haber logrado un acuerdo con Castro: *«Estados Unidos lo dejará en paz mientras él no destabilice a otros países».* Buchanan retiró su aspiración y López-Lima se dedicó a su negocio de servicio de mensajeros y a la defensa de los derechos humanos.

---

[214] Ivan Roman, El Nuevo Herald, Octubre 30, 1992.

La siguiente cabeza republicana en ser guillotinada fue la de un millonario tejano, Ross Perot, que se declaró independiente. Sin maquinaria electoral establecida pronto se hizo cierto que no tendría ninguna oportunidad de ser electo. Los republicanos trataron infructuosamente de convencer a Perot de que cambiase de idea y propósito pues razonadamente alegaban que una votación a su favor, procedente de las filas republicanas, beneficiaría al candidato demócrata pero el tejano siguió en sus trece y fue a las elecciones llevando de Vicepresidente a James Stockdale. Nada aportó al exilio de interés político anticastrista y solamente Mauricio Ferré y Rodolfo Nodal Tarafa mostraron simpatía inicial que duró muy poco pues no asistieron al acto en favor de su candidatura que tuvo lugar en Miami. Sin embargo, Ross Perot, penetró la maquinaria sufragista de los dos partidos mayoritarios hasta el punto, admirable, de alcanzar la respetable suma de 19,742,267 votos populares independientes que fueron considerados como procedentes de insatisfechos demócratas y republicanos. No obtuvo un solo voto del Colegio Electoral. Eufóricamente se declaró victorioso en la estimación ciudadana y declaró su firme voluntad de postularse nuevamente en 1996.

El historial de la política de George Bush en su relación con Cuba comunista, durante su período vicepresidencial con Ronald Reagan y su presidencia de los Estados Unidos quedó ya relatado en anteriores páginas. El fuerte apoyo siempre brindado por el exilio se debilitó bastante debido a *la capicúa* de Mas Canosa y su FNCA relacionada con la candidatura de su contendiente democrata Bill Clinton. En lo correspondiente al voto popular nacional las encuestas se mostraban desfavorables a su reelección y ello se atribuía al deterioro de la economía reaganista que una vez calificó de brujería (*voodoo economics*) y que luego aplicó en todo su rigor capitalista; su participación en la mentira ocultando el chanchullo Iran-Contra que supo por boca de Félix Rodríguez; la confusa explicación sobre el motivo de la llamada Guerra del Golfo contra Iraq y sobre todo su aumento a los impuestos federales que había solemnemente prometido no aumentar durante una conferencia de prensa televisada (*Read my lips. No more taxes*) y sus continuadas derrotas fotogénicas en debates que sostenía con el bien parecido imitador peliculero de Ronald Reagan, el inefable donjuanesco y escabullido del servicio militar en Viet-Nam residiendo en Inglaterra como becado universitario y bajo investigación judicial en Arkansas por un turbio asunto de terrenos para urbanizar denominado *Whitewater*, pero carismático y palabrero, William

Jefferson *Bill* Clinton, quien llevaba como Vicepresidente a otro joven y bien parecido ex-senador por Tennessee, Albert Gore. Como era de esperarse, los votantes de origen cubano, alentados por el sólido apoyo a la candidatura Bush-Quayle de Diario Las Américas y El Nuevo Herald regenteados por Roberto Suárez y Horacio Aguirre; la FNCA y la JPC con sus respectivas sombrillas de múltiples organizaciones y el sinfin de personajes y personajillos cuyos nombres nutren los índices onomásticos de ésta obra, cambiacasacas y reciclados, todos los cuales apuraron el amargo trago de la humillante derrota recibida y que habla por si sola: Clinton-Gore 44,909,899 votos populares y 370 votos electorales; Bush-Quayle 39,104,545 votos populares y 168 votos electorales; Perot-Stockdale 19,742,267 votos populares y ningún voto electoral. Las esperanzas resurgieron en el exilio motivadas por su apoyo a la Ley Torricelli y su aseveración de que aplicaría una política exterior de mano dura contra Castro.

El día 24 de febrero de 1993, nonagésimo octavo aniversario del *Grito de Baire*[215], se celebraron en Cuba comunista las elecciones generales programadas bajo la ley electoral referida en anterior página, destinadas a conjugar artificialmente un sistema de apariencia democrática con un régimen de partido único. La estructura electoral se componía de circunscripciones, asambleas municipales, provinciales y la patriarcal fidelo-comunista Asamblea Nacional del Poder Popular. La ley electoral, abarrotada de artículos laberínticos, quedaba reducida a la autoridad de la Comisión Nacional de Candidaturas, presididas a todos los niveles por un representante de la Central de Trabajadores de Cuba (CTC) e integradas por miembros de la Federación de Mujeres Cubanas (FMC), los Comités de Defensa de la Revolución (CDR), la Asociación Nacional de Agricultores Pequeños (ANAP), la Federación Estudiantil Universitaria (FEU) y la Federación de Estudiantes de la Enseñanza Media (FEEM) todos los cuales eran militantes del Partido Comunista de Cuba (PCC) y de la Unión de Jóvenes Comunistas (UJC.) Las asambleas municipales tenían el derecho a nominar de entre sus miembros a solo el 50% de los candidatos a diputados nacionales y delegados provinciales que correspondían al municipio. El otro 50% restante era nominado por la Comisión Nacional de Candidaturas con lo que la representividad

---

[215] Ver Tomo I, págs. 246-56.

significaba que la mitad de la totalidad de diputados eran funcionarios del gobierno, del Partido Comunista de Cuba y de oficiales de las Fuerzas Armadas cuya nominación no había sido sometida al tan cacareado escrutinio popular nuevo. La tramposa Comisión Nacional de Candidaturas que contaba con doce miembros, que Granma no identificaba, la componían siete miembros del Partido y cinco de la Unión de Jóvenes Comunistas. El organograma de la estructura electoral comunista cubana era el siguiente:

CIRCUNSCRIPCIONES:- a) Un mínimo de 30 por cada municipio; b) Se nominan entre 2 y 8 candidatos a delegados; c) La nominación se efectúa en asambleas públicas de vecinos, a mano alzada; d) Los votantes eligen un delegado por cada circunscripción; e) La votación es directa y secreta.

ASAMBLEAS MUNICIPALES:- a) Una por cada municipio de la provincia correspondiente; b) Integradas por los delegados de la circunscripción; c) El municipio elige a diputados a la Asamblea Nacional y delegados a la Asamblea Provincial, según el número de habitantes de la región; d) De esa cifra, el 50% de los candidatos se escoge de entre sus miembros; el resto es seleccionado por la Comisión Nacional de Candidaturas entre personas que no necesariamente vivan en el municipio; e) La Asamblea reunida, designa públicamente y a mano alzada, a los candidatos por el municipio, propuestos por la Comisión Nacional de Candidaturas; f) Los electores del municipio eligen, mediante voto secreto y directo, a los diputados y delegados correspondientes.

ASAMBLEAS PROVINCIALES:- a) Una por cada provincia; b) El número de delegados es proporcional a la población, pero nunca menor de 75 miembros; c) Los delegados provinciales se eligen, como candidatos únicos, en los respectivos municipios, mediante voto secreto y directo.

ASAMBLEA NACIONAL:- a) Constituida por 589 diputados; b) Los diputados se eligen únicamente dentro del municipio por el que resultaron designados como candidatos; c) La Asamblea escoge de entre sus miembros al Presidente del Consejo de Estado, al primer vicepresidente, a los otros vicepresidentes y al resto del Consejo de Estado; d) La votación para esa elección es secreta; e) La candidatura única para dichos cargos es confeccionada por la Comisión Nacional de Candidaturas.

Todo lo descrito resultó una nueva estafa gubernamental pues a pesar de que se alardeaba de que el voto era secreto y libre los informes clandestinos recibidos en Miami demostraron que el procedimiento electoral era igual, y a veces peor, que los llevados a cabo durante el pasado seudo-democrático republicano que ya han sido detallados en los precedentes Tomos II y III. La prensa, radio, televisión y los esbirros de los CDR marearon a la población con la insistencia de las consignas del *voto unido, si por Cuba* y *votar por todos* que eran el equivalente a la candidatura completa tradicional en la República. Los CDR implantaron *la operación tun-tun* que consistió en visitar a los electores para persuadirlos de que no perdieran su tiempo en escoger candidatos puesto que todos eran iguales y que el anular la boleta no era mas que un modo contrarrevolucionario inútil pues la lista de electores desafectos era bien expresiva de todos los tapaditos. Fidel sentó la pauta de la coacción estratégica del *voto unido* diciendo de si mismo: *«Visito al vecino, a la gente disgustada por una u otra razón que no entiende que lo que se está jugando es la Revolución, el Socialismo y la Patria y la convenzo. No voy a dejar que el enemigo confunda mas al que ya está confundido. Esa es la tarea de las organizaciones de masas, de los militantes del Partido y de la Juventud Comunista. Es la batalla política que hay que hacer casa por casa y persona por persona».*

La Comisión Electoral Nacional publicó en la edición de Granma del día 26 de febrero los resultados finales de las votaciones correspondientes a los diputados al nuevo Parlamento comunista efectuadas en las 14 provincias comprendidas en la improcedente y disparatada división político-administrativa y del orden provincial-municipal diseñada por los sovietólogos criollos[216], a página entera, detallando en cada una de ellas la proporción de electores que votaron validamente por el voto unido y el voto selectivo que se resumía en la siguiente forma: Votantes 7,842,617; Voto Unido 6,939,230; Voto Selectivo 352,025; total de votos válidos 7,291,255. El presidente de la

---

[216] Ver Tomo IV, págs. 541-49.

Comisión Electoral Nacional, Carlos *El Tigre* Amat Flores[217], informó que habían concurrido a las urnas el 99.62% de los electores y que de ellos el 94% había votado por Fidel tanto en los votos unidos como en los selectivos. El empedernido líder máximo calificó la altísima votación de *«victoria contundente, milagro político, lección al imperialismo y revolución en los sistemas electorales»*. Pero se notó que había gato encerrado en el proceso electoral porque entre la cifra total de votantes y el total de votos válidos existía una diferencia de 551,362 que correspondían a 239,394 boletas emitidas en blanco y 311,968 boletas anuladas según averiguó un corresponsal italiano de ANSA que audazmente preguntó al Comandante en Jefe el porqué de ello, que podía tomarse como una forma expresiva de descontento popular. La cínica respuesta que recibió del traidor sátrapa fue: *«No es válido el voto de alguien que quiso anular su boleta sabiendo como es la ley. El voto en blanco es como el que no sufragó quedándose en su casa. Los que anularon su boleta o votaron en blanco se identifican plenamente con el imperialismo y obedecen sus instrucciones...»*

La naturaleza desató, en agosto de 1992, todo su poder destructivo sobre el sur de Florida, el condado de Dade y la ciudad de Miami, en forma del huracán *Andrew* que con ráfagas de 175 millas por hora y un ras de mar violentísimo destruyó miles de casas dejando sin albergue a 160,000 familias, arrasando la costa de barcos y edificios, causando daños por veinticinco mil millones de dólares y la muerte de 61 personas. El huracán y sus aledaños tornados abatieron los capitales de las aseguradoras, el tesoro del Estado y de las ciudades afectadas al tener que pagar compensaciones por los daños sufridos y procurar ayuda material, medicinal y económica a los damnificados. Las Cortes fueron atiborradas de pleitos porque al investigarse los daños en casas, edificios y marinas se descubrió la fragilidad estructural de ellos debido al incumplimiento de las ordenanzas de construcción, delito cometido por constructores y pasado por alto por arquitectos e inspectores gubernamentales. Pleitos que transcurridos ocho años del trágico suceso aún están pendientes de resolución en los tribunales. Los exiliados que vivían en Cuba en el mes de octubre de 1963 y experimentaron la desgracia acarreada por

---

[217] Ibid., págs. 218, 274, 296, 501.

el ciclón *Flora*[218] se convirtieron en expertos meteorologistas en el Parque del Dominó de la Calle Ocho de Miami y la 43 de Hialeah, respaldándose en su sabiduría ciclonera cubiche que procedía de la misma *bola de cristal* que interpretaban académicos, econo-micos, cubanólogos y politólogos cuando profetizaban el futuro post-comunista isleño.

XXXV

Resurgimiento de querellas. Jorge Mas Canosa vs. Armando Valladares. Fundación Nacional Cubano Americana vs. Fundación Valladares. Margarita Ruiz vs. Orestes Lorenzo. Agustín «Cachimba» Tamargo vs. Carlos «Veneno» Franqui y Guillermo «Caín» Cabrera Infante. Colegio Nacional de Periodistas vs. «Veneno» y «Caín». Aciago mamotreto conciliador de reciclados, tapaditos, cambiacasacas, pacificadores y pacifistas. Conversión de Agustín Tamargo. Mike Sigler apabulla al impostor Seso Hueco.

Temprano en 1993 resurgieron las querellas entre los principales líderes del sector microfonero y plumífero del exilio que pugnaban entre sí por lucir como muy anticastristas en conveniente olvido de sus pasadas actuaciones en pro de la dictadura tal como aparecen documentadas en anteriores páginas del Tomo IV y entre otros verdaderamente opositores retóricos anticomunistas pero deseosos de ganarse, por un precio, la bendición del State Department y la CIA. El día 24 de enero los redactores de *El Nuevo Herald*, Mirta Ojito y Alfonso Chardy, publicaron un extenso artículo relatando el crecimiento de la brecha existente entre Jorge Mas Canosa y su antiguo consentido Armando Valladares que se remontaba a 1991 cuando los directores de la Fundación fracasaron en su intento de que el presidente de Guatemala, Jorge Serrano, condenara a Fidel Castro como hicieron otros mandatarios latinoamericanos y Armando Valladares (que había creado la competidora Fundación Valladares) amenazó publicar un informe de 40

---

[218] Ibid., págs. 402-404.

páginas denunciando las violaciones de los derechos humanos en Guatemala, algo que molestó al director de la Fundación, Domingo Moreira, porque eso podría perjudicar sus amplios intereses de negocios en aquel país, alegación que negó Moreira. En un gesto de reconciliación Mas Canosa ofreció a Valladares un empleo de consultor en Washington y le envió un cheque por $2,500.00 en calidad de honorarios iniciales pero Valladares lo devolvió sin cobrar porque lo interpretó como un soborno. Continuaba el reportaje informando que en 1990 Valladares había lanzado un ataque contra el disidente Gustavo Arcos calificándolo de traidor por su proposición dialoguera, como leímos, pero que Mas Canosa mas tarde le escribió a Arcos una amistosa carta asegurándole que «podía contar» con la Fundación. La grieta se amplió cuando Valladares consiguió el apoyo financiero de la caritativa dama cubana millonaria Elena Díaz-Verson y de los prominentes exiliados Leslie Pantín, Manolo Domínguez y Kristina Arriaga quienes lograron el fenomenal éxito de que el desertor piloto genocida en Angola, Orestes Lorenzo, exfiltrara su familia de Cuba en una operación aérea clandestina novelesca. No solamente Lorenzo dio crédito a Valladares y su Fundación por lo sucedido si no que posteriormente menospreció a Mas Canosa y su Fundación diciendo: *«Un día me di cuenta que a dondequiera que me llevaban a hablar había una bandera de la Fundación Nacional Cubano-Americana detrás o frente a mi. Y yo no podía permitir que se usara ninguna bandera en nombre de mi familia..»* Dijo eso en total omisión de los favores económicos recibidos de la FNCA y el político inmundo de presentarlo al exilio como un héroe democrático en ocultación de su esbirrismo comunista mas que probado.

En honor a la verdad histórica, Valladares debía a la FNCA y a Mas Canosa todo lo que había alcanzado en los Estados Unidos en forma de encumbramiento: la publicación mundial de su libro *Contra toda esperanza* que se fundaba en el impreso en 1982, *El Presidio Político en Cuba Comunista* (ICOSOCV Ediciones); su irregular concesión de la ciudadanía americana y excepcional nombramiento como Embajador de Estados Unidos ante la Comisión de Derechos Humanos de Naciones Unidas sin hablar inglés; sus frecuentes comparecencias como orador invitado en los actos propagandísticos de la FNCA lo popularizaron tanto que pensó que podía liberarse del acatamiento a aquella siguiendo los pasos rebeldes de Frank Calzón y subsistir con las asignaciones monetarias procedentes de la National Endowment for Democracy, cuerno de la abundancia de la industria retórica anticomunista. Por su parte, Margarita F. Ruiz, notabilísima activista social y muy escuchada comentarista radial cantó las cuarenta al desdeñable Lorenzo, en defensa de la FNCA, enumerando sus actividades comunistas en Cuba, sus inhumanos bombardeos y ametrallamientos a la población civil anticomunista en Angola y su manifiesto desagradecimiento a la FNCA, calificándolo de cínico y espetándole merecidamente: *«Como dijo Séneca, sin gratitud no se puede ser sociable ni religioso. Espero no le pague a la señora Díaz-Versón y al embajador Valladares con la misma moneda que a la Fundación Nacional Cubano-Americana..»* (El Nuevo Herald, febrero 4, 1993.)

Otra pendencia entre las antedichas Fundaciones tuvo lugar cuando otro piloto desertor, Carlos Cancio, llegó a Miami con un avión portando 48 refugiados económicos que se autotitulaban opositores políticos. En realidad eran turistas internos en viaje de recreo a Varadero. La FNCA envió al aeropuerto a Mario *Mayito* Miranda, guarda-espaldas mayor de Mas Canosa, y la FV a Manolo Domínguez, uno de sus directores, ambos con la misión de captarse a los prófugos. Fracasaron en el empeño pues Inmigración los remitió a su Centro de Procesamiento de Krome pero el siguiente día Cancio ofreció una conferencia de prensa flanqueado por Francisco *Pepe* Hernández y Jorge Mas Canosa frente a una bandera de la FNCA y luego exhibido por Miami y Washington ostentando una gorra de la FNCA. La ruptura final entre Mas Canosa y Valladares tuvo lugar cuando la FNCA nombró a Luis Zúñiga para dirigir una novel Fundación por los Derechos Humanos en Cuba, colateral de ella. Oficialmente, pues como leímos anteriormente ya estaba en la nómina de la FNCA. Lo estrambótico del nombramiento era que Zúñiga procedía de la Asociación por la Paz Continental (AZOPAZCO) un grupúsculo creado en Madrid por inspiración de Valladares a mediados de los años 80. Una muestra mas del contumaz vice-versa cubanista. Que exageró descaradamente el aborrecible Lorenzo abogando por un bombardeo sobre Cuba de alimentos y flores como medio de mostrar amor por sus habitantes por parte suya y de Valladares.

La siguiente reyerta campanuda y cotorril entre conversos, cuya proyección política absolutista está pormenorizada en el Tomo IV y en precedentes páginas, ocurrió en el mes de marzo de 1993 teniendo como gladiadores a Agustín *Cachimba* Tamargo y Carlos *Veneno* Franqui. El primero de ellos publicó en El Nuevo Herald, el día 7, un artículo intitulado *Los tránsfugas* en que los describia así: (compendio.)

«*Los tránsfugas que hasta ayer medraron con el sacrificio ajeno son una mala ralea. No huyen de la tiranía si no del hambre. Mientras hubo comida y gasolina, mientras hubo becas y viajecitos, mientras hubo puestos de privilegio en los que medrar, no se fueron. Se van ahora dejando atrás, como camaleones que son, el viejo pellejo fidelista. ¡Caras de cemento! Los tránsfugas son una superchería, un asco. Ver a los esbirros intelectuales y políticos del fidelismo arrodillarse ante un exilio que los desprecia; ver como repiten dientes afuera los mismos ataques a la dictadura que hasta ayer ellos calificaban de «infamias», no puede provocar mas que eso: puro asco. Si tuvieran pudor por lo menos se callarían. Afirman que puesto que todo el pueblo se equivocó y hay que perdonarlo, el mal que ellos hicieron debe ser también perdonado porque ellos forman parte de ese pueblo. Culpa de todos, culpa de nadie. Pero esa patraña no pasará. Ellos siguieron allí, al lado del felón. Ellos le aplaudieron las fechorías, ellos disfrutaron de los periódicos robados y de los puestos diplomáticos, ellos obtuvieron medallas por disparar contra el pueblo en Bahía de Cochinos y en el Escambray, ellos mataron africanos por orden de Castro y bajo la bandera rusa. ¿Se les puede respetar ahora, cuando se arrastran y llegan hasta elogiar la dictadura de Batista? ¿Se les puede considerar en el mismo nivel que aquellos que prefirieron la cárcel, la muerte o el destierro, antes que la ignominia de la complicidad? Yo creo sinceramente que no.*

«*Somos un solo pueblo, dicen en Miami. ¿Un solo pueblo ahora cuando hasta ayer nos llamaban «la gusanera»? Hay que perdonar y olvidar, repiten ahora. ¿Perdonar y olvidar a los que causaron tanto daño y nunca se han arrepentido de él? Docenas de libros hay, millares de hojas de periódicos hay, donde muchos de éstos que están hoy aquí nos cubrieron de oprobios ayer por negarnos a hacer lo que ellos hacían, que era doblar el espinazo. Algunos de los que ahora se entreveran con nosotros fueron de los que esgrimieron el hacha, o azuzaron al que la esgrimía. Recuerdo particularmente el periódico Revolución, biblia de la mediocridad, agujero del resentimiento. En 1959, ese periódico se consagró de una manera sistemática a destruir cuanta reputación limpia había en Cuba. Fueron los hombres de Revolución quienes se dedicaron a la degollina de todo el que no los había tomado en cuenta, de todo el que les hacía sombra. Se quieren abrigar con el olvido. Pero hay muchos que viven que todavía no han olvidado. Son los testigos, las víctimas de aquella época de cacería cuya pieza mayor era una cabeza independiente. Hace mas de 30 años escribí en la Bohemia Libre de Nueva York un artículo titulado «Los Descarados», en que describía a esta fauna que conocí y que padecí. Muchas grandes figuras intelectuales de Cuba morirán antes que volvamos. Lo que no morirá nunca es la náusea que produce ver cara a cara a éstos cambiacasacas. La misma que nos produce descubrir una rata muerta en la habitación».*

El día 13, El Nuevo Herald, publicó *Respuesta a Agustín Tamargo* enviada por Franqui a su Director, el tránsfuga Carlos Verdecia que ya nos es bien conocido. *Veneno* echaba mano a la práctica discursiva comunista de defenderse utilizando a su favor lo que sus traicionados camaradas le imputaban para asimilar eso a su pretendido antimarxismo. Sin venir al caso citaba expresiones contrarias a su persona y su comunismo aparecidas en libro de la italiana Gianni Mina, *Conversaciones con Fidel Castro*, en el cual éste decía: *Franqui el malo, el que se robó la historia, el que no era marxista, el que llevó unos libritos en que se impugnaba el materialismo dialéctico, el que no sabía escribir*, sin continuar la cita de Fidel que añadía: *Siempre se ha de desconfiar de alguna gente que adopta una posición, una ideología, y luego abandona esa causa.* Seguía Franqui su chismografía igualadora trayendo a colación los ataques de Fidel a Huber Matos, Gustavo Arcos, Gutiérrez Menoyo, Armando Valladares y Mas Canosa, insinuando que eran tan injustos como los aplicados a él por Tamargo *que sirvió siempre a lo peor, que vive difamando, que ha tratado de denigrar a cuanta personalidad cubana se destaca en el exilio, me calumnia y pretende que ni siquiera de vez en cuando se lean en Miami mis ataques a Fidel Castro* continuando con su intriga de justificarse a costa de la equivocada política de puertas abiertas hacia los reciclados que tanto daño propinaba a la intransigencia de los plantados del exilio contra el maligno perdón y olvido hacia aquellos, proclamando: *Por suerte para Cuba, un exilio responsable abre sus puertas a los «tránsfugas», alentando a los que luchan en la Isla contra Fidel Castro, ofreciendo acogida y apoyo y disminuyendo los temores de que van a ser arrastra-*

dos a la caída del tirano. Cuando la Fundación Valladares proporciona la avioneta a Orestes Lorenzo para que rescate su familia cautiva, historia en que amor y libertad conmueven al mundo y estremecen al poder castrista; cuando la Fundación Nacional Cubano Americana, por boca de su presidente Mas Canosa se solidariza con el ex-general Del Pino; cuando el CID y Huber Matos ofrecen a Ricardo Bofill y a mi sus ondas para transmitir a Cuba; cuando Carlos Alberto Montaner, José Ignacio Rasco y otros acogen a opositores; cuando Radio Martí abre sus micrófonos a los disidentes de la Isla y el exilio, de ayer y de hoy, se está dando la batalla por la libertad de Cuba, pero no se le haga el juego ahora al gran enemigo de todos...»

Por vía de un volante que hizo circular profusamente entre los conjuntos de exiliados, Franqui minibiografió a *Cachimba* como simpatizante marxista en su pueblo nativo, Puerto Padre (Oriente); denostador de los Estados Unidos por imperialista azucarero en los centrales Delicias y Chaparra; lleva y trae de papeles en el diario comunista *Noticias de Hoy* por beneficio del Jefe de Redacción, miembro del Partido, Laurentino Rodríguez y del tigre gangsteril Rolando Masferrer, verdugo de la Brigada Internacional en la guerra civil española quien lo sumó al personal de su revista baguista[219]-batistiana *Tiempo en Cuba*; apadrinado de Miguel Ángel Quevedo y Enrique de la Osa en *Bohemia* pre-1959 y ensañado Catón en ella post-1959; divisionista de los cubanos en Caracas y New York antes y después de Castro; elogiador de las confiscaciones; detractor de los confiscados y chipojo confirmado, luego rabioso inculpador de chipojos. Finalmente, daba a conocer que Guillermo Cabrera Infante, su segundo al mando en Revolución, tramitaba una demanda judicial contra Tamargo por difamación.

La revelación por Franqui que Laurentino Rodríguez, Decano Eminente del Colegio Nacional de Periodistas de Cuba (Exilio) era un reciclado como él y como leímos había firmado en 1987 un acuerdo declarando a Arnaldo Escalona Almeida como persona no calificada para formar parte de ninguna organización defensora de los derechos humanos, se unió a la actualización que fomentaron interesadamente plumíferos del 10 de Marzo de 1952 de la cooperación económica abundantísima recibida por el Colegio por la Admi-

---

[219] Ver BAGA, Tomo III, págs. 51, 54, 59, 60, 62, 73, 81-83, 86, 89, 115-16, 122-23, 172.

nistración Batista[220] para formar un revolú en sus cuadros que culminó en una sesión especial de la Junta de Gobierno, el día 13 de marzo de 1993, que adoptó, por unanimidad, la siguiente Resolución, que tácitamente favorecía a Tamargo:

«Nuestra institución llama la atención a sus miembros y a todos los que dirigen y comentan en las empresas de comunicación, de cualquier nacionalidad, para que se abstengan de dar calor y cabida en sus espacios a tránsfugas del periodismo cubano que estuvieron al servicio del tirano y que fueron factores determinantes en la liquidación de la libertad de prensa en Cuba. Establecido lo anterior, denunciamos que el hombre clave de la destrucción de la empresa cubana y de la tenaz persecución de los periodistas fue Fidel Castro, utilizando para esa bochornosa misión a Carlos Franqui, sujeto que nunca se había destacado en la profesión y que tenía antecedentes comunistas muy antiguos. Carlos Franqui se convirtió en director del periódico «Revolución», órgano oficial de la tiranía, en talleres robados a la empresa propietaria del periódico «Alerta». Franqui mantenía el control absoluto designando a Guillermo Cabrera Infante para dirigir el suplemento «Lunes de Revolución», cuya misión era sembrar el terror entre escritores y poetas.

«Carlos Franqui se dedicó a perseguir, sistemáticamente, a los periodistas que no simpatizaban con el régimen, mientras Cabrera Infante obligaba a los colaboradores a un total sometimiento a la tiranía. Hay que recordar siempre los sufrimientos por los estragos del comunismo y el episodio dramático de la desaparición de la libertad de expresión en nuestra Isla. Los periodistas fuimos las primeras víctimas y muchos sufrimos el rigor de las cárceles castrocomunistas. El Colegio de Periodistas de Cuba (Exilio) no atenta, con este acuerdo, contra la ética ni contra el principio de la libertad de opinar. Pero conscientes del daño que algunos malos cubanos y traidores de la profesión hicieron a nuestra Patria, reitera su repudio y condena contra Carlos Franqui, Guillermo Cabrera Infante y todos aquellos que contribuyeron a liquidar los medios libres de comunicación y persiguieron a los

---

[220] Ver Tomo IV, págs. 209-13.

periodistas independientes. Por la Junta de Gobierno: Dr. Roberto Pérez Fernández, Decano; Willy del Pino, Secretario Ejecutivo».

El contra-ataque de Tamargo fue publicado en El Nuevo Herald el día 21 de marzo en su artículo *Los dos caretudos*, reiterando sus acusaciones a Franqui y Cabrera Infante de que reverdecían sus canalladas en *Revolución* cuando calumniaban y perseguían a todo el mundo. Declaraba bizarramente que no se arrepentía de su amistad con Rolando Masferrer y que Franqui ocultaba que dormía en una mesa de *Tiempo en Cuba* después que Aníbal Escalante lo sacó de *Hoy*; que era corrector de pruebas en el batistiano *Mañana* y en el clerical *Carteles* y que no podía ser encontrado un solo artículo suyo contra la dictadura de Batista en toda la prensa cubana anterior a 1959; que él nunca había sido un Catón si no un hombre honrado que siempre decía la verdad, como lo había hecho en su artículo *Los chipojos* (camaleones) en 1959 condenando el arribismo de ñángaras y cómplices batistianos; que Franqui quiso fusilar a José Pardo Llada en la Sierra Maestra y celebrado los fusilamientos de Plinio Prieto, Porfirio Ramírez, Eufemio Fernández y Humberto Sorí Marín; que aplaudió el inmisericorde aplastamiento del Escambray y defendido la monstruosidad de los dos juicios a los aviadores militares; que justificó la destitución de Urrutia y loado las personas y la labor comunizante de Fidel Castro y *Che* Guevara. Además de toda la anterior merecida invectiva, Tamargo abría la línea telefónica de su programa radial para que los enemigos de Franqui y Cabrera Infante se banquetearan insultándolos. El mas usado agravio que se imputaba a Franqui era repetir la acusación de Mario Llerena[221] de que aquel había actuado a sus espaldas e informado contra él a la Sierra Maestra y que cuando cayó preso por la policía de Batista la señora esposa de Franqui le había aconsejado esconderse porque su marido había chivateado a sus colaboradores por miedo a ser torturado, cosa que le había corroborado Manolo Couzeiro. (Mario Llerena, *The Unsuspected Revolution*, Cornell University Press, 1978, págs. 109-174.)

El sub-producto derivado de esta controversia fue el miedo que se apoderó de un número considerable de personajes del exilio que temían ser descubiertos como tapaditos o combiacasacas y de pacificadores y pacifistas

---

[221] Ver Tomo III, págs. 278, 333, 359, 419, 456, 477, 486-87, 505-06 y Tomo IV, pág. 180.

que recelaban un resurgimiento de la iracundia anti-cabildera, antidialoguera y anti-politiquera de los plantados del exilio. Así pues, apareció una *Carta Abierta* que publicada en la prensa mayor y menor y leída y releída en noticieros radiales y televisivos hispano-parlantes en las ciudades que albergaban núcleos de cubanos exiliados, que con el lema *por el bien de Cuba, es hora de terminar las polémicas,* firmaban caballeros y damas cuyo quehacer políticos es hallado en las páginas de los Tomos III, IV y éste V según aparece indicado en sus Indices Onomásticos. Leamos:

«*Últimamente han ocurrido polémicas como la de Carlos Franqui y Agustín Tamargo, que lejos de beneficiar al exilio cubano y al pueblo de Cuba, nos perjudican a todos y favorecen la persistencia del castrismo. Agustín Tamargo ha desarrollado una brillante y tenaz labor periodística que ha contribuido a lá crítica del régimen castrista y a levantar el ánimo y las esperanzas de cubanos de dentro y de fuera. Carlos Franqui, desde hace 25 años ha producido una obra literaria y fílmica que ha contribuido a la denuncia de lo sucedido en Cuba y ha logrado que filósofos, escritores y artistas europeos y americanos, cuyo apoyo era importante para Fidel Castro, le retirasen su respaldo y lo condenaran.*

«*Históricamente, a la caída de cada dictadura cubana ha surgido un baño de sangre, bien por reacción popular o mediante procesos con apariencia legal. Nosotros, los cubanos del exilio y los cubanos de la isla, debemos comprometernos a que haya una verdadera reconciliación que nos permita hacer un aporte positivo a la reconstrucción de la nación cubana, sin mas odios ni venganzas*».

Firmaban el aciago mamotreto: Ramón Alejandro, Juan Arcocha, Cundo Bermúdez, Vicente Báez, Carlos Castañeda, Juan Clark, Andrés Candelario, Belkis Cuza Malé, Frank Calzón, Alfredo Cubiñá, Gerardo Canet, Raúl Chibás, José L. Díaz de Villegas, Hilmice Esteve, Javier Figueroa, Martha Frayde, Manuel Fernández, Emilio Guede, Ángel Gutiérrez, Mercedes Grandio, Orlando Jiménez Leal, Eloisa Lezama Lima, Alfredo Lozano, Rolando López Dirube, Carlos López Lay, Guido Llinás, Leví Marrero, Huber Matos, Lucas Morán, Alfredo Melero, Guillermo Rodríguez Morini, Luis Martínez Paula, Tomás Oliva, Heberto Padilla, Fernando Palenzuela, Isabel Pérez Farfante, Eduardo Palmer, Carlos Quintela, Manolo Ray, Ismael Suárez de la Paz, Jaime Soriano, Baruj Salinas, José Triana y Carlos Varona.

Tamargo respondió afablemente al requerimiento de los solícitos componedores de bateas no enfilando de nuevo sus baterías verbales sobre sus previamente atacados chipojos y caretudos. Todo lo contrario, se convirtió en un heraldo de los que ahora llamaba *contestatarios* en vez de disidentes o discrepantes de intramuros y llevando a sus programas radiales a elementos nauseabundos reciclados tanto o mas en ignominia que Carlos Franqui y Cabrera Infante quien agradecido por la cortesía mostrada a sus hermanos lobos y chacales desistió de plantearle la demanda de marras. Tiempo después Tamargo se fue con su cachimba a Radio Mambí a hacer pareja con Armando Pérez Roura y, hay que reconocerlo sin remilgos, se coronaron monarcas de la popularidad y artistas estelares en el poderío de la convocatoria a marchas, mítines, desfiles y concentraciones fomentadores de corrientes de opinión pública, adoctrinada magistralmente para lucir como tal y no como lo que era, y es, *populacho de vice-versas*. Salvo excepciones. El ocurrente humorista Alberto González en su ameno programa *La Mogolla*, utilizando un mimetista que imitaba sus voces, los parodió como *Cachimba y Sesohueco* en juguetes cómicos que desternillaban de risa a los radio oyentes.

En ese mismo mes de abril de 1993 retumbó como una explosión megatónica un altercado periodístico-radial que comenzó con la aparición en librerías de un volumen[222] en que aparecía biografiado Armando Pérez Roura como *un miembro que fue del Directorio Revolucionario estudiantil (DRE), ala universitaria del Movimiento de Recuperación Revolucionaria, grupo que se oponía a la cada vez mayor presencia de los comunistas en la recién triunfante Revolución. En 1961, Pérez Roura es detenido por pertenecer al DRE y después de varios meses de incomunicación es liberado sin cargos. Sale del país en 1969. Nada mas llegar a Miami se afilia al grupo armado Alfa 66 y comienza a trabajar en la radio...* A continuación se cita al entrevistado expresando con grandielocuencia este párrafo: *Estamos convencidos de que ningún patriota negará el concurso que el proceso exige para expulsar del país al régimen que lo ha destruido todo en nombre de los mártires que lo dieron todo y ante los cuales nos arrodillamos porque ellos son el altar*

---

[222] Román Orozco, *Cuba Roja*, Cambio 16, Madrid, 1993.

de la patria, e invocando el altar de la patria e invocando la protección de Dios, juramos que no descansaremos hasta lograr la unidad sincera que Cuba necesita para reconquistar la libertad por la que han muerto mas de 60,000 cubanos, solo ante el paredón de fusilamiento..

Casi simultáneamente, la revista *Mi Casa*, de Miami, bajo el título de *Tome Nota*, publicó una reseña que Pérez Roura hacía de su vida revolucionaria contra el comunismo castrista asegurando que cuando se produjo la invasión de Bahía de Cochinos fue detenido y preso incomunicado durante cuatro semanas en la tenebrosa Seguridad del Estado, por ser conocido miembro del DRE, donde fue víctima de una serie de electroshocks que le practicaron para torturarlo en castigo por haber luchado para impedir que las milicias tomaran el Colegio de Locutores. La respuesta, contundente y lapidaria al impostor *Seso Hueco* provino de Carlos Miguel *Mike* Sigler, director del magazine *Globo*, el día 1ro de mayo de 1993, locutor y periodista, ex-preso político durante 17 años que cumplió con sus compañeros de Radio Centro, el musicalizador Gabriel Márquez; el primer actor Homero Gutiérrez; Raúl Pérez Coloma, master control; Raúl Verrier, productor y Alfonso Carrillo, operador, juzgados en el Tribunal Militar No. 1 de La Habana, acusados de ser autores o cómplices del sabotaje incendiario que destruyó la CMQ en diciembre de 1960. *Mike* Sigler, justificadamente embravecido, desvirtuó uno por uno los embustes; comprobando que había sido locutor de Palacio con Batista; reproduciendo su arenga contra los incendiarios anticomunistas de la CMQ; miliciano imitador de Pardo Llada; propagandista viajero del comunismo por Latinoamérica y apostrofándolo virilmente como sigue:

«Usted, Sr. Miliciano, detestable ente filo-comunista, anti-yanqui, traidor a su suelo, admirador enamorado de Fidel... Usted que puso un letrero en la puerta de su casa que decía «Fidel esta es tu casa» y que gritaba y cantaba con los milicianos de su cuadra ¡Si Fidel es comunista que me pongan en la lista!... Usted que era el mas importante empujador del Comité de Defensa de la cuadra en que vivía en La Habana y que se metía en la vida de todos los vecinos para ver que hacían... Usted que hizo la vida imposible a sus compañeros de locución en Radio Reloj con su terrorismo de delegado del gobierno policíaco comunista, de la Seguridad del Estado no puede mentir sin que la mentira sea rechazada a carcajadas... ¡A carcajadas agrias porque

dan ganas de arrancarle a usted su lengua! Hay muchas personas en este destierro que pueden atestiguar quien fue usted y como fue usted en Cuba y que pueden asegurar que usted nunca, jamás, estuvo preso y que usted nunca, jamás, perteneció a ninguna organización anticomunista... ¿No le basta con la burla que usted hizo al pueblo cubano con su negra actuación en Cuba? ¿No le basta con la traición a su tierra respaldando al tirano, ayudándolo a oprimir a los demás? Recuerde, miliciano, que Homero Gutiérrez, Raúl Pérez Coloma y el que esto escribe sufrimos los rigores de una cárcel durante mas de dos décadas por combatir a Castro, experimentando en carne propia el bayonetazo, la golpiza, el hambre y las vejaciones que usted, vil y bajo miliciano energúmeno hizo padecer... Y dice también usted, miliciano Pérez Roura, en su artículo de «Mi Casa» que luchó porque las milicias no tomaran el Colegio de Locutores... Usted, Pérez Roura, «Seso Hueco», no pudo haber luchado por evitar tal cosa, porque siendo usted miliciano, parte de la milicia, miembro oficial del gobierno comunista, el Colegio estaba ya tomado por la milicia ¡Por usted!... ¡Guarde silencio, miliciano! Use el micrófono para leer noticias, locutor miliciano, sin la coletilla que usted les ponía en Cuba a favor del comunismo... ¡Usted no tiene lo que le sobra a cualquiera de los miles de hombres que, de veras, lucharon por Cuba y que están oyéndolo a usted mentir y burlarse de ellos!»

XXXVI

Colaboracionismo claudicante de Eloy Gutiérrez Menoyo. Cambio Cubano. Recado a las Fuerzas Armadas. Imploración a Fidel. Amalgama putrefacta de microfacciosos, ex-presos políticos y plataformeros. La Fundación Hanns Seidel de Alemania y PROHOMBRE de Venezuela. Amalio Fiallo, Nicolás Ríos y la revista Contrapunto. El proyecto Democracia Participativa. Brulote del Autor contra Hilda Felipe y Ricardo Bofill Pagés. Cosecha de regaños en lugar de aplausos. Contrasentidos típicos cubanos. Los seminarios de Democracia Participativa en Cuba comunista. Autodefensa de Amalio Fiallo en Miami. Canto del cisne en Caracas. Confabulación munichista del Comité Cubano por la Democracia. La impugnación a Mario Baeza. Su caballerosa defensa personal. El apoyo de una mescolanza de confusos y eclesiásticos. Renuncia de Baeza. La carta pastoral «El Amor lo espera todo». Objeciones a ella del Autor. Abyecta hijoputez de impíos.

Infectado por la malsana epidemia de colaboracionismo claudicante relatada, el 13 de marzo de 1993, aniversario del malogrado ataque al Palacio Presidencial en 1957[223], en el que no tomó parte y en cual murió combatiendo su hermano mayor, Carlos, el contradictorio Eloy *El Gallego* Gutiérrez Menoyo, cuyo expediente revolucionario, a la vez brillante y nebuloso, aparece detallado en páginas de los Tomos III y IV, anunció la publicación de un documento que el día 19 reprodujo a página entera en El Nuevo Herald con el título *Por Cuba. Por el Cambio* en cuya introducción se alegaba que Cambio Cubano aspiraba a ser un puente confiable con la Isla, no un grupo coaccionador o triunfalista sobre los de allá para borrar los estereotipos del exilio de primitivismo político, caudillismo extremista, intolerancia en el plano de las ideas, elitismo socio-económico y adhesión excesiva al gobierno norteamericano; que promovía el transito pacífico del comunismo al socialismo democrático; que consideraba y condenaba a la Ley Torricelli como una

---

[223] Ver Tomo III, págs. 436-39.

nueva Enmienda Platt y al embargo económico que obstruía y atrasaba el proceso de reinserción democrática. Después de una cansona galimatías de promesas reivindicativas y de citar a José Martí, exhortaba a Fidel Castro a buscar soluciones cubanas en discusión abierta y sincera con Cambio Cubano que patronizaba los siguientes puntos: *1) Despenalización de la tenencia de divisas convertibles; 2) Aumento en el número de permisos para visitas familiares a ciudadanos cubanos o de origen cubano residentes en el exterior; 3) Una mayor apertura a las inversiones de capital extranjero; 4) Impulsar todas las actividades productivas y de servicios que generen ingresos en divisas convertibles; 5) Un mayor esfuerzo en la construcción y el empleo de las capacidades de las instalaciones turísticas.* Terminaba el documento con un mensaje a la Isla y el Exilio, que pretendiendo ostentar justificadamente la metamorfosis defendida por Ángel Cuadra Landrove en su alegato *El Derecho a cambiar de opinión*, era simplemente un abandono de la lucha activa anticomunista y una tramitación al pacifismo colaboracionista. Prueba al canto:

«Somos hombres y mujeres que hicimos la guerra, en el pasado contra Batista, y mas recientemente contra Fidel Castro. Somos veteranos de la Sierra Maestra y del Escambray. Somos veteranos de la clandestinidad. Somos veteranos del presidio político. Somos funcionarios de cualquier nivel dentro de Cuba. Somos también las hijas y los hijos de estas tres últimas décadas, carentes de un pasado político. De todas las edades, credos y razas, somos mujeres y hombres amantes de la libertad. En Cambio Cubano nos junta la fe en una Cuba mejor. La hora del cambio ha llegado. Únete a Cambio Cubano. A las puertas del Siglo XXI, debe nacer la Nueva República. Por Cuba. Por el cambio».

Demostrando que la matraca de *Cambio Cubano* venía fabricándose en secreto, ese mismo día 19, bajo la guisa de un *Anuncio Político Pagado*, apareció en *El Nuevo Herald*, con el título de *Ya es hora*, una declaración firmada por Jesús Gómez Calzadilla, Duney Pérez Alamo, Raúl Barandela, Florencio Pernas, Domingo Ortega, Eduardo Otero Elizagarate y José D. Jerez en nombre de una improvisada Dirección General de un supuesto Ejército Rebelde en el Exilio en la que se apoyaba a Gŭtiérrez Menoyo y su Cambio Cubano así como dirigía un recado a las Fuerzas Armadas de Cuba llamándolas a sostener con ellos una discusión abierta que llevase a la paz; otro al Exilio Cubano y al Pueblo de Cuba a darse un abrazo de hermanos y un tercero, grotesco, a Fidel Castro que le imploraba: *En tus manos está poner fin a tres décadas de división y rencor. Nosotros, tus ex-compañeros de brazalete y manigua, de emboscada y marcha triunfal en enero de 1959, te invitamos junto a Eloy a buscar ahora y pronto una solución cubana que nos haga dignos de ser Nación...*

El día 21 tocó el turno a la mas abyecta de las exhortaciones al entreguismo de Cambio Cubano que se basaba en que Cuba había sido para la firmante *motivación central, causa y motor de sus desvelos a la cual había dado lo mejor de su vida y que defendía con Cambio Cubano una solución pacífica sin claudicaciones ideológicas, la reconciliación y la defensa de la soberanía nacional para marchar juntos todos los cubanos de afuera y de adentro hacia la Nueva República con el compatriota intachable Eloy Gutiérrez Menoyo.* Como la firmante era Hilda Felipe de Escalona, que se titulaba *«dirigente obrera y feminista»*, cuyos antecedentes de aborrecible esbirra microfacciosa han sido documentados anteriormente[224] y certificados continuadamente en este Tomo V, podía colegirse que clase de amalgama putrefacta eran los estamentos de Cambio Cubano. Que el día 26, en un *Mensaje al Exilio*, se aumentó con el sostén que firmaban 104 ex-prisioneros políticos en un anuncio político pagado a El Nuevo Herald, en el que *se demandaba respeto al derecho a discrepar; reconocimiento público del patriotismo de Eloy Gutiérrez Menoyo a quien estaban dispuestos a brindarle el tiempo necesario para que desarrollara su programa cívico, pacífico e institucional, sin interrumpirle o distraer sus objetivos y tareas con pugnas inveteradas del exilio y rechazar toda acusación o señalamiento de traición, deslealtad o conducta anti-patriótica dirigida contra él o cualquiera de los participantes de Cambio Cubano, por sus declaraciones de ir a Cuba a plantear o discutir con el gobierno cubano una solución pacífica del conflicto nacional.* Los mas conocidos de esos 104 firmantes, según aparecen en los índices onomásticos, eran Domingo Ortega, Eddy Guallar, Raúl Barandela, Guido Bustamante, José Luis González Gallareta, Ramón Guin, Israel Barrera, Genaro Pérez y Ramiro Lorenzo. El día 30 tocó el turno a los plataformeros de la Coordinadora Social-Demócrata de Cuba que bajo la

---

[224] Ver Tomo IV, págs. 18, 91, 100, 207, 227, 362, 502.

firma de su Presidente, Lino B. Fernández, se solidarizaba con Cambio Cubano y Eloy Gutiérrez Menoyo *porque proponen una solución negociada al problema cubano y coinciden con el planteamiento, que junto a los demás miembros de la Plataforma Demócrata Cristiana y Unión Liberal Cubana, hicimos en 1990.*

A los disparatados argumentos conciliatorios resumidos, que tenían como asiento principal al exilio miamense, se añadió uno gestado en Alemania por la Fundación Hanns Seidel, mencionada brevemente en anterior página al hacer referencia a la revista *Contrapunto* y su ilustrativo informe sobre la ficticia Nueva Política Económica (NEP) del régimen castro-comunista. En sus ediciones numeradas 26, 27, 28 y 29, correspondientes a los meses de febrero, marzo, abril y mayo de 1993, la revista se revela como el portavoz de una filial de aquella, establecida en Caracas (Venezuela) por Amalio Fiallo con el nombre de *Centro de Promoción del Hombre* (PROHOMBRE), teniendo como ideología la postulada en Baviera por la Unión Social Cristiana (USC) que por medio de su *Instituto para el Encuentro y la Cooperación Internacional* ya tenía funciones en Europa y África. Según proclamaba, su intención era cooperar a la mejora de las estructuras sociales, políticas, económicas y culturales de los países y ganarle amigos a la nueva Alemania. Gerold Moser, su representante para Venezuela y los países del Caribe expresó lo siguiente, ejemplarizando el chiste ancestral que afirmaba que Alemania era la nación europea que tenía mas intelectuales filosofantes por cabeza cuadrada (kuadratenkopft) del Mundo: *En la China Popular ayudamos al mejoramiento de la industria cervecera y en el perfeccionamiento de los maestros cerveceros. Y no hay ninguna contradicción en ello, porque un área de nuestra actividad es la cultura, y no hay cultura que valga sin una buena cerveza...*

Nicolás Ríos se encargó de organizar reuniones en ciudades de los Estados Unidos para explicar que la Democracia Participativa *era una sociedad gestionada desde la base por el pueblo, de abajo arriba; abierta a la participación de todos los seres humanos para el acceso al disfrute equitativo y humanizador de los bienes y servicios que la sociedad contemporánea puede brindar; para participar en el diseño y desarrollo de la sociedad misma y, muy fundamentalmente, para participar en todos los centros de poder en forma consciente, libre, responsable, orgánica y eficaz.* Bellas palabras que conmovían a los oyentes pero que no los movían a organizarse para pelear por ellas porque sus poéticos recitadores o eran pacifistas o eran arrepentidos beligerantes. Solamente una vez fue alterado el orden durante una presentación de Amalio Fiallo en Miami de la protocolar Democracia Participativa. Ocurrió cuando una invitada al acto, la reciclada arpía microfacciosa Hilda Felipe, ocupó la tribuna en nombre del ausente gamberro Ricardo Bofill Pagés y su Partido por los Derechos Humanos, para atribuirles una posición directriz en la lucha anticomunista en Cuba y el exilio, y *el Autor*, poseído de incontenible cólera, la interrumpió para recordarle a los presentes, y reprocharle a los conferenciantes, en primera instancia el vituperable pasado totalitario de ella y de Bofill y luego la insensatez de considerarla una víctima y no un verdugo femenino del comunismo. En lugar de aplausos, *el Autor* cosechó regaños a montón por su justificada filípica. Hecho que reafirmó en él su convicción de que para la generalidad de los cubanos el crimen político no consiste en cometerlo sino en denunciarlo públicamente. Y por que, además,*el enemigo de mi enemigo es mi amigo*... No importa cuan repudiable su inmoralidad cívica o personal. Contrasentidos típicos cubanos.

Demostrando que seguían un plan cooperacionista de antemano planeado, el día 16 de noviembre de 1992, bajo el título de *Reunión Preparatoria del Seminario de Democracia Participativa*, se llevó a cabo en La Habana, una reunión entre Rainer Gepperth, Director del Instituto de Encuentro y Cooperación Internacional de la Fundación Hanns Seidel; Gerold Moser, representante de esa Fundación para Venezuela y el Caribe; Amalio Fiallo, Presidente de PROHOMBRE y Nicolás Ríos, ideólogo de la Democracia Representativa en Estados Unidos y Director-Editor de su heraldo impreso, la revista *Contrapunto*, de una parte, y Eloy Valdés, Director del Centro de Estudios Europeos de Cuba (CEE); Francisco Florentino, Subdirector del CCE y los miembros de ese organismo gubernamental, Jorge Gómez Barata, Lázaro Barredo y Leonardo Cano, de otra parte, quienes, con la aprobación del *Comandante en Jefe*, acordaron llevar a cabo, dentro de Cuba comunista, la celebración de seminarios sobre Democracia Participativa a partir del mes de mayo de 1993. La noticia de lo que precede estremeció al Miami cubano como un terremoto. Las críticas, las censuras y hasta los insultos llovieron sobre las cabezas de Fiallo y Ríos, en especial procedentes de los sectores políticos a los que habían pertenecido y los que le eran ajenos. De los primeros, José Ignacio Rasco, José Illán, Juan Woods, Mario Llerena y

Raúl MartínezArarás sus antaño cofrades de la Juventud Católica Cubana, Juventud de Acción Católica, Agrupación Católica Universitaria y la Juventud Obrera Católica y del Movimiento de Liberación Radical respetuosamente discreparon. En cuanto a los demás impugnadores, Amalio Fiallo viajó a Miami y en lujoso restaurant Victor's Café sostuvo una conferencia de prensa durante la cual desafió a sus denostadores a que presentaran documentación probadora de que era culpable de traición a la Juventud Católica y sus ideales del cristianismo; afirmó que el proyecto Democracia Participativa era original y que había sido aceptado y estaba siendo financiado por la Fundación Hanns Seidel a cara descubierta; que en su concepto la Ley Torricelli era genocida porque reducir al pueblo cubano por hambre era un crimen de lesa humanidad; que no era plattista informar al gobierno norteamericano sobre lo que estaba haciendo y pensando; que plattista sería adherirse a una declaración de ese gobierno o de una institución americana; que nunca había pertenecido a la Democracia Cristiana y serenamente reafirmó que después de celebrado los seminarios en Cuba en mayo de 1993 tendrían lugar tres talleres de trabajo: uno en Miami, en el mes de junio siguiente, al que vendrían cubanos de dentro de Cuba, escogidos entre los que hayan asistido a los seminarios allí y un grupo de cubanos de fuera, escogidos entre los que asistieron a esos seminarios; otro en Cuba, en julio, con los mismos cubanos de afuera y de adentro del país y el tercero en septiembre, en Miami, con los mismos participantes. Finalmente, anunció la celebración en La Habana, en 1994, del *Seminario Internacional Hacia una Democracia Participativa* con la participación de académicos, políticos y luchadores sociales de América Latina, los Estados Unidos y Europa. Al que tenía la esperanza que asistiera el gobierno cubano en pleno y con el Jefe del Estado al frente.

El resultado de la pantomima relatada fue un previsto fracaso puesto que el gobierno comunista cubano permitió solamente unos inocuos encuentros en Camagüey, Las Villas y Santiago de Cuba que en nada cambiaron el panorama político-social-económico del país; que no se llevó a cabo el cacareado taller en Miami por razones fáciles de imaginar de visas para los supuestos delegados de Castro y temor a alteraciones del orden público y que en junio de 1994 se efectuó en Caracas con la asistencia presidencial del acto de Luis Herrera Campins, ex-presidente social-cristiano de Venezuela; Gerold Moser; Hans Petesmann, Consejero de la Embajada Alemana en

Venezuela y Amalio Fiallo. Representando a la tiranía cubana concurrieron, entre otros, Jesús Lancha Valdés, Francisco Álvarez Somoza, Lázaro Barredo, Alfonso Casanova Montero, Jorge Gómez Barata, Darío Lorenzo Machado, Luis Suardiaz y Luis Adame Cobas. Identificándose como simpatizantes del castro-comunismo, residentes en Estados Unidos, formaron parte de la claque Xiomara Almaguer, Eddy Levy, Lorenzo Gonzalo, Berta Porro García y Orlando Lastre Salgueiro. El lector interesado en conocer los detalles de este canto del cisne de la Democracia Representativa en relación a la libertad de Cuba, que tuvo lugar en Caracas, los encontrará en la Edición No. 44, de agosto de 1994 de la revista Contrapunto.

La confabulación munichista contra el exilio combatiente se aumentó con la aparición del *Comite Cubano por la Democracia* que el día 22 de agosto de 1993, en una página entera de El Miami Herald, se identificó como una organización sin fines de lucro establecida para apoyar las fuerzas y candidatos moderados tanto en Estados Unidos como en Cuba porque las organizaciones conservadoras se habían aprovechado injustamente para hablar en nombre de toda la comunidad, apropiándose implícitamente de los méritos y logros de los cubanos que no las apoyaban. Después de charlatanear sobre derechos civiles y políticos que reclamaban de quienes se les oponían fuera de Cuba, y no mencionar la supresión violenta de esos derechos humanos por el régimen comunista de la Isla, descubrían su bastardo objetivo colaboracionista expresando su disponibilidad para reunirse con representantes del gobierno cubano; su oposición a la Ley Torricelli que afectaba negativamente las condiciones de vida de los cubanos; su oposición a la pena de muerte aplicable a criminales de guerra y a la devolución de bienes confiscados y mantener vigentes las políticas comunistas en las áreas de la ciencia, la salud y la educación porque ellas permitirían la recuperación social y cultural de la nación, así como la reconciliación de verdugos y víctimas. Toda esa mierda aparecía diluida en el lenguaje engañador característico de embaucadores académicos, demagogos, politicastros, dialécticos marxistas, renegados brigadistas, areitos y maceitos y tontos útiles identificables, junto a su historial político, en los Indices Onomásticos. Firmaban por el Comité Gestor: Enrique Baloyra, Roberto Carballo, Charles Gustin, Alfredo Durán, Mauricio Font, José Luis Hernández, María Cristina Herrera, Magda Montiel Davis, Marcelino Miyares, Marifeli Pérez Stable, Eliseo Pérez Stable, Alejandro Portes, Lilian Pubillones Nolan, Orlando Rodríguez, Jorge Ulla y Mari Tere Vichot.

El presidente Clinton y el secretario de Estado Warren Christopher escogieron como principal candidato al cargo de subsecretario de Estado para Asuntos Interamericanos al abogado de origen cubano Mario Baeza, prácticamente desconocido en Miami ya que sus actividades, ninguna de las cuales estuvo relacionada con la libertad de Cuba del comunismo, se desarrollaron siempre en New York-New Jersey dentro de círculos financieros internacionales de alta categoría. Una averiguación del personaje arrojó que estaba ligado a la oficina de Control de Bienes Cubanos que regía el embargo a Cuba; que había formado parte de una delegación que viajó a La Habana en 1988 para asistir a una absurda Conferencia Internacional de Juristas en un país fuera de la ley; que había estado presente en Cancún en una conferencia económica en 1992 y de allí viajado nuevamente a Cuba, comisionado para examinar la posibilidad de que empresas americanas invirtieran capitales en sociedad con el gobierno de Castro como lo estaban efectuando menopolistas franceses, españoles, italianos y alemanes. Los informes en cuestión procedían de fuentes reporteriles del periódico hispano *Continental* y de las delegaciones de la Junta Patriótica Cubana y de la Fundación Nacional Cubano Americana en New York-New Jersey-Washington. El apasionamiento sectario y étnico se apoderó del exilio en tan grande dimensión que obligó a Mario Baeza a publicar en El Nuevo Herald en enero 28 de 1993, *una aclaración sobre los muchos rumores y falsedades que habían afectado adversamente su nombre y reputación.*

Mario Baeza afirmaba que no había hecho nada en apoyo a Fidel Castro y que no era simpatizante de causas comunistas; que no había participado en ninguna transacción con el gobierno de Cuba; que no había hecho ni haría nada para violar el embargo; que sus viajes a Cuba fueron legales y autorizados en virtud de las leyes existentes en Estados Unidos; que los patrocinadores de sus viajes fueron el Colegio Nacional de Abogados Hispanos y el Colegio Nacional de Abogados de Estados Unidos; que fue a Cancún y luego a Cuba como el jefe del Grupo de América Latina del bufete Debeboise & Plimpton para conocer si las empresas conjuntas estaban dando resultado o serían la respuesta a los problemas económicos de Cuba; hacer su propia evaluación sobre cuan rápido podía caer Castro; las probables consecuencias de su caída y la magnitud de la inversión extranjera que se requeriría a fin de reconstruir el país después de Castro; que lamentaba y le preocupaba el cisma desarrollado entre las dos minorías que él incorporaba como negro cubano-afroamericano; que no deseaba la designación a menos que tuviera el apoyo, tanto de la población afroamericana como la cubanoamericana. Finalmente, exhortaba firmemente a una conciliación entre esos dos grupos y la formación de una fuerte coalición de apoyo a su designación. Paradójicamente, la caballerosa defensa de su persona y oficios que hizo Baeza fue arruinada, como veremos, por su candidez incomprensible *de solicitar la formación de una fuerte coalición de apoyo a su designación.*

El día 2 de febrero apareció una página entera en El Nuevo Herald, que con grandes letras mayúsculas negras anunciaba *Carta abierta al Presidente Clinton y al Secretario de Estado Warren Christopher* con el siguiente texto: *Nosotros, los Cubano-Americanos abajo firmantes enérgicamente apoyamos la nominación y confirmación de Mario L. Baeza como Subsecretario de Estado para Asuntos Interamericanos. Nosotros creemos que Mario Baeza es una selección sobresaliente para este cargo tan importante. El Sr. Baeza es altamente calificado y conoce a fondo los intereses y la política de Estados Unidos con respecto a Latino América y el Caribe. Como Cubano-Americanos queremos que ustedes sepan que estamos muy orgullosos que uno de los nuestros esté bajo consideración para esta nominación. Se ha reportado que la comunidad Cubano-Americana de Miami se opone a la nominación de Mario Baeza. ¡Esto no es cierto! No se dejen influenciar por una minoría ruidosa. Un grupo grande y prominente de la comunidad Cubano-Americana apoya la nominación y confirmación del Señor Baeza como Subsecretario de Estado para Asuntos Inter-Americanos. Les instamos a que nominen al Sr. Baeza y lo apoyen en el proceso de confirmación.*

Miguel Álvarez Jr., René Azcarreta, Ana D. Alliegro, Carlos M. Álvarez, Luis Bandrich, Enrique Baloyra, Clarita Baloyra, José Luis Beltrán, Peter Bernal, Anthony R. Costales, Jorge A. Costales, Manuel Castro, Roberto Carballo, Mario Cabello, Ramón Cernuda, Ramiro D. Casañas, José Corrada, Reverendo Padre Sergio Carrillo, Alfredo G. Durán, Norma de Soto, María M. de Soto, Siro del Castillo, Dolores Fuentes, Natalia Gutiérrez, Ricardo González, Miguel González Pando, Ramón Guin, Manuel Garrandes, Rafael Huguet Sr., Rafael Huguet Jr., José Luis Hernández, Ariel Hidalgo, Teté Hidalgo, Carlos M. Luis, Roberto Luque Escalona, Antonio Menéndez, Santiago Morales, Emilio Martínez Venegas, Ivette G. Murphy, Raúl Masvidal, Rafael D. Milla-

res, Ricardo Martínez Cid, Luis Méndez, Magda Montiel Davis, Julio Ochoa, Alex Ojeda, Javier Ojeda, Agustín País, Augusto Rodríguez, Alida Reinoso, Reverendo Protestante Marco Antonio Ramos, Rafael Sánchez, Harry M. Sánchez, Miguel Torres Calero, Félix R. Vázquez, Wilfredo Ventura, Mari Tery Vichot, Robert M. Bismarck, Paulino Fernández, Ivan Valdés de Armas.

La composición política de los firmantes, verificable mediante su localización en los Indices Onomásticos sirvió de fundamento a los enemigos de Baeza para asimilarlo a ellos y persistir en su acusación de que aquel era un tapadito pro-castrista. Se materializó el refrán *dime con quien andas y te diré quien eres* que se le aplicó a Baeza y a los clérigos eclesiásticos que saltaron de la sacristía al ruedo partidarista. No fue una sorpresa sino un esperado evento la decisión de Mario Baeza de renunciar a su probable nombramiento.

Como si no les hubiera sido satisfactorio su deleznable maridaje con el intrínsicamente perverso comunismo, plenamente documentado en anteriores páginas, el 8 de septiembre de 1993, día de la Caridad del Cobre, los obispos cubanos dieron a la publicidad en La Habana una carta pastoral que era una aumentada apostasía de la dada a conocer posteriormente al Encuentro Nacional Eclesial Cubano (ENEC) en el otoño de 1985. Leamos:

«*Cuando voces autorizadas de la Nación han dicho que la revolución es magnánima nos alegra que esta idea esté en el horizonte de los que dirigen el país... Por imperativo de la caridad no tenemos derecho a juzgar a las personas, porque caeríamos en el mismo error que condenamos, que es el de mirar mas las ideas que las personas... Nosotros, atrapados en medio de la política de bloques hemos padecido el embargo norteamericano, restricciones comerciales, aislamiento y amenazas... Los obispos de Cuba rechazamos cualquier tipo de medida que, pretendiendo sancionar al gobierno cubano, contribuya a aumentar las dificultades de nuestro pueblo. Esto lo hicimos con respecto a la llamada Ley Torricelli.. Hay explosiones de violencia irracional que comienza a producirse en los pueblos y ciudades. Hacemos un apremiante llamado a nuestro pueblo para que no sucumba a la peligrosa tentación de la violencia que podría generar males mayores... Por eso deseamos un diálogo franco, amistoso, libre, no para ajustar cuentas, no para depurar responsabilidades, no para reivindicar el pasado... Un diálogo no solo de compañeros, sino de amigos a amigos, de hermanos a hermanos, de cubanos a cubanos que somos todos, de cubanos que hablando se entienden y que pensando juntos llegaremos a compromisos aceptables... Sabemos bien que no faltan, dentro y fuera de Cuba, quienes se niegan al diálogo porque el resentimiento acumulado es muy grande o por no ceder en el orgullo de sus posiciones o, también porque son usufructuarios de esta situación nuestra, pero pensamos que rechazar el diálogo es perder el derecho a expresar la propia opinión y aceptar el diálogo es una posibilidad de contribuir a la comprensión entre todos los cubanos para construir un futuro digno y perfecto... El amor todo lo espera. Jaime, Arzobispo de La Habana y Presidente de la COCC; Pedro, Arzobispo de Santiago de Cuba; Adolfo, Obispo de Camagüey; Fernando, Obispo de Cienfuegos y Santa Clara; Héctor, Obispo de Holguín; José Ciro, Obispo de Pinar del Río; Mariano, Obispo de Matanzas».*

Del compendio que antecede, se prueba que los Obispos no tratan al régimen como una satrapía comunista sino como uno que gobierna con el consentimiento de todos los gobernados; que por imperativo de la caridad no tienen derecho a juzgar a los tiranos, falacia que los pinta como cómplices de sus desmanes; se quejan de haber padecido el embargo norteamericano, restricciones comerciales, aislamiento y amenazas pero no mencionan para nada los irreparables daños perpetrados contra los católicos, especialmente los fusilados por miles, por quien califican de gobierno cubano y no de tiranía comunista; consideran como explosiones de violencia irracional los estallidos de rebeldía patriótica anticomunista y, como final a su abyecta hijoputez, declaran que quienes se niegan al diálogo con sus carceleros y verdugos lo hacen así porque el resentimiento acumulado es muy grande o por no ceder en el orgullo de sus posiciones o porque son usufructuarios de la terrible situación impuesta al verdadero pueblo cubano, no al populacho patibulario, por la porra marxista-leninista que cantaba alegremente frente a los templos de los Hermanos Pasionistas viboreños y al Colegio Champagnat: *Yo no voy a los maristas - porque el cura falangista - quiere hacerme terrorista...* ¿El amor de quién o por quien lo esperaba todo? ¿Del Cristo bíblico del Nuevo Testamento que echara a latigazos a los mercaderes que profanaban el templo? ¿O del Papa León XIII y su obispado cubano, favorables a España y enemigos de la Independencia? ¿O del clero ultramontano durante la República? ¿O de la adulterina coalición ecuménica católica-protestante, contradictoria y veleidosa, merecedora, por su historial pormenorizado en múltiples páginas de estos cinco tomos[225], del calificativo de *impios*? ¿El amor católico español por Félix Varela o por Gutiérrez Piñeres?

XXXVII

Circulo vicioso marxista-leninista. La fula, las shopping, los paladares y la Yuma. Purga burocrática y militar. Las elecciones municipales de 1993 en Hialeah, el Condado Miami-Dade y la Ciudad de Miami. Proceso judicial y vindicación de Raúl Martínez. Mayoría consistorial hispana en el Condado. Arthur Teele electo alcalde. La contienda en Miami. Campaña de elogios por Steve Clark y de descrédito contra Miriam Alonso. Reavivamiento del lema Cubano Vota Cubano. Fracaso. Victoria de Steve Clark y derrotas de Joe Carollo y Margarita Ruiz. Trapisonda cifarrera. Historial de Unidad Cubana. Comisión Gestora, Asamblea Representativa, Documento de Unidad y Declaración de Principios. El acto del Dade County Auditorium. Rechazo a Tony Cuesta. La Marcha de la Unidad. Glorificación de Armando Pérez Roura por Andrés Vargas Gómez. Cisma en ciernes.

En la Isla los dólares circulaban libremente; las inversiones capitalistas extranjeras dominaban la economía; el trabajo por cuenta propia se permitía por un gobierno que era el único empleador antaño; el turismo y su anexo *jineteo* de veras hacían de Cuba un gigantesco lupanar; el grito *¡Cuba si, yanquis no!*, atribuido a Max Lesnick en su era de sarampionado, no se escuchaba[226]; los gusanos exiliados eran bienvenidos y alentados a regresar

---

[225] Ver Tomo I, págs. 62, 81, 82, 192, 308, 312-13, 365-66; Tomo II, págs. 207-08, 357; Tomo III, págs. 45, 46, 67, 85, 86, 128-29, 217, 307, 361, 503-05, 578; Tomo IV, págs. 179-86, 192, 216, 237-38, 254-56, 356-57, 500, 617.

[226] Ver Tomo IV, págs. 205-06, 225.

como consumidores; retornado el comercio a la economía de la oferta y la demanda los precios en *las shopping* aumentaron un 50%; la bolsa negra campesina y urbana era rampante y proveedora de *los paladares* y el relajo neo-marxista era tal que hizo a Fidel confesarlo en su discurso-aniversario del 26 de Julio: *¿Quién hubiera pensado que nosotros, tan doctrinarios, nosotros que hemos luchado contra las inversiones extranjeras, llegaríamos a considerar un día tales inversiones como una necesidad urgente?* El eterno vice-versa cubano reapareció cuando la libre circulación del dólar, *la fula*, eliminó tácitamente el delito por tráfico de divisas que llevó a la cárcel a cientos de infelices después que se efectuó el cambio de la moneda en agosto de 1961[227]. El maldecido dólar de entonces ahora era una bendición que llegaba a Cuba por cortesía de remesas infinitas enviadas por el exilio que, según cifras de la banca internacional, alcanzaba la suma de entre 600 y 800 millones de dólares anualmente. Un ejemplo de la delincuencia financiera del régimen se demostraba con el hecho de que en su extorsionista asociación con el capitalismo salvaje este pagaba a los trabajadores en dólares que no entregaba a ellos sino al gobierno que se quedaba con *la fula* y abonaba en pesos cubanos la nóminas a razón de 20 pesos por dólar. La matemática indicaba que si un profesional ganaba 400 pesos al mes su poder adquisitivo en *las shopping*, convirtiendo los pesos en dólares, era de diez *fulas*. Un gobierno que obligó a cerrar las casas de empeño por considerarlas usureras se convirtió en tremendísimo garrotero de la clase trabajadora. Que mediante la CTC aprobaba y aplaudía la expoliación del proletariado. Que se proclamaba dueño absoluto de todos los medios de producción mediante el Partido Comunista. Cuyos líderes no sudaban la camisa. Un perfecto círculo vicioso marxista-leninista. Que fracasado en Rusia y sus satélites alardeaba de exitoso en la Perla del Caribe. Por su masoquista populacho de *¡patria o muerte!* Que en *la Yuma* personificaban Andrés Gómez y Marifeli Pérez Stable con sus areitos y maceítos. A quienes servían de portavoces radiofónicos Francisco González Aruca, Luis Tornés, Alvaro Sánchez Cifuentes, Lázaro Fariñas, Carmen Duarte y Magda Montiel Davis.

La simbiosis capitalista-comunista implantada en Cuba requirió cambios radicales en su economía dirigida que Fidel explicó con el mas desfachatado

---

[227] Ver Tomo IV, pág. 344.

cinismo: *Las medidas son concesiones al capitalismo, pero tenemos que hacerlas para sobrevivir. Nosotros no renunciaremos a nuestras ideas, ni renunciaremos a los principios del marxismo. Que nadie se confunda en el mundo que porque hagamos una empresa mixta estamos renunciando al socialismo. Estamos dispuestos a adoptar las medidas prácticas que sean necesarias, hacer cuanta apertura sea necesaria, si, bajo la dirección del Partido Comunista y de los trabajadores, no bajo la dirección de burgueses ni de capitalistas, sino bajo la dirección del pueblo, del proletariado. Si, proletariado, ¡porque esta es una revolución proletaria!*

El viraje descrito trajo unos cambios en la nomenclatura que no eran otra que cosméticos pues tanto los defenestrados como sus sucesores eran mera pintura de brocha gorda en la fachada gubernamental. Según el periodicucho Granma Internacional informara, sin dar razones para el cambalache, Carlos Aldana había sido reemplazado como zar ideológico-económico por Carlos Lage Dávila pero en Miami se supo que había sido expulsado del Buró Político del PPC como miembro del mismo y además destituido de todos sus oficios suplementarios del régimen; Osmany Cienfuegos pasó de Secretario del Comité Ejecutivo del Consejo de Ministros a ser Ministro de Turismo; unos tales Nelson Torres, Alfredo Jordán y Silvano Colás fueron nombrados, respectivamente, Ministro del Azúcar, Ministro de Agricultura y Ministro de Comunicaciones; Roberto Robaina, Secretario de la Juventud Comunista, fue designado Ministro de Relaciones Exteriores a la muerte del titular Isidoro Malmierca; José Ramón Balaguer fue elegido como ideólogo oficial del Partido en lugar del purgado Carlos Aldana y fueron separados del Comité Central los Generales de Brigada Luis Barreiro Caramés, Fabián Escalante Font, Gustavo Fleitas Ramírez, Manuel Fernández Crespo, Carlos Lezcano Pérez, Raúl Menéndez Tomassevich, Gustavo Milián Rivero, Rafael Moracén Limonta, Manuel Pérez Hernández, Sergio Pérez Lezcano, Bruno Rodríguez Curbelo, Alejandro Ronda Marrero, Eduardo Sánchez Alberro, y Victor Schueg Colás así como los coroneles Mirta García Llorca, Arnaldo Tamayo Menéndez y la mayor Margarita Vélez Ríos. La última relación publicada de miembros del Comité Central y del Buró Político del PCC, en orden alfabético y con sus retratos, por un total de 225, se encuentra en el tomo correspondiente al año 1991 de la enciclopédica obra *Cuba: Anuario Histórico*, recopilada, editada y costeada personalmente por el meticuloso historiógrafo cubano coronel Esteban M. Beruvides (U. S. Army Ret.) presidente de la Asociación Histórica Cubana, (Florida, 1992.) Igualmente, en el tomo referente a 1994 se halla una detallada relación de sesenta empresas capitalistas extranjeras, clasificadas por países y actividades comerciales, que eran asociadas del gobierno comunista cubano, a saber, Alemania, Australia, Brasil, Canadá, Chile, China, España, Francia, Gran Bretaña, Grecia, Holanda, Honduras, Israel, Italia, Jamaica, Japón, Méjico, Suecia y Venezuela. Aves de rapiña de igual plumaje aquel y estos.

Las elecciones municipales de 1993 serían de trascendental importancia para la comunidad cubana de la ciudad de Miami, el condado Miami-Dade y la vecina ciudad de Hialeah, urbe en tan grande aumento del poder económico y electoral e influencia étnica partidarista que se merecía el sobrenombre de *La Séptima Provincia*, así bautizada en su escuchadísimo programa radial por el irreductible periodista y locutor anticomunista y fervoroso nacionalista Héctor *Fabián* Alfonso Ruiz. En anterior página del Capítulo XIV se menciona la tempestad política que azotó a Hialeah y a su popular alcalde Raúl Martínez, de filiación Demócrata, y que, esbozadamente relatada, muestra que en 1990 éste fue suspendido en sus funciones por el gobernador de Florida, Robert *Bob* Martínez, un Republicano, por encontrarse procesado por el fiscal Dexter Lehtinen, también Republicano, bajo acusación y cargos de extorsión de dinero a cambio de favores a urbanizadores en proyectos que requerían cambios en la zonificación de sectores de Hialeah. En 1991 Raúl Martínez fue sentenciado a 10 años de prisión pero quedó en libertad bajo fianza pendiente de su apelación a una Corte Superior Federal. En 1993 el despojado alcalde acudió en petición de justicia ante la Corte Suprema Estatal que aprobó su derecho a presentarse a elecciones que ganó abrumadoramente ese año y además la ratificación del nuevo gobernador de Florida, Lawton Chiles, del Partido Demócrata. La Corte Federal anuló la sentencia dictada y Raúl Martínez quedó, como se dice, limpio de polvo y paja y eternizado en su mayorazgo de Hialeah cuyo Concejo Municipal acordó resarcirle en efectivo todos los gastos legales incurridos y todos los sueldos dejados de percibir. Que sumaban mas de un millón de dólares. Tiempo después, Raúl Martínez, durante una comparecencia televisiva comentó que el fiscal Dexter Lehtinen había deseado perjudicarlo políticamente porque si en aquel entonces él se postulaba al escaño de Representante Federal podía derrotar al candidato Republicano favorecido por aquel. Que identificó como su esposa, la congresista federal Republicana Ileana Ros-Lehtinen. La aseveración gramatical *podía derrotar*, que indicaba *probabilidad*, debió ser expresada con el mas amplio término *quizás podría derrotar*, significando *posibilidad* ya que la congresista Ros-Lehtinen, desde entonces, ha demostrado ser invencible en elecciones sucesivas. Tanto así, que ningún contrario aspirante se molesta en oponérsele sabiéndose de antemano derrotado. No importa su etnia, raza, sexo o fortuna.

Durante largo tiempo los electores del Condado Miami-Dade gestionaron, oficial y privadamente, una reforma de la ley electoral y una redistribución geográfica, por distritos, que facilitase el acceso a su gobierno a las tres minorías que componían su población o séase las oficiosamente reconocidas como *hispana, negra* y *anglo*. Estas minorías, también clasificadas como *étnicas* era la mas representativa de la total población del Condado, que fue dividido en 13 distritos o circunscripciones que elegirían igual número de Comisionados que, dentro de ellos mismos, escogerían uno que los presidiese como *alcalde fuerte*, de acuerdo con su diferencia con *el débil*, como aparece explicado en el Capítulo XIV. Las elecciones se celebraron y ganaron los cargos seis candidatos hispanos, cuatro negros y tres anglos que fueron, en ese orden, Pedro Reboredo, Mauricio Ferré, Javier Souto, Miguel Díaz de la Portilla, Alex Penelas y Natacha Millán; Betty Ferguson, James Burke, Arthur Teele y Dennis Moss; y Sherman Winn, Bruce Kaplan y Larry Hawkins. Solamente hubo competencia fuerte entre los candidatos por el Distrito 5, el hebreo-americano Bruce Kaplan y la cubano-americana Conchy Bretos que fueron apoyados indiscriminadamente y en buena ley. El fue patrocinado por Natacha Millán, Luis Morse, Bruno Barreiro, Miriam Alonso y Jorge Rodríguez Chomat; ella por Jesús Fernández, Edgar Sopo, Pablo Acosta, Arthur Teele, Félix Madera y Santiago Rey Pernas. Arthur Teele fue seleccionado como alcalde.

Después de cuatro años de dimes y diretes en su cargo de alcalde de Miami, Xavier Suárez anunció que en 1993 no deseaba ser reelecto. A la palestra electoral se lanzaron la comisionada Miriam Alonso y el ex-alcalde de Miami y del Condado de Dade Steve Clark. Una cubano-americana y un anglo de raza blanca. Antípodas en carácter y política. Ella dominante y populista: el manso y negociador. Las encuestas mostraban una pequeña ventaja de Miriam sobre Clark entre los votantes hispanos que eran la mayoría de los electores de Miami pero en lo que se refería a recaudaciones la cosa era a la inversa pues con el sostén financiero de los millonarios de los Latin Builders, la Fundación Nacional Cubano Americana, la Hispanic Builders Association y los ricos comerciantes de la CAMACOL las arcas de Steve Clark se rebosaron de dinero para ser empleado en un diluvio publicitario que hizo lucir como una lloviznita la propaganda de Miriam encomendada al manengue Armando Gutiérrez. Los mas caros anuncios en radio, televisión y en páginas enteras de la prensa y mas repetidamente eran pintando a Steve Clark como un hombre apacible y caritativo, experimentado en la administración pública por mas de treinta años, armonizador de minorías y víctima de injustos ataques por su opositora. Su endoso por The Miami Herald y The Miami Times y por Xavier Suárez, Sergio Pereira, Erelio Peña, Jorge Mas Canosa y Rosario Kennedy implicaban simpatías anglo-hispanas hermanadas. Fueron señalados como promotores de la campaña de descreditar a Miriam políticamente el marrullero publicista cubano Jorge de Cárdenas, Esteban Suárez, Sergio Pino y Víctor de Yurre. Tres endemoniadas patrañas se gestaron contra Miriam que irremisiblemente la dañaron: un volante impreso en inglés fue repartido en los barrios negros en el cual se le acusaba de haber ofendido a Nelson Mandela, de ser miembro del Klu-Klux-Klan, de dirigir las palizas dadas a los haitianos, de favorecer a negros sumisos y advertía que un voto por Miriam era un voto por Suráfrica y el apartheid, por el policía Lozano acusado de asesinar negros y por la esclavitud; durante el entierro de unos balseros ahogados en aguas de Méjico, al que concurrían miles de dolientes, una avioneta que arrastraba un anuncio que decía *Miriam Alonso, Alcalde* que el populacho impensadamente atribuyó a ella, considerándola insensible; y de propiciar la candidatura de una dama cubana llamada Ruby Feria, desconocida totalmente en los círculos anticastristas, con el pícaro propósito de polemizar con Miriam utilizando una fotografía en que aparecía Fidel con dos jóvenes muchachas una de las cuales se decía que era ella, a pesar de que el fotógrafo, que residía exiliado en Miami, afirmó que no era Miriam. Se averiguó que la persona que había alquilado la avioneta había sido un joven negro portador de una falsa identificación.

Prácticamente acorralada e insolvente, Miriam Alonso, su esposo Leonel y sus favorecedores Bruce Kaplan, Armando Valladares, Simón Ferro, Natacha Millán, Pedro Reboredo y Marietta Fandiño se vieron obligados a revivir el contradictorio tema de *Cubano Vota Cubano* ayudados por José García Pedrosa, Luis Morse, Tony Zamora y Virgilio Pérez Jr. La estrategia dio un buen resultado pues en la primaria alcaldicia Steve Clark obtuvo 17,898 votos contra Miriam con 15,674 y como no alcanzaron el porcentaje requerido fueron remitidos a una segunda vuelta a llevarse a cabo en siete días. Igualmente ocurrió con los candidatos que aspiraban a comisionados por los Distritos 4 y 5, Joe Carollo vs. Willy Gort y Margarita Ruiz vs. Miller Dawkins. En la segunda vuelta Steve Clark derrotó a Miriam Alonso por 24,097 votos contra 17,060; Willy Gort venció a Joe Carollo por 20,436 votos contra 18,396 y Miller Dawkins superó a Margarita Ruiz por 19,051 votos contra 18,497. Las opiniones analizando el resultado de las elecciones, por parte de politólogos y sabihondos sargentos políticos, fueron diversas y variaban desde un descenso en la votación cubano-americana, un aumento en la hispano-americana y la afro-americana y una indiferente abstención de la anglo-blanca hasta el estimar que los electores de raíz cubana querían a Miriam de Comisionada pero no de Alcalde y que los jóvenes de esa etnia se sentían mas afines al anglo Steve Clark y a la Fundación Nacional Cubano Americana que a los viejos inmigrantes y su aferramiento a una idealizada cubanía que consideraban impráctica, arcaica y en muchas ocasiones demagógica y politiquera.

La última trapisonda cifarrera del año 1993 fue lucubrada en el ámbito de la Unidad Cubana y en la radioemisora WAQI (Radio Mambí), predio real, o mejor dicho imperial, de Armando *Seso Hueco* Pérez Roura el ya mas que conocido locutor en Cuba a la paga del dictador Batista, primero, y del autócrata Castro, después, y comprobado miliciano y cederista, imputaciones que nunca desmintió. Porque eran tan ciertas como el sol que sale cada día, de acuerdo con irrebatibles testimonios reproducidos en páginas del Tomo IV y de este Tomo V. Esta indecencia, aparte de su malhechoría practicada contra sus benefactores, los hermanos Sebastián y Pablo Vega, en Unión Radio, revelada por Alberto González y reproducida por el Autor en el Capítulo XI no fue repudiada sino de exprofeso ignorada por el populacho exiliado. Que lo laureaba con el mismo desenfado que el populacho inicial de la República lo hiciera con los incalificables autonomistas reciclados[228]. Así como la lluvia no penetra el plumaje de las aves, en *Seso Hueco* resbalaban sobre su dura cara los constantes insultos que el

---

[228] Ver Tomo I, págs. 183-89.

periodista-locutor Alvaro Sánchez Cifuentes le espetaba desafiantemente calificándolo de *canalla, impostor, bellaco, mal nacido, cobarde*, etc., incesantemente retándolo a que le pusiera un pleito por difamación para aportar a la Corte las pruebas que tenía sobre su tortuosa conducta política y personal.

El gobierno de Bill Clinton era visto como una amenaza a los intereses de los anticastristas cubano-americanos que en mayoría eran afiliados del Partido Republicano que los apadrinaba. Durante los doce años de administración Republicana, a través de la FNCA, habían gozado de un privilegio económico y migratorio que temían perder a manos de los exiliados de simpatías Demócratas, muchos de los cuales se encuadraban con dialogueros y colaboracionistas. Correctamente deduciendo que la mecánica electoral doméstica y la política exterior de Estados Unidos, no importa que partido político estuviera en el poder, tenía como principio y base el ganarse a sus contrarios majaderos, la comparsa microfonera miamense maquinó una doble manipulación del populacho: organizar un provechoso maratón radiofónico conseguidor de aportaciones económicas y una convocatoria patriotera a una marcha auspiciada por la Unidad Cubana contra lo que, según sus mandatarios, se barruntaba como un aflojamiento de la Administración Clinton hacia el régimen castro-comunista. En aquellos momentos se desarrollaba un motín de criminales marielitos sujetos a deportación en la prisión federal de Talladega (Alabama) que reproducían lo ocurrido en Atlanta y Oakdale, pero escarmentados por los resultados negativos que cosecharon en aquella infausta jornada de *Mariel Injustice* no se inmiscuyeron en ese problema. El oficioso Monseñor Román se ofreció de mediador pero no le hicieron caso y los antisociales amotinados fueron deportados a Cuba sin miramientos. Que era la tal Unidad Cubana y quienes sus promotores lo revela su historial documentado a continuación:

En el mes de marzo de 1991 un selecto grupo de exiliados políticos inició conversaciones tendientes a lograr una unificación de las fuerzas vivas anticastristas mundiales. Después de varias reuniones fue anunciada la creación de la *Comisión Gestora de la Unidad del Exilio Cubano* que integraban Antonio Jorge, Andrés Vargas Gómez, Luisa García Toledo, Alberto Fibla, Roberto Suárez, José Cancela, Rafael Cabezas, Jorge Bello, Jorge Rodríguez Alvareda, Ariel Remos y Tomás García Fusté quienes, a su vez, escogieron para el alto cargo de Coordinador al inefable Armando Pérez

Roura y como subordinada a este una Comisión de Prensa y Propaganda integrada por Andrés Nazario Sargén, José Beamud, Virgilio Pérez Sr., Óscar Santalla, Ariel Remos, Juan Garau, Luis Figueroa, Roberto Pérez Fernández y Tomás García Fusté. El siguiente mes de junio de ese año 1991 se hizo pública la lista de organizaciones que componían la *Asamblea Representativa de la Unidad Cubana* y sus dirigentes, que procedían de tres agrupaciones establecidas: la Junta Patriótica Cubana, la Gran Cumbre Patriótica, y la Junta de Organizaciones Independientes, a saber:

Junta Patriótica Cubana: Manuel Antonio de Varona y Alfa 66: Andrés Nazario Sargén; Colegio Nacional de Periodistas: Roberto Pérez Fernández; Colegio de Profesionales: Fernando Soto; Confederación de Trabajadores de Cuba: Carlos Lluch; Movimiento de Recuperación Revolucionaria: Luis Figueroa; Municipios de Cuba en el Exilio: Pedro Encinosa; Partido Revolucionario Cubano (Auténtico): Virgilio Pérez Sr.; Partido del Pueblo Cubano (Ortodoxo): Emilio Ochoa y Clubes de Rotarios y Leones: Luis Casero.

Gran Cumbre Patriótica: Modesto Castañer y Asamblea del Pueblo Cubano: Miguel Reyes; Asociación de Veteranos de Bahía de Cochinos (Brigada 2506): Rafael Cabezas; Coalición Democrática Cubana: Andrés Rivero Agüero; Comisión Nacional Cubana: Ramón Saúl Sánchez; Directorio Revolucionario Democrático: Orlando Gutiérrez; Movimiento Revolucionario 30 de Noviembre (Frank País): Hiram González; Movimiento de Recuperación Democrática: Óscar Santalla; Partido Demócrata Cristiano: Jesús Permuy y Presidio Político Histórico Cubano: Marcos Gómez Cancio.

Junta de Organizaciones Independientes: Orlando P. Rodríguez y Movimiento Insurreccional Martiano: Luis Crespo; Fundación Nacional Cubano Americana: Jorge Mas Canosa; Federación de Masones Cubanos Desterrados: Francisco Hernández y Partido Independentista Cubano: Antonio Calatayud.

El día 9 de julio fue informado que la Asamblea Representativa había elegido a Modesto Castañer, como Coordinador y a Tomás Gamba y Óscar Santalla como Secretario General y Vice, respectivamente. El siguiente día 11 se anunció una convocatoria al Dade County Auditorium donde sería proclamado y firmado el *Documento de la Unidad*, se harían pronunciamientos doctrinarios y se fijaría la estrategia del exilio unido para derrocar a Fidel Castro. Los oradores serían Modesto Castañer y Luis Crespo quedando el resumen a cargo de Manuel Antonio de Varona. El Maestro de Ceremonias sería Tomás García Fusté. El día 12 miles de personas abarrotaron el Auditorium donde oyeron a Antonio Jorge leer la *Declaración de Principios de la Unidad Cubana*, una letanía de placenteras platitudes salpicada de contradicciones pues por una parte declaraba rechazar el diálogo que tendía a desviar y paralizar la lucha activa y decía que apoyaba la resistencia interna, por otra parte no mencionaba la guerra necesaria contra el odiado enemigo sino *que emprendían su obra libre de odios, resentimientos y espíritu revanchista,* adjetivos que eran similares a los que los comunistas aplicaban a los guerreros por los caminos del mundo. Es mas, le negaron a Tony Cuesta el derecho a usar la palabra, con la excusa de que no estaba anunciado en el programa, cuando allí hizo acto de presencia acompañado del Autor, Cándido de la Torre, Ramón Font, Miriam Ortega y José Enrique Dausá, entre otros.

Una estruendosa gritería reclamó la presencia en el escenario de la Comisión Gestora de la Unidad y a nombre de ella hizo uso de la palabra Armando Pérez Roura quien, según reportase Diario Las Americas, *con impar elocuencia mantuvo al público en vilo todo el tiempo; advirtió contra algunos que lo falseaban, sin nombrarlos; y arengó a levantar fondos con que fomentar acción efectiva contra la tiranía logrando que al final del acto el público abundase en contribuciones.* Modesto Castañer planteó que se suspendieran los envíos de divisas y paquetes a Cuba; aseguró a los que resistían la tiranía en Cuba que no estaban solos; y afirmó que se luchaba por una república democrática, participativa y pluralista, con justicia social y propiedad privada. Luis Crespo estremeció emocionalmente al auditorio al lamentar que combatientes como Tony Cuesta y Orlando Bosch no pudieran todavía tomar parte en ese acto y que estuvieran presos valientes como Eduardo Arocena, Virgilio Paz, Dionisio Suárez y Valentín Hernández y reclamó generosidad futura para los vencidos, libres de responsabilidades sangrientas, pero sin perdón para los esbirros asesinos del pueblo. Tony Varona fue, como de costumbre escueto, expresando *que proponer un diálogo con Fidel Castro era querer prolongar la tiranía por vía de nuevos autonomistas y guerrilleros como eran los disidentes que venían al exilio a criticarnos a nosotros porque padecen del síndrome del socialismo...*

No se había ensordecido el ruido de los aplausos celebrando la Unidad en el Dade County Auditorium cuando un escalofrío tembleque ó al exilio al leer en El Nuevo Herald la reproducción de un reportaje del Washington Times que informaba que Jorge Mas Canosa se había comunicado en Chile con el hombre de confianza de Fidel, Carlos Lage, para asegurarle que la FNCA deseaba ver un sistema democrático en Cuba con elecciones libres y una transición pacífica, precisando que desde hacía años la FNCA comenzó un diálogo con funcionarios cubanos comunistas en Toronto (Canadá), Méjico, República Dominicana y España y que había aconsejado al Departamento de Justicia de Estados Unidos que no encausara a Castro por sus posibles delitos. Se añadió a lo precedente que según denuncia del periódico *Los Tiempos* la FNCA se había gastado un millón de dólares en las elecciones municipales apoyando a Mary Collins, Joe García y Conchy Bretos ninguno de los cuales fue electo. A su vez, el periódico *Trinchera Nacionalista* expuso que durante un acto social en el Centro Hebreo Cubano de Miami Beach, Mas Canosa había confirmado al Comisionado Mr. Resnick que se había reunido con un alto dirigente del gobierno de Cuba en una misión de paz.

Un truco favorito del régimen comunista cubano es el promover movilizaciones populacheras, esgrimiendo consignas patrióticas apócrifas, que sirvan el doble propósito de adocenar y de asimilar una protesta a la contrarevolución imperialista yanqui. La versión fidelista sin Fidel de ese truco es el lanzar una consigna falaz, celebrar un tele-radio maratón colector de dinero y convocar una marcha, o una concentración, del populacho cubano exiliado que sirva a este para simular militancia anticomunista mientras sostienen económicamente a la tiranía, viajan por cientos de miles al país del que alegan son perseguidos políticos, conviven alegremente con reciclados esbirros del Partido y la Seguridad del Estado y elevan a la categoría de líderes democráticos a incorregibles fascistoides batistianos culpables del 10 de Marzo de 1952, a corruptos politiqueros del autenticato propiciadores del funesto cuartelazo de esa fecha y se desentienden de la odisea de los revolucionarios anticomunistas presos en cárceles de los Estados Unidos y de la pobreza que abate a sus familias. Voluntariamente ese despreciable populacho miamense del exilio ignora su apoyo a los fraudes del JURE y el Plan Torriente y reincide tenazmente en la repetición de sus yerros políticos garrafales cometidos en la República desde su mediatizado nacimiento hasta la fecha. Y gozoso de que *Pepito* Sánchez Boudy lo idealice como representativo de *La Cuba Eterna Inmaculada* de su poética imaginación.

La cacareada Unidad Cubana delegó en Armando Pérez Roura la irrestricta autoridad para organizar un radio-maratón colector de dinero, una recogida de firmas demandantes de que el mundo reconociera el derecho a la beligerancia del exilio y diera apoyo a la rebelión en Cuba y una marcha multitudinaria de la militancia de las 216 organizaciones que componían la Unidad Cubana y cuya lista, demasiado larga para ser reproducida aquí, aparece en Diario Las Américas de fecha 7 de octubre de 1993. Ariel Remos reportó que las firmas recogidas alcanzaron 300,000 y el número de asistentes a la marcha fueron mas de 150,000 y que por demanda del público usaron de la palabra los congresistas Ileana Ros-Lehtinen y Lincoln Díaz Balart que demandaron el cese de negociaciones y diálogos con Castro y el fortalecimiento del embargo. El discurso de Pérez Roura fue de tal manera combativo contra los dialogueros y los gobiernos de América Latina que traidoramente ocultan a sus pueblos la verdad que Fidel Castro era un asesino y no un humanista, y ademas lo presentaban como un socialista democrático, que poseso por la emoción el venerable anciano, reliquia del Ala Izquierda Estudiantil de 1930 y dignísimo ex-preso político durante veinte años, Andrés Vargas Gómez[229], glorificó al reciclado batistiano-castrista en Diario Las Américas posteriormente a la marcha con la siguiente loa: *Sería mezquino no reconocer, en esta hora de entusiasmo y de históricas realizaciones, el rol desempeñado por Armando Pérez Roura en la estructuración de la unidad del exilio y en la convocatoria de la marcha. Ha surgido, si señores una voz. Una voz cargada de entraña cubana y de profunda resonancia. Por sus continuas y emocionadas descargas radiales, Pérez Roura se ha ganado el título de la voz mas alta del destierro...* Traspasando fronteras, la Unidad Cubana publicó en The Washington Post, una plana entera, dando las gracias al presidente Clinton por su reiteración de mantener una línea dura contra Cuba y afirmando que 200,000 exiliados daban un NO, al diálogo, a negociar con Cuba roja, al TLC, a normalizar relaciones, al envío de dólares y un SI al embargo y su internacionalización. Sin duda alguna, lo acontecido en el Dade County Auditorium en julio de 1991 y continuado con la Marcha de la Unidad renovaba en el exilio la ilusión de la guerra y el fin de la charlatanería retórica.

---

[229] García Montes y Alonso Avila, Obra Citada, pág. 111 y Tomo IV, págs. 236, 296, 298.

Pero, siempre el fatídico *pero* de los cubanos, la Junta Patriótica y la Fundación se separaron de la Unidad en diciembre de 1993. Las razones del cisma no se hicieron públicas hasta marzo y abril de 1994. Así como sus sórdidas intrigas.

XXXVIII

El prontuario procesal de Huber Matos Araluce. Santuario matrimonial en Costa Rica. El cisma de Unidad Cubana. Retirada de la Fundación Nacional Cubana Americana y de la Junta Patriótica Cubana. Acusaciones de Juan Garau, Modesto Álvarez y Roberto Rodríguez Aragón sobre irregularidades financieras. Relación de cheques subrepticios. Razonada abstención investigativa del FBI. Bigamia partidista. Las matanzas de balseros en Cojímar y Celimar. La conferencia habanera sobre la Nación y la Emigración. Lista de asistentes del exilio. La tunantada de Magda Montiel Davis. Merecida repudiación. Galimatías neo-autonomista de Carlos Alberto Montaner. Los bisneros, paladares, jineteras, macetas y merolicos. Los alguaciles alguacilados.

Cuatro días después de celebrada la Marcha de la Unidad el exilio fue estremecido violentamente cuando Ivan Román, redactor de El Nuevo Herald, y Horacio Ruiz Pavón, articulista de Diario Las Américas, informaron que Huber Matos Araluce y otras doce personas habían sido encausadas por desfalcar al gobierno en mas de cinco millones de dólares mediante reclamos falsos e innecesarios de Medicare y Medicaid, programas federales de socorro a retirados contribuyentes de la Seguridad Social y a pobres de solemnidad. Un procesamiento de raíz delincuencial común que afectaba directamente, en forma impúdica, al buen nombre de la causa anticomunista porque el señalado como perpetrador de la estafa era identificado como Secretario de Prensa y un líder del grupo anticastrista Cuba Independiente y Democrática (CID). El prontuario procesal de los informes publicados por los antemencionados periodistas los días 13 y 14 de octubre de 1993 explica lo siguiente:

Un Gran Jurado en Miami determinó que Matos Araluce y su socia Juana Mayda Pérez Batista obtuvieron el dinero fraudulentamente al hacer que usuarios de Medicare o Medicaid se sometieran a análisis y otros servicios médicos innecesarios. Se les acusó, además, de lavar el dinero al depositarlo en cuentas bancarias de Publiart y Publimart, dos corporaciones floridanas que se alega operaban. En el auto de acusación de 52 páginas, también se acusa a varios empleados de la clínica Florida Medical & Diagnostic Center, Inc., de conspirar con Matos Araluce y Pérez Batista, y a cinco personas que recibían pagos por «reclutar» a pacientes con Medicare y Medicaid para la clínica. La acusación dice que entre octubre de 1989 y febrero de 1992, Matos Araluce y Pérez Batista, con dos empleados de la clínica, Carlos J. Lastres y José Matutes, pagaban entre $30.00 y $150.00 a cinco mujeres para que buscaran usuarios de Medicare y Medicaid y los enviaran a la clínica. Las acusadas de recibir pagos por reclutar usuarios son Amanda Ibarra, Martha Agüero, Concepción Gil, Nancy Foster y Azucena Pérez. Una vez que los pacientes eran atendidos por médicos, uno de ellos sin licencia para ejercer medicina, Gilberto Rodríguez Abreu, los enviaban a Test & Diagnostic Center, compañía de análisis en la misma dirección de la clínica en cuestión y a Multi-Specialistas Inc., grupo de especialistas localizados al lado. En los tres lugares se les hacía pruebas, reconocimientos o servicios innecesarios por los cuales se remitía una factura a Medicare o Medicaid. Además, se les enviaba a veces a Elmes Corp., que proporcionaba equipo médico a los pacientes. Además de Matutes y Lastres son acusados de participar en la confabulación Gladys Soberón y el médico Vicente Mompo. En toda la documentación apócrifa y los cobros se usaba la firma del médico con licencia, Vicente Mompo, aunque nunca hubiera examinado al paciente. Las fechas de las visitas y pruebas eran alteradas para esconder el fraude y el médico sin licencia, Rodríguez Abreu, inventaba información en los historiales de los pacientes para justificar las numerosas pruebas. La oficina del fiscal federal de Florida, Kendall Coffey, dijo que Matos Araluce encara hasta 820 años tras las rejas y 25 millones en multas mientras que Pérez Batista se enfrenta a 1,720 años de cárcel y 4.5 millones en multas...

La información de Horacio Ruiz Pavón incluyó en un párrafo que Matos Araluce y Pérez Batista habían utilizado a Publiart y Publimart para depositar fondos provenientes de actividades ilegales, *a sabiendas que provenían del narcotráfico*... Esta acusación que era totalmente ajena a los cargos hecho públicos por la fiscalía fue protestada por el comandante Huber Matos Benítez que demandó de Diario Las Américas, en su cargo de Secretario General de CID, una desmentida de la desinformación. Fue satisfecha su demanda cuando Ruiz Pavón reconoció públicamente *que su información había sido incorrecta, producto de un error lamentable en la redacción*. Matos Araluce fue declarado fugitivo al ser localizado en Costa Rica. La Oficina Federal de Investigaciones (FBI) inició los trámites ante el gobierno de aquel país para que fuera entregado a las autoridades de Estados Unidos pero el Ministro de Seguridad, Luis Fishman, declaró *que no se consignaría al fugitivo hasta tanto no se pida su extradición y el proceso se realice en los tribunales de justicia costarricenses porque no había motivos para deportarlo*. Cuando se iniciaron gestiones al efecto por Interpol éstas fueron desechadas porque el hábil estafador ostentaba la ciudadanía de Costa Rica desde hacía tiempo, virtud a su matrimonio con ciudadana de ese país cuyas leyes prohibían la deportación de un ciudadano acusado de cometer un delito no mortal en un país extranjero. Era una duplicación del caso del estafador Robert Vesco, asociado en negocios allí con un hijo del ex-presidente José Figueres[230] y ostentador de una conveniente ciudadanía matrimonial que lo hacía indeportable. La aflicción paternal del comandante Matos fue reverenciada por sus múltiples adversarios políticos pero el daño hecho a su organización resultó irreparable. Quedó él solo con Ángel de Fana hasta desintegrarse el CID.

El antes referido cisma de la Unidad Cubana salió a la luz pública los días 20 de marzo, 12 y 16 de abril en El Nuevo Herald y The Miami Herald por reportajes de Alfonso Chardy y Francisco García Azuero y en El Expreso de Miami por su editor-director, Ángel Maldonado, el día 15 de abril, meses de 1994, que conjuntamente relataban y documentaban lo que fue calificado de *sórdidas intrigas* por el *Autor* ya que eran semejantes a las de Cayo

---

[230] Ver Tomo III, págs. 93, 145, 253, 320, 393, 433, 535 y Tomo IV, págs. 45, 103, 244, 299, 358, 550, 596, 598.

Confites, Bahía de Cochinos, el JURE y el Plan Torriente[231]. El jaleo en Unidad Cubana comenzó con una trifulca entre Jorge Mas Canosa y el sobregirado Armando Pérez Roura cuando éste no permitió hablar en la tribuna de la Marcha al congresista demócrata Robert Torricelli, concitando la ira de Mas Canosa que ordenó levantar una tarima en la que por su cuenta discursearon él y Torricelli en otro sitio de la concentración. La Fundación se retiró de Unidad en diciembre de 1993 y seguidamente la Junta Patriótica exigió, por boca de su presidente, Roberto Rodríguez Aragón, que Unidad Cubana diera a conocer donde habían ido a parar los fondos recaudados por ésta en el tele-maratón celebrado y las contribuciones donadas por los exiliados. A partir de entonces se desató un frenesí de acusaciones y contra-acusaciones en la radio de Miami que motivó a los periódicos y sus reporteros a indagar el trasfondo del bochinche. Leamos pues:

El anuncio en el Washington Post, que costó la suma de $19,982.82 decía que Unidad se oponía al Tratado de Libre Comercio (TLC) cuando la Fundación lo apoyaba con todos los hierros. Durante una mini-marcha organizada por Pérez Roura y sus partidarios en favor de mantener el embargo, realizada en Washington, el 24 de febrero de 1994, la Fundación no prestó su cooperación alegando que no pertenecía a Unidad desde el anterior mes de diciembre. El día 8 de marzo se efectuó una repentina elección en el Consejo Directivo de Unidad en la que Modesto Castañer fue derrotado por Juan González, miembro de los Municipios de Cuba en el Exilio, organización afiliada a la Junta Patriótica que de hecho no pertenecía ya a Unidad. En tanto Diario Las Américas mantenía un discreto silencio acerca de los acontecimientos, sus rivales en la prensa destacaban las acusaciones de Juan Garau, Modesto Álvarez y Roberto Rodríguez Aragón de que Unidad Cubana se hizo para llevar la guerra a Cuba y no para vociferar sobre derechos humanos o marchar por la Calle Ocho y exigiendo que Unidad Cubana publicara como se habían gastado los fondos recolectados para la lucha armada. Entre los cargos imputados por Juan Garau se alega que Unidad Cubana había quedado bajo el mando total de *Seso Hueco* Pérez Roura indebidamente, que se había desembolsado dinero para construir una hipotética transmisora de radio en Costa Rica y que parte del dinero se había

---

[231] Ver Tomo III, págs. 58-62 y Tomo IV, págs. 300-41, 549-67.

utilizado falsamente en financiar inexistentes soldados y bases militares en terceros países.

Boquiabiertos quedaron los lectores de los mencionados tres periódicos al contemplar las copias fotostáticas de varios cheques girados por los ejecutivos de Unidad Cubana, señores Pedro B. Encinosa, Modesto Castañer, Óscar Santalla y Hernán Santiesteban contra el Republic National Bank of Miami, cuyos beneficiarios y las cantidades extraídas eran como sigue: Air Museum, tres cheques por $20,000.00, $20,000.00 y $35,000.00 cada uno; Margot Ulate Arias, un cheque por $25,000.00; Modesto Castañer, un cheque por $3,000.00 y otro por $8,640.00; Óscar Santalla, un cheque por $5,000 y otro por $1,000.00; Pedro B. Encinosa, un cheque por $5,000.00 y otro por $1,000.00; Miguel Álvarez, un cheque por $3,500.00 y Armando Pérez Roura, un cheque por $2,500.00 por un total general de $130,240.00 deducidos de la suma de $248,820.43, producto admitido de tele-maratones y dádivas. Los sagaces reporteros localizaron el destino de gastos efectuados por Unidad Cubana a cuenta de esos cheques que fueron para una estación de radio de onda corta en Costa Rica, $25,000.00 y $6,998.00 y $2,337.68, respectivamente, para Advance Marine Supply Inc., y Manolo Marine Service Corp., para la compra de motores marinos fuera de borda. Castañer declaró que los cheques girados a su orden y a los otros directivos de Unidad Cubana fueron utilizados en gastos relacionados a actividades de la organización y no ofreció su detalle. Pérez Roura alegó que el dinero que recibió lo había empleado en publicar propaganda anticastrista en Colombia.

Triunfantes, Juan Garau, Modesto Álvarez y Roberto Rodríguez Aragón cantaron victoria pues nunca existió la radio de onda corta, ni los motores marinos se instalaron en lanchas corsarias de clase alguna. El flamante nuevo presidente de Unidad Cubana, Juan González, se desvaneció en la nada y su puesto ocupado por Andrés Vargas Gómez. Las autoridades estadounidenses expresaron que como no se habían violado las leyes de neutralidad mediante expediciones o compras, almacenamiento y uso de armas prohibidas, no tenían por que intervenir y que no era válido el reclamo de los acusadores de que lo hicieran por desfalco o malversación puesto que eso correspondía hacerlo por denuncia y cargos ante la policía local y los tribunales de justicia. Y por aquello de que la historia se repite, así como los arquitectos de Cayo Confites, Bahía de Cochinos, el JURE y el Plan Torriente no dieron cuenta de los dispendios a sus contribuyentes, los constructores de Unidad Cubana exhibieron un silencio sepulcral ante la exigencia de los suyos de que contabilizaran la inversión para la guerra que no emprendieron en forma física pero si tribunicia y microfonera. A su vez, ninguno de los impugnadores de Unidad Cubana se atrevió a formarle un pleito legal a los firmantes y/o cobradores de los cheques subrepticios. Todo quedó en familia. Entre cubanos de vice-versa. Alfa 66 se separó de la Junta Patriótica y anunciando su permanencia en Unidad Cubana. Roberto Rodríguez Aragón le deseó buen viaje y criticó severamente a la Brigada 2506 y a los Municipios de Cuba en el Exilio que decidieron pertenecer a aquellas dos, calificando eso de *bigamia partidista*. Un término gramatical novísimo, merecedor de haber sido incluido por el ilustre folklorista, Dr. José Sánchez Boudy, en su sin igual *Diccionario Mayor de Cubanismos* (Ediciones Universal, Miami, 1999.)

A pesar de la estricta censura sobre la prensa extranjera que imponía el régimen comunista cubano, fue sabido que en el poblado pesquero de Cojímar, cercano a La Habana, los guardafronteras habían atacado a tiros a un grupo de personas que intentaban fugarse hacia Miami en una lancha allí llevada por un americano contrabandista llamado Ricky Hoddinott que resultó herido y muertos tres cubanos no identificados. Un hecho similar ocurrió en la zona playera Celimar, también próxima a La Habana, cuando Luis Quevedo Reboredo, su tío y cuatro amigos fueron sorprendidos por los guardafronteras cuando transportaban una balsa de fabricación casera que pensaban utilizar para huir de la isla resultando muerto el joven Quevedo a balazos. Su sepelio tuvo lugar en el pueblo de Regla, situado en la bahía de La Habana, muy concurrido porque el occiso gozaba de grandes simpatías, en una procesión de tres cuadras que al pasar frente a la estación de policía gritaron consignas anticastristas sin ser detenidos los manifestantes. Los trágicos incidentes concitaron protestas internacionales de notables proporciones por causa de la forma inhumana de proceder contra infelices cuyo único delito era su deseo de huir del comunismo ya que los ataques de los guardafronteras ocasionaban innecesarias muertes de hombres, mujeres y niños. De manera sospechosa aumentó en el mes de abril de 1994 el número de balseros que sin interferencia naval cubana llegaban a las costas de Florida. Luis García, alto oficial del Servicio de Guardacostas informó que hasta ese momento habían llegado 1,830 refugiados en botes y balsas.

Sincronizadamente con el aflojamiento de la represión contra la escapatoria de descontentos, la tiranía comunista patrocinó la celebración en La Habana de una conferencia intitulada *La Nación y la Emigración* que supuestamente trataría de un proyecto para armonizar las relaciones y los intereses similares de las llamadas comunidades cubanas del exilio y de intramuros mediante la divulgación mutua de la cultura y la economía, alejadas ambas de divisionismo, rencores y ansias de venganzas que, según la propaganda castrista dentro y fuera de Cuba, era el caldo vitamínico que alimentaba a la contra-revolución imperialista yanqui. La verdad monda y lironda era que todo ese nuevo aguaje era una acción diversionaria destinada a disminuir la importancia que tenían los muchos desórdenes públicos que motivaba la perennidad del agostador Periodo Especial en Tiempo de Paz y su depauperante Plan Alimentario. Además de las masacres de Cojímar y Regla, se produjeron invasiones en distintas embajadas radicadas en La Habana como fueron en las de Bélgica, Alemania, Méjico y Chile así como intentos de hacerlo en las de Argentina, Canadá, Hungría, Panamá y Colombia hechos que fueron confirmados en la prensa de esos países, aunque sin detallar el destino de los invasores. La conferencia a llevarse a cabo en La Habana contaba como invitados a simpatizantes castristas disfrazados de exiliados, cuyo cardinal propósito era bregar por el diálogo y la abolición del embargo pero nada de platicar sobre elecciones libres, respeto a los derechos humanos, cierre de las prisiones políticas, etc., y, sobre todo, el debate franco sobre el tema de la emigración-inmigración como se había llevado a efecto en Miami tal como leímos en el anterior Capitulo XIX.

La lista de los concurrentes a La Habana contenía 196 nombres entre los que se destacaban viejos conocidos cambiacasacas, tapaditos y pacifistas inveterados: Xiomara Almaguer Levy, Max Azicri, Roberto Carballo, Max Castro, Jorge Domínguez, Lázaro Fariñas, Francisco González Aruca, Patricia Gutiérrez Menoyo, Rafael Huguet, Orlando Lastres Salgueiro, Max Lesnick, Eddie Levy, Regino Llagostera, Jorge Llerena, Magda Montiel Davis, Luis Ortega Sierra, Dunney Pérez Alamo, Alejandro Portes, Vladimir Ramírez, Nicolás Ríos, Luis Tornés, Nelson Valdés, Mari Teri Vichot y Raúl Barandela. La noticia rimbombante de la asimétrica conferencia la produjo Magda Montiel Davis cuando frente a las cámaras de televisión mundiales embelesadamente besó a Fidel Castro y le dijo: *Fidel yo quiero decirte una cosa. Gracias por todo lo que has hecho por mi gente. Has sido un gran maestro para mi...* A su regreso a Miami enfrentó en el mismo aeropuerto un airado grupo de ex-presas políticas cubanas que le echaron en cara su abyecto servilismo y al retornar a su oficina de abogada seis de sus siete empleados y su socia legal le presentaron sus renuncias y miles de personas, vestidas de negro, en recordación de todos los que habían muerto fusilados, en las cárceles o en el mar intentando salir de Cuba, marcharon por Key Biscayne, el costoso vecindario donde residía. Tan merecidamente fue su repudio que hasta el dialoguero y colaboracionista Comité Cubano por la Democracia (CCD), del cual era su tesorera, le pidió su dimisión y la Liga Demócrata del Condado Miami-Dade emitió un comunicado, firmado por su presidente, Eladio J. Armesto, en que la reprobaba *porque le cantó loas al tirano Castro y realizó la mas bochornosa y servil adulación a uno de los peores tiranos en la historia de la humanidad...* Contrariamente a esta explosión de cólera anticomunista-dialoguera, el plataformero Carlos Alberto Montaner se apareció con un artículo en El Nuevo Herald tirándole la tohalla a la canallesca comparsa de reciclados, que calificaba de *inteligencia cubana*, Roberto Luque Escalona, Heberto Padilla, Reinaldo Arenas, Manuel Moreno Fraginals, Norberto Fuentes, María Elena Cruz Varela, Lisandro Otero, Fernando Velázquez, Víctor Serpa y Orlando Jiménez Leal mezclándolos en un brebaje literario con los disidentes Gustavo Arcos, Oswaldo Payá, Elizardo Sánchez y Félix Bonne y los alabarderos castro-comunistas de la UNEAC Roberto Fernández Retamar, Tomás Gutiérrez Alea, Miguel Barnet, Abel Prieto, Alfredo Guevara, José Lezama Lima, Eliseo Diego y Virgilio Piñera. Su propósito, sagaz y desinformante, quedaba descubierto en el siguiente final párrafo de su galimatías neo-autonomista[232], revivida en su Unión Liberal Cubana:

«A fuerza de sufrir, los cubanos han aprendido que la convivencia civilizada y el logro de una razonable felicidad dependen de la tolerancia, de la aceptación humilde de lo que es distinto, del respeto al que nos adversa dentro de las reglas del juego. Los cubanos han descubierto que la libertad individual no es un lujo del capitalismo sino una necesidad básica e irrenunciable de la vida. Ha costado mucho, es cierto, pero ya está al alcance de la vista. La hora de la reconciliación

---

[232] Ver Tomo I, págs. 183-89.

y de la realidad plural y múltiple se acerca. Los cubanos, frente al poder y pese al poder, todavía en una ilusionada penumbra, se buscan a tientas para darse la mano. Se abre paso la variedad enriquecedora. El culto por la unanimidad ha muerto. Costó demasiada sangre inútil e inocente..»

Añadiéndose al círculo vicioso económico descrito fue la clase de especuladores y bolsanegristas bautizados con el cubanismo de *bisneros*, una derivación del vocablo inglés *business*. Los *bisneros*, por ejemplo, iban de compras al campesinado llevándole productos adquiridos de poblanos mediante la libreta de racionamiento o en la bolsa negra y los negociaban por frutos menores, viandas, pollos, conejos, puercos, etc., que después vendían a los operadores de *paladares* en dólares que estos recibían de sus comensales quienes los habían adquirido por remesas hechas de sus familiares en el extranjero. Marginalmente los *bisneros* traficaban secretamente con ropa y equipos electrónicos obtenidos de turistas sexuales a quienes suministraban jóvenes putas conocidas como *jineteras* cuyo precio era pagado en dólares, en invitaciones a cenas y cabarets, en artículos de lujo y joyas y a veces hasta con matrimonios de conveniencia que posibilitaban la salida legal de Cuba. Los *bisneros* que mas dinero ganaban en sus turbios negocios tenían conexiones protectoras con una mafia gubernamental que compartía sus ganancias y lavaba el caudal contrabandeado. A esta canalla comunista se les conocía como *macetas*, nombrete de ignota procedencia, y contra un número de ellos se desató una persecución que, según Granma, llevó a la cárcel a un centenar de ellos, que no identificó, gerentes y administradores de fábricas, talleres, comercios y unidades gastronómicas gubernamentales. En abril de 1994 el gobierno llevó a efecto una represión denominada *Operación Girón 94* que cerró multitud de casas particulares convertidas en posadas, residencias que albergaban burdeles rotulados como clínicas de masajes y supuestos estudios de artes plásticas que ocultaban antros de pornografía, lugares todos al servicio turístico. El léxico populachero fue añadido con el vocablo *merolicos*, aplicado a quienes vendían en las calles productos artesanales rudimentarios tales como escobillones, chancletas y sombreros de yarey, repuestos para bicicletas, velas de sebo, tornillos y tuercas y hasta periódicos para ser muy utilizados en lugar del carente papel sanitario. Desde que entró en vigor el Decreto-Ley 149, en mayo de 1994, el funcionario de la Fiscalía General de la República, Jesús García, informó que se habían radicado 432 casos de confiscaciones contra los *macetas* a quienes seles habían ocupado 363 autos, 182 motocicletas, 98 camiones, 80 tractores, 316 viviendas y mas de 7 millones de pesos. Como ni el diario Granma ni el semanario Tribuna de La Habana publicaron los nombres de los *macetas* en cuestión era deducible que pertenecían a la nomenclatura porque nadie mas en Cuba tenía acceso a todo ese material que, por fuerza, procedía de los almacenes del régimen o de un trasiego ilegal de bienes muebles e inmuebles catalogados en inventarios de las Reformas Urbana y Agraria y el Ministerio de Transporte. Un *bisneo por la libre* similar al del narcotráfico que llevase al paredón a los altos oficiales de las fuerzas armadas Arnaldo Ochoa, el jimagua Tony de la Guardia, Jorge Martínez Valdés y Amado Padrón Trujillo. Alguaciles alguacilados aquellos y éstos. Purgados antes de que tuvieran oportunidad de reciclarse en Miami. Como lograron hacerlo los traidores dobles de la Seguridad del Estado y de Criterio Alternativo ya sobradamente conocidos nuestros, a la paga de El Nuevo Herald y Radio Martí, amparados por Washington y favoritos entrevistados radiofónicos de Agustín *Cachimba* Tamargo y Armando *Seso Hueco* Pérez Roura, reputados como orientadores predilectos del exilio.

XXXIX

La nauseabunda Declaración de Estocolmo. Nueva oleada escapatoria. La barbarie del remolcador 13 de Marzo. Los secuestros del salinero y las barcas Baraguá y La Coubre. El maleconazo. Mojiganga chantagista de Fidel Castro. Los abordajes del Ferrocemento y el Jussara en Mariel. Los Hermanos al Rescate. La incontenible invasión de balseros. Medidas de emergencia en Florida. Represalias de Clinton. Leguleyismo torcido de picapleitos miamenses. Opinión profesional del Dr. Enrique Llaca sobre el fallo de la Corte Suprema. Miscelánea pre-pactista. Gazmoñada de Monseñor Agustín Román.

El día 27 de mayo de 1994 tuvo lugar en Suecia un proclamado *Encuentro de Escritores Cubanos*, patrocinado por el Centro Internacional Olof

Palme, que una vez mas demostró el cínico oportunismo y la carencia de moral por parte de sectores de las llamadas clases intelectuales de Cuba y el exilio que allí firmaron la siguiente nauseabunda *Declaración de Estocolmo*, contentiva de los siguientes acuerdos: 1) *La cultura cubana, tanto la que se produce en Cuba como en el exterior es una, y pertenece a la herencia de nuestra nación;* 2) *El embargo económico y financiero de los Estados Unidos de América contra la República de Cuba debe ser levantado urgentemente y sin condiciones, como factor indispensable que contribuya a restablecer el equilibrio de la Nación.* Firman: Antón Arrufat, Miguel Barnet, Jesús Díaz, Manuel Díaz Martínez, Pablo Armando Fernández, Lourdes Gil, Heberto Padilla, Senel Paz, Reina María Rodríguez, José Triana y René Vázquez Díaz. Según se informó en El Nuevo Herald, por Armando Correa, vivían en Cuba el dramaturgo Antón Arrufat, el narrador Miguel Barnet y el poeta y novelista Pablo Armando Fernández y residiendo fuera de la Isla, dándoselas de exiliados, los escritores Heberto Padilla y René Vázquez Díaz, el narrador Jesús Díaz, el dramaturgo José Triana y los poetas Lourdes Gil y Manuel Díaz Martínez. No se dio a conocer donde habitaban Reina María Rodríguez y Senel Paz. El tal *Encuentro* fue censurado por Leví Marrero, Carlos Franqui, Belkis Cuza Male, María Elena Cruz Varela y Guillermo Cabrera Infante. Con su habitual desfachatez Heberto Padilla afirmó *que ellos, como él y otros exiliados, fueron cómplices de la revolución hasta el día en que se largaron y reclamar inocencia es difícil. De lo que si podemos hablar es de «la complicidad superada..»* No lo contradijeron los censurables censores. Antaño en Lunes de Revolución, El Mundo y la OEA[233], la UNEAC y Criterio Alternativo. No quedándose atrás en el despliegue de desfachatez, los infames reciclados de la Microfacción y FRUTICUBA, Edmigio López Castillo y Ricardo Bofill Pagés, requirieron que el presidente Clinton asignara $500,000.00 en ayuda federal al espurio Comité de Derechos Humanos que dirigían para enviarlos al movimiento interno de disidentes porque, según alegaron, *un disidente hambriento no puede durar en la batalla y si los disidentes internos se fuesen de la isla, el movimiento de oposición desaparecería...* Bofill se identificó, ante el reportero Alfonso Chardy, como el representante en Miami

---

[233] Ver Tomo III, págs. 158, 333 y Tomo IV, págs. 103, 148, 198, 207, 216, 296, 597.

de Gustavo Arcos, uno de los mas prominentes líderes de la disidencia interna...

Las invasiones de las embajadas extranjeras no tuvieron el éxito migratorio que alcanzó la del Perú pues los refugiados en aquellas las abandonaron cuando el gobierno afirmó que no autorizaría la salida del país a quienes hubieran penetrado forzadamente en ellas, aunque después las evacuaran, y se comprometía a no procesarlos siempre y cuando no hubieran cometido un delito criminal con anterioridad o al penetrarlas. Ante esa realidad palpable los decididos a emigrar tomaron la decisión de escaparse, desafiando la fuerza armada de guardafronteras y las navales de las torpederas Griffin. El día 4 de junio de 1994 un barco salinero del Mariel fue secuestrado por 64 personas que amarraron a tres tripulantes que dormían y salieron del puerto con las luces apagadas. Media hora después tres cañoneras y un guardacostas los interceptaron conminándolos a regresar y al ser desobedecidos abrieron fuego hiriendo a cuatro de los viajeros. Dos radioaficionados que huían en el carguero, que seguía su rumbo sin detenerse, lograron comunicarse con el Servicio de Guardacostas que despachó helicópteros armados a las aguas internacionales en que ya se hallaba el salinero y su presencia atemorizó a los perseguidores que desistieron en su empeño. Los refugiados heridos fueron hospitalizados en Key West y los ilesos trasladados a Miami y entregados a sus familiares. Dos tripulantes secuestrados llevaron el barco de regreso a Cuba. Un tercero, que no estaba en la jugada, decidió quedarse en *la Yuma*.

Sospechosamente, el tráfico clandestino de balseros aumentó durante el mes de junio en que fueron rescatados del mar, o arribaron a la Florida, aproximadamente 400 personas. El Cuerpo de Guardacostas no daba abasto a los necesarios rescates y eran muchas las vidas que se perdían en el mar, a juzgar por los derelictos hallados de rudimentarias embarcaciones naufragadas. Un intento de echarse al mar por ciudadanos privados inspirados en salvar vidas, fue vetado por Washington por temor a que derivara en proyectos filibusteros anticastristas. Las advertencias de los exiliados de que ese movimiento migratorio se asemejaba mucho a los que precedieron a Camarioca y Mariel, fraguados diabólicamente por Fidel Castro, como leímos, cayó en oídos sordos de la Administración Clinton. El día 13 de julio de 1944 el remolcador *13 de Marzo* fue sustraído, en horas de la madrugada, de uno de los muelles del puerto de La Habana por un grupo de 72 personas compuesto por hombres, mujeres y niños en complicidad con el capitán que lo mandaba. Navegando por dentro de la bahía fueron detectados y perseguidos por los remolcadores Polargos 2, 3 y 5 que se esforzaron por detenerlo chocándolo y empujándolo hacia los arrecifes. Hábilmente el capitán del *13 de Marzo* maniobró evasivamente pero a las siete millas de distancia del puerto el viejo remolcador de maderas fue embestido brutalmente por los Polargos, desarbolándolo y echándolo a pique mediante el uso de potentes chorros de agua, a tremenda presión, producidos por potentísimas bombas destinadas a apagar incendios. Los infelices emigrantes, mujeres y hombres, iluminados por los reflectores de los Polargos, angustiosamente mostraban a los niños, varios de ellos entre los 2 y 10 años, implorando inútilmente compasión de aquellos bárbaros que los enviaban a una horrible muerte por ahogamiento. El saldo terrible fue de 42 asesinados de los cuales veinte fueron niños. Advertidos de lo que ocurría y temerosos del escándalo mundial que motivaría la salvajada cometida, la Marina de Guerra envió lanchas Griffin y una patana a rescatar los sobrevivientes que sumaron la cifra de 30. No fue hasta diez días pasados del trágico hundimiento y como consecuencia de las quejas de los gobiernos de los Estados Unidos y España y del Vaticano que Raúl Castro declaró *que todo no había sido mas que un choque marítimo accidental, que el responsable era Washington por su política migratoria que negaba visas y recibía como héroes a los ilegales balseros y piratas de embarcaciones y que si existieron sobrevivientes fue gracias a la oportuna y valiente humanitaria intervención de los guardafronteras y los tripulantes de los Polargos.* Los detalles de la odisea sufrida por los viajeros del *13 de Marzo*, demasiado extensos para estas sucintas páginas, así como la ordalia funesta del éxodo de Guantánamo y Panamá se encuentran, como lectura pormenorizada complementaria recomendada, en las obras al efecto, indicadas al pie de esta página[234].

El día 26 de julio, aniversario 41 del asalto al Cuartel Moncada, nueve jóvenes tomaron por asalto la lancha *Baraguá*, transportadora de pasajeros entre La Habana y Regla, dentro de la bahía, y obligaron al timonel llevarlos a Miami. Una lancha Griffin se les acercó mar adentro sin interceptarla. A

---

[234] Alberto Fibla, *Barbarie*, Rodes Printing, Miami 1996 y Felicia Guerra-Tamara Álvarez, *Balseros*, Ediciones Universal, Miami 1997.

la deriva sin combustible los encontró un guardacostas americano que tomó a bordo a los nueve asaltantes y seis pasajeros y ademas surtió de petróleo a la *Baraguá* que regresó a La Habana con el timonel y 15 pasajeros. En agosto 3 la lancha *La Coubre*, transbordadora Habana-Casablanca, también dentro de la bahía, abarrotada con 120 pasajeros y tripulantes, fue ocupada por 15 viajeros armados que siguieron la ruta de la *Baraguá* y del hundido *13 de Marzo*. Asombrosamente, dos remolcadores la escoltaron hasta una distancia de tres millas y una lancha guardafronteras la acompañó desde allí hasta el límite del mar territorial cubano sin nadie impedir el secuestro. Un guardacostas americano la encontró al pairo, la abordó y ofreció llevar a Key West a los que quisieran ir. Solamente 72 desearon volver a Cuba. El asombro se multiplicó dentro y fuera de Cuba al verse como impunemente salían de la Isla, fuesen ya fugados o idos a buscar, cientos de emigrantes, políticos y/o económicos. Durante los meses de junio y julio arribaron a las costas de la Florida 4,731 cubanos según dijo el Departamento de Inmigración. No solamente secuestradores de embarcaciones y balseros sino un gran número de beneficiados por el creciente negocio del contrabando humano que usaba los mismos métodos de los contrabandistas de bebidas alcohólicas en tiempos de la Ley Seca. El día 4 de agosto nuevamente la *Baraguá* fue secuestrada por once hombres que imitaron el recorrido de las anteriores pero con muy poco combustible que al agotarse la detuvo a siete millas de la costa cubana y como allí no podían penetrar los guardacostas americanos, quedó flotando durante dos días al cabo de los cuales, sin alimentos ni agua, sus pasajeros todos se rindieron a las autoridades navales del régimen comunista que los retornó a sus hogares en lugar de, como antes, meterlos en la cárcel.

El día 5 siguiente corrió la voz de que venía de Miami una flotilla de naves a recoger a todo el que quisiera irse. El embullo fue colosal y congregó a cerca de 20,000 personas en una zona de diez cuadras a lo largo del Paseo del Malecón que bordea la costa norte de la ciudad de La Habana. Durante la mañana y a prima tarde la policía trató de dispersarlas sin lograr hacerlo. Ante la arremetida de la fuerza pública y molestos sobremanera por el engaño sufrido, los manifestantes paralizaron el tránsito, apedrearon las vidrieras de hoteles y tiendas que saquearon, se fajaron a palos, pedradas y botellazos y gritaron contra el gobierno y el *Máximo Líder* en un total desenfreno beligerante pero carente de sentimiento de rebeldía patriótica libertadora como fueron las algarabías estudiantiles y juveniles contra la dictadura de Batista, o los alzamientos armados anticomunistas del Escambray. Cuando la esbirrada del MININT y la SDE se dieron cuenta de lo que ocurría no tenía un trasfondo revolucionario lo calificaron de *motín callejero de la escoria* y movilizaron contra ellos y ellas sus represivas *Brigadas de Respuesta Rápida* y sus destacamentos paramilitares de los *Contingentes de la Construcción Blas Roca* que estratégicamente dividieron a la multitud enardecida en pequeños grupos que inmisericordemente golpearon con toletes, bates, cabillas, cadenas y culatazos lesionándolos y arrestándolos por docenas. Al atardecer, cuando todavía no existía una completa calma, apareció Fidel en un jeep acompañado de Carlos Lage, Felipe Pérez Roque, José M. *Chomy* Miyar y varios guardaespaldas. Su presencia suscitó un vice-versa emocional, característico del populacho cubano que llamó la atención de los extranjeros presentes: los gritos en su contra cambiaron a un vocerío de vivas a su persona y a la revolución no solamente por parte de sus partidarios sino por gran número de los revoltosos. Por la noche abundaron manifestaciones de apoyo al régimen organizadas por la Unión de Jóvenes Comunistas (UJC), la Federación de Estudiantes Universitarios (FEU), la Federación de Estudiantes de la Educación Media (FEEM), la Federación de Mujeres Cubanas (FMC), los Comités de Defensa de la Revolución (CDR), etc., que por docenas de miles desfilaron a lo largo del Malecón, el Paseo del Prado y los alrededores de la bahía y el puerto. Tarde en la noche compareció Fidel en la televisión estatal y en su discurso descubrió la realidad del secreto que había detrás de la mojiganga que se conoció como *el maleconazo* y *el habanazo*. Leamos pues una selección de los principales pasajes:

«Todo ha sido un plan de los Estados Unidos. Es un plan integral en todos los terrenos. Ellos quieren hacer fracasar a toda costa el esfuerzo económico del país como parte de su plan integral para destruir la Revolución. Es a partir del accidente del remolcador 13 de Marzo que la conducta mas infame del gobierno de los Estados Unidos se manifestó a raíz de ese accidente. Ellos promueven y estimulan la emigración ilegal, la deserción y el descontento. No tenemos necesidad de impedir que un barco se vaya. No tenemos necesidad de impedir que un barco venga a llevarse a alguien. Ese es un problema de los Estados Unidos y no nuestro. El Ministerio del Interior ha ordenado a sus patrullas guardafronteras no impedir la salida de un barco ni a interceptarlo para evitar accidentes. Pero si seguirlo por si se hunde resca-

tar a quienes van en la embarcación, tanto a los secuestradores como a los rehenes. Si Estados Unidos no toma medidas para que cese el estímulo a las salidas ilegales del país, entonces nos sentiremos en el deber de dar instrucciones a los guardafronteras de no obstaculizar la salida de embarcaciones que quieran viajar a Estados Unidos y de no obstaculizar la entrada y salida de embarcaciones que vengan de allá a recoger aquí a familiares o a ciudadanos cubanos...»

Ante la implícita amenaza del sátrapa soviético de desatar otra oleada de emigrantes ilegales similar a las anteriores de Camarioca y Mariel, el State Department, por boca de David Johnson, declaró *que su gobierno no permitiría a Fidel Castro dictar la política migratoria americana o crear otra salida masiva como la de Mariel èn 1980.* Los cubanos tomaron el toro por los cuernos y al día siguiente emprendieron viaje en embarcaciones y balsas hacia Florida, sin problemas con los guardafronteras y despreocupados de lo asegurado por David Johnson. Los casos mas destacados de desafíos migratorios a lo dicho por David Johnson, efectuados con el consentimiento encubierto de la tiranía, ocurrieron los días 8 y 14 de agosto. En la primera de esas fechas, el soldado Leonel Macías, mató a balazos al teniente Roberto Aguilar, lo tiró al agua y obligó a tres tripulantes a llevar la nave *Ferrocemento* en que viajaban a un muelle del puerto de Mariel donde tomó a bordo a 16 hombres, 8 mujeres y 2 niños. Echaron por la borda a los tres tripulantes y navegaron rumbo al norte sin ser perseguidos a pesar de que unos espectadores, era por la tarde, avisaron al puesto naval lo ocurrido. Significativamente, el régimen denunció a Washington el hecho y se sentó a esperar lo que haría éste que fue interceptar la nave secuestrada y retener al soldado Leonel Macías a resultas de lo dispusiese Washington. En la segunda fecha, al terminar el acto fúnebre del teniente Aguilar, súbitamente un gentío de 729 supuestos dolientes abordaron el buque petrolero de bandera maltesa *Jussara* que fue retenido por un destacamento de guardafronteras. Durante las 26 horas siguientes Fidel visitó dos veces el buque, ordenó dar alimentación y atención médica a los ocupantes y emitió un comunicado *en que culpaba a la desinformación del enemigo yanqui el abordaje que tenía la misma raíz provocadora del maleconazo.* Todos los entrevistados seudopiratas clamaron haber sido víctimas de un engaño que les hizo creer el rumor que el buque iba a sacar a todo el que quisiera. Entre una cosa y la otra, una avioneta de fumigación aterrizó en Cayo Maratón con 14 refugiados y una lancha rápida recogió en la desembocadura del río Almendares, al oeste de La Habana, a 15 personas. Sin interrupción gubernamental salían cientos de embarcaciones y balsas cargadas de miles de emigrantes, junto con barcos de todo tipo que acudían ilegalmente de Miami y Key West a recoger pasajeros. Por un alto precio o gratuitamente. Entre los días 20 y 21 de agosto el Servicio de Guardacostas recogió la suma de 2,401 balseros con la valiosa ayuda de un grupo de aviadores caritativos que liderados por José Basulto tomaron el nombre de *Hermanos al Rescate* que en sus avionetas localizaban a los náufragos y describían su posición marítima a los guardacostas para que los rescataran. El trágico cálculo que se hizo arrojó que de cada tres personas que escapaban en balsas fabricadas con neumáticos y frágiles maderas una de ellas perecía ahogada o aniquilada por el hambre, la sed, el calor del sol y el frío nocturno.

Escarmentados por la amarga experiencia de la invasión de marielitos en 1980, las autoridades del Condado Miami-Dade, del Estado de Florida y del Gobierno Federal se pusieron de acuerdo para curarse en salud del mal epidémico de inmigrantes ilegales que les venía encima. Los recursos para atender a los miles de *balseros*, nombre que generalizó a quienes llegaban, asoló el tesoro del Hogar de Tránsito en Key West y vació sus reservas de artículos de alimentación y vestimenta; los Hermanos al Rescate en extremo fatigados por la agotación producida por sus extenuantes vuelos clamaban por una ayuda económica imprescindible; el campamento de recepción y procesamiento de Krome estaba atestado al máximo de internados; los Gobernadores de los Estados de Arkansas, Pennsylvania y Wisconsin rehusaron cooperar nuevamente al albergue de refugiados y el de Florida, Lawton Chiles, declaró un estado de emergencia migratoria. Atendiendo la situación, que se agravaba por momentos, el Administrador de la Ciudad de Miami, César Odio; el Jefe de Policía, Donald Warshaw, y el Jefe de Bomberos, Carlos Jiménez, diseñaron un plan de emergencia; la congresista Ileana Ros-Lehtinen, el alcalde Arthur Teele, los líderes demócratas Luis Lauredo y María Elena Toraño se sumaron a una comitiva a Washington, presidida por Jorge Mas Canosa, para reunirse con Michael Skhol, Subsecretario de Estado para Asuntos Interamericanos, preocupadísimos por el anuncio de la Fiscal General, Janet Reno, de *que toda embarcación con bandera americana que intente dirigirse a Cuba va a ser detenida por la Guardia Costera y si se determina que van a recoger cubanos, la nave será confiscada y abordada. Los cubanos que usen la violencia al secuestrar barcos o aviones para huir a los Estados Unidos serán procesados de acuerdo con la ley...* Remachando lo dicho por Reno, el Presidente, Bill Clinton, anunció *que había dispuesto un cerco naval de 30 buques de guerra para impedir que los inmigrantes ilegales arribaran a la costa americana y recogerlos y transportarlos a la base naval de Guantánamo que sustituiría a Krome a su debido tiempo*. La astucia felina del desgobernante comunista otra vez entraba en cancha: colocaba al exilio, que se oponía a un nuevo Mariel, en el terrible dilema de negarse a respaldar la válvula de escape que ofrecía a la disidencia y embrollaba a Washington invirtiendo los papeles porque ahora Cuba comunista concedía la libertad de huir y los Estados Unidos reprimía a quienes antes recibía como héroes.

Decidido a no tolerar la truculencia marielista que le costase la gobernación del Estado de Arkansas, ni las presiones políticas y clericales procedentes del exilio miamense generadas por la regulada deportación de antisociales que ocasionaran los motines en las prisiones de Atlanta y Oakdale, como leímos en anteriores Capítulos, Clinton, además de ratificar la orden de enviar los balseros a Guantánamo, anunció las siguientes cuatro medidas contra el régimen comunista cubano: *1) Reducir a la mitad la cantidad de dinero en efectivo que se permite enviar trimestralmente a cubanos en la Isla, o séase de $300.00 a $150.00; 2) Reducir el número de vuelos fletados a visitantes, familiares, periodistas y académicos; 3) Insistir en la condenación de Cuba en las Naciones Unidas por su violación de los derechos humanos; 4) Intensificar las transmisiones radiofónicas que incitasen a no correr los mortales riesgos envueltos en la navegación balsera*. Nadie puso atención a las disposiciones de Clinton y los viajes continuaron incesantemente, sin que lo impidieran los guardafronteras cubanos. El presidente americano resubió su parada amenazante con el anuncio de que como la base naval se encontraba atiborrada con 17,000 haitianos ilegales los balseros serían enviados a Panamá, Cayman Islands y Caicos. El problema tomó un rumbo legalista impulsado por abogados del exilio que impugnaron la decisión de Clinton alegando que los balseros se encontraban amparados por la Ley de Ajuste Cubano de 1990 que disponía que los cubanos que llegasen a tierra americana serían aceptados automáticamente como exiliados y que un año y un día después debían recibir la residencia permanente, candidato a la ciudadanía, en lugar de los antiguos cinco años requeridos. Y se añadía que ese acuerdo se mantenía vigente porque en la práctica si inmigrantes ilegales eran interceptados en el mar serían devueltos a Cuba pero si lograban desembarcar tendrían derecho a una vista oficial que determinara su legal permanencia como refugiados políticos y no económicos. Este procedimiento se conocía popularmente como *de pies secos y pies mojados*. El mencionado rumbo legalista era uno torcido pues los picapleitos intencionadamente olvidaban que existía un fallo de la Corte Suprema que autorizaba al Presidente de los Estados Unidos a repatriar a inmigrantes ilegales. Consultado al efecto por el Autor, el Dr. Enrique Llaca amablemente le respondió lo siguiente, que el día 23 de septiembre de 1994 reprodujo en Diario Las Américas, como sigue:

«Cuando se produjo el éxodo de balseros haitianos después de la destitución del presidente Jean Bertrand Aristide, el presidente George Bush ordenó la detención de los balseros haitianos y sin mas requisito dispuso fuesen repatriados a Haití. Ante esta situación el Haitian Center Council interpuso una reclamación ante la Corte Suprema para que suspendiera la decisión de Mr. Bush; pero la Corte, en junio de 1993, en votación de 8 por 1, bajo la ponencia del magistrado John Paul Stevens, declaró que «es una prerrogativa indiscutible del Presidente de la República detener a los balseros en el mar y repatriarlos a su país de origen, sin importar que el régimen imperante en el país fuese represivo, por lo tanto dichos balseros no tienen derecho a recibir una audiencia para ver si pueden tener derecho al asilo político». El voto disidente fue emitido por el magistrado Harry A. Blackmun ya retirado. El Concejo Haitiano argumentó que la orden del presidente Bush primero, mas tarde reiterada por el presidente Clinton, violaba la Ley de 1952 de Inmigración y Naturalización que dispone que «un extranjero no debe ser retornado a su país de origen si su libertad o su vida pueden estar en peligro». Pero si bien esto es así, la sentencia de la Corte Suprema con el voto favorable de ocho magistrados opinó lo contrario y es de obligatorio cumplimiento. En su sentencia la Corte declaró que «el servicio de Inmigración y Naturalización no puede prohibir al gobierno repatriar a los extranjeros interceptados en alta mar. Las acciones fuera del territorio de los Estados Unidos, incluyendo acciones militares, son decisiones exclusivas del Presidente».

Para resolver, a mutua conveniencia, el problema migratorio se reunieron durante varios días Ricardo Alarcón, por la parte cubana, y Michael Skhol, por la parte americana. Entretanto, continuó imparable, a pesar de los esfuerzos de los guardafronteras de ambos países, el éxodo balseril. No solamente por mar hacia la Florida sino directamente a Guantánamo atravesando los campos de minas y las alambradas de púas en tierra de nadie que produjeron un número considerable de víctimas. Hasta el día 5 de septiembre de 1994, según informe del Departamento de Inmigración en Miami, habían sido rescatados y llevados a la Base Naval la suma de 27,196 balseros de los cuales 10,000 se comenzó a trasladarlos a la Zona del Canal de Panamá y de ellos la primera remesa armó allí una violenta protesta que fue dominada prontamente. Volviendo a los andares de los campamentos y las prisiones de los marielitos, relatados en los anteriores Capítulos II, XII y XIII, los mismos buscapleitos desagradecidos intentaron crear disturbios frente a la Base Naval de Guantánamo en demanda de la libertad sin condiciones de los allí recluidos pero al encontrarse con la dura realidad de que aquello era un lugar fuera de límites civiles, bajo la custodia de la rigurosa Infantería de Marina y su disciplinaria Policía Naval y no de la Policía Estatal o la Guardia Nacional sujetas a los intereses políticos partidistas locales y que para presentarse allí tenían que contar con la previa aprobación de la Secretarías de Defensa y el Pentágono cambiaron la anterior rutina escandalosa de presionar y meter miedo por una de organizar marchas pacíficas en Chicago y Los Angeles, una Mesa Redonda de los Derechos Humanos en Atlanta y una concentración católica ultramontana en el Hipódromo de Hialeah, el día de la Caridad del Cobre, bajo la égida del gazmoño Monseñor Agustín Román, citado por Horacio Ruiz Pavón en Diario Las Américas el día 8 de septiembre de 1994, predicando beatamente lo siguiente: «*La Virgen de la Caridad es la primera balsera de nuestra historia. El agua en un sentido bíblico representa el sufrimiento. La Virgen a los cubanos se nos presenta sobre las aguas, sobre las dificultades, y nos está diciendo que para triunfar tenemos que abrazar a Cristo. La conmemoración de este año tiene un sentido especial debido al dolor provocado por el éxodo masivo desde la Isla. El dolor acerca a Dios, quien permite el mal para sacar un bien. De esas contradicciones está hecha la Iglesia...*»

XL

El Acuerdo Migratorio de 1994. Anuario estadístico del Servicio de Inmigración. Apoyo de Mas Canosa y la FNCA a Clinton. Recompensa. Demanda judicial de abogados cubanoamericanos marrulleros. Fallo impeditivo a deportaciones del juez C. Clyde Atkins. Duplicación desinformadora de la practicada en Oakdale y Atlanta. La infamia periodística de Agustín Tamargo contra la democracia americana. Revocación al fallo del juez Atkins. Fin de la Crisis de los Balseros. Reavivamiento de la Minoría Histórica. Renuevo guerrero local y expedicionario. El Club San Carlos de Key West. Intento de obtención mariconera. Rescate y renovación arquitectural. Su asalto por infiltrados castristas. Recuperación ordenada por la jueza federal Susan Vernon.

La válvula de escape a sus mil y un problemas económicos, y nacientes de la disidencia, la encontró Fidel en el acuerdo sobre migración que se dio a conocer el día 9 de septiembre de 1994 entre Cuba comunista y los Estados Unidos. He aquí su texto completo:

«Los representantes de los Estados Unidos de América y de la República de Cuba concluyeron las conversaciones en torno a su interés mutuo de normalizar los procedimientos migratorios y acordaron tomar medidas para asegurar que la migración entre los dos países sea segura, leal y ordenada.

«Los Estados Unidos y la República de Cuba reconocen su interés común en impedir las salidas riesgosas desde Cuba que ponen en peligro vidas humanas. Los Estados Unidos subrayaron sus recientes decisiones tomadas con el objeto de desalentar los viajes riesgosos. De conformidad con dichas decisiones, a los migrantes rescatados en el mar tratando de ingresar a los Estados Unidos no se les permitirá entrar a los Estados Unidos sino que serán llevados a instalaciones de refugio fuera de los Estados Unidos. Adicionalmente, los Estados Unidos han descontinuado su práctica de otorgar la admisión provisional a todos los cubanos que lleguen al territorio de Estados Unidos de manera irregular. La República de Cuba tomará medidas efectivas en

todo lo que esté a su alcance para impedir las salidas inseguras, usando fundamentalmente métodos persuasivos.

«Los Estados Unidos y la República de Cuba reafirman su apoyo a la resolución sobre tráfico de inmigrantes adoptada recientemente por la Asamblea General de las Naciones Unidas. Ambos comprometen su cooperación para tomar acciones prontas y efectivas para prevenir el transporte ilícito de personas hacia los Estados Unidos. Los dos gobiernos tomarán medidas efectivas en todo lo que esté a su alcance para oponerse e impedir el uso de violencia por parte de cualquier persona que busque llegar o que llegue a los Estados Unidos desde Cuba mediante el desvío forzado de aviones o embarcaciones.

«Los Estados Unidos y la República de Cuba se comprometen a dirigir la emigración cubana por canales seguros, legales y ordenados, consistentes con la estricta implementación del comunicado conjunto de 1984. Consecuentemente los Estados Unidos seguirán emitiendo, en conformidad con sus leyes, visas para inmigrantes de familiares inmediatos y otras preferencias a ciudadanos cubanos que las soliciten en la Sección de Intereses de Estados Unidos en La Habana y sean elegibles para emigrar a los Estados Unidos. Los Estados Unidos también se comprometen, a través de otras disposiciones de las leyes estadounidenses, a autorizar y facilitar la inmigración legal adicional de Cuba hacia los Estados Unidos. Los Estados Unidos aseguran que la emigración legal de Cuba hacia los Estados Unidos será de un mínimo de 20,000 cubanos cada año, sin incluir los familiares de ciudadanos de los Estados Unidos.

«Como una medida adicional extraordinaria, los Estados Unidos facilitarán en un período de un año el otorgamiento de documentación para permitir la emigración a los Estados Unidos de aquellos cubanos elegibles que estén actualmente en la lista de espera. Con ese fin, ambas partes trabajarán en conjunto para facilitar los procedimientos necesarios para la puesta en vigor de esta medida. Ambos gobiernos acuerdan autorizar el personal necesario para permitir que sus respectivas Secciones de Intereses ejecuten las disposiciones de este Comunicado de manera efectiva.

«Los Estados Unidos y la República de Cuba acordaron que el regreso voluntario de ciudadanos cubanos que arribaron a los Estados

Unidos, o a refugios fuera de los Estados Unidos, a partir del 19 de agosto de 1994 seguirá siendo arreglado por los conductos diplomáticos.

«Los Estados Unidos y la República de Cuba acordaron seguir conversando sobre la devolución de ciudadanos excluibles de los Estados Unidos.

«Los representantes de los Estados Unidos y de la República de Cuba acordaron volver a reunirse a mas tardar 45 días después del anuncio de este Comunicado Conjunto. Las reuniones subsiguientes serán programadas de mutuo acuerdo».

El tratado no eliminó las cuatro medidas impuestas por Clinton anteriormente descritas ni suavizó en forma alguna el embargo establecido que tan desesperadamente anhelaba la tiranía quitarse de encima. Posteriormente el gobierno yanqui otorgó su anuencia para que España acogiera a los balseros reclamados por sus familiares en la Península; editó en español, dos veces por semana, un periodiquito que ofreciera a los internados noticias acerca de lo que ocurría en el exterior con respecto a ellos; repartió en los campamentos radio-receptores que difundieran Radio Esperanza por las ondas de Radio Martí; contrató al sociólogo cubano Guarioné Díaz como coordinador de enlace entre las autoridades militares, los refugiados de la Base Naval, las Secretarías de Justicia y Defensa, la Casa Blanca y otras agencias oficiales encargadas del mantenimiento e higiene de los campamentos y la nutrición de los confinados; aprobó que el Miami Medical Team del Dr. Manuel Alzugaray cooperase con el mejoramiento de la atención de la salud y la higiene de los refugiados y en la coordinación de la rotación del personal médico, enfermeros y técnicos médicos semanalmente hasta el término de la crisis; abrió líneas telefónicas y postales para que los refugiados pudieran comunicarse con sus familiares en los Estados Unidos y facilitó el envío de toneladas de donaciones de abastecimientos que se hallaban retenidas en almacenes y muelles; y puso en práctica una lotería que permitiera dar una oportunidad a los ganadores de ella de beneficiarse con una visa de residencia aunque no tuvieran familiares cercanos en el país. En resumen, después de lo que antecede, en el período 1994-98, los cubanos emigraron legalmente a los Estados Unidos, además de los concentrados en Guantanamo y Panamá, en tres formas diferentes, a saber:

1) Reclamados por familiares que ya están legalmente en el país que, por lo general, son sus hijos, sus padres, o el esposo o la esposa. El familiar en Estados Unidos debe presentar una declaración jurada de mantenimiento (Affidavit of Support), un documento que se creó bajo la Ley de Reforma de la Inmigración de 1966; que debe mostrar que tiene la capacidad financiera para encargarse del cuidado del inmigrante.

2) Como ganadores de la Lotería de Visas. Estas personas deben probar, a través de un proceso de entrevistas, que tienen parientes en el país que se harán cargo de ellos o que pueden cuidarse a sí mismos.

3) Como refugiados políticos, que no tienen necesidad de poder ganarse la vida ni tener un familiar que los atienda. Los que puedan demostrar que han sufrido persecución política deben presentar sus peticiones en la Sección de Intereses de los Estados Unidos en La Habana.

En 1995, bajo la Lotería, 5,400 personas fueron aprobadas para viajar; 7,500 fueron aprobadas en 1996; 8,700 fueron aprobadas en 1997 y en 1998 7,500 recibieron la autorización para viajar. Además, en 1994, el año de la gran crisis de los balseros, 9,149 personas fueron admitidas bajo la condición de refugio humanitario (parolee) para vaciar la Base Naval de Guantánamo. En 1996 el anuario estadístico del Servicio de Inmigración y Naturalización (INS) informó que 26,466 cubanos entraron al país como inmigrantes. Entre ellos se encontraban 1,341 familiares inmediatos de ciudadanos norteamericanos, otros 1,966 inmigrantes patrocinados por una familia y 22,532 refugiados políticos que pidieron asilo. Todo eso ocurrió durante un gobierno Demócrata y no jamás durante un gobierno Republicano después de 1959. O séase Kennedy, Johnson, Carter y Clinton frente a Nixon, Ford, Regan y Bush. Ídolos estos del populacho del exilio decadente y además ingrato. Que conjugó la avaricia y la politiquería con la tragedia de los balseros. Prueba al canto:

Jorge Mas Canosa, representando a la FNCA, apoyó las cuatro medidas de Clinton contra Castro y el envío de los balseros a Guantánamo y en recompensa a Church & Tower se le otorgó un contrato para hacer una cárcel por valor de 15,000,000.00 en Dade County; al programa Éxodo se le situaron nuevos fondos millonarios y el gobernador Lawton Chiles nombró a Joe García para la Comisión de Servicios Públicos entre cuyas funciones estaba la fijación de las tarifas eléctricas y telefónicas, noticias éstas aparecidas mas detalladamente los días 9, 23 y 25 de agosto de 1994 en los periódicos Diario Las Américas y El Nuevo Herald. El siguiente día 29, Mas Canosa compareció en el Canal 23 de Televisión en Miami, reafirmando su apoyo al presidente Clinton y asegurando que los recluidos en Guantánamo se encontraban muy bien *y que existía la posibilidad de construirles una ciudad con fábricas para que constituyeran una especie de Hong Kong caribeño*. El semanario *New Times* de Miami, en sus tiradas de los días 22 y 28 de septiembre de 1994 publicó una entrevista realizada por su reportero estrella, Jim DeFede, a Jorge Mas Canosa quien resaltó lo siguiente, aquí extractado:

«Si la Fundación no hubiera sido creada, hoy Miami sería la Belfast o el Beirut de América. Aquí tiene Usted a miles de gentes entrenadas por la CIA, expertos en explosivos, radicales de tiempo completo. La Fundación introdujo un sentido de unidad, de dirección política. Cambió completamente la estrategia de la comunidad cubano-americana. Desechamos las operaciones de tipo comando contra Cuba y las limitamos a los Everglades, donde ellos pueden vestirse de fatiga y no le hacen daño a nadie. Por eso me causa risa el leer en la prensa que la Fundación es gente que intimida o que es terrorista. Todos los cubanos hemos pagado un precio para liberar a Cuba. Mi generación pago un precio: la ejecución de cientos de miles de presos políticos y los cientos de miles forzados a exiliarse. Ahora esta generación está pagando su precio, que es ir a Guantánamo. Para con ellos se puede tomar la decisión que permanezcan allí; que se organicen como la primera ciudad libre en territorio cubano; dejarles que allí elijan su propia forma de gobierno, editar su propio periódico y mover para allá a Radio y TV Martí. Establecer factorías allí. Estoy seguro que muchas factorías de acá, cuyos dueños son cubanos, podrían mudarse a allá. Hacer que esos cubano-americanos sean autónomos y se independicen...»

En tanto el proceso de tamizar los antecedentes de los miles de balseros en Guantánamo continuaba metódicamente, un grupo de marrulleros abogados cubanoamericanos, con la mente puesta en las próximas elecciones municipales, gubernatoriales y presidenciales y la potencialidad del voto hispano-cubano, puso en marcha una demanda judicial contra el gobierno de los Estados Unidos, particularmente contra sus funcionarios Warren Christopher, Secretario de Estado; William Perry, Secretario de Defensa; Doris Meissner, Comisionada de Inmigración; Janet Reno, Fiscal General y el general Michael Williams, del Estado Mayor Conjunto de las Fuerzas Armadas. El aventurero alegato leguleyo demandaba que los balseros retenidos en Guantánamo y Panamá fueran autorizados a ingresar en los Estados Unidos porque la Administración Clinton había violado su propia ley y la ley internacional de los derechos civiles al negarle a los balseros la oportunidad legal de ser admitidos como refugiados políticos. El grupo de marras, compuesto, entre otros, por Xavier Suárez, Roberto Martínez, José García Pedrosa, Ramón Rasco, María Domínguez, Elvira Escribano y Orlando Cabrera contaron con la expresa simpatía de la congresista republicana Ileana Ros-Lehtinen y logró que el Juez Federal, C. Clyde Atkins emitiera una orden impidiendo un vuelo que devolvía a Cuba a 23 balseros de Guantánamo hasta que él examinara el expediente de repatriación y decidiera si era válida o no ésta. El día 31 de octubre de 1994 el Juez Atkins decidió suspender toda repatriación de los balseros retenidos, no solo en Guantánamo sino también en Panamá, dictaminando que aquellos tenían derecho a recibir previamente consejo legal y desechó una carta en que 21 de los 23 balseros en cuestión negaban haber sido presionados y juraban que su mayor deseo era volver al seno de sus familias[235].

La noticia del fallo del Juez Atkins fue inmediatamente utilizada aviesamente por los desinformadores politiqueros del exilio en una copia-carbón de lo que efectuaron con los marielitos criminales de Oakdale y Atlanta. Ahora difundieron la decisión de Atkins por los campamentos de Guantánamo y Panamá con ello alentando motines que ocasionaron enfrentamientos entre reclusos y guardianes militares que ocasionaron heridos y contusos de parte y parte. Además, en Panamá primero y en Guantánamo después, veintenas de refugiados saltaban las alambradas y escapaban hacia las selvas del Itsmo o intentaban nadar la bahía hacia territorio cubano. Unos y otros se rendían mansamente a sus captores demostrando con ello que el propósito no era otro que lograr publicidad y no de regresar a Cuba comunista. Sincronizadamente, balseros en Gran Caimán declararon una huelga de hambre; Unidad

---

[235] Diario Las Américas, Noviembre 2, 1994.

Cubana, dirigida por Andrés Vargas Gómez y Armando Pérez Roura respaldados por los congresistas federales republicanos Lincoln Díaz Balart e Ileana Ros-Lehtinen, el senador estatal Mario Díaz Balart y el coordinador del Centro de Refugiados Cubanos de Stock Island, Arturo Cobo, se erigieron en campeones de una campaña propagandística de acerba crítica al presidente Clinton y a la Fiscal Janet Reno por lo que calificaron de *inhumanidad con los balseros* y UNIDOS, con SALAD y Osvaldo *Fotuto* Soto a la cabeza, durante una rueda de prensa en el Centro Vasco *expresó su profunda indignación y repulsa por la política inmigratoria de Estados Unidos hacia los mas de 30,000 balseros que están viviendo en condiciones subhumanas en campos de detención en Guantánamo y Panamá.* La mas repulsiva, difamadora, demagógica y chauvinista agresión a la democracia estadounidense provino de Agustín *Cachimba* Tamargo en su infamante artículo *La Conciencia de una Nación*, publicado el día 6 de noviembre de 1994 en El Nuevo Herald y reproducido en La Voz Libre de Los Angeles, el día 11 de ese mes y año, cuyo texto hacía pensar a los lectores si las imputaciones que le hizo Carlos Franqui durante la polémica que sostuvieron, relatada en el anterior Capítulo XXXV eran ciertas o si se trataba de una extravagante lucubración resultante de una embriaguez alcohólica. Hélo aquí en su totalidad:

Nos lo enseña la historia: un hombre puede ser un país. Cuando la voluntad colectiva retrocede ante la demagogia o el temor; cuando la conciencia moral de una nación deserta ante la confusión, hay siempre un hombre, un hombre solitario y grande, que da un paso al frente y la rescata. Ese hombre fue el capitán Capdevila en La Habana, en 1871. Ese hombre fue Churchill ante la postrada Inglaterra del munichismo. Ese hombre es hoy, en Estados Unidos, el juez Clyde C. Atkins.

La decisión de este letrado valiente y compasivo protegiendo del desamparo a los balseros, no importa la suerte que ella corra, lo dignifica a él pero salva a la vez los principios morales en que se asienta desde su nacimiento esta gran nación. Si Estados Unidos no es la justicia y el derecho, ¿qué cosa es? Si a Estados Unidos se le priva de la gloria de haber creado una sociedad generosa, hospitalaria y democrática, ¿qué queda de Estados Unidos? Como el juez Marvin Shoov, que amparó una vez a los marielitos de Atlanta frente a los abusos del gobierno, el juez Atkins ha visto claramente la raíz moral de este caso.

Estos balseros no son sólo refugiados políticos, estos fugitivos no son únicamente víctimas de una tiranía en busca de libertad. Estos infelices son seres humanos, son personas. Y a las personas nunca les ha cerrado sus aduanas. Estados Unidos, como si fueran bestias portadoras de enfermedades raras a las que hay que poner en cuarentena.

La valiente decisión del juez Atkins pertenece sólo a él, pero el honor es compartido. Lo reciben también los abogados cubanos que interpusieron la demanda en que basó su decisión.

¿Quiénes son esos abogados? Se les conoce hoy porque la televisión muestra sus rostros, pero durante días agónicos estuvieron trabajando en silencio para que prevaleciera la justicia. Unos pertenecen a bufetes de prestigio, otros han desempeñado altos cargos públicos, otros más son miembros de diferentes partidos y sustentan diversas ideologías. Pero a todos los une una sola cosa, la misma que movió la mano del juez Atkins: la conciencia de que una sociedad que ampara la injusticia es una sociedad enferma. Estados Unidos, en parte de su tejido social, está enfermo hoy. Lo ha picado otra vez el repugnante insecto del racismo. ¿Qué cosa es la Proposición 187 del gobernador de California Wilson? Racismo ¿Qué cosa es la campaña del English Only? Racismo. ¿Qué cosa es lo que ha privado a los refugiados haitianos de todo derecho? Racismo. ¿Qué cosa es la gritería insensata de que los emigrantes son los únicos culpables de la bancarrota fiscal de algunos estados? Racismo.

El repudio al diferente, el rechazo al extranjero, el miedo a la nación étnica y cultural, no son sólo de hoy, ni sólo de aquí. Está ocurriendo en otras partes, en toda Europa. Demagogos chauvinistas y bárbaros sin cultura agitan ese fantasma en el terreno de la política donde siempre paga buenos dividendos. ¿Qué impulsó, por ejemplo, al gobernador Chiles a declarar un estado de crisis cuando divisó al primer balsero? Su reelección, que vio amenazada. ¿Qué llevó al presidente Clinton emitir su despiadada orden se pescar a los balseros en alta mar como si fueran tiburones y encerrarlos después tras alambradas, como si fueran prisioneros de guerra? El futuro del Partido Demócrata en la Florida. La tiranía castrista está en el fondo de todo esto, la perversidad maquiavélica del dictador creó inicialmente el problema, ya lo sabemos. Pero no fue el propósito de romper el chanta-

je de esa tiranía lo que selló la suerte de los balseros. Fue el cálculo electoral, ejecutado sobre un fondo de histeria xenófoba, que le asegura a Clinton (así cree él) una general aprobación. Hablemos en plata. Clinton se ha pasado al bando de los discriminadores. Guantánamo y Panamá son el equivalente de la Proposición 187, impuesta aquí antes de que sea aprobada o rechazada allá.

Contra todo eso, contra una acción que ultraja el sentido de rectitud ética y moral de millones de americanos, contra la violación abierta de la Primera Enmienda constitucional y otras leyes y tratados firmados por Estados Unidos, es que se alza solitaria y hermosa la demanda de los abogados cubanos y la decisión del juez Atkins que se basó en ella. Ellos, el juez Atkins y los abogados cubanos, son Estados Unidos hoy. No los litigantes de Janet Reno que establecen recursos que no podrán imponer. Treinta mil cubanos y 10,000 haitianos no son gran cosa para la vida de una nación poderosa de casi 300 millones de habitantes. Lo que sí lo es el método injusto por el que se les encarcela. El derecho, la ley, la justicia, la compasión humana: de eso es de lo que se trata. Si a ellos no se les protege y ampara, todos los demás nos sentimos desprotegidos y desamparados.

Para los exiliados cubanos la angustia de los balseros tiene otra dimensión mayor. Estos son nuestros hermanos. Esta es la primera vez que podemos tocar a una gran porción de la nueva nación cubana que renace bajo las cenizas del fidelismo. Esta es la savia fresca que reverdece nuestra fe en la mañana. Para ponerlos en libertad, los exiliados llegaremos a cualquier extremo.

La decisión del juez Atkins nos devuelve la confianza en que la decencia humana, la generosidad y la independencia del Poder Judicial, no han muerto en Estados Unidos. Al margen de ello sólo quiero añadir esto: si la política inmigratoria de la Proposición 187 (que parece abrazar Clinton) se hubiera aplicado en esta nación desde hace dos siglos, esta nación no existiría. Porque, que yo sepa, ni Jefferson, ni Lincoln, ni Whitman, ni Emerson, ni Edison, ni Ford eran hijos de seminoles.

La Administración Clinton presentó ante la Corte de Apelaciones del Onceno Circuito, en Atlanta, una apelación de emergencia interpuesta en nombre del Gobierno Federal, contra la decisión del Juez Atkins prohibiendo la repatriación voluntaria de los arrepentidos balseros internados en la Base Naval de Guantánamo. El fallo del Juez Atkins decía exactamente que los Estados Unidos tenía jurisdicción absoluta sobre el territorio de la Base, donde primaba la ley americana y que, por lo tanto, los beneficios de la Primera Enmienda Constitucional y las garantías procesales eran aplicables a los refugiados allí. El día 4 de noviembre de 1994 la Corte de Apelaciones determinó que los refugiados podían ser repatriados si tal era su deseo, pero que debía concedérseles el derecho de consultar un abogado. Inmediatamente fueron remitidos a Cuba los balseros objeto del pleito y autorizados a visitar la Base los abogados pleiteantes perdedores que fueron acosados con reproches de los que querían regresar y veían en ellos a unos entremetidos impedidores y atosigados por las demandas de los que estaban desesperados por pisar la tierra de libertad tan ansiosamente deseada y sentían que no se pleiteaba diligentemente en su favor. Clinton dispuso que fueran trasladados al país a todos los enfermos seriamente, a los ancianos deshabilitados y a los menores de 17 años tanto en Guantánamo como en Panamá, así como también mujeres embarazadas y personas emocionalmente perturbadas no agresivas. El Miami Medical Team con sus especialistas prestó infinitud de servicios en los hospitales de campaña y coordinó el trabajo con balseros médicos hasta el fin de la crisis. Se destacaron, entre otros muchos, en su hercúlea labor beneficente, los doctores Manuel Alzugaray, Armando Zaldívar, Teresa Martínez, Enrique Cantón, Jacqueline Salazar, Juan Silverio Latour, Heriberto Cavada, Olga Ferrer, Horacio Sklar, Heriberto Casanova y Jesús Mulet. El día 31 de diciembre terminó su labor administrativa en Guantánamo el sociólogo Guarioné Díaz que actuó de enlace civil entre el gobierno americano y los balseros. Un injustificado motín de un grupo de internados en Panamá causó un gran disgusto al presidente Ernesto Pérez Valladares que se negó a mantener vigente el permiso de estadía y eso obligó a Washington a retornar a los allí internados a Guantánamo. Lo que vino después demostró que eso es lo que se ocultaba detrás del amotinamiento: el estar cerca de Miami y contar con el asesoramiento de fuentes jurídicas y de agentes provocadores en una repetición episódica del Mariel, Atlanta, Oakdale y Fort Chaffee. La llamada *Crisis de los Balseros* terminó el día 2 de mayo de 1995 con la firma de un acuerdo complementario en Toronto, Canadá, signado por Ricardo Alarcón, en nombre de Cuba, y Peter Tarnoff, por el State Department, en el cual Washington se comprometía a aceptar a todos los recluídos en Guantánamo y Cuba comunista a impedir las salidas ilegales de la Isla y a aceptar a quienes los Estados Unidos deportase, fuesen ellos de tierra firme o interceptados en el mar. Y concordando con los procesos migratorios anteriores la supermayoría de los balseros demostró no ser *pueblo* sino *populacho* pues se incorporó a la economía y no al patriotismo y con su prosperidad financiera ayudó al régimen comunista con cientos de millones de dólares en remesas y en regresos turísticos alardosos al país del que juraban haber huido por razones políticas de mortal anticomunismo.

La Minoría Histórica, representada en los plantados del exilio, intrépida e inclaudicable, continuaba la gesta mambisa, nacionalista y revolucionaria sin pedir ni dar cuartel al enemigo y desafiando gallardamente la persecución policíaca del gobierno americano que supuestamente era su amigo pero que los encarcelaba implacáblemente como castigo por no ser sus asalariados mercenarios del micrófono, la televisión y la prensa. El FBI y la CIA los incitaban al delito de violar la ley para después enjuiciarlos y condenarlos por haberlo cometido. El mismo despreciable sistema de infiltración provocadora del comunismo en Cuba por los esbirros de la Seguridad del Estado en el MININT. Iguales fieras en separados cubiles. Los *federicos* aquí y los *seguriches* allá. Cárceles políticas totalitarias allá y cárceles políticas capitalistas salvajes aquí. Chivatos desmadrados allá y chivatos desmadrados aquí. Populacho allá y populacho aquí. Pero indomable, alta como el Turquino, la Minoría Histórica, EL PUEBLO, el verdadero *pueblo cubano* allá y aquí, en pie de guerra allá, hacia allá y por los caminos del mundo. Hasta la victoria soberana. Sin pactos ni componendas deshonrosas. Con el filo del machete redentor y no mendicando derechos. Como lo postulara el *Titán de Bronce*, Lugarteniente General del Ejército Libertador, Antonio Maceo Grajales, en una metáfora inmortal.

Contrastando la fanfarronería litigiosa relatada, el activismo minoritario beligerante del exilio libró nuevas batallas durante el último tercio de 1994. En la ceremonia pública de la toma de posesión de Ernesto Pérez Valladares como presidente de Panamá, el joven cubano veterano de la Infantería de Marina en la guerra de Viet-Nam, Armando Alejandre Jr., causó sensación al interrumpirla portando una bandera cubana enlutada y apostrofando a la delegación castrista. Fue arrestado y obligado a regresar a Miami. La revista Réplica de Miami, vocero del compadraje con Cuba comunista, en un reciclaje *al revés* de su propietario Max Lesnick, fue objeto de dos atentados incendiarios que fueron deplorados por Jorge Mas Canosa y la FNCA. Rodolfo Frómeta, preso político en Cuba durante 17 años y jefe en Estados Unidos de Comandos F-4, fue engatusado traidoramente por Mario Fernández, infiltrado en Alfa 66, quien le presentó a Raymond López, un agente provocador federal encubierto, que le ofreció venderle un cohete Stinger tierra-aire y luego lo acusó de confabulación para exportar armas pesadas y explosivos, sin licencia. Fue condenado a 41 meses de prisión y a cumplir dos años de probatoria al concluir su pena. Un chivato a sueldo del FBI dio una confidencia que produjo el arresto de los combatientes anticomunistas Sixto Reinaldo Aquit, Jorge Manuel Valdés y Miguel Ángel Suárez acusados de intentar el incendio de un almacén de provisiones propiedad de la organización pro-castrista Alianza de Trabajadores de la Comunidad, dirigida por Walfrido *Peluquín* Moreno. En la Universidad del Sur de Florida, en Tampa, durante una conferencia del comevacas Eloy Gutiérrez Menoyo sobre el diálogo y el pacifismo, los puñetazos, silletazos y toletazos terminaron su artería retórica. Salió de allí escoltado por guardias protegiéndole su esquelética figura.

Esas heroicidades fueron emuladas en superior dimensión por expedicionarios hacia Cuba. El Directorio Insurreccional Nacionalista (DIN) por informe de Héctor Fabián hizo saber el apresamiento de dos de sus comandos en la zona de Jimaguayabo, en Remedios (Las Villas), nombrados José Menéndez e Irelio Barroso Medina el día 23 de septiembre de 1994. El MININT confirmó que el día 15 de octubre de ese año sus fuerzas habían frustrado el desembarco de siete expedicionarios por la zona de Caibarién (Las Villas) nombrados Jesús Manuel Rojas, Armando Sosa, Pedro Guisado, Miguel Díaz Bouza, Lázaro González, Humberto Real y José Falcón quienes vestidos de camouflage y fuertemente armados habían llegado en una lancha rápida procedente de Florida. En Miami los líderes del Partido Unidad Nacional Democrática (PUND) Justo Regalado, Sergio González Rosquete y Jesús Canoura identificaron a los capturados comandos como militantes de su organización y presentaron a sus familiares que apoyaron con entusiasmo la épica misión frente a la jeremiada del clericaloide demo-cristianismo (¿*demo-cretinismo?*) que consideró la hombrada como un gesto inefectivo que puso en peligro a los combatientes de ambas partes.

Incansable en su propósito de crear disensiones en el exilio mediante infiltrados desinformadores, el régimen comunista de Cuba puso en marcha su plan de apoderarse de una reliquia arquitectónica, añoranza patriótica martiana en Key West, que era para los exiliados, simbólicamente, un templo a la independencia del coloniaje español. El Club San Carlos fue construido por los emigrados revolucionarios de la Guerra de los Diez Años en 1871 como una escuela y centro de cultura. En 1892 sirvió de hogar a la creación del Partido Revolucionario Cubano fundado por José Martí[236]. Deteriorado por los elementos de la naturaleza fue reconstruido por el gobierno de Menocal, de madera en mampostería, e inscrito en el Registro de Títulos de Propiedad a nombre del gobierno de Cuba el día 9 de enero de 1920. El presidente Zayas le concedió una dotación permanente para su mantenimiento que se mantuvo, exonerado del pago de impuestos por el municipio de Key West, desde esa época hasta que su propiedad fue congelada por el Acta de Control de Bienes Cubanos en Estados Unidos de 1963. La lucha por la libertad de Cuba del comunismo, la ilusión de un pronto regreso y la brega por la existencia forzaron que el Club San Carlos fuese descuidado. Un maldito día la comunidad cubana exiliada fue estremecida por la vergonzosa noticia de que un grupo de maricones había hecho saber su intención de solicitar del municipio de Key West su autorización para reformar el deteriorado edificio y tornarlo en un propuesto *«The Gay José Martí Club of Key West»* algo que mas que una irreverencia era un imperdonable insulto a la memoria del Apóstol y un taimado ultraje a su bien reputada y documentada masculinidad. La respuesta inmediata del exilio fue la constitución de un patronato rescatador que dirigido legalmente por el Dr. Rafael Peñalver no solo destruyó civilmente la pérfida mariconería sino que obtuvo del Gobierno y la Legislatura del Estado de Florida y fuentes privadas dotaciones de fondos beneficentes por tres millones de dólares que posibilitaron la renovación total, interna y externa, del edificio que es orgullo arquitectural y artístico de la ciudad de Key West. O *Cayo Hueso*, como es conocida en el folklore cubano-americano.

El día 24 de octubre de 1994 dos aventureros nombrados Eliope Paz y Alfredo Pérez se personaron en el Club San Carlos acompañados de un

---

[236] Ver Tomo I, págs. 223-33.

alguacil y un cerrajero y procedieron a forzar la cerradura de la puerta de entrada sustituyéndola por otra y a tomar posesión del palacete en nombre de un tal Instituto Patriótico y Docente San Carlos cuya alegada Junta Directiva había sido elegida en secreto el año anterior bajo los Estatutos del Club San Carlos del 23 de agosto de 1939. El argumento utilizado para llevar a cabo el vandalismo, no impedido por las autoridades municipales, fue un documento extendido por la oficial Sección de Intereses de Cuba en Washington proclamando a la República de Cuba como legítima propietaria del San Carlos y reconociendo a la espuria nueva Junta Directiva como su fidedigno beneficiario con derecho a ocuparlo. Diligentemente, el Dr. Rafael Peñalver calificó *de asalto y ataque terrorista* la ocupación del edificio y la violentación de la puerta de entrada, añadiendo su co-Directivo José Garrido: *El gobierno de Cuba infiltró al abogado Alfredo Pérez en la Directiva del San Carlos hace alrededor de dos años para luego tratar de apropiarse del histórico lugar y ahora viene como Vicepresidente de una falsa Directiva presidida por Eliope Paz a exigir la propiedad del inmueble...* Peñalver insistió en que los Estatutos de 1939 no eran válidos ya que durante años el San Carlos se había regido por otras reglas. El día 28 la desplazada Junta Directiva presentó una demanda judicial para desalojar a la autoelegida Junta ocupante y pidiendo una recompensa por daños a la propiedad de $15,000.00. Mientras andaban los trabajos legales cumpliendo su misión pacífica el exilio combatiente, la Minoría Histórica tradicional, tomó cuerpo en el arrojado ex-Marine, Armando Alejandre Jr. quien envuelto en una bandera cubana rompió la puerta de cristal y parte de las de madera del Club pero no pudo lograr su propósito de entrar al ser arrestado por la policía y obligado a pagar una fianza de $3,000.00 para quedar en libertad hasta presentarse en la Corte y ser juzgado bajo cargos de conducta delictiva y daños a la propiedad. La vista audiencial ante la Jueza Federal del Circuito correspondiente al Condado de Monroe, donde radicaba Key West, Susan Vernon, tuvo lugar el día 18 de noviembre. La magistrada aceptó el razonamiento de Peñalver de que el San Carlos, debido al Acta de Control de Bienes Cubanos de 1963, estaba fuera de la jurisdicción propietaria del gobierno cubano y ordenó la evacuación de los allanadores y la devolución del palacete a la Junta Directiva saqueada.

XLI

Retorno clerical católico a la política de León XIII para Cuba Colonial. Concordancia histórica del proceso. Manuel Pablo Plaza Miquel S.J. y «el iconoclasta». El Arzobispo Jaime Lucas Ortega Alamino elevado a Cardenal. Su similitud con el fallecido Cardenal batistiano Manuel Arteaga Betancourt. Diferencia entre Oswaldo Payá Sardiñas y el cura José Conrado Rodríguez. La Cumbre de las Américas en Miami. Exclusión del caso cubano en la agenda. La Marcha de la Libertad. Su documento tangencial. La Declaración de Principios de la Cumbre de las Américas. Bembeteo irónico y charlatanesco de incumplibles promesas. La impertinente fantasía de la Unión de Entidades Cubanas de Tampa. El escándalo provocado por Rosita Fornés y el incendio del Centro Vasco. La Concertación Cívica Cubana y el Comité Unido del Exilio Cubano. Conflictos. Cese de la Concertación. Nuevo guirigay en el Museo Cubano.

La simoníaca y farisaica conducta de la jerarquía eclesial católica hacia Cuba, desde el Vaticano hasta el Obispado de la Isla, muestra en detalle en las páginas de esta *Historiología Cubana* que durante la era colonial española siempre fue una cerril enemiga de la libertad de Cuba del yugo hispano. En la hora de su independencia, el Pontífice León XIII actuó diabólicamente, en concierto con la Corte madrileña y los interventores Wood y Magoon y el sicario de ellos, Frank Steinhart, para no solamente preservar los chanchullos económicos clericales sino para aumentar su tesoro[237]. Para beneficio de los lectores que hayan puesto en duda lo documentado en los anteriores Tomos I, II, III, IV y el presente V y hasta quizás compartido con muchos otros el epíteto *iconoclasta* endilgado al *Autor* por ultramontanos y mojigatos en razón de su pensamiento cosmológico opuesto a una teología idolátrica[238], se les recomienda encarecidamente la lectura del

---

[237] Ver Tomo II, págs. 89, 207-08.

[238] *Cosmología*, José Duarte Oropesa, Universal, Miami 1990.

ilustrativo libro del sacerdote cubano Manuel Pablo Plaza Miquel, S.J.,*Entre la Ideología y la Compasión: Guerra y Paz en Cuba 1895-1903*, Santo Domingo 1997, donde a lo largo de sus 559 páginas, como reza su preámbulo en la contra-portada, *recorre Roma, Madrid, Santiago de Cuba y La Habana del siglo XIX para comprender la hostilidad ante la insurrección cubana de 1895 de los obispos de Cuba y los eclesiásticos al servicio de León XIII...*

Cuando la muerte hizo mejor comunista a José Felipe Carneado, su genízaro cargo superior en la Dirección de Asuntos Religiosos del Partido Comunista de Cuba fue ocupado por Caridad Diego Bello una facsímile gorgonesca de Medusa, potencia temible de perversidad fidelo-comunista a la cual acudirían en homenaje los clérigos de las mismas denominaciones católicas, protestantes, sincréticas y espiritistas que, en la búsqueda de migajas de tolerancia ritualista, se postraban servilmente ante ella en la misma hetáirica manera relatada en el anterior Capítulo XXX en relación a Carneado. Imprimiéndole su Visto Bueno a la abyecta carta pastoral del obispado cubano, el Papa Juan Pablo II nombró Cardenal de Cuba al arzobispo de La Habana, Jaime Lucas Ortega y Alamino, para que continuara la labor de zapa colaboracionista con la tiranía en total olvido y perdón a los miles de asesinatos cometidos, latrocinios perpetrados, expulsión de clérigos y monjas, cierre de escuelas parroquiales, etc., en general contra la iglesia católica y su feligresía y en particular contra ese nuevo Cardenal, ex-confinado de la UMAP bajo acusación de abominable delito. Durante la dictadura de Batista, en 1953, el precedente cardenal, Manuel Arteaga y Betancourt, fue brutalmente aporreado por esbirros policíacos bajo parecido alegato, sin consideración de su atroz apoyo al cuartelazo del día 10 de marzo del año anterior[239].

Siguiendo lo visiblemente pautado por el Vaticano para lograr el acercamiento con la tiranía cubana, proceso denominado aquí como *barraganía comuno-católica*, detallado en el anterior Capítulo XIII, el cardenal francés Roger Echegaray, identificado como presidente del Concilio Papal para la Justicia y la Paz, visitó Cuba la final semana de noviembre de 1994 y después de entrevistarse con Fidel Castro y ofrecer una conferencia de prensa en

---

[239] Ver Tomo III, págs. 217, 307 y Tomo IV, pág. 500.

compañía de Caridad Diego Bello anunció la creación en la Isla de una Comisión de Justicia y Paz, similar a la que el presidía, y aseguró que la misión de la iglesia en Cuba era lograr la reconciliación y la paz mediante la valentía de reconocer lo positivo existente que podía servir de ejemplo laborioso. Ratificó que la iglesia católica estaba contra el embargo comercial impuesto por los Estados Unidos. A la investidura cardenalicia vaticana de Ortega Alamino acudió un numeroso grupo de jerarcas eclesiásticos de Cuba y Miami, obispos, curas, monjas, diáconos y laicos del Opus Dei que emocionados oyeron al Papa declarar su respaldo al colaboracionismo diciéndole en español: *Quiero manifestarle, Señor Cardenal, que como sucesor de Pedro, estoy a su lado*. Quien sintió mas regocijo con la bendición papal al dialoguismo malvado fue Oswaldo Payá Sardiñas, coordinador del organismo de sacristías y titulados disidentes, Movimiento Cristiano Liberación, que quedaba santificado como el vocero de la línea político-religiosa de la archiconservadora iglesia católica romana y correa de transmisión ecuménica. El sacerdote José Conrado Rodríguez, de Palma Soriano (Oriente), se mostró inconforme con la actitud acomodaticia de su diócesis, con gran alegría del exilio en general, y como premio a su franqueza fue enviado a estudiar asignaturas canónicas a España por su obispo, Pedro Meurice Estiu, de Santiago de Cuba. A su paso por Miami no respondió preguntas reporteriles acerca de su extrañamiento a la Península Ibérica.

Para diciembre de 1994 fue programada en Washington una convocatoria a los países pertenecientes a la Organización de Estados Americanos (OEA) cuyo primordial interés era económico y relacionado con el diseñado Tratado de Libre Comercio que proponía la eliminación de tarifas fronterizas, el establecimiento de una moneda común y el intercambio de productos fabricados. Secundariamente se informó por el Secretario General de la OEA, César Gaviria, que la principal responsabilidad de ese organismo era la acción política para defender, promover y desarrollar la democracia. Como era de suponerse, Cuba comunista no estaría presente en la llamada *Cumbre de las Américas*, a celebrarse en Miami, por no pertenecer a la OEA debido a su expulsión de ésta en enero de 1962[240]. Además, no era parte alguna de la agenda el tratar *el asunto Cuba* en ausencia de ella, por exigencia de

---

[240] Ver Tomo IV, págs. 368-71.

Brasil, Méjico y Colombia de que así fuese. El presidente de Argentina, Carlos Menem, peronista incorregible, resentido con Washington por la ayuda de éste a Inglaterra en la aplastante derrota argentina en Las Malvinas en 1982 y calculando que un gobierno sucesor al comunista pagaría la deuda contraida en 1974, con aprobación americana, por un millón doscientos mil dólares[241], creó una tremolina entre los gastrónomos y señores del buen vino que componían la OEA al pronunciarse partidario de que se tratara *el asunto Cuba y su conversión a la democracia representativa*. La FNCA hizo de Menem un paladín suyo y le otorgó su *Medalla de los Apóstoles de la Libertad*. El presidente de Guatemala, Ramiro de León Carpio, informó al articulista de El Nuevo Herald, Pablo Alfonso, que su país y El Salvador, Honduras, Costa Rica y Nicaragua llevarían a la Cumbre un planteamiento en bloque a favor de la democracia para Cuba mediante el diálogo entre partes. Inmediatamente Oswaldo Payá Sardiñas desde La Habana y en nombre de su Movimiento Cristiano Liberación elogió dicha propuesta y añadió que ella correspondía con el sentir del pueblo cubano en pro de la solución pacífica de la nación.

Adelantándose a la celebración de la Cumbre de las Américas, Fidel organizó en el mes de noviembre un llamado *Primer Encuentro Mundial de Solidaridad con Cuba* al que concurrieron 2,500 delegados de 108 países entre los cuales se contaron los ganadores del Premio Nobel Gabriel García Márquez y Rigoberta Menchú y sus amigotes Daniel Ortega y Julio Arosemena ex-presidentes marxistas de Nicaragua y Ecuador. Todo el ajetreo que duró cinco días en La Habana fue una pobrísima repetición de las fracasadas OSPAAL y OLAS en 1967[242]. Además de declarar que se honraba con la no invitación a la Cumbre, de describir al exilio como *esa mafia fascista de Miami*, logró la dimisión del embajador español, José Antonio Sangil, en venganza por su actitud amistosa hacia los grupos de disidentes pacíficos y recibió con honores grandiosos al teniente-coronel venezolano, Hugo Chávez, recién indultado, que dos años antes encabezó un fallido golpe militar contra el entonces corrupto presidente Carlos Andrés Pérez. Según reportó Pablo Alfonso en El Nuevo Herald, Chávez declaró: *Me siento contento de estar*

---

[241] Ibid. págs. 574-75.

[242] Ibid. págs. 479-87.

en Cuba donde si se respira el sueño bolivariano auténtico y no en una Cumbre como la de Miami a lo Monroe...

La presencia de 34 Jefes de Estados que componían la OEA, en Miami, brindaba una magnífica oportunidad al exilio de presentar un frente unido de beligerante militancia democrática exigente de que el elusivo *asunto Cuba* formase ineludible parte de la agenda de la Cumbre de las Américas y que ello se enyuntase al coincidente debate sobre los Derechos Humanos de la ONU en Ginebra, que condenaría a Cuba por sus continuadas violaciones en la Isla y su culpa por los cientos de balseros naufragados y muertos o desaparecidos en el mar que la rodea. Lució alentador que se anunciara la creación de un Comité compuesto por representantes de la Brigada 2506, Unidad Cubana, Junta Patriótica Cubana, Fundación Nacional Cubano Americana, Cumbre Patriótica, Alfa 66, Cuba Independiente y Democrática, Movimiento de Recuperación Revolucionaria, Partido Protagónico del Pueblo y Plataforma Democrática que se encargase de coordinar con los oficialmente señalados por las autoridades federales y estatales como organizadores de los eventos, Luis Lauredo en representación de la Casa Blanca; Cesar Odio, Administrador de la Ciudad; y Arístides Sosa, Director de Asuntos Comunitarios de Miami-Dade County una proyectada *Marcha de la Libertad* que culminaría con un monumental y multitudinario acto de masas en el Orange Bowl que tendría como agenda actualizar la tragedia de Cuba comunista y recomendar la remoción de Fidel Castro del poder como por la Resolución 940 de la ONU se había hecho en Haití contra la dictadura militar que había derrocado a Jean-Bertrand Aristide.

Las organizaciones arriba mencionadas nombraron a Andrés Vargas Gómez como presidente de su Comité Gestor y a José Enrique Dausá como secretario organizador de la Marcha que el día 10 de diciembre de 1994 tuvo la asistencia de mas de cien mil personas que llenaron el Orange Bowl en un mítin que contó como maestro de ceremonias al ejemplar preso plantado Alberto Grau Sierra y como oradora a la joven Ileana Puig, hermana del mártir del comunismo que lo fusiló en 1961, Manuel Ñongo Puig[243]. El documento leído por la oradora expuso en detalle todos los desmanes, encarcelamientos terribles, violaciones de derechos humanos, incompatibilidad con

---

[243] Ver Tomo IV, pág. 308.

los principios de la OEA y creación y apoyo a movimientos subversivos en Centro y Sur América, hechos comprobados que no debía olvidar la Cumbre y permanecer indiferente o silenciosa ante la horrible tragedia del pueblo cubano. En lo que se refería a la acción guerrera conjunta, única vía de lograr la libertad del comunismo, el documento se iba por la tangente, instando a la Cumbre lo siguiente:

«Que se establezca con la participación del pueblo cubano, dentro y fuera de la Isla, una Agenda de Democratización y un Cronograma de Transición, que exijan –sujeta su negativa a fuertes sanciones internacionales –la salida del poder de Fidel Castro, Raúl Castro y el resto de la cúpula responsable; la formación de un gobierno provisional representativo de los intereses populares y el interés superior de la nación; la derogación de la Constitución socialista de 1976; la libertad de todos los presos políticos, el desmantelamiento del aparato represivo; la restauración al pueblo de su soberanía, y la celebración de elecciones libres, universales y de sufragio secreto, supervisadas por la comunidad internacional...»

La Declaración de Principios de la Cumbre de las Américas ignoró totalmente *el asunto Cuba* pero como siempre antes, en la mas estridente de las retóricas, bembeteó que tenía como base el fortalecimiento de la democracia, la integración económica con libre comercio y el desarrollo sostenido. Un extracto de sus incumplibles promesas revela una ironía despampanante y una demagógica charlatanería. Leamos:

«Los Jefes de Estado estamos comprometidos a fomentar la prosperidad, los valores y las instituciones democráticas y la seguridad interamericana... Reafirmamos nuestro compromiso de preservar y fortalecer nuestros sistemas democráticos en beneficio de todos los pueblos, a través de la Organización de Estados Americanos y los órganos regionales competentes... Nuestro objetivo final es mejorar la satisfacción de las necesidades de la población, especialmente de las mujeres y los grupos mas vulnerables, incluidas las poblaciones indígenas, los minusválidos, niños, ancianos y minorías... La democracia efectiva requiere que la corrupción sea combatida de manera integral, toda vez que constituye un factor de desintegración social y de distorsión del sistema económico que socava la legitimidad de las instituciones políticas... Nos uniremos en la lucha contra la producción, consumo, tráfico y distribu-

ción de drogas ilegales, así como contra el lavado de dinero y el tráfico ilícito de armas, explosivos y precursores químicos... Resolvemos iniciar de inmediato el establecimiento del Area de Libre Comercio (ALCA) en la que se eliminarán las barreras el comercio y la inversión... Nos comprometemos individualmente y colectivamente a mejorar el acceso a la educación, la salud, así como a erradicar la pobreza extrema y el analfabetismo... Resulta políticamente intolerable y moralmente inaceptable que algunos sectores de nuestras poblaciones se encuentren marginados y no participen plenamente de los beneficios del desarrollo... La Declaración de Principios otorga el papel protagonista en la coordinación, articulación y promoción de las metas establecidas por los Jefes de Estados a las instituciones regionales, en particular a la Organización de Estados Americanos (OEA), el Banco Interamericano de Desarrollo (BID) y la Comisión Económica para América Latina y el Caribe (CEPAL)...»

El Protocolo fue firmado por los Jefes de Estado siguientes: Jean Bertrand Aristide, de Haití; Ernesto Samper, de Colombia; Violeta Chamorro, de Nicaragua; P.J. Patterson, de Jamaica; José María Figueres, de Costa Rica; Carlos Roberto Reina, de Honduras; Sixto Durán Ballén, de Ecuador; Rafael Caldera, de Venezuela; Cheddi Jagan, de Guyana; Itamar Franco, de Brasil; James Mitchell, de St. Vincent y Las Granadines; Ronald Venetian, de Suriname; Nicholas Brathwaire, de Grenada; Gonzalo Sánchez Lozada, de Bolivia; Joaquín Balaguer, de República Dominicana; Jean Chretien, de Canadá; Alberto Fujimori, de Perú; Carlos Menem, de Argentina; Hubert Ingraham, de Bahamas; Ernesto Zedillo, de Méjico; Patrick Manning, de Trinidad-Tobago; Ramiro de León Carpio, de Guatemala; Ernesto Pérez Valladares, de Panamá; Armando Calderón del Sol, de El Salvador; Juan Carlos Wasmosy, de Paraguay; Eugenia Charles, de Dominica; Manuel Esquivel, de Belize; John Compton, de Santa Lucía; Lester Bird, de Antigua y Barbuda; Owen Arthur, de Barbados; Eduardo Frei, de Chile; Luis Alberto Lacalle, de Uruguay; Kennedy Simmonds, de St. Kitts y Nevis; y William Clinton, de Estados Unidos. Estos *cumbreros*, como se les apodó, cometieron un imperdonable desacierto histórico. En la ciudad de Tampa (Florida) se constituyó la *Unión de Entidades Cubanas* que presidida por el Doctor José A. Mijares designó Presidente de Cuba al Dr. José Morell Romero, que era el Magistrado del Tribunal Supremo mas antiguo que vivía y a quien correspondía la tan excelsa designación de acuerdo con lo dispuesto en la Constitución de 1940. El requerimiento a la Cumbre de las Américas no solamente pedía la proclamación presidencial del magistrado Morell Romero sino la demanda de que se le reconociera su derecho a participar en las sesiones. Los envanecidos Jefes de Estados consideraron la tampeña demanda como una impertinencia y no la incluyeron en su agenda. Como si hubieran dicho en buen refrán español: *A un bagazo, poco caso*....

El año 1995 comenzó con la magnífica noticia de que Lucifer había recibido con algarada en su infernal predio al primate comunista soviético-cubano Fabio Grobart. Allí se encontraban ya sus camaradas fundadores del comunismo en Cuba y sus múltiples sucesores y simpatizantes cuyos nombres y actuaciones, aunque no la fecha de su conversión en mejores comunistas, ya conocemos desde 1925 sucintamente y que en detallada relación se hallan en un libro cuya lectura recomendamos[244]. Pero el exilio y sus líderes del derechismo republicano sufrieron el descalabro de la victoria liberal demócrata que ganó la reelección del gobernador de Florida, Lawton Chiles, frente a Jeb Bush, hijo menor del ex-presidente George Bush y asociado empresarial de Armando Codina. Un reavivamiento accional anticomunista ocurrió cuando la cantante Rosita Fornés, predilecta y protegida del gobierno de la Isla, fue contratada para actuar en el Centro Vasco de Miami dando lugar a una polémica candente, de palabreo altisonante nada mas, entre quienes la favorecían y quienes la impugnaban. Aquellos amparándola en la Primera Enmienda de la Constitución de los Estados Unidos y en el hecho de que había nacido en New York y éstos denunciando su pertenencia a la milicia femenina de la UNEAC y sus relaciones íntimas con jerarcas de la nomenclatura, en especial con Che Guevara. Un incendio, que fue achacado a un coctel molotov, puso fin al cotorreo y al salón de espectáculos del Centro Vasco y motivó la decisión de la Fornés de regresar rápidamente al castrato. Lo lamentable del caso fue el cierre del Centro Vasco ya que allí semanalmente, los domingos, tenían lugar las sesiones de la Peña Político-Cultural mas importante de Miami, presidida y moderada por el Dr. Antonio Jorge, talentoso economista y prestigioso profesor de Florida International University quien era asistido en la ardua labor por el no menos

---

[244] Ver Tomo IV, pág. 354.

brillante intelectual, cirujano plástico y pintor-escultor, Dr. Nunzio Mainieri. El primero de ellos relacionado anteriormente[245], y ambos con profusión en precedentes páginas. Ejemplares civilistas pero inéditos revolucionarios de armas tomar.

El idealismo reinante en el ámbito de la Peña de Antonio Jorge, que entonces tenía lugar en un salón-comedor, dominicalmente, del restaurant *Málaga*, cedido gratuitamente por su propietario, el ex-preso político anticomunista Amador Fernández, condujo a la formación de un *Comité Gestor en pro de una Concertación Cívica Cubana* constituida por las principales organizaciones anticastristas del exilio y *que llegaran a un consenso de voluntades que condujera a la guerra necesaria de José Martí en 1895 que devolviera al pueblo de Cuba su libertad perdida desde hacía treinta y seis largos y sangrientos años.....* El Comité Gestor fue formado por Antonio Jorge, Alberto Fibla, Alberto Grau Sierra, Luis Fernández Caubí, Máximo Sorondo, José Basulto, José y Laida Carro, Luisa García Toledo, Ana María Lamar, Lorenzo del Toro y Nunzio Mainieri a quienes se unieron después Virgilio Beato, Rolando Amador, Martín Añorga, Manuel Viamonte, Ariel Remos, Manuel Cereijo, Orlando Gutiérrez, Luis Botifoll y los obispos Agustín Román y Eduardo Boza Masvidal. Según el largo y detallado informe acerca de la cronología de las actividades unitarias llevadas a cabo por el Comité Gestor de la propuesta Concertación Cívica Cubana, redactado por el Dr. Mainieri y en el archivo del *Autor*, muestra que desde enero 5 hasta abril 14 de 1995 los miembros del grupo concertador se reunieron con el Comité Ejecutivo de la Junta Patriótica Cubana, la Unidad Cubana, Cuba Independiente y Democrática, el Grupo Unidos, la Fundación Nacional Cubano Americana y los Municipios de Cuba en el Exilio que representaron, respectivamente, Roberto Rodríguez Aragón, Andrés Vargas Gómez, Huber Matos, Osvaldo Soto, Jorge Mas Canosa y Miguel Ángel Tudela. Las actas de las sesiones muestran una veriedad de opiniones favorables a la Concertación y otras exigiendo limitaciones a las facultades de sus proponentes. La realidad de que la Concertación iba derechita al fracaso está mostrada en las actas de los días 24 y 27 de marzo y abril 6, 9 y 14 de 1995. La Fundación es contraria al proyecto y José Basulto y Orlando Gutiérrez renuncian

---

[245] Ver Tomo IV, págs. 51, 539.

alegando inoperancia del propósito. La prensa, el radio y la televisión hispana en general se hacen eco de la crisis interna que divide irremisiblemente, una vez mas, al populacho que se llama a si mismo exilio mientras mantiene al comunismo castrista viajando alegremente a Cuba y enviándole cerca de mil millones de dólares anuales y concurriendo divertidamente a las presentaciones de cantantes, músicos y actores reciclados comunistas en Miami, New York, Los Angeles, etc. Antonio Jorge públicamente reafirma *que la Convergencia solo pretende sentar las bases de una sólida unidad y no en erigirse como rectora de las organizaciones anticastristas del exilio.*

Coincidiendo con el barullo de la Convergencia se estaba llevando a cabo el Acuerdo Migratorio relatado y en consecuencia de ello se ordenó la devolución a Cuba de 13 balseros que habían sido rescatados por un crucero de turismo que los desembarcó en Miami. Inmediatamente surgió en la Pequeña Habana la beligerante idea de oponerse masivamente a la deportación y de paralizar Miami en apoyo a esa demanda. Y de paso politizar la cuestión atacando al presidente Clinton y al Partido Demócrata gobernante. Rápidamente fue constituido un *Comité Unido del Exilio Cubano* formado por las siguientes organizaciones: Asociación de Veteranos de Bahía de Cochinos, Brigada 2506: José Miró Torra; Comité de Trabajadores Cubanos: Facundo Pomar; Cuba Independiente y Democrática, CID: Huber Matos Benítez; Frente Nacional de Ex-presos Políticos: Rodolfo Capote; Fundación Nacional Cubano Americana: Jorge Mas Canosa; Fundación Valladares: Armando Valladares; Hermanos al Rescate: José Basulto; Hogar de Tránsito: Arturo Cobo; Junta Patriótica Cubana: Roberto Rodríguez Aragón; Madres Contra la Represión, MAR: Silvia Iriondo; Unidad Cubana: Andrés Vargas Gómez; Asociación de Ex-presos Políticos: José Rufino Álvarez; Municipios en el Exilio: Juan R. González; Partido Protagonista del Pueblo: Orlando Bosch; Partido Independentista Cubano: Alberto Martínez Echenique y Comisión Cubana: Ramón Saül Sánchez. El Comité Gestor de la Concertación, como tal, no se incorporó al Comité Unido *por no considerarse una organización funcional política del exilio sino la idealidad del propósito de afrontar la crisis cubana con una misma voz y acelerar el proceso de la liberación de la Patria...*

Durante los días del 5 al 11 de mayo de 1995 hubo diversidad de actividades contestatarias a las deportaciones como fueron paralizaciones del tráfico, cierre de establecimientos, protestas ante oficinas gubernamentales, consulados, huelgas parciales y hasta una alteración del orden frente a la Casa Blanca que condujo al inusitado arresto del representante federal Lincoln Díaz Balart y el comisionado miamense Pedro Reboredo, de visita en Washington, los que fueron multados con $50.00 por desacato. En franca desventaja emocional frente a las algarabías protagonizadas por el Comité Unido que presidía José Miró Torra la Concertación continuaba imperturbable su no partidista labor académica de unificar tendencias filosóficamente. A ese efecto, citó a una reunión en la Ermita de la Caridad que, sin llegar a un acuerdo efectivo de mantener vigente la idea de la Concertación, se acordó continuarla, en sesión permanente, el día 18 de mayo. Pero el día 16 el Comité Unido del Exilio logró la asistencia multitudinaria de sus convocados a una marcha a lo largo de la calle 8 hasta el parque José Martí de la Pequeña Habana donde actuó de maestro de ceremonias Ramón Saúl Sánchez y como único orador el brigadista José Miró Torra quienes exaltaron al Comité como *la verdadera unidad del exilio anticomunista combatiente frente a lo que se llamó el Pacto Clinton-Castro, repetición traidora del Pacto Kennedy-Khruschev ambos de inspiración y manufactura Demócrata.* La reunión del día 18 se llevó a cabo con la asistencia de Andrés Vargas Gómez por Unidad Cubana; Juan R. González por los Municipios de Cuba; Roberto Rodríguez Aragón, por la Junta Patriótica; Ángel de Fana, por el CID y Mario Alfonso por la recién formada CAVA (Cuban American Veterans Association). Por el Comité Gestor de la Concertación actuaron Antonio Jorge, Manuel Viamonte, Luis Fernández Caubí, Ana María Lamar, Alberto Grau Sierra, Máximo Sorondo, José Carro y Nunzio Mainieri.

El acta de la reunión señala que la Fundación, en carta firmada por Francisco José Hernández, rechaza la propuesta Concertación y recomienda que el Comité Gestor de ella se sume al Comité Unido del Exilio; que Roberto Rodríguez Aragón expresó que se retiraba de la reunión recomendando que el Comité Gestor se uniese al Comité Unido del Exilio; que Ángel de Fana sugirió la unión del Comité Gestor y el Comité armónicamente; que Andrés Vargas Gómez combatió tanto a la Concertación como al Comité Unido y dijo que la Concertación funciona en forma desigual e impone restricciones inaceptables e invita al Comité Gestor a que no desaparezca y Juan R. González afirmó que los Municipios apoyan plenamente al Comité Gestor al que alientan a que siga trabajando. Por su parte, Luis Fernández

Caubí y Manuel Viamonte consideran que debe continuarse trabajando para lograr el apoyo de otras etnias. Máximo Sorondo, Nunzio Mainieri y José Carro declaran que el Comité Gestor debe recesar porque, según Mainieri, *la Concertación lejos de haber triunfado se había hecho fracasar por el protagonismo y los intereses de grupos por encima del interés supremo de la Patria.* Antonio Jorge hizo referencia al curso de los acontecimientos, reiteró *que el Comite Gestor no era una organización mas y, por tanto, no se iba a sumar a otras organizaciones.* Deseó el éxito del Comité Unido, afirmó que el Comité Gestor tenía el firme propósito de no antagonizar a nadie, de no añadir mas división al ambiente de animosidad, arrogancias, agresiones verbales y estériles polémicas de algunos segmentos del exilio y finalmente anunció que el Comité Gestor Pro-Concertación cesaba en sus actividades y que, en lo adelante, las propias organizaciones deberían proseguir esos trabajos si así lo deseaban. Firmaron con Jorge el ocaso del optimismo unificador Rolando Amador, Martín Añorga, Virgilio Beato, Monseñor E. Boza Masvidal, Laida Arcia Carro, José Carro, Lorenzo del Toro, Luis Fernández Caubí, Alberto Fibla, Luisa M. García Toledo, Alberto Grau Sierra, Ana María Lamar, Nunzio Mainieri, Monseñor Agustín Román, Máximo Sorondo y Manuel Viamonte el día 3 de junio de 1995.

El día 20 de mayo de ese año 1995 se reactivó el guirigay del Museo Cubano que aparece detallado en el anterior Capítulo XXVI al hacer público la media miamense que el anterior día 1ro una Directiva, (legal o apócrifa, no se especificaba su carácter), compuesta por María Cristina del Valle, presidenta; Ivette Murphy, vicepresidenta; Ileana Fuentes, directora ejecutiva y Cristina de Cárdenas, miembro del comite asesor, solicitaron el apoyo moral de los fundadores, quienes se negaron a darlo porque, según ellos, *la Junta Directiva solicitante era, por su origen e integración, nueva heredera de los que perpetraron el golpe de estado el día 3 de mayo de 1988.* Firmaban el rechazo Rosa Abella, Osvaldo Aguirre, Raúl Álvarez, Luis Botifoll, Elvira Dopico, Raúl García Iglesias, Humberto López Alió, Mignon Pérez de Medrano, Ana Rosa Núñez, Ofelia Tabares, María Teresa Vargas Gómez, Hilario Candela y Matilde Ponce.

XLII

Los fracasos de la Liga de la Decencia en Cuba y de la Peña Católica en Miami. Estafadores y malversadores millonarios. Miguel Recarey y el International Medical Center. Arenga cimarrona de Gastón Baquero. Cadena de estafas al Medicare. La Operación Palmaverde en el Ayuntamiento de Miami. El bandidaje de Manohar Surana, Miller Dawkins, Howard Gary, César Odio y Jorge de Cárdenas. Ridículas sentencias impuestas. Contraste con la conducta de Fernando Figueredo Socarrás. Ramón Saul Sánchez y sus flotillas. Intrepidez de Hermanos al Rescate. Amenazadora advertencia castrista. Gestores y adherentes de Concilio Cubano. Su Declaración Oficial. Implacable análisis negativo del Autor. La oprobiosa Ley de Inversión Extranjera.

Cuarenta y cinco años atrás, el día 31 de diciembre de 1950, El Diario de la Marina, en su magazine *7 Días* publicó un *Resumen de Hechos Censurables* correspondientes a ese año en los que se destacaban los siguientes: «*Representaciones teatrales y programas de radio y televisión ofensivos a La moral; aumento en el tráfico y vicio de las drogas heroicas; propagación de las casas de mal vivir; deshonra de la sociedad; crímenes impunes y escándalos públicos; intrusismo profesional y curanderismo peligroso y anuncios comerciales que atentan contra la moral...*» Atendiendo el llamado a la rectificación de esos males por el gobierno de turno (Administración Prío Socarrás) un grupo de Caballeros Católicos creó la *Liga de la Decencia* destinada a educar la sociedad en el rechazo de esos males que la aquejaban. No tuvo éxito en sus gestiones puesto que un año justo después, el 30 de diciembre de 1951, de nuevo el magazine *7 Días* hizo un recuento de similares hechos merecedores de censura[246]. La dictadura de Batista, que comenzó el siguiente día 10 de marzo de 1952, cortó de un tajo la libertad de prensa y determinó la muerte de la labor de adecentamiento social que preconizaba la Liga de la Decencia al decretar subversivas sus

---
[246] Ver Tomo III, pág, 190.

actividades *que denostaban la República y sus instituciones*, según alegó el Ministro de Comunicaciones del batistato, Pablo Carrera Jústiz, al suspender todos los programas informativos, políticos y doctrinales que en cualquier forma criticasen al régimen[247].

Justamente alarmados y avergonzados por la repetición de esos hechos reprobables en Miami, en el entorno de la emigración cubana a partir del Mariel, el día 6 de junio de 1995 el Diario Las Américas informó la creación de una *Peña Católica* integrada por José Ignacio Rivero, Antonio Alonso Avila, José Miguel Morales Gómez, Fernando Valverde Grau, Alberto Alea, Orlando Soto, Jorge Saralegui, Luis Estafani, Antonio Soto, Óscar Grau, Jorge Betancourt, Américo Mariota, Salvador Subirá, Carlos Obregón, Miguel Kohly, Pedro Reboredo, Jorge García Trilla, Carlos Alberto Arriaga y Luis del Valle *para combatir la publicidad cómplice del homosexualismo y el lesbianismo, el aborto, el sexualismo imperante, la violencia y depravación en el cine y la televisión, la venta y distribución publica de contraceptivos que induce y alienta la promiscuidad no matrimonial entre parejas solteras*. Los esfuerzos moralistas educacionales de esta Peña Católica, que se reunía en el restaurant *La Habana Vieja*, en Coral Gables, duraron muy poco pues a pesar de que sus rectores eran conocidos como militantemente clericales y ultraconservadores de filiación política republicana y que sus gestiones eran válidas, no recibieron apoyo, ni oficial ni público eclesiástico porque en ocasiones diferían de lo pautado por la jerarquía en relación a la barraganía comuno-católica, ya ampliamente descrita, que requería absoluta obediencia al Vaticano y vetaba el cubanísimo adoptado *derecho de ser católico a mi manera*... Pero aceptaba convenientemente el sincretismo fetichista de la santería y la veneración ala imagen de un ficticio San Lázaro en templos oficiados por sacerdotes que ministraban a miles sobre miles de *católicos a su manera*.

La criminal trascendencia del tráfico de drogas heroicas en intramuros y el exilio, así como el nombre de los cubanos envueltos en la bribonada, desde la *Operación Tic-Toc* hasta el sórdido proceso Ochoa-La Guardia (1981-1989) quedó relatada en múltiples páginas anteriores. Ahora toca el turno a los estafadores y malversadores millonarios que con su reprobable

---

[247] Ibid. págs. 245-46.

maldad arrastraban por el fango la reputación excelente de laboriosidad y decoro comercial ganada por artesanos y profesionales emigrados. Comienza la repugnante, pero absolutamente necesaria de relatar, historia de las canalladas, con Miguel Recarey que a finales de 1970 estableció en Miami una clínica que luego amplió con el nombre de International Medical Centers. En 1986 IMC tenía miles de asociados y se le consideraba como una de las mayores organizaciones de servicios médicos en Estados Unidos, asociada con el programa gubernamental de retirados acogidos a la Administración de Servicios Sociales (Medicare) del cual recibía 360 millones de dólares anuales. En 1987, bajo acusaciones de inscripciones múltiples falsas, de facturas apócrifas, soborno a dirigentes sindicales, teléfonos intervenidos y varios otros delitos burocráticos, el complejo de clínicas IMC se vino abajo. Sujeto a investigación criminal, Recarey se fugó a Venezuela cuando las autoridades fiscales descubrieron que IMC debía 230 millones de dólares en reclamaciones no pagadas, hecho que dejaba a pacientes y contribuyentes en la fuácata, en tanto que había obsequiado a su abogado defensor con la suma de 355 mil dólares procedentes del dinero desfalcado. No obstante que se encontraba procesado y sujeto a una alta fianza, la Corte no le impuso a Recarey prohibición de viajar y el Departamento de Estado le extendió pasaportes a sus menores hijos. En agosto de 1987 el Departamento de Rentas Internas (IRS) abrevió una reclamación de reintegro a IMC y el fugado Recarey por $2,200,000.00. De acuerdo con las autoridades fiscales, el super-estafador usó pasaportes falsos extendidos por Cancillerías extranjeras y que en 1988, después de residir en un exclusivo barrio residencial de Caracas, pasó a España y allí, después de divorciarse, casó con una ciudadana de ese país y mediante ese expediente se ciudadanizó español. El día 14 de febrero de 1995 una Corte Superior de allí unánimemente falló en contra de su extradición solicitada por Estados Unidos.

Después del timo al Medicare cometido por Huber Matos Araluce, en el cual se le identificaba como *«cubano exiliado»*, el Colegio de Periodistas de Cuba (Exilio) solicitó fraternalmente a la prensa de Miami que prescindiese la costumbre de identificar la etnia del delincuente, o su clase residencial, porque ello conducía a la injusticia de maljuzgar una comunidad por la pillería de unos pocos de sus mal encaminados miembros. Fue complacido el CPC(E) y de ahí en adelante fue el término *hispano* como general gentilicio usado quedando al interesado en saberlo el averiguarlo, por su cuenta, en los archivos policíacos o en los corrillos de peñas, parques de dominó, redacciones de periódicos y periodiquitos, barberías, velorios, bodegas de barrios, etc., que en el entorno migratorio, como lo fue en la Isla, eran fuente y regadío tanto de anécdotas y hechos reales como de chismes y falsedades[248]. El equivocadísimo sistema de desfigurar idealísticamente la historia de Cuba ha sido nocivo en demasía pues ha contribuido a la carencia de conciencia cívica en la inmensa mayoría de los cubanos de allá y de aquí. El escritor Gastón Baquero, por años prototipo del *calesero* o del *negro bueno* de la novela y el teatro musical zarruelero cubano y medular batistiano, desterrado en España, desafió a la canalla dorada del capitalismo salvaje al rasgar su calambuca vestidura y blandir el machete del cimarrón mambí al expresar lo siguiente[249].

«*Nunca se nos enseñó a enfrentarnos con la realidad por dura y amarga que fuese. Al contrario: se nos hizo creer que vivíamos en el mejor de los mundos y en el mejor país de la tierra.... En el fondo confiábamos en que Dios era cubano y salíamos sin grandes magulladuras de los accidentes mas graves... Todos los nacidos a partir de los años 60 tienen de la República una imagen completamente distinta a la nuestra, los que conocimos «la otra Cuba», la perteneciente a la etapa histórica de 1902 a 1959. Somos nosotros los que tenemos la carga mas pesada sobre el alma. Por eso mismo tenemos que poseer una visión de nuestra historia sin disfraces ni maquillajes. Mirar la historia cara a cara es nuestro penoso deber, pero es nuestro deber. ¿Que sacaremos con eso? ¡Enjuiciar el problema actual sin telarañas ni fantasmagorías!*»

La crónica roja de los dos principales periódicos *hispanos* de Miami, Diario Las Américas y El Nuevo Herald, durante el mes de julio de 1995 abundó en reportajes sobre las estafas que azotaron al Medicare y de ellas las mas notables y dañinas fueron las que siguen, resumidas: 1) Ricardo Samitier, un cirujano plástico que se encontraba sirviendo 5 años de presidio por la muerte culpable de un paciente fue además sentenciado a 26 meses de cárcel por de fraudar al Medicare por $441,000.00, al que había facturado

---

[248] *Las Mejores Estampas de Eladio Secades*, Universal, Miami, 1994.

[249] Gastón Baquero, *El Nuevo Herald*, Miami, mayo 6, 1995.

cuentas por docenas de pacientes que nunca atendió. Alegó que el dinero producto de sus estafas lo había gastado en contribuciones a grupos anticastristas que no identificó. 2)El cardiólogo Jaime Vergel se entregó a las autoridades federales después de ser procesado junto con sus ayudantes técnicos, María Lourdes Prohías y Roberto Sacasas, por estafar al Medicare por servicios no prestados y cobrados por $4,000,000.00. 3)Como resultado de tres años de investigaciones el FBI y el Departamento Estatal de Seguros arrestaron a Manuel Alfonso Suárez, propietario de tres clínicas, bajo cargos de haber estafado al Medicare y al Medicaid y a empresas de seguros de salud por valor de $6,500,000.00. 4) Agentes del FBI arrestaron a 18 residentes del Sur de Florida acusándolos de presentar falsas reclamaciones al Medicare por valor de $20,000,000.00. Las reclamaciones falsas incluían tratamientos médicos, equipos ortopédicos y alimentos especiales que los supuestos pacientes nunca recibieron. El grupo fue también acusado de pagar por información de números identificativos de beneficiarios de Medicare y Medicaid y de sobornar a médicos que extendieran facturas de servicios a pacientes que nunca examinaron. José M. Ferrer fue acusado de crear falsamente una entidad de servicios médicos y medicinales de la cual era, a la vez, patrón y único empleado y de robarle $2,000,000.00 al Medicare entre los que incluian cientos de partidas por tratamiento con oxígeno, a un precio de $365.00 cada una y de equipos ortopédicos y ambulatorios que costaban $3,150.00 que los ficticios pacientes no recibían ni necesitaban. Once de los 18 encartados habían creado falsas entidades de servicios lácteos a miles de falsos enfermos.

Los cambalaches politiqueros ocurridos en tiempo de elecciones municipales en Miami, que hemos leído, no tuvieron comparación con la desvergüenza ocurrida en su Ayuntamiento y que era mas abominable aún porque envolvía a emigrantes cubanos de renombre y raíces familiares admirables. La atrocidad del delito cometido los rebajaba de la clasificación de exiliados políticos a la de delincuentes comunes disfrazados de aquellos. Comenzó la aciaga fullería, denominada *Operación Palmaverde* por el FBI (Greenpalm), cuando gerentes de la empresa de computadoras Unisys denunciaron al FBI que Manohar Surana, Director de Finanzas del Ayuntamiento de Miami y hombre de confianza del Administrador de la Ciudad, César Odio, les había demandado una sustancial *mordida* (kickback) en el precio de una planificada operación de venta. El FBI entregó a Unisys $25,000.00 en billetes marcados que Surana depositó en un banco de Bahamas y luego transfirió a un banco en la India. Cogido en el brinco Surana accedió a convertirse en chivato del FBI y secretamente usar una reproductora que grabara todas las conversaciones sobre las extorsiones que tenían efecto y que identificaran las voces de sus cómplices. El primero en caer en la trampa fue el Comisionado Miller Dawkins que fue grabado cuando arreglaba con Surana la repartición de *mordidas* y a quien entregó $25,000.00 del FBI en billetes marcados de $100.00 en un parqueo carca de la Universidad de Miami que fue filmado además de grabado. Lo siguiente grabado fue un acuerdo criminal entre Surana, Miller Dawkins y el ex-Administrador de la Ciudad, Howard Gary en el Hotel Inter-Continental para debatir la mejor forma de lavar el dinero procedente de la malversación en que estaban envueltos. La bomba atómica de la conspiración del robo de caudales públicos en el Municipio estalló en la grabación que muestra a César Odio autorizando un plan mediante el cual se le pagaría al traficante de influencias (lobbyst), Jorge de Cárdenas, la suma de $12,500.00 mensuales en conexión con el plan de salud (healthcare contract) cuyo dinero mal habido se repartiría entre Surana y Odio. Presionado por el FBI, Gary acordó cooperar con ellos usando una reproductora e instalando en su oficina una cámara de televisión que mostraron a Gary ofreciendo a Dawkins $75,000.00 de los cuales Dawkins se embolsilló $5,000.00 y ordeno a aquel invertir el resto en valores a su nombre. Después, Surana entregó al FBI una nota en que Dawkins le demanda que exija $100,000.00 a Unisys. Odio y Surana siguieron recibiendo dinero del co-estafador Jorge de Cárdenas.

Todo ese bandidaje ocurrió entre julio 21 de 1955 y septiembre 11 de 1996, fecha ésta en que fueron arrestados Dawkins, Odio y De Cárdenas. The Miami Herald, que ha sido la fuente de la precedente información, publicó una copia de la confesión de Surana en la que este pícaro admitía el tener una reserva de efectivo para pagar a los sobornados cómplices, que había solicitado de Unisys una *mordida*, que había rellenado los costos de los contratos y nóminas y que había consistentemente atracado a los contratistas y proveedores del Municipio con la aprobación de César Odio. Las sentencias fueron ridículas en comparación con el crimen cometido: Dawkins, Odio y De Cárdenas se declararon culpables y fueron condenados, respectativamente, a 27 meses, 12 meses y 12 meses en prisiones federales de mínima seguridad. Surana y Gary fueron compensados por su delatora cooperación con solo un año de prisión, el primero, y con una absolución de cargos el segundo. No paró ahí el entuerto pues meses después de cerrado el caso la Comisión de Valores y Cambios (Security Exchange Commission) acusó a Suarna y Odio de estafar a potenciales inversionistas en 1995 al poner a la venta $116,500,000.00 en bonos de la ciudad ocultando que ésta no tenía aparentemente la capacidad de asumir la deuda y los pagos. A su vez, Merrett Stierheim que reemplazó a Odio como Administrador de la Ciudad, descubrió un déficit de $68,000,000.00 en el presupuesto para 1995-1996 que Odio y Suarna tenían preparado. La defensa de los acusados, que triunfó, se basó en que como los acusados no ocupaban puestos en el Ayuntamiento, que no se probó que hubieran actuado de mala fe y que los inversionistas en los bonos no sufrieron pérdida ya que el Ayuntamiento no renegó la emisión de los bonos no existía responsabilidad criminal. En cuanto al déficit de 68millones se adujo que había sido un error contabilístico.

Para el exilio combatiente, antibatistiano y anticastrista, que seguía fiel al ideal de la *Revolución Traicionada* y luchando por reivindicarla, el bochinche recordaba los chivos ocurridos en el Ayuntamiento de La Habana durante el autenticato y el batistato[250] (1944-1959) que contrastaba con la ejemplar conducta, en el Estado de Florida, del coronel de la Guerra de los Diez Años, Fernando Figueredo Socarrás, Ayudante que fuera del *Padre de la Patria*, Carlos Manuel De Céspedes, protestante con el *Titán de Bronce*, lugarteniente-General Antonio Maceo Grajales en Baraguá, quien emigrado revolucionario en Key West fue electo en 1885 a la Legislatura de Florida y después nombrado Superintendente Escolar del Condado de Monroe. Fundó con José Martí en 1892 el Partido Revolucionario Cubano y radicado en West Tampa en 1895 fue electo alcalde de esa ciudad donde organizó recaudaciones y expediciones en la Guerra de Independencia hasta regresar a Cuba donde, desde 1899 hasta su retiro del Servicio Civil ocupó, con acrisolada honradez, los cargos de Director General de Comunicaciones, Intendente Gereral de la República y Tesorero General de la República. Culminó su fructífera vida de combatiente-pensador al servicio de Cuba y Florida publicando en 1902 su libro *«La Revolución de Yara, 1868-1878»*

---

[250] Ver Tomo III, págs. 27-28, 340.

obra que sirvió de inspiración al Dr. Ramiro Guerra Sánchez para redactar su *«Guerra de los Diez Años»*, publicada en La Habana en 1950.

Durante el mes de junio de 1995 el combatiente anticomunista de gran prestigio, Ramón Saúl Sánchez, dirigente de la *Comisión Nacional Cubana*, estuvo anunciando y recogiendo fondos para llevar a las aguas territoriales cubanas una flotilla con el propósito de allí tributar un homenaje a las víctimas del hundimiento del remolcador *13 de Marzo*. Descartando la disposición naval americana prohibiendo tal actividad patriótica, 13 embarcaciones que llevaban de vanguardia a las lanchas *Democracia* y *Up To No Good* llegaron a 6 millas de la costa y allí fueron dispersadas por torpederas cubanas que emparedaron a la nave capitana *Democracia* resultando heridos el comisionado Pedro Reboredo y los pasajeros Osvaldo Pla y Mario Castellanos. Dos avionetas de Hermanos al Rescate, tripuladas por José Basulto, Bill Schuss y Mario de la Peña acompañaron la flotilla y audazmente sobrevolaron La Habana y dejaron caer sobre ella miles de calcomanías, durante 13 minutos, que contenían el mensaje *«Compañeros no, Hermanos»*. El exilio se regocijó con la intrepidez, con la cual se responsabilizó personalmente José Basulto, liberando de responsabilidad a los otros dos aviadores; las autoridades federales de aviación anunciaron una investigación que si probaba violación de la ley conduciría a la abolición del permiso de vuelos a Hermanos al Rescate y fuerte multa a Basulto bajo la premisa de que HAR, inscrita como una organización humanitaria creada para encontrar y salvar balseros náufragos había actuado como practicante de un activismo político contrario a la Ley de Neutralidad y lo contenido en el Pacto Kennedy-Khruschev de 1962[251]. El gobierno comunista de Cuba lanzó al mundo una ominosa advertencia el siguiente día 15 de julio, dos días después del incidente descrito: *«Cualquier nave procedente del exterior que invada por la fuerza nuestras aguas soberanas puede ser hundida y cualquier avión que haga lo mismo en nuestro espacio aéreo puede ser derribado...»*

Impertérrito, Ramón Saúl Sánchez organizó otra flotilla que tendría el propósito de lanzar al mar 3,000 ejemplares de la Declaración Universal de Derechos Humanos, envasados en botellas de plástico que derivaran hacia la costa de Cuba y que al ser recogidas por sus moradores y distribuidas

---

[251] Ver Tomo IV, págs. 376-91.

clandestinamente en la Isla incitaría el apoyo a la allí anunciada creación de un *Concilio Cubano* formado por titulados disidentes que eran partidarios de una transición absolutamente pacífica del comunismo a la democracia. Sin detenerse a analizar la rara actitud, inexplicable, del combatiente Ramón Saúl Sánchez aliándose pacifistas y reciclados, copiando la metamorfosis de Ángel Cuadra Landrove, las anticastristas Agenda Cuba, Alianza de Jóvenes Cubanos y el Ex-Club, representados por Pedro López, Ana Carbonell y Rolando Borges contribuyeron económicamente para alquilar el ruinoso camaronero *Sundown II* que lleno de pasajeros se rompió en pedazos menos de media hora después de salir al mar. Por fortuna el naufragio solo ocasionó la muerte del viajero Lázaro Gutiérrez a causa de un infarto. Los restantes náufragos fueron salvados por otras naves de la flotilla y el cuerpo de guardacostas. Enterado de la catástrofe, Ramón Saúl Sánchez ordenó el regreso de la flotilla a Key West sin cumplir la misión planeada. Incansable, Sánchez se trasladó a New York-New Jersey, su antiguo territorio accional, y allí organizó, el día 23 de octubre de 1995, otra flotilla de 20 pequeñas embarcaciones que ahora, con el nombre de *Movimiento Democracia*, que sustituía a la llamada *Comisión Nacional*, navegó río arriba por la rama éste del Hudson hasta dos o tres millas de distancia del edificio de Naciones Unidas como protesta de la asistencia de Fidel Castro a ese lugar. La mutación de Sánchez de la intransigencia beligerante al pacifismo retórico le ganó el mote de *arrepentido* con que *los plantados del exilio* categorizaron a los combatientes que contritos se abrazaban a la tesis perniciosa que preconizaba *El Derecho a Cambiar de Opinión*. El mismo sofisma predicado por los rajados mambises de la Guerra de los Diez Años para justificar su traspaso al autonomismo pacifista: Juan Bautista Spotorno, Ramón Pérez Trujillo, Juan Massó Parra, José María Cuervo, Miguel Bravo Sentíes y Emilio Luaces.

Paralelamente a los trajines de andar al mismo tiempo juntos y revueltos de *dialogueros, arrepentidos, reciclados, clericaloides*, etc., en el exilio, de la Isla esclava llegó la noticia de que relegando sus enconadas pasadas broncas, ideológicas y personales que leímos, se había constituido un*Concilio Cubano* producto de un Comité Gestor que tenía como Secretario Ejecutivo a Leonel Morejón Almagro y de Miembros a Oswaldo Payá Sardiñas, Félix Bonne Carcacés, Mercedes Paradas Antúnez, René Gómez Manzano, Gustavo Arcos Bergnes y Elizardo Sánchez Santacruz quienes el día 27 de noviembre de 1995 emitieron una *Declaración Oficial de Conci-*

lio Cubano cuyos propósitos colaboracionistas y anti-revolucionarios eran0 los siguientes: <u>PRIMERO</u>: *La determinación de trabajar por una transición absolutamente pacífica hacia un estado democrático de derecho que no albergue violencias, odios o sentimientos de revanchas y que incluya por igual a todos los cubanos. Por consiguiente Concilio Cubano excluye toda forma de violencia y en particular el terrorismo.* <u>SEGUNDO</u>: *El logro de una amnistía incondicional para todos los prisioneros por motivos políticos.* <u>TERCERO</u>: El inicio de un proceso de transformaciones jurídicas necesarias que, desde la ley, establezca el marco necesario para garantizar el respeto integral de los derechos humanos universalmente reconocidos, así como la participación de todos los cubanos en igualdad de condiciones en un proceso de apertura encaminado hacia la independencia económica. <u>CUARTO</u>: *La convicción de que, para que la transición pacífica por la que abogamos sea congruente con el principio de que Cuba es patria y hogar de todos los cubanos, es imprescindible ofrecer las condiciones y garantías para que todos ellos participen, sin exclusiones de clase alguna».*

En Miami los reciclados Pablo Llabre y Ariel Hidalgo se disputaron la exclusividad de la noticia y dieron a El Nuevo Herald una lista de 101 supuestas organizaciones adherentes a *Concilio Cubano* entre los que se destacaban los ya conocidos *reciclados, dialogueros* y *pacifistas,* firmando como líderes de ellas los siguientes: Félix Fleitas, Indamiro Restano, Vladimiro Roca y Aida Valdés Santana. La lectura de los cuatro puntos presentados descubría sin tapujos ni subterfugios que sus propósitos no eran otros que sembrar la idea del perdón y olvido para sus hermanos esbirros, calificando la justicia revolucionaria, que merecían, de *violencias, odios y sentimientos de revanchas*; expresando *que excluían toda forma de violencia y en particular el terrorismo,* insinuando malévolamente que sus perpetradores eran los anticomunistas y no ellos todos, cómplices del terrorismo de estado genocida que asolaba a Cuba; hipócritamente pidiendo *una amnistía incondicional para todos los presos por motivos políticos* algo que convenientemente consideraban que fuesen los disidentes y discrepantes, descubiertos o tapaditos, y no los infiltrados subversivos y los expedicionarios combatientes que se salvaron del paredón de fusilamiento y sufrían dura prisión y finalmente baboseando *que Cuba es patria y hogar de todos los cubanos* sabiendo muy bien que no lo es, ni debe serlo nunca, de tipos como ellos, sátrapas, traidores al mambisado, totalitarios fascistas y comunistas y vendidos baratamente al oro del capitalismo salvaje, versión moderna de las bíblicas treinta monedas de plata pagadas a Judas. Duro lenguaje que escandaliza a santurrones, politiqueros y mascaritas seudo-revolucionarios que cambian de opinión cívica como de color los camaleones y chipojos. Pero que es mas que merecido y tan nacionalista mambí como una carga al machete de las que daban al opresor ejército español y sus atroces guerrilleros cubanos, sin misericordia, la caballería del Ejército Libertador al frente de la cual galopaban sus generales y oficiales superiores y no los retóricos, discurseadores, literatos, académicos y cubanólogos de aquella era gloriosa[252].

El día 6 de septiembre de 1995 fue promulgada en Cuba la Ley Número 77, que oficializaba y materializaba la inversión del capitalismo salvaje extranjero en un maridaje oneroso con el capitalismo de estado comunista. La Ley constaba de 17 Capítulos y 58 Artículos de largas y tortuosas explicaciones sobre los métodos inversionistas, los pagos de impuestos, las garantías que se concedían a los socios industriales y a los adquirientes de acciones, bonos y valores de las empresas mixtas y las de capital totalmente extranjero en todos los sectores socio-económicos con excepción de la defensa, la salud y la educación. La mas oprobiosa de las condiciones era la que afectaba a la clase trabajadora pues obligaba a los inversionistas extranjeros a cubrir el monto de sus nóminas con divisas convertibles o con dólares, y a solicitar del régimen la fuerza laboral cuyo salario, que aquel fijaba en dólares, luego pagaba en pesos cubanos al cambio de su arbitrario mercadeo. Es decir, que si el salario de los trabajadores, manuales o intelectuales, lo fijaba el proveedor de ellos, que era el gobierno comunista, oscilaba entre 125 y 450 dólares cobrados al inversionista y el cambio en septiembre de 1995 era de 40 pesos por un *fula*, el cubano ganaba el equivalente a diez dólares al mes que después gastaba en la bolsa negra en productos que escaseaban, o faltaban, en la cuota fijada por la libreta de abastecimientos. Para simular seriedad a éste relajo que era la Ley de la Inversión Extranjera fue improvisado el Ministerio de Inversión Extranjera y Cooperación Económica y puesto en manos de Carlos Lage y Octavio Castilla, como Ministro y Vicemi-

---

[252] Ver Tomo I, págs. 297-99.

nistro respectivamente, quienes no hicieron otra cosa que disfrazar *de jure* lo que ya existía *de facto* desde tiempo atrás como se consignó en el anterior Capítulo XXXVII.

XLIII

El plan Carril Dos de Clinton. La ley Helms-Burton. Versión 1995 de la Enmienda Platt. El derecho de extra-territorialidad. Oposición de la Unión Europea. Apoyo y rechazo a la ley Helms-Burton de disidentes en Cuba y el exilio. Unidad Cubana impugna el Carril Dos y defiende la ley Helms-Burton. Nuevo tropiezo de Seso Hueco. Trapalón juego de palabras del grupo colaboracionista. Viajes al extranjero de Fidel Castro. La hecatombe aérea de Hermanos al Rescate. Premeditado ataque de los MIG29. Compensación a familiares de las víctimas y agravadas represiones. Descarada calumnia de sicarios castristas en Miami. Clinton firma la ley Helms-Burton. La controversia Basulto-Departamento de Defensa. Sentencia del juez federal LawrenceKing favorable a herederos de los pilotos asesinados. Desmantelamiento del Centro de Estudios sobre América (CEA).

La causa de la libertad de Cuba fue de nuevo torcida por los intereses partidistas, republicanos y demócratas, en Washington y Florida. De nuevo con la complicidad de politiqueros anti-revolucionarios cubanos. El Partido Republicano contaba con la mayoría de miembros en el Senado y la Cámara que se hallaban presididos, respectivamente, por el senador por Kansas, Robert Dole, y el representante por Georgia, Newt Gingrich. Las elecciones generales tendrían lugar en el otoño de 1996 y en el verano de 1995 ya se daba por seguro de que a la presidencia aspiraban el reeleccionista Clinton y el senador Dole. Florida con su gran población y alto número de votos electorales era ansiada presa de ambos partidos. En ese Estado aspiraba a su gobernatura Jeb, el hijo menor del ex-presidente George Bush, quien contaba con gran simpatía entre los votantes hispanos, especialmente con los de origen cubano. Instado por Richard Nuccio, miembro del Consejo de

Seguridad Nacional y director de la política norteamericana hacia Cuba en la Casa Blanca, el día 7 de junio de 1995 el presidente Clinton anunció la implantación de un programa de acercamiento con el régimen comunista que creía sería aplaudido por el exilio ya que éste, de acuerdo con sus informes, deseaba la paz y no la guerra, viajar sin trabas migratorias a la Isla, remitir ilimitadamente divisas a familiares, así como el envío de ellas a las organizaciones de disidentes, de derechos humanos, ecológicas, etc., que eran toleradas por el régimen comunista que estaba poniendo en función reformas económicas y sociales. El dicho programa, bautizado como *Carril Dos* (Tract Two) constaba de los siguientes cinco puntos:

1) Permite a los exiliados cubanos un viaje anual a Cuba sin tener que solicitar licencia del Departamento del Tesoro.
2) Permite el intercambio de corresponsales de prensa entre Estados Unidos y Cuba.
3) Permite el envío de donaciones a organizaciones no gubernamentales en Cuba, entre ellas las activas en asuntos humanitarios, educativas, ambientales y de derechos humanos.
4) Permite el envío de transferencias de dinero para visas o emergencias a través de Western Union, que abrirá oficinas en Cuba.
5) Liberaliza los viajes entre Estados Unidos y Cuba para académicos, figuras culturales y educadores.

Sospechando que esas medidas ocultaban un debilitamiento de la Ley Torricelli y del embargo comercial, la Fundación Nacional Cubano Americana movilizó su poderío lobbysta en Washington en apoyo a un proyecto titulado *Ley de Libertad y Solidaridad Democrática con Cuba*, presentado en la Cámara de Representantes por el legislador republicano por Indiana, Dan Burton, que fue aprobado por una abrumadora mayoría de 336 votos a favor y 86 en contra. Su paso por el Senado encontró problemas ya que el Secretario de Estado Warren Christopher y Richard Nuccio advirtieron a los Senadores que el presidente Clinton vetaría la *Cuban Liberty and Democratic Solidarity Act* si era aprobada porque contenían inclusión de extraterritorialidad. La Ley, en resumen, reforzaba el embargo, aplicaba sanciones a empresas nacionales o extranjeras que tuvieran relaciones con Cuba, favorecía un gobierno de transición que desmantelara las fuerzas armadas, el Ministerio del Interior y los Comités de Defensa de la Revolución, privatizara el sector público, celebrara elecciones libres con la participación de cubanos de intramuros y el exilio excepción hecha de actuales gobernantes y *obligación de los elegidos de aceptar el visto-bueno del presidente americano* antes de empezar negociaciones para la suspensión del embargo. Dicho sea a entera responsabilidad *iconoclasta*: Una versión 1995 de la Enmienda Platt de 1901.

Las cláusulas fundamentales que impedían la aprobación de la Ley en el Senado eran las siguientes:

1) Creaba un derecho de acción que permitiría presentar demandas contra gobiernos, compañías e individuos extranjeros que trafiquen en propiedades confiscadas pero daba derecho al Presidente a postergar su implementación por períodos de seis meses si determinaba que eso obraba en favor del interés nacional.
2) Negaba visas de entrada a Estados Unidos a los extranjeros que hayan traficado con propiedades confiscadas y reclamadas por un ciudadano estadounidense. El término *traficar* se definía como comprar, vender, transferir, obtener ganancias de propiedades americanas confiscadas o incluso mejorarlas.

Ese *derecho de acción* arriba mencionado no solamente comprendía a americanos nativos sino también a los cubanos naturalizados. La reclamación de los americanos confiscados sumaba 5,911 y el monto reclamado era de 5,600 millones de dólares al 6% de interés anual. Si los cientos de miles de refugiados que se calculaba habíanse convertido en ciudadanos americanos y amparados por la cláusula 3 demandaban su compensación por lo que les robaron, desde las tierras, las industrias y los comercios hasta las viviendas, los bienes muebles, las cuentas bancarias, semovientes, etc., el estimado de las reclamaciones podría sobrepasar cien mil millones de dólares. El atascamiento reclamatorio en Cortes y Tribunales insuficientes para ventilarlo era impensable. Los países de la Unión Europea y varios de Latinoamérica expresaron su disgusto alegando que eran medidas coercitivas unilaterales que impedían el libre intercambio comercial y manifestaron su oposición a la adopción de medidas de alcance extra-territorial o que fuera contraria a las normas de las organizaciones internacionales, en particular las de la Organización Mundial de Comercio. El senador republicano por North Carolina, Jesse Helms, patrocinador en el Senado del proyecto aprobado por la Cámara, ahora conocido como *la Ley Helms-Burton*, no pudo lograr su aprobación en la Comisión Senatorial de Relaciones Exteriores que él presidía pero el senador Robert Dole invocó una regla que permitía al Senado tomar la versión del proyecto aprobado por la Cámara y sustituirlo por la versión de Helms. El día 15 de octubre de 1995, por la estrecha votación de 74 a 72 el Senado aprobó la Ley Helms-Burton, sin la cláusula que beneficiaba retroactivamente a los cubanos naturalizados con *el derecho de acción*. Fue enviado al Presidente para su sanción o veto y éste ordenó engavetarlo alegando necesidad de su cuidadoso exámen futuro. Jorge Mas Canosa inmediatamente atribuyó a la FNCA y su lobby en Washington el logro de la aprobación senatorial[253].

La Ley Helms-Burton levantó en Miami y La Habana una polvorera de dimes y diretes en favor y en contra de ella. Procedente de la Isla y presentada y apoyada por Rafael Sánchez, Alfredo Durán, Ramón Cernuda y Ariel Hidalgo fue mostrada una comunicación firmada por Elizardo Sánchez, Aida Rosa Jiménez y Vladimiro Roca en la que mostraban su rechazo a la susodicha Ley en tanto que el genocida de FRUTICUBA, Ricardo Bofill Pagés, elevado a la posición de líder anticomunista por la FNCA y el State Department, la defendía y además afirmó que su pestífero Comité Pro Derechos Humanos estaba en contra de levantar el embargo unilateralmente. Por su parte, Andrés Vargas Gómez y Francisco *Pancho* Hernández, Presidente y Secretario de Unidad Cubana, anunciaron la celebración de una marcha en contra de las medidas del Carril Dos favorecidas por Clinton y en total apoyo a la Ley Helms-Burton y al fortalecimiento del embargo. El nombramiento de Armando Pérez Roura como coordinador del evento suscitó inconformidad por causa de su pasado batistiano-fidelista bien conocido pero Luis Conte Agüero salió en su defensa cuando en un acto de la Cámara de Comercio de Miami Beach lo describió como *primer comentarista y primer líder del exilio cubano que es apoyado por el Partido Ortodoxo y sus comandos y centinelas de la libertad clandestinos en Cuba*. El grupito de colaboradores con la tiranía en Miami que componían Marifeli Pérez Stable,

---

[253] Néstor Suárez Feliú, obra citada.

Francisco Aruca, María Cristina Herrera, Carlos M. Luis, Andrés Gómez, Marcelino Miyares y Lorenzo Gonzalo, a quienes se sumaron los tapaditos Lázaro Fariñas, Carmen Duarte, Max Lesnick y Alvaro Sánchez Cifuentes, encaminó sus esfuerzos desinformadores a pintar el embargo y la Ley Helms como dañinos al pueblo cubano y no al gobierno comunista que según ellos era una víctima del imperialismo estrangulador de su economía planificada que prosperaba a pesar de la carencia del subsidio ruso. Un trapalón juego de palabras que a nadie engañaba. Pero que el populacho de intramuros aplaudía con deleite masoquista.

Como era de esperarse, todas y cada una de las medidas y cambios en la estructura económica del gobierno fracasaban. La única solución a los problemas consistía en recibir una ayuda financiera del Banco Mundial o una descomunal suma de capital inversionista extranjero. Con miras a lograr tales imposibles cosas Fidel Castro impuso un record de viajes al exterior durante 1995, visitando 10 países en Europa, Asia y América como sigue: en marzo viajó a Dinamarca para participar en la Cumbre de Naciones Unidas para el Desarrollo Social; de allí pasó a Francia informalmente invitado por el presidente Francois Mitterand; en el verano estuvo en Barbados en la constitución de la Organización de Estados Caribeños; en octubre se desplazó por Uruguay, Argentina y Colombia asistiendo a las Cumbres Iberoamericana y del Movimiento de Países no Alineados respectivamente; a New York en la conmemoración del 50 aniversario de las Naciones Unidas; y en noviembre a China, Viet-Nam y Japón. En ese periplo mundial todo lo que recibió fue una considerable atención de la prensa y declaraciones de respaldo en favor del levantamiento del embargo americano a Cuba comunista. Y cada vez que regresó de sus viajes, durante los cuales no hubo un solo intento subversivo en su país de carneros, multitudes lo recibieron con agasajos y proclamaciones de lealtad inquebrantable a su persona y su despotismo. Que en Miami los retóricos microfoneros y sabelotodos cronistas afirmaban y reafirmaban que concurrían obligados y por la fuerza de bayonetas.

El año 1996 tuvo un trágico comienzo para el exilio. Una hecatombe humana, obra del desalmado régimen tiránico de la Isla, semejante al hundimiento del remolcador 13 de Marzo, la masacre en el río Canímar y las matanzas de balseros en Cojímar y Celimar que fueron relatadas, excepto por el número de víctimas acaecidas, pero de trascendencia ultramarina que afectaba directamente a Washington y a la seguridad territorial de Estados

Unidos. El día 24 de febrero, aniversario del Grito de Baire[254], una escuadrilla de tres avionetas de Hermanos al Rescate que cumplían una de sus acostumbradas misiones de localizar balseros náufragos, dejarles caer agua, alimentos y medicinas y describir al Cuerpo de Guardacostas su situación en el mapa oceánico para que fueran recogidos con vida, fueron súbitamente atacadas en aguas internacionales por un par de MIG29 de la FARC uno de los cuales, tripulado por los atacantes piloto y navegante teniente-coroneles, los hermanos Francisco Pérez Pérez y Alberto Pérez Pérez y el otro de escolta por el mayor Emilio Palacios, derribó pulverizando a dos de las avionetes que, respectivamente, desarmadas, transportaban como indefensos observadores a los jóvenes Armando Alejandre, Carlos Costa, Pablo Morales y Mario de la Peña. Pudo escapar de la artera encerrona aerea perpetrada la avioneta en que viajaban José Basulto, Arnaldo Iglesias y el matrimonio Andrés y Silvia Iriondo. Que el criminal ataque no fue ocasional sino premeditado lo mostraron grabaciones de la conversación sostenida por los atacantes con su base en la que encarecidamente solicitaban autorización para cohetearlas y que cuando les fue concedida y las destruyeron regocijadamente gritaron en soez lenguaje *¡Les partimos los cojones!*

No solamente la destrucción de las avionetas en aguas internacionales era una flagrante violación de la ley sino que las víctimas eran americanos por nacimiento (Costa y De la Peña), por naturalización el ex-marine Alejandre (nativo cubano) y residente legal, nacido en Cuba, Pablo Morales. Apremiado por las airadas demandas públicas de que actuase enérgicamente contra el régimen comunista cubano y deseando atenuar la inconformidad de la población hispana de Miami y Florida por su anunciado Carril Dos, el día 27 el presidente Clinton aprobó una compensación de $300,000.00 a cada familia de los cuatro pilotos asesinados disponiendo que fuesen tomados los fondos de los caudales del régimen comunista cubano congelados por Estados Unidos; dispuso restringir los viajes de funcionarios del castrismo a Estados Unidos; prometió trabajar con el Congreso para aprobar el proyecto de ley Helms-Burton que endurecía el embargo; resolvió expandir el alcance transmisor de Radio Martí y suspender todos los vuelos fletados hacia La Habana. Descaradamente aprovechando la debilidad institucional de la

---

[254] Ver Tomo I, págs. 250-56.

democracia americana para con sus jurados enemigos totalitarios, la Brigada Antonio Maceo, la Alianza de Trabajadores de la Comunidad Cubana y Rescate Cultural Afrocubano, representados respectivamente por Andrés Gómez, Walfrido Moreno y Caridad *Cachita* Moré ofrecieron una rueda de prensa con la pretensión de justificar el derribo de las avionetas alegando legítima defensa a la provocación de Hermanos al Rescate que violó el espacio aéreo cubano. La reunión tuvo lugar en la librería *Pathfinder* del Pequeño Haití y cuando un grupo de exiliados se presentó a reclamar derecho de réplica a la vil calumina se alteró el orden y se dio el insólito caso de que quien fue arrestado no fue uno de los agentes castro-comunistas sino el ex-preso político Mario Miranda que los impugnó. La embajadora de Estados Unidos en las Naciones Unidas, Madeleine Albright, inculpó fogosamente a Cuba comunista por el vandálico hecho y el día 13 de marzo de 1996 el presidente Clinton dio su aprobación a la ley Helms-Burton diciendo: *Firmo esta ley en nombre de los cuatro hombres que murieron. En su memoria continuaré haciendo todo lo posible por ayudar que la ola de democracia que ha arrasado nuestro hemisferio por fin llegue a las costas de Cuba.* No obstante lo dicho, el día 16 de julio suspendió por seis meses la imposición de la clausula 3 de la ley Helms-Burton. Y lo repitió cada seis meses durante su segundo período presidencial 1996-2000.

Durante el tiempo historiológico en que la Minoría Histórica cubana, renovada constantemente, ha luchado sin pausa ni tregua por constituirse en Nación, pasando por sus etapas de París, a Colonia, a Patria, a Pueblo y a República, su brega nacionalista-revolucionaria ha estado ligada a la política exterior de los intereses de los gobiernos de los Estados Unidos. En los precedentes Tomos hemos visto en funciones la enigmática actuación diplomática y militar americana de por un lado alentar y ayudar a los patriotas y por otro abandonarlos, perseguirlos y encarcelarlos. Los conflictos generados entre los libertadores y sus inconstantes aliados y entre aquellos mismos por tratar de oponerse a los designios de éstos, o de previsoramente someterseles hasta lograr con el tiempo quitárselos de encima, han quedado claramente presentados al lector, especialmente en los casos de las iniciativas anexionistas estrambóticas de la Asamblea de Representantes del Centro (antiguo Comité Revolucionario del Camagüey) y de la Asamblea de Guáimaro así como la proclama anti-cubana del presidente Ulises Grant durante la Guerra de los Diez Años (1868-1878); en la explosión del acorazado

Maine, la guerra Hispano-Cubana-Americana y la Enmienda Platt durante la Guerra de Independencia (1895-1898); las cinco intervenciones militares y el ingerencismo yanqui (1898-1958); la lucha contra el castro-comunismo en el Escambray y Bahía de Cochinos y los infames pactos Kennedy-Khruschev en 1962 y el Nixon-Castro en 1973[255].

Como era de suponerse, el derribo de las avionetas y la muerte alevosa de sus tripulantes originó una controversia entre José Basulto y el gobierno americano, acerca de las responsabilidades incurridas que hasta el presente no han sido dilucidada y que se ha unido a las arriba mencionadas. Basulto, según publicó El Nuevo Herald, afirmó que la posibilidad de que los MIGs casi llegaran a la Florida sin que ningún caza americano despegara para responder, reafirmaba su teoría de que el gobierno deliberadamente permitió el ataque. El Departamento de Defensa dijo que los MIGs que persiguieron a Basulto nunca estuvieron a menos de 60 millas de Key West, 10 millas menos de la distancia a la que los cazas americanos hubieran salido a interceptar aviones hostiles y que la seguridad de Estados Unidos nunca estuvo en peligro. Basulto fue acusado de haber volado sobre Cuba y lanzado proclamas dos veces en el mes de enero pero se defendió asegurando que lo había hecho a gran distancia de la Isla y desde gran altura para que el viento las derivase hacia allá. El descubrimiento de que un piloto desertor de las FAR, el mayor Juan Pablo Roque, que había sido protegido por la FNCA, recomendado a Hermanos al Rescate y publicádole un folleto anti-castrista elogiadísimo por la Directora de la Voz de la Fundación, Ninoska Pérez Castellón, que había volado con Basulto en misiones de rescate y que conocía a fondo los planes de vuelos de HAR, había regresado a La Habana secretamente antes del ataque e identificado como espía-infiltrado confirmó la sospecha de que los MIGs estaban esperando a las avionetas para hacer cierta la amenaza proferida por el régimen comunista el día 15 de julio de 1995.

---

[255] Ver Tomo I, págs. 99, 105-08, 115-17, 363-70; Tomo II, págs. 91-101, 189-213, 221-31, 312-14, 322-26, 408-29, 447-50, 458-60, 464-67; Tomo III, págs. 43-44, 147-48, 334-35, 406-10, 462-63, 473, 488, 495-97, 506-07, 530-32, 539-40, 551-52, 554-56, 565-67; Tomo IV, págs. 272-78, 320-41, 357-68.

Los herederos directos de las víctimas presentaron una demanda ante la Corte Federal del Distrito del Sur de Florida, contra el gobierno comunista de Cuba para que fuera este condenado a indemnizarlos basándose en el informe del organismo de las Naciones Unidas, la Organización Internacional de Aeronáutica Civil, en junio de 1966, que determinó que las avionetas fueron derribadas sobre aguas internacionales y en lo prescrito en la Ley de Soberanía Extranjera que dispone lo siguiente:

«Un estado extranjero no deberá tener inmunidad respecto de la jurisdicción de los tribunales norteamericanos en ninguna causa en la cual se demande indemnización monetaria contra un estado extranjero por lesiones personales o muerte, cuya causa sea un acto de tortura, asesinato extrajudicial, sabotaje a aeronaves, toma de rehenes o suministro de apoyo material o recursos para cometer un acto de esa índole, si en el mismo o para su apoyo material, está involucrado un funcionario, empleado o agente de dicho estado extranjero, mientras se encuentre actuando bajo la competencia de su función, empleo o agencia».

lo que motivó al juez federal, James Lawrence King, el 17 de diciembre de 1997 a dictar sentencia condenando a Cuba comunista a pagar la suma de $187,600,000.00 a los demandantes de los cuales fue excluida la familia de Pablo Morales porque el difunto no era ciudadano americano en el momento trágico en que ocurrió el hecho. Desde entonces los familiares han estado tratando de cobrar la indemnización del dinero que las empresas norteamericanas de telecomunicaciones tienen que entregar a la tiranía pero como esta ha amenazado con cortar el servicio telefónico si no recibe ese dinero el expediente de la sentencia dictada por el juez King ha sido consignado a la gaveta presidencial de *archívese y olvídese*, en ingles *file and forget*....

La imbécil doctrina que fue definida como *internacionalismo proletario* enarbolada en la oficialización de la OSPAAL y la OLAS[256] se encontraba totalmente fracasada en 1996. Rusia, Alemania del Este, Checoeslovaquia, Polonia, Hungria, Rumania, Bulgaria, Albania, Yugoeslavia, Lituania, Estonia

---

[256] Ver Tomo IV, págs. 479-87.

y Latvia habían secesionado del Comintern; en África los turbulentos Angola, Somalia, Etiopia y Eritrea habían renegado del marxismo-leninismo y en la América hispana las intentonas castro-comunistas en Venezuela, Nicaragua, El Salvador, Argentina, Bolivia, Chile, Perú, República Dominicana y Uruguay fueron derrotadas. Por invasión armada de las presidencias de Reagan y Bush fueron arrasadas Granada y Panamá. Engendro de las OLAS había sido un llamado Departámento de Américas al frente del cual fue situado el comandante Manuel *Barbarroja* Piñeiro[257], hombre de confianza de Raúl Castro, cuyas funciones eran coordinar los frentes intelectuales que dieran apoyo político-académico a las insurrecciones armadas marxistas en Hispanoamérica y a las violentas revueltas de sectores negros y chicanos afiliados a *Black Power* y *Brown Power* dentro de los Estados Unidos[258]. Cuando en 1978 la Administración Carter abrió su puerta al colaboracionismo que dio lugar al viaje a Cuba de la Comisión de los 75 y la apertura en La Habana y Washington de las Oficinas de los Intereses[259], el Departamento de Américas dio un viraje a su método subversivo para Hispanoamérica y el Caribe y dedicó sus recursos académicos y monetarios a socavar los Estados Unidos.

El Centro de Estudios sobre América (CEA) fue una creación gubernamental que sirviera de *frente* a un escogido grupo de doctrinarios marxistas-leninistas, miembros todos del Partido Comunista, para relacionarse con *compañeros de viaje* extranjeros del campo capitalista salvaje y que dieran la impresión académica de imparcialidad política y de interés socio-económico. Los mas conocidos doctrinarios del CEA fueron Luis Suárez, Aurelio Alonso, Hugo Azcuy, Haroldo Dilla, Rafael Hernández, Juan Valdés, Mario Bonet, Ibis Pachot, Libia Alfonso, Elsa Barrera, Julio Carranza, Pedro Monreal, Luis Gutiérrez, Juan Luis Martín, Alfredo González, Armando Fernández, Miriam Quintana, Tania García, Lourdes Regueiro, Fernando Martínez, Ana Julia Faya, Lourdes Pasalodos e Hildelisa Ramos. Este grupo

---

[257] Ver Tomo III, págs. 435, 451, 510 y Tomo IV, págs. 35, 36, 95, 105, 123-24, 141-42, 206-07, 363, 427-28, 477-78, 480, 500.

[258] Ver Tomo IV, págs. 462-63.

[259] Ibid. págs. 628-29.

de librescos marxistoides establecieron contactos con los cubanógos en *la Yuma* Jorge Domínguez, Wayne Smith, Nelson Valdés, Lisandro Pérez, Max Castro y otros menos conocidos cambiando ideas sobre posibles reformas tipo perestroika en Cuba y acerca de proyectos de conferencias sobre estudios cubano-americanos pero sin contar con la previa anuencia del Partido que al enterarse de lo que ocurría nombró una comisión inquisidora de su seno compuesta por José Ramón Balaguer, Rolando Alfonso, Darío Machado, Ángel Morejón, José Arbesú y Amado Soto que informó al Partido que no había habido mala intención disidente por parte de los investigados sino una indisciplina académica, vanidosa y oportunista. Los encartados apelaron a *Barbarroja* que los ignoró y entonces acudieron por carta a Raúl Castro quien no solamente los tiró a mierda sino que los dispersó burocraticamente así: Haroldo Dilla al Instituto de Filosofía; Rafael Hernández al Centro *Juan Marinello* del Ministerio de Cultura; Juan Valdés al Instituto de la Historia; Julio Carranza al Centro de Estudios sobre la Economía Cubana; Pedro Monreal al Centro de Investigaciones sobre la Economía Internacional; Aurelio Alonso al Centro de Investigaciones Psicológicas y Sociales y Luis Suárez al Ministerio de Justicia a organizar proyectos académicos de jurisprudencia. Darío Machado fue nombrado Director del CEA después que *Barbarroja* fue destituido.

XLIV

Recuento por Raúl Castro de calamidades en el Período Especial. Gonzalo Rubalcava y los «uneacos» reciclados. Muerte del alcalde de Miami, Steve Clark. Elección para sustituirlo. Victoria de Joe Carollo. Comicios del Condado. Su importancia política y económica. Alex Penelas electo. Regreso triunfal de Miriam Alonso. Nueva contienda entre The Miami Herald-El Nuevo Herald y Jorge Mas Canosa-MASTEC-FNCA. Revelaciones impactantes. Los chistes de Alberto González y del Nuevo Museo Cubano. El huracán «Lily» arrasa el centro de Cuba. Controversia por la ayuda pedida al exilio. Viaje de Fidel a Roma. Visita al Vaticano y al Papa. La boñiga leguleya comunista de fin de año. Las elecciones presidenciales. Triunfo demócrata en Florida y Miami-Dade. Estadística.

El marzo de 1996 el Comité Central del Partido Comunista creyó necesario informar al mundo la pésima situación en que su sistema de desgobierno había impuesto a la sociedad cubana pero achacando su decrepitud total al *período especial* que habían provocado la Unión Soviética y su *perestroika* y *glasmost* y los Estados Unidos con su *inhumano e ilegal embargo económico.* El tiro le salió por la culata cuando Granma, el día 23 de ese mes, publicó un largo reporte de las falsas conclusiones inventadas para culpar a causas externas y no internas la destrucción del país por el marxismo-leninismo. Sea el propio Raúl Castro quien disfrace la realidad con el ropaje de la mentira al leer esta parte del informe del Comité Central:

«Es necesario referirnos a las penurias que la inmensa mayoría de nuestro pueblo ha sufrido y sufre en estos años de período especial. Las carencias en la alimentación, los apagones, los problemas del transporte, la ausencia casi total de distribución de ropa y calzado, el agravamiento de la situación de vivienda, la reducción del servicio de reparación de equipos electrodomésticos y otros enseres del hogar, la escasez de productos tan necesarios como el jabón y otros artículos de higiene personal, las estrecheces materiales que afectan a nuestros servicios de educación, salud y medicamentos, todo ello ha significado un violento decrecimiento del nivel de vida que habíamos alcanzado. El período especial no solo significó el paro o la disminución del trabajo, para cientos de personas ubicadas en centros estatales, sino también el aumento del desempleo juvenil, con la suma creciente cada año de decenas de miles de arribantes en edad laboral, desmovilizados de los institutos armados y egresados sin ubicación..»

Entrelazados con los hechos históricos relacionados con las dos Cubas, la de la Isla y la del Exilio, durante 1996 ya relatados, ocurrieron otros importantísimos, a pedazos, que no pueden, ni deben, ser seguidos en un orden cronológico so pena de confundir al lector uniendo los sucesos como piezas de un rompecabezas al mezclarlos en secuencia. El Autor se atiene, para presentarlos, a la razón expuesta en el *Proemio* del Tomo IV que expresa lo siguiente: *«Tan rápidos y complicados han sido los acontecimientos historiológicos nacionales y extranjeros, que el tratarlos en forma cronológica sistemática representaría un verdadero laberinto de fechas y lugares. Para analizarlos y presentarlos al lector en forma coherente serán expuestos al estilo de una película cinematográfica que utiliza «flashbacks» o séase escenas retrospectivas que muestran acontecimientos pasados relacionados con el drama que representa».*

Un revés sufrió el colaboracionismo en Miami cuando Rolando Mendoza, un brigadista de Playa Girón y reconocido anticomunista que se pronunció como rechazante de la Ley Helms-Burton y el embargo, se abrazó al pacifismo, viajó a La Habana y organizó la presentación del pianista Gonzalo Rubalcava en el Gusman Center, señalado castrista, que fue recibido con una alteración del orden público demarca mayor que hizo fracasar el proyectado éxito artístico y económico del espectáculo. Fue una clásica tormenta en un vaso de agua pues posteriormente Rubalcava se estableció en Miami como residente legal, ofreció clases y conciertos sin problema alguno y compartió aplausos con múltiples *uneacos* reciclados como Albita Rodríguez, Ramoncito Veloz, Maggie Carlés, Mirta Medina, Paquito Rivera, Sonia Calero, Ivette Hernández, Ramón Calzadilla y comunista de carnet, de partido y miembro de la Asamblea Popular, traidor a la democracia y traidor al marxismo-leninismo el trompetista Arturo Sandoval.

El día 4 de junio de 1996 falleció, víctima de un cáncer, el alcalde de la ciudad de Miami, Steve Clark. De acuerdo con la reglamentación al efecto, correspondía a los cuatro comisionados que eran Willy Gort, Joe Carollo, J.L. Plummer y Miller Dawkins nombrar un sustituto hasta noviembre cuando se efectuarían las elecciones regulares. No se pusieron de acuerdo en nombrar un sustituto porque Gort y Carollo insinuaron sus aspiraciones a ser alcalde y para postularse tendrían que renunciar al cargo de Comisionado y además el ganador de unas elecciones temporales tendría que volverse a postular en noviembre de 1997, fecha en que se vencía el período de Clark. Willy Gort retiró su aspiración y Carollo mantuvo la suya. El día 23 de julio de 1966 se efectuó la elección que ganó de calle Joe Carollo frente a Eladio J. Armesto y R. Reed. El ascenso de Carollo a la posición de Alcalde creó una vacante en la Comisión que fue cubierta por una elección el 3 de septiembre que ganó el periodista y comentarista radial Tomás *Tomasito* Regalado Jr. frente a Humberto Hernández y Richard Dunn. El primero de ellos un joven abogado, activista comunitario cubano-americano blanco que mas tarde protagonizaría un tremendo escándalo político-social y el segundo un ministro protestante negro que en 1989 intervino en la presión ejercida sobre Xavier Suárez para que este apoyase a Athalie Range renegando su compromiso con Luis Morse. Poco después el Comisionado Miller Dawkins renunció a su cargo como consecuencia del chanchullo descubierto por la *Operación Palmaverde* y la Comisión alcaldicia designó al reverendo Dunn para sustituirlo como una deferencia a la comunidad negra pero en las elecciones especiales celebradas para oficializar la sustitución de Dawkins, Humberto Hernández derrotó a Richard Dunn erigiéndose en un nuevo Comisionado. El poder político de la ciudad de Miami, representado en la Comisión y el Alcalde quedaba en las manos de la etnia llamada *hispana* en su mayoría compuesta por Joe Carollo, Willy Gort, Tomás Regalado Jr. y Humberto Hernández y la *minoría de uno* que era el *anglo* J.L. Plummer. La comunidad negra, por primera vez en un período de treinta años, se hallaba sin representación en el consistorio miamense.

En el otoño de 1996 en el Condado de Dade tendrían lugar las elecciones que, de acuerdo con lo dispuesto en 1989 sería elegido un *alcalde fuerte* que tendría autoridad para contratar y despedir al Administrador del Condado, al Jefe de Policía, al Administrador del Aeropuerto, planearía el crecimiento urbano, aprobaría o vetaría las votaciones de la Comisión del Condado y elaboraría el presupuesto anual. La importancia política de la gobernación del Condado se emparejaba a su importancia económica pues generaba finanzas por valor de 56,000 millones de dólares suma superior a la de 26 estados de la Unión, mayor que todas las economías juntas de Centroamérica y mas grande que la de cualquier país de Suramérica excepto Argentina, Brasil y Venezuela. Constaba con 28,000 empleados y una nómina de 4,211 millones anuales de los que 2,634 millones procedían de los bolsillos de los contribuyentes mediante impuestos a la propiedad, ventas, gasolina, licencias, cargos por servicios, multas y confiscaciones.

Los Comisionados Arthur Teele, Mauricio Ferré y Alex Penelas renunciaron para presentarse como aspirantes a ser alcalde y a ellos se unieron como candidatos Xavier Suárez y William Perry. En las elecciones de *primera vuelta* quedaron eliminados estos dos y quedaron como contrincantes Arthur Teele y Alex Penelas quien ganó el puesto por un gran número de votos en la *segunda vuelta*. De los Comisionados electos en 1993 se mantuvieron en sus cargos Pedro Reboredo, Javier Souto, Miguel Díaz de la Portilla, Natacha Millán, James Burke, Dennis Moss y Bruce Kaplan. Las nuevas caras pertenecían a Miriam Alonso, Bárbara Carey, Jimmy Morales, Bety Ferguson y Gwen Margolis. Lo que mas llamaba la atención era que Miriam Alonso, después de ser derrotada en su aspiración a la alcaldía de la ciudad de Miami por Steve Clark y ser víctima de las mas difamadoras patrañas que darse podían se mantenía peleadora, trasladaba su actividad electoral al territorio del Condado y triunfaba sobre Wilfredo Calviño a quien se daba como seguro triunfador en la contienda.

La beligerante enemistad existente entre la empresa periodística miamense propietaria-editora de The Miami Herald y su edición en español El Nuevo Herald y Jorge Mas Canosa se acaloró a consecuencia de reportajes publicados que afectaban personalmente a aquel y a la FNCA y que los pintaban cubileteando el patriotismo con la avaricia capitalista salvaje. Prueba al canto: *First Union National Bank facilista préstamo de $29,000,000.00 a la firma U. S. Development Corporation, de la familia Mas Canosa para adquirir dos centros comerciales, una residencia en Cocoplum y una gran parcela de terreno en Southwest Miami (1/14/94); Church & Tower envía dos cartas de intención de negocios a China (3/6/94); Church & Tower se funde con la empresa de contratistas Burnup & Sims para crear MASTEC en la cual la familia Mas Canosa posee el 65% de las acciones y controla su administración (3/12/94); El Gobernador Lawton Chiles nombra a Joe Garcia, relacionado con la FNCA, para la Comisión de Servicios Públicos, teniendo entre sus funciones la fijación de tarifas eléctricas y telefónicas (8/9/94); Al programa Exodo de la FNCA le situaron nuevos fondos para los seguros que deben adquirir los refugiados en terceros países garantizando que no serán carga pública (8/23/94); MASTEC es otorgada contrato por Miami-Dade para construir una cárcel por valor de $15,000,000.00 (8/25/94); Mas Canosa está negociando un diario y un canal de TV por cable en la ciudad de Mendoza (Argentina), el paquete mayoritario de la radioemisora La Red y el Banco de la Provincia de Tucumán (10/13/95); El alcalde de Tel Aviv otorga a Mas Canosa el título de cónsul honorario de esa ciudad por sus grandes servicios prestados a Israel el (12/12/95); Desestimada causa de paternidad adúltera contra Jorge Mas Canosa por el juez Eugene Fierro que dictó que aquel no está obligado a someterse a un examen de ADN. La demandante es una mujer de 45 años, no identificada, cuyo ex-esposo declaró ser el padre* *del niño de 9 años y quien entró a formar parte del caso, en favor de Mas Canosa cuando el Jefe de Seguridad de la FNCA, Mario Miranda le prestó $9,000.00 para que contratara a la abogada Laura Fabar (12/29/95); Ricardo Mas Canosa repite acusaciones previas sobre su hermano Jorge diciendo que este tenía varios millones de pesos en cuentas secretas en Panamá y Suiza, que dicho dinero se usaba en sobornar a personalidades y políticos, citando el caso de $5,000.00 dados al ex-Comisionado de Miami, Joe Gersten, hoy prófugo de la Justicia (5/12/96); Una Corte de Apelaciones del Estado de Florida ordenó una nueva audiencia en la demanda de paternidad adúltera contra Jorge Mas Canosa. La madre del niño, ambos no identificados, ratificó que ellos tuvieron relaciones maritales clandestinas cuando ella estaba separada de su esposo, un convicto condenado a 12 años en una cárcel federal por robo y posesión de cocaína (11/28/96); El Juez de Circuito, Eugene Fierro, aprobó el acuerdo entre Jorge Mas Canosa y la madre del niño mediante el cual la no identificada madre recibirá una pensión alimenticia de $1,500.00 mensuales hasta que el infante cumpla 18 años y además el demandado pagará los gastos de abogados y Corte hasta un total estimado en $300,000.00. Mas Canosa declaró a la prensa que «el haber aceptado el acuerdo no indicaba aceptación de responsabilidad paternal». (1/30/97)*

En cuanto al poderío económico adquirido por *MASTEC* desde 1994 hasta 1996, aunque no daba el origen financiero de que bancos o sociedades capitalizadoras locales y extranjeras la respaldaban, El Nuevo Herald señalaba las siguientes adquisiciones: *Designed Traffic Installation, una compañía de For Lauderdale que instala semáforos y luces en calles y pistas de aterrizajes, por $2.85 millones en efectivo y préstamos; Maquinaria, equipos y contratos maestros para excavaciones de Buchanan Contracting, de Memphis, Tennessee y Montgomery, Alabama, por $4 millones en efectivo y préstamos; Utility Maintenance, $2.96 millones en efectivo y préstamos; Maquinaria, equipos y derechos de venta bajo dos contratos maestros con Bell South Telecommunications, comprados a Sealand Construction en Decatur y Huntsville, Alabama; Carolina Com-Tec, que provee instalaciones y servicios de mantenimiento para redes de Communicaciones, $6.7 millones en efectivo y préstamos; Un 36% en Supercanal, un operador de televisión por cable en Argentina, $13.6 millones* *en efectivo y préstamos; Una porción de 28.6% en Telecommunicaciones Públicas y Privadas, un negocio de teléfonos en Méjico, $6 millones en efectivo; Un préstamo por $25 millones a Devono Co., en las Islas Vírgenes británicas, dandole a MASTEC una porción de 40% en Consorcio Ecuatoriano de Telecomunicaciones, la operadora ecuatoriana de teléfonos celulares y Sistemas e Instalaciones de Telecomunicación, la rama de construcción de la Compañía Telefónica de España (Syntel), $39.5 millones en efectivo y préstamos. (9/2/96)*

El año 1996 terminó su ciclo con las noticias de que las oficinas de la revista *Viva Semanal*, de la que era director-editor el odiado a muerte por los devotos de Mas Canosa y Pérez Roura, el humorista Alberto González, habían sido vandalizadas. Por la Pequeña Habana corrió el rumor de que el hecho reprobable no era de raíz política sino una venganza de los acreedores del periodista en castigo por ser un *malapaga*. Un chiste para un chistoso. Y otro chiste fue el anuncio de la nacencia de un nuevo Museo Cubano en oposición al rival Museo Cubano de las Américas, que había sustituido al original Museo Cubano de Arte y Cultura después de los tremendos rollos relatados en detalle en el anterior Capítulo XXVI. Esta nueva edición de un *Templo de las Musas Exiliadas*, así motejado por Alberto González, contaba con un Comité Ejecutivo formado por Ofelia Tabares-Fernández, Presidenta; Elvira M. Dopico, Vice-Presidente; Luis J. Botifoll, Secretario; Mignon P. Medrano, Vice-Secretaria; Ana Rosa de Velasco, Tesorera; Jennifer Sardiña, Esq., Consejera y un Consejo Honorario compuesto por Rosa M. Abella, Osvaldo Aguirre, Hilario Candela, Raúl García Iglesias, Humberto López Alió, Ana Rosa Núñez, Matilde Ponce y María Teresa Vargas Gómez. Calculadoramente, el brigadista José *Pepe* Juara, guardando plata para ganar en otra subasta un cuadro pintado por un *uneaco* y darle candela como alegremente había hecho con El Pavo Real, de Manuel Mendive, en 1988. Esto, en caso de que no fuera cumplida la promesa del Nuevo Museo de que *solo tendrían cabida los artistas exiliados o que desde Cuba tengan un espíritu contestatario*.

En Cuba el huracán *Lily*, remedo del *Flora* de octubre de 1963[260], arrasó el centro de la Isla causando numerosas víctimas, pérdidas de cosechas, aves

---

[260] Ver Tomo IV, págs. 402-04.

y animales y derrumbes caseros. Tragándose el orgullo desplegado entonces de rechazar ayuda que no fuera del campo comunista, Fidel pidió ayuda a las Naciones Unidas. Mientras eso se tramitaba, la Arquidiócesis Católica de Miami pidió al exilio ayuda de dinero, ropa y alimentos para los desamparados nombrando como encargado de llevar esa ayuda, a través de su organización humanitaria *Caritas*, al Obispo Auxiliar Thomas Wenski. Sin falta, la esperada tremolina entre partidarios y contrarios a enviar ayuda que el régimen administraría como le diese su comunista gana en complicidad con *Caritas*, armó la de *tumba y retumba* en Miami. A favor de la ayuda mediante la iglesia y el gobierno se mostraron Agustín Acosta, Julio Estorino, José Basulto, Ramón Saúl Sánchez, Roberto Rodríguez Tejera, Vicente Echerri y la FNCA y desde Cuba el reciclado archi-comunista Vladimiro Roca. En contra de la ayuda *sin peros* se pronunciaron Ileana Ros-Lehtinen, Rafael y Lincoln Díaz Balart, Andrés Nazario Sargén, Orlando Bosch, Juan Ruiz, Miguel Saavedra, Roberto Capote, Armando Pérez Roura, Martín Añorga y Tomas García Fusté. La ayuda del exilio se midió por toneladas de vituallas envasadas en cajas y barriles con grandes letras que llevaban los lemas *El Amor todo lo Puede* y *Del Pueblo Cubano en el Exilio* que mortificaron tanto a los aduaneros de La Habana y Fidel Castro que éste ordenó almacenar y no repartir la ayuda marcada *con consignas políticas y mensajes tendenciosos y contrarrevolucionarios*. Una garrafal mentira pues se aceptó toda la ayuda, con marcas o sin ellas. Pero logró que la Arquidiócesis de Miami, por vía del Obispo Auxiliar, Agustín Román, y su fonógrafo, el sacerdote Francisco Santana, indujeran al exilio a suprimir esos lemas y cambiarlos por el aceptable de *Caritas Cubana*.

Comprobando que era cierta la afirmación hecha en estas páginas de que existía *un adúltero coqueteo comuno-católico* y además *una barraganía dialoguera comuno-católica* disimulados teológicamente por el Obispo Román con su expresión gazmoña de que *Dios permite un mal para lograr un bien* y la mojigata declaración de Julio Estorino de que *Dios escribe claro con líneas torcidas*, viajó a La Habana el Canciller del Vaticano, Jean Louis Tauran para coordinar los planes de visitas de Fidel a Roma y del Papa Juan Pablo II a Cuba siendo recibido afablemente por Roberto Robaina, Ministro de Relaciones Exteriores; Ricardo Alarcón, Presidente de la Asamblea del Poder Popular y Caridad Diego, Directora de la Oficina de Asuntos Religiosos. Los tres, esbirros del *comunismo intrínsicamente perverso* maldecido eternamente por el propio Vaticano y que en Cuba había fusilado a cientos de católicos, expulsado a sacerdotes, cerrado iglesias y escuelas parroquiales y sometido al catolicismo a la condición de ilotas[261]. Efectivamente, tomando como excusa su asistencia a la Cumbre Mundial de la Alimentación de las Naciones Unidas, en noviembre 18 de 1996, Fidel se entrevistó con el llamado *Sumo Pontífice* durante media hora, ellos dos solos. El parte de prensa sobre la reunión solamente se redujo al anuncio de que el liberticida isleño, verdugo implacable de sacerdotes y feligreses católicos-apostólicos-romanos había invitado a *Su Santidad* a visitar su feudo de Gran Señor marxista-leninista y que el *Vicario de Cristo* había aceptado la gentil propuesta del convidante.

La última boñiga leguleya comunista cubana del año 1996 ocurrió a fines de diciembre con la promulgación de una llamada *Ley de la Reafirmación de la Dignidad y Soberanía Cubana*, que como respuesta a la Ley Helms-Burton demandaba de Estados Unidos 45 mil millones de dólares por concepto de pérdidas sufridas durante 34 años de bloqueo económico, intereses sobre los millones de dólares propiedad de Cuba congelados por Washington, dinero del cual Clinton resarció a los familiares de los pilotos de Hermanos al Rescate asesinados, añadiéndose imaginarios daños causados por el desembarco en Bahía de Cochinos y el derecho de cualquiera persona que habitara una casa donada por la Reforma Urbana a ser indemnizada por Estados Unidos si su antiguo dueño la reclamara allí. Como si no fuera suficiente este desatino fue creada una *Comisión de Reclamaciones* que presidida por el Ministro de Justicia se encargaría de dar curso internacionalmente a los expedientes de retribución presentados.

La campaña por las elecciones generales de 1996 en Estados Unidos alcanzó un frenesí demencial en el exilio radicado masivamente en el Condado Miami-Dade, una cosa similar a la acaecida cuando la campaña por el Inglés Oficial. Nuevamente, al igual que leímos en el anterior Capítulo XXIV, el populacho calificado como *cubano-americano*, enardecido por sus arreadores politiqueros, daba por seguro el triunfo de la candidatura republicana de Robert Dole-Jack Kemp frente a la demócrata de William Clinton-Albert Gore. Las radioemisoras mareaban con sus arengas demagógicas

---

[261] Ver Tomo IV, págs. 356-57.

asimilando la reelección de Clinton a un triunfo de Fidel Castro y la elección de Dole al triunfo de la libertad de Cuba del comunismo. El Diario las Américas recomendó a Dole-Kemp pero eso era de esperarse en una prensa que representaba el extremismo derechista nicaragüense-cubano juzgado esto por los antecedentes políticos de sus principales redactores que ostentaban un pasado somocista y batistiano notorio. El Nuevo Herald y The Miami Herald se abstuvieron de recomendar una u otra candidatura. Mostraron públicamente su apoyo a la reelección de Clinton los líderes demócratas Raúl Martínez, Simón Ferro, Herminio San Román y Luis Enrique Chinea y a ellos se sumó un grupo de *Mujeres Demócratas Pro-Clinton* dirigido por Ketty Gort, Luisa García Toledo, Cary de León y María Elena Toraño. Opuestamente a ellos los republicanos congresistas federales Ileana Ros-Lehtinen y Lincoln Díaz Balart, acompañados por Joe Carollo y los congresistas estatales Mario Díaz Balart y Luis Morse y los ediles de Miami y del Condado militantes republicanos llevaron el peso de la voluminosa propaganda favorable a Dole. El resultado de la elección presidencial fue un tremendo mazazo electoral dado al republicanismo en Florida: Clinton ganó el Estado por 2,546,870 votos populares contra 2,244,536 recibidos por Dole y ganó Miami-Dade por 316,446 votos contra 208,341 recibidos por Dole. El detalle étnico del Estado mostró que la población de Miami-Dade votó así: *Blanca*: Dole 48%, Clinton 43%; *Negra*: Clinton 87%, Dole 10%; *Hispana*: Dole 46%, Clinton 44%. Nacionalmente, el resultado fue así: Clinton-Gore 47,402,357 votos; Dole-Kemp 39,198,755.

XLV

Relación de dineros de la FNCA a cabilderos. Millonarios pagos a Cuba por empresas telefónicas. Viajes de Elizardo Sánchez a Francia, España, Italia y Estados Unidos. Ficticios exiliados contra la Ley Helms-Burton. El utópico «Plan para Cuba sin Castro» de Clinton. El Consejo Nacional Cubano Americano (CAMCO) de Erneido Oliva. Controversia interna en la Brigada. Planteamientos de Erneido Oliva, José Miró Torra y Matías Farías sobre aceptación de los genocidas Rafael del Pino Díaz y Alvaro Prendes. La declaración comu-

nista de las FAR pone fin al intento conciliador de CAMCO. La guerra pacífica. Sus efímeros triunfos. Repercusión de la Operación Palmaverde en California. La patraña contractual Fiscal Operations-Puerto de Miami-Condado Miami-Dade. Sus autores y fautores. Las donaciones ilegales a Congresistas y Comisionados. Encausamientos, juicios y sentencias. Pertinente alusión a La Cuba de Ayer.

En los anteriores Capítulos IV y VII comenzó el historial político-económico de la FNCA y paso a paso después, a través de los años, el sendero millonario hacia la captura del poder político municipal, condal y federal, y en ocasiones mundial, en relación a la libertad de Cuba de la tiranía comunista, planificado por Jorge Mas Canosa y sus opulentos Directores y Fideicomisarios en aquella. El día 24 de enero de 1997 El Nuevo Herald, en un reportaje de sus redactores Christopher Marquis y Josh Goldstein, estremeció de asombro y cólera a los lectores al hacer de público conocimiento una lista de los principales beneficiados de donaciones procedentes de líderes de la Fundación Nacional Cubano Americana y de su Comité de Acción Política *Cuba Libre*. Las donaciones se realizaron entre el 1ro. de enero de 1979 y el 16 de octubre de 1996. Leamos:

Ileana Ros-Lehtinen, R-Fla. $123,249.00; Robert Torricelli, D-N.J. $118,900.00; Paula Hawkins, R-Fla. $78,900.00; Dante Fascell, D-Fla. $74,283.00; Robert Menéndez, D-N.J. $72,218.00; Connie Mack, R-Fla. $71,252.00; Lincoln Díaz Balart, R-Fla. $68,453.00; Ernest Hollings, D-S.C. $65,350.00; Jesse Helms, R-N.C. $61,097.00; Claude Pepper, D-Fla. $49,250.00; Bob Graham, D-Fla. $42,650.00; William Gunter, D-Fla. $39,000.00; Dan Burton, R-Ind. $37,650.00; Joseph Lieberman, D-N.J. $36,489.00; Larry Pressler, R-S.D. $32,000.00; Neal Smith, D-Iowa. $31,400.00; Rudy Boschwlz, R-Minn. $29,050.00; Larry Smith, D-Fla. $27,100.00; Alfonse D'Amato, R-N.Y. $24,000.00; Peter Deutsch, D-Fla. $23,146.00; Edward Kennedy, D-Mass. $21,803.00; Carrie Meek, D-Fla. $21,800.00; Orrin Hatch, R-Utah. $19,270.00, Robert Kasten, R-Wis. $18,500.00; Frank Lautenberg, D-N.J. $18,100.00. Total: $1,204,910.

Añadido a esta respetable suma dedicada a sus traficantes de influencias políticas, o *lobbystas*, el reportaje relacionaba a los principales donantes individuales de la Fundación a candidatos presidenciales y al Congreso desde el 1ro. de enero de 1979 al 16 de octubre de 1996. Leamos:

Familia de Mas Canosa, $219,920.00; Familia de Domingo Moreira, $135,881.00: Familia de Manuel Medina, $43,830.00: Elena D. Amos, $42,550.00; Familia de Pedro Adrian, $36,505.00; Alberto Hernández, $32,750.00; Diego Suárez, $31,000.00; Francisco J. Hernández, $28,000.00; Familia de Carlos Portes, $27,000.00. y a los partidos políticos la familia de Mas Canosa dio $49,550.00; la de Moreira $46,435.00 y la de Medina $31,000.00. Total: $724,421.00. Total General: $1,204,910.00 + $724,421.00 = $1,929,331.00.

El año 1997 trajo para el exilio, como un regalo negativo de Santa Claus, la noticia de que el presidente Clinton, en un informe al Congreso sobre lo que se pagaba a Cuba comunista por la provisión de servicios de telecomunicación aprobados en la Ley Torricelli de 1992, descubría que la Oficina de Control de Bienes Extranjeros del Departamento del Tesoro permitió el pago a La Habana por llamadas telefónicas del 30 de junio al 31 de diciembre de 1996 a las ocho compañías autorizadas como sigue: *AT&T Corporation $19,162.032.00; AT&T de Puerto Rico $277,709.00; Global One $2,589,706.00; IDB WorldCom Services Inc. $561,553.00; MCI International $5,354,423.00; Telefónica Larga Distancia de Puerto Rico $104,498.00; WITEL Inc. $2,913,610,00; WorldCom Inc. $1,687,896.00. Total: $32,651,427.00.* Además, la redactora de El Nuevo Herald, Cynthia Corzo, reveló que de octubre de 1992 a junio de 1996 Cuba comunista había recibido de Estados Unidos poco menos de $77 millones por concepto de llamadas telefónicas. Una vez mas se ratificaba la desvergüenza de que eran los titulados exiliados los que mantenían solvente a la tiranía mediante las remesas a familiares y el parloteo telefónico. Sin contar los millones obsequiados por concepto de viajes turísticos disfrazados de emergencias familiares o en concurrencias a concentraciones de masas en actos de solidaridad con el régimen.

El contradictorio Elizardo Sánchez Santacruz, presidente de la colaboracionista Comisión Cubana de Derechos Humanos y Reconciliación Nacional salió de Cuba con permiso temporal para viajar a París a recibir el Premio a los Derechos Humanos de la República Francesa. De allí se trasladó a España donde fue recibido amigablemente por el presidente del gobierno, José María Aznar y el ex-presidente Felipe González. Se apareció en Miami y acompañado por sus compinches Ramón Cernuda, Lino Sánchez y Héctor Aguilera se reunió con su rival, el homicida de FRUTICUBA Ricardo Bofill y con los adalides del Movimiento de Derechos Humanos, la Coordinadora Social Demócrata, el Partido Demócrata Cristiano, la Unión Liberal, el Directorio Revolucionario Democrático, el Movimiento Democracia, el Partido de Unidad Nacional Democrática y Cuba Independiente y Democrática sin que emitieran un comunicado referente a lo que hubieran acordado. Contrariamente al coloquio afable la Junta Patriótica, por boca de su presidente, Roberto Rodríguez Aragón, declaró *persona non grata* a Elizardo por favorecer la participación de Fidel Castro en una transición hacia la democracia en Cuba comunista. Se esfumó de Miami y apareció en el Vaticano con los obispos Jaime Ortega y Pedro Meurice departiendo con el canciller Jean Louis Tauran. Debido a los viajes estuvo ausente de la conferencia en La Habana intitulada *Cubanos contra la Ley Helms-Burton* a la que asitieron Magda Montiel, Andrés Gómez, Max Lesnick y Nilda Serret. Despreciando al exilio en general, Félix Wilson y Luis Molina, miembros de la Sección de Intereses de Cuba en Washington y el reverendo bautista Raúl Suárez Ramos, diputado a la comunista Asamblea del Poder Popular, disertaron contra la Ley Helms-Burton en el salón del hotel Best Western del aeropuerto de Miami invitados por Andrés Gómez y con la asistencia homenajeante de Magda Montiel y Eloy Gutiérrez Menoyo. Despectivamente, Carmen Díaz, Directora del Comité de Radio del Comité Cubano por la Democracia, dialoguero a todo dar, reconoció que la *rosada* Fundación MacArthur de Chicago financiaba el programa radial *Transición* que dirigía el reciclado profesor de marxismo Ariel Hidalgo a un costo de $5,000.00 mensuales.

El día 28 de enero de 1997 fue dado a conocer un informe titulado *Apoyo para una transición democrática en Cuba* en el cual la Administración Clinton complementaba lo prescrito en la Ley Helms-Burton de que las condiciones para que Estados Unidos levantasen el embargo económico incluían la salida del poder de Fidel y Raúl Castro, la liberación de todos los presos políticos, el desmantelamiento del Ministerio del Interior y el compromiso de convocar a elecciones libres pluripartidistas verificadas por observadores internacionales y la obligación de los elegidos de aceptar de aceptar el vistobueno del presidente americano antes de empezar negociaciones, cláusula inaceptable recordatoria de la Enmienda Platt. Superando lo proyectado en su *Carril II*, Clinton ahora revelaba su *Plan para Cuba sin Castro* del cual sus aspectos principales eran como sigue:

«*Estados Unidos está dispuesto a celebrar negociaciones tanto para devolver a Cuba la Base Naval de Guantánamo como para renegociar el actual tratado. Las fuerzas militares tendrían que adaptar su tamaño a las necesidades del país y dejar de ejercer una influencia importante en la economía y la seguridad interna y sus principales intereses profesionales no están amenazados. Asesores internacionales proporcionarían ayuda técnica para la tarea de despolitizar y descentralizar el Gobierno. El cumplimiento de la ley sera un aspecto clave de la transición y deberá suscribirse un Tratado de Ayuda Mutua Legal que intensifique la cooperación y ayude a entrenar a jueces cubanos. Estados Unidos ayudará a promover la empresa privada, prestando especial atención a contribuir a la creación de pequeños negocios mediante el otorgamiento de crédito y ayuda técnica. En la agricultura se establecería un mecanismo que permitiese otorgar y registrar títulos de propiedad de tierras a particulares y desarrollar mercados de ventas de tierras. Las reclamaciones presentadas por gobiernos extranjeros, como el de Estados Unidos, se resolverán mediante negociaciones bilaterales. Las provenientes de los exiliados podrían resolverse ofreciendo certificados de privatización transferibles como forma de compensación. Antes de recibir ayuda, Cuba deberá hacer las reformas necesarias para conseguir el beneplácito del Fondo Monetario Internacional y el Banco Mundial. Después se proporcionaría ayuda para remodelar el sistema tributario, privatizar los bancos y fortalecer la infraestructura. Asesores norteamericanos podrían ayudar el sistema de salud pública para hacerlo mas eficiente y económico, así como promover la educación respecto a la economía de marcado, las finanzas y la contabilidad. Cuba podrá contar con el apoyo de Estados Unidos para suscribir acuerdos comerciales internacionales y reincorporarse a la Organización de los Estados Americanos. Se cuenta con que los exiliados cubanos aporten mas de $1,000 millones anualmente a la economía de la Isla. Además, Cuba recibiría mas de $267 millones en inversiones extranjeras directas todos los años*».

El informe del presidente Clinton, que según el representante demócrata por New Jersey, Robert Menéndez, nacido americano de familia cubana exiliada, fue redactado teniendo en cuenta los puntos de vista del Departamento de Estado, la Agencia Internacional para el Desarrollo y el Consejo Nacional de Seguridad. Cualquier lector podía percibir que si lo que expresó *Bob* Menéndez era cierto, se demostraba que el mejunje era producto de los intereses bancarios americano-cubanos pues eran quienes, con la garantía de Washington, únicamente podían financiar una inversión reconstructiva que se calculaba podría llegar a $8,000 millones. El que se hubiera contado solamente con tres agencias gubernamentales para la redacción del informe era una sonora bofetada en el rostro de los académicos *econo-micos y cubanólogos* de intra-muros y extra-muros enumerados[262]. A los que ahora debían añadirse los aportados por la FNCA desde entonces: Frank Calzón, Otto Reich, José Sorzano, Alfonso Fanjul, José Antonio Villamil y, por supuesto, Jorge Mas Canosa y los incógnitos síndicos de su Junta Nacional de Transición[263]. En definitiva, tal como ocurrió con el embargo, las Leyes Torricelli y Helms-Burton y el Carril II toda esa planificación académica no era mas que un onanismo mental puesto que para poner en vigor sus condiciones se necesitaba que fueran aceptadas pacíficamente por Fidel Castro, cosa que jamás sucedería, o que su despótico régimen fuera derrocado por una guerra civil, cosa a que Washington se oponía, o por intervención militar americana decisiva como la efectuada en República Dominicana, Panamá, Granada y Haiti. Punto.

La afirmación contenida en el *Plan para Cuba sin Castro* sobre lo que se proyectaba para las fuerzas militares y especialmente la expresión *sus principales intereses profesionales no están amenazados* reactivó el *wishful thinking* de una parte delos veteranos de la Brigada 2506 y de los esbirros desertores de las FAR que los masacraron en Bahía de Cochinos en tierra, mar y aire como fue ya relatado y documentado[264]. Olvidando la realidad se aferraban a una ilusión. El mismo pecado original de los reseñadores históricos cubanos que, como hemos establecido, poetizan y embellecen procesos históricos repudiables en lugar de esclarecerlos para crear así

---

[262] Ver Tomo IV, págs. 538-41.

[263] Néstor Suárez Feliú, obra citada, págs. 222-26.

[264] Ver Tomo IV, págs. 320-41.

una conciencia cívica en la sociedad que la libere de la adoración a una mitología que, como en los tiempos antiguos, trueca en dioses algunos hombres, gobernantes o comerciantes, complicitándose con sus desmanes para en la hora de la verdad negarlo, alegar inocencia política, cambiar de casaca militante y lo que es peor, contribuir a una nueva sesión de mentiras, demagogia, retórica tribunicia, periodismo tarifado, charlatanería radial y televisiva mal intencionada, pariendo y amamantando nuevos caudillos que repiten el desgraciado proceso *per secula seculorum*. En otra demostración del característico *vice-versa* acostumbrado en el cubano, el día 17 de abril de 1997, trigésimo sexto aniversario del desembarco invasor de la Brigada, El Nuevo Herald publicó un reportaje de Armando Correa que asombró a los lectores por la ambigüedad de su contenido político-militar. Leamos:

En noviembre de 1996, el que había sido segundo jefe de la Brigada y peleado bravamente en Playa Larga, Erneido Oliva, que residía en Washington después de servir brillantemente en la Guardia Nacional de esa ciudad, pero que había estado ausente de la lucha activa contra el comunismo cubano y sus secuaces en Estados Unidos, creó el Consejo Nacional Cubano Americano (CAMCO) aceptando como vicepresidentes de esa organización a José Miró Torra, presidente de la Brigada y al criminal de guerra asesino mayor de brigadistas ahora reciclado a mercenario sueldo de Radio Martí, Rafael del Pino Díaz. Oliva describió la nueva razón de su vida afirmando: *No tengo aspiraciones políticas. Nuestro objetivo es establecer lineas de comunicación de militar a militar y apoyar los esfuerzos de los miembros de las fuerzas armadas revolucionarias que decidan romper sus lazos con la dictadura castrista. Estamos en un proceso de consolidación y ya contamos con cientos de militares. El mensaje debe llegar claro. Estamos aquí para decirle a los militares en Cuba que después de Castro existe una vida para ellos. En estos momentos de mi vida quiero dedicar todos mis esfuerzos al entendimiento para lograr la democracia en Cuba. Ese es mi deber.*

El sádico piloto ametrallador de los brigadistas que vencidos y desarmados deambulaban por la arenosa costa de Bahía de Cochinos y de otros que trataban de escapar en botes y que ahora vivía cómodamente, con identidad cambiada y bajo un riguroso plan de protección del gobierno justificó su homicida pasado diciendo: *Yo me di cuenta que en Cuba todo era un fraude, una mentira. Mi mensaje es que todo el mundo en la Isla está a tiempo de dejar de ser cómplice del crimen. Para eso nunca es tarde. Estoy entusiasmado con pertenecer a CAMCO. El tema cubano me obsesiona. El proyecto de Oliva es una de las ideas mas efectivas para lograr una transición. Es un mensaje directo al ejército.* Tamaña desfachatez era el método de los reciclados y en el caso de Rafael del Pino Díaz cuya actuación depravadamente comunista está detallada en el Tomo IV, en Cuba y África, y a partir de su deserción en éste Tomo V, era una afrenta al honor de la Brigada de Asalto 2506 que le suministraron aquellos de sus miembros que impensadamente lo acogieron como vicepresidente de CAMCO.

José Miró Torra fue parco en su declaración explicativa del inicio de la nueva estrategia en el exilio en que la Brigada, que siempre había proclamado la lucha beligerante contra el régimen comunista, ahora estuviera promoviendo la lucha cívica dentro de las filas de CAMCO. Dijo Miró Torra: *Son otros tiempos. Nuestro objetivo es derrocar a Castro y ésta es una vía. Nosotros en el exilio no podemos alimentar el odio. El mensaje que le queremos dar a los militares en Cuba es que no deben temer al exilio, que vamos a trabajar con ellos, no contra ellos, para derrocar a Castro. Nosotros no dialogamos con Castro. Nosotros estamos con los que están contra Castro.* El coronel Matías Farías, retirado con honores de la Fuerza Aérea de Estados Unidos después de servicios distinguidos en Bahía de Cochinos[265], en África y Viet-Nam y ahora valioso analista político y comentarista en radio y televisión se mostró inconforme con el método de selección establecido para pertenecer a CAMCO expresando al periodista Correa: *Oliva se ha negado a venir a Miami para sentarse con nosotros a discutir su proyecto. Es una falta de respeto que se nos haya excluido y creemos que nos merecemos que se nos aclare cuales son las intenciones de Oliva.* La respuesta que recibió de Oliva fue lapidaria: *Los militares cubanos que hayan pertenecido «honorablemente» a las FAR, al Ejército Constitucional o a la Brigada 2506 pueden solicitar su entrada a CAMCO. Ese es nuestro procedimiento y el que vamos a mantener.*

Coincidiendo con la precedente controversia interna de la Brigada y CAMCO surgió otra que envolvía la misma cuestión de pertenecer a una u

---

[265] Ver Tomo IV, págs. 332, 334.

otro por parte de uno de sus destructores implacables desde el aire, el reciclado coronel Alvaro Prendes, piloto condecorado con la estrella de *Héroe de la Revolución* por las mismas criminales hazañas cometidas por Del Pino contra la Brigada. Licenciado por causa de avanzada edad y problemas de mala salud perdió todas las prebendas que disfrutó durante treinta años de sicario castrista y entonces fue que se dio cuenta de lo malo que era el comunismo. Llegó como emigrante económico con su familia a Miami contando, sin documentación o testigos que lo respaldaran, embustes sobre desafío a Fidel Castro, consejos de guerra sufridos y liderazgo en una mítica clandestina *Unión de Soldados y Oficiales Libres* durante tres años y que contaba con cientos de militantes secretos. Los brigadistas afiliados a CAMCO alentaron el ingreso de Prendes puesto que Oliva declaró que aquel era *un soldado que cumplió con su deber*, añadiendo: *Si le estamos enviando un mensaje de reconciliación a los militares en Cuba, ¿como no le voy a tender la mano también a Prendes? Por supuesto que no lo rechazo.* Miró Torra lanzó un brulote flamígero: *En la Brigada no queremos a Prendes. El puede hacer su vida por su lado, pero ahora no tiene que venir y pedirnos a nosotros que nos sentemos a compartir un trago de ron, por respeto a la memoria de todos los muertos y por todos los que Castro mandó a prisión.* Pedida su opinión Prendes espetó: *Yo admiro y respeto a todos los militares de la Brigada pero no tengo que venir y pedir perdón, porque actué como actúa un militar que está convencido y cree en lo que hace. En una guerra se va a luchar y a vencer. Estoy dedicado totalmente a mi lucha. No podemos detenernos ni un minuto para ayudar a los que están conmigo en Cuba.*

Toda la imaginaria tarima levantada por CAMCO y la Brigada, que se basaba en la ilusión mal fundada de que los militares comunistas cubanos, que Oliva definía como *pertenecido honorablemente a las FAR* se vertebrarían en CAMCO y la Brigada para derrocar a Fidel Castro, se vino abajo estrepitosamente cuando el día 19 de marzo de 1997 el rotativo El Nuevo Herald publicó un comunicado de prensa recibido de La Habana y que intitulado *Declaración de los Mambises del Siglo XX* respondía directamente a lo enunciado por Oliva, Miró y Prendes. Hélo aquí en su totalidad:

Oficiales de las Fuerzas Armadas y el Ministro del Interior celebraron una ceremonia en la Plaza de la Revolución de La Habana, durante la cual entregaron a Fidel y Raúl Castro libros con las firmas de más de 250,000 oficiales de esos dos cuerpos, ratificando su lealtad a ambos dirigentes. En la tribuna del acto, desarrollado ante el monumento a José Martí, estuvieron presentes, además de Fidel y Raúl Castro, el Comandante de la Revolución Juan Almeida Bosque; el general de Cuerpo de Ejército, Abelardo Colomé Ibarra, Ministro del Interior; Carlos Lage Dávila, Vicepresidente de los Consejos de Estado y de Ministros; y Ricardo Alarcón Quesada, Presidente de la Asamblea Nacional del Poder Popular, así como otros dirigentes del Partido, el Gobierno y Jefes Militares. El General de División, Ulises Rosales del Toro, Jefe del Estado Mayor General, tuvo a su cargo la lectura de la citada Declaración. Rosales explicó el proceso seguido en las unidades militares para recoger las firmas, con las cuales dijo, «el Cuerpo de Oficiales ratifica su incondicional lealtad a Fidel y Raúl como jefes y líderes indiscutibles de la revolución, expresan su disposición de no entregar las armas sin combatir hasta la victoria o la muerte y exigen la devolución incondicional de la Base Naval de Guantánamo». Los libros con las firmas fueron entregados a Castro por los generales Leopoldo Cintra Frías, Ramón Espinosa Martín y Joaquín Quinta Solás, jefes de los ejércitos occidental, central y oriental respectivamente, así como por el General de División Carlos Fernández Gondín, Viceministro Primero del Interior.

La contradicción de que la Brigada aceptase como bueno a Del Pino y repudiase a Prendes como malo y que CAMCO acogiese a los dos considerando que *habían pertenecido honorablemente a las FAR*, unido a la inconformidad del coronel Farías con el método de selección establecido, mas la *Declaración de los Mambises del Siglo XX*, despojó de crédito al propósito y sumió a los *ojalateros* del exilio en un sombrío estado de ánimo del que eventualmente se repusieron renovando su fe en la realidad de la ilusión de una victoria por medio de la guerra contra el castrismo con las armas de la propaganda en su contra. Una *guerra pacífica*, al decir de los humoristas. Esta obtuvo sonados triunfos cuando la Comisión de Derechos Humanos de las Naciones Unidas, en Ginebra, condenó en abril de 1997, por séptimo año consecutivo, a Cuba comunista por la violación constante de esos derechos, reclamó el acceso de inspección a las prisiones, mantuvo el nombramiento del relator especial y manifestó su desagrado por el derribo de las dos avionetas de Hermanos al Rescate y la muerte de sus cuatro tripulantes en aguas internacionales; con la presencia del ex-preso político cubano, Luis Zúñiga Rey, funcionario de la FNCA, como miembro oficial de la delegación de Nicaragua; con los asilos en Estados Unidos de la médico Yesin Ameijeiras, hija del Comandante de la Revolución, Efigenio Ameijeiras y con la publicación en España, por Alina Fernández Revuelta, según ella producto de un amor adúltero de Fidel Castro con su madre, Naty Revuelta, de cartas de amor de aquel durante su breve estancia en el presidio de Isla de Pinos como resultado del revés del ataque al cuartel Moncada en 1953[266] y con la flotilla que, desafiando a la Guardia Costera de Estados Unidos condujo Ramón Saúl Sánchez, en nombre de su pacifista *Movimiento Democracia*, hasta 14 millas del litoral habanero donde, de acuerdo con su nuevo método guerrero, lanzaron al aire, con dirección a Cuba, tríos de globos blancos, rojos y azules y depositaron en el mar ramilletes de rosas rojas y blancas *en memoria de aquellos que habían muerto luchando por la libertad de Cuba.*

Como una pelota de goma lanzada contra una pared la *Operación Palmaverde* rebotó a San Francisco (California) y de allí rebotó de regreso al Condado Miami-Dade para descubrir la existencia degradante de un bochinche que envolvía a malversadores y politiqueros relacionados con la supermillonaria administración del Puerto de Miami. Sin distinción de etnias pues sus autores y fautores comprendían a cubano-americanos, anglos y afro-americanos de ambos sexos. El chivato de *Palmaverde*, Manohar Surana, habló al FBI de la conexión de un opulento hombre de negocios de San Francisco con la venta de bonos de la ciudad de Miami y con Carmen Lunetta, omnipotente Director del Puerto quien, increíblemente, tenía autoridad plena para elaborar presupuestos de ingresos y gastos que rutinamente eran aprobados por el alcalde y comisionados del Condado. El informe del FBI sobre lo que averiguó en San Francisco fue entregado al alcalde Alex Penelas quien, el día 19 de mayo de 1997, ordenó la cesantía de los asesores financieros del puerto que eran miembros de las firmas de abogados, auditores e ingenieros y arquitectos, en ese orden, Rauscher, Pierce & Refsnes, Deloitte & Touche y Bermello & Ajamil. El juicio de Penelas sobre ellos fue categórico: *Me han conducido a mi, al Administrador y a la Comisión*

---

[266] Ver Tomo III, págs. 288-98.

por el camino equivocado. No me parece que éstas personas deben continuar trabajando mas en los pronósticos financieros del puerto.

Al igual que en anteriores ocasiones, como leímos, The Miami Herald y su edición hispana El Nuevo Herald, se tiraron a fondo en crónicas sobre el tráfico de influencias congresionales en los niveles nacionales y estatales así como en los consistorios municipales, por parte de la FNCA como organización y algunos de sus síndicos personalmente y de la urdimbre vil de*Palmaverde*, opuestamente al piadoso disimulo de lo hecho que mostraba Diario Las Américas y la adocenada algarabía de los periodicuchos impresos y radiales que dentro de su *ghetto* de la Pequeña Habana los apostrofaban de *liberales pro-castristas*, los dos rotativos destacaron a sus redactores Don Finefrock, Tom Dubocq y Daniel Morcate en la labor de investigar y reportar en detalle los pormenores del escándalo. Lo efectuaron brillantemente en una serie de extensos artículos y un editorial de mesa que, por razón de espacio paginal, nos fuerza, con reconocimiento y honor historiológico hacia ellos a sintetizarlo como sigue:

Carmen Lunetta fue ejecutivo del Puerto de Miami durante 28 años y lo dirigió por mas de 17 durante los cuales coadyuvó a convertirlo en uno superior en servicios a los vecinos del sur de Estados Unidos, New Orleans, Norfolk y Charleston en lo que se refería a tráfico comercial marítimo con Centro, Suramérica y el Caribe y en la mayor de las terminales de los mas imponentes y gigantescos cruceros turísticos del mundo. Las tasas por los servicios portuarios a las empresas de cruceros y los pagos de ellas al Condado estaban regulados con exactitud por el sistema fiscal computarizado. Pero en lo que a carga se refería y los medios de manejarla, que ahora se efectuaba en enormes y pesadísimas arcas metálicas, llamadas contenedores, requerían el uso de colosales grúas de plataforma, costosísimas, que las extrajeran de los barcos y las transportasen a los muelles. No se ha explicado como fue que se establecieron relaciones entre Lunetta y sus socios en el atraco pero si que un millonario negociante de bonos residente en San Francisco Calvin Grigsby, se había asociado con un fabricante de grúas y había vendido cuatro de ellas al Puerto de Miami por $24,000,000.00 y además, suscrito un contrato con Lunetta, aprobado por la Comisión del Condado, por un término de veinte años, determinando que una compañía de su propiedad, *Fiscal Operations*, recaudaría tarifas de carga de barcos contenedores y luego pagaría los salarios de estibadores, oficinistas y asesores. La documentación detallando como *Fiscal Operations* administraba los dineros que producía el Puerto eran un misterio y un secreto ya que se guardaban en San Francisco, en las oficinas del aprovechado contratista escogido por Lunetta, Calvin Grigsby, quien tenía como auxiliares de confianza a Frederic Darden y John J. Tiddes. Lunetta y sus socios se sentían invulnerables porque complicitaban en sus jugadas malversadoras a políticos y politicastros que se hacían la vista gorda a sus marañas que les facilitaban millones de dólares del Puerto para financiar desfiles, festividades, organizaciones caritativas y clubes de recreo.

El trasiego de donaciones a los Comisionados para sus campañas electorales, quienes al ser descubiertos los cheques emitidos por Frederic Darden a sus nombres y que aseguraron desconocer que el dinero provenía del Puerto fueron Miriam Alonso, Miguel Díaz de la Portilla, James Burke, Bárbara Carey, Betty Ferguson, Bruce Kaplan, Dennis Moss, Pedro Reboredo, Natacha Millán y Gwen Margolis. Otros documentos mostraron que Darden se reembolsó él mismo con dinero del Puerto por contribuciones al alcalde de Miami, Joe Carollo, los comisionados Willy Gort y Tomás Regalado, el ex-comisionado Miller Dawkins y los representantes federales Carrie Meek, Alcee Hastings y Peter Deutsh y los gerentes de la campaña presidencial Clinton-Gore. Las leyes estatales y federales sobre elecciones prohibían tales reembolsos que alcanzaron la suma de $28,775.00. Como si ese *relajo con desórden* fuera poco, Lunetta ordenó a Darden que empleara como consultante, a un sueldo de $4,000.00 mensuales, al ex-alcalde de Miami, David Kennedy, y a la concejal de Hialeah, Marie Rovira, ganando $39,799.00 anuales. Este par de *botelleros*, que solamente iban un día al mes a la oficina de Lunetta a cobrar su sinecura, expusieron que efectuaban *servicios profesionales.* Sin definirlos.

Los sueldos y beneficios adicionales que recibían Grigsby y Lunetta, del Puerto y de *Fiscal Operations* eran increíbles. Grigsby se pagaba a si mismo $75,000.00 anuales como presidente de esa entidad y entre diciembre de 1994 y junio de 1997 el Puerto le pagó $230,000.00 por asesorar en asuntos legales, como abogado independiente, a su propia compañía a razón de $300.00 la hora. Todavía se encontró otra estafa: el equipo de Grigsby recaudaba $150,000.00 anuales por administrar las diez grandes grúas del puerto, libre de cualquier otro gasto. Una auditoría efectuada demostró que la gavilla en 1996 facturó $7.8 millones por concepto del alquiler de las grúas pero que solo entregó $1 millón al Puerto. Y encima de eso dejó de devolver $24 millones en préstamos. Darden ganaba $125,000.00 al año como vicepresidente del conglomerado y Tiddes, como su ayudante, devengaba $82,000.00 anuales y los dos cargaron $105,249.00, en dos años, a las tarjetas de crédito de *Fiscal Operations* en gastos suntuarios tales como artículos para el hogar, flotillas de autos de lujo alquilados, viajes al extranjero, hospedajes en hoteles de 5 estrellas, restaurantes y bares y hasta perfumes y cosméticos. Grigsby defendió los gastos todos diciendo *que estaban dentro de los límites del presupuesto aprobado todos los años por el Director del Puerto, Carmen Lunetta, y la compañía puede gastar su porción del dinero en la forma que desee.* Por su parte, Lunetta ganaba un salario anual de $183,000.00 y se jubiló bajo la presión del alcalde y los comisionados del Condado. Como expresara Daniel Morcate verazmente:*El Director del Puerto se despeña de su divino pedestal acosado por los mismos sectores que lo encumbraron.* Pero no salía pobre porque cobraba $195,050.49 por concepto de tiempo por enfermedad no utilizado; $44,259.91 por días festivos en que trabajó y un retiro calculado entre 80 y 100 mil dólares anuales. El día 17 de diciembre de 1997 el alcalde Alex Penelas nombró a Charles A. Towsley, director de la Autoridad Portuaria de Tampa, considerado como un especialista en la industria marítima, en lugar del defenestrado y caído en desgracia Carmen Lunetta.

Aunque definitivamente inmoral, tan bien estatuida legalmente estaba la patraña contractual *Fiscal Operations-Puerto de Miami-Condado Miami-Dade* urdida por Carmen Lunetta y Calvin Grigsby que el procesamiento, juicio y sentencia de los encausados tomó todo el año 1998 con los resultados siguientes: En el mes de enero, el comisionado James *Jimmie* Burke, su ayudante Billy Hardemon y Calvin Grigsby fueron juzgados bajo acusación de soborno, lavado de dinero mal habido y cohecho por conspirar para canalizar negocios de bonos del Condado hacia la firma comercial de Grigsby en California. Hardemon y Grigsby fueron absueltos. Burke fue convicto y condenado a 27 meses de prisión. En el mes de junio, Carmen Lunetta, su contratista-ayudante Neil Harrington y Calvin Grigsby fueron encausados bajo acusación de malversar fondos públicos del Puerto. Después de un largo período de juicios y apelaciones los cargos fueron desechados por la Corte al probar los defensores que los fondos en cuestión no eran públicos sino privados pertenecientes a *Fiscal Operations*. En el mes de diciembre, Marie

Rovira fue encausada bajo acusación federal de cobrar un alto salario, equivalente a una estafa, al Puerto de Miami por un trabajo inexistente. Se declaró culpable y fue sentenciada a un año de libertad condicionada. Fue destituida por el gobernador Lawton Chiles como concejal de Hialeah. El Concilio de *la Ciudad que Progresa* eligió al experto en mercadeo, Esteban Bovo, como su temporero sustituto. Nunca después fue públicamente comentado el bochornoso incidente que comprometía al perenne cubaneo glorificador de *La Cuba de Ayer* imaginariamente libre de corrupción administrativa, peculado, chivos, trueques, trasiego de bonos, agio y especulación, bravas electorales, latrocinios y contrabandos e inmoralidad social durante todos los gobiernos republicanos, tal y como aparecen documentados en los cuatro precedentes tomos de esta *Historiología Cubana* y en el ensayo del Dr. Ángel Aparicio Laurencio que explica las causas que hicieron posible el establecimiento de un régimen comunista en Cuba[267].

XLVI

El adefesio La Patria es de Todos. Eclesial bendición a sus reciclados esbirros firmantes. El turismo sexual. El merecido castigo vengador. La expedición de La Esperanza. El juicio a sus tripulantes. Gallardía del jurado borícua. Las elecciones de 1997 en Miami. Primera parte del procesamiento de Humberto Hernández. Su destitución y reelección. El fraude del voto ausente. Elección de Xavier Suárez pleiteada por Joe Carollo. Artimañas alcaldicias. Fallecimiento de Mas Canosa. Panegíricos y encomios. La trama del MIDEM. Vice-Versas de Mariví Prado y Gloria Estefan. Damoledora protesta de Rosendo Rosell. Osada pretensión del arzobispo John Favonarola. Obligado a cancelar el crucero a Cuba comunista.

---

[267] Ángel Aparicio Laurencio, *La Cuba de Ayer*, Universal, Miami 1984.

Durante la primera semana del mes de junio de 1997, con vista a la celebración del V Congreso del Partido Comunista de Cuba, el régimen hizo circular entre sus acólitos un documento que describía su proyecto para una próxima plataforma gubernamental. Como era natural, los comunistas apelaban a su falsa y conveniente interpretación de la historia cubana para asociar la tiranía a la Patria, insistiendo en la unidad del pueblo para consagrar aquella basándose en su dogma *dentro de la Revolución todo; fuera de la Revolución nada*, y llamando al populacho a participar en reuniones de apoyo al mamotreto que cantaba loas a los apócrifos éxitos sociales y económicos de la satrapía totalitaria. El día 27 de ese mes de junio los periodistas extranjeros acreditados en La Habana recibieron un mamotreto que impugnaba lo establecido en el otro y se titulaba *La Patria es de Todos* un término plagiado de la Declaración Oficial de Concilio Cubano del día 27 de noviembre de 1995 que rezaba *Cuba es patria y hogar de todos los cubanos* cuyo texto, nombre de los firmantes y adherentes así como el criterio del Autor sobre la artería fue expresado en páginas del anterior Capítulo XLII. El adefesio *La Patria es de Todos* exponía todos los desmanes cometidos por el régimen: fusilamientos, prisiones infamantes, comités de chivatos, abolición de derechos humanos, confiscación de bienes urbanos y campesinos, racionamiento alimenticio, ruina de la industria azucarera, guerras extranjeras, éxodo ciudadano, etc., exaltaba la Cuba de antes de la Revolución Traicionada y encomiaba el Plan del presidente Clinton para una Cuba sin Castro. Durante treinta y pico de años toda la perversidad comunista referida había sido divulgada profusamente por el exilio en las Naciones Unidas, en la Organización de Estados Americanos y en toda clase de fórums, conferencias, simposiums, coloquios intelectuales, etc., así que no era nada nuevo lo contenido en *La Patria es de Todos*.

Pero lo que si era repugnante y nauseabundo era que los firmantes del papelucho hediondo, Félix Bonne Carcassés, René Gómez Manzano, Vladimiro Roca Antúnez y Marta Beatriz Roque Cabello eran desertores esbirros comunistas trocados en oportunos disidentes que habían sido gamberros cómplices de todos las tropelías que enumeraban. La depravación característica de esta abominable caterva sub-humana, verdugos implacables de la democracia que son los comunistas cubanos, militantes o discrepantes, está expuesta en el precedente Capítulo XXXII. Aprovechadamente, religiosos del exilio se reunieron en la Ermita de la Caridad e hicieron un llamamiento a todos los cubanos incitándolos a respaldar *La Patria es de Todos* y a sus firmantes que fueron prontamente encarcelados por sus antiguos camaradas. Los inefables religiosos fueron Emilio Vallina, Martín Añorga, Romeo Rivas, Francisco Santana, Max Salvador, José Luis Menéndez, Sergio Carrillo, Luis Pérez, Juan Quijano, Carlos Pérez, Santiago Mateu, Rafael Pedroso, Pedro García, Jesús Saldaña, Armando Pérez, Rafael de los Reyes y Manolo Pérez. Católicos y protestantes clérigos santiguando herejes. Que además eran, tres de ellos, Bonne Carcassés, Gómez Manzano y Roca Antúnez, aviesos intrigantes que en el logro de protagonismo disidencial eran desleales a sus co-creadores de Concilio Cubano robándoles su deseada popularidad en el exilio. Una demostración palmaria de que no existe el honor entre ladrones. Ni la lealtad entre desleales.

La prostitución, el proxenetismo y las enfermedades venéreas eran lacras sociales que la República mal heredó de la Colonia, especialmente en La Habana por su condición de favorable, próspero y fiestoso puerto de mar placentero a la bulliciosa marinería transeunte y atrayente del tráfico turístico internacional. La tolerancia gubernamental de aquellas anomalías aumentó gradualmente con el crecimiento de la población masculina nativa y la adición a ésta de una multitud de inmigrantes solteros no matrimoniables. El proceso del incremento de la jocosamente considerada *profesión mas antigua del mundo* y los métodos policíacos y judiciales para regularla así como la demanda de la sociedad civil de su planificada extinción consta en los análisis efectuados anteriormente de los períodos presidenciales de Mario García Menocal, Alfredo Zayas Alfonso, Gerardo Machado Morales, Carlos Mendieta Montefur y Carlos Prío Socarrás[268]. Para poner punto final a la vergonzosa mala fama que motejase a Cuba como *el lupanar de las Américas*, uno de los fundamentales propósitos de profilaxis social contenidos en el programa de la Revolución Traicionada fue puesto en vigor con la creación del Ministerio de Bienestar Social que planificaba enlazar la medicina social y la higiene social, o séase la función del médico y el higienista con la labor del sociólogo conjugando los valores del Estado y de la Sociedad mediante un coeficiente cultural-económico que tomando a la familia como unidad piloto considerase el matrimonio y la procreación como un sacramento, una

---

[268] Ver Tomo II, págs. 239-309, 311-50, 351-430, 469-510 y Tomo III, págs. 95-230.

finalidad que va mas allá de la simple satisfacción de un apetito sexual instintivo propio de los animales y que es inmoral, ilegal, corruptor y azote epidémico de purulencias venéreas. El Ministerio de Bienestar Social fue puesto en las capaces manos de la Dra. Elena Mederos, ilustre socióloga revolucionaria que duró muy poco en el cargo pues sus enseñanzas eran contrarias a las que favorecían Vilma Espín y sus complotadas en la comunista Federación de Mujeres Cubanas que consiguieron la disolución del Ministerio[269].

La práctica comunista del *amor libre* corrompió la población, convertida en populacho, en forma tal que la decencia y el pudor caducaron en Cuba. Un ejemplo de la corruptela imperante se veía en las filas de parejas que con la mayor habitualidad esperaban turno para ocupar un cuarto en las posadas, que administraba el régimen, a todas horas del día o la noche, por un tiempo limitado a una hora. De hecho, el gobierno era una despreciable *matrona*. La consecuencia de esta asquerosidad fue un incremento en los casos de enfermedades venéreas, de abortos provocados con funestos resultados en muchísimos casos y la propagación del síndrome de inmuno-deficiencia adquirida o SIDA. Desesperado por encontrar ingresos que suplieran los suprimidos por Rusia y por llenar los hoteles de lujo con visitantes extranjeros que pagasen con moneda fuerte convertible, la tiranía acudió al repudiable negocio del llamado *turismo sexual* propagandizando mundialmente, utilizando pinturas, afiches, carteles y cortometrajes televisivos incitantes que sugerían, a la crápula forastera, que Cuba comunista era un paraíso tropical de sensualidad pleno de adolescentes y jóvenes de ambos sexos proclives a la práctica del coito individual o múltiple, la pornografía cinematográfica y la admisión del homosexualismo masculino y femenino. Esta depravación física y moral generada y auspiciada por el Ministerio del Turismo que regenteaba Osmany Cienfuegos, el mismo sádico asesino de Playa Girón[270], originó la casta del *jineterismo*, legiones de muchachos y muchachas que merodeaban por los alrededores de los hoteles o se reunían en grupos por el Paseo del Prado o deambulaban por el Malecón ofreciéndose al turista a cambio de dólares, compras en las diplotiendas, etc., como fue descrito en anteriores

---

[269] Ver Tomo IV, págs. 100-01.
[270] Ver Tomo IV, págs. 336-37.

páginas. Si previamente a 1959 la mala fama motejó a Cuba como *el lupanar de las Américas*, en 1997, bajo Fidel Castro y su pandilla comunista, fue merecidamente calificada como *el bayú del Mundo*.

Su pasión nacionalista enardecida por esa denigrante internacionalización comunista del vicio de la prostitución al por mayor que se practicaba en la Isla, por la indiferencia del populacho hacia el estrago moral y físico de la juventud y por la procaz cooperación del *turismo sexual* a ese atroz comercio sicalíptico gubernamental, la Minoría Histórica de nuevo se lanzó al combate para con su sacrificio dejar constancia mambí de su indómita y perpetua rebeldía combatiente que siempre después demagogos historiadores, poetas, escritores, tribunos y politicastros, interesadamente en lograr simpatía y beneficio, atribuyen a una super-mayoría frívola, acomodaticia, caudillista y mitómana. Que con magna impudencia alegorizan con la frase hecha *el heroico y glorioso pueblo cubano*.

En el mes de julio de 1997 comenzaron una serie de explosiones en posadas y bares frecuentados por turistas que alcanzaron la suma de siete creando pánico pero no víctimas ya que se trataba de bombas de estruendo y no de fragmentación. Lo que perplejaba a los corchetes de la Seguridad del Estado, conocidos como *los seguriches*, era que el análisis químico de los residuos del material explosivo usado mostraba que no era el C-4 yanqui sino la pentrita y la tolita, de origen checoeslovaco cuya posesión era exclusiva de las fuerzas armadas y eso los hacía suponer la secreta existencia de una conspiración interna imposible de detectar. Hasta el mes de septiembre solamente dos hoteles de lujo, el Nacional y el Capri, habían sufrido el merecido castigo vengador. Pero el día 4 de ese mes, en un espacio de tiempo de 45 minutos, explotaron tres bombas de estruendo en los hoteles Trianón, Chateau-Miramar y Copacabana y una, del mismo tipo, en la fonda Bodeguita del Medio, preferida que había sido de Ernest Hemingway antes del castrato. La fuerza expansiva de la explosión en el Copacabana estrelló a un mercachifle italiano radicado en Montreal, representante de una firma de exportación checoeslovaca, nombrado Fabio Di Celmo, cuyo deceso tuvo una repercusión canadiense y mundial que motivó una crisis de miedo en la industria turística, especialmente en la sexual, y una de furia en el MININT y la SDE que alardeaban de su control sobre la resistencia interna activa y la infiltración de expedicionarios procedentes del exilio combatiente. Pasados unos días, el régimen informó la detención de dos salvadoreños llamados

Ernesto Cruz León y Otto René Rodríguez acusándolos de ser los autores de los bombazos y añadiendo que sus actividades terroristas eran pagadas por la FNCA y Alfa 66 desde Miami en complicidad con el PUND. No sería hasta la celebración del juicio a los acusados que se sabría el trasfondo del candente asunto. Los grupos disidenciales mantuvieron un discreto silencio con la repudiable excepción del santurrón clericalista católico Oswaldo Payá Sardiñas que emitió una declaración condenando las acciones bélicas efectuadas calificándolas de terrorismo que obstaculizaba el proceso pacifista en trámites. Que no especificaba pero que todo el mundo, en Cuba y el exilio, sabía perfectamente bien que se refería a la planificada visita, en enero de 1998, a la Isla comunista, del Papa Juan Pablo II.

Asestandole un metafórico piñazo a la dura cara de los pacifistas en la nómina de la NED, la CIA, Radio y TV Martí, el Vaticano y las Internacionales Socialista, Liberal y Demócrata-Cristiana, en el exterior, y sus congéneres del interior encuadrados en el colaboracionismo de la disidencia autorizada y la mascarada gubernamental insinuante de un probable cambio perestroiko si se levantaba el embargo, el día 28 de octubre de 1997 el Servicio de Guardacostas anunció su captura de la embarcación *La Esperanza*, en aguas internacionales entre Santo Domingo y Puerto Rico, tripulada por los cubanos exiliados Ángel Manuel Alfonso, Francisco Secundino Córdova, Ángel Hernández Rojo y Juan Bautista Márquez a quienes fueron ocupados un alijo de armas y equipos comando que incluían dos rifles militares especiales, calibre 50, que podían hacer blanco a una distancia de una milla sin que sus proyectiles pudieran ser desviados de su trayectoria por vientos cruzados. Posteriormente fueron arrestados en Miami, acusados de complicidad, José Antonio Llama, José Rodríguez Sosa y Alfredo Domingo Otero todos ellos personas cuya edad fluctuaba entre los 55 y 70 años. Venerables expedicionarios de Bahía de Cochinos y legítimos exiliados políticos inclaudicables. Visible contraste minoritario combativo con el academicismo mayoritario, filológico y presuntuoso, del sector conocido como *las nuevas generaciones de relevo* integradas en los proyectos doctrinarios plutocráticos contenidos en *El Fondo de Estudios Cubanos (The Endowment)* y *Misión Martí* de la FNCA[271].

---

[271] Nestor Suárez Feliú, obra citada.

La fiscalía de Estados Unidos en Puerto Rico acusó a los detenidos de conspirar para asesinar a Fidel Castro si asistía a la isla Margarita, de Venezuela, los días 8 y 9 de noviembre, a la celebración de la VII Cumbre Iberoamericana de Jefes de Estado y de Gobierno, explicando que la Sección 956 del Código Criminal de Estados Unidos prohíbe la conspiración para asesinar a una persona, incluso si el asesinato se comete fuera del territorio estadounidense y alegando, además, que Ángel Manuel Alfonso había declarado que la intención del grupo era liquidar físicamente al tirano de Cuba comunista en la isla Margarita y advirtiendo que encaraban una condena de por vida en prisión si un Jurado los encontraba culpables. El día 21 de noviembre un Gran Jurado Federal de Estados Unidos en San Juan de Puerto Rico descartó la teoría de que los encartados tenían realmente la intención de matar a Fidel Castro, aceptando como buena la declaración de Alfonso de que no había nunca informado lo que se le imputaba. Puestos en libertad bajo fianzas no fue hasta diciembre de 1999 que se les juzgó en Puerto Rico. La defensa presentó la tesis de que los acusados viajaban a Margarita para recoger posibles desertores de la delegación cubana comunista y que las armas que llevaban, especialmente los poderosos rifles, eran para defenderse de las torpederas y los aviones castristas que piráticamente hundían y derribaban en aguas internacionales a embarcaciones y avionetas desarmadas tripuladas por cubanos exiliados. Contrariando a los fiscales, el Jurado unánimemente votó por la absolución total de los acusados declarándolos no culpables de ofrecer información falsa a la Guardia Costera y de posesión ilegal de armas. La absolución supo a cicuta al State Department, máxime cuando dos miembros del Jurado, Carlos Dávila y Mayra Massas, emulando a los insignes boricuas general Juan Rius Rivera y Dr. Ramón Emeterio Betances, paladines mambises de la Independencia, abrazaron a los combatientes absueltos y expresaron a los reporteros *que el veredicto era un mensaje al pueblo cubano de que estamos con ellos y que no pierdan la esperanza de ser libres.*

Las elecciones municipales de Miami en noviembre de 1997 tenían un antecedente politiquero-delincuencial de marca mayor. Desde el mes de febrero el Comisionado Humberto Hernández era objeto de una investigación de un Gran Jurado Federal en relación con un multimillonario fraude bancario perpetrado en Key Biscayne que envolvía veinte transacciones de bienes raíces desde 1993 hasta 1995, mientras ocupaba el cargo de asistente legal o abogado adjunto de la ciudad de Miami. El sumario publicado en The Miami Herald demostró quemas de 125,000 documentos sobre solicitudes de hipotecas, contratos, escrituras de propiedades, cheques, recibos, cartas y grabaciones fueron procesados por el FBI para identificar caligrafías y huellas digitales que fueran similares a las de los acusados de fraudes bancarios e hipotecarios masivos. El fiscal Alex Angueira describió a Humberto Hernández *como persona que estableció un continuado desprecio y encallecida indiferencia por la ley y la ética requeridas de su cargo.* La fiscalía acusó a Hernández y sus cómplices de participar en una conspiración que se valió de falsos cheques y ficticios documentos usados en múltiples sucios negocios de bienes raíces que sirvieron para engañar a bancos y prestamistas que facilitaron mas de ocho millones de dólares en hipotecas que adquieron condominios en el proyecto *Pyramids* de viviendas propiedad del urbanista José Maciá en Key Biscayne. Junto con Hernández y Maciá fueron encartados el mercader de hipotecas Alejandro de León; el abogado de Coral Gables Julio Marrero; al especulador de propiedades Diego Del Valle, extraditado de Méjico; el urbanista John Goudie y María González, empleada bancaria que alegadamente ayudó a Del Valle a obtener documentos bancarios falsificados. Humberto Hernández fue acusado de actuar como falso comprador, de preparar los documentos de cierre, de falsificar títulos de propiedad y de perjurio documental bancario. Fue destituido como Comisionado por el gobernador Lawton Chiles y sustituido interinamente por la activista afroamericana Thelma Gibson. Libre bajo fianza de $500,000.00, Humberto Hernández continuó su quehacer politiquero a todo tren y anunció su decisión de postularse en las elecciones municipales de noviembre de 1997 basándose en la esperanza de que podría emular la victoria obtenida por Raúl Martínez en Hialeah, relatada en el anterior Capítulo XXXVII.

La contienda electoral de 1997 en Miami fue una imitación de liga menor del proceso democrático-representativo que en Cuba era dominado por un tipo mercenario y truculento conocido con el remoquete de *sargento político*, profesional del *forro* y la alteración del resultado de los comicios para favorecer a su mandante y amparador, *el cacique electoral.* Ese nefando método politiquero copiado en las mencionadas elecciones municipales, excepto por la violencia utilizada, tuvo su máxima expresión en la Isla durante las reelecciones de Menocal en 1917 y de Machado en 1928, causantes de las sangrientas revueltas acaecidas en sus períodos presidenciales²⁷². Las irregularidades que singularizaron las anteriores elecciones municipales en Miami aparecen inocuas comparadas a las de 1997. Leamos pues:

Xavier Suárez se postuló frente a Joe Carollo, aspirante a la reelección. Cada uno de ellos reunió una bolsa de alrededor de $300,000.00 procedentes de sus millonarios simpatizantes para gastar en propagada electoral y el pago a sus traficantes de votos o sargentos políticos. Carollo recibió el apoyo de Manny Medina, Félix Lima, Amancio Suárez, Neal Harrington y Norman Braman, principalmente, en tanto que Suárez era respaldado por Sergio Pino, Jorge Mas Canosa y sus co-miembros de la FNCA Erelio Peña y *Pepe* Hernández, todos ellos, de una y otra parte, millonarios capitalistas. Por el lado político a Carollo lo palanqueaban Alberto Gutman, Luis Morse, Bruno Barreiro, Alex Villalobos, Alberto Cárdenas y Jorge Luis Hernández y a Suárez lo secundaban Jorge Rodríguez Chomat, Carlos y Armando Lacasa y Víctor de Yurre y, sobre todo, Humberto Hernández, que se postulaba, bajo fianza, y Miriam Alonso (hija) a quien derrotó ampliamente en las elecciones en que también triunfaron como Comisionados Willy Gort y Arthur Teele. El dinero, *la pastora*, corrió a raudales, la publicidad y la recogida de *votos ausentes* fue estupenda. Esto llamado *votos ausentes* era un procedimiento legal que permitía a los electores incapaces de ir a las urnas porque no tenían medios de transporte, porque se hallaban hospitalizados, porque su vejez limitaba sus movimientos, etc., y según el censo se contaban por miles *los viejitos*, como cariñosamente se les apodaba, que se valían de personas que legalmente identificadas y en presencia de testigos llenaban un formulario-cédula en que certificaban su voto que los intermediarios, supuestamente neutrales políticamente, llevaban a los colegios electorales para ser tabulados. Prepárese el lector a mantener su calma cuando lea el bandidaje electoral cometido usando los *votos ausentes* y a *los viejitos* como víctimas propiciatorias y no sientan, como *el iconoclasta historiólogo*, imperiosos deseos de mentarle la madre públicamente, por escrito o verbalmente, a los politiqueros cubano-americanos culpables de la villanía cometida.

---

[272] Ver Tomo II, págs. 259-67, 358-64.

La elección regular para alcalde dio el resultado que Joe Carollo obtuvo 21,854 votos (49%) y Xavier Suárez 20,602 (47%) por lo que tenían que ir a una *segunda vuelta* que después de efectuada produjo la victoria de Suárez por 23,716 votos (53.3%) contra 20,802 (46.7%) obtenidos por Carollo. La elección fue celebrada en tanto en los tribunales del Condado Miami-Dade se ventilaba la denuncia de Carollo sobre fraude en la emisión del *voto ausente* y reclamaba su derecho a ser alcalde porque su legítima votación había sido superior al 50% requerido por la Ley Electoral. Suárez tomó posesión inmediatamente y punto seguido le entró a saco a la nómina municipal y declaró la guerra a la Junta Supervisora Financiera nombrada por el gobernador Chiles para estabilizar los problemas económicos derivados de los escándalos de *Palmaverde* y *Fiscal Operations*. Cesanteó a Ed Márquez como Administrador de la Ciudad y nombró en su lugar al Director de Parques y Recreaciones, Alberto Ruder; designó a Humberto Hernández en la presidencia de la Comisión Alcaldicia; forzó la petición de retiro del Jefe de la Policía, Donald Warshaw y las renuncias de Ellie Haydock, Administradora de Coconut Grove; de Jack Luft, Director del Departamento de Planificación; de Robert Nachlinge, Administrador Adjunto de Miami; de la contadora Lourdes Reyes; de Elbert Water, Director de Desarrollo Comunitario y rebajó de categoría y de sueldo a Angela Bellamy, Directora de Recursos Humanos. Desafiante, Humberto Hernández afirmó que la investigación sobre los fraudes tenía un trasfondo político instigado por Joe Carollo. La fiscal Katherine Fernández Rundle reiteró que investigaría posibles violaciones civiles y criminales de parte del alcalde Xavier Suárez *quien podría haber violado el Acta Constitutiva de la Ciudad*. El Departamento de Aplicación de la Ley de Florida (FDLE) inició una investigación criminal sobre violaciones a las leyes electorales en los comicios celebrados en la primera y segunda vuelta. El Juez de Circuito, Thomas Wilson programó para el día 9 de febrero de 1998 el juicio sobre las denuncias de fraude en las boletas de *votos ausentes*.

El revanchismo y la prepotencia de Xavier Suárez pronto le empezaron a crear problemas. Alberto Ruder prefirió renunciar antes que despedir a Donald Warshaw quien, respaldado por los Comisionados, decidió no retirarse ni renunciar. Suárez, abroquelado en su carácter de *alcalde fuerte*, otorgó el cargo de Administrador a Frank Rollason, ex-Jefe Asistente de Bomberos y en una rueda de prensa indicó que el retiro de Warshaw sería efectivo a partir del mes de enero de 1998 sugiriendo que podía despedirlo por insubordinación. La fiscal estatal, Fernández Rundle, colocó bajo probatoria por seis meses a Suárez obligándolo a revertir todos los despidos y contrataciones que había ordenado. En otra de sus artimañas Suárez liquidó a Frank Rollason y colocó en su lugar a su íntimo amigo José García Pedrosa quien para aceptar el cargo renunció al suyo de Administrador de la ciudad de Miami Beach. En la ceremonia de presentación solo estuvo presente, por la Comisión de Miami, su presidente Humberto Hernández. El embrollo alcaldicio se atemperó en espera del fallo que dictaria el juez Thomas Wilson.

Posteriormente a la última controversia entre The Miami Herald-El Nuevo Herald y Jorge Mas Canosa-Mastec-FNCA los fisgones del exilio barruntaban graves problemas en la interioridad del mascanosismo ya que un denso silencio lo cubría. El misterio se aclaró cuando el día 8 de mayo de 1997 Diario Las Américas reveló que Jorge Mas Canosa padecía del mal de Paget, incurable y dolorosa enfermedad de los huesos que produce en ellos artritis, deformidades y riesgos de cáncer y que su plan de curación requería su alejamiento de la luz pública. El día 23 de noviembre de 1997 Jorge Mas Canosa falleció de un paro respiratorio debido a complicaciones de insuficiencia renal y células cancerosas en sus pulmones según informó su médico de cabecera y Vice-Presidente de la Junta de Directores de la FNCA el Dr. Alberto Hernández. El Vice-Presidente Ejecutivo de la FNCA, Francisco *Pepe* Hernández, asumió la presidencia de esa organización. El hijo mayor del difunto, Jorge Mas Santos, heredó la dirección de MASTEC y aseguró que las últimas palabras de su progenitor para sus compañeros de lucha fueron *¡Adelante, adelante, adelante!* Diario Las Américas publicó una edición especial con varias páginas dedicadas al funeral y a enumerar los panegíricos tributados por todas las organizaciones integradas en las sombrillas de la Junta Patriótica, Unidad Cubana, Forum Cultural Cubano, Plataforma Democrática, Concertación Cívica Cubana, Comité Unido del Exilio Cubano, Consejo Militar Cubano Americano y las autónomas Cuba Independiente y Democrática, Camacol, Colegio Médico Cubano Libre, Agenda Cuba, Hermanos al Rescate, Club de Leones Cubanos, Partido Protagonista del Pueblo, Asociación de Ex-confinados de la UMAP, Miami Medical Team y Presidio Político Cubano. A título personal encomiaron con largueza al finado sus simpatizadores Armando Alejandre, Manuel Alzugaray, Marco Antonio Ramos, Enrique Huertas, Fernando Valverde, Willy del Pino, Luisa

García Toledo, Rosa Leonor Whitmarsh, Juan Clark, Agustín Tamargo, Virgilio Beato, Carlos Arboleya, Modesto Maidique, Armando Pérez Roura y los tres alcaldes cubanos de Miami, Miami Dade y Hialeah, respectivamente Xavier Suárez, Alex Penelas y Raúl Martínez. El presidente Clinton expresó su condolencia a la doliente familia. La incógnita que quedaba por resolver era si la FNCA se mantenía íntegra o si se produciría en ella un cisma al faltarle su cohesionador. Tiempo al tiempo.

El sector del exilio que demostró su intransigencia a la presentación en Miami de *uneacos* pictóricos y musicales, así como la compra-venta de sus obras, como sucedió en la subasta efectuada, y sus derivaciones, en el Museo Cubano de Arte y Cultura, y en el concierto de Gonzalo Rubalcava en el Gusman Center, anteriormente relatados, enfrentó un nuevo intento saboteador en octubre de 1997. El día 9 de ese mes un reportaje de Vivian Crucet en Diario Las Américas descubrió que MIDEM (Mercado de Música Latina y del Caribe), una organización francesa cuyos miembros eran empresarios de casas de discos, productores, compositores y cantantes, había firmado un contrato para realizar en el Centro de Convenciones de Miami Beach su asamblea sobre música hispanoamericana. Parte de los gastos serían sufragados por el Condado de Dade donde existía una prohibición de hacer negocios con empresas que hicieran negocios con Cuba comunista en violación del embargo establecido. Audazmente la miembro de la junta asesora para temas cinematográficos del Condado, Peggy McKinley, expresó públicamente que no se debía prohibir que vinieran artistas de la Isla a la convención de Miami. Fue sumariamente cesanteada tras moción al efecto presentada por el comisionado Bruce Kaplan.

En un vice-versa peculiar de la idiosincracia política cubana, Mariví Prado, presidenta de la organización anticastrista *Derechos Humanos Internacionales de la Mujer*, pidió a la Comisión del Condado el reintegro de Peggy McKinley al cargo que ocupaba, citando el Artículo 19 de la Declaración Universal de los Derechos del Hombre de las Naciones Unidas que proclama el derecho a la libertad de opinión y expresión sin importar fronteras. Mas impactante que eso fue la barrabasada de la popularísima y muy querida cantante Gloria Estefan, de prestigio y simpatías mundiales, declarada anticomunista, quien en una comparecencia televisiva defendió, a capa y espada, la Primera Enmienda de la Constitución Americana sobre la libertad de opinión y la presentación de *uneacos* en Miami Beach añadiendo *este es un país libre y cualquiera puede venir, en Europa y en el resto del mundo van a pensar que los cubanos de Miami tienen la mente limitada.*

La tremolina que provocaron con sus desafortunadas opiniones Mariví Prado y Gloria Estefan fue de órdago en la prensa escrita, radial y televisiva, especialmente por la aseveración de Gloria que *si Silvio Rodríguez quiere venir a cantar a éste país eso está bien porque él debe tener el derecho a cantar donde quiera*, a sabiendas que Silvio era el sicario canta-autor heraldo de la tiranía. Un artículo al respecto de la controversia publicado por Rosendo Rosell en su columna *Mundo de Estrellas* de Diario Las Américas, del cual se honra el Autor en copiar su mas demoledora parte, obligó al alcalde de Miami Beach, Seymond Gelber y al presidente del Bureau de Convenciones y Visitantes, Merret Stierheim, a desistir de su proyecto y trasladarlo a Los Angeles. Dijo el benemérito historiador de la farándula cubana[273]:

Debo protestar por la discriminación que se hace ignorando, o queriendo ignorar a los talentos que han salido de la Isla obligados por la injusticia y el desbarajuste reinantes, conquistando a fuerza de esfuerzo e inteligencia lugares cimeros en la música internacional. Sepan, seráficos señores del MIDEM, que los tantos y tantas artistas protagónicos de la rica música cubana, que no comparten ningún concubinato con el crimen y la desvergüenza del Máximo Millonario no han venido de las estepas rusas sino de Cuba democrática. Inefables señores del MIDEM, una cosa es la conveniencia económica que pudiera significar la presentación de artistas enviados a recaudar para una funesta tiranía y otra bien distinta es el dolor humano de los exiliados cubanos que no comulgan con esos comadreos, jolgorios y sandungas...

Los últimos acontecimientos políticos Cuba-Exilio de 1997 fueron los siguientes: en La Habana se celebró un congreso del Partido Comunista que resultó en otro largo memotreto lleno de sandeces acerca de logros económicos y futuros irrealizables proyectos que no vale la pena enumerar; en Santa Clara, en la base de una estatua de bronce de 22 pies de alto de *Che*

---

[273] Rosendo Rosell, *Vida y Milagros de la Farándula de Cuba*, 5 tomos, Universal, Miami.

Guevara y con la concurrencia de Fidel Castro y la plana mayor del régimen fueron enterrados los restos mortales del occiso importados de Bolivia[274]; y en Miami se llevó a cabo otra multitudinaria marcha, ésta vez intitulada *Marcha de reafirmación Patriótica*, dedicada a la memoria del *Titán de Bronce* y a la de todos los caídos por la libertad de Cuba, de los balseros desaparecidos en el mar, los ahogados en el hundimiento del remolcador *13 de Marzo* y de Jorge Mas Canosa y se armó un lio fenomenal en la grey católica cuando el arzobispo John Favalora, con total desprecio al doloroso sufrimiento de la feligresía exiliada, anunció su organización de un crucero a Cuba comunista durante la visita allá del Papa Juan Pablo II el próximo mes de enero de 1998, que llamó *de peregrinos católicos* y que declaró había sido aprobado *después de consultas con párrocos y grupos católicos comprometidos*, un clerical embuste puesto que, a la vez dolidos y ofendidos, un notable número de influyentes reconocidos paladines de su diócesis protestó públicamente, mediante razonadas *cartas sin sobre*, entre las cuales sobresalía la que le recordaba al soberbio arzobispo *que era una afrenta a la dignidad de la Iglesia, particularmente a los cientos de sacerdotes, monjas y religiosos, incluyendo al Obispo Auxiliar, Monseñor Román, que fueron expulsados de Cuba en 1961*. Firmaban entre otros, José Ignacio Rivero, Luis J. Botifoll, Horacio Aguirre, Rafael Peñalver, Alberto Grau Sierra, Carlos Arboleya, Rafael Abislaiman, Antonio Jorge, Carlos de la Cruz, Remedios Díaz-Oliver, Eduardo Arango y Amancio Suárez. Muy a su pesar y refunfuñando Favarola canceló el proyectado reprobable crucero.

XLVII

La visita del Papa a Cuba comunista. Preliminares. El Proyecto o Plan Varela. Periplo Papal. Las homilías. Tergiversación de la historia de Cuba. Sentencia del juez Thomas Wilson anula las elecciones de 1997. Apelaciones fracasadas de Xavier Suárez. Joe Carollo ratificado como alcalde de Mia-

---

[274] Ver Tomo IV, págs. 503-29.

mi. Revanchismo. Juicios y condenas de Humberto Hernández y Alberto Gutman por fraudes y estafas. Actividades clericales después de la visita papal. Declaración blasfema del obispo Petit Vergel. Silencio cobarde de los curas cubanos de Miami. Medidas amistosas del presidente Clinton suavizadoras del embargo.

El catolicismo cubano, del exilio y la Isla, se hallaba en actitud expectante al comenzar el año 1998 cuando fue anunciada la visita del Papa Juan Pablo II a Cuba. En Miami se produjo la semi-rebeldía que obligó la cancelación del crucero auspiciado por el obispo Favarola y la noticia de que el obispo-auxiliar Agustín Román y su eco, el fraile Francisco Santana, no darían el viaje. Pero volviendo por las andadas el terco Favarola fletó tres aviones, los llenó de fieles cubanos y marchó con ellos a Cuba esclava. Acudiendo a su demagógica grandilocuencia Fidel Castro se presentó en la televisión urgiendo a católicos y no católicos, creyentes y no creyentes a bienvenir al Papa y concurrir espontáneamente a las misas públicas que oficiase; autorizó la celebración de las pascuas y anunció la oficialización de ellas como fiesta nacional futura; ordenó la edificación de un mural de ocho pisos de altura, con la figura de Jesucristo, en la Plaza de la Revolución, y una exhibición de fotografías del Papa compartiendo con las masas pobres de los países que visitó y una enorme de él con el pontífice departiendo amigablemente en el Vaticano, expuestas en el salón de la base del monumento-estatua de José Martí y finalmente sostuvo sesiones de intercambio de ideas conciliadoras con representantes del protestantismo y el judaísmo así como con un comité de obispos, presidido por el cardenal Ortega quien después fue a la televisión a describir al Papa, no como un militante anticomunista sino como un nacionalista polaco opuesto a la ocupación soviética de su patria. Un eufemismo que el Calígula criollo se aplicó a si mismo paralelizando eso a su resistencia al dominio del imperialismo americano sobre Cuba. Los anteriores vaivenes clericales-políticos descritos como *adúltero coqueteo comuno-católico* y *barraganía dialoguera comuno-católica* ahora materializaban *un matrimonio de conveniencia Vaticano-Cuba comunista* que frustrase, definitivamente, la existencia y/o permanencia de la Minoría Histórica nacionalista, democrática-constitucional, laica y humanista. Eternamente mambisa.

Alertamente revolucionaria frente al fascismo, el comunismo y el capitalismo salvaje.

De manera harto sospechosa, por lo coincidente con la visita del Papa y la labor de zapa dialoguera de la disidencia y sus aliados del exilio, y saliéndose del marco de ella, unos afiliados del grupo Movimiento Cristiano Liberación, Oswaldo José Payá Sardiñas, Miguel Saludes García, Regis Iglesia Ramírez, Juan Antonio Rodríguez Avila y Antonio Ramón Díaz Sánchez circularon en Miami, el día 22 de enero de 1998, un documento que anunciaba un llamado *Proyecto Varela* cuya principal cláusula se refería a la modificación de algunas leyes, basándose en el Artículo 88 de la Constitución de 1976 que especificaba lo siguiente:

La iniciativa de las leyes compete: a) a los diputados de la Asamblea Nacional Popular; b) al Consejo de Estado; c) al Consejo de Ministros; ch) a las Comisiones de la Asamblea Nacional del Poder Popular; d) al Comité Nacional de la Central de Trabajadores de Cuba y a las Direcciones Nacionales de las demás organizaciones de masas y sociales; e) al Tribunal Supremo Popular, en materia relativa a la administración de justicia; f) a la Fiscalía General de la República, en materia de su competencia; g) a los ciudadanos. En este caso será requisito indispensable que ejerciten la iniciativa diez mil ciudadanos, por lo menos que tengan la condición de electores.

El exilio no prestó atención al *Proyecto Varela* considerándolo como una mas imposibilidad retórica que afectara la seguridad del régimen, en especial el logro de cumplir el requisito dispuesto en el acápite *g* del Artículo 88. Además, Payá Sardiñas era prácticamente un desconocido entre la nomenclatura disidencial y los reciclados que eran fuente de noticias anticastristas pacíficas casi diariamente tales como los firmantes de *La Patria es de Todos* y los varios movimientos de Derechos Humanos y Reconciliación Nacional, la Coalición Democrática Cubana, etc. Solamente alcanzó notoriedad en éstas páginas por su diferencia con el cura José Conrado Rodríguez. Pero, a pesar del repudio al *Proyecto Varela* instigado por las múltiples organizaciones pertenecientes a Unidad Cubana que dirigían Armando Pérez Roura, Eli César Guayanes y Francisco *Pancho* Hernández que lo acusaban *de proclamar su reconocimiento a la Constitución de 1976 y sin pudor aspirar a pertenecer a la Asamblea del Poder Popular*, el socorrido *Proyecto Varela* superó en estimación pública del exilio a todos otros planes dialogueros y colaboracionistas al ser acogido por Monseñor Román y oficialmente reconocido por el fraile Santana en una sesión de la *Peña Valeriana*.

El día 21 de enero de 1998 llegó el Papa a La Habana en vuelo directo desde Roma. Fue recibido por Fidel Castro y la plana mayor de su tiránico régimen. Intercambiaron protocolares discursos de bienvenida mutua y el *Santo Padre* viajó a hospedarse en la Nunciatura Apostólica escoltado por una guardia de honor policíaca y una larga caravana automovilística formada por el cardenal Ortega, la jerarquía eclesiástica y la nomenclatura gubernamental que en todo el trayecto transitó aplaudida por multitudes que enarbolaban la bandera vaticana y gritaban las consignas *¡Juan Pablo amigo, Cuba esta contigo! ¡Juan Pablo Segundo, te quiere todo el Mundo!* El día 22 viajó a Santa Clara y allí ofició una misa pública concurridísima seguida de una homilía sobre la santidad de la familia y la condenación al aborto. De regreso a La Habana efectuó una visita de cortesía, por invitación de Fidel, al Palacio de la Revolución. El día 23 se trasladó a Camagüey donde, después de una misa y bautizos dirigió su homilía a la juventud aconsejándola llevar una vida limpia y cristiana en que la fe y el obrar moral están unidos. Regresó a La Habana y en la tarde, a prima noche, en el Aula Magna de la Universidad, ante las autoridades clericales y universitarias, su discurso fue dedicado a la cultura cubana de la cual afirmó que el verdadero padre de ella había sido el cura Félix Varela y su continuador había sido José Martí y aconsejando el diálogo entre la Iglesia y el gobierno para cooperar en el desarrollo de la cultura cubana. El día 24 viajó a Santiago de Cuba para celebrar misa y coronación de la Virgen de la Caridad del Cobre, patrona católica de Cuba, después de escuchar las palabras de saludo del arzobispo Pedro Meurice Estiú indicándole, sin rodeos poéticos, la verdad que *le presentaba, además, a un número creciente de cubanos que han confundido la Patria con un partido, la nación con el proceso histórico que hemos vivido las últimas décadas, y la cultura con una ideología.* Indiferente a lo dicho por Meurice Estiú la homilía santiaguera fue dedicada al esfuerzo de ligar la iglesia católica a las Guerras de Independencia contra España. La noche de ese día 24 acudió al santuario de San Lázaro a consolar los leprosos y pidió la libertad de los presos de conciencia.

El día 25, el mas atareado de su visita, el Pontífice sostuvo un encuentro ecuménico con líderes protestantes y judíos en la Nunciatura Apostólica.

Fueron excluidos del encuentro los *babalaos, santeros y brujos* de las congregaciones religiosas afro-cubanas. Luego, ante una concurrencia de mas de 250,000 asistentes, celebró misa y recital de *Angelus Domini* en la Plaza de la Revolución, en presencia de Fidel Castro y sus co-gobernantes comunistas y de una enorme foto de *Che Guevara* y otra colosal de Cristo en opuestos extremos de la Plaza. Su homilía consistió en repetir su consejo de *No Tengan Miedo* a los feligreses, en defender y recomendar la doctrina social católica, en repudiar el capitalismo salvaje y el embargo americano y en expresar que el Estado debe permanecer lejos de todo fanatismo o secularismo extremo. Sostuvo una reunión con la Conferencia de Obispos Católicos en la cual instruyó a los oyentes que buscasen espacio para la libertad religiosa mediante el diálogo con el régimen; repitió su oposición al divorcio y el aborto; deseó que los laicos continuasen preparándose con el estudio y la aplicación de la Doctrina Social de la Iglesia y alentó a los católicos del exilio a colaborar *al progreso de la Nación evitando confrontaciones inútiles y fomentando un clima de positivo diálogo y recíproco entendimiento*. Su última actividad pastoral-política fue el encuentro con el Clero, Religiosos, Religiosas, Seminaristas y Laicos en la catedral de La Habana. Su despedida en el aeropuerto fue una expresión de agradecimiento a Fidel Castro y su gobierno tiránico por su hospitalidad, a los obispos por su solicitud pastoral y su reiterada condenación al embargo económico americano y su consejo de que *el Mundo se abra a Cuba y Cuba se abra al Mundo*. El texto, verídico y total, de los discursos del Papa, de los cuales han sido extractados aquí los pasajes que afectaban la lucha anticomunista, se hallan en el folleto *Mensajero de la Paz y la Esperanza: Textos de la visita de Su Santidad Juan Pablo II a Cuba (Ediciones Universal, Miami 1998)*.

En cuanto a las inexactitudes de su prédica acerca del sacerdote Félix Varela, José Martí y la vinculación de la iglesia católica con la independencia de España puede asumirse que su tergiversación de la Historia de Cuba o fue intencionada o motivada ingenuamente por su falta de lectura del *Manual de la Historia de Cuba* y los dos tomos de *La Guerra de los Diez Años* autoradas por el Dr. Ramiro Guerra Sánchez; los editoriales anticlericales de Martí publicados, bajo el seudónimo de *Orestes* en *La Revista Universal* de Méjico y subsecuentes en New York sobre *el edificio impuro del Papado* en relación con la excomunión dictada contra el cura Edward McGlynn

(Obras Completas, Tomo 11, Editorial Nacional, Cuba 1963); los artículos de Félix Varela en *El Habanero* titulados *Las Máscaras Políticas, Cambia Colores, Las Bombas Habaneras, Las Conspiraciones de la Isla de Cuba, Las Sociedades Secretas* y *¿Hay unión en Cuba? (Calixto Masó, Historia de Cuba, Universal, Miami 1976)*; la documentación fidedigna expuesta por Manuel P. Maza Miquel, S.J. en su citada obra *Entre la ideología y la compasión (Santo Domingo 1997)* y, finalmente, no darse por enterado que los generales mambises que menciona eran todos masones; que la fragua de la independencia fueron las logias y no las sacristías y que León XIII, el artífice de la Doctrina Social Católica bendecía las tropas genocidas que al mando de Valeriano Weyler, durante la asesina *Reconcentración*, exterminaron la población campesina ensañadamente[275].

La bronca entre Joe Carollo y Xavier Suárez por la alcaldía de Miami se actualizó con la sentencia emitida por el Juez de Circuito, Thomas Wilson, el día 25 de febrero de 1998 puesto que sus conclusiones, después de tres días de escuchar los cargos y descargos de expertos electorales y examen de las pruebas materiales aportadas sobre la realidad indisputable del fraude bandidesco perpetrado son contundentes. Leámoslas:

La evidencia presentada demostró claramente fraude y abuso de las leyes de votación de ausentes. Comparecieron un testigo tras otro para declarar sin contradicciones que ellos no votaron; no firmaron las boletas en cuestión; no vivían en el distrito en el que se emitieron sus votos; no vivían en la ciudad de Miami; no conocían a las personas que firmaron como testigos de sus firmas o dijeron que fueron otras personas, y no los presuntos testigos quienes en realidad sirvieron como testigos de sus boletas ausentes; no vivían en las direcciones que tenían las solicitudes de boletas ausentes; no habían solicitado boletas de ausentes y/o no llenaban los requisitos de incapacitados para ir a las urnas. Adicionalmente, el señor Lamar Miller, experto examinador de documentos, declaró que el pudo examinar unas cuantas muestras de verdaderas boletas ausentes antes de que éstas fueran confiscadas por el Departamento de Cumplimiento de la Ley. Entre las boletas encontró pruebas de que varias de ellas habían sido falsificadas. Alguien había

---

[275] Ver Tomo I, págs. 307-15.

tratado de físicamente alterar las boletas cambiando votos del señor Carollo a votos del señor Suárez. Visto en su totalidad, las pruebas muestran un patrón de conducta fraudulenta, intencional y delictiva que resultó en abusos tan amplios de las leyes del voto ausente que se puede decir que la intención de dichas leyes se frustó totalmente. En el análisis de los resultados sobre las elecciones del 4 de noviembre de 1997, dos cosas están claras como el agua. Primero, la elección de comisionados por el Distrito 3 fue el centro de un masivo, bien concebido y bien orquestado, plan de fraude de boletas ausentes. Segundo, éste plan para defraudar, literalmente y de manera figurada, le robó la boleta de las manos de cada votante honesto en la ciudad de Miami. No se presentaron pruebas de que el señor Suárez haya estado consciente del fraude ni haya participado en éste. Esta corte no cree apropiado privar de sus derechos a los votantes ausentes honestos invalidando todas las boletas de ausentes y declarando ganador al señor Carollo. El único remedio apropiado es celebrar nuevas elecciones. Basado en lo anterior se dicta y ordena que las elecciones del 4 de noviembre de 1997 para la alcaldía de la Ciudad de Miami se declaren nulas. Se han de celebrar nuevas elecciones en 60 días a partir de la fecha de esta orden.

La anulación de las elecciones dejó a Miami sin alcalde. Quedaba a la Comisión de ediles la potestad de nombrar uno interino hasta la celebración de las elecciones ordenadas por el juez Thomas Wilson. No se ponían de acuerdo a quien nombrar y en el entretanto controversial llegaron a la Corte de Apelaciones del Tercer Distrito de Florida las instancias de Carollo y Suárez reclamando ser confirmados como alcalde hasta la nueva elección. El día 11 de marzo tres jueces, David L. Levy, Rodolfo Sorondo y Gerard B. Cope declararon sin efecto la necesidad de realizar una elección especial como determinó en su fallo el juez Wilson y, y su vez, fallaron en favor de Carollo. Suárez recurrió a la Corte para que anulara la decisión de los tres jueces y entonces fueran todos los jueces integrantes de la Corte quienes decidieran certificar que su reclamación de celebrar nuevas elecciones era de gran importancia pública. El día 20 la Corte rechazó su petición. Incansable, el derrotado Suárez apeló a la Corte Suprema de Florida con el mismo argumento presentado ante la Corte de Apelaciones y fue de nuevo rebatida su proposición. Finalmente acudió en una última instancia a un Tribunal

Federal demandando que éste anulara las decisiones de los Tribunales Estatales aduciendo que sus derechos constitucionales habían sido violados. Lo remacharon al decidir el Tribunal Federal no inmiscuirse en las decisiones de los tribunales floridanos.

Sintiéndose seguro, Carollo cesanteó a García Pedrosa y nombró al Jefe de Policía, Donald Warshaw como Administrador de la Ciudad de Miami. El día 6 de junio los comisionados Tomás Regalado, Arthur Teele, J.L. Plummer y Wilfredo *Willy* Gort votaron a favor del retorno de José García Pedrosa como Administrador de la ciudad. Dos horas después Joe Carollo cesanteó nuevamente a García Pedrosa quien, disgustado ante la actitud abstencionista de respaldo por parte de la Comisión, anunció el día 18 que ponía punto final a su relación con la alcaldía. La revancha de los Comisionados no se hizo esperar: golpearon políticamente a Carollo cuando nombraron a un ex-policía, José M. Sánchez, en lugar de Miriam Alonso (hija) que fue candidata derrotada frente a Humberto Hernández y que se le consideraba aliada de Carollo. Hernández había sido suspendido por segunda vez por el gobernador Lawton Chiles y además enviado a la cárcel al revocarle la juez Joan Leonard la fianza de $500,000.00 que le permitía gozar de libertad mientras se efectuase el juicio que tenía pendiente por fraude bancario. Esta sanción como consecuencia de estar acusado de cometer el delito de fraude electoral con el voto ausente de *los viejitos*. De acuerdo con la ley en el Estado de Florida quien está libre bajo fianza y comete otro delito va derechito a la cárcel.

En agosto de 1998 Humberto Hernández fue juzgado bajo acusación de tres cargos: delito mayor por fabricar pruebas, delito en menor cuantía por conspiración para crear pruebas y delito en menor cuantía por complicidad tras el delito. Fue revelado en las sesiones que Evelyn Herbello, su secretaria, se prestó a los fiscales para grabar conversaciones entre aquel y sus ayudantes que demostraron que Hernández, su padre y su Jefe de Despacho, Jorge Luis de Goti, junto a miembros de sus respectivas familias, armaron todo un plan para darle a Herbello documentos falsos con los que podría encubrir su falso voto de ausente a favor de Hernández en el Distrito 3 cuando en realidad ella vivía en West Dade. En la cinta magnetofónica se oía al acusado jactarse de que su ataque público contra los fiscales había sido exitoso toda vez que intimidó a la fiscal principal, Katherine Fernández Rundle, después de que en un programa radial calificó la pesquisa contra él de *complot anticubano* y que contaba contra ella el gran apoyo de *sus seguidores ancianos que estaban convencidos de que Fernández Rundle era una hija de puta*. Los jurados exoneraron a Hernández del cargo por delito mayor y uno por menor cuantía pero lo encontraron culpable del segundo cargo menor de complicidad tras el delito. El Juez de Circuito, Roberto M. Piñeiro lo condenó a servir 364 días en la cárcel del Condado y a pagar los gastos de la Corte. Su sentencia fue acompañada de las siguientes frases de reconvención a Hernández:

Usted fue convicto por ayudar a encubrir un fraude electoral tan grande que condujo a la anulación de unas elecciones para la alcaldía. Usted trató de destruir todo eso simplemente para su ventaja política. Pero usted fue mas allá. Trató de cubrir el hedor de unas elecciones corruptas creando una hediondez aún mayor al tratar de desviar el foco de la investigación sobre fraude electoral jugando lo que ha llegado a conocerse como «la carta del racismo», al sostener que era foco de las investigaciones por su origen étnico. Lamentablemente estuvo dispuesto a polarizar a nuestra comunidad a fin de salvar su poder político. Esto es inmoral. El único castigo apropiado para un delito como éste, que asesta un golpe al corazón de nuestra sociedad, es el castigo máximo que determina la ley.

Inmediatamente después de ser condenado, Humberto Hernández optó por declararse culpable de fraude bancario, fraude postal, fraude hipotecario y fraude en traspaso electrónico de dinero. Arregló con la Fiscalía de cumplir cuatro años de cárcel evitando ir a un juicio en el cual podría ser condenado a trece años de prisión, culpable de otros 22 cargos delictivos comunes. El sumario publicado en El Miami Herald demuestra *que Hernández admitió formar parte de una red de fraude hipotecario, que dejó a diversos bancos con préstamos morosos para financiar la compra de lujosos condominios en la avenida Brickell y en Key Biscayne así como para financiar otros bienes de su propiedad. Estos dudosos negocios de bienes raíces tenían el propósito de lavar las ganancias de una de las mayores estafas al Medicare en la historia de los Estados Unidos.*

El proceso legal del caso de Humberto Hernández tomó un rumbo tan personal, recordatorio del ocurrido con el lío matrimonial comunista Joaquín

Ordoqui-Edith García Buchaca-Carlos Rafael Rodríguez[276], que el Autor se limita a reseñarlo brevemente, dejando al lector enterarse de los sórdidos detalles del asunto leyéndolos en los reportes de prensa publicados en las fechas indicadas. El día 24 de octubre de 1998 la señora Esther Ortiz de Hernández dijo a The Miami Herald que había sostenido relaciones adúlteras con el abogado defensor de su esposo, el Dr. José Quiñón. El día 2 de febrero de 1999 un juez denegó la solicitud de Hernández de ser beneficiado con un nuevo juicio basándose en el amorío descubierto. El día 14 de mayo de 1999, defendido por otro abogado, Humberto Hernández fue condenado a cuatro años de cárcel en una prisión federal y a pagar una restitución de $3,200,000.00 por su papel en los fraudes bancarios perpetrados. El día 14 de julio de 1999 una Corte de Apelaciones dictó que Hernández merecía un nuevo juicio basado en el amorío. El día 13 de octubre de 1999 la misma Corte de Apelaciones se retractó de su sentencia favorable a Hernández quien siguió preso hasta el fin de sus condenas. Se divorció de su ex-esposa que eventualmente casó con José Quiñón y otorgada la custodia de las dos hijas habidas en su matrimonio con Hernández.

A la cadena de estafas al Medicare, enumeradas en el precedente Capítulo LXII y añadidas a la consumada por Huber Matos Araluce, se le soldó el eslabón forjado por el senador estatal hebreo-cubano Alberto Gutman, pícaro redomado que abusando de su cargo senatorial de Director del Comité de Cuidados de la Salud, primero, y después del Comité de Justicia Criminal, maquinó sabiamente como conseguirle a sus cómplices múltiples concesiones económicas de las cuales recibía jugosas gabelas. En 1995 había escapado de un cargo de prevaricación cuando cobró una comisión de $500,000.00 por arreglar la venta de un hospital, sin ser agente licenciado de bienes raíces. Pacientemente el FBI fue atando cabos y acumulando testigos y pruebas que posibilitaron a la fiscalía, en junio de 1998, encausar a Gutman y su esposa por lavado de dinero, pagos ilegales a médicos y manipulación de testigos basándose en que habían ocultado su participación secreta en las compañías Reliable Home Health Care y Real Nursing Care que le facturaban cuentas fraudulentas al Medicare por pacientes que no reunían los requisitos; haber obtenido ganancias por tramas fraudulentas; haberle pagado

---

[276] Ver Tomo IV, pág. 411.

a un médico $1,500.00 en efectivo para que firmara planes de tratamientos falsos y haber tratado de persuadir a un testigo de que le mintiera a un Jurado Federal que investigaba fraudes al Medicare. Después de un largo proceso judicial, el día 26 de octubre de 1999, Alberto Gutman se declaró culpable de los cargos acumulados en su contra y renunció a su senaduría estatal. Fue condenado a cinco años de prisión. Su esposa, Marci Rabinowitz, fue sentenciada a cumplir seis meses de reclusión domiciliaria merced a un acuerdo entre Gutman y la Fiscalía.

La Legislatura Estatal de Florida, como consecuencia del fraude electoral efectuado, aprobó la ley que convierte en delito mayor el comprar o vender votos y mentir sobre ello; hace mas estrictos los requisitos para la inscripción de los votantes; cambia el proceso de votar con boleta de ausente y requiere que los funcionarios del Departamento de Elecciones inspeccionen una vez al año el expediente del votante en busca de antecedentes penales o deceso del votante.

La visita del Papa no logró cambios ni aperturas de importancia políticas o sociales. Castro accedió a liberar 300 presos políticos sentenciados por causas que no fueron de sublevación, sabotajes graves, atentados personales, etc., pero no así a permitir radiodifusiones consideradas como de índole peligrosa, aprobar el funcionamiento de colegios parroquiales y conceder espacio político a los disidentes. El arzobispo de Miami, John Favarola y su obispo auxiliar, Thomas Wenski, fracasados propugnadores del crucero católico turístico, viajaron a Cuba comunista durante cinco días para organizar la distribución de ayuda medicinal y alimentaria a través de Caritas. De regreso trajeron una carta pastoral de los obispos de la Isla titulada *El Espíritu quiere soplar en Cuba* que llena de trivialidades clericales enfatizaba un proclamado triunfo de la prédica papal favorable al diálogo con el régimen ateo. Tiempo después, un grupo ecuménico llamado *Líderes Espirituales del Exilio*, integrado por los clérigos católicos y protestantes Martín Añorga, Alberto Cutié, Rolando Espinosa, Aida M. Diego, Leopoldo Frade, Lenier Gallardo, Jacobo Gueribiten, Emilio Hernández, Santiago Mateu, Daniel Medina, José Luis Menéndez, José Pablo Nickse, Luis Pérez, Marcos Antonio Ramos, Guillermo Revuelta, Francisco Rodríguez, Manuel Salabarría, Francisco Santana, Agustín Román, Evelio Valdés y Onell Soto dieron su religioso apoyo al Plan Varela y su recogida de firmas para una consulta popular que reconocía la legalidad de la repudiable Constitución fidelocomunista de 1976.

En junio de 1998 viajaron a Roma el cardenal Jaime Ortega Alamino y los obispos José Ciro González Bacallao de Pinar del Río; Mariano Vivanco Valiente de Matanzas; Arturo González Amador de Santa Clara; Emilio Aranguren Echevarría de Cienfuegos; Adolfo Rodríguez Herrera de Camagüey; Mario Mestril Vega de Ciego de Avila; Pedro Meurice Estiu de Santiago de Cuba; Héctor Luis Peña Gómez de Holguín; Dionisio García Ibáñez de Bayamo-Manzanillo y Carlos Baladron Valdés de Guantánamo-Baracoa y los obispos-auxiliares Alfredo Petit Vergel y Salvador Emilio Riverón Cortina de La Habana y Juan García Rodríguez de Camagüey para tratar con el Papa la lentitud con que Castro había respondido a su requiebro *Cuba se abra al Mundo y el Mundo se abra a Cuba.* No fue dado a conocer a que conclusiones se había llegado en el Vaticano pero a su paso por Miami, de regreso a La Habana, declaró a la prensa con profana desfachatez Petit Vergel: *Fidel Castro no es el diablo, la iglesia católica no es un partido político alternativo y los cubanos deben unirse para seguir a Jesucristo y no para derrotar a Castro. Los cambios llegarán. Cuba esta cambiando. Rezo todos los días de mi vida para que los cambios lleguen en un clima de paz y armonía, porque de otra manera sería un disparate, sería odioso, espantoso si se derramara sangre.* Esta declaración blasfema claramente demostraba la realidad simoníaca de la jerarquía católica porque era política cuando tomaba el partido del acomodamiento a sus intereses clericales y había guardado un silencio cómplice, dentro de Cuba, durante 40 años, frente a los crímenes de la tiranía. Silencio que practicaron cobardemente los curas cubanos de Miami, abominablemente, frente a las funestas frases de Petit Vergel. Como bien sentenciara Ariel Remos en Diario Las Américas, *es preferible que callen y no hablen* y afirmara en El Nuevo Herald el presidente ejecutivo de Unidad Cubana, Juan Ruiz, *es una genuflexa sumisión con la esperanza de que quizás algún día le permitan un programa de radio de quince minutos previamente censurado.*

Atendiendo la petición de congresistas demócratas favorables a suavizar el embargo y usando como pretexto la oposición del Papa a éste, el presidente Clinton dispuso la facilitación del envío de dinero a Cuba por el exilio; incrementar los vuelos directos y llevarlos a otras ciudades además de La

Habana; restablecer el correo en vía directa diaria; permitir amplios intercambios culturales, científicos y deportivos y autorizar la exportación de alimentos y productos agrícolas *a entidades independientes y no-gubernamentales* como si tal cosa existiese en Cuba comunista. Reciprocándolo, se agilitó en Cuba la inscripción para solicitar visa a Estados Unidos por el acuerdo de conceder 20,000 visas anualmente de las cuales hace el gobierno americano una selección entre los que tengan entre 18 y 35 años de edad, que hayan terminado estudios secundarios, tener al menos tres años de experiencia profesional y poseer un familiar que resida en Estados Unidos. Son descartados los solicitantes que hayan ocupado puestos de responsabilidad en el Partido Comunista, hayan sido condenados por delitos comunes, sufran problemas mentales o padezcan de enfermedades infecciosas, especialmente de SIDA. Durante el período presidencial 1997-99 de Bill Clinton fueron admitidos como inmigrantes cubanos un total de 65,583 personas según informó el Servicio de Inmigración y Naturalización en Washington. Entre las cuales personas se contaba un grupo que componía una red de espionaje que, como leeremos, fue descubierta por el FBI y arrestados sus integrantes y colaboradores.

XLVIII

La trágica navegación de «La Celia». Testimonio fidedigno del Dr. José Enrique Dausá. Diferencia abismal entre «canibalismo» y «antropofagia accidental justificada». Dos ejemplos históricos. La pampirola «Cuba en la Encrucijada» y la paparrucha «La Sociedad Civil Cubana». La tesis libresca, microfónica y cretina de «la guerra pacífica». Los millones de dólares sobornantes de la USAID y las Fundaciones ARCA y Ford. Sus receptores anti y pro Castro. Elizabeth Trujillo y la crápula periodística y microfónica del exilio.

En el mes de abril de 1998 se cumplía el 37 aniversario del desembarco de la Brigada 2506 en Bahía de Cochinos reseñado en precedentes páginas de ésta *Historiología Cubana*²⁷⁷. Como acostumbraban anualmente, los veteranos de esa gesta rendían honor a sus compañeros desaparecidos en el aire y el mar, los caídos en las batallas, los fusilados por los asesinos tribunales revolucionarios y en especial las víctimas de los dantescos episodios de *la barca «Celia»* y de *la rastra*. En la conmemoración de ese año ocurrió un extraordinario hecho que profundamente afectó la sensibilidad del exilio: Julio Pestonit, uno de los sobrevivientes de la terrible saga de los náufragos de *la «Celia»*, relató en un programa de televisión, del cual se hizo eco la prensa, *que los escapados en el bote recurrieron al canibalismo para sobrevivir*. Si era cierto lo que dijo Pestonit era la divulgación de un bien guardado secreto ya que ninguno de los muchos libros publicados sobre Bahía de Cochinos menciona el incidente en cuestión. La verídica historia de la funesta travesía de *la Celia*, fue descrita minuciosamente en Diario Las Américas el día 15 de abril de 1990 mediante un artículo intitulado *Girón: el barco de la muerte*, firmado por el Dr. José Enrique Dausá, luego ampliado en su autobiográfico libro *Luchas y Combates por Cuba: Memorias* (Ediciones Universal, Miami) únicas fuentes de legítima información ya que las avala el testimonio de un protagonista sobreviviente de la tragedia, poseedor de un expediente combativo y de profesional intelectualidad extraordinario quien fue elegido por los demás sobrevivientes, Isaac y Joaquín Rodríguez, Roberto Pérez San Román, Ángel Hernández Valdés, Armando Caballero, Nelson Torrado Cadalso, Armando López Estrada, Florencio Valdés, Raúl Muxó, Julio Pestonit y Pedro Antonio Cuéllar para que fuera quien hablara en nombre de todos e impusiera lo sucedido al capitán del barco petrolero que los rescató de una segura muerte y al público, en general, al dar a conocer la odisea sufrida. Un acuerdo de caballeros de carácter inviolable como era de suponerse.

A la irresponsable indiscreción de Pestonit, que generalizaba en ella a todos los sobrevivientes respondió el abogado Dausá al indagador reportero de El Nuevo Herald, Pablo Alfonso, *que confirmaba lo dicho por Pestonit pero él, Nelson Torrado, Armando López Estrada y Ángel Hernández se negaron a participar en lo acontecido*. Aturdido por el impacto perturbador de su sentimiento ético endógeno que produjo el término *canibalismo*

---

[277] Ver Tomo IV, págs. 320-41.

usado por Pestonit, el exilio, alentado por sus líderes políticos y religiosos escogió practicar un silencio piadoso sobre lo sucedido en lugar de analizarlo y justificarlo basándose en experiencias similares que ocasionaron jurisprudencia y precepto canónico. El Autor envió a Diario Las Américas y a El Nuevo Herald un escrito que no le publicaron en el cual probaba que la acción de los sobrevivientes que tomaron parte en ella era legítima y que debía ser defendida y no soslayada. Leamos su alegato:

La enciclopedia Espasa-Calpe define *canibalismo* como el hábito de comer carne humana motivado por supersticiones guerreras y religiosas común en muchos pueblos salvajes que creen de éste modo adquirir el valor y fuerza de sus enemigos o como un ritual ofrecido a deidades tenebrosas para aplacar su furia. Por esa definición se excluyen los casos de *antropofagia accidental* en que el único móvil es el hambre, como ocurre en los naufragios, asedios de ciudades, etc. y en que se ha comprobado que la *antropofagia accidental* no se fundamenta en un homicidio sino en una muerte natural. Ejemplos históricos son dos, uno en el siglo XIX y otro en el siglo XX. En el invierno de 1846 una caravana de pioneros que se dirigían a California fue atascada en el paso Donner por la nieve de una profundidad impasable durante tres meses y medio. Una partida de 17 hombres y mujeres, con provisiones para seis días, intentaron cruzar el paso en busca de ayuda. Un mes después solo siete de ellos, casi muertos de hambre y fatiga llegaron a un pueblo serrano de donde salió una expedición de rescate que encontró a los restantes pioneros diezmados por el hambre. En total perecieron 47 de las 82 personas que componían la caravana. Se le hizo visible a los rescatadores que los sobrevivientes habían subsistido alimentándose con partes de los cuerpos de los difuntos. Una corte judicial en Sacramento investigó los hechos y sentenció que no existía delito porque no se habían cometido homicidios, que el acuerdo alimenticio había sido aprobado mediante votación mayoritaria y por tanto no existió *canibalismo* y si *antropofagia accidental justificada* y además prohibió, bajo pena de castigo severo, la divulgación de los nombres de las personas objeto de aquella definición jurisprudente. Por igual los muertos y los sobrevivientes.

El día 12 de octubre de 1972 un avión uruguayo que transportaba 47 pasajeros y una tripulación de 5 personas se estrelló en un remoto, escabroso e hinhóspito cañón de los Andes, entre Argentina y Chile. El grupo de pasajeros estaba formado por un equipo de balompié colegial católico acompañado de familiares y admiradores. En el choque murieron varios de los viajeros. Después de una búsqueda aérea de ocho días se abandonaron los esfuerzos debido a las ventiscas y el terrible mal tiempo característico de la alta cordillera que impedía un rescate montañoso por alpinistas. Se dieron por perdidos los accidentados y se programó buscar sus restos en la primavera. Los sobrevivientes se enteraron de la mala noticia mediante un radio portátil que poseían. Se organizaron para distribuir los pocos alimentos que encontraron y construyeron un ocasional refugio con los restos del avión. La fatalidad nuevamente los azotó cuando una avalancha de nieve sepultó el refugio y causó la muerte por afixia a varios de los sobrevivientes. A los veinte días del infortunio quedaron sin alimentos y en consulta decidieron recurrir a la antropofagia justificándola correctamente igual a un transplante médico del corazón de un fallecido para salvar la vida de un paciente moribundo y razonando que morir de hambre equivalía a un suicidio, algo que era considerado como un pecado mortal por la iglesia católica de la que todos eran devotos militantes. Se impuso la condición de que fueran dos estudiantes de medicina quienes diseccionaran los cadáveres que no debían ser familiares de los antropófagos ni su identidad dada a conocer ni que tuvieran lesiones o heridas infectadas. Cuando el tiempo tormentoso amainó, dos de los mas fuertes atletas sobrevivientes emprendieron un descenso riesgoso que le tomó diez días en llegar a un lugar habitado y enterar a las autoridades lo sucedido quienes enviaron una misión del Cuerpo Chileno de Rescate Andino en helicópteros que rescataron a los 14 viajeros que encontraron depauperados pero vivos, después de superar una horripilante ordalía que duro setentidos días. El gobierno chileno dispuso que fueran enterrados en la montaña los restos mortales de los difuntos para evitar a los familiares el dolor de identificarlos si eran trasladados al necrocomio. La iglesia católica celebró una misa en honor a los difuntos en la homilía de la cual se reconoció el cristiano amor al prójimo que representaba *la antropofagia accidental* para los familiares de los difuntos que expresaban públicamente su compasión para con los sobrevivientes que la habían practicado.

La Sociedad de Mutua Admiración que encuadraba a la crema y nata de los arcontes del retoricismo miamense de nuevo salió al ruedo de *la guerra pacífica* a fines del mes de mayo de 1998, ahora reforzada con la presencia en ella de notables combatientes sosegados. Un conjunto formado por Juan Pérez Franco por los Veteranos de Bahía de Cochinos; Enrique Huertas por el Colegio Médico Cubano Libre; Antonio Jorge por la Concertación Cívica Cubana; Huber Matos por Cuba Independiente y Democrática; Alberto Hernández por la Fundación Nacional Cubano-Americana; Luis Gómez Domínguez por la Federación Mundial de Ex-presos Políticos; Miguel Salas por los Municipios de Cuba en el Exilio; Orlando Bosch por el Partido Protagonista del Pueblo y Armando Pérez Roura por Unidad Cubana emitieron un documento intitulado *Cuba en la Encrucijada* en el que después de un consabido retoricismo acerca de *patriotismo y soberanía*, repetían la consuetudinaria cantilena de todos los anteriores *manifiestos sombrilleros* que en previas ocasiones firmaron casi todos ellos y que se resumía en lo siguiente.

Rechazar entendimiento con Fidel y Raúl Castro; mediación o intervención de factores internacionales; liberación de presos políticos y regreso de exiliados; establecimiento de pleno Estado de Derecho y creación de una democracia representativa pluripartidista y economía social de mercado; gobierno provisional que convoque a una Asamblea Constituyente y someta a juicio a los principales causantes de la imposición del comunismo; reconocimiento y apoyo al pleno derecho, así como el deber, del pueblo a luchar por su libertad por todos los medios a su alcance y una exhortación a todas las organizaciones representativas del pueblo de la Isla y del Exilio para que los acompañasen en su Declaración de Principios que estaba dictada por el espíritu de la sagrada intransigencia mambisa, la de José Martí, Máximo Gómez y Antonio Maceo.

Coincidiendo con la pampirola de *Cuba en la Encrucijada* fue proclamada en Diario Las Américas la formación de un Comité Gestor dedicado a fomentar la creación de *La Sociedad Civil Cubana* integrado por José Ignacio Rivero, Ricardo Sardiñas, Andrés Vargas Gómez, Manuel Márquez Sterling, Ariel Remos, Óscar Salas, Rafael Peñalver, Nunzio Mainieri y el reverendo Martín Añorga. Poco tiempo después el Comité Gestor se convirtió en una Directiva compuesta por José Ignacio Rivero, Presidente; Ricardo Sardiñas, Andrés Vargas Gómez y Felipe Fontanills, Vicepresidentes; José Clemente Vivanco, Secretario; Carlos Porro, Vicesecretario; Luis Artaud, Tesorero; Carmen Olavarrieta, Vicetesorera y Delegados Luis Felipe Marsans del Colegio Nacional de Periodistas; José Bravo del Colegio de Ingenieros Agrónomos; José Carreño del Círculo Cubano de Periodistas; José López

Silverio de Productores de Azúcar; Rolando Espinosa del Colegio de Pedagogos Cubanos; Moravia Capó de los Leones Cubanos en el Exilio; Gabriel Casanova y León del Valle del Grupo Asesor de Radio y Televisión; Carlos Lluch de la Confederación de Trabajadores de Cuba; José Guillén del Instituto Internacional de Abogados; Henry Rose de la Asociación de Ganaderos; José Acosta y Prisciliano Falcón de la Federación de Trabajadores Azucareros; Agustín Falla Batista de los Banqueros Cubanos; Óscar Salas de la Asociación de Registradores de la Propiedad y Manuel Alzugaray del Miami Medical Team quienes lucubraron una paparrucha que exponía los siguientes propósitos de *La Sociedad Civil Cubana*:

Tratar de hacer una agrupación que sea la voz del exilio, unificador y moderaror de las diferentes tendencias con vista a crear un bloque monolítico que una vez creado elija su Asamblea General como legítimo representante del exilio y no de un mero grupo de llamados dirigentes. El órgano de prensa «La Voz del Exilio» quedaría compuesto por los delegados de los grupos cívico-patrióticos y su función primordial consistirá en hacer pronunciamientos colectivos y en disponer alguna actividad apropiada, recordando que de un lado está la cruz de Cristo que sufrió mas que nosotros, por nosotros en el Calvario y que del otro lado está Cuba con el corazón atravesado por los puñales de la Dolorosa. El lema de la Sociedad Civil Cubana es «Hay que salvar a Cuba».

El desmantelamiento de la *Operación Mongoose*[278], creada y financiada por la CIA y el devastador sórdido Pacto Nixon-Castro de Piratería Aérea[279] pusieron fin a las actividades en grande tipo comando de los combatientes del exilio. Paulatinamente, a partir de esos destructores hechos, el sector que integraban la cofradía de *retóricos, académicos, cubanólogos, econo-micos, revolucionarios arrepentidos, comunistas reciclados, etc.*, creció desmesuradamente en los predios de *la guerra pacífica* cuya tesis libresca, microfónica y cretina era censurar la violencia contra la tiranía, evitar los derramamientos de sangre comunista, esperar resignadamente la muerte natural del tirano, concurrir a eventos políticos y económicos internacionales, desvincularse de los patriotas cubanos presos por hacer la guerra

---

[278] José Enrique Dausá, obra citada.

[279] Ver Tomo IV, págs. 577-78.

al comunismo y el fascismo por los caminos del mundo, pregonar el apoyo al acomodamiento mojigato con la infernal satrapía isleña, recordar los fusilados en Cuba y los balseros desaparecidos en el mar echando flores en el Estrecho de la Florida y obedecer mansamente las ordenanzas emanadas de los pactos Washington-La Habana-Moscú. Era un secreto a voces que *los americanos* financiaban el doble juego de costear a organizaciones que favorecían el levantamiento del embargo y la normalización de relaciones con Cuba comunista y a las que secundaban el mantenimiento de sanciones hasta que se produjeran reformas conducentes a una transición pacífica mediante un referéndum o elecciones supervisadas por la ONU y la OEA y admitiendo la legalidad de la Constitución comunista de 1976.

El velo del misterio que ocultaba la identidad de *los americanos* referidos fue rasgado en el verano de 1998 cuando el periodista Alberto González dio a conocer que un documento procedente del *Programa para Cuba de la Agencia Internacional para el Desarrollo (USAID)* mostraba que Frank Calzón y su *Freedom House* recibió $500,000.00 en 1997 y que para 1998 había solicitado $687,000.00 para un *Centro por una Cuba Libre* que tomaría el lugar de *Freedom House*; que un tal William Reese, presidente de *Socios en las Américas* recibió $172,239.00; que la *Confederación Internacional de Sindicatos Libres* recibió $195,000.00; que el *Directorio Revolucionario Democrático (Campaña Boitel)* recibió $335,469.00; que el *Concejo de Negocios Cuba-Estados Unidos*, de Teo Babún, pidió $591,400.00 de los cuales recibió $285,905.00; y que se habían recibido solicitudes de financiamiento, que estaban bajo estudio, la*Fundación Panamericana para el Desarrollo (PADF)* $236,000.00; la *Fundación SABRE* $85,000.00; *Sondeo de la Opinión Pública en Cuba* de Ernesto Betancourt y Churchill Roberts $110,000.00; *Unidad Cubana* por Luis Figueroa, Juan Ruiz y Jesús Permuy $755,600.00; *Concejo Nacional Cubano-Americano* de Guarioné Díaz $83,000.00; *Fundación Internacional para Sistemas Electorales* $235,000.00; *Coalición para la Restauración del Gobierno Constitucional en Cuba* $1,000,000.00 y *Cuba Free Press Inc.* por Juan Antonio Granados $120,000.00.

El colmo de absurdidad entre los receptores y peticionarios del dinero de USAID estaba representado por un tal Roberto A. Weill que se decía fundador y presidente de una desconocida *Universidad Latino Americana de la Libertad Friedrich Hayek* que solicitaba un financiamiento inicial de

$262,000.00 para materializar su proyecto *Capítulo Cubano (Cuban Chapter)* cuyos objetivos eran los siguientes: *Plantar dentro de Cuba las semillas de la libertad académica, con particular atención a la democracia política, economía de mercado, parámetros éticos en el capitalismo y la civilizadora influencia del comercio internacional, establecimiento de múltiples canales para la distribución de libros en Cuba, becas para estudiantes de Cuba para asistir a los cursos de la Universidad Hayek en Miami y en países extranjeros, programas radiales hacia Cuba, producción en español de video-caseteras, libros y material educacional que se relacionen con la libertad, la democracia, los derechos humanos y la economía, mantenimiento de costos en Miami y Cuba y equipos tecnológicos para información y telecomunicaciones.*

Una investigación practicada demostró que la tal Universidad Hayek era inexistente pues no tenía edificio, ni aulas, ni profesorado, ni alumnos, ni sucursales en países extranjeros, ni aparecía en la guía telefónica de Miami, ni en el registro nacional de Universidades. El nombre de Friedrich Hayek que ostentaba correspondía a un catedrático austro-inglés que en 1974 compartió el Premio Nobel de Ciencia Económica con el sueco Gunnar Myrdal *por ser iniciadores del análisis de la interdependencia del fenómeno institucional de lo económico y lo social.* Weill no fue acogido por la Fundación de Mas Canosa, ni en la Junta Patriótica de Roberto Rodríguez Aragón, ni en la Unidad de Pérez Roura, ni en la Concertación de Antonio Jorge, ni en ninguna de las múltiples organizaciones enroladas en sus respectivas sombrillas. Al fin se descubrió cuales eran sus pretensiones al encaminar sus engañifas hacia la gastronomía pues organizó unos *Almuerzos Hayek* donde su fantasmagórica Universidad, según él, se esmeraba en educar a líderes en diversos países del mundo en la filosofía Hayek. El coordinador de esos almuerzos doctrinarios era nada menos que el canallesco Ricardo Bofill Pagés, el genocida de FRUTICUBA. Amén.

Finalmente, el documento de USAID informaba que un grupo de organizaciones había fundado el *Instituto para la Democracia en Cuba* y había aplicado para recibir financiamiento a sus actividades por la libertad de Cuba pacíficamente mediante su proyecto *Somos Uno*. Las organizaciones pedigüeñas y sus directores eran las siguientes: *Agenda Cuba*, Leonardo Viota; *Alianza Cubana*, José Pérez Linares; *Alianza Democrática Cubana*, Carlos Saladrigas; *Asociación de Ex-Prisioneros y Combatientes Políticos*

Cubanos, Rolando Borges; *Cuban Americans Veterans Association*, Andrés F. García; *Grupo de Apoyo a la Disidencia*, Francisco Hernández Trujillo; *Miami Medical Team Foundation*, Manuel Alzugaray; *Puente de Jóvenes Profesionales Cubanos*, Rafael Sánchez Aballí; *Sociedad Internacional para los Derechos Humanos*, Ricardo Bofill Pagés. Fueron provistos de $400,000.00 que recibirían en cuotas durante un año. Y en esa notoria falsía infiltrado y aceptado fraternalmente el criminal de guerra Bofill Pagés.

El día 5 de julio de 1998 el redactor Pablo Alfonso publicó en El Nuevo Herald una página entera informando, con pruebas irrefutables, que entre 1995 y 1997 tres fundaciones privadas norteamericanas, *Arca, Ford y General Services*, entregaron casi $4,000,000.00 a grupos e instituciones que, en su mayoría favorecen el levantamiento del embargo a Cuba y la normalización de relaciones entre la democracia yanqui y la autocracia comunista cubiche. La lista de embaucadores y sus chupópteras gavillas es tan larga y variada que en éstas páginas aparecerán aquellas, y sus dirigentes, que mas algarabía colaboracionista fomentaban en el exilio. En especial en Miami por tránsfugas y tapaditos.

La Fundación Arca otorgó $88,500.00 y la Fundación Ford $130,000.00 por un total de $218,500.00 al Comité Cubano por la Democracia cuyo Cuerpo de Directores eran, en 1998, Raúl de Velasco, Presidente; Carmen Díaz Machado y Eliseo Pérez Stable, Vicepresidentes; Jesús Sanchelima, Secretario; Lorenzo Cañizares, Tesorero y Carlos Álvarez, Roberto Carballo, Jorge Dubreuil, Alfredo Durán, Lino Fernández, Mauricio Font, Francisco León, Marcelino Miyares, Marifeli Pérez Stable y Alejandro Portes, Vocales, para pagar los costos de sus oficinas en Miami y Washington, del programa *Transición*, que se transmitía por la emisora de Miami *Unión Radio* dirigido por Ariel Hidalgo y Carmen Duarte, del magazine en inglés *Cuban Affairs* editado por Marifeli Pérez Stable, Patricia Fernández Kelly, Alejandro de la Fuente, Francisco León y Marcelino Miyares, para sus rastreras gestiones y campañas en favor del régimen comunista cubano disfrazándolas de trámites propicios a las relaciones amistosas entre Washington y La Habana.

Sumado a lo que precede, Arca donó a *Cambio Cubano*, engendro colaboracionista de Eloy Gutiérrez Menoyo, $35,000.00 *para fortalecer las voces de cubanoamericanos que favorecen una perspectiva pacífica y humanitaria al conflicto entre Estados Unidos y Cuba* y $15,000.00 a la

Liga Cubano Americana de Defensa cuya nomenclatura se componía de Eddie Levy, Presidente; Xiomara Almaguer Levy, Directora Ejecutiva; Magda Montiel Davis, Vicepresidenta y John Cabañas, Director de la Junta de Asesores *para denunciar los abusos que se cometen en el sur de Florida contra los derechos constitucionales.* La Fundación Ford incursionó monetariamente en círculos académicos superiores obsequiando $50,000.00 al *Instituto de Estudios Cubanos de Florida International University* que regenteaban imprecisamente Lisandro Pérez y Uva Aragón Clavijo y $304,000.00 al Centro de Política Internacional de la Universidad John Hopkins de Baltimore que presidía el turiferario fidelista Wayne Smith.

La obsesiva ilusión del sector pacifista del exilio de que la muerte natural de Fidel iniciaría el derrumbe de su tiranía lo mantenía atento a las noticias no documentadas sobre su mal estado de salud y su cercanía a la sepultura. En julio 19 de 1998 desde Costa Rica llegó a Miami la colosal noticia de que una cirujana habanera de probada integración al gobierno comunista, llamada Elizabeth Trujillo, había pedido asilo político allí y denunciado que Fidel Castro había ingresado en la clínica exclusiva para dirigentes del Partido y el Ejército, en la que ella laboraba, sufriendo de *encefalopatía hipertensiva* y añadiendo que *Castro ya había sufrido una parálisis central que le afectó el lado izquierdo del rostro.* Sin pérdida de tiempo en comprobar la personalidad de la reciclada doctora los alarmistas rectores de los micrófonos se apoderaron del diagnóstico y llevaron a sus emisoras a médicos exiliados que conferenciaron sobre lo que era la *encefalopatía hipertensiva* y sus consecuencias. Reafirmando el dicho popular cubano que reza *antes se coge al mentiroso que al cojo* el cuento de camino de la supuesta cirujana se desmoronó. El día 29 de julio de ese año El Nuevo Herald publicó que la agencia de prensa española EFE comprobó que en los registros universitarios de Cuba ninguna persona con el nombre de Elizabeth Trujillo se había graduado en medicina en la fecha que alegaba ni que en el Centro Superior de Ciencias Médicas estaba registrado su nombre. Ante una rueda de prensa en Costa Rica fue encontrada llena de contradicciones. En la fecha que dijo que Fidel fue ingresado ella no estaba en Cuba sino en Colombia en misión médica del gobierno cubano con su marido, el médico Félix Ochoa, como enfermera en un hospital de Cocuy. Un embuste resultó su afirmación de que Ochoa y otros tres médicos habían desertado en Brasil en poder del secreto de una vacuna contra el sida. Una hotelera de San José,

Costa Rica, afirmó a El Nuevo Herald que Trujillo vivió en su propiedad con un costarricense llamado Fernando Romero durante los últimos tres meses y que se fueron sin previo aviso dejando atrás una deuda de casi medio millón de colones ($20,000.00) entre alquiler, comidas y llamadas telefónicas a Cuba y Colombia. La deducción emanada de lo precedente fue que descubierto su adulterio, responsable de la deuda contraída y en problema con la Cancillería por su estancia en Costa Rica como asilada política falsa acudió al recurso hipócrita de las mujerzuelas comunistas procedentes de la cúpula gubernamental, el Partido Comunista, el MININT y la SDE, la Federación de Mujeres Cubanas y la UNEAC de reciclarse como disidentes en el extranjero y ganarse la simpatía de la crápula periodística y microfonera del exilio aportándole chismes sobre la vida privada de sus antiguos ídolos y de supuestos, o reales, secretos de estado impactantes. Y, claro está, ingresar en la nómina de Radio y Televisión Martí, la CIA y USAID como asalariadas.

XLIX

Los nuevos autonomistas de la generación relevo. La expedición de Ernestino Abreu a Pinar del Río. Los aclamados líderes espirituales del exilio. Carentes de lógica y sobrantes de hipótesis. Reavivamiento de Luis Posada Carriles. El New York Times lo asocia a la FNCA. Desmentidas. Retractación del periódico. Nueva cabronada yanqui. Los escándalos sexuales del presidente Clinton. Paula Jones y Monica Lewinski. Juicios de impeachment en la Cámara y el Senado. Absolución conveniente. Concesión comunista a procesiones católicas. Prisión de disidentes no afiliados al Plan Varela. La Red Avispa. La Operación Escorpión. Relación de mandos y objetivos asignados. Fracaso legal francés contra Fidel Castro.

Afligidos al máximo por la vergüenza de ver como la tradicional combatividad mambisa se trastrocaba en un moderno autonomismo[280], especialmente en la juventud del exilio, que esperanzaban fuera *la generación relevo*, ahora vertebrada en organizaciones financiadas por *los americanos* para que cumplieran lo que dispone el aforismo *el que paga manda*, y aconsejada por viejos y nuevos politicastros que revivían los fracasados pacificadores trajines de la *Sociedad de Amigos de la República (SAR), el Diálogo Cívico, el Bloque de Prensa, la Comisión Bicameral y la Comisión de Concordia del Episcopado* durante la dictadura de Batista[281], los viejos gladiadores revolucionarios, plantados del exilio, no cejaban en su romántico empeño de mantener vivo el propósito de la acción militar en el extranjero y hacia Cuba. El incremento de la publicidad acerca de las ganancias de espacio dentro del régimen que lograban los nuevos autonomistas y la tolerancia cómplice del exilio colaboracionista hacia los reciclados y tapaditos que regaban su veneno santurrón del perdón y olvido y la reconciliación con el bestial enemigo comunista, unido al dinero sobornador de *los americanos* a los que favorecían *la solución pacífica* impacientó de tal manera a los aguerridos inconformes veteranos anticomunistas que un número considerable de ellos decidió, por su cuenta y riesgo, infiltrarse en Cuba con el doble propósito de saber la exacta verdad de la fuerza del movimiento disidencial en una fase contestataria y si tal era el caso encaminarlo por una vía de resitencia activa similar a la puesta en práctica contra la dictadura de Batista por el Comité Conjunto de Instituciones Cívicas y en oposición a la línea pacifista politiquera sustentada por Ramón Grau San Martín y Carlos Márquez Sterling con sus renegados auténticos y ortodoxos afiliados a sus apócrifos Partido Revolucionario Cubano y Partido del Pueblo Libre[282].

El día 11 de junio de 1998 el Diario Las Américas informó que la Seguridad del Estado emitió un escueto parte anunciando la detención de cuatro infiltrados procedentes de Miami por la costa norte de Pinar del Río, entre la playa de Santa Lucía y Puerto Esperanza, dando sus nombres como

---

[280] Ver Tomo I, págs. 183-89.

[281] Ver Tomo III, págs. 357-63, 377-81, 405-06, 432, 441-43, 503-05.

[282] Ver Tomo III, págs. 491-93.

Ernestino Abreu, Vicente y Miguel Blanco Martínez y Rolando Corrales. No se especificaba si los detenidos fueron capturados armados o si participaban en una operación de inteligencia militar informativa solamente. Lo que llamó la atención de los lectores fue la ficha revolucionaria y la edad de los invasores que eran sexagenarios. Ernestino Abreu había sido uno de los fundadores en Cuba del MRR en la provincia de Oriente y después coordinador del mismo en la provincia de Matanzas constituyendo células conspirativas en todos sus términos municipales que originaron focos guerrilleros. Escapado de Cuba continuó incansablemente su lucha activa y en Nicaragua, en su profesión de ingeniero, dirigió la construcción de las bases para expediciones de Monkey Point, Caraguala y Tortuguero que se anotaron importantes victorias navales contra Cuba comunista hasta ser desactivadas por orden de Washington después del ataque al barco español Sierra Aranzazu que fue confundido con el cubano comunista Sierra Maestra, bajo la especie de que allí Manuel Artime contrabandeaba whisky escocés, aparatos electrónicos y cigarrillos americanos[283]. Los hermanos Blanco Martínez y Corrales fueron distinguidos miembros del Ejército Rebelde en el Frente Occidental (Pinar del Río), anticomunistas porfiados y ex-presos políticos plantados durante años que regresaban, desafiando peligros, a su teatro de operaciones en la Sierra del Rosario. Contrastando la hazaña, un abstruso Instituto de Investigaciones Cubanas se apareció con una conferencia esotérica sobre *Crisis y espiritualidad: la religión en la vida cotidiana de Cuba* en la que tomaron parte los aclamados como *líderes espirituales del exilio* Araceli M. Cantero, Directora Ejecutiva de *La Voz Católica*; Enrique López Oliva, profesor de Historia de la Religión de la Universidad comunista de La Habana y el Reverendo Marcos Antonio Ramos, ministro bautista y profesor de Historia de la Iglesia del Centro de Estudios Teológicos del Sur de la Florida cuyo resultado práctico para el derrocamiento físico de la tiranía carecía de consistencia lógica y sobrante de hipótesis.

De La Habana llegó a Miami la noticia que los salvadoreños acusados por las explosiones en los hoteles denunciaron que habían sido contratados

---

[283] Ver Tomo IV, págs. 458, 474 y Enrique Ros, *Girón, La Verdadera Historia y Años Críticos, Del Camino de la Acción al Camino del Entendimiento*, Universal, Miami, 1994 y 1996.

por Luis *Bambi* Posada Carriles para efectuarlas. El Nuevo Herald comisionó a sus redactores Juan O. Tamayo y Gerardo Reyes para que ampliaran la concisa noticia en forma novelesca que atrajese la atención de sus lectores. El día 7 de junio de 1998 los mencionados redactores publicaron un largo reportaje que bajo el renglón *Posada Carriles sigue conspirando contra Castro* presentaba una biografía cronológica de éste y una relación de sus actividades contra la subversión castrista en Centro América y Venezuela todo lo cual era bien conocido en el exilio[284]. Tamayo y Reyes se pasaron de rosca al escribir *el mayor misterio que rodea a Posada es de que vive y como se las arregla para costear sus conspiraciones* y luego intrigar zorramente al involucrar a la FNCA porque en su autobiografía *Bambi* agradece a sus amigos personales Alberto Hernández y Feliciano Foyo el generosamente haber contribuido, con otras amistades, a pagar los altos gastos médicos que costaron las heridas que sufrió en el atentado de que fue víctima, ya relatado. Hernández y Foyo eran, respectivamente, Presidente y Tesorero de la Junta Directiva de la Fundación Nacional Cubano Americana.

Los días 12 y 13 del siguiente mes de julio El Nuevo Herald reprodujo dos reportajes del New York Times que alegaban que dos de sus redactores, Larry Rother y Anne Louise Bárdach habían entrevistado a Posada Carriles y que éste habíales confesado que dirigentes de la Fundación financiaban sus operaciones discretamente y que Jorge Mas Canosa supervisaba personalmente las entregas de dinero y el respaldo logístico y que calculaba que a través de los años le mandó mas de $200,000.00. Inmediatamente la Fundación desmintió lo aseverado por el New York Times como total y concretamente falso y alegaciones maliciosas que eran eco de las hechas recientemente por Fidel Castro y que eran parte de la continua y sistemática campaña para vilipendiar a la Fundación y desacreditar la oposición democrática cubana en el exilio. Además, actualizó que en 1994 Bardach publicó un artículo en el semanario *The New Republic* que difamaba a Mas Canosa como *gangster* y que dos años después de un litigio legal el semanario aceptó el acuerdo de otorgar a la FNCA la suma de $100,000.00 para que

---

[284] Ver Tomo IV, págs. 606-09 y Luis Posada Carriles, *Los Caminos del Guerrero*, Universal, 1994.

estableciera una beca para estudiantes cubanoamericanos y publicar una declaración desagraviando a Mas Canosa por el infundio de Bardach.

El reportero del Canal 23 de TV de Miami, Rafael Orizondo, entrevistó a Luis Posada Carriles en un sitio no identificado y grabó un video en el cual *Bambi* enfáticamente negaba que hubiera dicho a Bardach que la FNCA o Jorge Mas Canosa hubieran contribuido con dinero o dado apoyo logístico a sus acciones y que la periodista hizo un reportaje terrible, apartado completamente de la verdad, señalando que jamás había recibido de la Fundación ni de sus miembros ningún tipo de ayuda económica. El video fue presentado en una conferencia de prensa en la sede de la Fundación y la familia Mas anunció que presentaría una demanda al *New York Times* y a sus reporteros Rohter y Bardach por difamación, tal como había hecho y ganado a *The New Republic*. Sorpresivamente el día 19 el periódico neuyorkino admitió que erró al reportar que Posada Carriles sostuvo que Jorge Mas Canosa y otros líderes del exilio apoyaron su campaña de atentados en los hoteles de La Habana. En una nota editorial el periódico culpó *a un error de edición* el permitir que la redacción del artículo publicado desatara un escándalo entre los simpatizantes y enemigos de la FNCA añadiendo *las palabras del texto no querían decir que el señor Posada dijera que los líderes de la Fundación pagaron en forma específica por las explosiones en los hoteles*. Terminado el incidente. Punto.

En agosto de 1998 nuevamente fue Luis Posada Carriles acusado de ser el inspirador de una conspiración destinada a matar a Fidel Castro durante su visita a Santo Domingo a una programada cumbre de dirigentes caribeños. Esta vez aparecían complotados con *Bambi* los exiliados Enrique Bassas, miembro del Miami Medical Team; Ramón Font, integrante de Comandos L y Luis Orlando Rodríguez, veterano de Viet-Nam. No fueron encausados por falta de pruebas delictivas pero el gobierno americano ordenó a sus diplomáticos y agentes de la CIA en Centroamérica que presionaran a los gobernantes de Honduras, Guatemala y El Salvador para que reprimieran las actividades anticastristas de los allí residentes exiliados políticos cubanos. Esta nueva cabronada yanqui de centrar en Posada Carriles su foco persecutorio a pesar de arriesgarse en servicios a la CIA muchísimas veces y de haber trabajado para ella durante treinta años en Miami, Venezuela, Nicaragua, Guatemala y El Salvador y especialmente en el malvado proyecto *Irangate* de Oliver

North, durante el gobierno de Ronald Reagan, evocaba el refrán *así paga el diablo a quien bien le sirve*.

La alegría experimentada por los exiliados, miembros o simpatizantes del Partido Demócrata, a causa del encarcelamiento del vicepresidente Spiro Agnew y la forzada renuncia del presidente Richard Nixon[285] se convirtió en angustia cuando Bill Clinton fue eje de un escándalo sexual que se remontaba a sus días de Gobernador de Arkansas y que se reproducía en la Casa Blanca. Tenía pendiente un juicio por acoso sexual a una dama llamada Paula Jones y por haber mentido bajo juramento al hacer una declaración jurada sobre el problema con ella que resolvió en un acuerdo fuera de la corte pagándole la suma de $850,000.00. Su donjuanismo continuó dentro de la mansión presidencial con una joven becada de nombre Mónica Lewinski que al ser descubierta *la putería en seco*[286] que practicaban en la Casa Blanca indignó de tal enconada manera a los votantes que el Comité Judicial de la Cámara de Representantes nombró al consejero independiente, Kenneth Starr, como fiscal instructor quien, después de acuciosa investigación, presentó acusaciones contra la conducta de Clinton que el Comité consideró merecedoras de que fuera sujeto a juicio por el Senado (*impeachment*) que fueron las siguientes:

(I) Mintió, perjuró y dio falso y engañoso testimonio a un Gran Jurado Federal el día 17 de agosto de 1988; (II) Mintió bajo juramento los días 23 de diciembre de 1997 y enero 17 de 1998 en el juicio civil sobre el caso de Paula Jones; (III) Obstruyó a la Justicia al incitar a su secretaria, Betty Currie, y a Mónica Lewinski a ocultar evidencias y testificar falsamente; (IV) Abusó los poderes de su cargo mintiendo al Congreso sobre sus acciones especificadas en los precedentes cargos I, II y III.

En la tumultuosa sesión cameral en pleno, el día 19 de 1998, fueron aprobados los cargos I y III y desaprobados los cargos II y IV. Una moción demócrata de censurar en lugar de *impeach* al Presidente no fue considerada. Los representantes de origen cubano del Partido Republicano, Ileana Ros-Lehtinen y Lincoln Díaz Balart de Florida, votaron por el *impeachment* y el Demócrata por New Jersey, Robert *Bob* Menéndez, votó en contra.

---

[285] Ver Tomo IV, págs. 581, 582, 588, 594.

[286] José Sánchez Boudy, *Diccionario de Cubanismos I*, Universal, Miami, 1978.

Sincronizado con el debate cameral Clinton ordenó cuatro días de bombardeo nocturnos a Bagdad que no lograron un levantamiento popular contra Saddam Hussein que muchos cronistas consideraron como una maniobra demagógica para distraer la opinión pública lejos de su enjuiciamiento. Máxime cuando el Tribunal Supremo había rechazado su alegato demandando privilegio presidencial, protector de secretos de Estado, que trataba de impedir que los oficiales del Servicio Secreto destacados en la Casa Blanca fueran testigos de sus correrías sexuales clandestinas con Mónica Lewinski.

Como quedó explicado en la página 589 del Tomo IV, *impeachment* es una palabra que no tiene traducción al español, pero que define un procedimiento constitucional ante el Senado a virtud de una acusación de actos ilegales como son la obstrucción de la justicia y el encubrimiento de criminales y era referido el caso de la destitución del presidente de Cuba en 1936, Miguel Mariano Gómez, detallado en el Capitulo IX del Tomo II.

El Magistrado-Jefe del Tribunal Supremo, William H. Rehnquist, presidió la sesión del Senado que debatiría el *impeachment* del presidente Clinton. Aunque los Senadores del Partido Republicano eran mayoría (55-45) la Constitución requiere que para un veredicto de culpabilidad éste fuera dictado por una mayoría consistente en las dos terceras partes del Senado (67 de 100) lo que hacía evidente que los 55 Republicanos necesitaban la alianza de 12 de los 45 Demócratas para destituir a Clinton. No lo lograron. El juicio terminó el día 12 de febrero de 1999 con un veredicto de no culpabilidad en los dos cargos de *impeachment* aprobados por la Cámara. El de mentir ante un Gran Jurado perdió por la votación 45-55 y el de obstruir a la justicia igualmente. Ni un solo Demócrata votó a favor de los dos cargos. El Magistrado Rehnquist pronunció el veredicto absolviendo al presidente Clinton poniendo así fin al escándalo que había mantenido en suspenso a la Nación por mas de un año. La conclusión a que llegaron los críticos y politólogos fue que el Senado decidió no hundir al país en un pantano de represiones y discordias si Clinton era convicto; de permitir que terminase su período presidencial desestimado personalmente y dejando a las futuras elecciones presidenciales la probabilidad de un triunfo Republicano basado en el descrédito incurrido por la Administración Demócrata de Clinton.

Deseando interesadamente gratificar a la iglesia católica por su cooperación política del Plan Varela, lacayuno y apaciguador, la tiranía comunista autorizó una procesión el día de la Caridad del Cobre que atrajo a miles de creyentes pacifistas supersticiosos y a cuya imagen el cardenal Ortega pidió compasivamente su protección maternal para gobernantes y gobernados en Cuba y para sus fieles en el extranjero. Pero al mismo tiempo que el gobierno comunista autorizaba una procesión por la Virgen de Regla ordenó el arresto de disidentes que, conocidamente, no eran filiales de Oswaldo Payá Sardiñas y su clerical Movimiento Cristiano Liberación. Ellos fueron Luis López Prendes, Director del Buró de Prensa Independiente; Vicki Ruiz Labrit, Presidenta del Comité Cubano de Opositores Pacíficos; Ofelia Nardo, de la Confederación de Trabajadores Democráticos; Miriam García y Roberto Miranda, del Colegio de Pedagogos Independientes y Nancy Varona, del Movimiento Pacifista 13 de Julio. Para demostrar al mundo que los estados caribeños eran amigos de Cuba comunista y partidarios de la transición pacífica apadrinada por Estados Unidos visitaron La Habana los Primeros Ministros de Dominica, Granada, Jamaica y St. Kitts y Nevis, en ese orden, Edison James, Keith Mitchell, Percival Patterson y Denzel Douglas. Castro les reciprocó visitando Jamaica, Barbados y Granada.

El día 12 de septiembre de 1998 el FBI presentó ante la Corte Federal de Miami una denuncia criminal contra doce cubanos comunistas residentes en Miami-Dade acusándolos de pertenecer a una red de espionaje bautizada como *La Red Avispa* y cuyos nombres eran Manuel Viramontes, Luis Medina, Rubén Campa, René González, Alejandro Alonso, Antonio Guerrero, Nilo Hernández, Linda Hernández, Joseph Santos y Amarylis Silverio que se encontraban arrestados y Ricardo Villareal y Remigio Luna que se daban como prófugos. De acuerdo con lo expresado en la denuncia el FBI desde 1995 conocía la existencia de *La Red Avispa* porque con autorización de una Corte habían sus agentes subrepticiamente penetrado en la residencia de Viramontes y allí escondido un sistema electrónico de contraespionaje que les permitió grabar conversaciones personales y telefónicas entre Viramontes y sus complotados. A la pregunta reporteril de por que habían demorado tres años en detenerlos se les respondió que todo ese tiempo los espías habían estado bajo estrecha supervisión y sin saberlo habían dado valiosa información y que tenían planeado abandonar el país prontamente. La denuncia detalla la relación de mando dentro de *La Red Avispa* y los objetivos asignados a sus miembros como sigue, reproducido de El Nuevo Herald de septiembre 15, 1998.

Manuel Viramontes, *Giro o Giraldo*, recibía instrucciones de Cuba ordenándole asignar a sus agentes labores tales como la infiltración del centro del Comando Sur de Estados Unidos en Miami, tácticas para desorganizar las organizaciones de exiliados y desacreditar a sus líderes, actividades informativas de la Estación Aérea Naval de Boca Chica y desinformación de la opinión pública manipulando los medios de prensa y el teléfono e implantar medidas de seguridad que impidieran la detección de la red; Luis Medina, *Allan*, fue transferido de Tampa a Miami para infiltrarse en el Comando Sur y en Boca Chica; Rubén Campa, *Vicky*, sustituir a Viramontes y Medina cuando estos viajaran a Cuba a recibir instrucciones; René González, *Castor, Iselin*, infiltrarse en Hermanos al Rescate y hacerse pasar como informante del FBI en asuntos de contrabando de drogas heroicas; Alejandro Alonso, *Franklyn*, infiltrarse en el Movimiento Democracia y participar en sus flotillas como navegante; Antonio Guerrero, *Lorient*, infiltrarse en la Estación Naval de Boca Chica en Key West y reportar las actividades diarias logísticas de aviones, diseño de edificios y hangares y localización de las residencias del personal de confianza allí destacado; Nilo Hernández, *Manolo*, y su esposa Linda Hernández, *Judith*, infiltrarse, respectivamente, en CAMACOL y Alfa 66; Joseph Santos, *Mario*, y su esposa Amarylis Silverio, *Julia*, infiltrarse en el Comando Sur. Los fugitivos Ricardo Villareal, *Horacio*, y Remigio Luna, *Marcelino*, fueron identificados como supervisores ayudantes de Viramontes.

Meses después, en mayo de 1999, un Gran Jurado Federal en Miami dictó un encausamiento por el derribo de las avionetas de Hermanos al Rescate que, como es conocido de anteriores páginas, ocurrió el día 24 de febrero de 1996. Según el acta de encausamiento, el día 29 de enero de 1996 la Dirección General de Inteligencia (DGI), bajo el mando del General de División Jesús Cutiño Bermúdez, puso en acción un plan denominado *Operación Escorpión* destinado a confrontar a Hermanos al Rescate en un ataque aéreo a sus desarmadas avionetas. El siguiente mes de febrero la DGI ordeno a Manuel Viramontes, cuyo verdadero nombre era Gerardo Hernández, y a un espía prófugo, Alberto Ruiz, que comisionaran a los desertores reciclados Juan Pablo Roque y Rene González que se hallaban infiltrados en Hermanos al Rescate y a los también prófugos Ricardo Villareal y Remigio Luna a informar la fecha apropiada y el plan de vuelo de una escuadrilla de HAR para destruirla con la excusa de violaban el espacio aéreo cubano prohibido con fines terroristas. El día 17 de febrero la DGI instruyó a Juan Pablo Roque, *Germán*, y a René González, *Castor*, que no debían volar con HAR entre los días 17-24 de ese mes. Roque escapó a Cuba el día 23, la víspera del derribamiento de las avionetas, dejando atrás a su cómplice *Castor*. El encausamiento denunciaba, aunque sin citar fuentes verídicas de información, que la DGI había declarado *su profundo reconocimiento a Gerardo Hernández y Alberto Ruiz por el éxito de la Operación Escorpión y que el Comandante en Jefe, Fidel Castro, la había visitado dos veces para analizar los pasos y el seguimiento de la Operación*. Habría que esperar hasta fines del año 2000, después de efectuado los juicios; para saber los pormenores de *La Red Avispa y La Operación Escorpión* y las condenas a los procesados así como su cooperación condicionada con el FBI.

Washington reaccionó contra el espionaje miamense expulsando a los miembros de la Sección de Intereses de Cuba comunista Eduardo Martínez Borbonet, Primer Secretario; Roberto Aranza Pérez, Tercer Secretario y Gonzalo Fernández Garay, Consejero, relacionándolos con *La Red Avispa*. En España un juez decretó procesar al ex-dictador chileno Augusto Pinochet porque durante su régimen habían sido asesinados ciudadanos ibéricos. La medida judicial fue aceptada por Inglaterra que dispuso el arresto domiciliario de Pinochet quien allí residía. El abogado parisino Serge Lewisch, en representación del comunista perestroiko francés Pierre Golendorf, quien estuvo preso en Cuba durante siete años y escrito un libro acerca de ello[287], se basó en la legalidad internacional del procesamiento español para que fuera aplicado a Fidel Castro en la ocasión que visitase un país perteneciente a la ONU. No tuvo éxito en los tribunales franchutes la demanda. Un acto repugnante fue la comparecencia, como testigo acusador de Fidel Castro de financiador del terrorista venezolano comunista Ilich *Carlos* Ramírez, del esbirro asesino de la Seguridad del Estado, Juan Antonio *Coqui* Rodríguez Menier, reciclado por la CIA, culpable directo de los fusilamientos de los patriotas Bienvenido Infante y Radamés Pérez Cruzata en 1963 y la condena

---

[287] Pierre Golendorf, *7 años en Cuba*, Plaza & Janés, Barcelona, 1977.

de múltiples conspiradores anticomunistas del Movimiento 30 de Noviembre[288].

L

Mentiroso recuento anual castrista. La draconiana Ley 88. Relación de sus múltiples represiones y castigos. Juicio y condenas a los cuatro de «La Patria es de Todos». Su apoyo por el exilio retórico de Tampa. Nueva pamema electorera de Miami. Acción tonsorial anticastrista. Mutación pacifista de Ramón Saúl Sánchez. Confiscación del barco «Derechos Humanos». Triunfadora huelga de hambre. El revés sufrido en Washington. Celebración Evangélica Cubana bendice la tiranía. Réplica bíblica a clérigos blasfemos. Purgas de Roberto «La Mosca» Robaina y Osmany Cienfuegos. El Foro Patriótico Cubano.

El año 1999 comenzó en Cuba comunista con el acostumbrado monótono discurso de Fidel Castro enumerando mentirosos éxitos de la tiranía, políticos y económicos, y ocultando que la producción azucarera había sido, según él, de 3.8 millones de toneladas métricas cuando se había proyectado que fuera de 4.5 millones en la cosecha de 1998-99; que la libreta de abastecimientos permanecía vigente; que los apagones continuaban; que el embargo americano no era levantado y que la deuda extranjera era impagable. No mencionó que los ingresos mayores provenían del oneroso turismo sexual y de los cientos de millones de dólares que remitía anualmente a sus arcas totalitarias su supuestamente enemiga *comunidad cubana anticomunista exiliada*. Ni que su comercio corrupto con las visas americanas, que sumaron 22,139, costaban en dólares, que enviaban familiares y/o amigos de los emigrantes a *la Yuma*, los siguientes precios: *Tarifa de inicio del trámite $150.00; Permiso de salida $150.00; Pasaporte $50.00; Examen médico $400.00; Pasaje $328.00; Impuesto de Aeropuerto $20.00.* Y, por

---

[288] Cor. Esteban M. Beruvides, *Cuba y su Presidio Político*, Miami, 1992, págs. 309-10.

supuesto, silenció que los contrabandistas de emigrantes cobraban entre 5 y 10 mil dólares por persona en contubernio con su equipo de Guardafronteras. El Departamento del Tesoro informó que 153,000 ciudadanos y residentes habían visitado Cuba el anterior año, de los cuales 125,000 lo habían hecho legalmente, el 92% de éstos emigrados cubano-americanos, y 28,000 lo habían efectuado a través de terceros países. Se calculaba que, en conjunto, todos violaban la prohibición del Departamento a quienes estén sujetos a las leyes de Estados Unidos a gastar allá dinero sin contar con un permiso especial para así hacerlo. Refiriéndose a la oleada de balseros y contrabandeados que estaban llegando a Florida sanos y salvos, el Subjefe de la Patrulla Fronteriza en Miami, Daniel Geoghegan, comentó a El Nuevo Herald el día 21 de enero de 1999: *Parece que ahora es mas fácil salir de Cuba que antes. Hemos notado cierto relajamiento en la forma en que las autoridades cubanas manejan las salidas de sus costas. Los cubanos recién llegados son «lancheros» en vez de «balseros» debido a que traficantes profesionales los están introduciendo ilegalmente en Estados Unidos.*

La visita del Papa consiguió un período de esperanzas a la disidencia colaboracionista que pensaba tener capital participación en una evolución democrática del régimen comunista puesto que durante un año había gozado de una tolerancia inesperada, inconcebible, a sus gestiones dialogueras y pacifistas que se apareaban a la declarada oposición del Pontífice a la ley Helms-Burton y el embargo. Pero la pantomima clericaloide de que *Cuba se abriera al mundo y el mundo se abriera a Cuba* terminó abruptamente el día 16 de febrero de 1999, *Año del 40 Aniversario del Triunfo de la Revolución*. La Asamblea Nacional del Poder Popular aprobó la Ley 88 que con el título de *Ley de Protección de la Independencia Nacional y la Economía de Cuba* disponía lo siguiente:

Esta Ley tiene como finalidad tipificar y sancionar aquellos hechos dirigidos a apoyar, facilitar o colaborar con los objetivos de la Ley Helms-Burton, el bloqueo y la guerra económica contra nuestro pueblo, encaminados a quebrantar el orden interno, desestabilizar el país y liquidar al Estado Socialista y la Independencia de Cuba. A los delitos previstos en ésta Ley le son aplicables, en lo atinente, las disposiciones contenidas en la Parte General del Código Penal. Dado el carácter especial de esta Ley, su aplicación será preferente a cualquier otra legislación penal que le preceda. En los delitos previstos en esta Ley el tribunal puede imponer como sanción accesoria la confiscación de bienes. Los delitos previstos en esta Ley se sancionan con independencia de los que se cometan para su ejecución o en ocasión de ella. Los Tribunales Provinciales Populares son competentes para conocer de los delitos previstos en esta Ley. Se derogan cuantas disposiciones legales o reglamentarias se opongan a lo establecido en esta Ley.

La relación de delitos que se achacaban a la Ley Helms-Burton eran numerosos pero en síntesis eran dirigidas a reprimir los pequeños espacios comunicativos concedidos a los disidentes y periodistas independientes porque la Ley 88 específicamente expresaba: *El que colabore por cualquier vía con emisoras de radio o televisión, periódicos, revistas u otros medios de difusión extranjeros, incurre en sanción de privación de libertad de dos a cinco años o multa de mil a tres mil cuotas o ambas. El que acumule, reproduzca o difunda, material de carácter subversivo del Gobierno de Estados Unidos, sus agentes, dependencias, representantes, funcionarios o de cualquier entidad extranjera incurre en sanción de privación de libertad de tres a ocho años o multa de tres mil a cinco mil cuotas o ambas. El que suministre, directamente o mediante tercero, al Gobierno de Estados Unidos, sus agencias, dependencias, representantes o funcionarios, información para facilitar los objetivos de la Ley Helms-Burton incurre en sanción de privación de libertad de siete a quince años. El que perturbe el orden público, promueva, organice o incite a realizar dichas perturbaciones incurre en sanción de privación de libertad de tres a ocho años o multa de tres mil a cinco mil cuotas o ambas. El que realice cualquier acto dirigido a impedir o perjudicar las relaciones económicas del Estado cubano, o de entidades industriales, comerciales, financieras o de otra naturaleza, nacionales o extranjeras, tanto estatales como privadas, incurre en sanción de privación de libertad de siete a quince años, de multa de tres a cinco mil cuotas o ambas. El que directamente o mediante tercero reciba, distribuya o participe en la distribución de medios financieros, materiales o de otra índole, procedentes del Gobierno de Estados Unidos, sus agencias, dependencias, representantes, funcionarios o de entidades privadas, incurre en sanción de privación de libertad de tres a ocho años o multa de mil a tres mil cuotas o ambas.*

En aquellos momentos tenía lugar en La Habana una asamblea privada de la jerarquía católica perteneciente a la Conferencia Latinoamericana de Obispos cuya agenda era tratar acerca de la reclamación del Papa Juan Pablo II de que fuera intensificada la evangelización en el hemisferio occidental y presentarle un informe sobre la situación de la iglesia un año después de su visita a la Isla. La asamblea clerical presidida por el Cardenal de Cuba comunista, Jaime Ortega Alamino, constó de cinco Cardenales y veinticinco Obispos, que no fueron identificados en la prensa, pero se supo que quince de los Obispos procedían de Estados Unidos y Canadá. No se publicó un memorial de las conclusiones ni una opinión sobre la Ley 88. El populacho, carneramente, aplaudió la draconiana disposición bautizada con el remoquete de *Ley Mordaza*, concurriendo a mítines de celebración y apoyo. Los sobrevivientes de la generación revolucionaria de los años cincuenta, en intramuros y el exilio, recordaban la gran diferencia entre ellos y la presente comunistoide, cuando su *Minoría Histórica* se enfrentó al *Decreto Mordaza* del gobierno de Prío Socarrás y la *Ley de Orden Público* de la dictadura de Batista nacida del cuartelazo traidor del 10 de marzo de 1952[289].

El día 2 de marzo de 1999 se anunció que comenzaba el juicio contra los cuatro firmantes del mamotreto *La Patria es de Todos* Vladimiro Roca Antúnez, Félix Bonne Carcassés, René Gómez Manzano y Marta Beatriz Roque Cabello que se encontraban presos desde hacía 19 meses. El juicio, a puertas cerradas, con prohibición de la presencia de periodistas y diplomáticos que fueron relegados a dos cuadras del edificio del tribunal. Un gran despliegue de policías y carros celulares fueron destacados con el propósito de arrestar a cuantos tratasen de acercarse al lugar con intenciones de solidarizarse con los acusados o de protestar contra su arbitrario encausamiento. Además, se efectuó una campaña represiva de miembros de las organizaciones disidenciales, arrestándolos o confinándolos en sus hogares y se hizo una redada de jineteras y bolsinegristas enviándolos a renovados Centros de Reeducación. Sin ofrecer detalles del juicio ni dar los nombres de los jueces, fiscales, defensores y testigos de cargo, ni precisar los delitos por los cuales eran sentenciados, se condenó a Vladimiro Roca a cinco años de

---

[289] Ver Tomo III, págs. 157-59, 243-46.

prisión; a Félix Bonne y René Gómez a cuatro años; a Marta Beatriz Roque a tres año y medio. Se ignoró totalmente por los gobernantes comunistas la crítica negativa que del proceso hicieron José María Aznar, Jefe del Gobierno Español; Jean Chretien, Primer Ministro de Canadá y Bill Clinton, Presidente de los Estados Unidos. Una vez mas quedaba demostrado que el comunismo purgaba a aquellos de los suyos que se arrepentían de haberlo apoyado en sus crímenes y se pasaban a la defensa de los derechos humanos que juntos habían violado durante terribles años de totalitarismo. Ahora iban a la cárcel del Combinado del Este, en La Habana, que como antes dijimos, era un hotel de cinco estrellas comparado a la prisión de Isla de Pinos, los campos de concentración y de la UMAP y las ergástulas de las cárceles de damas anticomunistas de Manto Negro y Baracoa anteriores.

El exilio retórico se movilizó enseguida en incondicional apoyo a los condenados que ahora consideraban sus hermanos democráticos. En Tampa se constituyó un Frente Unido de defensa *a nuestros hermanos y en apoyo al derecho que tienen los autores del documento La Patria es de todos y en contra de la Ley 88 que aplasta la disidencia u oposición al régimen.* Firmaban: Osberto Fernández y Luis Lima, por el Consejo del Exilio Cubano de Tampa; Óscar Rodríguez, de La Casa Cuba; Enrique Cotera, del Movimiento Insurreccional Martiano; Gilberto Pérez, de Defensa Cívica Cubana; Otto Rodríguez-Viamonte, de la Fundación José Martí; Emilio Vázquez, de la Fundación Nacional Cubano Americana; Roberto Pizano y José M. Rodríguez, por la Asociación de Ex-Presos Políticos y Exiliados Cubanos; José A. Llera y Juan Capote, de la Logia Héroes y Mártires de la Masonería; José A. Mijares, del Movimiento Constitucional Cubano-1940; Orlando Rodríguez, del Centro Histórico Cultural Cubano.

En Miami, en el Salón de Actos del Municipio de Manguito, quedó constituido el Comité Gestor Pro Representación del Exilio Cubano que dio a conocer una Declaración de Principios vibrante de elocuente pasión forénsica que gritaba al mundo que solidarizados con sus hermanos de dentro la Isla *nos reunimos con el propósito principal de convocar, organizar y realizar, a todo lo ancho y largo del destierro, unas elecciones libres y transparentes, con la presencia de la prensa mundial y observadores internacionales, que nos permitan elegir y constituir un parlamento cubano democrático, de cuyo seno saldrá la necesaria dirección única, la estrategia común y el consenso mayoritario que nos hará útiles y efectivos en la lucha por la libertad de todo nuestro pueblo*. Firmaban: Antonio Calatayud, Jorge Rodríguez Alvareda, Matías Farías, Rosa Leonor Whitmarsh, Modesto Castañer, Carlos Pérez Galán, Peter Bernal, Vicente Rodríguez, Lázaro Pruneda, Emilio Milián, Jorge Rodríguez Chomat, Pablo Reyes y los clérigos Francisco Santana, Manuel Salabarría y Martín Añorga. Seguidamente el exilio fue conmovido hasta la médula por el novísimo método de acción tonsorial anticastrista que rendía en sacrificial ceremonia conjunta el cuero cabelludo: Tomás García Fusté, Andrés Nazario Sargén, Roberto Rodríguez Aragón, Arturo Rodríguez, José Carlos González y Juan Cuéllar se pelaron al rape públicamente en un gesto heroico de solidaridad con los opositores disidentes encarcelados.

El cambio del admirado combatiente Ramón Saúl Sánchez de la beligerancia al pacifismo hirió gravemente a la Minoría Histórica vigente que se identificaba en las personas de los plantados del exilio pues puso en funciones su reconocido pasado de activista revolucionario al servicio de *la guerra pacífica* con un original método de protesta, inspirado, según declaró públicamente, en las enseñanzas de Mahatma Gandhi y Martin Luther King con indiscutible éxito publicitario para su nueva causa libertadora que se enmarcaba en la organización de flotillas marítimas, simbólicamente expedicionarias, hacia aguas que el régimen comunista cubano consideraba prohibidas y que Washington, en concordancia, lo aceptaba y ordenaba al Cuerpo de Guardacostas interceptarlas.

El día 10 de diciembre de 1998 la embarcación *Derechos Humanos* que navegaba hacia Cuba, capitaneada por Sánchez, con el propósito de echar al mar, para que las olas las llevasen a la costa isleña, copias de la Declaración Universal de los Derechos del Hombre en el cincuenta aniversario de su proclamación, fue detenida por un Guardacostas y posteriormente confiscada. Ya existía el antecedente de que el buque insignia de la organización, el *Democracia*, había sido confiscado antes de partir y devuelto tras un acuerdo con el gobierno yanqui. Aconsejándose con la Unión Americana de Libertades Civiles, el día 7 de mayo de 1999, *Ramoncito* anunció que iniciaría una huelga de hambre dentro del edificio federal situado en el corazón de la ciudad de Miami *con el fin de apelar a la conciencia del presidente Bill Clinton, para saber si es su voluntad que el barco permanezca retenido bajo su orden expresa*. El gobierno federal le negó el permiso para realizar su huelga de hambre dentro del edificio y en la placita a su entrada expresando que la concurrencia de sus simpatizantes estorbaría el acceso del público al edificio. Sin arredrarse, el desafiante *Ramoncito* se instaló en una tienda de campaña en la cercanía del edificio y se abstuvo totalmente de ingerir alimentos, de atender las súplicas de familiares y amigos y de prestar atención a las burlas de adversarios políticos y enemigos personales.

El día 21 de mayo, dos semanas pasadas del inicio de su huelga de hambre, que había seriamente afectado su salud pero le había ganado enorme simpatía y solidaridad en el exilio mundial, alentado éste por el *Foro Patriótico Cubano* y su declaración de apoyo que firmaban Juan Pérez Franco por la Asociación de Veteranos de Bahía de Cochinos; Enrique Huertas por el Colegio Médico Cubano Libre; Huber Matos Benítez, por Cuba Independiente y Democrática; Alberto Hernández por la Fundación Nacional Cubano Americana; Luis Gómez Domínguez por la Federación de Ex-Presos Políticos Cubanos; Orlando Bosch por el Partido Protagonista del Pueblo; Miguel Salas y Julio Cabarga por los Municipios de Cuba en el Exilio y Juan Ruiz y Armando Pérez Roura por Unidad Cubana se unió a las reanimantes visitas efectuadas por el gobernador Jeb Bush; los congresistas Ileana Ros-Lehtinen y Lincoln Díaz Balart; el alcalde de Miami-Dade Alex Penelas; los comisionados del Condado Natacha Millán, Pedro Reboredo y Javier Souto; monseñor Agustín Román; los popularísimos cantantes Celia Cruz y Willy Chirino además de las entrevistas de reporteros de radio y televisión constantes propició que la demanda de los abogados de la Unión Americana de Libertades Civiles de que fuera reconocido el derecho de Ramón Saúl Sánchez a manifestarse en tal forma fue aprobada por un juez federal. La decisión del juez no afectaba la liberación del decomisado *Derechos Humanos* por lo que el ayunante huelguista manifestó: *No pararé la huelga. O el barco o el cementerio. Hemos dado un ultimátum para comenzar una campaña de desobediencia civil no violenta y respetuosa de la integridad y la dignidad de las autoridades. Si me muero de hambre, nunca se levante un solo dedo en contra del opositor que es el gobierno federal. Es la única manera de vencer.*

Dos días después los abogados de Sánchez, John De León y Joseph Geller y la vicefiscal Anna Barnett firmaron un acuerdo que devolvía el *Derechos Humanos* al Movimiento Democracia con el compromiso de que Sánchez lo mantuviera en aguas jurisdiccionales de Estados Unidos mientras un tribunal decidiera si su incautación fue, o no, justificada. Decididamente, había sido una victoria política que *Ramoncito*, desde el hospital donde se recuperaba de la hambruna, ofreció al pueblo de Miami al tiempo que agradeció al presidente Clinton y al vicepresidente Al Gore por haber llegado a la resolución amigable conseguida. La embarcación, montada en una rastra y escoltada por una caravana de autos, fue trasladada de Cayo Maratón hasta el parque *José Martí* en la Pequeña Habana donde tuvo lugar una concurrida manifestación de recibimiento al barco y de honor a su campeón. En el otoño trató de duplicar su huelga de hambre en Washington, frente al edificio de la antigua embajada cubana demandando una visa para viajar a Cuba durante la anunciada Cumbre Iberoamericana de Jefes de Estado. No tuvo éxito en su propósito porque en Washington el anticastrismo se reducía al cabildeo y no al populismo, porque el tiempo invernal de nevadas y cierzo no era propicio a reuniones a la intemperie y porque agentes del Servicio Secreto lo arrestaron cuando se abrazó a la reja de entrada al edificio, sin contemplación alguna, tal como habían hecho a Lincoln Díaz Balart y Pedro Reboredo frente a la Casa Blanca en mayo de 1995. No obstante este revés, Ramón Saúl Sánchez atrajo a su Movimiento Democracia y *la guerra pacífica* un número considerable de jóvenes cubano-americanos, profesionales, estudiantes y artesanos que encontraron en ese sector una afinidad retórica y académica de supervivencia que era inadmisible en los cuadros mambises de *los plantados del exilio* y su mermada tropa de *la guerra por los caminos del mundo*.

Envidioso de los espacios eclesiásticos logrados por la iglesia católica después de la visita del Papa, el clero protestante se echó al ruedo político-clerical organizando una concentración en la Plaza Cívica de La Habana que le retornase la estima del régimen que creían enfriada debido al envejecimiento físico y la anemia predicante que mostraban sus antaño lideres presbiterianos reformados Sergio Arce y Rafael Cepeda. Era la culminación de una llamada *Celebración Evangélica Cubana* que había celebrado reavivamientos en muchas ciudades con los lemas *amor, paz y unidad* basados en el patrocinio del Consejo de Iglesias Evangélicas de Cuba y que habían tenido éxito grande en Baracoa, Holguín y Camagüey. Al igual que año y medio atrás, Fidel Castro asistió a la Plaza acompañado de su nomenclatura. Pero esta vez el pastor Pablo Oden Marichal, que era Diputado a la Asamblea del Poder Popular y heraldo de la Iglesia Evangélica Libre, superó al Papa pues en su sermón pidió a Jesucristo *que bendiga a nuestras autoridades y que bendiga a nuestro Presidente*. Entre las decenas de miles de concurrentes se encontraban unos doscientos invitados extranjeros, la mayoría de ellos procedentes de Estados Unidos y Canadá. La Secretaria del Consejo de Iglesias Evangélicas de Estados Unidos, Joan Brown Campbell, pidió a la concurrencia *que nos disculpen a nosotros americanos por todo el sufrimiento que las acciones de nuestro gobierno han hecho a ustedes*. Siguió a ella el pastor Lucius Walker, dirigente de *Pastores por la Paz*, asegurando: *Hemos venido a estar con ustedes a pesar de las amenazas de nuestro propio gobierno*. La merecida réplica a los blasfemos clérigos, de cualquier denominación o jerarquía, que conformen el cristianismo con la injusticia se encuentra en la Biblia[290].

A mediados de 1999 fueron purgados sin explicaciones del por qué, el Ministro de Relaciones Exteriores, Roberto Robaina, y el de Turismo Osmany Cienfuegos. Robaina, producto intrínseco del comunismo fidelista era graduago de pedagogía marxista, había sido presidente de la Federación Estudiantil Universitaria y de la Juventud Comunista, sustituyendo en ésta a Carlos Lage; fue miembro del Consejo de Estado; sirvió de adoctrinador de tropas en Angola; pidió la pena capital para Arnaldo Ochoa y sus cómplices en la causa por narcotráfico; miembro del Comité Central y del Buró Político del Partido Comunista y nombrado Ministro de Relaciones Exteriores a la muerte de Isidoro Malmierca. Era tanto su apego y sumisión a Fidel Castro que se ganó el mote de *La Mosca* porque habitualmente vestía ropa deportiva negra y, como ese insecto, tenía su casa y mesa en el orificio bajo el rabo de *un caballo*[291]. Osmany Cienfuegos era un viejo comunista, miembro del Partido Socialista Popular y la Juventud Comunista pre 1959, desarrollado marxista en México bajo la tutela de Aníbal Escalante y Joaquín Ordoqui sin tomar parte alguna en la insurrección contra la dictadura de Batista. Al triunfo de la Revolución Traicionada, debido a su nexo familiar con Camilo Cienfuegos, se le dio el grado de capitán del Ejército Rebelde, y el cargo de Jefe de Oficinas de la Jefatura del Ejército. A partir de ese instante su expediente de servicios a la tiranía se halla detallado en el precedente Tomo

---

[290] Nuevo Testamento, Mateo, Capítulo 23, Versículos 1-33.

[291] *El Caballo*, apodo de Fidel Castro, ver Tomo IV, pág. 17.

IV. Robaina fue reemplazado por Felipe Pérez Roque, ingeniero electrónico cuya ficha comunista era exacta a la de aquel y además había sido miembro del Grupo de Apoyo al Comandante en Jefe y su Secretario Privado, cargo que compartía con José M. *Chomy* Miyar. Cienfuegos fue relevado por Ibrahim Ferradaz, Ministro que era de la Inversión Extranjera y la Colaboración Económica.

LI

Urdimbre corporativa mundial monopolista. Consorcio de traspaso post-castrista a militares y funcionarios escogidos. Recuento de penetración imperialista en la economía cubana. Sus etapas durante los gobiernos de José Miguel Gómez, Mario García Menocal y Gerardo Machado. Inversión actual de capital extranjero. Monto de la deuda exterior. Consecuencias morales asquerosas del privilegio extranjerista. La coña de la guerra bacteriológica. Las aves migratorias y los mosquitos como armas secretas de plagas letales. Dilemas familiares originan dilemas políticos.

Como se ha hecho constar en anteriores páginas, la política económica del comunismo cubano, desde 1980, ha sido un teje-maneje de proyectos y fracasos tales como la Nueva Política Económica de 1982; el plan de Rectificación de Errores de 1985; las medidas del Período Especial en Tiempo de Paz y el Plan Alimentario de 1990-94 y la Ley de Inversión Extranjera de 1995. En junio de 1999 comenzaron en el exilio unos rumores sobre el traspaso de empresas gubernamentales, simuladamente privadas, a militares de alto rango y dirigentes del Partido Comunista igual a como se estaba haciendo en Rusia. En tanto que los inefables *econo-micos* perdían un precioso tiempo publicando un voluminoso recuento de los disparates financieros castristas, en conjunción con *cubanólogos* reconocidos como expertos en cuestiones sociales, educativas, médicas, religiosas, tecnológicas, etc.[292], que, en definitiva, no era mas que una actualización del publicado por José M. Illán C.P. en 1964[293], El Nuevo Herald movilizó sus sagaz equipo investigador y el día 13 de junio de 1999 publicó sus conclusiones sobre el cambalache en tal convincentes detalles que merecen el honor de ser reproducidas, previa anuencia, por el historiólogo:

«Las empresas constituidas como de propiedad privada, representan un amplio abanico de entidades comerciales que abarcan sectores claves de la economía como el turismo, comercio y servicios relacionadas con el sector externo, financiero o técnico. La mayoría de éstas empresas han sido constituidas en el exterior, como sociedades anónimas, con acciones al portador, que guardan *los escogidos* en bóvedas de bancos extranjeros. En Rusia, exfuncionarios comunistas controlan hoy antiguas empresas estatales, de las que se adueñaron durante el derrumbe del sistema. Las compañías privadas creadas por el gobierno comunista cubano tienen como objetivos: a) Servir de contraparte a firmas extranjeras para constituir entre ambas «empresas mixtas» en la Isla; b) Operar de manera independiente en el mercado cubano e internacional; c) Canalizar dinero hacia el exterior, que se deposita en bancos internacionales y queda fuera de los controles del presupuesto del Estado».

Un ejemplo de la sofisticada urdimbre utilizada por el régimen comunista cubano para encubrir sus actividades comerciales mofándose de Ley Helms-Burton y efectuando una micción metafórica sobre las predicciones de las lumbreras intelectuales y académicas del exilio sobre su inevitable derrocamiento por vía de una rebelión generada por el hambre, es el siguiente: La empresa farmacéutica castrista *Tecnosuma Internacional S.A.* se ha establecido en varias ciudades de Brasil para vender y distribuir estuches de diagnósticos para análisis de HIV, hepatitis C y otras enfermedades contagiosas. En el registro de propiedad empresarial de Sao Paulo, sin embargo, *Tecnosuma* aparece como una empresa cuyo accionista principal es *Adanifer S.A.*, una supuesta firma suiza registrada en Friburgo. De acuerdocon una investigación realizada por El Nuevo Herald, *Adanifer S.A.* aparece inscrita en el Folio No. 6383 del Registro de Comercio de Friburgo como una

---

[292] *40 Años de Revolución*, Efren Córdova, et. al., Universal, Miami, 1999.

[293] Ver Tomo IV, pág. 56.

firma de acciones al portador, entregadas al ciudadano cubano José Blanco Lamela. *Adanifer S.A.* fue registrada por el abogado Albert Louis Dupont, con oficinas en Ginebra y sirvieron de testigos del registro Monique Deforel, residente en Friburgo y Roselyne Tercier Prepoli, residente en Ginebra. Las principales empresas que operan en la Isla y que están destinadas a sobrevivir la caída del capitalismo de estado convertidas al capitalismo salvaje son:

GRUPO GAVIOTA S.A. Constituida como sociedad anónima de carácter privado en mayo de 1990, según escritura pública No. 384, se dedica a promocionar y comerciar su amplia red de servicios al turismo internacional. Al finalizar 1998, Gaviota contaba con el 7% de las habitaciones turísticas existentes en el país y logró llevar a sus hoteles el 10% de los turistas que visitaron Cuba. Las instalaciones de Gaviota consisten de hoteles, villas, dársenas, haciendas, centros de foto-caza, restaurantes y balnearios medicinales. Controla y opera las siguientes empresas: Hoteles Gaviota, Gaviota Tours, Arcoiris, Marinas Gaviota, Autorenta, Transgaviota Aérea, Tiendas Gaviota, Parques Naturales Gaviota, Inversiones Gaviota y Comercial Gaviota.

CORPORACIÓN CUBANACÁN S.A. El grupo es un conglomerado empresarial de turismo y comercio que controla el 48% del turismo internacional en Cuba. Cubanacán cuenta con compañías en Canadá, Méjico, República Dominicana, Brasil, Inglaterra, España, Italia y Holanda. Tiene mas de 20,000 empleados en la industria hotelera, el comercio internacional y servicios al turismo. Posee, además, 17 compañías especializadas que cubren aseguramientos y servicios a las siguientes empresas bajo su control: Hoteles Cubanacán, Veracuba, Palmares y Cadenas de Tiendas Universo.

HABAGUANEX S.A. Controla, administra, promueve y comercializa los centros turísticos de la Habana Vieja restaurada, con restaurantes, cafeterías, aires libres, tiendas, museos y palacios coloniales así como los hoteles Ambos Mundos, Santa Isabel y Valencia.

HAVANA ASSETS MANAGEMENT LIMITED (HAM). Es una compañía de inversiones que trabaja bajo condiciones de absoluto secreto. Maneja fondos de inversiones de capitales extranjeros. Su principal subsidiaria es la firma Beta Gran Caribe Limited, una compañía colectiva de inversiones dirigida exclusivamente a proyectos relacionados con el mercado cubano, estrenada en 1997 con un capital de 40 millones de francos suizos que ha invertido en los sectores turísticos, inmobiliario, minero y biotecnológico.

BRAVO S.A. Comenzó en 1996 con una moderna planta de procesamiento cárnico. Produce una amplia gama de jamones, embutidos y productos cárnicos en general que vende en el mercado internacional del Caribe y América Latina y en el país a comercios de divisas con los que tiene una facturación de $500,000.00 mensuales.

GRUPO ELECTRÓNICA. Organizada en 1996, controla a Copextel S.A. que se dedica a la comercialización de equipos electrónicos de informática dentro y fuera del país. Cuenta con 20 divisiones comerciales y su estructura territorial abarca toda Cuba. En 1998 Copextel S.A. tuvo una facturación de $56.1 millones en el mercado interno y exportaciones a Canadá y España. Otra entidad, Centersoft, actúa en el área de la comercialización de sistemas y programas de computadoras y servicios informáticos. Cuenta con representaciones en Brasil y Méjico, a la vez que actúa en mercados de Canadá, Holanda, Italia, Colombia y España.

CORPORACIÓN CIMEX S.A. De carácter mercantil, acumula la mayor cantidad de empresas privadas bajo su control. Su casa matriz radica en el reparto Miramar de La Habana y cubre de un extremo a otro de la Isla, con sucursales que abarcan todas las regiones de ella. Controla 550 puntos de venta pertenecientes a las siguientes empresas: Tiendas Panamericanas, Servi-Cu-pet, Photoservice, Cafeterías El Rápido y Video centros Imágenes. Para atender su monopolio, Cimex cuenta con su propia empresa distribuidora que posee instalaciones en todo el país: almacenes, transporte, servicios aduanales y una central de compras, tanto para su propia red de tiendas como para la venta a otras entidades en Cuba. Por medio de ésta empresa, Cimex exporta tabacos, rones y frutas frescas a Europa y el Caribe. Posee también una flota mercante, con terminal propia en La Habana y líneas marítimas regulares al Caribe, Canadá y Europa. Cimex opera, por medio de Havana Bonding, una gran zona franca a corta distancia de la bahía habanera. Con el auge de los negocios de bienes raíces, Cimex ha comenzado a incursionar en el negocio de la construcción de viviendas para extranjeros. Otras empresas operadas por Cimex son: Havanatur (con agencias en 60 ciudades del mundo), Fincimex (a cargo de operaciones financieras del procesamiento de pagos por tarjetas de crédito y de control de las remesas de ayuda familiar), Cubapacks, Coral Negro, Acuñaciones, Imágenes y Contex.

REAL INMOBILIARIA S.A. Creada para la comercialización de bienes raíces y administra la venta de modernos condominios para extranjeros en zonas exclusivas de la capital. Los complejos de apartamentos Monte-Carlo Palace y Habana Palace, forman parte de una serie de condominios que se comercializan por empresas de capital mixto bajo la dirección de Inmocuba S.A., entre ellas Remax Cuba. Su publicidad asegura que sus condominios reúnen «todas las formas del confort y del refinamiento: ascensores, aire acondicionado central, grupo electrógeno de emergencia, sistema telefónico, antena de TV por satélite, producción de agua caliente centralizada, suelos revestidos con hermosas cerámicas italianas y las salas de baños están completamente equipadas con bañadera, ducha, lavabo, inodoro y bidet».

HEBER BIOTEC S.A. Compañía privada de capital propio que comercializa los productos creados por el Centro de Ingeniería Genética y Biotecnología de La Habana. Mantiene relaciones de negocios con diversas compañías y entidades privadas y estatales en 80 países de todos los continentes. Comercializa diversos tipos de interferones, estreptoquinasa recombiante, vacuna contra la hepatitis B, juegos de diagnósticos para la detección de virus como el VIH y el VHC, producto con Factor de Crecimiento Epidérmico, factor de transferencia humana e interleuquina humana recombiante. Ofrece tecnologías y realiza proyectos conjuntos con otras empresas nacionales y extranjeras, para el desarrollo de nuevos productos y de proyectos de productos ya establecidos.

La dinámica nacionalista del anti-imperialismo económico foráneo durante las primeras décadas de la República se originó durante los gobiernos de los generales-presidentes José Miguel Gómez y Mario García Menocal, relatados en el anterior Tomo II. Se leyó como de 1909 a 1913 el capitalismo salvaje de la época penetró la economía cubana así: capital americano invertido en ferrocarriles, tranvías, plantas de alumbrado, ingenios, tierras y minas; $35,000,000.00; capital francés invertido en instituciones bancarias y azucareras, $12,500,000.00; capital inglés invertido en compañías telefónicas, ferrocarriles, obras de puertos e ingenios, $60,400,000.00; capital alemán invertido en fábricas de jarcias y plantas eléctricas, $4,5000,000.00. Total:

$112,400,000.00. De 1913 a 1921 se vivió la prosperidad de *las vacas gordas* pero a su final *las vacas flacas* y la quiebra bancaria dejaron la hacienda pública endeudada con Wall Street por causa de cuatro préstamos por valor de $52,000,000.00. Al derrocamiento de la dictadura del general Gerardo Machado en 1933 la inversión capitalista americana era la siguiente: Industria azucarera $600,000,000.00; Servicios públicos $115,000,000.00; Ferrocarriles $120,000,000.00; Minería $50,000,000.00; Industria Tabacalera $20,000,000.00; Hoteles y Recreación $15,000,000.00; Comercio $30,000,000.00; Agricultura $25,000,000.00; Fábricas $15,000,000.00; Edificios y Terrenos Urbanos $50,000,000.00 y Bonos de la Deuda Pública $100,000,000.00. Total: $1,140,000,000.00. A partir de la revolución septembrista de 1933 y hasta 1959 el capital nativo sustituyó al extranjero apropiadamente, en lo que se llamó *la etapa del despegue*. Pero, fatalmente, la corrupción político-administrativa de los gobiernos, culminada por el cuartelazo de Batista en 1952, generó la debacle que traidoramente impuso en Cuba el comunismo que hizo de ella una satrapía soviética.

Si el Censo de 1953 y la investigación que sobre la miseria del campesinado efectuó la Agrupación Católica Universitaria[294] demostraron razones suficientes que justificaron la Revolución Traicionada, el imperdonable crimen de Fidel Castro y sus colaboradores esbirros ha sido el sobrepasar aquellos horrores. La deuda exterior de Cuba comunista asciende a 29 mil millones de dólares y el capital extranjero procedente de países no comunistas invertido en la Isla, en marzo 30 de 1999 era, según informe de la Universidad de Florida, como sigue, en dólares: Canadá 600 millones; Méjico 450 millones; Italia 387 millones; España 100 millones; Otros 230 millones. Total: 1,717 millones. La mas crispante y elocuente versión de las consecuencias sociales asquerosas que produjo el privilegio extranjerista se halla en los Capítulos III y V del magnífico libro del sociólogo cubano Dr. Juan Clark, *Cuba, Mito y Realidad*, Saeta Ediciones, Miami-Caracas 1992.

La tragedia cubana, dicho sea en términos artísticos convenientes, pasó a ser en 1999 una trama propia de una película de ciencia-ficción. La descripción de las labores de biotecnología que tenían lugar en Heber Biotec S.A. con su esotérico lenguaje que hablaba de *interferones, estreptoquina-*

---

[294] Ver Tomo III, págs. 269-74, 493-95.

sa recombiante, factor de transferencia humana e interleuquina humana recombiante, coincidió con un detallado informe del ingeniero Manuel Cereijo, Profesor de la Facultad de Ingeniería de la Universidad Internacional de Florida, publicado en el citado libro *40 Años de Revolución*, en su Capítulo V, acápite *Biotecnología*, en el que minuciosamente describía las actividades de esa rama de la ciencia y que, razonando, conjeturaba *debido al poco esfuerzo dedicado a la rama comercial, existen sospechas de que la inversión de capital en la adquisición de equipos, la preparación científica del personal, el esfuerzo y tiempo dedicado a las investigaciones, y el asesoramiento de mentores rusos, pueda estar relacionado con el desarrollo de actividades dedicadas a producir substancias que puedan ser utilizadas en una guerra química y bacteriológica..... Castro mantiene relaciones e intercambios comerciales y científicos con países como Irak e Irán. De acuerdo con informes de ingenieros que han desertado en los últimos meses, y que trabajaban en Cuba en esta rama de la biotecnología, Cuba le vende a Irán tecnología así como equipos de fermentación e instrumentación, que pudieran ser utilizados en la preparación de microorganismos letales...* incitó a la bullanguera microfonería y periodicuchería de Miami a dar por cierto lo que era solamente una presunción fundada en probabilidades y estrepitaron al exilio con testimonios irreales de la existencia de un consorcio cataclísmico entre Fidel Castro, Ayatollah Khamenei y Saddam Hussein para arrasar la democracia estadounidense mediante una guerra bacteriológica devastadora. La algarabía fue atenuada por una declaración informal de Washington alegando *que no tenían evidencias de que Cuba estaba produciendo o tenía almacenado agentes biológicos de guerra y que allí se recibían muchos reportes de informantes y desertores que al ser verificados siempre resultaban ser de segunda o tercera mano ya archivados*.

La controversia tomó un nuevo impulso cuando un ex-coronel soviético, Ken Alibek, desertor de la KGB, afirmó que su jefe, el general Yuri Kalinin, le había dicho que después de su visita a varios laboratorios cubanos de biotecnología se convenció de que estaban envueltos en proyectos de guerra bacteriológica. Con respecto a esto, un celebérrimo auto-titulado *experto en asuntos cubanos* a sueldo de la Rand Corporation y la CIA, llamado Edward González[295], añadió categóricamente *que Castro y los que lo rodean son perfectamente capaces de haber buscado y encontrado un arma de destrucción masiva como freno a los Estados Unidos y que pensaba que había que darle credibilidad a lo expuesto por Alibek.* La posible conjetura de que había en Cuba material de guerra bacteriológica terminó con una coña motivada por el informe proveniente de Suiza de que un exiliado cubano allí residente, Carlos Wotzkow, atestiguaba que durante su trabajo en el Instituto Zoológico comprobó que Fidel Castro personalmente supervisaba un plan de guerra contra los Estados Unidos por vía de entrenar a pájaros contaminados con *viruses leptospirales* para que volaran allá y fueran picados por mosquitos que a su vez picaran a la población y la infectaran con los mortales *viruses leptospirales*. Un tal Luis Roberto Hernández, profesor de entomología en la Universidad de Puerto Rico aportó que era testigo presencial del descabellado proyecto pues estaba en el Instituto Zoológico cuando los laboratorios para realizarlo se instalaron allí para producir los viruses que aves migratorias, contagiadas con ellos, servirían de vehículo transmisor a mosquitos americanos que las picasen. (Pablo Alfonso, *The Miami Herald*, Octubre 19 de 1999, pág. 14A)

La filiación demócrata de Miami-Dade pasó las de Caín durante la Administración Clinton teniendo que soportar callada las censuras que se hacían a la esposa del presidente, especialmente en el Congreso Estatal y el Federal por sus componentes cubano-americanos republicanos, alentados ellos por la antipatía hacia la Primera Dama por parte de la sección femenina del republicanismo. El basamento de las ácidas críticas a Hillary Clinton radicaba en su prepotencia doméstica reflejada en la conducta política del Presidente atribuida a sus consejos; en su acusada pero no probada participación en el timo de los terrenos de Whitewater en Arkansas; en su tolerancia al donjuanismo de su esposo y en su audaz proyecto de ser electa Senadora Federal al término presidencial de su esposo. No por Arkansas sino por New York. El desquite demócrata tuvo lugar en julio de 1999.

El recientemente electo Gobernador de Florida, Jeb Bush, se enroló en el Cuerpo de Paz, actividad que lo excusó del servicio militar en Viet-Nam, y fue enviado a Méjico a laborar en mejoras agrícolas. Durante su estancia

---

[295] Ver Tomo IV, págs. 540-41.

perfeccionó su conocimiento del idioma español y se enamoró y casó con una bella y culta joven mejicana miembro de una distinguida familia azteca quien debidamente se ganó el cariño floridano de sus habitantes. Pero, siempre se atraviesa un pero, a la vuelta de un viaje vacacional a Francia, Columba Bush intentó burlar las leyes de la Aduana en el aeropuerto de Atlanta contra el contrabando al declarar que importaba compras por valor de $500.00 cuando el valor de los artículos adquiridos en Europa era de $19,000.00. Fue sancionada a pagar $4,100.00 de multa y $1,140.00 por la imposición de el impuesto estatal del 6% «de usuario» que grava a las compras fuera del Estado. Como era de esperarse, el Partido Demócrata de Florida aprovechó el lamentable incidente aduanal para sarcásticamente comentar la explicación del delito hecha por el Gobernador *de que su esposa no había informado a los funcionarios de aduana los $19,000.00 en ropa nueva y prendas que traía en su equipaje porque no quería que él supiera cuanto había gastado en su viaje de compras de cinco días a París, y que su familia tenía el derecho de gastar su dinero como le diera la gana.* El Nuevo Herald reportó el día 29 de julio de 1999 que la señora Columba Bush, durante una función recaudatoria en favor de la organización caritativa *Make a Wish* en Orlando, se disculpó de su contravención aduanal con las siguientes palabras: *La vergüenza que me causé a mi misma me abochornó ante mi familia y mis amigos*. El editorialista de la sección *Entrelíneas* del periódico pidió a los lectores conmiseración y además rogando *que la disculpa ponga en el pasado lo que, sin dudas, fue un lamentable incidente*. Es axiomático que los dilemas familiares, en el caso de gobernantes y/o políticos, afectan su vida pública y ponen en duda su credibilidad y entereza. En la historia política de Cuba abundan tales ejemplos dilemáticos[296].

---

[296] Ver Tomo II, págs. 261-63, 300-01, 314-15, 326-27, 354, 567, 604-05 y Tomo III, págs. 25, 30, 45, 46, 51, 52, 55, 62, 85, 86, 216.

LII

El sistema contrabandista. Surfside. Calumnia de Estados Unidos por el Foro Patriótico Cubano. Motines en Miami y Hialeah. El concierto de los Van Van. Vice-Versa de Willy Chirino. Las elecciones municipales en Miami. Las tres enmiendas aprobadas. Inicio del caso del niño Elián González. Controversia familiar por su custodia. Intromisión politiquera de la FNCA y Fidel Castro. Movilizaciones populacheras en Cuba comunista. Doris Meissner ordena repatriación de Elián. Desórdenes públicos en Miami. Tregua. Reanudación del pleito. Tilde de iconoclasta por historicidas retóricos. El que paga, manda. Epílogo.

Los planteamientos del Acuerdo Migratorio de 1994 y el Acuerdo Complementario de 1995 pusieron fin a la llamada *Crisis de los Balseros*, tal como aparece detallado en el anterior Capítulo XL. Los problemas migratorios se contrajeron a la vigilancia del Cuerpo de Guardacostas sobre el tráfico ilegal del contrabando humano que no solamente violaba dichos acuerdos sino que ponía en peligro las vidas de los ilegales viajeros porque a veces eran abandonados a su mala suerte en inhóspitos islotes con la promesa de volver por ellos, algo que nunca hacían como lo comprobaba el testimonio de los pocos que fueron encontrados con vida. El sistema contrabandista tenía dos fases, a saber: a) lanchas rápidas de Florida que coordinaban recoger en la costa de Cuba, en puntos secretos, a emigrantes cuyos pasajes se pagaban en dólares en Estados Unidos y b) salidas clandestinas desde la Isla en barcos de pescadores, portadores de balsas o botes en los cuales embarcaban los emigrantes cuando llegaban a un punto del mar cerca de la costa floridana o sus cayos adyacentes. El propósito de ambos tipos de contrabandeo era que los emigrantes tomaran tierra, a como diese lugar, para ser beneficiados con el privilegio de *pies secos* otorgado exclusivamente a los cubanos. Método migratorio que inmigrantes balseros o contrabandeados provenientes de Haití, República Dominicana, Jamaica, las Antillas y Centro América reclamaban considerándose discriminados.

El día 29 de junio de 1999 llegó cerca de la playa del pueblo de Surfside, situado al norte de Miami Beach, un bote conteniendo seis emigrantes indocumentados procedentes de Cuba que se lanzaron al agua tratando de llegar a tierra y evitando su captura por la tripulación de un guardacostas. El ajetreo y forcejeo entre los pretensos inmigrantes que evadían la custodia y los marinos que los rodeaban duró cerca de dos horas durante las cuales se reunió en la playa de Surfside un grupo de bañistas y espectadores así como varios policías de la ciudad prestos a arrestarlos cuando tomaran tierra. La escaramuza terminó con la rendición de cuatro de los ilegales viajeros en el agua y uno en la arena de la playa donde llegó con otro llamado Carlos Hernández Córdoba que opuso tenaz resistencia a los policías de Surfside que para someterlo tuvieron que usar la fuerza y esposarlo. La escena fue captada por camarógrafos de televisión que habían sido avisados de lo que sucedía y presenciada por reporteros de prensa. Al atardecer la noticia fue radiada con carácter de última hora añadiéndosele la información recogida de que el personal de la guardia costera había utilizado poderosos chorros de agua para acorralarlos y usado rociadores de pimienta para inmovilizarlos. Azuzados por la histeria provocada por los microfoneros y manipulados por la politiquería del partidarismo republicano que aprovechaba el incidente para culpar de ello al gobierno demócrata de Clinton de brutalidad anti-exilio, grupos escandalosos y beligerantes de combatientes anticastristas de pluma y lengua se manifestaron frente al edificio de la guardia costera en Miami Beach y el de Watson Island en Miami enarbolando banderas cubanas e interrumpiendo el tráfico por el importante viaducto McArthur, en la crítica hora de mas afluencia de vehículos entre Miami, Miami Beach y Key Biscayne.

Mientras lo anterior tenía lugar las estaciones de radio hispanas se abarrotaban de llamadas de protestas e insultos al Cuerpo de Guardacostas y al presidente Clinton y de incitación a los oyentes a echarse a la calle ruidosamente. Increíblemente, el alcalde del Condado Miami-Dade, Alex Penelas, de filiación demócrata, declaró: *Estoy indignado y disgustado con el comportamiento de los guardacostas estadounidenses que innecesariamente y brutalmente maltrataron a los balseros cubanos.* La congresista republicana por Florida, Ileana Ros-Lehtinen consideró la acción *como un acto agresivo contra cubanos que han expresado su deseo de vivir en libertad y democracia.* El también congresista republicano por Florida, Lincoln Díaz Balart, expresó: *Manifesté mi indignación por la acción de los guardacostas. Creo que en éste país no hay espacio suficiente para una regulación tan salvaje y brutal que trate así a unos refugiados cuyo único crimen es querer vivir en libertad.* El vicepresidente de la FNCA, Jorge *Quijá* Mas Santos, despotricó: *Este fue quizás uno de los episodios mas inhumanos jamás visto por la comunidad del sur de Florida.* Pero lo que llegó al colmo del gratuito demagógico y arbitrario infame insulto al Cuerpo de Guardacostas que tantos cientos de vidas de balseros había salvado, de por si y con la información que le proveía *Hermanos al Rescate*, provino del Foro Patriótico Cubano en el reportaje de Ariel Remos, en Diario Las Americas de julio 1 de 1999, que se reproduce íntegramente a continuación y que se equipara en calumnia a la infamia periodística de Agustín Tamargo contra la democracia americana cuando la crisis de los balseros:

«*Los escandalosos sucesos ocurridos frente a las costas de Miami han producido la natural consternación en la opinión pública norteamericana, y han estremecido de indignación y tristeza al pueblo cubano del exilio. Seis balseros indefensos, cuyo único delito era el de huir de la tiranía castrista y buscar refugio en Estados Unidos, fueron tratados brutalmente por el Servicio de Guardacostas, a la vista de la muchedumbre de bañistas y de millones de televidentes de todo el país, que creían estar presenciando una película de violencia y horror fabricada en Hollywood.*

«*Ante ese hecho (negador de las tradiciones norteamericanas de hospitalidad que tienen siglos, y que además arrastra por los suelos la pregonada defensa de los derechos humanos que ésta nación lleva a cabo a nivel mundial) el Foro Patriótico Cubano considera que desde un ángulo estrictamente legal la actuación del Servicio de Guardacostas constituye incluso un delito de homicidio frustrado que no puede quedar impune que el Foro se propone llevar a los tribunales competentes.*

«*El Foro Patriótico Cubano anuncia que el próximo sábado efectuará un acto de protesta pública masiva para respaldar esta denuncia. Y desde ahora declara que confía en que las autoridades federales intervendrán de una manera rápida y diáfana para el esclarecimiento de los hechos. Para evitar su repetición. Para devolverle a los cubanos la fe en la solidaridad del pueblo norteamericano con el pueblo de*

Cuba. Y también para limpiar la mancha que acciones como ésta arrojan sobre el rostro de la nación mas libre y democrática de la tierra».

En la ciudad de Hialeah por la noche mas de 400 amotinadores bloquearon la autovía Palmetto, que atraviesa el Condado de Norte a Sur, creando durante cuatro horas un monumental tranque de vehículos y atacando a los policías que trataban de aliviar la congestión del tránsito que perjudicaba a miles de tremendamente incómodos viajeros. En la refriega el alcalde Raúl Martínez tuvo que defenderse a puñetazos de la agresión de un delincuente común y el Jefe de Policía, Rolando Bolaños, sufrió una pedrada en la cabeza que requirió una sutura de seis puntos. Previendo una duplicación de los motines injustificados, la policía de North Miami Beach, Surfside y Bal Harbour destinaron patrullas a los viaductos *Julia Tuttle, John F. Kennedy y Broad* que comunicaban tierra firme con aquellas ciudades playeras. Al amanecer, después de apresuradas conferencias telefónicas entre autoridades de inmigración de Washington y Miami, se acordó permitir la entrada de los detenidos con la excusa de que serían testigos de una investigación futura sobre el contrabando humano ya que lo que aseveraban de un viaje de cinco días remando desde el puerto de Caibarién, sin alimentos ni agua potable, en un endeble bote de 14 pies, bajo un sol calcinante y copiosas lluvias, sin vela o carpa que los protegiese no se avenía con sus presencias físicas que no mostraban quemaduras del sol, ni ampollas en las manos, ni barbas crecidas en cinco días y con abundante energía muscular que les permitió correr y nadar durante dos horas eludiendo la captura y blandiendo los remos amenazadoramente, provocando con ello el uso de un rociador de pimienta para momentaneamente cegarlos y rendirlos. El resultado de la mogiganga cubiche fue la remisión de los detenidos al centro de inmigración de Krome y su eventual libertad bajo palabra; la eliminación de la valentona amenaza de los compadritos del Foro Patriótico Cubano de llevar al Guardacostas a los tribunales acusado de cometer el delito de homicidio frustrado; la suspensión de la proyectada subversiva protesta pública; la verificación que todos los dirigentes del Foro Patriótico Cubano eran miembros o simpatizantes del Partido Republicano; que los emigrantes eran exactamente eso y ninguno de ellos había sido preso político, ni en las cárceles ni la UMAP, ni disidente. El visible sarcasmo de los motines estaba en que sus participantes los habían perpetrado en favor de habitantes de Caibarién desconocidos en el exilio y sin antecedentes anticomunistas en tanto que jamás lo habían hecho en favor de la libertad de un heroico combatiente por los caminos del mundo, nacido y crecido en Caibarién, Eduardo Arocena, que marchitaba su existencia en una cárcel federal condenado por luchar activamente por la libertad de Cuba.

La *farándula lisonjera*[297] furtivamente penetró el exilio protegida por promotores de espectáculos musicales y artísticos y de grabaciones estereofónicas que alardeaban de anticomunistas pero que ocultamente se relacionaban, personal y comercialmente, con *uneacos* desertores y reciclados, masculinos y femeninos, con el propósito de ganar dinero conjuntamente. No escarmentaron con los reveses sufridos en los casos de Gonzalo Rubalcava y el MIDEM y persistieron en importar de Cuba comunista faranduleros identificados con los crímenes del régimen mientras ellos y ellas le cantaban loas. En octubre de 1999, mediante los oficios de una promotora llamada Debra Ohanian, fue contratado el coliseo Arena de Miami para presentar la orquesta *Los Van Van* que era un instrumento musical del Ministerio de Cultura. El historial de la orquesta se remontaba al año 1970 en la ocasión de la fracasada zafra gigante que intentaba alcanzar la cifra de 10 millones de toneladas con el lema ¡*Los 10 millones van!*[298] que la orquesta usó como tema musical en una charanga que monotonamente repetía incansablemente afirmando ¡*Los diez millones van, van!* y con el nombre de *Los Van Van* se estableció mundialmente, dirigida por Juan Formell, como embajadores musicales de la tiranía comunista.

El día 9 de octubre de 1999 *Los Van Van* dieron un concierto en la Arena de Miami, cobrando $50.00 la entrada general, ante un público heterogéneo del cual la mayor parte de los calculados 2,000 asistentes eran cubanoamericanos inmigrantes. En las afueras del coliseo se congregaron protestantes en el doble de aquel número, según calculó la policía que destacó mas de 200 unidades para pacificar posibles altercados que se produjeron y en los que abundaron los insultos, hubo heridos por pedradas en respuesta a los insultos y provocaciones de los pro-castristas que daban vivas a los Van Van y a Fidel Castro y varios arrestos de protestantes que se liaron a golpes con los policías cuando éstos usaron rociadores de pimienta contra tres de aquellos que corajudamente saltaron las barreras de contención para vengar-

---

[297] Ver Tomo IV, págs. 142-44.
[298] Ver Tomo IV, págs. 535-37.

se de las afrentas que les gritaban unos desmadrados asistentes al concierto. Preguntada su opinión sobre lo sucedido, Juan Formell expresó que existía compenetración entre ellos y los artistas cubanos residentes en el extranjero citando a Willy Chirino como ejemplo, algo que se ignoraba en Miami y que creó un colérico revolú en la fanaticada Chirinesca.

El día 12 de ese mes de octubre el periodista Wilfredo Cancio Isla, de El Nuevo Herald, reportó lo ocurrido en la rueda de prensa que citó Willy Chirino en el local de su cabaret *Zarabanda* de Coral Gables. El popular cantante reconoció haberse reunido en varias ocasiones con los integrantes de los Van Van *para interpretar música juntos y compartir sentimientos de amistad* y admitió sin arrepentirse de ello lo siguiente: *La primera vez fue en 1987 en Panamá, cuando ellos subieron al escenario donde yo estaba tocando con mi orquesta. Luego nos hemos encontrado, a comienzos de los años 90, en Cancún y Madrid. Desde el primer momento en Panamá hubo un acercamiento. En aquella oportunidad les regalamos tumbadoras y timbales; les compramos regalos para sus hijos; y hasta les permití a muchos de ellos hacer llamadas telefónicas desde mi habitación a sus familiares en Cuba. Cuando nos despedimos, algunos de ellos hasta lloraron....* Sin inmutarse, Willy Chirino dio una muestra de su personal *vice-versa* diciendo *Los artistas cubanos no pueden ser mis enemigos. Mis enemigos son el gobierno cubano y la parte del pueblo cubano que lo apoya abiertamente, como Silvio Rodríguez y Pablo Milanés y así como defiendo mis relaciones personales con los artistas de la isla me opongo rotundamente a la presencia del grupo de los Van Van en Miami....* No aclaró, porque nadie le preguntó, como diferenciaba el comunismo de los Van Van del de Silvio Rodríguez y Pablo Milanés. El cantante exiliado, Luis García, fundador en Miami del *Rincón del Feeling*, dijo a raja tabla: *Ese es un problema de Chirino, a mi no me interesa ni apruebo ningún acercamiento con músicos al servicio de un régimen represivo.*

Ratificado como alcalde de Miami por decisión de la Corte de Apelaciones del Tercer Distrito de Florida, Joe Carollo ensoberbecido antagonizó a los Comisionados cada vez que la ocasión se presentó. Los cinco Comisionados, Willy Gort, Arthur Teele, Tomas Regalado, J.L. Plummer y José M. Sánchez aprobaron la formación de una Junta que decidió se presentaran al electorado tres enmiendas a la Carta Constitucional de la Ciudad a saber: a) el alcalde asuma ese cargo y el de Administrador a la vez; b) prohibir la reelección del Alcalde y los Comisionados que hayan sido electos por dos períodos consecutivos; y c) crear el cargo de un Auditor General Independiente al servicio de la Comisión. Carollo vetó la presentación de las enmiendas pero los Comisionados, unánimemente, sobrepasaron el veto. Nuevamente se inició otra pendencia ante los tribunales. Los partidarios de Carollo demandaron ante la Juez de Circuito de Miami-Dade, Fredricka Smith, la anulación de las enmiendas y el resultado fue que la Juez decretó que la enmienda (a) fuera excluida de la boleta electoral pero no así la (b) y la (c). Un representante de la Comisión apeló la decisión de la Juez Smith ante la Corte de Apelaciones del Tercer Distrito y los magistrados de ésta retornaron la discutida enmienda a la boleta para las elecciones de noviembre 2 de 1999 en que tenían que ser elegidos tres Comisionados y que aspiraban a ser reelectos los titulares Willy Gort, Tomás Regalado y J.L. Plummer. Resultaron triunfantes abrumadoramente Gort y Regalado y vencido decisivamente Plummer por su contrincante Johnny Winton. Las tres enmiendas en cuestión fueron aprobadas mayoritariamente lo que significaba que los miamenses acudirían a elecciones en marzo de 2000, especiales alcaldicias, en que Carollo con su período acortado en un año y ocho meses tendría que volver a postularse. El Administrador de la Ciudad, Donald Warshaw, tenía su acaudalado puesto en el pico de un aura.

El día 25 de noviembre de 1999 dos pescadores rescataron a un niñito que flotaba en el mar, a tres millas de Fort Lauderdale, amarrado a una cámara de neumático. Los pescadores, Sam Ciancio y Donato Dalrymple, lo informaron al Servicio de Guardacostas que lo recogió y luego recluyó en el hospital infantil *Joe DiMaggio* donde fue diagnosticado en condición estable, sin quemaduras del sol ni depauperación física pero mostrando síntomas de traumatización síquica causada por la indescriptible odisea sufrida por un niño de cinco años. Ese mismo día dos náufragos procedentes de Cuba, Nivaldo Ferrán y Arianne Horta, llegaron nadando a Key Biscayne y ante la inquisitoria de los agentes de inmigración acerca de la forma marítima que habían utilizado antes de nadar hacia la costa y sintiéndose protegidos por la ley de *pies secos* que impediría su deportación relataron lo siguiente, que fue comprobado en Cuba por un oficial de inmigración destacado en la Sección de Intereses de Estados Unidos en La Habana:

«El proyecto de viajar clandestinamente se fraguó en el puerto de Cárdenas (Matanzas) por un sujeto llamado Lázaro Munero un «maceta» que en el verano de 1998 había escapado con tres amigos hacia Estados Unidos en un bote. En el otoño de ese año regresó a Cárdenas atenaceado por la nostalgia y el amor de su amada, Elizabet Brotons Rodríguez, con la cual vivía en concubinato desde su divorcio en 1997 de Juan Miguel González un miembro del Partido Comunista empleado de un hotel turístico para extranjeros situado en la cercana Playa de Varadero. Elizabet y Juan Miguel compartían amigablemente la custodia de su hijo, Elián González Brotons, sin división legal de la patria potestad de acuerdo con la ley cubano-comunista al efecto. Munero reclutó un grupo de cardenenses dispuestos a pagarle mil dólares por cabeza en Estados Unidos y un adelanto en pesos cubanos para cubrir los gastos de remendar un viejo bote desechado y la reconstrucción de un inservible motor marino Evinrude fuera de borda de 50 caballos de fuerza. El día 20 de noviembre, de madrugada, el bote cargado con 14 personas salió rumbo al Norte y entre ellas dos niños de cinco años, Elián y una hija del matrimonio Ferrán-Horta. A una milla de la costa el motor falló y penosamente volvieron a tierra remando dejando el bote de 17 pies escondido en la maleza costera. En la madrugada del siguiente día partieron de nuevo pero sin la pequeña hija del matrimonio Ferran-Horta pues la madre se negó rotundamente a llevarla con ellos por temor a otro nuevo accidente en mar abierto. Elizabet persistió en llevar con ella a Elián acompañando a su barragano Munero.

«La noche del día 21 enfrentaron una severa tormenta y un oleaje violento que inutilizó el motor y destartaló el bote que se fue a pique. Los 14 pasajeros se trasladaron a dos cámaras sujetándose a ellas con sogas. Durante dos días y medio lucharon con las fuerzas de la naturaleza que segaron las vidas de 11 de los náufragos quedando vivos solamente el matrimonio Ferrán-Horta en una cámara y el niño Elián en la otra, atado sólidamente dentro de ella. La corriente del Golfo los separó derivando el matrimonio hacia Key Biscayne y Elián hacia Fort Lauderdale a veinte millas de separación. La pareja Ferrán-Horta dejó la cámara y nadó hasta la playa. Elián fue rescatado por dos pescadores ocasionales. (Time Magazine, Enero 1, 2000)

Desde el día 25 de noviembre, fecha en que ocurrieron los sucesos relatados, hasta el 31 de diciembre, fecha en que termina el estudio del período historiológico contenido en este Tomo V, se desarrolló una controversia entre los familiares de Elián en Miami y su padre en Cuba que trascendió a los gobiernos de Estados Unidos y Cuba comunista y la politiquería del republicanismo con la vista puesta en las elecciones presidenciales próximas en las que *el voto cubano* sería crucial y hasta quizás decisivo en Florida si se lograba que *el caso Elián* se entrelazara con una campaña negativa contra la Administración Clinton similar a la utilizada contra la Administración Kennedy después de la debacle de Bahía de Cochinos. Veamos:

El día 26 de noviembre Elián fue entregado a los hermanos de su padre, residentes en la Pequeña Habana, Lázaro y Delfín González, calificados como tios-abuelos en tanto que el gobierno de Cuba comunista, representando al padre, Juan Miguel González, enviaba una nota diplomática a la misión yanqui en La Habana requiriendo la devolución de Elián a su padre, quien, aconsejado personalmente por Fidel Castro y Ricardo Alarcón presentó una reclamación ante las Naciones Unidas solicitando atención a su demanda de que le retornaran a su hijo que había sido traído a Estados Unidos sin su permiso, lo que equivalía a un secuestro, teoría judicial que respaldó el Ministerio de Relaciones Exteriores regenteado por Felipe Pérez Roque. Al politizarse el caso, el Departamento de Estado tomó parte en la controversia zafándose del problema con el anuncio que no tendría algún papel en la decisión de la suerte de Elián, dejando la solución en mano de las Cortes de Florida. Inmediatamente las dos partes en conflicto nombraron abogados que litigaran el destino de Elián. Representando a los tios-abuelos Lázaro y Delfín González y a una hija del primero de ellos, Marileysis González, cuyo parentesco con Elián era de prima-segunda, se oficializaron Kendall Coffey que en 1993 cuando era Fiscal Federal de Florida ordenó el encausamiento de Huber Matos Araluce por millonarias estafas al Medicare y la Seguridad Social; Spencer Eig, ex-letrado del Servicio de Inmigración; José García Pedrosa, ex-Administrador de las ciudades de Miami Beach y Miami; Linda Osberg Braun y Roger Bernstein, juristas especializados en leyes de inmigración y Manuel *Manny* Díaz, talentoso abogado que en 1988 apoyó a la Junta de Directores del Museo Cubano en su gresca con el Comité Pro-Rescate del Museo Cubano. Como activista publicitario, organizador de movilizaciones y vocero oficial de los familiares de Elián fue contratado Armando *Manengue* Gutiérrez quien en 1993 fue uno de los que acusó a Nelson Mandela de comunista durante su visita a Miami y quien dirigió la campaña alcaldicia de Miriam Alonso que perdió frente a Steve Clark. La Sección de Intereses de Cuba comunista en Washington nombró a Gregory Craig, un abogado experto en leyes internacionales, apoderado de Juan Miguel González.

La Fundación Nacional Cubana Americana, ahora sometida al mangoneo de Jorge *Quijá* Mas Santos, que ambicionaba el poder que tuvo su difunto progenitor, saltó al ruedo financiando una fortísima campaña contra la devolución de Elián durante la preparación de la junta de la Organización Mundial del Comercio que tendría lugar en la ciudad de Seattle que incluía una formal petición de Hermanos al Rescate y del representante republicano Lincoln Díaz Balart a la Fiscal General de Estados Unidos, Janet Reno, de que ordenara la detención de Fidel Castro y procesarlo por el asesinato de los cuatro pilotos derribados por aviones castristas en aguas internacionales. Curándose en salud, alegando no desear ser considerado cabeza de un motín, el déspota desistió de viajar a Seattle, enviando en su lugar al canciller Felipe Pérez Roque y al Ministro de Comercio Exterior, Ricardo Cabrisas. En Washington la FNCA logró que sus adeptos en el Congreso, el Senador Jesse Helms y los Representantes Ileana Ros-Lehtinen y Lincoln Díaz-Balart, del Partido Republicano, urgieran la concesión de la ciudadanía americana a Elián; que el representante Dan Burton, también Republicano, emitiera un edicto congresional paralizando la repatración de Elián y que el alcalde de New York, Rudolph Giuliani, el implacable verdugo fiscal de Eduardo Arocena en 1984, Republicano medular, ofreciera que Elián tuviera el honor de presidir la tradicional parada de Año Nuevo en *la Gran Manzana*. Obligados por la opinión pública a expresarse sobre el arduo asunto los candidatos presidenciales del Partido Demócrata, Al Gore y Bill Bradley, opinaron que su decisión correspondía a las Cortes y al Servicio de Inmigración de acuerdo con la ley; los candidatos presidenciales del Partido Republicano, John McCain y George W. Bush, declararon estar opuestos al envío de Elián de regreso a Cuba comunista. La controversia entre los familiares de Elián se agravó cuando otro tío-abuelo residente en Miami, Manuel González, y las abuelas materna y paterna, Raquel Rodríguez y Mariela

Quintana, vecinas de Cárdenas, tomaron partido en favor del padre, Juan Miguel González.

En medio de la candente controversia se produjo un naufragio de un grupo de balseros en el cual perecieron ahogados diez de ellos. Su funeral, organizado por la FNCA, el Movimiento Democracia, Hermanos al Rescate y Unidad Cubana fue dedicado *in memoriam* a Elizabet Brotons elogiándola *como una devota madre que sacrificó su vida para que su hijo viviera en libertad y democracia y no en una tiranía totalitaria* y advirtiendo, ante una gran asistencia, *que el exilio haría cumplir su deseo inflexiblemente*. La respuesta de Cuba comunista fue declarar a Elián *Héroe Nacional* y ordenar una *Marcha del Pueblo Combatiente* encargando su movilización por seis días seguidos a Otto Rivero, Secretario General de la Unión de Jóvenes Comunistas y a Hasan Pérez, Presidente de la Federación de Estudiantes Universitarios. La agencia de noticias *France Press* informó sobre concurrencias en La Habana de 300 mil personas; 300 mil en Santiago de Cuba; 150 mil en Santa Clara; 200 mil en Hoguín; 160 mil en Guantánamo y 150 mil en Camagüey a mítines demandando la devolución de Elián a su padre. Solidarizándose con el ovejuno populacho la Conferencia de Obispos Católicos de Cuba pidió al gobierno yanqui la devolución de Elián a Cuba; la Comisión Cubana de Derechos Humanos presidida por Elizardo Sánchez Santacruz solicitó que Elián fuera regresado a su hogar en Cárdenas y el Consejo Nacional de Iglesias de Cristo de Estados Unidos y el Consejo Cubano de Iglesias Evangélicas, del protestantismo ambos, apoyaron el regreso de Elián a su padre y abuelos.

Un oficial del Servicio de Inmigración se entrevistó en Cárdenas con el padre y los abuelos de Elián y obtuvo de ellos documentación legal estableciendo la paternidad y la residencia de ellos así como su derecho a la patria potestad una vez muerta la madre. Los tíos-abuelos expusieron ante otro oficial de Inmigración las razones filiales que tenían para que el niño fuera oficialmente entregado a ellos. Desde Washington llegó secretamente a Miami la noticia de que Doris Meissner, Comisionada Nacional del Servicio de Inmigración y Naturalización estaba presta a anunciar su determinación de que tanto el Derecho Internacional como las leyes de Estados Unidos reconocían que Juan Miguel González era el único que tenía autoridad sobre Elián y su custodia una vez difunta su madre, Elizabet Brotons. Al instante, Ramón Saúl Sánchez, en representación del Movimiento Democracia, efectuó un llamamiento a cubanos, cubano-americanos y latino-americanos para integrar *una cadena de solidaridad* alrededor de la cuadra donde residía Elián *porque la comunidad no debe esperar a última hora para reaccionar ante un retorno arbitrario y que el acto de solidaridad podría desencadenar una campaña de desobediencia civil en el Condado Miami-Dade.* Recibió al instante la sólida colaboración de José Basulto y Hermanos al Rescate. Cuando el rumor sobre la decisión de Doris Meissner se confirmó como cierto, se caldeó el ánimo de la multitud de opuestos al laudo que nuevamente paralizaron no solamente el tráfico en las principales vías de comunicación en Miami sino que alteraron el orden en forma tal que equipos anti-motines y agentes de la policía montada disolvieron violentamente a los revoltosos y arrestaron a docenas de ellos entre los que se contaron Ramón Saúl Sánchez, Andrés Nazario Sargén y Arturo Cobo.

Ante los ojos de los analistas de los vaivenes políticos y electorales y los perennes *vice-versas* históricos de la sociedad cubana, dentro y fuera de la Isla, el caso del niño Elián González era similar al de un río crecido que salido del cauce amenazaba barrer con todo lo que se opusiera a su paso. Lo que había comenzado como una sectarista jugarreta politiquera por los dirigentes republicanos de la FNCA, secundada por sus co-militantes pertenecientes a los Congresos Federal y Estatal, con el propósito de asimilar la devolución del niño a su padre en Cuba comunista, según lo dispuesto por Doris Meissner, a un acto inhumano, pro-castrista, de la Administración Clinton, merecedora de que *el voto cubano* del Condado Miami-Dade se vengase de ella otorgándoselo a la candidatura presidencial del Partido Republicano en las elecciones correspondientes al año 2000, derivó violentamente a un problema de orden público y de beligerancia anti-americana superior a lo demostrado durante la algarada en apoyo a la no deportación de los abominables y perversos marielitos encarcelados en las prisiones de Atlanta y Oakdale y los nocivos disturbios relacionados con el incidente de los inmigrantes en Surfside.

Comisionado por la FNCA el Senador Robert Torricelli logró una tregua que detuvo el proceso de remisión de Elián a Cárdenas y acordó una conferencia en Washington entre las partes litigantes: el padre y las abuelas de Elián; los tios-abuelos y la prima-segunda. Pero, siempre *el pero* de marras, los familiares de Miami se retractaron del convenio y sus abogados plantearon ante la Corte de Circuito que Lázaro Gonzáles fuera declarado guardián legal de Elián. Aquí fue, como se dice, *la de Troya*. La relación de lo que ocurrió, entre enero y mayo del año 2000, con los pleitos, la conversión del hogar de los tíos-abuelos en una fortaleza, el cerco defensivo humano a su alrededor contra las autoridades federales, el úkase de los alcaldes Alex Penelas del Condado Miami-Dade y de José Carollo de la Ciudad de Miami prohibiendo a la fuerza policíaca municipal la cooperación con los alguaciles del FBI y del Servicio de Inmigración, el asalto nocturno de éstos a la casa para recobrar a Elián, el choque brutal con su fuerza defensiva, los motines, incendios y refriegas resultantes y las demostraciones públicas de la comunidad anglo-afroamericana contra la cubano-americana, que acusaban de sediciosa y extranjerizante, será leída en el Tomo VI de ésta, tildada de *iconoclasta* por *historicidas retóricos*, veraz y desafiante nacionalista-revolucionaria *Historiología Cubana*.

El perspicaz y eficiente reportero-investigador de El Nuevo Herald, Pablo Alfonso, en su incansable tarea de averiguar donde iban a parar los millones de dólares que el gobierno americano distribuía mediante su*Programa para Cuba de la Agencia Internacional para el Desarrollo (USAID)* así como las fundaciones privadas *Arca, Ford y General Services* a organizaciones políticas de exiliados que gestionaban una transición pacífica del comunismo a una acomodaticia democracia, obedientes al precepto capitalista salvaje inmutable que reza *¡El que paga, manda!*, identificó a las siguientes paniaguadas entidades y a sus directivos:

Instituto para la Democracia en Cuba: $1,000,000.00 Registrado en el Estado de Florida como una Corporación No Lucrativa. Sus Directivos son: Rafael Sánchez Aballí, Leonardo V. Sesin y Francisco Hernández Trujillo.

Centro para una Cuba Libre: $900,000.00 Registrado en Washington, D.C. como una Corporación No Lucrativa. Sus Directivos son: Manuel Jorge Cutillas, Modesto Maidique y Elena Díaz-Versón.

US-Cuba Business Council: $567,000.00 Registrado en Washington, D.C. como una Corporación No Lucrativa. Sus Directivos son: Eduardo T. Crews, Otto J. Reich y Thomas E. Cox.

Directorio Revolucionario Democrático Cubano: $554,835.00 Registrado en el Estado de Florida como una

Corporación No Lucrativa. Sus Directivos son: Orlando Gutiérrez, Juan José Fernández y Javier de Céspedes.
Cuba Online: $300,000.00 Registrado en el Estado de Florida como una Corporación No Lucrativa. Sus Directivos son: Jaime Suchlicki, Henry Hamman y Merten Ulrich.
Cuba Free Press: $280,000.00 Registrado en el Estado de Florida como una Corporación No Lucrativa. Sus Directivos son: Juan A. Granados, George Holcomb y Milagros Velasco.
Grupo de Trabajo de la Disidencia Interna: $250,000.00 Registrado en el Estado de Florida como una Corporación No Lucrativa. Sus Directivos son: Ruth C. Montaner, Pablo Llabre y Antonio Santiago.

El redactar un epílogo a los acontecimientos políticos Cuba-Exilio examinados en este Tomo V sería repetir íntegramente el Capítulo XXXIV del precedente Tomo IV puesto que las onerosas condiciones del ámbito aquel continúan invariables. Precisamente en 1999 se cumplen cien años justos del nacimiento del pecado original de la República de establecer como ley el igualar, mediante amnistías, a los mambises con los guerrilleros y los autonomistas, ratificar esa barbaridad en el Artículo 4 de la Enmienda Platt[299] y en el presente beneficiar con esas ignominias a reciclados, esbirros, dialogueros, colaboradores y chivatos comunistas. El Tomo VI, en preparación, comprenderá el tiempo que transcurra entre el año 2000 y el derrocamiento de la tiranía comunista cubana.

---

[299] Ver Tomo II, págs. 221-26.

ÍNDICE ONOMÁSTICO

A

Abascal, Gerardo 55
Abela, Albert 179-80
Abella, Rosa M. 319, 322-23, 507, 535
Abierno Gobín, Rosa María 342, 344
Abislaiman, Rafael 565
Abí Cobas, Hiram 236, 393, 397
Abrams, Elliot 197
Abrantes Fernández, José *Beria* 173, 208, 346, 403
Abreu, Ernestino 589
Abreu, Raúl Eugenio 57, 74
Abril, Alexis 45
Acevedo Avila, Jorge 101
Acevedo González, Rogelio 339
Acosta, Agustín 536
Acosta, Amado 55
Acosta, Armando 45, 345
Acosta, Jorge 44
Acosta, José 582
Acosta, Orlando *Bebo* 238
Acosta, Pablo 454
Adam, Luis 100
Adame Cobas, Luis 445
Adamishin, Anatoli 315
Adrián, Pedro 54
Adrián, Pedro familia de 540
Aenlle, Julio 322
Agostini, Jorge 219
Agramonte, Ignacio 251
Aguiar, Manuel 46
Aguilar, Humberto 118
Aguilar, Roberto 477
Aguilar León, Luis *Lundy* 93, 98, 127, 156, 163, 248, 377
Aguilera, Héctor 237, 251, 541
Aguilera, José María de la *El Bizco* 396
Aguilera, Primitivo *Pive* 128
Aguirre, Horacio 183, 423, 565
Aguirre, Luis 52
Aguirre, Osvaldo 59, 507, 535
Aguirre, Severo 345
Aguirrechu, Juan 59
Agüero, Elsa 172
Agüero, Henry 184
Agüero, Martha 463
Ahgbta, Memet 132
Agnew, Spiro 592
Alamo, Gloria 55
Alanís, Armando 67
Alanís, Ernesto 100
Alarcón, Evelio 390
Alarcón Quesada, Ricardo 111, 141, 481, 491, 536, 547, 624
Alarcón Ramírez, Daniel *Benigno* 347
Alba, Alvaro 400
Alberti, Juan J. 302
Albo, Lázaro 367
Albright, Madeleine 525
Aldana Escalante, Carlos 90, 173, 452
Aldereguía, Salvador *El Gallego* 61
Alea, Alberto 509
Alegre, Pedro 45
Alejandre Sr., Armando 147, 302, 362, 367, 562
Alejandre Jr., Armando 492, 495, 524
Alejandro, Ramón 324, 435
Alemán, Héctor 161
Alemán, María 45
Alemán, Orestes 60
Alexander, William 147, 361-62, 366
Alfonso, Ángel Manuel 558
Alfonso, Carlos 60, 324
Alfonso, Libia 528

Alfonso, Mario	506	Álvarez, Ana M.	320, 322-23
Alfonso, Pablo	252-54, 260, 389, 419,	Álvarez, Aurelio	184
	499, 578, 585, 613, 627	Álvarez, Carlos	586
Alfonso, Raúl	372	Álvarez, Carlos M.	447
Alfonso, Rolando	529	Álvarez, Hilda Ana	320
Alfonso Bru, Arturo M.	244	Álvarez, Hugo	373
Alfonso Ruiz, Héctor *Fabián*	67, 159,	Álvarez, José Rufino	505
	161, 453, 493	Álvarez, Julio	324
Alfonso Suárez, Manuel	512	Álvarez, Marcelino	322, 324
Algeciras, Mary Loo	260	Álvarez, Miguel	147, 466
Alibek, Ken	612-13	Álvarez Jr., Miguel	447
Almaguer, Xiomara	324	Álvarez, Modesto	465-66
Almaguer, Garrido	173	Álvarez, Orestes	42
Almaguer Levy, Xiomara	414, 445,	Álvarez, Óscar	389, 414
	468, 586	Álvarez, Pedro	404
Almeida, Gilberto	360	Álvarez, Raúl	322-23, 507
Almeida, H.R.	78, 80	Álvarez, Santiago	403
Almeida Bosque, Juan	345, 547	Álvarez del Real, María E.	320
Almendros, Herminio	404	Álvarez Díaz, José	59
Almendros, Néstor	404	Álvarez Echezarreta, Aurelio	45
Alonso, Alejandro *Franklyn*	594-95	Álvarez Fuentes, Germán	59
Alonso, Aurelio	529	Álvarez Pérez, Fernándo	322-23, 375
Alonso, Dora	389	Álvarez Pérez, Leonor	324
Alonso, Enrique	55	Álvarez Somoza, Francisco	445
Alonso, Felipe *Felipito*	163	Alzugaray, Manuel	198, 484, 491, 562,
Alonso, Julio C.	58, 74		582, 585
Alonso, Leonel	365-66, 455	Allende, Salvador	71
Alonso, Miriam	357, 364-65, 454-56,	Alliegro, Ana D.	447
	533, 550, 624	Allman, T.D.	324
Alonso, Miriam (hija)	560, 572	Amador, Dora	389
Alonso Avila, Antonio *Alonsito*	216,	Amador, Natacha	324
	509	Amador, Rolando	504, 507
Alonso Mendoza, Emilio	320, 322-23	Amador Rodríguez, Juan	59
Alonso-Poch, Manuel	367	Amaro, Humberto	84
Alphonse, Alford	368	Amat Flores, Carlos *El Tigre*	426
Alsina, Angela	42	Ameijeiras, Yesin	548
Alsina, Guillermo	42, 45	Ameijeiras Delgado, Efigenio	339, 548
Altuna de Sánchez, Amaya	390	Amico, Mario del	201
Alvarado, Adalberto	132	Amiguet, Mario	320, 324, 330
Alvarado, Tomás Sergio	90	Amor, Manuel	59

Anaya, José R.	171	Arcos Bergnes, Sebastián	236, 259
Anderson, Howard F. *Andy*	160, 185,	Arcos Cazabón, Sebastián	236
	239, 271, 291, 396	Aréchaga, Amado	59
Anderson, Jack	376	Arellano, Eduardo	324
Andollo Valdés, Leonardo	339	Arellano, José R.	324
Andrade Díaz, Fernando	99	Arellano, Josefina C.	322, 324, 330
Andrew, José R.	59	Arellano, Mario	320-22, 324, 330
Andropov, Yuri	132	Arenal, José	324
Angueira, Alex	559	Arenas, Reinaldo	93, 174, 248, 267,
Angones, Frank	83		404, 469
Angulo, Enrique	171	Argüelles Menocal, Eligio	366
Antunez, Héctor	78	Argüelles Pozo, Eligio	366
Añorga, Rev. Martin	52, 63, 87, 93,	Argüeyes, Donato	55
147, 216, 370, 504, 507, 536, 554, 575, 581		Arias, Óscar	355
Aparicio, Raúl	43	Arioza, Gregorio	389
Aparicio, Ricardo	40	Arístide, Jean Bertrand	480, 500, 502
Aparicio Laurencio, Ángel	38, 46, 552	Aristipo de Cirenaica	284
Aparicio Paneque, Aparicio	42	Aristóteles	284-85
Aquit Manrique, Sixto Reinaldo	74, 493	Arkchipov, Iván	143
Ara, Guillermo *Guillermito*	365, 366	Armas, María de	322, 375
Arafat, Yasser	195, 382-83	Armendi, Fernando J. de	154, 320-22,
Aragón Clavijo, Uva de	43, 93, 147,		324, 330
248, 267, 276-77, 375, 586		Armesto, Eladio J.	469, 531
Aragonés Navarro, Emilio	346	Armesto, Eulalia	47
Arán, Armando	208	Armsby, Walter H.	359
Aranda, Manuel	324	Arocena, Eduardo	114-18, 127, 135-39,
Arango, Eduardo	565	158, 160, 184, 205, 282, 459, 619, 624	
Arango, Franz	84	Arocena, Frank	115
Aranguren, Néstor	128	Arocena, Lorna	115
Aranguren Echeverría, Obispo Emilio		Arosemena, Julio	499
	576	Aróstegui, Nena	396
Aranza Pérez, Roberto	596	Arques, Manuel	184, 302, 367
Araujo, Loipa	173	Arriaga, Carlos Alberto	509
Arbesú Fraga, José	112, 315, 529	Arriaga, Kristina	428
Arboleya, Carlos	18, 55, 83, 244, 267,	Arriaga, Pedro	146, 148
281, 320, 328, 331, 355, 360, 362, 563, 565		Arriaga, Ricardo	362
Arce, Sergio	140, 368, 604	Arrizurrieta, Luis	55
Arcocha, Juan	93, 435	Arroliga, Ricardo	367
Arcos Bergnes, Gustavo	236, 259,	Arroyo Ramos, Luis	174, 237, 251
392-93, 397, 428, 431, 469, 473, 516		Arrufat, Antón	472

Artaud, Luis	581	Baeza Flores, Alberto	93
Arteaga, Carlos	59	Baguer, Néstor E.	414
Arteaga Betancourt, Cardenal Manuel	126, 497	Bakarat, Maurice	373
		Baker, Howard	98
Arteaga Martínez, Raúl	174	Balado, Manuel	360, 366
Arthur, Owen	502	Baladrón Valdés, Obispo Carlos	576
Artime, Manuel	589	Balaguer, Joaquín	335, 502
Aruca, Francisco *Pancho*	61, 123, 376, 451, 468, 523	Balaguer, José Ramón	90, 345, 452, 529
		Balanza Éxposito, Mercedes	90
Arzuaga Reyes, Ángel	172	Balarí, Eugenio	19
Ascencio, Steve	84	Balmaseda, Mario	173
Askew, Ruben	81	Baloyra, Clarita	447
Astigarraga, José I.	320	Baloyra, Enrique	236, 325, 375-76, 390, 445, 447
Ataie, Mary Lee	327		
Ataie, Shahreyar	327	Balseiro, José A.	93
Atkins, C. Clyde	487-91	Balsinde, Miguel	362
Austin, Liza	325	Banderas, General Quintín	184, 317
Avila, Francisco *Panchito*	334	Bandrich, Luis	389, 447
Avila, Manuel	373	Banzo, René	155
Avilés Ramírez	319	Baquero, Gastón	93, 511
Aybar, Rodolfo	397	Baranda Columbié, Ladislao	339
Azcarreta, René	447	Barandela, Raúl	79, 440-41, 468
Azcuy, Hugo	529	Barbachano, Belissa	325
Azicri, Max	468	Barco, Alberto	51
Aznar, José María	540, 601	Bardach, Anne Louise	591, 592
Azpillaga, Florentino	216, 219-20, 243	Barea, Eduardo	65
Azpillaga Lombard, Daniel	392	Bared, Alfredo	364
		Barlett, Anne	421
B		Barletta, Amadeo	245
		Barnes, Max	325
Babcock, Charles	145	Barnet, Miguel	94, 173, 469, 472
Babún, Teo	584	Barnet Vinajeras, José	233
Bacallao, Jorge	236	Barnett, Ana	604
Bacardí, José	244	Barnett, Charles D.	177
Badía, Arnhilda	302	Baroni, Aldo	388
Badía, Milton	135, 158	Barquín, Ramón	58, 74
Báez, Ramón	320	Barredo, Lázaro	443, 445
Báez, Vicente	435	Barreiro, Bruno	454, 561
Baez, Yolanda	320	Barreiro, Caramés	452
Baeza, Mario	446-48	Barrera, Elsa	529

Barrera, Israel	389, 441	Benet, Eduardo R.	18
Barrera, Mario	147	Benítez, Carlos	53, 83, 98
Barreras, Francisco	322, 324	Benítez, Manuel *Manolito*	146-48, 150, 160, 216
Barreras, María Julia C. de	325		
Barreto, Bartolomé	78, 80	Bennett, Michael	155
Barrios, Rogelio	361	Bennett, William J.	155, 289
Barrios Chamorro, Violeta	193	Beria, Lavrenti	206
Barros, María Cristina	83	Bermejo, Miguel	346
Barroso Medina, Irelio	493	Bermello, Willy	84
Basa, Jorge de	60	Bermúdez, Cundo	325, 435
Bassas, Enrique	592	Bermúdez, Enrique	194, 198, 200
Bassols Suárez, Gonzalo	110	Bermúdez, General Roberto	317
Basulto, José	396, 478, 504-05, 515, 524, 526, 536, 627	Bermúdez, Roberto	260
		Bermúdez Cutiño, Jesús	315, 339
Batista, Fulgencio Rubén *Papo*	216	Bernal, Facundo	375
Batista, Rogelio	216	Bernal, José A.	42
Batista Falla, Laureano	322, 324, 330	Bernal, Peter	447, 602
Batista Zaldívar, Fulgencio	52, 81, 96, 97, 119-20, 128, 140, 142, 146, 178, 184, 188, 192, 210, 215, 233, 240, 245, 340, 354, 359-60, 366, 378-79, 384, 386, 391, 430, 433-34, 440, 476, 476, 497, 589, 601, 606, 612	Bernaza, Luis Felipe	172
		Bernstein, Roger	624
		Bertot, Lillian V.	323, 375
		Beruvides, Coronel Esteban M.	453
		Besso, Henry	93
		Betances, Ramón Emeterio	559
Bayer, William Bowne	95	Betancourt, Aida	281
Beamud, José	458	Betancourt Amaury P.	18
Beato, Luis	121	Betancourt, Ernesto	376-77, 584
Beato, Virgilio	87, 261, 320-23, 391, 504, 507, 563	Betancourt, Jorge	509
		Betancourt, Renee	325
Bécquer, Napoleón	56, 57, 74	Betto, Fray	124-25, 139
Bedoya, Francisco	171	Beunza, Manuel	347, 391
Beltrán, Eduardo M.	53	Bilbao, José María	55
Beltrán, José Luis	19, 447	Bird, Lester	502
Bellamy, Angela	562	Bishop, Maurice	72, 73
Bello, Jorge	457	Bismarck, Roberto	376, 448
Bello, José Elías	362, 367	Blackmun, Harry A.	480
Bello, Luis	42	Blaize, Herbert A.	.73
Benavides Rodríguez, Joaquín	20, 169	Blanc, Giulio	325
Benedí, Claudio	42-44, 216	Blanco, Eugenio *Ludovico*	171, 322, 324
Benemelis, Juan	347, 378, 391		
Benes, Bernardo *El Colorado*	61, 349	Blanco, Juan	172

Blanco, Lauro	43, 52, 133	Botifoll, Luis J.	53, 83, 86, 87, 154, 240-41, 244-45, 281, 301-02, 319-20, 328, 352, 504, 507, 536, 566
Blanco, Luis Amado	125		
Blanco, Mercedes	134		
Blanco Lamela, José	608	Bovo, Esteban	552
Blanco Martínez, Miguel	589-90	Boyer, Robert	277, 282
Blanco Martínez, Vicente	589-90	Boza Masvidal, Obispo Eduardo	99, 147, 163, 249, 369, 504, 507
Blanco Santana, Santiago	40, 43		
Boan, Marianela	172	Bradley, Bill	625
Bock, Francisco A.	59	Bragado Bretaña, Reinaldo	236, 259-60, 394
Bocourt, Armando	41		
Bofill, María Elena	208-09, 256, 258	Braman, Norman	150, 561
Bofill Pagés, Ricardo	31, 163, 175-76, 181, 201-04, 206-17, 219, 236-38, 246, 248, 251-61, 335, 375, 391-93, 432, 443, 472, 522, 541, 585	Brandt, Robert	114
		Brathwaire, Nicholas	502
		Bravo, Ernesto	177
		Bravo, Ernesto A.	244
Boland, Edward	194, 196, 197, 200	Bravo, José	582
Bolaños, Francisco	43	Bravo, Marcos	360
Bolaños, Rolando	618	Bravo Sentíes, Miguel	516
Bolivar, Simón	57	Bretos, Conchy	454, 460
Bonachea, Rolando	376-77, 389	Brezhnev, Leonid	132, 336
Bonet, Mario	529	Briel, Ernesto	325
Bonne Carcasés, Félix	469, 516, 554, 601	Bringuier, Carlos	45
		Brotons Rodríguez, Elizabet	622-23, 625-26
Borges, Joel	42, 45, 128		
Borges, Max	57, 75	Brower, Emilio	44, 216
Borges, Rolando	131, 236, 261, 372, 396, 516, 585	Brower, Leo	173
		Brown, Carol	325
Borman, Frank	144	Brown Campbell, Joan	605
Boronat, Joaquín	100	Broz, Josip *Tito*	212
Borrel, José	59	Bryant, Anthony *Tony*	315, 383
Borrell Navarro, Eduardo	42, 45, 103	Bryant, Frederick	146, 148
Bosch, Julio	41	Bucalón, Carlos	418
Bosch, Orlando *Piro*	51, 56, 63, 101, 132, 184, 189, 333-34, 459, 505, 536, 581, 604	Bucelo, Armando	84
		Buchanan, Pat	421
		Budenz, Louis	121
Bosch Lamarque, José M. *Pepín*	53, 57, 74, 78	Bueno, Salvador	172
		Buesa, José Ángel	92
Boschwiz, Rudy	540	Buitrago Martínez, Fidel	338
Botha, Roeloff	316	Bulganin, Nikolai	206
Botifoll, Ernesto	238-39		

Burke, James *Jimmie*	150, 358, 454, 533, 550, 552	Calcines, Ramón	204, 207
		Caldera, Rafael	502
Burns, Arnold	278	Calderín, Armando L.	65, 66
Burton, Dan	520, 540, 625	Calderón del Sol, Armando	502
Bush, Columba	614-15	Calero, Adolfo	98, 197-98
Bush, George	54, 86, 160, 199, 200, 267, 303, 349, 352, 382, 404, 409, 411-12, 417, 420-23, 480, 485, 503, 519	Calero, Sonia	172, 531
		Calígula	567
		Calil, Alberto	362, 367
Bush, George W.	625	Calviño, Wilfredo	533
Bush, Jeb	160, 355, 410, 412, 417, 503, 519, 604, 614	Calzada, Humberto	375
		Calzadilla, Ramón	172, 531
Bustamante, Guido	203, 397, 441	Calzón, Frank	53, 54, 59, 93, 94, 163, 201, 207, 243, 267, 428, 435, 543, 584
Bustamante, Manuel R.	154		
Butler, Smedly	313-14	Callahan, Frank	145
Byron, Miguel	325	Calleja, Rafael	362
		Camacho, Jorge	327
C		Cambó, Teresita	53, 86
		Camejo, Rodolfo Félix	90
Caballero, Armando	579	Campa, Román	360
Caballero, Emilio	189	Campa, Rubén *Vicki*	595-96
Cabañas, John	586	Campillo, Andrés	51
Cabarga, Julio	604	Campos, Alejandro	41
Cabello, Mario	447	Campos, Manuel	40, 43
Cabezas, Cristina	248, 372	Campos, Octavio	59
Cabezas, Rafael	457, 458	Campos, Sergio	362, 367
Cabrera, Bernabé	54	Canal, Rigoberto	325
Cabrera, José F.	325	Canales, Orlando	42, 45
Cabrera, Lydia	93	Cancel Miranda, Rafael	159
Cabrera, Orlando	487	Cancela, José	457
Cabrera, Ramón	371	Cancio, Carlos	429
Cabrera Celestrín Luis	75	Cancio Isla, Wilfredo	621
Cabrera Infante, Guillermo *Caín*	91, 93, 208, 236, 248, 400, 432-36, 472	Candela, Andrés	320, 322-23
		Candela, Hilario	55, 507, 536
Cabrera Leiva, Guillermo	277	Candela, Teresita	323
Cabrisas Ruiz, Ricardo	20, 166, 168, 625	Candela, William	367
		Candelario, Andrés	435
Caín	614	Caneda, Elsa	325
Cairol, Paquito	396	Canet, Gerardo	435
Calatayud, Antonio *Tony*	159, 374, 458, 602	Canino, Roberto	302
		Cano, Leonardo	443

Cano, Margarita	320-22, 324	Carles, Maggie	531
Cano, Pablo	325	Carlomagno	182
Canoura, Jesús	493	Carlos, Thomas P. *Tom*	179, 244
Cantera, Jorge	335	Carlson, Norman	160
Cantero, Araceli M.	590	Carlsson, Jan Bernt	315
Cantillo, Araceli	45	Carmenate, Domingo	66, 161
Canto, Fernando	54, 244	Carmenate, Enrique	137
Cantón, Enrique	491	Carmenate, Jimmy	320
Cantón, Ramón	43	Carmichael, Stokely	294
Cañellas, Pedro	50	Carneado, José Felipe	140, 368-69, 497
Cañizares, Lorenzo	586	Carol, Alberto	171, 173
Cao, Andrés	325	Carol, Óscar	65, 147
Cao, Mercedes R.	325	Carollo, José *Joe*	82, 88-9, 148-49, 153, 179, 182, 240-43, 288, 358, 363-67, 456, 532, 538, 550, 560-62, 571-73, 621-22, 627
Cao, Ramón	414		
Capen, Richard *Dick*	144, 302		
Capeztani, Olga	389		
Capó, Moravia	582	Carrandi, Fernando	147, 362
Capote, Juan	602	Carranza, Julio	529
Capote, Roberto	536	Carreño, José *Pepe*	105, 582
Capote, Rodolfo	160, 505	Carreño, José Luis	205
Caraballo, Isa	59	Carreño, Mario	265
Caramés, Bernardo	59	Carrera, Secundino	214
Carazo, Rodrigo	23	Carrera Jústiz, Pablo	509
Carballo, Ana María	171	Carreras, Eddy	396
Carballo, Roberto	389, 445, 447, 468, 586	Carreras Rodríguez, Lino	339
		Carreras Rolas, Enrique	339
Carbonell, Ana	516	Carrillo, Alfonso	437
Carbonell, Héctor	158	Carrillo, Gilberto	302
Carbonell, Néstor	58	Carrillo, Sergio	216, 447, 554
Carbonell Alsina, Antonio	59	Carrillo Flores, Antonio	131
Cárdenas, Agustín	325	Carrillo Hernández, Justo *Justico*	41, 127, 325
Cárdenas, Alberto *Al*	147-48, 244, 412, 561		
		Carrillo Masvidal, Francisco	41
Cárdenas, Cristina de	507	Carrió, Héctor	52
Cárdenas, Jorge de	376, 513	Carro, José	504, 506-07
Cárdenas, Rosario	172	Carro, Laida	504, 507
Cárdenas, Santiago	390	Carrodeguas, Aquilino	101
Cardoso, Silvio	149	Cartaya, Nicolás	47
Cardounel, Ed	84	Cartaya García, Rolando	236, 254, 259-60
Carey, Bárbara	153, 533, 550		

Carter, James *Jimmy*   20-24, 26, 28-31
   34, 60, 62, 67, 69, 72, 87, 102, 158, 160,
   194-95, 268, 335-36, 408-09, 485, 528
Casado, Eduardo   325
Casaldiga, Pedro   140
Casals, Lourdes   61
Casalins, Rafael   319
Casanova, Fernando   147-48
Casanova, Gabriel   582
Casanova, Gilberto   40, 43, 63
Casanova, Heriberto   491
Casanova Montero, Alfonso   445
Casañas, Ramiro D.   345, 447
Casares, Blas   179
Casaroli, Agostino   125, 139
Casas, José   397
Casas, Roberto   83-4, 87, 267, 303-04
Casas Regueiro, Julio   342
Casas Regueiro, Senén   168, 345
Casero Guillén, Luis   40, 42-3, 458
Casey, William   197
Castañeda, Carlos   435
Castañeda, Edilio   325
Castañeda, Ofelia   325
Castañer, Modesto   147, 458-9, 465-6, 602
Castellanos, Eyder   155
Castellanos, José F.   320, 322-23
Castellanos, Mario   515
Castellanos, Martín   397
Castellanos, Néstor   414
Castellanos, Orlando   172
Castellanos Caballero, Pablo   174, 191, 207, 213, 215
Castellanos de la Sala, Francisco   173
Castelló, Humberto   400
Castilla, Octavio   519
Castillo, Gustavo   100, 184
Castillo, Siro del   93, 236, 267, 277, 281, 282, 322, 324, 330, 390, 447

Castrillón Hoyos, Darío   140
Castro, Arturo   132
Castro, Frank   108
Castro, Fulgencio   65
Castro, Ignacio   74
Castro, Manuel   447
Castro, Max   302, 468, 529
Castro García, Orlando   236, 261, 389
Castro Molleda, Waldo   367
Castro Ruz, Juana *Juanita*   43, 131
Castro Ruz, Fidel *El Caballo*   17, 19,
   20-24, 26, 34, 43, 50, 56, 59, 61, 62, 67, 68,
   71-73, 73, 76, 78, 80, 81, 84, 90, 91, 94-96,
   100-03, 110-12, 117, 119, 124, 127-28, 140,
   142-44, 150, 153, 155-56, 161-62, 164, 169-
   70, 171-72, 175, 178, 181, 182-84, 188-89,
   192-93, 199, 202-07, 215, 219, 234-35, 239-
   40, 244-45, 248, 250, 253-54, 259, 268, 270,
   272, 274, 278, 280-81, 286, 294, 314, 316-
   17, 321, 335-36, 341, 344-47, 349-50, 353,
   354, 358, 36, 360, 366, 368, 369-71, 377-78,
   380, 382-83, 386, 394, 398, 402, 406, 409-
   11, 415, 418-19, 421, 423, 425, 427, 430,
   431-35, 437-38, 440-41, 443-44, 446, 451,
   455-56, 458-61, 468, 473, 476-77, 482, 485,
   497, 499-501, 516, 523, 526, 536-38, 541-
   42, 544, 546-48, 553, 566, 568-69, 576, 581,
   590-91, 594, 597, 605-06, 612-13, 619, 623, 625
Castro Ruz, Raúl   19, 110, 143, 203,
   215, 286, 337, 340-41, 345, 346, 474,
   501, 528-30, 542, 547, 581
Catalina II   349
Catlin, Henry W.   359
Gatón   432, 434
Caturla, Eduardo   ·83
Cauce, Vicente   59, 97
Causse Pérez, José   339
Cavada, Heriberto   491
Cayuso, Roberto   325

Cazalis, Segundo *Siquitrilla* 74
Ceaucesco, Helena 349
Ceaucesco, Nicolás 349
Ceballos, Haydee 320-22, 324
Cejas, Paul 325, 330
Cepeda, Rafael 368, 605
Cepero, Eloy 55
Cereijo, Manuel 504, 612
Cernuda, Ramón 93, 236, 248, 251, 319-22, 324, 328, 329, 331, 373, 390, 392, 414, 420, 447, 522, 541
Cerro, Ángel del 375
Céspedes, Carlos Manuel de 54
Céspedes, Carlos Manuel de 252
Céspedes, Carlos Manuel *El Padre de la Patria* 514
Céspedes, Carlos P. de 216
Céspedes, Javier de 628
Céspedes, Manuel 19
Ciancio, Sam 622
Cicilia, Orlando 333
Cid, Georgina 236, 389
Cienfuegos, Camilo 606
Cienfuegos, Osmany 20, 345, 452, 556, 606-07
Ciérvide, María 216
Cintra Frías, Leopoldo 315, 337, 548
Clarens, Ángel 325
Clark, Jorge 50, 134, 378
Clark, Juan 163, 261, 435, 563, 611
Clark, Steve 31, 153, 190, 454-56, 531-33, 624
Clavijo, Jorge 325, 331
Clarridge, Duane 197
Cleaver, Eldridge 87, 383
Clines, Tom 199
Clinton, Hillary 614
Clinton, William Jefferson *Bill* 35, 36, 409, 411, 420, 422-23, 446, 447, 457, 461, 479, 487-91, 502, 505, 519-20, 522, 524-25, 538-40, 542-43, 551, 554, 563, 577-78, 593-94, 601, 603-04, 614, 617, 624, 627
Coard, Bernard 72, 73
Cobián, Lucio 373
Cobo, Arturo 488, 505, 627
Codina, Armando 53, 83, 145, 148, 244, 366, 412, 417, 503
Coffelt, Lelie 159
Coffey, Kendall 463, 624
Cofiño, Ángel 40, 42, 43
Cofiño, Anita 147
Colás, Silvano 452
Colmenares, José A. 41
Coloma, Jorge A. 320
Colomé Ibarra, Abelardo *Furry* 315, 340, 345-46, 403, 547
Colson, Bill 145
Collado, Gastón 78
Collazo, Ángel 325
Collazo, Mirto 64
Collazo, Óscar 159
Collazo, Rosendo 184
Collins, Mary 417, 460
Collins, Paul 147-48, 242
Compton, John 502
Condom Gil, Frank 108
Conesa, Rolando 325
Coniff, Bernard 324
Consuegra, Rafael 323
Conte Agüero, Luis 126, 147-48, 522
Contreras, Miriam 60
Cooper, Bill 200
Copado, Antonio 325
Cope, Gerard B. 572
Corbo, Gloria 41
Cordero, Fidel 40, 43
Córdova, Francisco Secundino 558
Corona, Rafael L. 18, 111
Corona, Ray 111
Corrada, José 447

Corrales, Bernardo	203	Crucet, Vivian	564
Corrales, José	325	Crump, Johnny	110
Corrales, Rolando	589-90	Cruz, Armin	50
Correa, Armando	472, 544, 546	Cruz, Carlos de la	566
Correa, J. L.	147, 148, 364	Cruz, Carlos Manuel de la	177, 244, 362, 366
Correa, Marcos	237, 251		
Correa, Pablo	80, 236	Cruz, Celia *Azúcar*	604
Corrieri, Sergio	172	Cruz, Luis	54, 244
Cortázar, Mercedes	325	Cruz, Pedro	377
Cortina, Alfredo	55	Cruz, Reinaldo	41
Cortina, Humberto	84, 147, 241-42, 357	Cruz, René	130, 134
		Cruz, Rinaldo	74
Cortina, Rodolfo	325	Cruz Álvarez, Félix	154, 183-84, 320
Corzo, Cyntia	541	Cruz León, Ernesto	557
Cosculluela, Raúl	319, 321, 322	Cruz Varela, María Elena	236, 393-94, 397, 469, 472
Costa, Antonio *Tony*	52, 53, 86, 177, 179, 241, 244, 352		
		Cruz Zamora, Roberto *Cruzamora* 76-78, 80, 122, 213, 248-49,	
Costa, Carlos	524		
Costa, Jaime	58, 61, 74	Cuadra Landrove, Ángel	83, 92, 236, 248, 261, 277, 282, 302, 325, 328, 330-31, 347, 372, 389, 393, 440, 516
Costales, Antonio R. *Tony*	53, 447		
Costales, Jorge A.	397, 447		
Cotera, Enrique	602	Cuba, Santiago	19
Cousteau, Jacques	175-76	Cubelas, Rolando	340
Couzeiro, Manolo	434	Cubiña, Alfredo	435
Cox, Thomas E.	628	Cuéllar, Al	83
Crabb Valdés, Homero	167-68	Cuéllar, Juan	603
Craft, Ana R.	55	Cuéllar, Pedro Antonio	579
Craig, Gregory	625	Cuervo, José María	516
Cremata, Radio	59	Cuervo Galano, Pelayo	46
Cremata, Raúl	325	Cuesta, Antonio *Tony*	75, 185, 206, 238, 403, 459
Crespi, María	59		
Crespo, Joaquín	367	Cuesta, Ernesto	325
Crespo, Luis	60, 158-59, 458-59	Cuesta, Noel de la	302
Crespo, Manuel	83	Cuesta Valle, Ignacio	173
Crews, Eduardo T.	628	Cuevas, Isidoro	267, 302
Cristo	283, 369, 449, 481, 567, 569, 583, 605	Curbelo, Antonio *Tony*	65, 66, 216
		Curiel Ortega, Elio	174
Crocker, Chester	315	Currie, Betty	593
Cronkite, Walter	303	Curry, Victor	358
Crucet, Ernesto	67	Custin, Charles	445

Cutie, Alberto	576	**D**	
Cutillas, Manuel Jorge	53, 244, 628		
Cutiño Bermúdez, Jesús	596	Dalmau Alarcón, José	286
Cuza Malé, Belkis	236, 435, 472	Darlrymple, Donato	622
		D'Amato, Alfonse	540
CH		*Daniel*	47
		Daoud, Alex	190
Chamorro, Violeta	502	Darden, Frederick	550-51
Chanes, Francisco	104	Darias, Ramón	20, 168
Chanes, Mario	236	Darié, Sandú	171
Chaple, Adolfo	59	Dausá, José Enrique	238, 459, 500, 579
Chapman, Alvah	144		
Chardy, Alfonso	390, 392, 427, 464, 472	*David*	49
		Dávila, Carlos	559
Charles, Eugenia	502	Davis, Angela	275
Chávez, Gerardo	54	Davis, Calep	327
Chávez, Hugo	499	Dawkins, Miller	82, 88, 147-51, 153, 357-58, 364, 366-67, 456, 513, 532, 551
Chávez, Linda	303		
Chávez, Pedro	345	Debray, Regis	188
Chávez, Willy	364	Defede, Jim	486
Chávez Mena, Fidel	99	Deforel, Monique	608
Chaviano, Francisco	413	Delange, Estrella P.	59
Chediak, Natalio	325	Delfos	156
Chernenko, Konstantin	132, 143	Delgado, José Rafael	90
Chibás, Eduardo *Eddy*	159, 251	Delgado, Juan	52, 244
Chibás, Raúl	435	Delgado, Pascual	90
Chiles, Lawton	95, 99, 267, 453, 478, 485, 489, 503, 533, 552, 560, 562, 573	Delgado, Pedro	302
		Delgado, Rómulo	90
Chinea, Luis Enrique	538	Delgado Fernández, Domingo Jorge	259
Chirac, Jacques	201		
Chirani, Nicolás	325	Delgado Temprano, Juan	90
Chirino, Santos	51	Dennis, Franklin	51
Chirino, Willy	604, 620-21	Descalzo, Tony	366
Chretien, Jean	502, 601	Desnoes, Edmundo	94
Christopher, Warren	446, 447, 487, 520	Despinosse, Jacques Maurice	150
		Deutsch, Peter	540, 551
Chui Beltrán, Gustavo	339	Dewey, John	289
Churchill, Winston	488	Díaz, Artañan	100
		Díaz, Carmen	542
		Díaz, Félix	78

Díaz, Frank 248
Díaz, Guarioné 302, 484, 491, 584
Díaz, Higinio *Nino* 97
Díaz, Israel 214
Díaz, Jesús 472
Díaz, Manuel *Manny* 265, 624
Díaz, Manuel C. 131
Díaz, Mercedes 345
Díaz, Norman 325
Díaz, Paul 59
Díaz, René 376
Díaz, René L. 375-76
Díaz, Rubén 325
Díaz, Sergio 377
Díaz Alfonso, Joseito 214
Díaz Almeida, René 259
Díaz Balart, Lincoln 84, 87, 132, 190, 267, 412, 461, 488, 506, 536, 538, 540, 593, 604-05, 614, 625
Díaz Balart, Mario 488, 538
Díaz Balart, Rafael 214, 360, 536
Díaz Betancourt, Eduardo 404
Díaz Bouza, Miguel 493
Díaz Bouza, Santiago 105, 174-75
Díaz Castro, Tania 236, 260, 393
Díaz de Miranda, Gina 325
Díaz de Villegas, José L. 435
Díaz de la Portilla, Miguel 454, 533, 550
Díaz Fraga, Alberto 179
Díaz Izquierdo, Eduardo 339, 342, 344
Díaz Machado, Carmen 586
Díaz Madruga, Ernesto 214-15
Díaz Martínez, Manuel 472
Díaz Miranda, Mercy 320-23
Díaz Oliver, Fausto 147, 362, 366
Díaz Oliver, Remedios 147, 392, 566
Díaz Ortega, José 132
Díaz Peláez, José Antonio 171
Díaz Pou, Frank 63, 320

Díaz Puga, Alfredo 131
Díaz Reboso, Nora 325
Díaz Rivera, Tulio 52, 214-16, 302
Díaz Rodríguez, Ernesto 396-97
Díaz Rodríguez, Ezequiel 102
Díaz Romero, José Luis 102
Díaz Sánchez, Antonio Ramón 567
Díaz Silveira, Ana 325
Díaz Silveira, Frank 84
Díaz Suárez, Adolfo 166
Díaz Tamayo, Martín 41
Díaz Torres, Raúl 236, 261, 389, 397
Díaz Versón Amos, Elena 188, 428, 540, 628
DiCelmo, Fabio 556
Dickson, Clarence 365
Diego, Aida M. 576
Diego, Eliseo 469
Diego Bello, Caridad 497-98, 537
Diggs, Ira 29
Digot, Ana 325
Dihigo de Rodríguez Cáceres, Margarita 325
Dilla, Haroldo 529
Dillon, Sam 256
Dios-Dioses 43, 125-27, 141-42, 154, 216, 242, 269, 280, 416, 437, 511, 537
DiPaolo, Paul A. 60
Djilas, Milovan 212
Doherty, William C. 53
Dole, Robert 519, 522, 538-39
Dolz, Mario 203
Domenech, Joel 20
Domínguez, Carlos 84
Domínguez, Eliana 320, 322, 324, 330
Domínguez, G. Luis 54
Domínguez, Jorge 131, 156, 468, 529
Domínguez, Lázaro 171
Domínguez, Luis Orlando 286
Domínguez, Manolo 428

Domínguez, María	487	Echegaray, Roger	497
Domínguez, René	132	Echerri, Vicente	536
Domínguez, Roberto E.	320	Echevarria, Gregorio C.	325
Do Muiño, Delia	325	Echevarría, Hernán	149
Don, Julio Osvaldo	207	Echevarría, Roberto R.	55
Dooley, Roger	60	Echevarría Alpuin, Wilfredo	174
Dopico, Elvira M.	319, 507, 536	Edison, Thomas Alva	490
Dorrego, Sebastián	149, 333	Eichman, Adolfo	208

Dorticós Torrado, Osvaldo *Cucharón* 19, 90, 240, 360

Eig, Spencer 624

Eisenhower, Dwight *Ike* 408

Douglas, Denzel	595	El Autor = José Duarte Oropesa	17,

32, 39, 46, 48-52, 56, 75, 87, 93, 104, 106, 108, 111, 115, 118, 128, 130, 133-35, 139, 151, 159, 161, 163, 165, 174-76, 178, 182-84, 194, 201-02, 206-07, 213-15, 217, 228, 239, 261, 276, 278, 282-83, 287, 294-95, 301, 303, 308, 317, 347, 354, 376, 391, 396, 406, 443, 456, 459, 464, 480, 496, 504, 530, 553, 564, 574, 579

Drew, Paul	154		
Dreyfus, Alfred	136		
Drumnond, General James	35		
Duarte, Carlos	31		
Duarte, Carmen	123, 451, 523, 586		
Duarte, José Napoleón	200		
Duarte, Matilde	100		
Duarte Oropesa José=El Autor	184-85, 211, 270, 278, 297, 308, 396		
		El Viejo = José Duarte Oropesa	49
Dubcek, Alexander	213	Elgarresta, Mario	83
Dubocq, Tom	549	Emerson, Ralph Waldo	490
Dubreuil, Jorge	586	Encinosa, Pedro B.	458, 466
Duchesne Cuzán, Manuel	172-73	Enríquez, Carlos	319
Dueñas, Armando	42, 45	Enríquez, Mercedes	325
Dumé, Herberto	325	Epstein, Phillip	333
Dumois, Ernesto	134	Era, Luis	45
Dunn, Marvin	146, 148, 150	Escalada Montalvo, Guillermo	174
Dunn, Richard	358, 532	Escalante, Aníbal	203-04, 386, 434, 606
Dupont, Albert Louis	608		
Durán Alfredo G.	236, 322, 324, 331, 373, 389, 445, 447, 522, 586	Escalante Font, Fabián	342, 452
		Escalona, Almeida Arnaldo	207-11, 236, 248, 335, 396, 432
Durán, Antonio	373		
Durán Ballén, Sixto	502	Escalona Reguera, Juan	342, 344
Dutton, Robert	199	Escartín, Ricardo	131
		Escobar, Pablo	338, 343
E		Escobar, Roberto	57, 74
		Escobar Martínez, José Luis	101
Easton, Senador	255	Escribano, Elvira	487
Eaton, Elsa	55	Espasante, Ángel	236

Espín, Vilma	56, 345, 555	**F**	
Espina, Luis	56, 74		
Espino, Delia	236	Fabricio, Roberto	35
Espino, Dolores	322, 324, 330, 414	Facio, Pablo	75
Espinosa, Juan	320-22, 324, 330	Fair, Willard	358, 367
Espinosa, Manuel	61	Fajardo, Antonio	41
Espinosa, Rolando	40, 63, 87, 576, 582	Falcón, Arístides	325
Espinosa, Rubén	78, 80	Falcón, José	493
Espinosa, Zenobio	40	Falcón, Prisciliano	59, 214, 582
Espinosa Martín, Ramón	315, 342, 548	Falla, Laureano	359
Esquivel Yedra, Antonio	19, 20, 167	Falla Batista, Agustín	582
Esquivel, Manuel	502	Famada, Mario	55
Estafani, Luis	509	Fana, Ángel de	236, 372, 389, 464, 506
Estefan, Emilio	147		
Estefan, Gloria	564	Fandiño, Ángel	147, 362, 367
Estenoz, Humberto	78	Fandiño, Carlos	51
Esteva, Jorge	40, 43	Fandiño, Leonardo	55
Esteve, Hilmice	56, 74, 435	Fandiño, Marietta	455
Esteve Abril, Jerónimo	54	Fangio, Juan Manuel	128
Estévez, Anthony	53	Fanjul, Alfonso	543
Estévez, Humberto	375	Fanjul, Higinio	359
Estévez, José L.	325	Farah, Levi	19, 20, 346
Estévez, José M. *Piti*	236	Farber, Samuel	414
Estévez, Juan A.	208	Farías, Matías	546, 548, 602
Estévez, Mario	110	Fariñas, Lázaro	261, 414, 451, 468, 523
Estévez Pérez, Manuel	125, 142	Fascell, Dante	31, 95, 99, 364, 412, 415, 540
Estévez Soto, Leonel	342, 344		
Estorino, Abelardo	173	Favarola, Obispo John	566-67, 576
Estorino, Julio	43, 276, 278, 281, 536-37	Favelo, Roberto	173
		Faya, Ana Julia	529
Estrabao, Norberto	173	Fe, Ernesto de la	161, 180, 182
Estrada Palma, Don Tomás	155, 184, 231, 294, 350	Fe, Ernesto de la	335
		Fe, Ramiro de la	161, 184
Estrella, Evelio	84, 146-48	Feal, Marcelino	161
Eunadi, Giulio Luigi	124, 139, 155	Feito, José	83
Exposito, Estrella	325	Feldenkreis, Dorita	320
		Feldstein Soto, Luis	365
		Felipe de Escalona, Hilda	208-09, 236, 248, 253-54, 256-58, 260, 335, 396, 441, 443

Ferguson, Betty	454, 533, 550	Fernández, Paulino	448
Feria, Antenor	59	Fernández, Rigoberto	59
Feria, Argelio de	59	Fernández, Rolando	320, 322, 330
Feria, Armantino *El Indio*	219	Fernández, Sergio	320
Feria, Feliciano	302	Fernández Badué, José	97
Feria, Floridano	360, 363, 366	Fernández Catá, Fernando	54
Feria, Ruby	455	Fernández Caubí Sr., Luis	59, 138-39,
Fermoselle, Rafael	60	182-83, 211, 261, 277-78, 391, 504, 506-07	
Fernández, Adalberto	41	Fernández Caubí Jr., Luis	118, 138-39
Fernández, Alex	366	Fernández Ceballos, Raúl	140
Fernández, Amador	504	Fernández Crespo, Manuel	452
Fernández, Anastasio Vicente	155	Fernández Cuervo, Jorge	19, 167
Fernández, Ángel	40	Fernández de Castro, María C. de	325
Fernández, Armando	528	Fernández del Castillo, Wilfredo	325
Fernández, Carlos *Charles*	56, 57, 75, 77, 79	Fernández Garay, Gonzalo	597
		Fernández Gondín, Carlos	339, 548
Fernández, Carlos Benito	146-47	Fernández Kelly, Patricia	586
Fernández, Eduardo	158	Fernández León, Julio	100
Fernández, Electra	19	Fernández Marrero, Raúl	339
Fernández, Esteban	51	Fernández Mel, Óscar	19
Fernández, Eufemio	219, 434	Fernández Moser, Rodrigo	20
Fernández, Frank *El Anarquista*	325	Fernández Pérez, Julio	339
Fernández, Ivan H.	55	Fernández Retamar, Roberto	94, 172-73, 469
Fernández, Jesús	454		
Fernández, José Antonio	108, 111	Fernández Revuelta, Alina	188, 548
Fernández, José R. *Pepe*	80, 213, 248-49	Fernández Rocha, Luis	320
		Fernández Rubio, Pelayo *Pelayito Paredón*	208
Fernández, José Ramón *El Gallego*	19, 173, 345		
		Fernández Rundle, Katherine	562, 573
Fernández, Juan José	628	Fernández Supervielle, Alfredo	57, 75
Fernández, Lino B.	376, 442, 586	Fernández Zayas, Fidel	214
Fernández, Manuel	397, 435	Ferradaz, Ibrahim	607
Fernández, Marcelo	19	Ferragut, Castulo	45
Fernández, Mario	493	Ferrán, Nivaldo	622-23
Fernández, Matías A.	55	Ferrara, Orestes	388
Fernández, Mauricio	325	Ferré, Mauricio *Alcalde Teflon*	29, 31,
Fernández, Máximo	101	81, 82, 85, 86, 88, 89, 144, 146-48, 150,	
Fernández, Osberto	602	178-79, 241-43, 358, 361, 363, 367, 452,	
Fernández, Óscar	53		454, 533
Fernández, Pablo Armando	472	Ferreira, Alberto	78

Ferrer, Eduardo	147	Ford, Henry	490
Ferrer, Joaquín	266	Formell, Juan	620
Ferrer, José M.	512	Fornés, Rosita	503
Ferrer, Olga	491	Fort-Brescia, Bernardo	178-79
Ferrer Martínez, Arnoldo	339	Fortún, Enrique	325
Ferrer Succar, Mimí	325	Foster, Nancy	463
Ferro, Eloisa	325	Fowler III, George J.	54
Ferro, Simón	420, 455, 538	Foyo, Feliciano	52, 53, 86, 98, 179, 244, 352, 591
Fiallo, Amalio	405, 442-45		
Fibla, Alberto	175, 236, 457, 504, 507	Frade, Leopoldo	576
Fiedler, Tom	35, 365	Fraga Iribarne, Manuel	154
Fierro, Eugene	534	Fraginals, Amaury	100
Fiers, Alan	197	Francia, Rafael	19
Figueredo, Fernando J.	325	Franco, Itamar	502
Figueredo, Pedro *Perucho*	173	Franco Pérez, Ernesto	41
Figueredo Socarrás, Fernando	514	Franco Tauler, Antonio	41, 59
Figueres, José	464	Franchi de Alfaro, Carmen	320
Figueres, José María	502	Franqui, Carlos *Veneno*	84, 91, 93, 174, 208, 211, 215, 236, 347, 355, 400, 429, 431-36, 472, 488
Figueroa, Andres	159		
Figueroa, Javier	435		
Figueroa, Luis	458, 584	Frayde, Martha	56, 236, 257-58, 325
Fincher, David	367	Frazier, Linda	196
Finefrock, Don	549	Freddman, Mark	301
Fiorini, Frank	131	Freeman, Lester	145
Fishman, Luis	464	Freeze, Donal de	294
Fleita Ramírez, Gustavo	339, 452	Frei, Eduardo	502
Fleitas, Félix	236, 517	Feixas, Guillermo *Billy*	83, 366
Florentino, Francisco	443	Freyre, Ernesto	53, 99
Flores, José R.	65	Freyre, Fernando	325
Flores, Marta	348	Frías, Francisco de	247
Flores, Patrick	139	Frómeta, Gilberto	171
Flores Ibarra, Fernando *Charco de Sangre*	208	Frómeta, Nora	19
		Frómeta, Rodolfo	493
Fonda, Jane	101	Frutos, Horacio	50
Font, Mauricio	445, 586	Fuente, Alejandro de la	585
Font, Ramón	238, 403, 459, 592	Fuentes, Dolores	447
Fontanillas-Roig, Roberto	58, 74, 376	Fuentes, Fidel	64
Fontanills, Felipe	582	Fuentes, Ileana	507
Fontela, Mario	389	Fuentes, José Lorenzo	236-37
Ford, Gerald	102, 160, 404, 409, 485	Fuentes, Norberto	347, 469

Fuentes Coba, Fernando	60, 136	García, Luis	620
Fujimori, Alberto	502	García, Miriam	594
		García, Pedro	554
G		García, Rodolfo *Rudy*	87
		García, Rodrigo	166
Gadd, Richard	199	García, Tania	528
Gairy, Eric M.	72	García Arias, Juan de Dios	339
Gaiter, Dorothy	302	García Azuero, Francisco	464
Galán, Gilberto	219	García Bango, Jorge *Yoyo*	20
Galán Pino, Sergio	23	García Buchaca, Edith	203, 574
Galindo, Nelson	51, 134, 377	García de Arocena, Miriam	115
Gálvez Barnes, Roberto	99	García Díaz, Carlos	102
Gallardo, Lenier	575	García Espinosa, Julio	173
Gallardo, Rafael	214	García Fernández, Rigoberto	339
Gamba, Tomás	261, 458	García Fusté, Tomás	77, 83, 84, 122, 147, 182-83, 191, 261, 276, 331, 348, 352, 366, 404, 412, 457-59, 536, 602
Gandhi, Mahatma	251, 389, 602		
Garau, Juan	458, 465, 466		
García, Agustín	302	García Ibáñez, Obispo Dionisio	576
García, Andrés	115-17, 158	García Iglesias, Raúl	507, 535
García, Andrés F.	585	García Lara, José	302
García, Benito	325	García Laucirica, Nelson	414
García, Bruno	325	García Lavín, Juan Carlos	325
García, General Calixto	184	García León, Rodrigo	167
García, Carlos *Carapálida*	128	García Llorca, Mirta	452
García, Félix	55	García Marín, Hermanos	124
García, Guillermo	20, 345	García Márquez, Gabriel *Gabo*	499
García, Hernán	325	García Marruz de Vitier, Fina	94
García, Gustavo	147	García Menocal, Alfredo	325
García, Horacio S.C.	54, 362	García Menocal, Mario	81, 96, 177, 231-32, 240, 273, 359, 380, 382, 554, 559, 610
García, Jesús	470		
García Jr., Jesús	54		
García, Joe	460, 485, 533	García Mesa, Héctor	172
García, José *Pepe*	128, 244	García Olivera, Benito	102
García, Juan C.	358-59, 365	García Pedrosa, José	455, 487, 562, 572, 623
García, Juan Felipe	54		
García, Juan Luis	375	García Peláez, Pedro	339
García, Lázaro	171	García Pino, José	374
García, Lilia	325	García Rodríguez, Danilo	42
García, Luciano	259-60, 281	García Rodríguez, Félix	99, 113, 115-16, 118
García, Luis	467		

García Rodríguez, Obispo Juan	576	Ginarte, José A.	54
García Serra, Vanesa	302	Gingrich, Newt	519
García Sifredo, Armando	59	Giuliani, Rudolph	116, 118, 624
García Taboada, José	78	Goderich, Mario	43, 147
García Toledo, Luisa	281, 457, 504, 507, 538, 563	Godoy, Roberto	83
		Goicuría, Pedro A.	325
García Toledo, Rafael	362	Goizueta, Roberto	131
García Trilla, Jorge	509	Goldstein, Josh	539
García Tudurí, Mercedes	154	Golendorf, Pierre	596
García Valls, Francisco	20	Gómez, Andrés	61, 99, 253, 256, 376, 451, 523, 525, 541
García Vázquez, Orlando	56		
García Vega, Lorenzo	325	Gómez, Fausto	302
García York, Roberto	325	Gómez, Félix	326
Gardner, Arthur	192	Gómez, Finita	326
Gary, Howard	144, 150, 366, 513	Gómez, Hiram	52
Garrandes, Manuel	447	Gómez, José Miguel	231, 241, 610
Garrido, Jorge L.	52, 53	Gómez, Juan Gualberto	184
Garrido, José	281, 495	Gómez, General Máximo	391-92, 581
Gasca, Héctor	367	Gómez, Miguel Mariano	593
Gastón, Carlos	277	Gómez, Modesto	147
Gaviria, César	498	Gómez, Néstor	136, 139
Gay García, Enrique	326	Gómez, Nilo	367
Gelats, Cristina	327	Gómez, Pablo	83, 147
Gelber, Seymond	564	Gómez, Rafael F.	54
Gelfman, Lynne	327	Gómez, Víctor	323, 375
Geller, Joseph	603	Gómez Barata, Jorge	443, 445
Gentry, Hugh	144	Gómez Calzadilla, Jesús	236, 261, 389, 440
Geoghegan, Daniel	598		
George, Clair	197, 200	Gómez Cancio, Marcos	458
Gepperth, Rainer	443	Gómez Carbonell, María	59, 97, 216
Gershman, Carl	390	Gómez del Río, Gabriel	42
Gershon, Nina	116	Gómez Domínguez, Luis	154, 581, 603
Gersten, Joe	160, 534	Gómez Franca, Lourdes	326
Geyer, George Anne	376	Gómez Gómez, Abelardo	59
Gibson, Thelma	150, 559	Gómez Héctor, Dora	59
Gibson, Theodore	82	Gómez Labraña, José	173
Gil, Concepción	463	Gómez Manzano, René	516, 553-54, 601
Gil, Fulgencio	45, 51		
Gil, Gloria	42	Góngora, Joaquín	19
Gil, Lourdes	472	González, Alberto	80, 121-23, 160,

217, 240-41, 243, 354-55, 357, 436,
456, 535-36, 583
González, Alfredo 40
González, Alfredo 528
González, Aracelio 55
González, Armando 302
González, Arturo 41, 43
González, Carmelo 321
González, Celedonio 79, 91
González, Corky 294
González, Delfín 623
González, Edward 613
González, Eloy B. 87, 361
González, Eugenio 78
González, Felipe 335, 398, 419, 540
González, Héctor 110
González Herminio 214
González, Hiram 374, 458
González, Iraín 373
González, John F. 47
González, Jorge *Bombillo* 61, 67, 100
González, Jorge 41
González, José 42
González, José Carlos 602
González, José Ignacio 116-17, 158
González, José Ramón 171
González, Juan 465-66
González, Juan Miguel 622-25
González, Juan R. 41, 505-06
González, Lázaro 493
González, Lázaro 623, 626
González, Lino 100, 158
González, Manuel 330
González, Manuel 624
González, Manny 331
González, María 559
González, Marileysis 623
González, Miguel M. 320-22, 324, 330
González, Nelson 347, 391
González, Noel 368
González, Omar 173
González, Oziel 214, 334
González, Pedro L. 244
González, Raúl 54, 86, 244
González, Reinerio 43
González, René *Castor, Iselin* 595-96
González, Reynol 375
González, Ricardo 447
González, Sandy 83
González, Valentín *El Campesino* 121,
217, 219-20
González, Willy 83, 320
González Amador, Obispo Arturo 576
González Bacallao, Obispo José Ciro
140, 576
González Blanco, Carlos 133-34
González Brotons, Elián 622-27
González Cartas, Jesús *El Extraño* 52
González de la Heria, Rubén 43
González Esteva, Orlando 320-22
González Gallareta, José Luis 372, 441
González Lanuza, Andrés 219
González Martí, José 65
González Montes, Yara 326
González Pando, Miguel 261, 302,
326, 375, 447
González Peña, Luis Manuel 368
González-Perotti, José Luis 326
González-Perotti, Maggie 326
González Planas, Juan 67
González Quevedo, Arnhilda 87, 147
González Quiñones, Héctor 110
González Rebull, Julio 87, 147, 365
González Reigosa, Fernando 326
González Rosquete, Sergio 493
González Ruiz, Juan 174
Gonzalo, Lorenzo 445, 523
Gorbachev, Mikhail 143, 164, 169,
210, 314, 336, 347
Gordon, Leonor 302

Gordon, Rose 150
Gordon, Seth 327
Gore, Albert *Al* 423, 538, 551, 604, 624
Gorgias de Sicilia 284
Gorkin, Julián 121, 218-20
Gort, Ketty 538
Gort, Wilfredo *Willy* 83, 357, 366, 456, 532, 550, 560, 572, 620-21
Goti, Jorge Luis de 572
Goudie, John 559
Goytisolo, Agustín de 261, 322, 324, 330
Gracia, Julio 116-17
Gracia, Pedro 74, 78, 80
Graham, Robert *Bob* 267, 539
Granados, Félix 53
Granados, Juan Antonio 583, 628
Granados, Manuel 400
Grandio, Mercedes 390, 435
Grant, Ulises 525
Gratmages, Harold 172
Grau, Oscar 509
Grau Alsina, Leopoldina *Polita* 216, 396
Grau Alsina, Ramón 183, 216, 302
Grau San Martín, Ramón 52, 241, 273, 588
Grau Sierra, Alberto 500, 504, 506-07, 565
Graupera, Carlos 40
Grave de Peralta, Eliecer 80
Gray Mitchenn, Deborah 327
Gregg, Donald 199
Gregorio, Elia 302
Greene, Barbara 327
Grigsby, Calvin 550-51
Grimau, Julián 275
Grobart, Fabio 503
Gromyko, Andrei 143

Guallar, Eddy 397, 441
Guamá, Cacique 388
Guardia Font, Antonio de la *Tony* 110, 338-40, 344, 347-49, 403, 471, 509
Guardia Font, Patricio de la 110, 338, 340, 343-44, 347-49, 403, 509
Guayanes, Eli César 567
Guede, Emilio 57, 74, 435
Guedes, Antonio 376
Gueribiten, Jacobo 575
Guerra, José I. 59
Guerra Sánchez, Ramiro 515, 569
Guerrero, Antonio *Lorient* 594-95
Guerrero, Ramón 326
Guevara, Alfredo 172, 469
Guevara, Ernesto *Ché* 71, 199, 314, 376, 434, 503, 565, 569
Guevara, Idalberto 20
Guevara Sosa, Miguel 105, 174-75
Guillén, José 582
Guillén, Teresa 323
Guillot, Manuel J. 43
Guillot, Virginia 41
Guillot Lara, Jaime 110
Guin, Ramón 236, 261, 441, 447
Guisado, Pedro 493
Guitart, Agustín 326
Guitart, Miguel 397
Guiteras Holmes, Antonio *Tony* 52, 133
Gufstafson, Tom 304
Gunter, William 539
Gutiérrez, Ángel 435
Gutiérrez Ariel E. 74, 244, 376
Gutiérrez, Armando *Manengue* 383, 455, 624
Gutiérrez, Carlos José 90
Gutiérrez, Eva 397
Gutiérrez, Homero 437-38
Gutiérrez, Ignacio 172

Gutiérrez, José	99	Hedges, James	378-79
Gutiérrez, Lázaro	516	Heesen, Franz	179
Gutiérrez, Luis	528	Helms, Jesse	522, 539, 624
Gutiérrez, Mario	362, 367	Hemingway, Ernest	556
Gutiérrez, Natalia	447	Henríquez, Delia	42, 45, 56, 57
Gutiérrez, Orlando	80, 378, 397, 458, 628	Herbello, Evelyn	572
		Heredia, José *Richard*	236, 391
Gutiérrez Alea, Tomas	172-73, 469	Hereter, Héctor	259
Gutiérrez Menoyo, Carlos	439	Hernández, Abel	54

Gutiérrez Menoyo, Eloy *El Gallego* 188-90, 248, 431, 439-42, 493, 541, 585

Hernández, Alberto M. 55, 177, 216, 244, 352, 411, 540, 562, 581, 590, 603

Gutiérrez Menoyo, Patricia	468	Hernández, Aramís	41
Gutiérrez Piñeres	450	Hernández, Arturo	47
Gutman, Alberto	87, 383, 560, 574-75	Hernández, Delia	74
Guzman Nolazco, Arturo	79	Hernández, Elisa	44
		Hernández, Emilio	575

H

Hernández, Francisco *Pancho* 458, 522, 567

Hernández, Francisco J. *Pepe* 52, 53, 82, 85, 86, 103, 148, 177, 179, 241, 244, 320, 328, 352, 357, 429, 506, 540, 560, 562

Haig, Alexander	58, 68, 86		
Hakim, Albert	198		
Hall, John	366		
Hamman, Henry	628	Hernández, Gerardo *Manuel Viramontes* 595	
Hansen, Nora	172		
Hardemon, Billy	551	Hernández, Guillermo	215
Harrington, Neil	551, 560	Hernández, Héctor	55
Hart, Armando	172-73, 345	Hernández, Heriberto	41
Hart Phillips, Ruby	388	Hernández Sr., Humberto	65, 572
Hassem, Moisés	193	Hernández Jr., Humberto	367, 532, 558-62, 572-74
Hasenfus, Eugene	200		
Hastings, Alcee	550	Hernández, Ivette	531
Hatch, Orrin	539	Hernández, Jorge Luis	560
Hatuey, Cacique	388	Hernández, José Luis	445, 447
Havel, Vaclav	349	Hernández, José M. *Manolín*	163
Haverman, Judith	380	Hernández, Len	389
Hawkins, Larry	454	Hernández, Linda *Judith*	594-96
Hawkins, Paula	53, 95, 99, 539	Hernández, Luis Roberto	613
Hayakawa, S. I.	290	Hernández, Margarita	328
Haydock, Ellie	561	Hernández, Mauro	326
Hayek, Friedrich	583-84	Hernández, Nicomedes	59
Hedges, Burke	378-79	Hernández, Nilo *Manolo*	594-95

Hernández, Óscar	326, 397	Hoare, Michael *Mike*	317
Hernández, Pedro	41	Hoddinott, Ricky	467
Hernández, Plácido	185	Hoed, Orlando	52
Hernández, Rafael	529	Hoeveler, William	135-38
Hernández, Roger	215	Hohenlohe, Alfonso	179-80
Hernández, Tito	354	Holcomb, George	628
Hernández, Valentín	158, 184, 205, 459	Holtz, Abel	18, 362
Hernández, Víctor E.	215	Hollings, Ernest	415, 539
Hernández Córdova, Carlos	616	Honecker, Erich	349
Hernández Cruz, Manuel	173	Hood Bassett, Harry	145
Hernández Frayle, Giordano	203, 210-11, 397	Horowitz, Irving	98
		Horta, Arianne	621-22
		Hoye, Daniel F.	139
Hernández García, Felipe	174	Huckshorn, Robert J.	151
Hernández Luege, Aroldo	238-39, 397	Huertas, Enrique	61, 161, 562, 580, 603
Hernández Méndez, Enrique	236, 259		
Hernández Miranda, Miguel	173	Huguet Sr. Rafael	447, 468
Hernández Rojo, Ángel	557	Huguet Jr., Rafael	447, 468
Hernández Rojo, Julio	322, 324, 330	Hurtado, Carlos	51
Hernández Trujillo, Francisco	585, 627	Hurtado, Fernando	397
Hernández Valdés, Ángel	578	Hussein, Saddam	195-96, 593, 612
Herodoto	106		
Herrera, Alejandro	59	**I**	
Herrera, María Cristina	61, 320, 376, 414, 445, 523		
		Ibáñez, Sofiel	161
Herrera, Natacha	378	Ibarra, Amanda	463
Herrera, Nivaldo	20	Idígoras Fuentes, Miguel	192
Herrera, Próspero	148	Iglesia Ramírez, Regis	567
Herrera Campins, Luis	444	Iglesias, Arnaldo	154, 320, 322-23, 524
Herrera Machado, Juan	168		
Herrero Camejo, Juan	41	Iglesias, Manuel	84
Hiaasen, Carl	179	Iglesias, Mario	51
Hicks, Isaac	364	Iglesias, Mirta	323
Hidalgo Guillén, Ariel	123, 208, 236, 257-59, 393, 397, 414, 447, 517, 522, 541, 585	Iglesias, Ramón	302
		Ignarra, Juan M.	58, 74
		Illán, José M.	443, 607
Hidalgo, Gisela	208, 237, 251, 258	Infante, Anthony	19
Hidalgo, Teté	447	Infante, Bienvenido	596
Hidalgo-Gato, Raimundo	326	Infante Segrera, Emiliano	55
Hinckley, John	62	Ingraham, Hubert	502

Irigoyen, Marco	214		302, 375, 391-92, 457, 459, 503-07,
Iriondo, Andrés	524		º 565, 581, 584
Iriondo, Silvia	505, 524	Jorge, Guillermo	147
Isa, Juana	239	Jorge Guevara, Gerardo	111
Isa, Miguel	40, 43	Jorge Ventura, Sandalio	40
Isla, Luciano	362	Jover, Adela	99
Izaguirre Horta, Alfredo	77	Juan, Bernardo	78
Izquierdo, Francisco	59	Juan, Eduardo de	130
		Juan Pablo II	97, 132, 369, 497-98,

J

536-37, 557, 565-66, 568-69, 575-76,
598, 600, 604-05

Jackson, Arthur	365	Juantorena, Alberto	239
Jackson, Jesse	103, 358	Juara, José *Pepe*	321, 535
Jacobs, George	95	Juárez, Benito	57
Jacomino, Alfredo	59	Judas	136, 518
Jagan, Cheddi	502	Juncadella, Enrique	47
James, Ariel	173	Juncadella, Salvador	320
James, Edison	594	Junco, Tirso del	86, 95, 128
James, William	309		
Jane Padrón, Alberto C.	174	**K**	
Jaume, Adela	326		
Jefferson, Thomas	490	Kaba, Ovidio	161
Jenkins, Mildred	137	Kalin, Ivan	143
Jerez, Huber	400	Kalinin, Yuri	612
Jerez, José D.	440	Kaplan, Bruce	454-55, 532, 550, 563
Jiménez, Aida Rosa	522	Kaplan, Mitchell	326
Jiménez, Carlos	478	Kasten, Robert	539
Jiménez, Gaspar	100, 184	Kehoe, James W.	302
Jiménez, José Antonio	389	Kellner, Leon	267
Jiménez, Miguel	80	Kelly, L. Patrick	55
Jiménez, Nicolás	50	Kemp, Jack	537-38
Jiménez Leal, Orlando	404, 435, 469	Kennedy, David	150, 550
Johnson, Bob	304	Kennedy, Edward	539
Johnson, David	477	Kennedy, Familia	50
Johnson, Lyndon	67, 131, 356, 409, 485	Kennedy, John F.	58, 62, 67-69, 131, 215, 409, 485, 515, 526, 623
Jones, Paula	592	Kennedy, Rosario Argüelles	147-49,
Jordán, Octavio *Chicho*	302, 326	150-51, 153, 355, 357, 364-66, 455	
Jordán Morales, Alfredo	171, 452	Khadaffy, Mohammed	382
Jorge, Antonio	119, 133, 156, 261,	Khamenei, Ayatollah	612

Khruschev, Nikita	58, 215, 409, 515, 526	Lamar, Héctor	65
		Lamas, José Francisco	42, 45, 57, 74
Khuly, Jorge	147, 326, 328, 362	Lamas Rodríguez, Carlos	339
Khuly, Margarita	326, 328	Lancís, Antonio	216
Kindelán Bles, Rolando	339	Lancís, César	214, 216
King, James Lawrence	331, 527	Lancha Valdés, Jesús	445
King, Martín Luther	103, 251, 389, 602	Lane, Sandra	392
		Lanuza, José Antonio	390
Kirkpatrick, Jeanne	97, 154, 175, 180, 202	Laporta, Mark	290, 303
		Lara, Justo de	96
Kirkpatrick, John	179	Lara Gallo, Luis	174
Knight, Alden	172	Laredo Bru, Federico	233, 275
Knox, George	145	Lastre Pacheco, Manuel	339
Kogan, Gerald	108	Lastre Salgueiro, Orlando	445, 468
Kohly, Miguel	509	Lastres, Carlos	463
Koppel, Ted	382	Laucerique, Alberto	334
Korn, David	68	Lauredo, Luis	478, 500
Kozak, Michael	111	Laurencio, Waldo	55
Kreloff, Martin	326	Laurier, Francisco H.	320, 326
Kysinski, George	114, 136	Lautenberg, Frank	539
		Lavernia, Enrique	55

L

		Law, Bernard	139, 368
		Lázaro, Felipe	326
Labrador Ruiz, Enrique	93, 248, 326, 328, 404	Lazarraleta, Franklin	41
		Lazarus, Emma	231
Lacalle, Luis Alberto	502	Lazo Rodríguez, Jesús	158
Lacasa, Armando	82, 364, 560	Leal, Elio	238-39
Lacasa, Carlos	560	Leal, Eusebio	173
Lacret, Jose B.	324	Leante, César	174, 211
Lafayette, Marqués de	382	Lebrón, Lolita	159
Lage, Marcos	19	Ledesma, Augusto	362
Lage Davila, Carlos	171, 345, 452, 460, 476, 518, 547, 605	Legido, Justo	18
		Legrand, Antonio P.	78, 79
Lago Arocha, Alexis	338, 342, 344	Lehman, William	31
Lagomasino, Robert	377	Lehtinen, Dexter	328, 453
Lago Quintana, Vicente	80, 216, 323, 375	Leiseca, Marcia	173
		Leiseca, Garmendía, Jorge	244
Lago Pereda, Vicente	216	Lenin, Nicolás	205
Lam, Wilfredo	319, 321	León, Alejandro de	559
Lamar, Ana María	504, 506-07	León, Cary de	538

León, Francisco	585	Lizama, Silvia	327
León, Gustavo	236, 389	Lobo, Julio	133, 186
León, John de	603	Longa, Rita	171
León, Miguel de	59	Longo, Adriel	55
León Carpio, Ramiro de	499, 502	López, Aida	326
León García, Rogelio	172	López, América	100
León González, Emilio J.	173	López, Enrique	326
León Torras, Raúl de	20	López, Francisco	100
León XIII	449, 496-97, 570	López, Humberto	323
Leonard, Joan	572	López, José	116
Leshau, Gary	276-77	López, Juan F.	59
Lesnick, Max *El Polaco*	113, 137, 450, 468, 493, 523, 541	López, Lilia Ana	323
		López, María Elena	210, 236
Letelier, Orlando	113, 138	López, Narciso	184
Levitán, Aida	87	López, Nicolás	326
Levy, David L.	571	López, Pedro	516
Levy, Eddie	326, 414, 445, 468, 586	López Sr., Pedro Ramón	122, 236, 362
Levy, Robert	365	López Jr., Pedro Ramón	93, 236, 248, 320-21, 324, 328, 331-32, 373
Lew, Salvador	182-83		
Lewinski, Mónica	592-93	López, Raymond	493
Lewisch, Serge	596	López, Tony	326
Leyva, Elmer	147, 362, 366	López Aguilar, Carlos	244
Leyva, Waldo	173	López Alió, Humberto	507, 535
Leyva de Varona, Adolfo	127, 334-35	López Castillo, Edmigio	132, 236, 259, 472
Lezama Lima, Eloisa	320, 322, 324, 330, 435		
		López Castro, Manuel	111
Lezama Lima, José	92, 404, 469	López Cuba, Néstor	193, 339
Lezcano, Jorge	20	López Dirube, Rolando	435
Lezcano Pérez, Carlos	339, 452	López Estrada, Armando	578
Lieberman, Joseph	539	López Fresquet, Rufo	379
Liedtke, René	55	López Gavilán, Guido	172
Lima, Félix	560	López González, Margarita	326, 330
Lima, Luis	601	López Guerra, Humberto	376
Linares, Francisco	165	López Iglesias, Humberto	376
Linares, Marta	41	López Lay, Carlos	435
Linares, Ricardo	80	López Legón, José	80
Lincoln, Abraham	490	López Lima Sr., Reinaldo	421
Lineras, Pascasio	378	López Lima Jr., Reinaldo	421
Linowitz, Sol	131	López Miró, Sergio	331
Lista, Walter E.	55	López Moreno, José A.	167

López Oliva, Enrique	589	**LL**	
López Prendes, Luis	594		
López Sicre, Severino	55	Llabre Raurell, Pablo	260, 374, 517, 628
López Silverio, José	581-82		
Lorenzo, Gloria	171	Llaca Sr., Enrique	17, 480
Lorenzo, Heberto	64, 66	Llagostera, Juan	40
Lorenzo, Humberto	55	Llagosteras, Regino	61, 468
Lorenzo, María Luisa	41	Llama, José Antonio	55, 557
Lorenzo, Orestes	188, 199, 347, 428-29, 432	Llamera, Eugenio	374
		Llanes, Marcelo	302
Lorenzo, Ramiro	277, 441	Llanes, Renán	105
Lorenzo Fuentes, José	253, 255, 257	Llera, José A.	601
Lorenzo León, Miguel A.	339	Llerena, Jorge	468
Lorenzo Machado, Darío	445	Llerena, Mario	434, 443
Lorenzo Pérez, David	110	Llerena Delgado, Jorge Felipe	110
Losada, Eduardo	115-17	Llinás, Guido	435
Loyola, José	172	Lloren, Leonidas	78
Lozano, Alfredo	326, 435	Llovio, José Luis	347
Lozano, Policía	455	Lluch, Carlos	44, 458, 582
Lozano, Roberto	326		
Lozano Pérez, Juan *Johnny Crump*	108	**M**	
Luaces, Emilio	516		
Luce, Henry	121	Maceo, Antonio	59, 154, 216
Lucena, Miguel	105	Maceo Grajales, General Antonio *El Titán de Bronce*	46, 99, 159, 317, 492, 514, 565, 581
Luciano, Charles *Lucky*	273, 421		
Lucifer, Diablo	346, 416		
Luft, Jack	561	Maceo Grajales, General José *El León de Baconao*	184
Lugo, Orlando	345		
Luis, Carlos M.	154, 236, 248-49, 320, 322, 324, 328, 414, 447, 523	Macia, José	559
		Macías, Leonel	477
Luis XIV	403	Machado, Darío	529
Luna, Laura	326	Machado, Emiliano	59
Luna, Remigio *Marcelino*	594-95	Machado, Miguel	322
Lunetta, Carmen	548-51	Machado, Teté	394
Luque Escalona, Roberto	236, 391, 394, 397, 400, 469	Machado Morales, Gerardo	81, 96, 100, 184, 232-33, 240, 359, 366, 386, 554, 559, 611
Lurie, Sheldon M.	326		
Lussón Batlle, Antonio E.	339	Machado Ventura, José R.	90, 345
Luxemburg, Norman	98	Mack, Connie	412, 539
Lyons, James	116	Madera, Félix	454

Madiedo, Reynaldo	320, 322-23	Marquet, Alfonso	59
Magaña, Alvaro	98	Márquez, Carlos Manuel	90
Magoon, Charles	149, 178, 496	Márquez, Ed	561
Maidique, Modesto *Mitch*	93, 98, 148, 163, 302, 304, 320, 331, 563, 627	Márquez, Gabriel	437
		Márquez, Juan Bautista	557
Mainieri, Nunzio	154, 183, 319, 322-23, 504, 506-07, 581	Márquez Díaz, José	286
		Márquez Sterling, Carlos	127, 147, 216
Maldonado, Ángel	464		
Malenkov, Georgi	206	Márquez Sterling, Manuel	581
Maleter, Pal	213	Márquez Trillo, Manuel	174
Malmierca, Isidoro	20, 62, 315-16, 452, 605	Marquis, Christopher	539
		Marrero, Alberto	50
Malone, James W.	139	Marrero, Alex	29
Mallin, Jay	376	Marrero, Alfredo	132
Mancera, Fernando G.	216	Marrero, Julio	559
Mandela, Nelson	317, 358, 382-83, 455, 624	Marrero Artiles, Levi	56, 57, 74, 93, 248, 435, 472
Manet, Eduardo	93, 208, 326	Marsans, Luis Felipe	581
Mann, Frederick *Fitz*	116, 135-39	Marshall, Kevin T.	364-65
Manning, Patrick	502	Martell, Silvia	326
Manrara, Luis V.	103	Martí, Mario J.	41
Manresa, José	302	Martí, Venancio C.	244
Manrique, Orlando	65	Martí Brene, Carlos	173
Marcos, Frank	326	Martí Pérez, José *El Apóstol*	57, 76, 89, 137, 139, 146, 172, 216, 221, 228, 231, 234, 243, 251, 334, 364, 392, 440, 494, 514, 566, 568-69, 581, 604
Marcos, Jorge	326		
Marcus, Stanley	135		
Margolis, Gwen	533, 550		
Mari, Arminda	40	Martín, Andrés	67
Marín, Antonio	372	Martín, Juan Luis	528
Marín, Edurges	41	Martín, Ron	201
Marín, Gustavo	326	Martínez, Alcides	236, 254, 372
Marín Duarte, Gustavo	43	Martínez, Carmen	147, 320, 322-23
Marina, Evaristo	83	Martínez, Emilio	376
Marinello, Zoilo	19	Martínez, Fernando	528
Mariñas, Manuel	87, 154	Martínez, Gretel	326
Marino, Alberto J.	52, 53, 86, 244	Martínez, Guillermo	35
Mariota, Américo	509	Martínez, José A.	158
Mármol, Guillermo G.	57, 74	Martínez, José Rafael	110
Mármol, Israel L.	55, 244	Martínez, Juan	322, 324
Marqués Ravelo, Bernardo	414	Martínez, Julio	149, 382

Martínez, Leonel *Leomar*	111, 155		85-87, 94-99, 123, 127-28, 148, 150-51,
Martínez, Mauricio	40		154, 156, 158, 162, 175-79, 182, 187, 190-
Martínez, Mel R.	55		91, 216, 240-44, 267, 317, 320, 328, 331,
Martínez, Miguel A.	53, 98, 244		347, 350-52, 354-55, 366, 376-78, 380-82,
Martínez, Norberto	216		410-12, 414, 416-20, 422, 427-29, 431-32,
Martínez, Orlando	105		455, 458, 460, 465, 478, 485-86, 493,
Martínez, Pedro Luis	171		504-05, 522, 533-35, 539, 543, 560,
Martínez, Raúl	149, 267, 302, 453,		562, 565, 584, 590-92
	538, 559, 563, 618	Mas Canosa, Ricardo	381, 534
Martínez, Raúl	321	Mas Santos, Jorge *Quijá*	381, 562,
Martínez, Raúl G.	55		617, 624
Martínez, Robert	266	Masetti Jr., Jorge	400
Martínez, Robert *Bob*	361, 373, 453	Masferrer, Rolando	219, 372, 432, 434
Martínez, Roberto	487	Masó, Calixto	570
Martínez, Sergio	171	Maspons, Eric	320-21, 324
Martínez, Teresa	491	Maspons, María M.	326
Martínez, Vicente M.	41	Massas, Mayra	558
Martínez Ararás, Raúl	46, 236, 261,	Massó Parra, Juan	516
	444	Masvidal, Raúl	18, 53, 89, 145-51,
Martínez Borbonet, Eduardo	596		320, 326, 328, 331, 358, 373, 447
Martínez Cid, Ricardo	448	Matar, José	204
Martínez Echenique, Alberto	40, 43,	Mateo, Carlos	326
	64, 66, 347, 505	Mateo, Carmen	326
Martínez García, Ángel Donato	102	Mateu, Santiago	554, 575
Martínez Gil, Pascual	315	*Mató, Huber* = Matos, Huber	56
Martínez Lara, Samuel	236, 393	Matos Araluce, Huber	57, 74, 76,
Martínez Márquez, Guillermo	154, 216		79, 267, 277, 281, 462-64, 510, 574, 623
Martínez Paula, Luis	435	Matos Araluce, Rogelio	58, 74, 76, 79
Martínez Paz, Orlando	174	Matos Benítez, Huber	52, 55-57,
Martínez Piedra, Alberto	375		74-81, 91, 122, 236, 247-48, 267, 274,
Martínez Valdés, Jorge	338, 342-44,		276, 384, 389, 397, 431-32, 435, 464,
	471		504-05, 581, 603
Martínez Venegas, Emilio	335, 447	Matusalén	118
Marty, Francisco	65	Matutes, José	463
Marx, Carlos	126, 205	Mayea, Juan	67
Mas, Joaquín	111	Mayea, Sergio	128
Mas, Ildefonso R.	320, 322-23	Mayola, Rafael	80, 390
Mas Canosa, Familia de	417-18,	Mayor, Reinaldo P.	244
	533, 540, 591	Maza Miquel, S.J., Manuel P.	497, 570
Mas Canosa, Jorge	52-54, 60,	McArthur, Harvey	146, 148

McCain, John	624	Méndez García, Santiago	174
McCamy, William	396	Méndez Novaro, Alina	320, 322-23
McCarran, Senador	272	Menem, Carlos	419, 499, 502
McColm, Bruce	98	Mendieta, Montefur, Carlos	554
McCrary, Jesse	358	Mendive, Manuel	171, 321, 535
McDuffie, Arthur	29	Mendoza, Jorge Enrique	173
McFarlane, Robert	197	Mendoza, Rolando	531
McGlynn, Edward	569	Menéndez, Antonio	447
McGraig, Jessie	366	Menéndez, Carmen	373
McKinley, Peggy	563	Menéndez, José	493
McNamara, Robert	131	Menéndez, José Luis	554, 575
McSorley, Richard	163	Menéndez, Rafael	214
Meadows, William	135	Menéndez, Ricardo	248
Mederos, Elena	555	Menéndez, Robert *Bob*	539, 542, 592
Medina, Daniel	575	Menéndez Tomassevich, Raúl	59, 339, 452
Medina, Diego	36, 43, 189, 214		
Medina, Gabriel	41	Menocal, Alfredo G.	59
Medina, Luis *Allan*	594-95	Menocal, Raúl	59
Medina, Manuel D. *Manny*	53, 148, 326, 330-31, 366, 373, 560	Meruelo, Homero	244
		Mesa, Esturmio	104
Medina, Familia de Manuel	540	Mesa, Pilar	78, 80
Medina, Mirta	531	Mesa Delgado, José L.	339
Medrano, Humberto	96	Mestre, Ramón	161, 190
Medrano, Mignon P.	319, 322, 330, 507, 535	Mestre, Ramón A.	211
		Mestril Vega, Obispo Mario	576
Meek, Carrie	539, 550	Meurice, Estiú, Obispo Pedro	140, 498, 541, 568, 576
Meese, Edwin	200, 266-67		
Meich, Larry	333	Meyer, John	178-79
Meisner Valverde, Carole	327	Michel Yabor, Antonio	58, 75, 100
Meissner, Doris	487, 625-26	Mier, María Antonia	40, 43
Mejides, Andy	149	Mijares, José A.	502, 601
Meléndez Bach, Ernesto	167	Mijares, José M.	321, 326
Melero, Alfredo	435	Mikoyan, Anastas	360, 379
Menacho, Alberto	322-.23	Mila, Pablo	326
Menchú, Rigoberta	499	Milanés, Pablo	620
Méndez, Alfredo F.	326	Milera, María de la	83
Méndez, Luis	448	Milera, Raúl de la	83
Méndez, Vicente	185	Milián, Arnaldo	20
Méndez Arceo, Sergio	140	Milián, Emilio	372, 602
Méndez Cominche, Joaquín	79	Milián, Raúl	321

Milián Rivero, Gustavo	452		375-76, 394, 432, 469
Millán, Natacha	302, 454-55, 532, 550, 603	Montaner, Ernesto	270
		Montaner, Ruth C. *Chuny*	628
Millán Pino, José	339	Montes Huidobro, Matías	326
Millares, Rafael D.	447	Montesinos, Raúl	260
Miller, Elliot	326	Montesinos, Yolanda	84
Miller, Lamar	570	Montiel Davis, Magda	326, 445, 448, 451, 468, 541, 586
Miller, Richard	198		
Mina, Gianni	431	Monzón, Arnaldo	55
Mirabal, Rafael	326	Mora Morales, Esther Pilar	100, 105, 209
Miralles, Mario	78		
Miranda, Mario *Mayito*	429, 525, 534	Mora Orozco, Hiraldo	340
Miranda, Olga	111	Mora Pérez, Víctor	36, 75, 122, 274
Miranda, Roberto	594	Moracén Limonta, Rafael	315, 340, 452
Mirel, José R.	47		
Miret Prieto, Pedro	166, 345	Morales, Dora	41, 45
Miró Cardona, José	197	Morales, Doris	37
Miró Torra, José	505-06, 544-46	Morales, Esther	197-98
Mitchell, Hulon *Yaweh Ben Yaweh* 242-43, 358		Morales, Jimmy	533
		Morales, Pablo	524, 527
Mitchell, James	502	Morales, Santiago	322, 324, 330-31, 447
Mitchell, Keith	594		
Mitterand, Francois	162, 523	Morales, Vidal	184, 271
Miyar, José M. *Chomy*	345, 369, 476, 606	Morales Gómez, José Miguel	53, 216, 320, 322-23, 509
Miyares, Manuel	20	Morales León, Daniel R.	174
Miyares, Marcelino	30, 93, 261, 326, 375, 445, 523, 585	Morales Navarrete, Ricardo *El Mono* 56, 108	
Miyares, Marta	248	Morán, Lucas	435
Miyares, Yolanda	238	Morcate, Daniel	549, 551
Moenck, Miguel Ángel	326	Moré, Caridad *Cachita*	525
Moisés, Irene	389	Moreira, Domingo R.	53, 86, 177, 241, 244, 320, 328, 414, 428
Molina, Luis	541		
Mompo, Vicente	463	Moreira, Familia de Domingo	540
Moniz, Jorge	40, 43	Moreira, Juan	171
Monreal, Pedro	528	Morejón, Ángel	529
Montalvo, Rafael	86	Morejón, Antonio	378
Montand, Ives	212	Morejón Almagro, Leonel	516
Montaner, Carlos Alberto	93, 183-84, 236-37, 245-46, 253, 331,	Morell Romero, José	502-03
		Moreno, Alejandro	105

Moreno, Ángel	322, 324, 330	Napp, Edith	326
Moreno, José A.	58, 75, 78	Naranjo, José *Pepin*	90
Moreno, Walfrido *Peluquín*	61, 493, 525	Naranjo, Orlando	147, 361-62, 366
		Nardo, Ofelia	594
Moreno Balanza, Gilberto	90	Navarro, Antonio *Tocayo*	377-80
Moreno Balanza, Lázaro	90	Navarro, Guillermo	45
Moreno Balanza, María Elena	90	Navarro, Wilfredo	131
Moreno Fraginals, Manuel *Majá*	347, 469	Navarro Valls, Joaquín	369
		Naya, Ángel	326
Morera, Miguel	133	Nazario Sargén, Andrés	42, 43, 121-22, 189, 214, 216, 334, 347, 458, 536, 602, 626
Morfa González, José	340		
Morse, Luis C.	82, 84, 87, 267, 328, 357-58, 363-65, 454-55, 532, 538, 560		
		Necuza, Gerardo	136, 139
Moser, Gerold	442-44	Negrín, Eulalio	113
Mosqueda, Amancio *Yarey*	97	Negroponte, John D.	99
Moss, Ambler	301	Nehrbass, Arthur	116
Moss, Dennis	454, 532, 550	Nelson, Alan	266
Moya, Alfonso David	397	N'Gueso, Sassou	315
Mujal-León, Eusebio	163	Nickse, José Pablo	575
Mulet, Jesús	491	Nietzche, Federico	284
Muller, Alberto	261, 267, 277	Nixon, Richard Milhouse *Tricky Dick* 21, 67, 88, 160, 356, 380, 382, 409, 485, 526, 582, 592	
Muller, Elio	277		
Munder, Arturo	320, 327, 330-31		
Munero, Lázaro *Maceta*	622	Noble Alexander, Humberto	216
Muñiz, Manuel I.	320, 322-23	Nóbregas, Andy	326
Murai, René V.	320	Nodal Tarafa, Rodolfo	161, 180, 182, 422
Murphy, Ivette G.	414, 447, 507		
Muskie, Edward	131	Nodarse, Israel	55
Mustelier, Alfredo	396	Nogales, Jorge	414
Mustelier, Gustavo E.	18	Nogueras, Griselda	326
Mustelier, José L.	55	Noriega, Manuel	349
Muthar, Ezequiel	93	Norman, José	103
Muxó, Raúl	578	Norniella, Ángel	171
Myrdal, Gunnar	584	Norniella, Ramón	367
		North, Oliver	197-99, 201, 591-92
N		Noval, Bernardino de la	41
		Novo, Rogelio	108-09
Nachlinge, Robert	561	Novo, Guillermo	308
Nadal, José	184, 271, 396	Novo, Ignacio	308
Nagy, Imre	213	Novotny, Antonín	213

Nuccio, Richard 519
Nuez, René de la 173
Núñez, Ana 326
Núñez, Ana Rosa 319, 507, 535
Núñez, Elpidio 55, 147, 244, 362, 366
Núñez, Jr., Elpidio 55
Núñez, Paulino 149
Núñez, Roberto 309
Núñez Basulto, Arsenio 57, 74
Núñez Cuesta, Rafael de J. 375
Núñez de Villavicencio, Orlando 326
Núñez Espinosa, Humberto 46
Núñez Portuondo, Ricardo 84
Núñez Rodríguez, Enrique 173

O

Obregon, Carlos 509
Ochoa, Eduardo 116-17, 158
Ochoa, Emilio *Millo* 214, 216, 458
Ochoa, Félix 586
Ochoa, Julio 448
Ochoa, Leopoldo 282
Ochoa Sánchez, Arnaldo *El Tunero*
110, 337-45, 347-49, 403, 471, 509, 605
Oden Marichal, Pablo 604
Odio, Cesar 153, 190, 478, 500, 512-14
Oesterle, Clara 153
O'Farrill, Sac. Juan Ramón 43, 59, 63, 154, 216
Ohanian, Debra 619
Ojeda, Alex 448
Ojeda, Fernando 55, 244
Ojeda, Javier 448
Ojito, Mirta 260, 427
O'Laughlin, Sister Jeanne 145
Olavarrieta, Carmen 581
Olba Benito, Miguel 148
Oleveira, Jeriel de 368

Oliva, Erneido 286, 544-46
Oliva, Hilda 323
Oliva, Roberto 320, 323
Oliva, Tomas 171, 326, 435
Olivera Moya, Filiberto 340
Oliveros, Gilda 383
O'Naghten, Juan 326
Oncken, William 106
Orbón, Julián 326
Ordoqui, Joaquín 203, 574, 605
Ordoqui, Miguel 323
Orizondo, Herminio 55
Orizondo, Rafael 591
Orobio Michelena, Levino 110
Ortega, Daniel 193-94, 196, 499
Ortega, Domingo 440-41
Ortega, Miriam 56, 57, 75, 459
Ortega, Roberto 108
Ortega Alamino, Cardenal Jaime
140, 368-69, 497-98, 541, 566, 568, 576, 594, 600
Ortega Sierra, Luis 248-49, 326, 468
Ortiz, Frank 72
Ortiz, Hilda 326
Ortiz, Pedro 214
Ortiz de Hernández, Esther 574
Osa, Enrique de la 432
Osberg Brown, Linda 623
Oswald, Lee Harvey 62
Otero, Alfredo Domingo 557
Otero, Lisandro 172, 469
Otero Elizagarate, Eduardo 440
Ovares, Enrique 397
Oviedo, Enrique 42

P

Pacheco, Pablo 173
Pachot, Ibis 528
Padilla, Ángel W. 414

Padilla, Heberto	91, 93, 175, 204, 236, 238, 435, 469, 472	Patterson, Percival J.	502, 594
Padreda, Camilo	373	Patton, George	159
Padrón, Eduardo	320, 322, 324, 328, 331	Pau-Llosa, Ricardo	324, 375
		Paula, Juan	197
		Payá Sardiñas, Oswaldo José	397, 469, 498-99, 516, 557, 568, 594
Padrón, José Luis	20		
Padrón, Juan	173	Paz, Eliope	494-95
Padrón, Orlando	137	Paz, Senel	472
Padrón Trujillo, Amado	338-39, 342, 344, 471	Paz Romero, Virgilio	138, 158, 184, 459
Pagés, Eduardo	40	Pazos, Felipe	57, 74
Pagés, Luis	44	Pedraza, Erasmo	100
Pais, Agustín	448	Pedraza, José Eleuterio	119, 188
Pais, Frank	251	Pedroso, Rafael	554
Palacio, Armando	57, 75	Pedroso, Víctor M.	19
Palacios, Emilio	524	Peláez, Amelia	324
Palacios, Luis	74	Peláez, Pedro R.	244
Palenzuela, Fernando	326, 435	Pellón, Gina	326
Palmer, Eduardo	435	Pena, Gladys	57, 75
Palmieri, Pablo	372	Penabaz, Fernando	182-83, 261, 294
Palmieri, Víctor	31	Penabaz, Manuel	108
Pantin, Leslie	83, 147, 326, 428	Penelas, Alex	454, 532, 548, 551, 563, 603, 616, 627
Paradas Antúnez, Mercedes	516		
Pardo, Rodolfo	55	Peña, Erelio	53, 85, 86, 98, 148, 241, 244, 357, 455, 560
Pardo Guerra, Ramón	339		
Pardo Jiménez, Ángel	59	Peña, Mario de la	515, 524
Pardo Llada, Bernadette	406, 419	Peña Gómez, Obispo Héctor Luis	140, 576
Pardo Llada, José	122, 434, 437		
Pardo Mazorra, Ángel Enrique	174	Peña Martínez, Óscar	236, 394, 397
Paredes, Frank	83	Peñalver, Rafael	266-67, 277, 279-82, 285, 324, 494-95, 565, 581
Pareja, Fabel	338		
París, Rogelio	172	Pepper, Claude	31, 95, 99, 355, 364, 539
Parga, Beatriz	217, 237, 251		
Parla, América	41	Peraza, Elena	147
Parladé, Andrés	179	Perdomo, Carlos M.	59
Pasalodos, Lourdes	528	Perdomo, Elisa	57, 74, 80
Paseiro, Andrés	40, 43, 214	Perdomo, Manuel	78, 80
Pastora, Edén	194, 196	Perea Alonso, Lazaro Loretto	413
Patterson, Clarence	364	Pereira, Arístides	315
Patterson, Enrique	236, 393, 414	Pereira, Carlos G.	41

Pereira, Enrique	98	Pérez Batista, Mayda	463-64
Pereira, Evidio	391	Pérez Betancourt, Pedro M.	340
Pereira, Sergio	153, 333, 455	Pérez Betancourt, Rolando	172
Perera Díaz, Hilda	248, 320	Pérez Castaño, Jorge	326
Pérez, Alberto	115-17, 158	Pérez Castellón, Ninoska	526
Pérez, Alfredo	494-95	Pérez Coloma, Raúl	435, 437
Pérez, Antonio *Niko*	171	Pérez Concha, Jorge	90
Pérez, Antonio A.	55	Pérez Crespo, Nancy	94
Pérez, Armando	554	Pérez Cruzata, Radamés	596
Pérez, Azucena	463	Pérez Dámera, Genovevo	132
Pérez, Bernardo	326	Pérez de Cuéllar, Javier	315
Pérez, Carlos	554	Pérez Diez-Argüelles, Nicolás	327
Pérez, Carlos Andrés	335, 419, 499	Pérez Farfante, Isabel	435
Pérez, Demetrio	82, 147-51	Pérez Fernández, Roberto	40, 42, 43, 209, 264, 434, 458
Pérez, Enrique	51, 67		
Pérez, Enrique	67	Pérez Franco, Juan	63, 65, 327, 580, 603
Pérez, Faustino	379		
Pérez, Genaro	60, 103, 441	Pérez Galán, Carlos	53, 60, 86, 97, 602
Pérez, Gilberto	601		
Pérez, Goltrán	44	Pérez García, Ivo	55
Pérez, Gustavo	264	Pérez García Sr., Manuel	218
Pérez, Hasan	625	Pérez García Jr., Manuel	218
Pérez, Hilda	79	Pérez González, Humberto	19
Pérez, Humberto	90	Pérez Guerrero, Antonio	90
Pérez, Jorge	330-31	Pérez Hernández, Manuel	452
Pérez, Lisandro	302, 322, 529, 586	Pérez Lezcano, Sergio	452
Pérez, Lombardo	55, 244	Pérez Linares, José	584
Pérez, Luis	554, 575	Pérez Menéndez, Daniel	322, 324
Pérez, Manolo	554	Pérez Pérez, Alberto	524
Pérez, Mario	67	Pérez Pérez, Francisco	524
Pérez, Medardo	55	Pérez Rodríguez, Roberto Martín	55, 174, 189-91, 267, 276, 328, 352
Pérez, Mercedes	131		
Pérez, Pedro	326	Pérez Roque, Felipe	476, 606, 624
Pérez, Remberto J.	55	Pérez Roura Sr., Armando *Seso Hueco* 40, 42, 43, 45, 63, 77, 103, 119-23, 161, 182, 216, 243, 270, 347, 360, 412, 436-38, 456-59, 461, 465-66, 471, 488, 522, 535-36, 563, 567, 581, 584, 603	
Pérez, Teresa	111		
Pérez, Tito	84		
Pérez Sr., Virgilio	40, 43, 216, 458		
Pérez Jr., Virgilio	362, 366, 455		
Pérez Alamo, Dunney	74, 79, 440, 468	Pérez Roura Jr., Armando	111, 155
Pérez Ayala, José R.	79	Pérez San Juan, José	59

Pérez San Román, José *Pepe*	64, 66	Pinochet, Augusto	71, 596
Pérez San Román, Roberto	578	Piña, Silvestre	41, 59
Pérez Stable, Eliseo	445, 585	Piñeda, Bermúdez, Luis	342, 344
Pérez Stable, Marifeli	94, 236, 376, 414, 445, 451, 585	Piñeiro, Carlos	45
Pérez Trujillo, Ramón	516	Piñeiro, Roberto M.	573
Pérez Valladares, Ernesto	491-92, 502	Piñeiro Losada, Manuel *Barbarroja*	71, 528-29
Pericles	283	Piñera, Ángel de Jesús	216, 397
Perico, burro	404	Piñera, Humberto	93, 154, 206, 213
Permuy, Jesús *Chucho*	236, 261, 458, 583	Piñera, Virgilio	404, 469
		Piñero, Ivon	147-48
Pernas, Alfredo	179	Pio XI	125
Pernas, Delfín	55, 244	Pio XII	126
Pernas, Florencio *Kiko*	440	Pironio, Cardenal Eduardo	141
Perot, Ross	422-23	Pita, Luis Alberto	393
Peruyero, Juan José	372	Pitts, Otis	150
Perry, Frederick	362, 366	Pizano, Roberto	601
Perry, William *Bill*	147-48, 150, 242, 487, 532	Pla, Osvaldo	515
		Pláceres Alfaro, Ramón	173
Pestonit, Mario	362, 367	Planas, José Jesús	375
Pestonit, Julio	578	Planas, Miguel	390
Petchel, Jacquee	365	Platón	284-85
Petesmann, Hans	444	Plaza, Carmen	57, 74, 78, 80
Petit Vergel, Obispo Alfredo	576	Plaza, Galo	131
Petricca, Umberto	179	Plaza, Gualberto	74, 78, 80
Phillips, Beverly	153	Plummer, J. L.	153, 357-58, 532, 572, 621
Pichs, Julio	55		
Pickering, Thomas	99	Pogolotti, Graciela	172-73
Pico, Reinaldo	131	Poindexter, John	197, 200
Pino, Arturo del	147	Pola, Juan Antonio	172
Pino, Francisco	161	Pomar, Facundo	44, 505
Pino, Israel	100, 214	Pomar, Jorge	236
Pino, Juan	374	Ponce, Claudio	42
Pino, Noel del	132	Ponce, José	19
Pino, Raúl F.	55	Ponce, Matilde	320, 322-23, 507, 535
Pino, Sergio	455, 560	Pons, Luis Orlando	55
Pino, Willy del	209, 264, 434, 562	Pons Watler, Carlos	174
Pino Díaz, Rafael del	199, 216, 219-20, 286, 347, 432, 545-47	Popieluszko, Jerzy	251
		Porro, Carlos	581
Pino Siero, Rafael del	184, 271, 396	Porro García, Berta	445

Portal, Marcos	166		322, 324, 328
Portell Vilá, Herminio	75	Prio Tarrero, María Elena	320-22,
Portes, Alejandro	302, 445, 468, 585		324, 328, 330-31
Portes, Familia de Carlos	540	Prohías, María Lourdes	512
Portilla, María Rita de la	324-25	Prometeo	126
Portillo, Raúl del	324	Protágoras de Tracia	284
Portillo de la Luz, César	172	Pruneda, Lázaro	602
Porto, Armando	322	Pubillones Nolan, Lilian	445
Portocarrero, Jesús	59	Puente Ferro, Rodolfo	315
Portocarrero, René	321	Puente Ferro, Rubén	315
Portuondo, José Antonio	125, 173	Puig, Alex	87
Posada Carriles, Luis *Bambi*	184, 199,	Puig, Ileana	500
	200, 590-91	Puig, José G.	55
Potemkin, Gregorich	349	Puig, Manuel Ñongo	500
Pou, Daniel	41	Pujol, José Luis	236
Pou, Evelio	59	Pujol Sánchez, Juan B.	340
Poulelac, Yolande	327	Pulido, Edilberto	101
Pou Socarrás, José M.	57, 74	Pupo, Andrés	59
Poveda, René	78	Pupo, Ángel	41
Pozo, Raúl	84	Pupo, Enrique	171
Pozo Pozo, René del	414	Purriño, Antonio	45
Prada, Ángel	79		
Prada, Juan A.	55	**Q**	
Prado, Mariví	327, 564		
Prado, Marta	84	Quayle, Dan	412, 423
Prado, Pedro E.	55	Quesada, Alfredo	41
Prats Páez, Rolando	413	Quesada, Carlos F.	108
Prego Casal, Obispo Fernando	140,	Quesada, Julio de	327
	449	Quesada, Miguel A.	40
Prendes, Alvaro	546, 47	Quevedo, Miguel Ángel	432
Prendes Gómez, Gabriel	339, 342, 344	Quevedo, Reboredo, Luis	467
Presas, Néstor	335	Quijano, Carlos F.	78, 80
Presas, Roger	327	Quijano, Juan	554
Pressler, Larry	539	Quijano, Silvia	78, 80
Préstamo, Felipe	320, 322-23	Quinlan, Michael	266-67
Prieto, Abel	172-73, 469	Quintana, Francisco	333
Prieto, Plinio	203, 434	Quintana, Mariela	624-25
Prio Socarrás, Carlos	52, 146, 184,	Quintana, Miriam	528
192, 218, 241, 273, 353, 508, 554, 600		Quintas Solá, Joaquín	339, 547
Prio Tarrero, María A. *Marian*	216,	Quintela, Carlos P.	55, 215, 435

Quintero, Luis 216
Quintero, Rafael 201
Quiñón, José 574
Quiñones, Humberto 147
Quiroga, Antonio 147, 327, 328

R

Rabasa, Rubén 327
Rabel, Ricardo 184, 271, 396
Rabinowitz, Marci 575
Ramírez, Antonio 147
Ramírez, Illich *Carlos* 596
Ramírez, Porfirio 434
Ramírez, Sergio 193, 196
Ramírez, Vladimir 123, 468
Ramírez Cruz, José 345
Ramírez de Estenoz, Fernando 172
Ramírez Vázquez, José *Caballo Loco* 31
Ramón, Neysa 172
Ramos, Gerinaldo 41
Ramos, Hildelisa 528
Ramos, Leopoldo 67
Ramos, Rev. Marcos Antonio 59, 63, 87, 93, 150, 327, 448, 562, 575, 589
Ramos, Ronnie 358, 365
Ramos Molina, Fabio 174
Ramos Valladares, Cornelio 110
Range, Athalie 150, 357-59, 364-65, 532
Rasco, José Ignacio 40, 43, 93, 96, 97, 112, 154, 216, 261, 375, 432, 443
Rasco, Ramón 487
Rasheed, Prentice 364-65
Raskosky, David 98
Ravelo Renedo, Fernando 108
Ravines, Eudocio 121, 212
Ray, Manuel *Manolo* 246, 435
Reagan, Ronald 24, 53, 54, 58-60, 63, 67-69, 71-73, 82, 83, 85-87, 94-95, 97-98, 102, 104, 111-12, 114, 118, 128, 145, 154, 158, 161-62, 177, 193-98, 200, 202, 210-11, 216, 219, 238-39, 241, 257, 266-67, 274, 288-89, 314, 349, 352, 356, 409, 422, 485, 592
Real, Humberto 493
Real, Manuel 100
Reaves, Jefferson 365
Reboredo, Pedro 190, 267, 302, 383, 454-55, 506, 509, 515, 532, 550, 603-05
Reboso, Manolo 81-84, 147, 322, 324, 364
Recaño, Luis 50
Recarey, Miguel 510
Reed, R. 531
Redford, Jim 153
Reese, William 583
Regalado, Justo 41, 493
Regalado, Marcos 43
Regalado, Tomás *Tomasito* 202, 236, 532, 550, 572, 621
Regalado Molina, Tomás 100, 105, 161, 236
Regueiro, Lourdes 528
Rehnquist, William H. 593
Reich, Otto J. 86, 98, 162, 377, 543, 627
Reina, Carlos Roberto 502
Reinaldo, Ectore 59
Reinoso, Alida 448
Remón, Carmen 216
Remón, Miguel 57, 74, 79
Remón, Pedro 115-17, 158
Remos, Ariel 59, 83, 103, 127, 184, 216, 238, 379-80, 412, 457-58, 461, 504, 576, 581, 617
Reno, Janet 108, 478-79, 487-88, 490, 624
Resnick, Mr. 460

Restano, Indamiro	236, 517	Rivero, Otto	625
Revuelta, Guillermo	575	Rivero, Santos	83
Revuelta, Naty	188, 548	Rivero Agüero, Andrés	40, 42, 214, 216, 458
Revuelta, Raquel	173		
Rey Dopico, Lourdes	60	Rivero Caro, Adolfo	236, 259, 394
Rey Pernas, Santiago	327, 454	Rivero Setién, Antonio	132
Reyes, Ambrosio	77	Rivero Setién, Manuel	219
Reyes, Gerardo	590	Riverón, Enrique	327
Reyes, Lourdes	561	Riverón Cortina, Obispo Salvador Emilio	576
Reyes Manolo *Niño Pilón*	31, 357		
Reyes, Manolo	147-48, 302, 357, 364-65	Roa García, Raúl *El Flaco*	91
		Roa Koury, Raúl	113, 115-16, 118
Reyes, Miguel	59, 216, 458	Robaina, Agustín	105
Reyes, Pablo	236, 393, 602	Robaina, Edmundo	327
Reyes, Rafael de los	554	Robaina, Roberto *La Mosca*	171, 345, 375, 452, 536, 605
Reyes de Díaz, Delia	216		
Reylan, Euclides	90	Robelo, Alfredo	193
Reynaldo, Andrés	305, 308	Roberts, Churchill	583
Riaño, Ernestina	327	Robbie, Joe	144
Riaño Jauma, Ricardo	302	Robbins, Terry	289, 303
Richman, Gerald	355, 358, 364, 365	Robinson, Grover	288
Riera Gómez, Eliseo	360, 362, 367	Robinson, Ray	149
Rio, Zayda del	172	Robinson, Willie C.	145
Rios, Nicolás *Chicho*	405, 442-43, 468	Robinson Mendoza, Concepción	171
Ripoll, Carlos	93, 98, 163	Robreño, Carlos	355
Riquelme, Lourdes	327	Roca Antúnez, Vladimiro	236, 413, 517, 522, 536, 554, 600
Risquet, Jorge	315		
Rius Rivera, Juan	558	Roca Iglesias, Alejandro	166
Rivadulla, Mario	56, 57, 75	Rockefeller, David	131
Rivas, Anthony	362, 367	Rodón, Lincoln	58, 216
Rivas, Romeo	554	Rodríguez, Albita	531
Rivas Porta, Guillermo	396	Rodríguez, Alfredo	41
Rivera, Paquito	531	Rodríguez, Alicia	375
Rivero, Felipe	103, 139, 190-91, 308	Rodríguez, Ana Julia	335
Rivero, Filiberto	50	Rodríguez, Andrés	101
Rivero, José	383	Rodríguez, Arturo	327, 602
Rivero, José Ignacio *Pepín*	96, 264	Rodríguez, Augusto	448
Rivero, José Ignacio *Pepinillo*	56, 131, 148, 154, 509, 565, 581	Rodríguez, Bernardino	367
		Rodríguez, Carlos Rafael	21, 172, 345, 369, 574
Rivero, Nicolás	375		

Rodríguez, Ceferino 75
Rodríguez, Demi 327
Rodríguez, Eduardo 320, 322, 324
Rodríguez, Estenique *El Guajiro* 51
Rodríguez, Felicito 375
Rodríguez, Fernando 147, 362, 366
Rodríguez, Francisco 575
Rodríguez, Gladys 414
Rodríguez, Isaac 578
Rodríguez, Isidoro 59
Rodríguez, Jacinto 42, 45
Rodríguez, Jay 147, 362, 367
Rodríguez, Jesús 137
Rodríguez, Joaquín 578
Rodríguez, José 100, 276
Rodríguez, Sac. José Conrado 498, 567
Rodríguez, José Luis 53, 98, 154, 243
Rodríguez, José M. 601
Rodríguez, José P. 158
Rodríguez, Justo 136, 139
Rodríguez, Laurentino 147, 209, 432
Rodríguez, Lester 19
Rodríguez, Luis Orlando 591
Rodríguez, Manuel 147, 362, 367
Rodríguez, María Elena 322
Rodríguez, María Eugenia 323
Rodríguez, Mariano 321
Rodríguez, N. A. 327
Rodríguez, Ninón 327
Rodríguez, Orlando 376, 445, 601
Rodríguez, Orlando P. 458
Rodríguez, Óscar 601
Rodríguez, Óscar G. 65
Rodríguez, Otto René 557
Rodríguez, Pablo 214
Rodríguez, Ramiro 101
Rodríguez, Raquel 624
Rodríguez, Raúl 281, 320, 327
Rodríguez, Raúl L. 147, 328

Rodríguez, Reina María 472
Rodríguez, Roberto M. 362, 367
Rodríguez, Silvio 564-65, 620
Rodríguez, Vicente 602
Rodríguez, Víctor 173
Rodríguez Abreu, Gilberto 463
Rodríguez Alvareda, Jorge 57, 74, 123, 161, 182-83, 236, 244, 389, 406, 457, 602
Rodríguez Aragón, Roberto 43, 216, 465-67, 504-06, 541, 584, 602
Rodríguez Avila, Juan Antonio 567
Rodríguez Cáceres, Luis 327
Rodríguez Carmona, Sonia 166, 168
Rodríguez Cruz, René 110
Rodríguez Curbelo, Bruno 452
Rodríguez Chomat, Jorge 454, 560, 602
Rodríguez del Pozo, Guillermo 340
Rodríguez Espinosa, Pedro L. 55
Rodríguez Estupiñán, Antonio 338, 342, 345
Rodríguez González, Rafael 174
Rodríguez Hernández, Andrés 100
Rodríguez Herrera, Obispo Adolfo 140, 576
Rodríguez Iñigo, Juan 261
Rodríguez Llompart, Héctor 20, 167, 406
Rodríguez Martín, Isidoro 41
Rodríguez Mendigutía, Félix *Max Gómez, Félix Ramos* 199, 200-01, 396, 422
Rodríguez Menier, Juan Antonio *Coqui* 596
Rodríguez Morini, Guillermo 435
Rodríguez Pérez, Nelson E. 174
Rodríguez Planas, Samuel 340
Rodríguez Porto, María E. 375
Rodríguez Rodríguez, Luis 174

Rodríguez Sánchez, Conrado	98, 101, 154, 214	Rosa, Pili de la	183
Rodríguez San Román, Rodolfo	105	Rosado, Aldo	50, 213-14, 245
Rodríguez Sosa, José	557	Rosales, Juan M.	41
Rodríguez Tejera, Roberto	157, 378, 389, 397, 536	Rosales del Toro, Ulises	315, 339, 547
Rodríguez Viamonte, Otto	601	Rose, Henry	582
Roig, Pedro V.	59, 86, 100, 148, 183, 244, 365	Rosell, Ernesto	59
		Rosell, Rosendo	564
Rojas, Jesús Manuel	493	Rosell, Teobaldo	59, 261, 391
Rojas, Pedro Pablo *Fico*	43, 64, 66	Roselló, Margot	327
Rojas, René	302	Roselló, Mercedes	327
Rojas, Teresa María	327	Rosenow, Manfred	302
Rojo, Agustín	53	Roseñada, José Manuel	355
Rollason, Frank	561-62	Ross, Margarita	327
Rolle, Wellington	146, 148, 150	Rother, Larry	590-91
Román, Obispo Agustín	99, 127, 266-68, 277, 280-83, 285, 369, 457, 481, 504, 507, 536, 565, 566, 568, 575, 603	Rovira, Marie	550, 552
		Rubalcava, Gonzalo	531, 563, 619
		Rubin, Harvey	153
		Rubio, Estrella	159-60
Román, Ivan	462	Ruder, Alberto	561
Romaní, Salvador	45, 80	Ruiz, Adalberto	147, 362, 367
Romañach, Julio	45	Ruiz, Alberto	595-96
Romero, Alvaro	78	Ruiz, Juan	536, 576, 583, 603
Romero, Charles	60	Ruiz, Margarita F.	320-23, 330, 429, 456
Romero, Fernando	587	Ruiz, Mike	367
Romero, Óscar	147	Ruiz, Orestes	184
Romero Padilla, Manuel	219	Ruiz, Ricardo	366
Romero Rivero, Violeta	414	Ruiz Brito, Irving	340
Romney, Hervin	327	Ruiz Labrit, Vicki	594
Ronda Marrero, Alejandro	452	Ruiz Pavón, Horacio	462, 464, 481
Roosevelt, Franklyn Delano *FDR*	87, 88, 159, 263, 356	Ruiz Pitaluga, Julio *Juventino*	236
Roosevelt, Theodore *Teddy*	72	Ruiz Poo, Miguel Ramón	339, 342, 344
Roque, Juan Pablo *Germán*	526, 596	Ruiz Rojas, Fabio	41
Roque Cabello, Marta Beatriz	553, 601	Ruiz Valdés, Gilberto	327
Ros-Lehtinen, Ileana	84, 87, 190, 267, 289, 304, 355, 358, 364-65, 412, 454, 461, 478, 487-88, 536, 538-39, 592, 603, 616, 624	Rumbaut, Julio	244
		Ryskamp, Kenneth	329
Rosa, Marisa de la	323, 375		

S

Saavedra, Miguel 536
Sabines, Luis 40, 83, 87, 147, 361-62, 392
Sacasa, Octavio 98
Sacasas, Roberto 512
Sacki, César 124, 139
Sadat, Anwar 132
Sadurní, Domingo 55, 244
Sáez, Pedro C. 345
Sáez Montejo, Pedro 171
Sainz Moreira, Eduardo A. 55
Sainz, Muñoz, Faustino 368
Saizarbitoria, Iñaki 319, 322, 330
Sakharov, Andrei 251
Sakhnovsky, Nick 147-48
Salabarría, Manuel 575, 602
Saladrigas, Carlos 584
Salas, Miguel 581, 603
Salas, Óscar 582
Salas Amaro, Alberto 59
Salas Amaro, Armando 216
Salazar, Jaqueline 491
Salcines, Carlos 302
Saldaña, Exilia 172
Saldaña, Jesús 554
Saldise, Teresa 93, 320-22, 324, 328, 330-32
Sales, Miguel 327
Salinas, Baruj 435
Salinas de Gortari, Carlos 398, 419-20
Salman, Carlos 53, 60, 85, 86, 94, 412
Saludes García, Miguel 567
Salvador, Max 554
Salvat, Juan Manuel 320, 322, 324, 329-30, 405
Samalea, Óscar 59
Samitier, Ricardo 511
Samper, Ernesto 502
Sanchelima, Jesús 585
Sánchez, Alberto 59
Sánchez, Celia 20
Sánchez, Harry M. 448
Sánchez, Ignacio 55
Sánchez, Irma 20
Sánchez, José M. 572, 620
Sánchez, Justo 320, 322, 324, 328, 330
Sánchez, Lino 237, 251, 541
Sánchez, Margarita 208
Sánchez, Mario Ernesto 327
Sánchez, Rafael A. 448, 522
Sánchez, Ramón Saúl *Ramoncito* 100, 116-17, 158, 184, 205, 281, 374, 458, 505-06, 515-16, 536, 548, 603-04, 625-26
Sánchez, Rodolfo R. 320, 322-23
Sánchez Aballí, Rafael 585, 627
Sánchez Agramonte, Margaret 327
Sánchez Alberro, Eduardo 452
Sánchez Arango, Aureliano 46
Sánchez Boudy, José *Pepito* 93, 376, 460, 467
Sánchez Camejo, Fernando *Tejerito* 130, 134
Sánchez Cifuentes, Álvaro 58, 74, 78-80, 123, 215, 451, 457, 523
Sánchez Lima, Antonio 339, 342, 344
Sánchez Lozada, Gonzalo 502
Sánchez Parodi, Ramón 112
Sánchez Pérez, Manuel Antonio *Manteca* 156, 208, 219-20, 247, 327, 347
Sánchez Santacruz, Elizardo 217, 236-37, 251, 253, 255-58, 392-93, 397, 413, 469, 516, 522, 540, 625
Sancho Valladares, Rigoberto 340
Sandoval, Arturo 172, 531
Sandoval, Mercedes 322, 375
Sangil, José Antonio 499
Sanguinetty, Jorge A. 375
San Lázaro 509, 568

San Martín, José de	57, 76	Schuss, Bill	515
San Pablo = Saulo de Tarso	249	Schwartz, Dael	277
San Pedro, Miguel	135-38	Seale, Bobby	383
San Pelayo, Adolfo	161	Secord, Richard	195, 197-201
San Román, Herminio	538	Sed Pérez, Rafael	168
Sansón, Eugenio	55, 147, 392	*Segundo*	47
Santa Cruz, Arnaldo	244	Seifo, Alberto	41
Santacruz, Ralph	55	Seisdedos, Saúl	58, 74, 78
Santalla, Óscar	458, 466	Self, Escritor	229
Santamaría, Jaime	93	Selgas, Jesús	327
Santamaría, Haydee *Yeyé*	90	Séneca	429
Santamaría Cuadrado, Aldo	102, 340	Ser, Julius	327
Santana, Armando César	100	Sera Serrano, José	59
Santana, Dámaso	247	Serantes, Gustavo	50
Santana, Fraile Francisco	390	Serpa, Maximiliano	155
Santiago, Antonio *Tony*	414, 628	Serpa Riestra, Víctor	394, 469
Santiago, Eugenio	320, 322, 324, 328	Serra, Mirta	321
Santiesteban, Hernán	466	Serrano, Jorge	427
Santos, Asela de los	19	Serrano, Pio	327
Santos, Joseph *Mario*	594-95	Serret, Nilda	541
Santos, Orestes	78	Servando, Roberto	78
Santos, Reydel	84	Sesin, Leonardo V.	627
Santos Bermúdez, Raúl	86	Sevcec, Pedro	394, 396
Santovenia, Daniel	404	Shack, Ruth	327
Sanyusti, Héctor	22	Shafer, Emily	289
Saralegui, Jorge	509	Shelton, Raúl	375
Sardiña, Jennifer	535	Shelley, Ward	327
Sardiñas, Ricardo	581	Shevardnadze, Eduard	143, 315
Sarney, José	335	Shiver, Otis W.	146, 148
Sastre, Arístides	19	Shultz, George	68, 109, 315
Saud, Juan	66	Sibley, Harper	145
Saúl, Antonio	366	Sicara, Joaquín	55
Saumell, Rafael	236, 254	Sigler, Carlos Miguel *Mike*	437
Savimbi, Jonas	317, 351-52, 418	Silva, Electo	172
Sawyer, Buzz	200	Silva, Helga	35
Sayús, Alfredo	80	Silva, René	67
Scalfe, Richard	95	Silverio, Amarylis *Julia*	594-95
Schmertz, Herbert	95	Silverio, Irene	33
Schreiber, Barry D.	153, 380	Silverio Latour, Juan	32, 34, 491
Schueg Colás, Víctor	340, 452	Simeón, Roberto	236-37, 251, 327,

	397		377, 418, 543
Simmonds, Kennedy	502	Sosa, Arístides	500
Skhol, Michael	478, 481	Sosa, Armando	493
Sklar, Horacio	491	Sosa Bravo, Alfredo	171
Slevin, Peter	416-17	Sosa de Quesada, Arístides	41, 43
Smith, Earl T. *Cañabrava*	313	Sosa Hernández, José	41
Smith, Fredricka	621	Soto, Amado	529
Smith, Larry	539	Soto, Antonio	509
Smith, Neal	415, 539	Soto, Fernando	458
Smith, Roberto	327	Soto, Jesús	378
Smith, Wayne	21, 27, 132, 406, 529, 586	Soto, Leandro	171
		Soto, María M. de	447
Smithies, Dolores	322, 324	Soto, Norma de	447
Soberón, Gladys	463	Soto, Onell	575
Socarrás, Dilia	40, 43	Soto, Orlando	509
Socarrás, Joel	41	Soto, Osvaldo *Fotuto*	83, 87, 302, 331, 488, 504
Socarrás, Mariano	335		
Solá, Ramón	237, 251, 253, 393	Soto, Roberto	327
Solares, Andrés	259	Sotomayor García, Romárico	339
Solares, Manuel Z.	55	Soule, Carl	140
Solares, Pedro	323, 375, 378	Souto, Javier	87, 190, 267, 302, 304, 454, 532, 603
Solarz, Stephen	411		
Soler, Frank	83	Sperow Donna	327
Solís Franco, José L.	208, 215, 236-38, 253	Spotorno, Juan Bautista	516
		Stalin, Josef	143
Solomentsev, Mikhail	143	Starr, Kenneth	592
Solshenitsyn, Alexander	212	Stein, George	35
Solla, Beryl	327	Steinhart, Frank	496
Somoza, Anastasio *Tacho*	192	Steinhart, Percy	327
Somoza, Anastasio *Tachito*	193	Stevens, John Paul	480
Somoza, Familia	71	Stevenson, Robert Louis	381
Sopo, Edgar	454	Stierheim, Merret	514, 564
Soria-Ayuso, Patricia	137	Stockdale, James	422-23
Soriano, Jaime	435	Stone, Richard	31, 53, 95
Sori-Marín, Humberto	434	Suardiaz, Luis	445
Sorondo, Máximo	161, 186, 353, 504, 506-07	Suárez, Abilio	47
		Suárez, Alicia	86
Sorondo, Raúl	376	Suárez, Amancio	123, 182-83, 560, 565
Sorondo, Rodolfo	571		
Sorzano, José	162, 175-76, 211, 217,	Suárez, Celia C.	375

Suárez, Diego R.	53, 86, 183-84, 241, 244, 247, 540	Talleda, Miguel	121, 128
Suárez, Esteban	455	Tamargo, Agustín *Cachimba*	93, 122, 132, 154, 181-82, 201-02, 208, 244, 348, 396, 419, 429, 431-36, 471, 488, 563, 617
Suárez, Heber	43		
Suárez, Luis	528, 529	Tamargo, Manuel	45
Suárez, Miguel Ángel	493	Tamayo, Juan O.	590
Suárez, Rafael	41	Tamayo, Rafael E.	244
Suárez, Ramón	327	Tamayo Menéndez, Arnaldo	452
Suárez, Xavier	82, 86, 88, 89, 144, 146-51, 153, 177, 179, 190, 240-43, 267, 302, 355, 357-59, 363-64, 366-67, 382-83, 454-55, 487, 532, 560-63, 571	Tang Texiel, Julio	205
		Tanton, John	302-03
		Tarafa, Humberto	214
		Tarajano, Eduardo J.	327
Suárez, Zeida	345	Tarajano, Juan José	43, 57, 75
Suárez Álvarez, Manuel	346	Tarnoff, Peter	491
Suárez de Cárdenas, Roberto *Gonzalo* 236, 245-46, 251, 255, 302, 423, 457		Tauler, Mario	397
		Tauran, Jean Louis	536, 541
Suárez de la Paz, Ismael *Gusarapo*	435	Taylor, Carole Ann	150, 364-65
Suárez Esquivel, José Dionisio *Dioni* 138, 158, 184, 459		Teele, Arthur	241-42, 365, 454, 478, 532, 560, 572, 620
Suárez Feliú, Néstor	410	Teijo, Máximo Hildo	155
Suárez Quiñones, Francisco *Paquito*	57, 75	Tejeiro, José L.	46
		Tejeiro García, José	174
Suárez Ramos, Raúl	368, 369, 541	Tejo Sánchez, Rogelio	173
Suárez Rivas, Juan	86, 177, 375	Tella, Antonio	59
Suazo Córdova, Roberto	200	Tellería, Lorenzo O.	55
Subirat, Salvador	277, 281, 372, 376, 509	Téllez, Carlos	147
		Temprano, Elsa	90
Suchlicki, Jaime *El Ovoide Cubanologo* 380, 628		Tenreiro Nápoles, José	41, 99, 100, 113, 207
Surana, Manohar	512-14, 548	Tercier Pepoli, Roselyne	608
Syms, Steve	68	Thatcher, Margaret	73
		Theberg, James	53
T		Thomas, Lord Hugh	53, 98
		Thompson, Parker O.	301
Tabak, Michael	114, 118	Thoreau, Henry David	388
Tabares-Fernández, Ofelia	319, 322-23, 328, 375, 507, 535	Tiddes, John J.	550-51
		Tijera, Luis	55
Tablada, Lidia M.	345	Tijerina, Reyes	294
Tabraue, Guillermo	333	Tintorero, Diego	334
Tabraue, Mario S.	333	Tio Sam = USA	374

Toledo, Félix	215	Trott, Stephen	266
Tomeu, Oliverio	78, 80	Trotsky, León	206
Toraño, María Elena	327, 362, 478, 538	Trujillo, Elizabeth	586-87
Tornés, Luis	451, 468	Trujillo, Rafael Leonidas *Chapitas*	119, 188
Toro, Lorenzo del	504, 507	Trujillo Pacheco, Rafael	174
Torrado Cadalso, Nelson	578	Truman, Harry	159, 185
Torralbas González, Diocles	20, 337, 346	Tucídides	106
		Tudela, Miguel	276, 278, 281, 504
Torre, Cándido de la	36, 43, 184, 238-39, 459	Tuero, Aroldo	50
		Tur Tur, Julio	65
Torre, Ernesto de la	334	Turner, Robert	300
Torrente, Aurelio	302		
Torres, Armando	19	**U**	
Torres, Arturo	55		
Torres, Donato	59	Ulate Arias, Margot	466
Torres, Esteban	31	Ulrich, Merten	628
Torres, Marta R.	302	Ulla, Jorge	327, 445
Torres, Nelson	452	Urra, Orlando	367
Torres, Orlando	108-09	Urrutia, Manuel	240, 379, 434
Torres Calero, Miguel	376, 448	Urrutia, Rodolfo	42, 44
Torres Jiménez, R.	64		
Torres Mena, Fernando	66	**V**	
Torresola, Griselio	159		
Torricelli, Robert *Bob* = Ley	410-13, 415, 419-20, 423, 439, 444-45, 448, 465, 539, 626	Vaillant de Maldonado, Aurora	354
		Valdés, Amado	346
		Valdés, Carlos	302, 383
Torriente, José Elías de la = Plan	51, 96, 128	Valdés, Eloy	443
		Valdés, Evelio	575
Torriente, Eugenio	100	Valdés, Florencio	578
Tortolo, Pedro	73	Valdés, Gabriel	131
Touzet, Rene	327	Valdés Jorge	153, 267, 288, 294
Towsley, Charles A.	551	Valdés, Jorge Manuel	493
Toynbee, Arnold	98	Valdés, José	137
Trainer, Monty	365	Valdés, Juan	528
Trelles, Tony	55	Valdés, Nelson	377, 468, 529
Trepanier, Jean-Guy	397, 416	Valdés, Óscar	347, 391
Triana, Jorge *Cabezón*	78, 80, 397	Valdés, Ramiro	19, 208, 345
Triana, José	435, 472	Valdés Camejo, Juan	173
Trinchet, Mayra	362, 366	Valdés Cruz, Lourdes	327

Valdés de Armas, Ivan	448	Varona, Carlos	435
Valdés de Armas, Juan	376	Varona, Carlos M. de	58, 65
Valdés Fauli, Dora	320	Varona, Lesbia	376
Valdés Paz, Gregorio	173	Varona, Manuel Antonio de *Tony*	40, 42, 43, 52, 127, 132, 160, 216, 266-67, 276, 347, 393, 396, 458-59
Valdés Rodríguez, Eduardo	41		
Valdés Santana, Aida	236, 396-97, 517		
Valerio, Andrés	323	Varona, Nancy	594
Valero, Orestes	120	Vasallo Consuegra, Ernesto	342
Valero, Roberto	74	Vasco González, Fidel	20, 167
Valverde, Anuca	327	Vaughn, William	111
Valverde Grau, Fernando	509, 562	Vázquez, Adolfo	43
Valladares Pérez, Armando	99, 162, 174-75, 187, 189, 215, 267, 328, 347, 393, 427-29, 431, 455, 505	Vázquez, Emilio	55, 601
		Vázquez, Félix R.	448
		Vázquez, Gerardo	59
Valle, Clara María del	54	Vázquez, Juan	277
Valle, Diego del	559	Vázquez, Mario	47
Valle, Jesús Wilfredo del	111	Vázquez, Óscar	55, 244
Valle, José	19	Vázquez, Rev. Razziel	59, 87
Valle, León del	582	Vázquez Díaz, René	472
Valle, Luis del	509	Vázquez Leyva, Agustín	55
Valle, Manuel del *Chichi*	372	Veiga, Roberto	235, 345
Valle, María Cristina del	507	Vega, Luis	324-25
Valle, Sergio del	20, 339	Vega, Manuel	362
Valle, Teodoro del	259-60	Vega, Pablo	122-23, 214, 456
Vallina, Emilio	554	Vega, Pedro	171
Valls, Felipe A.	55, 244	Vega, Sebastián	122-23, 456
Valls, Héctor	327	Vega Ceballos, Víctor	39, 46
Valls, Jorge *Huesito*	104, 215, 217, 236, 248, 251, 257-58, 327, 397	Velasco, Ana Rosa de	320, 322-23, 535
		Velasco, Enrique	158
Van Dunem, Alfonso	315-16	Velasco, Marta	277
Van Nostrand, Raymond	333	Velasco, Milagros	628
Vance, Cyrus	131	Velasco, Raúl de	585
Varela, Félix	450, 568-70	Velaz, Aníbal	19
Varela, Joaquín J.	66	Velazco, Alberto	51
Vargas Gómez, Andrés	104, 127, 154, 190, 216, 267, 302, 457, 461, 466, 488, 500, 504-06, 522, 581	Velázquez, Fernando	394, 469
		Vélez Ríos, Margarita	452
		Véliz Hernández, Félix	346
Vargas Gómez, María Teresa	507, 535	Veloz, Ramoncito	531
Varona, Alberto J.	59, 93, 147, 214	Venetian, Ronald	502

Vento, Osvaldo	55, 244	Villareal, Ricardo *Horacio*	594-95
Ventura, Wilfredo	448	Villar Roces, Mario	56, 57, 74, 93, 132
Vera, Aldo	372		
Verdecia, Carlos	215, 236, 248, 259, 347, 431	Villa Sosa, Manuel	168
		Villaverde Lamadriz, Rafael	108, 373
Verdeja, Octavio	83	Villaverde Lamadriz, Raúl	108
Verdeja, Sam	83	Viota, Leonardo	584
Vergel, Jaime	512	Viramontes, Manuel *Gino, Giraldo* = Gerardo Hernández	594-96
Vernon, Susan	495		
Verrier, Raúl	437	Virgen del Cobre	43, 568, 593
Vesco, Robert	90, 464	Virgen de Regla	594
Viamonte, Manuel	504, 506-07	Vitier, Cinto	94
Viciana, Enrique	320	Vivanco, José Clemente	581
Víctor Manuel	319	Vivanco Valiente, Obispo Mariano	140, 576
Vichot, Mari Tere	445, 448, 468		
Vidal, Abelardo	173	Vizcaíno, Caridad	396
Vidal, Ivan Marcel	47	Vizcaíno, Juan	396
Vidal, Jorge L.	327	Voisin, Andre	171
Vidal, José M.	41		
Vidal, Óscar	366	**W**	
Vidal Santiago, Felipe	46, 47		
Vidal Santiago, Gabriela	47	Wack, Larry	114, 136
Vidal Santiago, Ivan	46	Wagner, Tony	327
Vidaña, José M.	59	Walesa, Lech	251, 382, 398
Viera, René	100, 131	Walker, Lucius	605
Viera, Santiago	20	Walsh, Lawrence	198
Viera Estrada, Roberto	340	Walters, Vernon	68, 86, 154, 280
Viera Trejo, Bernardo *Vierita*	93	Ward, Robert J.	118
Vilaboa, Napoleón	24, 61, 148	Warshaw, Donald	478, 561, 572, 621
Vilar, Alberto A.	302	Washington, Tom	147-48
Vilasuso, José	414	Wasmosy, Juan Carlos	502
Vilnet, Jean	125	Water, Elbert	561
Villafaña, Agustín	171	Waterman, Fausto *Gunga Din*	216
Villafranca, Jorge	378	Watts, Michael	29
Villalobos, Alex	560	Weaver, David	145
Villalva, Jorge	372, 397	Weber, John	302-03
Villamil, H.	66	Weill, Roberto A.	583-84
Villamil, José Antonio	375, 543	Weldon, Norman	144
Villar, Félix	345	Wenski, Arzobispo Thomas	536, 575
Villar Bernes, Arturo	327	Weyl, Nathaniel	121

Weyler, Valeriano *El Carnicero* 570
White, F. Clinton 95
Whitehead, John 278
Whitman, Walt 490
Whitmarsh, Rosa Leonor 563, 602
Wich, Charles 95
Wilson, Curtis 99
Wilson, Félix 541
Wilson, Thomas 561-62, 570-71
Wiltz Lancís, Héctor 41
Williams, D. 35
Williams, Michael 487
Williams, Robert 294
Winn, Sherman 153, 454
Winton, Johnny 621
Wolfe, Gregory 327
Wood, Leonard 496
Woods, Juan 443
Wotzkow, Carlos 613

Zayas, Elena A. de 320, 322, 324, 330
Zayas, Jorge 397
Zayas Alfonso, Alfredo *El Chino* 184, 232, 494, 554
Zedillo, Ernesto 502
Zéndegui, Guillermo de 319, 322-23
Zubizarreta, Tere 83
Zúñiga Rey, Luis 191, 392, 397, 416, 429, 548

Y

Yates, James 327
Yaweh Ben Yaweh = Hulon Mitchell
242-43, 358, 363
Yero, Dora 327
Yñigo, Pedro 65
Yurre, Víctor de 131, 147-51, 241-43, 328, 331, 357-58, 363, 455, 560
Yuste, Roberto 419

Z

Zaldívar, Armando 491
Zaldo, Gonzalo 179
Zamora, Antonio R. *Tony* 53, 82, 85, 98, 148, 179, 244, 357, 365, 367, 455
Zamora, Cristóbal 93
Zampano-Canto, José I. 55
Zapico, Ramón 40

www.ingramcontent.com/pod-product-compliance
Lightning Source LLC
Chambersburg PA
CBHW031357290426
44110CB00011B/193